suhrkamp taschenbuch
wissenschaft 2287

Wie kann man ein Bild verstehen? Indem man die Erinnerung und das Gedächtnis befragt, die in einem Bild am Werk sind, das »Nachleben«, so die Antwort Georges Didi-Hubermans. Er nähert sich dem Phantomcharakter der Bilder im Anschluss an Aby Warburg, der das »Nachleben« der Bilder zum zentralen Motiv einer anthropologischen Erforschung der westlichen Kunst gemacht hat. Didi-Huberman untersucht dieses Motiv im Hinblick auf seine Logik, seine Quellen und seine philosophischen Hintergrundannahmen. Indem er Warburg mit Jacob Burckhardt, Friedrich Nietzsche und Sigmund Freud ins Gespräch bringt, zeigt er das paradoxe Leben der Bilder zwischen Zeitgebundenheit und Ewigkeit.

Georges Didi-Huberman ist Philosoph und Kunsthistoriker. Er lehrt an der École des Hautes Études en Sciences Sociales (EHESS) in Paris. Für sein Werk erhielt er zahlreiche Auszeichnungen, u. a. den Theodor-W.-Adorno-Preis der Stadt Frankfurt am Main.

Georges Didi-Huberman

Das Nachleben der Bilder

Kunstgeschichte und Phantomzeit nach Aby Warburg

Aus dem Französischen von
Michael Bischoff

Suhrkamp

Titel der Originalausgabe:
L'image survivante. Histoire de l'art et temps des fantômes selon Aby Warburg © 2002 by Les Editions de Minuit

Die Veröffentlichung erfolgt mit freundlicher Unterstützung des französischen Ministeriums für Kultur – Centre National du Livre und der Maison des sciences de l'homme.
Ouvrage publié avec le concours du Ministère français chargé de la culture – Centre National du Livre et la Maison des sciences de l'homme.

Bibliografische Information der Deutschen Nationalbibliothek
Die Deutsche Nationalbibliothek verzeichnet diese Publikation in der Deutschen Nationalbibliografie; detaillierte bibliografische Daten sind im Internet über http://dnb.d-nb.de abrufbar.

suhrkamp taschenbuch wissenschaft 2287
Erste Auflage 2019

Umschlag nach Entwürfen von Willy Fleckhaus und Rolf Staudt
Druck: Druckhaus Nomos, Sinzheim
Printed in Germany
ISBN 978-3-518-29887-9

Inhalt

Erster Teil: *Phantombild*
Das Nachleben der Formen und die Unreinheit der Zeit

Zweiter Teil: *Pathosbild*
Bruchlinien und Intensitätsformeln

Dritter Teil: *Symptombild*
Bewegte Fossilien und Erinnerungsmontage

Full fathom five thy father lies,
Of his bones are coral made:
Those are pearls that were his eyes.
Nothing of him that doth fade,
But doth suffer a sea-change
Into something rich and strange …

Fünf Faden tief liegt Vater dein.
Sein Gebein wird zu Korallen,
Perlen sind die Augen sein.
Nichts an ihm, das soll verfallen,
Das nicht wandelt Meereshut
In ein reich und seltnes Gut.

W. Shakespeare
Der Sturm I.2 (übers. von F. W. Schlegel)

Vom Einfluss der Antike.
Diese Geschichte ist märchenhaft
to vertellen.
Gespenstergeschichte f[ür] ganz Erwachsene.

A. Warburg
Mnemosyne. Grundbegriffe II (2. Juli 1929), S. 3.

Erster Teil: *Phantombild*
Das Nachleben der Formen und die Unreinheit der Zeit

Kunst stirbt, Kunst wird wiedergeboren: Geschichte beginnt von neuem

(von Vasari zu Winckelmann)

Man kann sich fragen, ob die Kunstgeschichte wirklich irgendwann einmal »geboren« wurde. Zumindest werden wir sagen dürfen, daß sie nicht nur ein- oder zweimal zu genau bestimmbaren Zeitpunkten im Kontinuum der Zeit geboren wurde. Jenseits des Jahrs 77 und des Widmungsschreibens zur *Naturgeschichte* Plinius' des Älteren zeichnet sich bekanntlich bereits eine ganze Tradition griechischer Geschichtsschreibung ab.[1] Jenseits des Jahrs 1550 und der Widmung der *Lebensbeschreibungen* von Vasari zeigt und verfestigt sich in ähnlicher Weise eine ganze Tradition von Chroniken oder Elogen auf die *uomini illustri* einer Stadt wie Florenz.[2]

Wagen wir immerhin folgende These: Der geschichtliche Diskurs wird nie »geboren«. Er beginnt immer wieder aufs neue. Und immer wieder beginnt auch die sogenannte Kunstgeschichte aufs neue. Und zwar, wie es scheint, immer dann, wenn der Eindruck entsteht, ihr Gegenstand sei tot – und erlebe gleichsam seine Wiedergeburt. Genau das geschieht im 16. Jahrhundert, als Vasari sein historisches und ästhetisches Projekt mit der Feststellung beginnt, daß die antike Kunst tot sei: *voracità del tempo*, schreibt er im *proemio* seines Buches, bevor er das Mittelalter als den Hauptschuldigen an diesem Vergessen ausmacht. Doch wie hinlänglich bekannt, soll dieser Tod auf wundersame Weise »überwunden« und aufgehoben worden sein durch einen langen Prozeß der *rinascita*, der in groben Zügen mit Giotto beginnt und seinen Höhepunkt in Michelangelo findet, dem großen Ge-

1 Siehe Plinius der Ältere, Bd. 35, S. 7-27 (»Einführung« des Übersetzers).

2 Siehe J. von Schlosser 1924b, S. 121-131 und 191-201; R. Krautheimer 1929, S. 49-63; G. Tanturli 1976, S. 275-298.

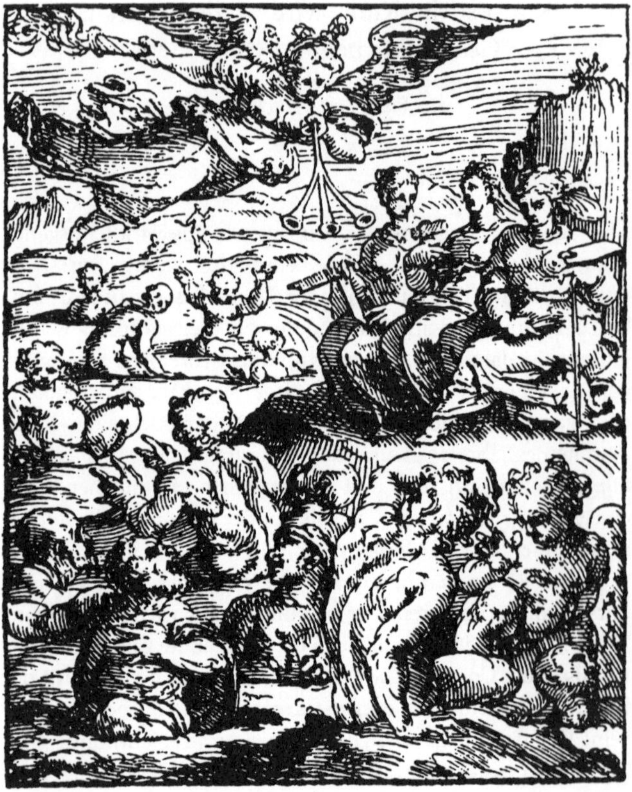

Abb. 1: Giorgio Vasari, Frontispiz zu *Le vite de' più eccelenti pittori, scultori e architettori*, Florenz 1568. Holzschnitt (Ausschnitt).

nie dieser Wiedererinnerung oder Wiederauferstehung.[3] Von da an – seit dieser Wiedergeburt, die ihrerseits aus einer Trauer hervorging – scheint es etwas zu geben, das man Kunstgeschichte nennt (Abb. 1).[4]

Zwei Jahrhunderte später beginnt alles von neuem (mit eini-

3 G. Vasari 1550-1568, Bd. 1, S. *39-*54.

4 Siehe G. Didi-Huberman 1990a, S. 65-103 (dt. S. 61-92).

gen wesentlichen Unterschieden natürlich). In einem Kontext, den nun nicht mehr die »humanistische« Renaissance, sondern die »neoklassizistische« Restauration bildet, *erfindet Winckelmann die Kunstgeschichte* (Abb. 2). Wohlgemerkt: die Kunstgeschichte im modernen Sinne des Wortes »Geschichte«. Die Kunstgeschichte, die von jenem Zeitalter der Aufklärung und bald schon von jenem Zeitalter der großen Systeme – vor allem des Hegelianismus – ausgeht, in dem Foucault die beiden zusammengehörigen epistemologischen Prinzipien der *Analogie* und der *Folge* am Werk sieht, wobei die Phänomene systematisch nach ihren Ähnlichkeiten betrachtet und diese Ähnlichkeiten als »festgelegte und fixierte Formen einer Folge« interpretiert werden, »die von Analogie zu Analogie vorwärtsschreitet«.[5] Winckelmann – den Foucault leider nicht behandelt – stünde damit auf dem Gebiet der Kultur und der Schönheit für die epistemologische Wende eines kunstbezogenen Denkens im – echten, bereits »wissenschaftlichen« – Zeitalter der *Geschichte*.[6]

Die Geschichte, um die es hier geht, ist schon modern und insofern bereits wissenschaftlich, als sie über die bloße *Chronik* nach Art von Plinius oder Vasari hinausgeht. Sie zielt auf etwas Fundamentaleres, das Quatremère de Quincy in seiner Eloge auf Winckelmann sehr richtig als *Analyse der Zeiten* bezeichnen wird:

> Der gelehrte Winckelmann ist der erste, der den wahren Beobachtungsgeist in dieß Studium brachte; der erste, der es sich einfallen ließ, das Alterthum zu zergliedern, die Zeiten, Völker, Schulen, Manieren und die Nuancen derselben zu analysiren; der erste, der den Weg brach, und Meßstangen auf diesen unbekannten Landstrich aufsteckte; der erste, der durch Classificirung der Epochen die Geschichte der Denkmäler gegeneinander hielt und die Denkmäler

5 M. Foucault 1966, S. 230 (dt. S. 270-271).

6 Siehe C. Justi 1898; W. Waetzoldt 1921, Bd. 1, S. 51-73; W. Ernst 1984, S. 255-260; H. von Einem 1986, S. 315-326; H. C. Seeba 1986, S. 299-323; F. Haskell 1991, S. 61-70; J. R. Mantion 1991, S. 127-142; A. Potts 1994, S. 8 *et passim*; É. Décultot 2000.

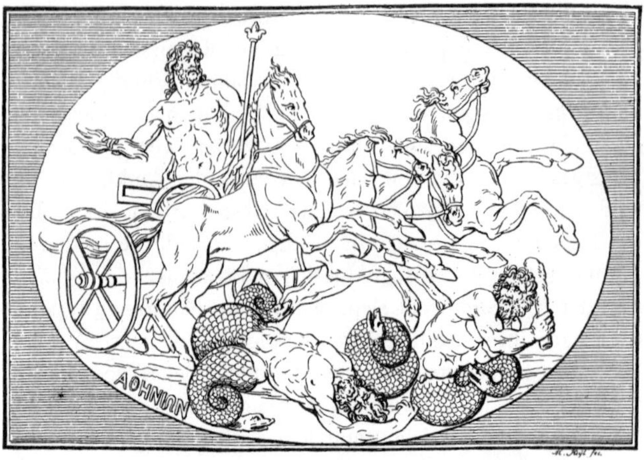

Abb. 2: Johann J. Winckelmann, Frontispiz zur *Geschichte der Kunst des Alterthums*, Bd. II, Dresden 1764.

> untereinander verglich, sichere Charactere, Grundsätze der Critick und eine Methode entdeckte, die, durch Berichtigung einer Menge von Irrthümern, die Entdeckung einer Menge von Wahrheiten vorbereitete. Da er endlich von der Analyse zur Synthese zurückkam, glückte es ihm, aus einem Haufen von Trümmern einen Körper zu schaffen.[7]

Das Bild ist aufschlußreich. Während Boden und Untergrund Italiens und Griechenlands immer noch voller »Trümmer« stekken, veröffentlicht Winckelmann 1764 ein Buch, seine große *Geschichte der Kunst im Altertum*, das aus all diesen zerstreuten Gliedern, wie Quatremère es ausdrückt, einen »Körper« macht. Einen Körper: eine organische Vereinigung von Objekten, deren Anatomie und Physiologie gleichsam die Vereinigung der Kunststile und ihres biologische Funktionsgesetzes, also ihrer Evolution, darstellt. Und zugleich ein *Korpus*: einen Wissensbestand und ein *Organon* der Prinzipien. Also ein »Lehrgebäude«. Danach erfindet Winckelmann die Kunstgeschichte, indem er

7 A. C. Quatremère de Quincy 1796, S. 103 (dt. S. 17).

über die bloße Neugier der Altertumskundler hinaus so etwas wie eine *historische Methode* konstruiert.[8]

In Zukunft begnügt der Kunsthistoriker sich nicht mehr mit dem Sammeln und Bewundern seiner Objekte. Er zerlegt und analysiert nun, wie Quatremère sagt, er läßt seine Beobachtungsgabe und seinen kritischen Geist spielen, er klassifiziert und vergleicht, er kehrt »von der Analyse zur Synthese« zurück, um »sichere Charactere« zu entdecken, die jeder *Analogie* das Gesetz ihrer *Folge* gibt. Auf diese Weise konstituiert sich die Kunstgeschichte als ein »Körper«, als methodisches Wissen, als echte »Analyse der Zeiten«.

Die meisten Kommentatoren sind sich des methodischen Aspekts dieser Konstitution, ihres Charakters als Lehrgebäude, durchaus bewußt. Winckelmann begründet eine Kunstgeschichte weniger durch seine Entdeckungen als durch seine Konstruktionen. Es wäre unzureichend, auf den »ästhetischen Kritiker«, als der Winckelmann sich in den *Gedanken über die Nachahmung der griechischen Werke* erweist, den »Historiker« folgen zu lassen, zu dem er in der *Geschichte der Kunst im Altertum* wird.[9] Die in der Aufklärung aufgebrochene »Krise der Ästhetik« wirkt ohne Zweifel bis hinein in die Art und Weise, wie Winckelmann sein archäologisches Grundlagenmaterial sammelt.[10]

In den Exegesen dieses Werkes spürt man außerdem eine gewisse theoretische Verlegenheit angesichts des Widerspruchs, der angeblich zwischen dem Begründer einer *Geschichte* und dem Verfechter einer ästhetischen *Doktrin* besteht. Es reicht

---

8 Siehe J. J. Winckelmann 1764, S. 9-22. Dort geißelt er die »allgemeinen Lobsprüche« der Ästheten und die »falschen Gründe« der Altertumsforscher, die ihm vorausgegangen sind. Zu den – durchaus komplexeren – Beziehungen zwischen dieser gerade entstehenden Archäologie und der Praxis der Altertumsforscher siehe A. Momigliano 1950, S. 67-106 (dt. S. 79-107); M. Käfer 1986, S. 46-49; M. Fancelli 1993; A. Schnapp 1993, S. 313-333.

9 Siehe S. Howard 1990, S. 162-174.

10 Siehe G. Morpurgo-Tagliabue 1994, S. 77-92, und M. Espagne 1995, S. 143-158, der zu Recht auf den literarischen, also sprachlichen – wie auch ästhetischen – Charakter dieser Konstitution verweist.

nicht, hier lediglich zu sagen, dieser Widerspruch sei »nur allzu offensichtlich«.[11] Vielmehr muß man sagen, daß er konstitutiv ist. Wie Alex Potts gezeigt hat, begründet die *Geschichte der Kunst im Altertum* die moderne Sicht auf das Wissen bezüglich der bildenden Kunst nur über eine Reihe von Paradoxien, in denen die historische Perspektive unentwirrbar mit »Ewigkeitspostulaten« verwoben ist. Umgekehrt werden die allgemeinen Aussagen durch ihre Historisierung ständig untergraben.[12] Durch diese Widersprüche verliert das historische Unternehmen keineswegs seine Legitimation – das könnte nur ein positivistischer oder naiver Historiker glauben, nach dessen Vorstellung die Voraussetzungen einer Geschichte allein in deren Forschungsobjekten liegen. Vielmehr sind sie buchstäblich grundlegend dafür.

Wie sollen wir diese Grundlage aus Paradoxien verstehen? Mir scheint es unzureichend und sogar unmöglich, bei Winckelmann »Intelligibilitätsebenen« so unterschiedlicher Art zu unterscheiden, daß sie am Ende zu einem einzigen polaren Widerspruch führten: zwischen der ästhetischen Doktrin oder der zeitlosen Norm auf der einen, der historischen Praxis oder einer »Analyse der Zeiten« auf der anderen Seite. Nähme man diese Teilung wörtlich, würde schon der Ausdruck »Kunstgeschichte« letztlich unverständlich. Zumindest müßte der Ausdruck äußerst problematisch erscheinen. Auf welchen Kunstbegriff greift er zurück, wenn es darum geht, Geschichte zu betreiben? Und auf welchen Geschichtsbegriff greift er zurück, wenn es darum geht, ihn auf Kunstwerke anzuwenden? Das Problem ist schwierig, weil hier alles miteinander zusammenhängt. Wer sich für ein Element entscheidet, muß auch alle anderen übernehmen. Es gibt keine Kunstgeschichte ohne eine Geschichtsphilosophie – so spontan und unausgesprochen sie sein mag – und ohne eine Entscheidung für bestimmte *Zeitmodelle*. Es gibt

11 É. Pommier 1994, S. 11 und 22.

12 A Potts 1994, S. 21-22 und 31-32; ders. 1982, S. 377-407. Einen weiteren Ansatz zu dieser »Teilung« bietet W. Davis 1993, S. 257-265.

keine Kunstgeschichte ohne eine Philosophie der Kunst und ohne eine Entscheidung für bestimmte *ästhetische Modelle*. Wir müssen zu klären versuchen, wie diese beiden Arten von Modellen bei Winckelmann zusammenwirken. So gelingt es uns vielleicht, die Widmung besser zu verstehen, die er ans Ende seiner Vorrede zur *Geschichte der Kunst im Altertum* setzte – »Diese Geschichte der Kunst widme ich der Kunst und der Zeit« – und die angesichts ihres nahezu tautologischen Charakters für den Leser etwas Geheimnisvolles hat.[13]

*

Bücher werden oft Toten gewidmet. Winckelmann widmete seine Geschichte der Kunst zunächst der antiken Kunst, weil sie in seinen Augen seit langer Zeit tot war. Und er widmete sein Buch der Zeit, weil der Historiker in seinen Augen in der Zeit zurückgeht zu den vergangenen, also toten Dingen. Aber was geschieht am anderen Ende des Buchs, nach mehreren hundert Seiten, auf denen er uns die antike Kunst in Erinnerung gerufen, sie im psychischen Sinne rekonstruiert und als erzählte Geschichte wieder vor Augen geführt hat? Gleichsam eine Rückwendung zum Gefühl eines unwiederbringlichen Verlustes und zu einem schrecklichen Verdacht: Sind die Dinge, deren Geschichte gerade erzählt worden ist, nicht bloß das Ergebnis einer gespenstischen Täuschung, so daß dieses Gefühl oder gar der Verlust selbst uns nur genarrt haben?

> Ich bin in der Geschichte der Kunst schon über ihre Grenzen gegangen, und ungeachtet mir bei Betrachtung des Untergangs derselben fast zumute gewesen ist wie demjenigen, der in Beschreibung der Geschichte seines Vaterlandes die Zerstörung desselben, die er selbst erlebt hat, berühren müßte, so konnte ich mich dennoch nicht enthalten, dem Schicksale der Werke der Kunst, so weit mein Auge ging, nachzusehen. So wie eine Liebste an dem Ufer des Meeres ihren abfahrenden Liebhaber, ohne Hoffnung, ihn wiederzusehen, mit

13 Siehe É. Pommier 1994, S. 27-28.

> betränten Augen verfolgt und selbst in dem entfernten Segel das Bild des Geliebten zu sehen glaubt. Wir haben, wie die Geliebte, gleichsam nur einen Schattenriß von dem Vorwurfe unserer Wünsche übrig; aber desto größere Sehnsucht nach dem Verlorenen erweckt derselbe, und wir betrachten die Kopien der Urbilder mit größerer Aufmerksamkeit, als wie wir in dem völligen Besitze von diesen nicht würden getan haben. Es geht uns hier vielmals wie Leuten, die Gespenster kennen wollen und zu sehen glauben, wo nichts ist.[14]

Eine radikale, gerade auch in ihrer Schönheit und Poesie furchterregende Passage. Wenn die Kunstgeschichte mit dieser Passage aufs neue beginnt, definiert sie ihren Gegenstand als ein abgestorbenes, verschwundenes, begrabenes Objekt. Die antike Kunst – die absolut schöne Kunst – glänzt damit bei ihrem ersten modernen Historiker durch eine »kategorische Abwesenheit«.[15] Selbst die Griechen, so glaubt zumindest Winckelmann, haben keine »lebendige« Geschichte ihrer Kunst betrieben. Diese Geschichte beginnt erst wieder und enthüllt erstmals ihre Notwendigkeit in dem Augenblick, da ihr Gegenstand als toter Gegenstand gedacht wird. Solch eine Geschichte wird deshalb als Trauerarbeit erlebt (die Geschichte der Kunst des Altertums als Trauerarbeit an der antiken Kunst) und als hoffnungslose Beschwörung von Verlorenem. Um es ganz deutlich zu sagen: Die Gespenster, von denen Winckelmann spricht, werden niemals als – noch – handelnde Mächte herbeizitiert oder auch nur angerufen. Sie werden lediglich als vergangene Mächte beschworen. Ihnen entspricht nichts, was aktuell da wäre (»wo nichts ist«). Sie sind nur eine optische Täuschung, nur erlebte Trauer. Ihre Existenz (und sei es als Gespenster), ihr Nachleben oder ihre Wiederkehr werden schlicht nicht ins Auge gefaßt.

Das also wäre der moderne Historiker: Er beschwört die Vergangenheit und trauert um den endgültigen Verlust. Er glaubt nicht an Gespenster (schon bald, in der Strömung des 19. Jahrhunderts, wird er nur nach an »Fakten« glauben). Er ist Pessimist

14 J. J. Winckelmann 1764, S. 393.

15 A. Potts 1991, S. 11 (in der dt. Übers. »kategorische Ferne«).

und benutzt oft den Ausdruck »Untergang«. Tatsächlich scheint sein gesamtes Unternehmen um das Zeitschema von *Größe und Verfall* zentriert.[16] Ohne Zweifel müßte man Winckelmanns Unternehmen in den Kontext eines für das 18. Jahrhundert typischen »Geschichtspessimismus« stellen.[17] Zumindest sei angemerkt, daß Winckelmanns Ideen auf dem Gebiet der Ästhetik die Anregung zu zahllosen nostalgischen Schriften über den »Verfall der Künste« und den »revolutionären Vandalismus« gaben, den die schrittweise Zerstörung der antiken Meisterwerke darstellte.[18] Das Zeitmodell *Größe und Verfall* erweist sich als so treffend, daß es noch die Definition der Kunstgeschichte prägte, wie man sie zum Beispiel in der *Real-Encyclopädie* des Brockhaus-Verlags findet: »Kunstgeschichte. Die Darstellung des Ursprungs, der Entwicklung, des Aufschwungs und des Verfalls der schönen Kunstform.«[19] Winckelmann hatte nichts anderes gesagt:

> Die Geschichte der Kunst soll den Ursprung, das Wachstum, die Veränderung und den Fall derselben … lehren.[20]

Diesem Zeitschema entsprechen bei genauerem Hinsehen zwei verschiedene theoretische Modelle. Das erste ist ein *natürliches*, insbesondere biologisches Modell. In Winckelmanns Satz ist »Wachstum« im Sinne pflanzlichen oder tierischen Wachstums zu verstehen, und auch der Ausdruck »Veränderung« erhält die für den Gedanken der »Mutation« typisch vitalistische Konnotation. Was Winckelmann unter *Kunstgeschichte* versteht, ist also nicht weit entfernt von einer *Naturgeschichte*. Wir wissen, daß er mit Sicherheit die von Plinius, aber auch die von Buffon gelesen hat, außerdem die physiologische Abhandlung von J. G. Krüger

16 Ders. 1994, S. 8 und 50-54.
17 Siehe H. Vyverberg 1958.
18 Siehe P.-T. Dechazelle 1834.
19 *Allgemeine deutsche Real-Encyclopädie für die gebildeten Stände* (8. Aufl. 1833), zit. n. H. Dilly 1979, S. 80.
20 J. J. Winckelmann 1764, S. 9.

und das medizinische Lehrbuch von Allen. Und wie wir aus einem Brief vom Dezember 1763 wissen, hatte er die Absicht, von der Erforschung der Kunst zur Erforschung der Natur überzugehen.[21] Aus alledem dürfte Winckelmann ein Verständnis von Geschichtswissenschaft entwickelt haben, das sich nicht nur an den Problemen einer typisierenden Klassifikation in der Epistemologie der Aufklärung orientierte, sondern auch an einem offenkundig biomorphen Zeitschema, das den Bogen zwischen Fortschritt und Niedergang, Geburt und Verfall, Leben und Tod spannte.

Die zweite Seite dieser theoretischen Konfiguration ist besser bekannt. Es handelt sich um ein ideales, insbesondere metaphysisches Modell. Dieses Modell paßte besonders gut zur »kategorischen Abwesenheit« seines Objekts. Man denke an Solons berühmte Formel des *to ti ên einaï*, des »Wasseins« oder der »Quiddität«, von der Aristoteles berichtet, wonach man die Wahrheit über etwas erst zu sagen vermag, wenn es tot ist.[22] In diesem Sinne könnten wir sagen, erst das Verschwinden der antiken Kunst eröffne dem historischen Diskurs die Möglichkeit, deren höchstes »Wassein« zu benennen. Nach Winckelmann beschränkt sich die Kunstgeschichte also weder auf Beschreibung noch auf Klassifizierung, noch auf Datierung. Wo Quatremère de Quincy lediglich eine Rückkehr »von der Analyse zur Synthese« erblickt, radikalisiert Winckelmann seine Position in philosophischer Hinsicht: Die »Geschichte der Kunst« sei so zu schreiben, daß schließlich das »Wesen der Kunst« erkennbar werde.

> Die Geschichte der Kunst des Altertums, welche ich zu schreiben unternommen habe, ist keine bloße Erzählung der Zeitfolge und der Veränderungen in derselben, sondern ich nehme das Wort *Geschichte* in der weiteren Bedeutung, welche dasselbe in der griechischen Sprache hat, und meine Absicht ist, einen Versuch eines Lehrgebäudes zu liefern. [...] Der Zweite Teil enthält die Geschichte der Kunst

21 Siehe W. Lepenies 1986, S. 221-237; É. Pommier 1994, S. 14-15; B. Vouilloux 1996, S. 384-397.

22 Siehe P. Aubenque 1962, S. 460-176.

> im engeren Verstande, das ist, in Absicht der äußeren Umstände, und zwar allein unter den Griechen und Römern. Das Wesen der Kunst aber ist in diesem sowohl, als in jenem Teile, der vornehmste Endzweck.[23]

Bei der Lektüre dieser Passage wird deutlich, daß die Geschichtlichkeit der Kunst in Winckelmanns Augen nicht gänzlich, wie oft angenommen, aus einem »Kompromiß« hervorgeht, »durch den die Geschichte einen Gegenstandsbereich innerhalb oder am Rande der Norm findet«.[24] Wer das sagt, der mißt dem Ort des historischen Diskurses als solchem zu große Bedeutung bei. Er meint, Geschichte werde nur dann normativ, wenn sie ihre Grenzen überschreitet. Er übertreibt die »natürliche« philosophische Neutralität und verrät letztlich die »natürliche« Bescheidenheit im Blick auf reine und einfache Tatsachenbeobachtungen. Er übersieht, daß die Norm jeder historischen Darstellung und selbst der einfachsten Beschreibung oder Erwähnung einer Erscheinung innewohnt, die der Historiker für festhaltenswert hält. Der historischen Darstellung geht natürlich immer eine theoretische Norm bezüglich des »Wesens« ihres Gegenstandes voraus, und diese Norm bestimmt die Darstellung. So wird denn die Kunstgeschichte bestimmt von der ästhetischen Norm, die über die »guten Gegenstände« ihrer Darstellung entscheidet, über jene »schönen Objekte«, die am Ende gemeinsam so etwas wie das *Wesen der Kunst* bilden.

Winckelmann hat also recht, wenn er seine Geschichte als »Lehrgebäude« im philosophischen Sinne bezeichnet. In unterschiedlichen Graden ähnelt sein Unternehmen denen eines Montesquieu, eines Vico, eines Gibbon und eines Condillac.[25] Diesen Charakter der Winckelmannschen Geschichte hat man im übrigen im 18. Jahrhunderts durchaus erkannt. Herder schreibt: »Winckelmanns Geschichte der Kunst sollte, wie er selbst sagt, nicht bloß Geschichte, sondern Lehrgebäude der Kunst des Al-

23 J. J. Winckelmann 1764, S. 9.
24 É. Pommier 1994, S. 12.
25 Siehe A. Potts 1994, S. 33-46.

tertums sein, und das ist sie«, eine gleichsam platonische »Untersuchung des Allgemeinen und des Wesens der Schönheit«.[26] Als Denker der Geschichtlichkeit, der Herder war, stellte er sogleich die Frage, ob dies der Zweck der Geschichte sei, ob man Kunstgeschichte so verstehen müsse, »ob nicht außer dem Winckelmannischen Werk noch ein andres möglich und gut sei«. Aber er räumt gern die Notwendigkeit einer Kunstgeschichte ein, die über die Geschichtensammlungen und »schönen Raritäten« eines Plinius, Pausanias oder Philostrat hinausgeht, die eine theoretische Begründung erfährt und zu dem wird, was Winckelmann ein *historisches Lehrgebäude* genannt hat.[27]

Also zu einem »Idealgebäude«.[28] Ideal in dem Sinne, daß es in erster Linie auf das wichtigste metaphysische Prinzip hin konstruiert worden war, die *ideale Schönheit*, jenes »Wesen der Kunst«, das die Künstler der Antike ohne Zweifel realisiert hatten. Die »ideale Schönheit« steht bekanntlich im Mittelpunkt des gesamten Winckelmannschen Geschichtssystems wie auch der gesamten neoklassizistischen Ästhetik.[29] Sie gibt das Wesen und damit die Norm vor. Die Geschichte der Kunst ist nichts anderes als die Geschichte ihrer Entwicklung und ihres Verfalls. Darin scheint sich nur die säkulare Zugehörigkeit des ästhetischen Denkens zur philosophischen Strömung des Idealismus zu bestätigen.[30]

Der Ausdruck »ideal« legt den Gedanken nahe, das Wesen – hier das Wesen der Kunst – sei ein *Modell*: ein Vorbild, das es nach dem »kategorischen Imperativ« der klassischen Schönheit zu *erreichen* gelte, das aber als solches *unmöglich zu erreichen* sei. Es ist sehr aufschlußreich, daß Winckelmann sich in seinem Kapitel über »Das Wesentliche der Kunst« in Wirklichkeit eher mit

26 J. G. Herder, 1778, S. 654 und 651.
27 Ebd., S. 654.
28 Ebd., S. 656. Zu Herders »Denkmal« siehe H. C. Seeba 1985, S. 50-72. Zu den spekulativen Aspekten des Winckelmannschen Geschichtsverständnisses siehe ders. 1986, S. 299-323.
29 Vgl. J. Erichsen 1980; A Potts 1994, S. 145-181.
30 Siehe M. Embach 1989, S. 97-113.

den Umwegen befaßt, die unser Geist nehmen muß, um sich an die ideale Schönheit der griechischen Statuen zu erinnern:

> Von dem ersten Abschnitte gehe ich zu dem zweiten, das ist, von den vorläufigen Nachrichten zu dem Wesen selbst der Kunst der Griechen. [...] In der Tat bilde ich mir ein, in dem olympischen Stadio aufzutreten, wo ich glaube, Statuen junger und männlicher Helden und zwei- und vierspännige Wagen von Erz mit der Figur des Siegers auf derselben und so viel Wunderwerke der Kunst zu Tausenden zu sehen; ja, in diesem Traume hat sich meine Einbildung mehrmals vertieft [...]. Diese eingebildete Versetzung nach Elis will gleichwohl nicht als ein bloßes dichterisches Bild angesehen werden; es wird hingegen diese Erscheinung gleichsam zur Wirklichkeit gebracht, wenn ich mir alle Nachrichten von Statuen und Bildern und zugleich alles, was von diesen übrig sein kann, nebst der unendlichen Menge erhaltener Werke der Kunst auf einmal gegenwärtig vorstelle.[31]

Und darin liegt das Sonderbare: Erkannt wird das Ideale durch eine reale Betrachtung der Objekte, indem man sich die Objekte »gegenwärtig vorstellt«, und nicht durch eine Betrachtung realer, »gegenwärtiger« Objekte. Die sind vielmehr verschwunden und durch spätere Kopien ersetzt. So bleibt nur die geistige Betrachtung auf der Suche nach jenem zeitlosen Punkt, den das Ideal darstellt. Und dennoch erhält die notwendigste dieser Betrachtungen – Rekonstruktion der Texte, »idealische« Wiederherstellung – die Bezeichnung *Kunstgeschichte*. Eine im Dienst der Idee stehende Kunstgeschichte, dargeboten als Bericht über die Vorfahren, über Größe und Verfall, über die *künstlerische Norm*: die »schöne Natur«, die »edlen Züge«, das geistige »Urbild« in der Zeichnung des weiblichen Körpers, des eleganten Faltenwurfs und so weiter.[32] Die *Geschichte der Kunst im Altertum* mit ihren ständigen Verweisen auf die vorgeschlagene Ästhetik zeichnet sich ganz offensichtlich bereits in den gut ein Jahrzehnt zuvor entstandenen *Gedanken über die Nachahmung der griechischen Werke* ab.

---

31 J. J. Winckelmann 1764/1776, Bd. 4, S. 42-43.
32 Ders. 1755, S. 6-16.

So sehen wir denn, wie unser Erfinder der Kunstgeschichte, der um seinen Gegenstand trauert, da er den Tod der antiken Schönheit beklagt, wie unser Ästhet mit Sinn fürs System, unser Historiker, der nicht an Gespenster glaubt, dennoch auf paradoxe Weise die in seiner Darstellung – oder, wie er glaubt, seiner Wissenschaft – abwesenden Objekte konstruiert, indem er sie sich als »gegenwärtig« vorstellt und sie dadurch »gleichsam zur Wirklichkeit« bringt, dies alles auf der Grundlage alter griechischer und lateinischer Beschreibungen, denen er glauben zu müssen meint. Und so sehen wir ihn schließlich das »Wesen der Kunst« bestimmen: mit höchstem Lob für den »guten Geschmack« und strikter Ablehnung jeglichen »Übelstands des Körpers« in einer erstaunlichen Passage der *Gedanken*, in der er seine tiefe Verachtung für die »venerischen Übel und die Töchter derselben, die englische Krankheit«, zum Ausdruck bringt, die seines Erachtens bei den alten Griechen nicht vorkamen.[33] Als wäre beides durch eine geheimnisvolle gemeinsame Pathologie miteinander verbunden, äußert Winckelmann seine ebenso radikale Verachtung für das Pathos, diese Krankheit der Seele, die den Körper deformiert und daher auch das *Ideal* der stillen Größe und edlen Einfalt zerstört:

> Je ruhiger der Stand des Körpers ist, desto geschickter ist er, den wahren Charakter der Seele zu schildern. In allen Stellungen, die von dem Stande der Ruhe zu sehr abweichen, befindet sich die Seele nicht in dem Zustande, der ihr der eigentlichste ist, sondern in einem gewaltsamen und erzwungenen Zustande. Kenntlicher und bezeichnender wird die Seele in heftigen Leidenschaften, groß aber und edel ist sie in dem Stande der Einheit, in dem Stande der Ruhe.[34]

Was er in den *Gedanken* als allgemeines Postulat vorschlägt, führt er in der *Geschichte der Kunst* auf die spezifische Ebene der griechischen Kunst zurück. Statt von einem »Muß« zu sprechen,

33 Ebd., S. 1-6. Mit dem Ausdruck »der gute Geschmack« beginnt sein Buch.

34 Ebd., S. 19.

begnügt er sich nun mit der Feststellung, bei den Griechen sei es »Sitte« gewesen. Die Perspektive ist nun durchaus »historisch«. Aber es ist dasselbe Wesen, das darin zum Ausdruck kommt oder, wie man fast sagen könnte, deklariert wird:

> Der Ausdruck im engeren sowohl als weiteren Verstande verändert die Züge des Gesichts und die Haltung des Körpers, folglich die Formen, welche die Schönheit bilden, und je größer diese Veränderung ist, desto nachteiliger ist dieselbe der Schönheit. In dieser Betrachtung war die Stille einer von den Grundsätzen, die hier beobachtet wurden, weil dieselbe nach dem Plato als der Zustand betrachtet wurde, welcher das Mittel ist zwischen dem Schmerze und der Fröhlichkeit; und eben deswegen ist die Stille derjenige Zustand, welcher der Schönheit, so wie dem Meere, der eigentlichste ist, und die Erfahrung zeigt, daß die schönsten Menschen von stillem, gesitteten Wesen sind. [...] Außerdem ist die Stille und die Ruhe im Menschen und bei Tieren der Zustand, welcher uns fähig macht, die wahre Beschaffenheit und Eigenschaften derselben zu untersuchen und zu erkennen, so wie man den Grund der Flüsse und des Meeres nur entdeckt, wenn das Wasser still und unbewegt ist, und folglich kann auch die Kunst nur in der Stille das eigentliche Wesen derselben ausdrücken.[35]

Diese wenigen Ausführungen dürften genügen, um den äußerst problematischen Charakter jenes Augenblicks in der Entwicklung des Denkens zu verdeutlichen, für den Winckelmanns *Geschichte der Kunst im Altertum* samt ihrem Erbe steht. Hier wird ein System aufgebaut, aber dieses System läßt sich nicht in sich selbst schließen. Immer wenn eine These aufgestellt oder eine Erklärung formuliert wird, zeigen sich schon bald Widersprüche. So erhebt Winckelmann den Anspruch, daß die Kunstgeschichte über bloße Geschmacksurteile hinausgehe, aber die ästhetische Norm prägt jeden Schritt seiner historischen Darstellung. Er erhebt für die Geschichte den Anspruch einer rationalen Ob-

35 Ders. 1765/1776, Bd. 4, S. 191-192. Der Rest des Kapitels gilt dem »Verfall« der Figuren – insbesondere von Tänzerinnen – und einer Kritik der »ausgelassenen Leidenschaften«.

jektivierung der »Trümmer« der Vergangenheit, läßt sich aber in seinem wissenschaftlichen Schreiben von einer machtvollen Subjektivierung leiten: »In der Tat bilde ich mir ein, in dem olympischen Stadio aufzutreten …« Die von Winckelmann vorgeschlagene Kunstgeschichte oszilliert ständig zwischen Wesen und Werden. Die geschichtliche Vergangenheit wird darin gleichermaßen erfunden und entdeckt.

Was sollen wir mit diesem Befund anfangen? Seit Quatremère sagt man, Winckelmann habe die Kunstgeschichte im modernen Sinne des Wortes erfunden. Liegt darin nicht noch ein weiterer Widerspruch? Der Soziologe der Bilder, der Ikonologe, der mit dem Elektronenmikroskop arbeitende Archäologe, der mit spektrometrischen Analyseverfahren vertraute Museumskonservator – kümmern sie sich noch um solche philosophischen Probleme? Der Status der Kunstgeschichte als »wissenschaftliches« Fachgebiet scheint so gesichert zu sein, daß man nicht recht erkennt, welches Erbe wir einer solchen Gedankenwelt verdanken sollten. Aber oft kennt man das Erbe gar nicht, das man angetreten hat. Vor welchen Knoten aus Problemen stellt uns diese *Geschichte der Kunst im Altertum* heute noch?

Es ist ein dreifacher Knoten, ein dreifach geschnürter Knoten, den schon der Titel des Buchs nahelegt und aufdrängt: Der Knoten der *Geschichte* – wie können wir sie konstruieren, sie schreiben? Der Knoten der *Kunst* – wie können wir sie abgrenzen, sie fassen? Der Knoten des *Altertums* – wie können wir es uns wieder in Erinnerung rufen, es rekonstruieren? Winckelmanns »Lehrgebäude« ist gewiß nicht im strengen Sinne philosophisch und kann daher kaum als dialektische Konstruktion verstanden werden. Doch es gibt darin einen Hauptbegriff, ein Wort, das die drei Schlaufen des Knotens zusammenhält. Ein gleichsam magisches Wort, denn es löst alle Widersprüche auf oder läßt sie vielmehr unbemerkt durchgehen. Und das ist das Wort *Nachahmung*. Es bildet das Hauptstück, den Dreh- und Angelpunkt seines Systems, das alle Unterschiede vereint und jede Kluft überbrückt.

In der oben bereits zitierten Schlußpassage seines Buchs[36] schien sich für Winckelmann ein Abgrund zu öffnen, ein deprimierender Abgrund angesichts des Verlusts der antiken Kunst und der Unmöglichkeit einer Rückkehr zum »geliebten Objekt«; ein Abgrund zwischen Trauer und »Wunsch«, zwischen den »Urbildern« der griechischen Statuen und ihren römischen »Kopien«. Doch an anderen Stellen in seinem Werk – angefangen ganz gewiß bei den *Gedanken* – schlägt die *Nachahmung* eine Brükke über diese Abgründe. Die vom neoklassizistischen Künstler praktizierte Nachahmung der Antike soll den Wunsch jenseits der Trauer wiederbeleben. Sie schafft eine Verbindung zwischen Original und Kopie, dank deren das *Ideal* oder das »Wesen der Kunst« über den Abgrund der Zeiten hinweg zu neuem Leben erwachen kann. Die Nachahmung macht es möglich, daß die – wie Potts dies nannte – »kategorische Abwesenheit« der griechischen Kunst eine Wiedergeburt erfährt und wieder zu einer »lebensvollen Gegenwart« findet.[37]

Denn es geht durchaus um Gegenwart und Gegenwärtiges: Die Gegenwart der Nachahmung sorgt für die »Wiederbelebung eines verlorenen Ursprungs«[38] und verleiht dem Ursprung damit eine aktive, aktuelle Gegenwart. Möglich ist das nur deshalb, weil das Objekt der Nachahmung kein Objekt ist – sondern das Ideal. Während das depressive Moment der Winckelmannschen Geschichte die griechische Kunst zu einem unerreichbaren *Objekt der Trauer* machte – »Wir haben, wie die Geliebte, gleichsam nur einen Schattenriß von dem Vorwurfe unsrer Wünsche übrig«[39] –, da macht ein, wie ich es nennen möchte, manisches Moment diese Kunst zu einem *greifbaren Ideal*, zum kategorischen Imperativ des Wesens der Kunst, das sich allein durch die Nachahmung der Antike erschließt. »Nachahmung« ist bekanntlich ein äußerst paradoxer Begriff. Aber gerade dieser paradoxe Charakter ermöglicht Winckelmanns berühmte Pirouette: »Der ein-

36 J. J. Winckelmann 1764, S. 393-394.
37 A. Potts 1991, S. 11.
38 M. Fried 1986, S. 87-97.
39 J. J. Winckelmann 1764, S. 393.

zige Weg für uns, groß, ja, wenn es möglich ist, unnachahmlich zu werden, ist die Nachahmung der Alten.«[40]

Das ist ein Kunstgriff beträchtlichen Ausmaßes, und ebenso beträchtlich sind die Folgen. Sie reichen bis in die Grundlagen, die zeitliche Architektur des ganzen Unternehmens hinein. Die von Winckelmann konstruierte Kunstgeschichte führt am Ende die natürliche Zeit der Veränderung auf die ideale Zeit des Wesens der Kunst zurück. Das erlaubt die Koexistenz des Schemas »Leben und Tod« oder »Größe und Verfall« mit dem intellektuellen Projekt einer »neoklassizistischen Wiedergeburt« oder Restauration. Das entscheidende Element dieses Kunstgriffs liegt in der Tatsache, daß die Nachahmung diese Wiedergeburt nur durch die Nachahmung des Ideals zu verwirklichen vermag. Wer erkennt hier nicht die drei fundamentalen »Zauberworte« des Vasarischen Idealismus, umgestellt, aber fortgeführt?[41] Wer erkennt nicht die Rückführung der *natürlichen* Zeit auf die *ideale* Zeit, in der die Mehrdeutigkeit des humanistischen Verständnisses von Nachahmung begründet liegt? Wie sollte im übrigen die *moderne* Nachahmung der Antike möglich sein ohne das vermittelnde Bindeglied, das Winckelmann selbst in der Nachahmung der Antike durch Renaissancekünstler – und in erster Linie durch Raffael – erblickte?

Aus dem Knoten (der Verwicklung) wird eine Schleife (die Lösung). Der Knoten der Antike findet seine Auflösung im Begriff des Ideals, der Knoten der Kunst in dem der Nachahmung, der Knoten der Geschichte in einem Renaissancebegriff. So hatte schon Vasari die humanistische Geschichte konstruiert. Und so beginnt die neoklassizistische Geschichte mit Winckelmann von neuem. Hier drängt sich erneut die von Herder gestellte Frage auf: Ob dies der Zweck der Geschichte sei, ob man Kunstgeschichte so verstehen müsse, »ob nicht außer dem Winckelmannischen Werk noch ein andres möglich und gut sei«.[42]

40 Ders. 1755, S. 2.

41 Siehe G. Didi-Huberman 1990a, S. 89-94 (dt. S. 80-85).

42 J. G. Herder 1778, S. 654.

Klären wir auch genauer, worum es heute bei dieser Frage geht, im Blick auf ein Winckelmannsches Erbe, das alle so einhellig für sich beanspruchen. Hinsichtlich der »Analyse der Zeiten« fragt sich zunächst einmal, ob es keine Zeit der Bilder gibt, die weder »Leben und Tod« noch »Größe und Verfall« ist, noch auch jene ideale »Renaissance«, deren Bedeutung die Historiker unablässig ihren eigenen Bedürfnissen anpassen. Gibt es nicht vielleicht auch eine *Zeit für Gespenster*, eine *Phantomzeit*, eine Wiederkehr der Bilder, ein »Nachleben«, die nicht dem Übertragungsmodell einer Nachahmung der antiken Werke durch jüngere unterworfen wäre? Gibt es nicht vielleicht auch eine *Zeit für die Erinnerung* an Bilder, ein dunkles Spiel des Verdrängten und seiner ewigen Wiederkehr, eine andere Zeit als die von dieser Kunstgeschichte, dieser Darstellung vorgeschlagene? Und hinsichtlich der Kunst selbst stellt sich die Frage, ob es vielleicht nicht auch ein »Korpus« von Bildern gibt, das sich mit den im 18. Jahrhundert geschaffenen Klassifikationen nicht erfassen läßt. Gibt es vielleicht nicht auch eine Form von Ähnlichkeit, die anders geartet ist als die »Nachahmung des Ideals« mit ihrer Ablehnung des Pathos, wie sie bei Winckelmann vorausgesetzt ist? Gibt es vielleicht nicht auch eine *Zeit für die Symptome* in der Geschichte der Bilder von der Kunst? Und ist diese Geschichte wirklich eines Tages »geboren worden«?

Warburg – unser Phantom

Anderthalb Jahrhunderte nachdem Winckelmann seine monumentale *Geschichte der Kunst im Altertum* verfaßt hatte, veröffentlichte Aby Warburg, nicht in Dresden, sondern in Hamburg, einen kurzen Text – eigentlich nur die fünfeinhalbseitige Zusammenfassung eines Vortrags – über »Dürer und die italienische Antike«.[43] Das dem Text vorangestellte Bild war weder eine *Auferstehung Christi* wie bei Vasari (Abb. 1) noch eine Darstellung olympischen Glanzes wie bei Winckelmann (Abb. 2), sondern eine leidenschaftliche, heftig bewegte und in ihrer physischen Erregung erstarrte menschliche Szene (Abb. 3).

Der Unterschied zwischen diesen drei Augenblicken im Nachdenken über Geschichte, Kunst und Antike erscheint ausgesprochen radikal. In seinem kurzen Text – er nimmt weniger Raum ein als eine einzige Lebensbeschreibung von Vasari – wie in seinem gesamten publizierten Werk – es ist kürzer als Winckelmanns Geschichte der Kunst – zerlegte und dekonstruierte Warburg im stillen sämtliche in Vasaris und Winckelmanns Kunstgeschichte eingesetzten epistemischen Modelle. Er dekonstruierte also, was die Kunstgeschichte heute noch für ihren Anfang hält.

An die Stelle des natürlichen Modells der Kreisläufe »Leben und Tod«, »Größe und Verfall« setzte Warburg ein entschieden nichtnatürliches, symbolisches Modell, ein *kulturelles Modell* der Geschichte, in dem die Zeit nicht auf biomorphe Stadien projiziert wird, sondern ihren Ausdruck in Schichten, hybriden Blöcken, Rhizomen, spezifischen Komplexitäten, oft unerwarteten Rückwendungen und stets verfehlten Zielen findet. An die Stelle des Idealmodells der »Renaissancen«, der »guten Nachahmung« und der »heiteren Schönheit« der Antike setzte Warburg ein *Phantommodell* der Geschichte, in dem die Zeit nicht

43 A. Warburg 1906, S. 125-135.

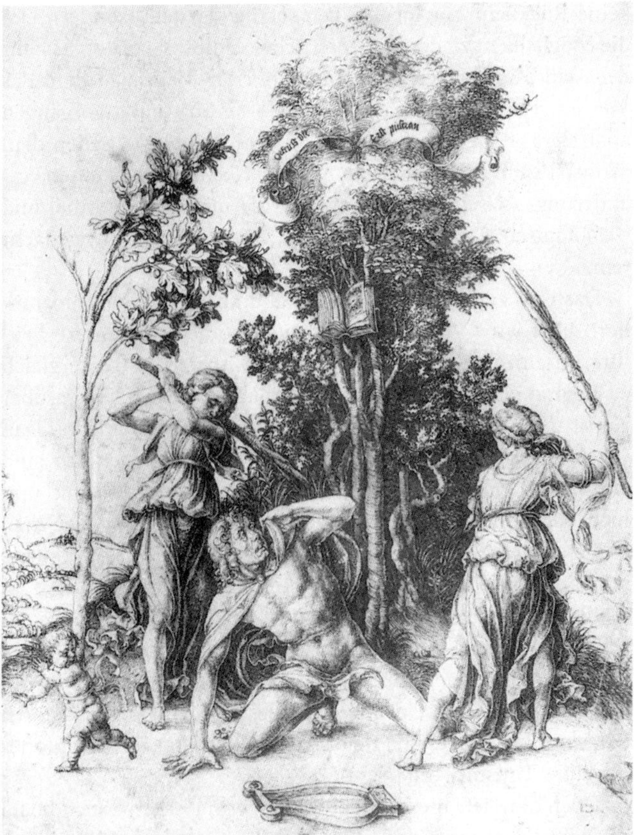

Abb. 3: Albrecht Dürer, *Der Tod des Orpheus*, 1994. Feder auf Papier. Hamburg, Kunsthalle. Photo: The Warburg Institute.

auf die akademische Weitergabe des Wissens projiziert wird, sondern ihren Ausdruck in einer zwanghaften Wiederkehr und einem geisterhaften »Nachleben« der Formen findet. Also im Ungewußten, Ungedachten und Unbewußten der Zeit. Letztlich handelte es sich bei diesem Phantommodell um ein *psychisches Modell*, und zwar in dem Sinne, daß die psychische Perspektive keine Rückkehr zur idealen Perspektive darstellt, sondern erst die Möglichkeit zu deren theoretischer Auflösung bietet. Es handelt sich also um ein *symptomorientiertes Modell*, in dem das Werden der Formen als ein Ensemble aus Spannungsvorgängen analysiert werden muß: Spannung zum Beispiel zwischen dem Wunsch nach Identifizierung und der Notwendigkeit einer Veränderung, zwischen Reinigung und Vermischung, normal und pathologisch, Ordnung und Chaos, Evidentem und Ungedachtem.

Das ist – zugegeben – sehr brutal und stark verkürzt formuliert. Und wir werden diese Arbeitshypothese für unsere Lektüre im einzelnen begründen müssen. Aber eines sollte gleich zu Beginn gesagt sein: daß mit Warburg das Nachdenken über Kunst und Geschichte eine entscheidende Wende erlebte. Daß wir nach ihm nicht mehr *vor dem Bild* und *vor der Zeit* sind wie zuvor. Dennoch »beginnt« die Kunstgeschichte mit ihm nicht im Sinne einer systematischen Neubegründung, wie man es vielleicht erwarten sollte. Mit ihm gerät die Kunstgeschichte unablässig in Unruhe und Bewegung, weil sie – man denke an die Benjaminsche Lektion – an einen Ursprung rührt. Kunstgeschichte im Sinne Warburgs ist genau das Gegenteil eines absoluten Anfangs, einer *tabula rasa*, sondern ein Wirbel im Strom des Fachgebiets, ein Unruhe stiftendes Moment, jenseits dessen der Lauf der Dinge eine tiefgreifende Richtungsänderung oder gar einen Umsturz erfährt.

Doch die Tiefe dieser Richtungsänderung scheint auch heute nur schwer erkennbar zu sein. Ich habe an anderer Stelle einige Spannungslinien aufzuzeigen versucht, die in der Geschichte wie auch im aktuellen Zustand des Fachgebiets die Wahrnehmung dieses Umsturzes behindert haben.[44] Dem sei hier ein hartnäckiger Eindruck hinzugefügt: Warburg ist unser Gespenst, unser Phantom. Er ist für die Kunstgeschichte das, was ein unerlöster Geist – ein Dibbuk – für das Haus wäre, in dem wir wohnen. Ein

44 Siehe G. Didi-Huberman 1994, S. 405-432; ders. 1996c, S. 145-163; ders. 1998b, S. 7-20.

Gespenst? Das ist etwas oder jemand, die ständig wiederkehren, die alles und alle überleben, die an den unterschiedlichsten Orten auftauchen, die eine Wahrheit bezüglich des Ursprungs verkünden. Es ist etwas oder jemand, die man nicht vergessen kann und dennoch unmöglich klar zu erkennen vermag.

Warburg – unser Phantom: irgendwo in uns, aber für uns selbst ungreifbar, unbekannt. Als er 1929 stirbt, erweisen ihm die Nachrufe – aus der Feder so angesehener Wissenschaftler wie Erwin Panofsky oder Ernst Cassirer – den großen Respekt, den man maßgeblichen Vorgängern schuldet.[45] Er gilt als Gründer einer wichtigen Disziplin: der Ikonologie. Aber sein Werk verblaßt schon bald hinter dem so klaren und deutlichen, weitaus systematischeren und größere Sicherheit bietenden Werk Panofskys.[46] Seither geistert Warburg in der Kunstgeschichte umher wie ein Vorfahr, zu dem man sich nicht bekennen mag, obwohl nie gesagt wird, wozu man sich denn nicht bekennen kann und was an ihm zu mißbilligen wäre – wie ein geisterhafter Vater der Ikonologie.

Warum geisterhaft? Zunächst, weil man nicht recht weiß, wo man ihn fassen kann. In seinem Nachruf auf Warburg schrieb Giorgio Pasquali 1930, der Historiker sei bereits zu seinen Lebzeiten »hinter der von ihm geschaffenen Institution verschwunden«, der berühmten Kulturwissenschaftlichen Bibliothek in Hamburg, die angesichts der Bedrohung durch die Nazis nach London verlegt wurde, wo sie überlebte und zu neuem Leben erwachte.[47] Um deutlich zu machen, wer und was Warburg war, beschloß Ernst Gombrich, dem man ein ursprünglich von Gertrud Bing in Angriff genommenes Projekt anvertraute, eine »intellektuelle Biographie« zu schreiben, die sich hinsichtlich der

---

45 E. Cassirer 1929a, S. 368-374; E. Panofsky 1929, S. 248-251; W. Waetzold 1930, S. 197-200.

46 Siehe W. S. Heckscher 1967, S. 253-289; U. Kultermann 1966, S. 374-383; G. Bazin 1986, S. 215-216 (der auf den 650 Seiten seines Buchs Warburg gerade einmal 40 Zeilen widmet). Zur – besseren – Rezeption Warburgs in Italien siehe G. Agosti 1985, S. 39-50.

47 G. Pasquali 1930, S. 484.

psychischen Aspekte der Geschichte und hinsichtlich Warburgs Persönlichkeit bereitwillig Grenzen setzte.[48] Diese Entscheidung führte zu einer etwas blutleeren »Ausarbeitung« eines Werkes, in dem die Dimension des Pathos wie die des Pathologischen sich letztlich als wesentlich erweist, und zwar sowohl auf der Ebene der untersuchten Objekte als auch auf der des darauf geworfenen Blicks. Edgar Wind hat diese vorsichtige Rekonstruktion, diese von Gombrich vorgenommene Entschärfung heftig kritisiert. Man trennt einen Menschen nicht von seinem Pathos – von seinen Empathien, seinen Pathologien.[49] Man trennt Nietzsche nicht von seinem Wahnsinn und Warburg nicht von seinem *Selbstverlust*, der dafür sorgte, daß er fast fünf Jahre in einer psychiatrischen Anstalt verbrachte. Umgekehrt besteht natürlich auch die Gefahr, das konstruierte Werk zugunsten einer unguten Faszination durch ein Schicksal zu vernachlässigen, das des *roman noir* würdig wäre.[50]

Ein weiterer Grund für Warburgs geisterhafte Erscheinung liegt in der Tatsache, daß sich die Grenzen seines Werkes bis heute nicht genau erkennen lassen. Wie ein Gespenst bleibt dieses Werk ohne genau bestimmbare Grenzen. Es hat noch nicht einmal sein *Korpus* gefunden. Es geistert durch sämtliche Bücher der Bibliothek – und selbst noch durch die Abstände zwischen den Büchern, wenn man an das berühmte »Gesetz der guten Nachbarschaft« denkt, das Warburg bei deren Anordnung walten ließ.[51] Aber vor allem entfaltet es sich in der gewaltigen Masse der noch unveröffentlichten Manuskripte, Entwürfe, Schemata, Tagebücher und Korrespondenzen, die Warburg unermüdlich führte, ohne jemals etwas wegzuwerfen, und die die

48 E. H. Gombrich 1970, S. 8-10 (dt. S. 20-23). Die stärker »persönlich« ausgerichtete Biographie von F. Cernia Slovin, 1995, ist ausgesprochen unzuverlässig.

49 E. Wind 1971, S. 106-113.

50 Siehe M. Warnke 1994, S. 126.

51 Siehe Saxl 1944, S. 433-449. Bei der ursprünglichen Konzeption der *Gesammelten Werke* 1932 hatte Saxl den Katalog der Bibliothek als Bestandteil des Warburgschen Werkes veröffentlichen wollen.

Herausgeber angesichts ihres »kaleidoskopischen« Charakters bislang noch nicht in eine sinnvolle Ordnung haben bringen können.[52] Solange wir diese Masse von Texten nicht genau kennen – darunter auch solche von explizit grundlegender Bedeutung wie die *Grundlegenden Bruchstücke zu einer monistischen Kunstpsychologie* von 1888-1905 oder die *Allgemeinen Ideen* von 1927 –, bleibt bei jeder Reflexion über Warburg eine gewisse Unsicherheit. Wer heute über dieses Werk schreibt, muß damit rechnen, daß die Arbeitshypothesen seiner Lektüre eines Tages durch eine unerwartete Facette dieses in der Schwebe befindlichen Korpus modifiziert oder in Frage gestellt werden.

Doch das ist noch nicht alles. Der geisterhafte Charakter dieses Denkens hat noch einen dritten, fundamentaleren Grund, der mit dem *Stil*, also der *Zeit* zusammenhängt. Wer Warburg liest, muß mit der Schwierigkeit fertigwerden, daß sich bei ihm das Tempo einer sehr aufreibenden und höchst unerwarteten Gelehrsamkeit – etwa wenn mitten in einer Analyse der Renaissancefresken im Palazzo Schifanoja in Ferrara ein arabischer Astronom des 9. Jahrhunderts namens Abû Ma'schar auftritt[53] – mit dem fast Baudelaireschen Tempo der *Raketen* mischt: aufschießende Gedanken, unsichere Gedanken, Aphorismen, Wortpermutationen, Begriffsexperimente … All die Dinge, von denen Gombrich meint, sie könnten den »modernen Leser« stören, obwohl gerade sie Zeichen und Ausdruck der Warburgschen Modernität sind.[54]

*

Von wo aus, von welchem Ort und aus welcher Zeit spricht nun dieses Phantom zu uns? Sein Wortschatz schöpft aus mehreren Quellen, macht Anleihen bei der deutschen Romantik und bei Carlyle, beim Positivismus und bei Nietzsches Philosophie. Der

52 E. H. Gombrich 1970, S. 3 (dt. S. 15).
53 A. Warburg 1912, S. 178.
54 E. H. Gombrich 1970, S. 67-68 (dt. S. 93-94)

Stil wechselt zwischen der gewissenhafte Sorge ums historische Detail und dem ungewissen Atem der prophetischen Intuition. Warburg selbst bezeichnete seinen Stil als »Aalsuppenstil«.[55] Stellen wir uns eine Masse aus schlangen- oder reptilienartigen Körpern vor, irgendwo zwischen den gefährlichen Schlingen des Laokoon – die Warburg sein Leben lang verfolgten, ebenso wie die von den Indianern in den Mund gesteckten Schlangen, die er gleichfalls untersuchte (Abb. 37) – und der formlosen, weder Kopf noch Schwanz aufweisenden Masse eines Denkens, das hartnäckig davor zurückscheut, »Schnitte zu legen«, das heißt, für sich selbst einen Anfang und ein Ende zu bestimmen.

Außerdem scheint Warburgs Wortschatz selbst etwas Geisterhaftes zu haben. Gombrich bemerkt, daß die wichtigsten Wörter seines Wortschatzes – zum Beispiel »bewegtes Leben«, »Pathosformel« und »Nachleben« – sich nur schwer ins Englische übersetzen lassen.[56] Man wird vielmehr sagen müssen, daß die angelsächsische Kunstgeschichte der Nachkriegszeit, die doch den deutschen Emigranten so viel verdankte,[57] sich große Mühe gab, auf die Sprache der deutschen Philosophie zu verzichten. Als unerlöster Geist einer bestimmten philologischen und philosophischen Tradition irrt Warburg daher in einer doppeldeutigen, kaum zu fassenden Zeit umher. Einerseits spricht er zu uns aus einer Vergangenheit heraus, die durch die »Fortschritte des Fachgebiets« überholt zu sein scheint. Aufschlußreich ist hier vor allem die Tatsache, daß der Ausdruck »Nachleben«, der so zentrale Bedeutung für das ganze Warburgsche Unternehmen besaß, vollkommen außer Gebrauch geraten ist und, falls er denn zufällig doch einmal fiel, niemals zum Gegenstand einer konsequenten epistemologischen Kritik gemacht wurde.

Andererseits kann man Warburgs Werk als einen prophetischen Text lesen, genauer gesagt, als Prophezeiung eines *zukünftigen Wissens*. Robert Klein schrieb 1964 über Warburg, er habe

---

55 A. Warburg, *Tagebuch*, 24. November 1906, zit. n. E. H. Gombrich 1970, S. 14 (dt. S. 32).

56 E. H. Gombrich 1970, S. 16-17 (in der dt. Übers. ausgelassen).

57 Siehe E. Panofsky 1953, S. 378-406; C. Eisler 1969, S. 544-629.

»ein Fachgebiet geschaffen, das im Gegensatz zu vielen anderen zwar existiert, aber keinen Namen besitzt«.[58] Giorgio Agamben nahm diese Formulierung auf und zeigte, wie »wenig begründet« die in Warburgs Werk angestrebte »Wissenschaft« sei – wobei diese Eigenheit weniger auf einen Mangel an Rationalität hinweise als auf den beträchtlichen Ehrgeiz und den umstürzenden Charakter dieser Art des Nachdenkens über Bilder.[59] Warburg sagte von sich selbst, er sei »wie gemacht für eine schöne Erinnerung«.[60] Und genau das ist der Sinn des Wortes »Nachleben«: etwas Vergangenes lebt unablässig fort. Zu irgendeinem Zeitpunkt wird seine Rückkehr in unsere Erinnerung zu einer dringenden Notwendigkeit, zur anachronistischen Notwendigkeit dessen, was Nietzsche das *Unzeitgemäße* genannt hat.

Das ist Warburg für uns heute: ein Nachlebender von dringender Notwendigkeit für die Kunstgeschichte. Unser Dibbuk. Das Gespenst unseres Fachgebiets: das zu uns von seiner (unserer) Vergangenheit und zugleich von seiner (unserer) Zukunft spricht. Was die Vergangenheit betrifft, dürfen wir uns über die philologische Arbeit freuen, die man Warburgs Werk vor allem in Deutschland in den letzten Jahren hat angedeihen lassen.[61] Was die Zukunft betrifft, stellt sich die Situation etwas schwieriger dar. Abgesehen von der übereinstimmenden Ansicht, daß Warburgs Werk Anstoß und Anregung gegeben habe,[62] gibt es durchaus verschiedene Lesarten. Nicht nur das Erbe der »Warburgschen Methode« ist von Anfang an in Frage gestellt worden,[63] auch die gegenwärtige Inflation der Hinweise auf diese angebliche Methode ist wahrhaft schwindelerregend. Warburg

58 R. Klein 1970, S. 224.

59 G. Agamben 1984, S. 9-43.

60 G. Bing 1958, S. 455; dies. 1965, S. 438-439; dies. 1966, S. IX-XXXV.

61 Eine umfassende Bibliographie findet sich bei D. Wuttke 1998.

62 Siehe D. Wuttke 1977; M. Warnke 1980a, S. 113-186; C. H. Landauer 1981, S. 67-71; H. Bredekamp 1991, S. 1-6.

63 Siehe G. Bing 1965, S. 300-301: Warburg sei »hinter seinem Erbe aus dem Gesichtsfeld verschwunden«. Den wenig überzeugenden Versuch einer »Soziologie« Warburgscher Schule hat G. Vestuti 1994 unternommen.

wird gleichsam nur noch geisterhafter, wenn alle ihn als Schutzgeist der unterschiedlichsten theoretischen Ansätze beschwören: als Schutzgeist der Mentalitätsgeschichte, einer Sozialgeschichte der Kunst oder der Mikrogeschichte;[64] als Schutzgeist der Hermeneutik,[65] des sogenannten Antiformalismus[66] oder einer angeblichen »retromodernen Postmoderne«;[67] als Schutzgeist der *New Art History* oder gar als wichtigen Verbündeten der feministischen Kritik ...[68]

64 Siehe C. Ginzburg 1966, S. 39-96; E. Castelnuovo 1977, S. 7-9; J. Bialostocki 1981, S. 25-43; M. Podro 1982, S. 158-168; P. Burke 1991, S. 39-44.

65 S. G. Syamken 1980, S. 15-26.

66 Siehe É. Pinto 1987, S. 91-107; ders. 1990, S. 11-14. Der Autor fügt – gleichfalls zu Unrecht – hinzu, Warburg sei »leichten Sinnes über die Moderne hinweggegangen, ohne sie eines Blickes zu würdigen« (S. 10).

67 Ebd., S. 12; ders. 1992, S. 27-42.

68 Siehe M. Iversen 1991, S. 281-287; dies. 1993, S. 541-553.

Die Formen überleben: Die Geschichte öffnet sich

Eines ist indessen sicher, wie Ernst Gombrich schrieb (und er dürfte kaum übersehen haben können, daß dieser Satz auch für ihn selbst gilt): »Die Faszination, die Warburgs Erbe ausübt, kann auch verstanden werden als Symptom einer gewissen Unzufriedenheit« mit der Kunstgeschichte, wie sie seit dem Ende des Zweiten Weltkriegs praktiziert wird.[69] Warburg selbst hatte zu seiner Zeit eine ähnliche Unzufriedenheit empfunden: Ausdruck eines noch nicht ausgearbeiteten Anspruchs. 1888, mit zweiundzwanzig Jahren, geißelte er bereits in seinem *Tagebuch* eine Kunstgeschichte für die »sogenannten Gebildeten«, die »ästhetisierende« Kunstgeschichte derer, die sich damit begnügen, Werke der bildenden Kunst nach ihrer Schönheit zu beurteilen. Er verwendet bereits den Ausdruck »Kunstwissenschaft« und meint, eines Tages werde jemand, der öffentlich über Kunst rede, ohne sich darin vertieft zu haben, ebenso lächerlich wirken wie jemand, der über Medizin redet, ohne Arzt zu sein.[70]

Und weil er »vor der ästhetisierenden Kunstgeschichte einen aufrichtigen Ekel bekommen« hatte, so erinnert er sich 1923, hatte er sich plötzlich auf den Weg nach Neu-Mexiko gemacht.[71] Sein Leben lang forderte er eine radikalere Befragung der Bilder als die geschmäcklerische Neugier der »Attributzler« (wie Morelli, Venturi oder Berenson), die er als professionelle Bewunderer charakterisiert. Und er forderte mehr als den vagen Ästhetizismus der (ordinären, das heißt bürgerlichen) Schüler Ruskins oder Walter Paters, Burckhardts oder Nietzsches. Voller Sarkasmus mokierte er sich in seinen Tagebüchern über den »Reise-

69 E. H. Gombrich 1970, S. VII – Vorwort zur (engl.) Ausgabe von 1986.
70 A. Warburg, Brief vom 3. August 1888, zit. ebd., S. 59.
71 Ders. 1923b, S. 569.

typus des Übermenschen in den Osterferien, mit Zarathustra in der Tasche seines Lodenmantels«.[72]

Auf diese Unzufriedenheit reagierte Warburg mit einem Hang zu ständigem Wechsel: einem Wechsel im Denken, in den philosophischen Perspektiven, in den Wissensbereichen, den historischen Perioden, den kulturellen Hierarchien und den geographischen Orten. Und dieser ständige Wechsel verstärkt noch seine geisterhafte Erscheinung. Warburg war zu seiner Zeit – und ist heute mehr als je zuvor – das Irrlicht oder Gespenst der Kunstgeschichte. Schon sein Wechsel zur Kunstgeschichte – und ganz allgemein seine Hinwendung zur Wissenschaft und zu den Bildern – war das Ergebnis einer kritischen Auseinandersetzung mit seinem familiären Umfeld: eines Unbehagens am geschäftlich orientierten Bürgertum und an der jüdischen Orthodoxie.[73] Vor allem aber wird sein Wechsel innerhalb der Kunstgeschichte hin zu deren Grenzen und darüber hinaus in diesem Fachgebiet zu einem heftigen kritischen Prozeß führen, zu einer Krise und einer echten *Dekonstruktion der Grenzen dieser Disziplin.*

Dieser Prozeß zeichnete sich bereits in den Wahlentscheidungen ab, die der junge Warburg als Student von 1886 bis 1888 traf. Er hört – in jeglichem Sinne des Wortes – klassische Archäologen wie Reinhard Kekulé von Stradonitz (in dessen Lehrveranstaltung er die Ästhetik des *Laokoon* entdeckt und 1887 seine allererste Analyse einer Pathosformel vorträgt) oder Adolf Michaelis (bei dem er die Parthenonfriese untersuchte).[74] Er ist Schüler von Carl Justi, der ihn in die klassische Philologie und Winckelmann einführt, aber auch in Velázquez und die flämische Malerei. Als Gegengewicht begeistert er sich für die »anthropologische« Philologie Hermann Useners, mit all den

72 A. Warburg, Entwurf eines Briefs an Adolph Goldschmidt, August 1903, zit. in: E. H. Gombrich 1970, S. 111 und 143 (dt. S. 147 und 181-183).

73 Siehe A. M. Meyer 1988, S. 445-452; R. Chernow 1993, S. 60-61, 121-123, 194-195, 204-205, 286-288 (dt. S. 88-90, 158-160, 248-249, 260-262, 356-358); B. Roeck 1997. Zur Geschichte der Familie Warburg siehe auch D. Farrer 1975; J. Attali 1985; und *Warburg* 1988.

74 Siehe E. H. Gombrich 1970, S. 37-38 und 55-56 (dt. S. 56-58 und 75).

philosophischen, ethnographischen, psychologischen und historischen Problemen, die sie in ihrem Gefolge aufwarf. Schließlich findet er in Karl Lamprechts Vorlesungen über Geschichte aus »sozialpsychologischer« Sicht eine Grundlage für seine zukünftige Methodologie.[75]

Im Blick auf die Renaissance dienen ihm die Lehren von Riehl und Thode eher als Kontrastfiguren – sie sahen in der Entwicklung der italienischen Kunst eine Folge des franziskanischen Geistes und maßen daher der Rückkehr zur heidnischen Antike nur eine sekundäre Bedeutung bei.[76] Durch Hubert Janitschek jedoch verstand er die Bedeutung der *Kunsttheorien* – der von Dante, der von Alberti – wie auch die Rolle der mit jeder künstlerischen Produktion verbundenen *sozialen Praxis*.[77] Was August Schmarsow angeht, so führte er Warburg ganz einfach in das, wie ich es nennen möchte, *Florentiner Terrain* ein. Dort, an Ort und Stelle, hörte der junge Historiker dessen Vorlesungen über Donatello, Botticelli oder das Verhältnis zwischen Gotik und Renaissance im Florenz des Quattrocento – all die Themen, die wir heute als charakteristische Warburg-Themen kennen.[78]

Außerdem vertrat Schmarsow eine Kunstwissenschaft, die sich entschieden für anthropologische und psychologische Fragestellungen öffnete. Er entwickelte ein eigenes Konzept der visuellen Kommunikation und der »Verständigung«, aber vor allem verstand er die fundamentale Bedeutung dessen, was man damals die »Gebärdensprache« nannte. Er griff das Ausdrucksproblem des *Laokoon* jenseits von Lessing wieder auf und versuchte auf der Grundlage des Begriffspaars »Mimik« und »Plastik« eine Theorie der körperlichen Bildeinfühlung zu entwickeln.[79] Unter diesen Umständen dürfte es weniger erstaunlich erscheinen, daß

---

75 Ebd., S. 27-31 (dt. S. 43-48).

76 Ebd., S. 27 und 38-40 (dt. S. 43 und 58-59).

77 Siehe H. Janitschek 1877, 1879 (wo die Bedingungen der Auftragsvergabe und das Mäzenatentum auf den Seiten 1-27 und 73-99 untersucht werden) sowie 1892.

78 Siehe A. Schmarsow 1886, 1921 und 1923.

79 Ders. 1899, S. 57-79 (»Mimik und Plastik«), 1907a, 1907b und 1929.

der junge Warburg von den antiken *Psychomachien* zur Lektüre von Wundt überging und von Botticelli zu medizinischen Vorlesungen und daß er sogar ein Seminar zur Theorie der Wahrscheinlichkeitsrechnung besuchte, in dem er 1891 ein Referat über »die logischen Voraussetzungen von Glücksspielen« hielt.[80] So entstand nach und nach durch das – scheinbar erratische – Spiel dieser vielfältigen Wechselbewegungen ein eher in Bewegung als in Bildung begriffenes Wissen. Der 1866 geborene Warburg gehörte zu einer äußerst angesehenen Generation von Kunsthistorikern (Émile Mâle wurde 1862 geboren, Adolph Goldschmidt 1863, Heinrich Wölfflin 1864, Bernard Berenson 1865, Julius von Schlosser 1866, Max J. Friedländer 1867, Wilhelm Vöge 1868 ...) – doch durch seine *erkenntnistheoretische Position* unterschied er sich grundlegend von ihnen. 1904, er näherte sich den Vierzigern, scheiterte er ein weiteres Mal mit dem Versuch einer Habilitation für eine Professur in Bonn. Halb hellsichtig, halb ängstlich hatte er schon 1897 geschrieben: »Endgültig entschieden: ich tauge nicht zum Priv. Doz.«[81] In der Folgezeit sollte er Berufungsvorschläge für Lehrstühle in Breslau und Halle und überhaupt jede öffentliche Stellung ablehnen, so auch das Angebot, die deutsche Delegation auf dem Internationalen Kongreß in Rom (1912) zu vertreten, dessen aktivster Förderer er selbst gewesen war. Er sollte ein Privatgelehrter bleiben: ein Forscher und Gelehrter, dessen Projekt, die »namenlose Wissenschaft«, sich nicht mit der Abschließung der Fachgebiete und anderen akademischen Arrangements zufriedengeben konnte.

Das also war die Unzufriedenheit, die den Ausgangspunkt bildete: die *Territorialisierung des Wissens über die Bilder*. In seinem Beitrag für den Kunsthistorischen Kongreß in Rom 1912 über die astrologischen Motive auf den Fresken Francesco del

80 Siehe E. H. Gombrich 1970, S. 55-56 (dt. S. 75). Das von Gombrich gezeichnete Bild des geistigen Werdegangs Aby Warburgs ist von E. Wind, 1971, S. 112-113, kritisiert und vervollständig worden, wie auch von F. Gilbert, 1972, S. 381-391 (der auf Diltheys Einfluß verweist).

81 A. Warburg, *Tagebuch*, 12. Januar 1897, zit. in E. H. Gombrich 1970, S. 95 (dt. S. 128).

Cossas in Ferrara sprach er sich denn auch zum Schluß seiner Ausführungen für eine Öffnung seines Fachgebiets aus:

> Mit diesem hier gewagten vorläufigen Einzelversuch wollte ich mir ein Plädoyer erlauben zu Gunsten einer methodischen Grenzerweiterung unserer Kunstwissenschaft ...[82]

Es wäre durchaus berechtigt, aber sehr unvollständig, wenn man dieses Plädoyer als Forderung nach »Interdisziplinarität« verstünde oder als philosophische Erweiterung einer Betrachtung der Bilder, die über die Tatsachen- und Stilprobleme der traditionellen Kunstwissenschaft hinausginge. Sicher ist, daß Warburg stets den Wunsch hatte, die *philologischen Bemühungen* (also die dazu erforderliche Vorsicht und Kompetenz) mit den *philosophischen Bemühungen* (also der dafür unerläßlichen Risikobereitschaft und Kühnheit) zu versöhnen. Doch in Warburgs Forderung bezüglich der Kunstgeschichte ist mehr enthalten, nämlich eine ganz bestimmte Position hinsichtlich der beiden Begriffe »Kunst« und »Geschichte«.

Warburg war, wie ich glaube, unzufrieden mit der Territorialisierung einer Wissenschaft der Bilder, weil er zumindest von zwei Dingen überzeugt war. Erstens stehen wir *vor einem Bild* nicht wie vor einer Sache, deren Grenzen wir genau bestimmen können. Die Gesamtheit der positiven Koordinaten – Urheber, Entstehungszeit, Technik, Ikonographie – reichen offenkundig nicht aus. Ein Bild, jedes Bild, ist das Ergebnis von Bewegungen, die sich vorläufig darin sedimentieren und kristallisieren. Diese Bewegungen durchdringen das Bild vollständig, und jede besitzt eine – historische, anthropologische, psychologische – Bahn, die ihren Ausgangspunkt außerhalb des Bildes hat und über es hinaus führt. Sie zwingen uns, das Bild als einen energetischen oder dynamischen Augenblick zu denken, der allerdings eine spezifische Struktur besitzt.

Für die Kunstgeschichte hat das eine fundamentale Folge, die Warburg unmittelbar nach seinem »Plädoyer« formulierte: Wir

82 A. Warburg 1912, S. 185.

stehen vor einem Bild wie *vor einer komplexen Zeit*, der dynamischen, zu einer vorläufigen Gestalt geronnenen Zeit ebendieser Bewegungen. Die Folge – oder der Einsatz – einer »methodischen Grenzerweiterung« ist nichts anderes als eine Entterritorialisierung des Bildes und der Zeit, die dessen Geschichtlichkeit zum Ausdruck bringt. Und das heißt, *die Zeit des Bildes ist nicht die Zeit der allgemeinen Geschichte*, jener Zeit, die Warburg mit dem Ausdruck »allgemeine Entwicklungs-Kategorien« belegt. Worin liegt die drängende (unangemessene, unzeitgemäße) Aufgabe? Die Kunstgeschichte muß »ihre eigene Entwicklungslehre« finden, ihre eigene Theorie der Zeit – die Warburg im übrigen auf eine »historische Psychologie« ausrichten möchte:

> Die Kunstgeschichte wird durch unzulängliche allgemeine Entwicklungs-Kategorien bisher daran gehindert, ihr Material der allerdings noch ungeschriebenen »historischen Psychologie des menschlichen Ausdrucks« zur Verfügung zu stellen. […] Tastend sucht sie zwischen den Schematismen der politischen Geschichte und den Doktrinen vom Genie ihre eigene Entwicklungslehre zu finden.[83]

Es müßte heute möglich sein, Warburg in seinem »tastenden« Versuch zu folgen, die Mauern zu durchdringen und die Trennwände zu beseitigen – die Trennwände um das Bild und um die Zeit, die es trägt oder von der es getragen wird. Die organische Bewegung verfolgen hieße nichts auslassen – eine überwältigende Aufgabe. Immerhin wird dieses Unternehmen einer epistemologischen Kritik in Umrissen erkennbar, wenn man sich fragt, auf welchem Weg oder auf welchen Wegen Warburg die Kunstgeschichte in Bewegung versetzte und darin einen Wechsel bewirkte. Und wieder einmal sehen wir, daß hier alles um den Stil – den Stil des Denkens, der Wahlentscheidung, des Wissens – geht, das heißt um Zeit und Tempo.

*

83 Ebd.

Ein erster Weg, einen Wechsel herbeizuführen, liegt darin, sich Zeit zu nehmen und zu *unterscheiden*. Warburg »unterscheidet« bereits Geschichte von Kunst. Er gibt ihr eine andere Zeit als die Vasarische der selbstglorifizierenden »Geschichten« und als die Hegelsche des »universellen Ziels der Geschichte«. Er erschafft ein neues Verhältnis zwischen dem Besonderen und dem Universellen. Zu diesem Zweck durchquert er die traditionellen Felder der Kunst und sorgt für einen Umsturz. Die Uffizien genügen ihm nicht mehr. Er beschließt, in die hierarchisch ungeordnete Welt des *Archivio* mit seinen unzähligen privaten *ricordanze*, Rechnungsbüchern und beglaubigten Testamenten einzudringen ... Der Vertrag über eine 1481 nach dem Kopf des Stifters geschaffene Votiv-Figur oder das Testament eines Florentiner Bürgers werden so in seinen Augen zu einem echten – bewegten und grenzenlosen – Stoff, mit dessen Hilfe er die Geschichte der Renaissance neu zu erfinden vermag.[84] Eine Geschichte, die man bereits insofern *geisterhaft* nennen kann, als das Archiv darin als materielle Spur des Rumorens der Toten gilt. Warburg schreibt, ihm gehe es darum, mit Hilfe der »Urkunden des Archivs« den »unhörbaren Stimmen wieder Klangfarben zu verleihen« – den Stimmen der Verschwundenen, Stimmen, die aber dennoch in den schlichten Schriftzeichen und den eigentümlichen Wendungen eines im *Archivio* ausgegrabenen Tagebuchs aus dem Quattrocento aufbewahrt und eingeschlossen sind.[85]

Die Bilder selbst gelten in dieser Perspektive einer geisterhaften Wiederkehr als die überlebenden Reste einer anthropologischen Dynamik und Sedimentierung, die nur noch partiellen oder virtuellen Charakter haben, weil die Zeit sie weitgehend zerstört hat. Das Bild – angefangen bei jenen Porträts Florentiner Bankiers, die Warburg mit besonderer Inbrunst untersuchte – wären danach in allererster Annäherung als das anzusehen, *was von einem Gespenstervolk überlebt*. Gespenster, deren Spu-

84 Ders. 1902a, S. 90; ders. 1907b, S. 137-163.
85 Ders. 1902a, S. 90.

ren kaum sichtbar, aber überall verstreut sind: in einem astrologischen Geburtsmotiv, einem Geschäftsbrief, einer Blumengirlande (ebenjener, von der Ghirlandaio seinen Beinamen bezog), in Details einer Kleidermode, einer Gürtelschnalle oder in der eigentümlichen Form eines Haarknotens …

Diese anthropologische Zerstreuung erfordert natürlich eine Vielzahl von Blickwinkeln, Ansätzen und Kompetenzen. Die eindrucksvolle Kulturwissenschaftliche Bibliothek Warburg in Hamburg sollte sich – unendlich geduldig, ständig erweitert und im Zustand einer permanenten Baustelle – dieser Aufgabe eines epistemologischen Wechsels widmen. Die Bibliothek, deren Grundidee schon auf das Jahr 1889 zurückging und die zwischen 1900 und 1906 konkrete Gestalt annahm, bildete gleichsam ein *opus magnum*, in dem ihr Autor, allerdings mit Unterstützung durch Fritz Saxl, sich wahrscheinlich im gleichen Maße verlor, wie er sich darin seinen »Denkraum« schuf.[86] In diesem rhizomartig wuchernden Raum – der 1929 insgesamt 65.000 Bände umfaßte – erlebte die Kunstgeschichte als akademische Disziplin die Probe einer geregelten Neuausrichtung: Wo immer *Grenzen* zwischen Fachgebieten bestanden, suchte die Bibliothek *Verbindungen* herzustellen.[87]

Doch dieser Raum war immer noch die *working library* einer »namenlosen Wissenschaft«: eine *Arbeits*bibliothek, aber auch eine *arbeitende* Bibliothek. Fritz Saxl hat einmal treffend bemerkt, sie sei vor allem ein *Raum des Fragens* gewesen, ein Ort zur Dokumentation von Problemen, ein komplexes Netzwerk, in dessen Zentrum – eine für unsere Zielsetzung äußerst aufschlußreiche Tatsache – die *Frage der Zeit* und der Geschichte stand. Schon ihre Gliederung habe dazu gedrängt, sich auf Probleme einzulassen und in sie einzudringen. Und »an der

---

86 Siehe F. Saxl 1930b, S. 331-334; ders. 1944, S. 433-450; C. H. Landauer 1984; S. Settis 1985, S. 122-173; H. Dilly 1991, S. 125-140; T. von Stockhausen 1992; C. Brosius 1993; M. Diers (Hg.) 1993; R. Drommert 1995, S. 14-18; N. Mann 1995, S. 210-227. Zu Fritz Saxls – ganz beträchtlicher – Rolle siehe G. Bing 1957, S. 25-43.

87 Siehe A. Blunt 1938, unpaginiert.

Spitze« der Bibliothek habe die Abteilung Geschichtsphilosophie gestanden.[88]

Salvatore Settis hat in einem bemerkenswerten Aufsatz die praktischen Vorbilder dieser Bibliothek – angefangen bei der Universitätsbibliothek in Straßburg, wo Warburg studiert hat – und den theoretischen Kontext der Debatten über die Klassifikation des Wissens Ende des 19. Jahrhunderts rekonstruiert. Vor allem hat er die Vorläufer einer unablässigen Infragestellung der Wege und »Orte« der Bibliothek in Abhängigkeit von der Art und Weise nachgezeichnet, wie Warburg mit den Grundproblemen experimentierte, die mit Begriffen wie »Nachleben der Antike«, »Ausdruck« oder auch »Mnemosyne« umschrieben sind.[89]

Dadurch wird deutlicher, inwiefern eine so konzipierte Bibliothek den ständigen Wechsel zu leisten vermochte. Eine *heuristische* Einstellung – also eine nicht im Axiom ihres Ergebnisses vorweggenommene Denkerfahrung – leitete die Arbeit ihrer ständigen Umgestaltung. Wie ließ sich Interdisziplinarität organisieren? Voraussetzung war auch hier wieder ein schwieriges Zusammenwirken zwischen philologischem Getriebe und philosophischem Sand. Voraussetzung war die Schaffung einer echten *Archäologie des Wissens*, verbunden mit den heute so genannten »Wissenschaften vom Menschen«, eine theoretische Archäologie, in deren Mittelpunkt bereits die Frage der Formen und der Symbole stand.[90]

Aber sogleich zeigte sich auch der *aporetische* Charakter eines solchen Unternehmens. Es war zunächst das Unternehmen eines einzigen Mannes und eines einzigen Universums von Fragen. Es ist schon recht seltsam, ein Werkzeug zu benutzen, das in solchem Maße die Handschrift seines Urhebers trägt – und das spürt man heute noch, wenn man im Warburg Institute in

88 F. Saxl 1923, S. 9-10.

89 S. Settis 1985, S. 128-163. Die Entwicklung der Klassifikation erscheint dabei wie eine ständige Permutation der Begriffe »Bild«, »Wort«, »Handlung« und »Orientierung«.

90 Siehe M. Jesinghausen-Lauster 1985; D. Wuttke (Hg.) 1989.

London zwischen den Regalen umhergeht. Warburgs Bibliothek hat gerade deshalb die Zeiten so gut überstanden, weil die Geister der von ihm aufgeworfenen Fragen noch längst keine Ruhe gefunden haben. Ernst Cassirer hat in seinem Nachruf auf den Historiker eine wunderbare Passage über den *auratischen* Charakter einer Bibliothek geschrieben, die zugleich so privat und so offen ist, »erfüllt von geistigen Urmotiven«, aus denen geisterhaft und noch »namenlos« eine mögliche *Archäologie der Kultur* hervorzugehen scheint.[91] Allerdings trägt etwas derart Merkwürdiges unvermeidlich auch das Stigma der Aporie. Warburg vervielfachte die Verbindungen zwischen den Wissensbereichen, das heißt zwischen den möglichen Antworten auf die irrsinnige Überdeterminiertheit der Bilder – und in dieser Vervielfachung träumte er wahrscheinlich davon, nicht zu wählen, nicht zu unterscheiden, keinerlei Schnitte zu legen, sich die nötige Zeit zu nehmen und alles zu berücksichtigen: Wahnsinn. Wie soll man sich in einem Knoten aus Problemen orientieren? Wie soll man sich in der »Aalsuppe« der Bedingtheit der Bilder orientieren?

Es gibt noch eine weitere Möglichkeit, die Frage zu stellen und einen Wechsel in den Dingen herbeizuführen. Einen anderen Stil, ein anderes Tempo. Man vergeudet seine Zeit – oder tut jedenfalls so. Man gibt seinen Impulsen nach und schweift ab. *Man biegt plötzlich ab.* Man unterscheidet nichts mehr, sondern setzt sich den Unterschieden ganz unmittelbar aus. Man begibt sich ins Feld. Nicht daß Archiv oder Bibliothek reine Abstraktionen oder Nichtfelder wären. Im Gegenteil, diese Schatzkammern des Wissens und der Zivilisation besitzen eine Vielzahl von Schichten, deren Bodenbewegungen man – von einem Archiv zum nächsten, von einem Feld zum anderen – verfolgen kann. Aber Abbiegen ist etwas anderes. Abbiegen heißt, sich ins Feld begeben, an Ort und Stelle sein, die existentielle Probe der Fragen zu akzeptieren, die man sich stellt.

Tatsächlich geht es darum, an sich selbst einen Wechsel der

---

91 E. Cassirer 1929a, S. 369.

Sichtweise zu erleben: seine Stellung gegenüber dem Subjekt zu wechseln, um die Definition seines Objekts wechseln zu können. Warburg selbst begründete seine Reise nach Neu-Mexiko mit einem »Willen zum Romantischen« und einem tiefen Abscheu vor der »Leerheit der Zivilisation«, die er während einer Familienreise an der amerikanische Ostküste beobachtete. Aber er verwies auch auf im eigentlichen Sinne »zur Wissenschaft« gehörige Gründe, die mit seinem »Ekel« vor der »ästhetisierenden Kunstwissenschaft« und seiner eigenen Suche nach einer »Kunstwissenschaft« zusammenhingen, die offen für das symbolische – oder wie er damals sagte: kulturelle – Feld sei (eine »Kulturwissenschaft«).[92]

Obwohl Warburgs »Reise zu den Indianern« oft untersucht worden ist,[93] bleibt die Frage, was er dort eigentlich suchte – und was er fand –, bis zu einem gewissen Punkt ungeklärt. Wenn man – jenseits der verwunderten oder gar schockierten Lesarten, die darin den rein negativen und deplazierten Akt eines in einer tiefen persönlichen Krise steckenden Kunstwissenschaftlers erblicken – die methodologische Bedeutung solch eines *Wechsels* anerkennt, stellt sich die Frage, *welcher Art von Objekt* Warburg auf dieser Reise begegnen konnte: welcher Art von Objekt, das in der Lage war, innerhalb des im Ausdruck »Kunstgeschichte« enthaltenen Objekts »Kunst« einen Wechsel herbeizuführen. Entsprechend wollen wir uns fragen, *welche Art von Zeit* Warburg dort erlebte, die in der Lage war, innerhalb der »Geschichte«, wie man sie in dem Ausdruck »Kunstgeschichte« allgemein begreift, einen Wechsel herbeizuführen.

Welcher Art von Objekt begegnete Warburg auf diesem Erfahrungsfeld? Etwas, das damals – 1895 – wahrscheinlich noch unbenannt blieb. Etwas, das *Bild* war, aber auch (körperliche, soziale) *Handlung* und (psychisches, kulturelles) *Symbol*. Insge-

---

92 A. Warburg 1923b, S. 568-569.

93 Ders. 1923c. Siehe F. Saxl 1929-1930, S. 317-326; A. Dal Lago 1984, S. 67-91; C. Naber 1988, S. 88-97; P. Burke 1991, S. 39-44; K. Forster 1991, S. 11-37; ders. 1996, S. 5-24; S. Settis 1993, S. 139-158; F. Janshen 1993, S. 87-112.

samt eine theoretische »Aalsuppe«. Ein Haufen Schlangen – der Haufen, der in dem Ritual in Oraibi *in actu* wimmelt; der Haufen, der *im Symbol* seine Blitze über den Himmel zucken läßt; und der Haufen schließlich, der *als Bild* in den reptilienartigen Stalaktiten Neu-Mexikos oder den Spiralen eines Barockaltars in Acoma sichtbar wird, vor dem einige Indianer beten.[94]

Das Problem, das diese »Konkretion« aus Handlungen, Bildern und Symbolen aufwirft, ist sicher nicht die Frage, ob Warburg hier nach *Ähnlichkeit* oder *Unähnlichkeit* mit den Objekten seiner Arbeit im Bereich der europäischen Kunst und insbesondere der Florentiner Renaissance suchte. Ging es ihm um eine Analogie zur Renaissance mit ihren Festen, ihren Darstellungen des Apoll und der Pythonschlange, ihren dionysischen und heidnischen Elementen, wie Peter Burke meint?[95] Oder erkundete er eine völlige Umkehrung der klassisch europäischen Perspektive, wie Sigrid Weigel glaubt?[96] Die Antwort müßte wohl dialektisch sein: In der – mit Alessandro Dal Lago zu sagen[97] – »sichtbaren Verkörperung des Fremden« suchte Warburg zweifellos eine nicht gemeinsame und archetypische, sondern *andersartige* und *vergleichende* Grundlage für die Polaritäten, die seines Erachtens jegliches Kulturphänomen kennzeichnen.

Inwiefern war nun dieses Objekt in der Lage, einen Wechsel des Objekts »Kunst« herbeizuführen, das die Kunstgeschichte als Fachgebiet traditionell ins Auge faßt? Insofern es sich nicht eigentlich um ein Objekt handelte, sondern um einen Komplex – einen Haufen, ein Konglomerat oder ein Rhizom – aus *Beziehungen*. Das ist ohne Zweifel der Hauptgrund, weshalb Warburg sich sein Leben lang so leidenschaftlich für die Berücksichtigung anthropologischer Fragen einsetzte. Die Verankerung der Bilder und Kunstwerke im Feld der anthropologischen Fragen war ein erster Weg, einen Wechsel in der Kunstgeschichte herbeizuführen, aber auch, sie auf ihre eigenen »Grundpro-

94 Siehe P.-A. Michaud 1998a, Abb. 66, 68, 70, 80-83.
95 Siehe P. Burke 1991, S. 41.
96 Siehe S. Weigel 1995, S. 135-153.
97 Siehe A. Dal Lago 1984, S. 84-86.

bleme« zu verpflichten. Als Historiker lehnte Warburg es – wie Burckhardt vor ihm – ab, diese Probleme auf der Begründungsebene aufzuwerfen, wie Kant oder Hegel es getan hätten. Die »Grundprobleme« aufwerfen hieß nicht, das *allgemeine Gesetz* oder das Wesen einer menschlichen Fähigkeit (der Schaffung von Bildern) oder eines Wissensgebiets (der Geschichte der bildenden Kunst) zu ermitteln. Es hieß, den Untersuchungsbereich auf weitere einschlägige Einzelfälle auszudehnen und das Feld der betrachteten Phänomene zu erweitern bei einem Fachgebiet, das bis dahin auf seine Objekte fixiert war wie ein Schuhfetischist auf seine Schuhe – und dabei die Beziehungen ignorierte, die seine Objekte herstellten oder durch die sie zustande kamen.

*

Die Anthropologie sorgt also für einen Wechsel, für eine »Verfremdung«, eine »Beunruhigung« innerhalb der Kunstgeschichte. Nicht damit sie sich in einer eklektischen, perspektivelosen Interdisziplinarität verliert, sondern um sie für ihre eigenen »Grundprobleme« zu öffnen, die zu einem großen Teil im Ungedachten dieses Fachgebiets bleiben. Es geht darum, der extremen, für die Bilder konstitutiven *Komplexität* der Beziehungen und Bedingungszusammenhänge – oder besser: *Überdeterminierungen* – Rechnung zu tragen, aber auch die durch die Bilder konstituierte Besonderheit der Beziehungen und der formalen Arbeit zu reformulieren. Es ist äußerst dumm – und geschieht doch allzu oft –, in Warburg nur einen Erforscher historischer »Tatsachen« und ikonologischer »Inhalte« zu sehen, einen angeblichen Antiformalisten, der unfähig gewesen sei, zwischen Bildern aus Massenproduktion und einzigartigen Meisterwerken zu unterscheiden. Er versuchte vielmehr, und sein letztes Projekt, *Mnemosyne*, zeigt es in aller Deutlichkeit, das *Stilproblem*, dieses Problem der formalen Gestaltungsmöglichkeiten und Wirkungsweisen, neu zu stellen, indem er die philologische Analyse des Einzelfalls stets mit einer anthropologischen Untersuchung der Beziehungen verband, die diese Einzelfälle historisch und kulturell erst ermöglichten.[98]

Es bedürfte eines ganzen Buchs, um präzise abzuschätzen, was Warburg in der Anthropologie seiner Zeit finden konnte, das geeignet war, seine Einstellung als Kunsthistoriker zu verändern – das Fachgebiet ist sehr weit und reicht von Spezialstudien ethnographischer Art bis hin zu großen, philosophisch inspirierten Systemen.[99] Vor allem müßte man den ganz beträchtlichen Einfluß des Denkens Hermann Useners rekonstruieren, dessen Vorlesungen Warburg 1886 und 1887 in Bonn besuchte. Sein Projekt einer »Formenlehre der religiösen Vorstellungen« hinterließ tiefe Spuren in Warburgs Methodologie.[100] Er ging an die antiken Mythen ebenso heran, wie Warburg es schon bald bei den Fresken der Renaissance tun sollte. Er verknüpfte die philologische Forschung – Details, Besonderheiten, singuläre Eigenheiten – mit den fundamentalsten Problemen der Psychologie und Anthropologie. Wenn er zum Beispiel die Formen der griechischen Metrik untersuchte, begriff er sie als Symptom der weltweiten Kultur; er suchte nach deren Überresten bis in die mittelalterliche Musik hinein und bemühte sich umgekehrt, Glaubenshandlungen generell als Formen zu erfassen, denen man sich in jedem einzelnen Fall als Philologe zu nähern hatte.[101]

Man könnte auch nach Warburgs Anleihen bei der – zweifellos allzu allgemeinen – Anthropologie der Bilder suchen, um die Wilhelm Wundt sich in seiner gigantischen *Völkerpsychologie* bemüht hat.[102] Oder nach Warburgs Verweisen auf Lucien Lévy-

98 Siehe G. Bing 1958, S. 461.

99 Siehe A. Dal Lago 1984, S. 67-91; Y. Maikuma 1985, S. 6-55; K. Forster 1996, S. 5-24.

100 Siehe E. H. Gombrich 1970, S. 28-30 (dt. S. 45-48); M. M. Sassi 1982, S. 65-91. Warburg zitiert Usener bis in die zwanziger Jahre hinein in seinen Arbeiten; siehe A. Warburg 1920, S. 268.

101 Siehe H. Usener 1882, 1887, 1889, 1896, 1904, 1912-1913. Zu Usener siehe insb. R. Bodei 1982, S. 23-42; A. Momigliano 1982, S. 33-48 (dt. S. 141-158); ders., 1984, S. 233-244.

102 Siehe W. Wundt 1908, S. 3-109 (Kunst und Psychologie der Phantasie); ders. 1910, S. 78-321 (Bild und Animismus); C. M. Schneider 1990.

Bruhl im Blick auf das »Gesetz der Partizipation«, das »Fortleben der Toten« und den Begriff der Kausalität im »primitiven Denken«.[103] Aber es müßte nicht nur geklärt werden, was Warburg der Anthropologie seiner Zeit verdankte. Man sollte auch die umgekehrte Frage stellen, was denn die Anthropologie im Allgemeinen und die historische Anthropologie im Besonderen einem solchen Ansatz verdanken.

Aus diversen Gründen – und natürlich vor allem aus historischen Gründen, die mit den langen Jahren der beiden Weltkriege zusammenhängen[104] – hat die französische Schule diese deutsche Tradition weitestgehend ignoriert. Jean-Pierre Vernant und Marcel Detienne ließen Usener – den Mauss immerhin recht intensiv las[105] – vollkommen unbeachtet.[106] Was Warburg betrifft, so wurde er nicht nur von den positivistischen Kunsthistorikern, sondern auch von den für den Strukturalismus offenen Historikern ignoriert,[107] selbst von den besten Vertretern der *Annales*-Schule. So spricht Jacques Le Goff großzügig Marc Bloch das alleinige Verdienst als »Begründer der historischen Anthropologie« zu. Er bemerkt außerdem, daß *Die wundertätigen Könige* nur ein gut zehnseitiges – und kaum analysiertes – »ikonographisches Dossier« enthält, und zieht daraus den Schluß: »Die Erneuerung der Kunstgeschichte ist eine vorrangige Aufgabe der heutigen historischen Forschung.«[108]

Wer Warburg heute liest, muß die Perspektive umkehren. Seine ganz spezielle und radikale Art, Kunstgeschichte zu betreiben, sie zu *öffnen*, veranlaßte ihn, wie mir scheint, die Fragen der

---

103 Siehe L. Lévy-Bruhl 1910, S. 68-110 (das »Gesetz der Partizipation« – dt. S. 51-82) und S. 352-422 (Fortleben der Toten – dt. S. 268-322); ders. 1922, S. 17-46 (primitive Logik – dt. S. 17-40); ders. 1927, S. 291-327 (dt. S. 240-269).

104 Siehe vor allem P. Francastel 1945.

105 Siehe M. Mauss 1898, 1900, 1904 und 1905.

106 J.-P. Vernant 1975, S. 5-34; M. Detienne 1981. Siehe R. Di Donato 1982, S. 213-228.

107 Siehe G. Didi-Huberman 1998b, S. 7-10.

108 J. Le Goff 1983, S. 10 und 33. Zu einer parallelen Lektüre Marc Blochs und Aby Warburgs siehe U. Raulff 1991a, S. 167-178.

historischen Anthropologie – die er vor allem von Jacob Burckhardt und Hermann Usener übernommen hatte – aus der Sicht einer symbolischen Wirkung der Bilder neu zu stellen. Nicht die Kunstgeschichte erneuerte sich hier auf der Basis neuer, von der Geschichtswissenschaft im Bereich der Bilder gestellter Fragen.[109] Vielmehr muß die Geschichtswissenschaft erkennen, daß zu einem bestimmten Zeitpunkt ihrer Geschichte das »bahnbrechende« Denken, das »Neue«, aus einer bestimmten Art des Nachdenkens über die Macht der Bilder erwuchs.

Für Warburg war das Bild in der Tat ein »totales anthropologisches Phänomen«, eine Kristallisation, ein Kondensat mit besonderer Aussagekraft über den Charakter einer »Kultur« zu einem bestimmten Zeitpunkt ihrer Geschichte. Das gilt es zunächst zu verstehen an der von Warburg so geschätzten Idee einer »mythenbildenden Kraft im Bilde«.[110] Deshalb sah er auch keinen Widerspruch zu seinem Fachgebiet, wenn er seine Erforschung der »Pathosformeln« der Renaissance – dieser in den Darstellungen durch den Rückgriff auf visuelle Formeln der klassischen Antike intensivierten Gebärden – auf Studien zur sozialen Mimik, zu Choreographie, Kleidermode, Festwesen oder Grußformeln ausrichtete.[111]

Kurz gesagt, das Bild darf nicht *losgelöst* werden vom allgemeinen *Handeln* der Mitglieder einer Gesellschaft, noch auch vom *Wissen* der betreffenden Epoche und ganz sicher auch nicht vom *Glauben*. Hier liegt ein weiteres wesentliches Elemente der Warburgschen Erfindung, das darin bestand, die Kunstgeschich-

109 Siehe J. Le Goff 1985, S. I-XXI (dt. S. 7-28).

110 A. Warburg 1901, zit. in: E. H. Gombrich 1970 (dt. S. 195).

111 Dieser in Warburgs Arbeiten allgegenwärtige Aspekt ist in Frankreich unbemerkt geblieben, sowohl bei Kunsthistorikern, die sich für das Verhältnis zwischen Malerei, Gebärde und Theaterdarstellung interessieren (siehe P. Francastel 1965, S. 201-281; ders. 1967, S. 265-312; A. Chastel 1987, 9-16), als auch bei Semiotikern oder Historikern, die sich unmittelbar mit dem Problem des Pathos und der Gebärde befaßt haben (siehe J.-C. Schmitt 1990; A. J. Greimas und J. Fontanille 1991). Dagegen ließ J. Huizinga (1929, S. 7-77) diesen Aspekt nicht unberücksichtigt.

te für den »schwarzen Kontinent« der magischen – aber auch liturgischen, rechtlichen oder politischen – Wirkungsmacht der Bilder zu öffnen:

> Und doch gehört die Einbeziehung dieser Gebilde aus der halbdunklen Region geistespolitischer Tendenzliteratur in gründliche historische Betrachtung zu den eigentlichen Aufgaben der Kunstgeschichte; denn eine der Hauptfragen der stilerforschenden Kulturwissenschaft [...] kann nur so in ihrem ganzen Umfange begriffen und zu beantworten versucht werden.[112]

Aufschlußreich ist der Übergang in der Bezeichnung: von einer »Kunstwissenschaft« zu einer »Kulturwissenschaft«, die den Gegenstandsbereich erweitert und zugleich die Formulierung der Grundprobleme schärfer faßt. Die »Kunstgeschichte« erzählt zum Beispiel, daß in der Renaissance aufgrund des Triumphs des Individuums und der Fortschritte in den Nachahmungstechniken ein Bildgenre namens »Porträt« aufkam. Warburgs »Kulturwissenschaft« erzählt dagegen eine andere Geschichte, gemäß der sehr viel komplexeren Zeit einer Kreuzung – einer Verschränkung, einer *Überdeterminierung* – der antiken und heidnischen Magie (im Sinne eines Nachlebens der römischen *imago*), der mittelalterlich-christlichen Liturgie (der Praxis der Votivbildnisse in Gestalt von Wachsbüsten) sowie der künstlerischen und geistigen Gegebenheiten des Quattrocento. Damit verwandelt das Porträt sich vor unseren Augen und wird zur anthropologischen Grundlage einer »mythenbildenden Kraft«, die Vasaris Kunstgeschichte nicht aufzuzeigen vermochte.[113]

Die von Warburg in jungen Jahren so sehnlich herbeigewünschte »Kunstwissenschaft« hat also die Form einer spezifischen Befragung der Bilder im Rahmen einer »Kulturwissenschaft« angenommen – einem gänzlich unspezifischen Rahmen von solcher Offenheit, daß durchaus die Gefahr besteht, den

112 A. Warburg 1920, S. 201.
113 A. Warburg 1902a, S. 65-102. Siehe G. Didi-Huberman 1994, S. 383-432.

Gegenstand aus den Augen zu verlieren.[114] Es war notwendig, den Bereich der Objekte, die den Kunsthistoriker interessieren können, in dem Maße zu öffnen, wie das Kunstwerk nicht mehr als ein in sich und seine Geschichte eingeschlossener Gegenstand betrachtet wurde, sondern als der dynamische Kreuzungspunkt – Walter Benjamin wird sagen: »Blitz« – heterogener und überdeterminierter historischer Momente. In seinem großen Aufsatz über Warburgs Begriff der Kulturwissenschaft schrieb Edgar Wind, »daß jeder Versuch, das Bild aus seiner Beziehung zu Religion und Poesie, Kulthandlung und Drama herauszulösen, der Abschnürung seiner eigentlichen Lebenssäfte gleichkommt«.[115] Gegen jede Idee einer autonomen Geschichte der Bilder – was allerdings nicht heißt, daß man die formalen Besonderheiten ignorieren dürfte – *öffne*t Warburgs »Kulturwissenschaft« letztlich *die Zeit* dieser Geschichte. Indem er in Großbuchstaben das griechische Wort *Mnemosyne* über den Eingang seiner Bibliothek setzte, wies er den Besucher darauf hin, daß er ins Reich einer *anderen Zeit* eintrat.

---

114 Siehe E. Wind 1934, S. V, wo es bereits heißt, der Ausdruck »Kulturwissenschaft« lasse sich fast gar nicht ins Englische übersetzen. Siehe D. Wuttke 1993, S. 1-30.

115 E. Wind 1931, S. 406.

Nachleben oder Anthropologie der Zeit: Warburg und Tylor

Diese andere Zeit trägt den Namen »Nachleben«. Wir kennen das Schlüsselwort, die geheimnisvolle Losung des ganzen Warburgschen Unternehmens: »Nachleben der Antike«. Das ist das »Grundproblem«, für das die Archivforschung und die Bibliothek alles erforderliche Material bereitstellen sollten, um Ablagerungen und Verschiebungen des Terrains zu erfassen.[116] Es ist zugleich das Grundproblem, dem Warburg sich auch im Feld während der – sehr kurzen Zeit – seiner Reise zu den Indianern zu stellen versuchte. Bevor wir den Begriff des Nachlebens im Kontext einer »Kulturwissenschaft« untersuchen, wie Warburg sie geduldig auf der Grundlage von Bildern der Antike und der modernen westlichen Welt entwickelt hat, empfiehlt es sich, das versuchsweise Auftreten dieser Problematik auf dem »punktuellen« und »verlagerten« Terrain der Reise ins Land der Hopi zu betrachten. Die theoretische und heuristische Funktion der Anthropologie – ihre Fähigkeit, die Wissensbereiche zu entterritorialisieren und wieder den Unterschied in die Gegenstände, den Anachronismus in die Geschichte einzuführen – wird dadurch deutlicher zutage treten.

Das »Nachleben«, mit dem Warburg sich sein Leben lang auseinandersetzte, ist zunächst ein angelsächsischer Begriff. Als Julius von Schlosser – ein Freund von Warburg, der ihm in vielen Punkten seiner Problemstellung nahestand[117] – sich 1911 mit dem »Nachleben« von Praktiken der Wachsbildnerei befaßt, verwendet er nicht die naheliegenden Ausdrücke seiner eigenen Sprache. Er schreibt nicht »Nachleben« und auch nicht »Fortleben« oder »Überleben«. Er schreibt englisch »*survival*«, wie

116 Siehe A. Warburg 1932, Bd. 1.2, S. 670-673 (der Eintrag »Antike, Nachleben« ist der längste im gesamten Register des Bandes). Siehe H. Meier, R. Newald und E. Wind (Hg.) 1934.

117 Siehe G. Didi-Huberman 1998c, S. 138-162.

auch Warburg es gelegentlich tat.[118] Ein deutlicher Hinweis darauf, daß es sich um ein Zitat, eine Übernahme, eine Begriffsverschiebung handelt. Was Schlosser da zitiert – und Warburg schon vor ihm übernommen oder verschoben hatte – ist nichts anderes als das »*survival*« des großen britischen Ethnologen Edward B. Tylor. Als Warburg 1895 plötzlich Europa verließ und nach Neu-Mexiko reiste, unternahm er keine »Reise zu den Archetypen«, wie Fritz Saxl meinte, sondern eine »Reise zu den Überlebseln«, und seinen theoretischen Bezugspunkt bildete nicht James G. Frazer, wie es bei Saxl weiter heißt,[119] sondern Edward B. Tylor.

Warburgs Kommentatoren haben, soweit ich sehe, dieser anthropologischen Quelle nicht wirklich Beachtung geschenkt. Zumindest haben sie nur die Unterschiede betrachtet, etwa wenn Ernst Gombrich meint, die von Tylor propagierte »Kulturwissenschaft« habe keinesfalls Gnade in den Augen eines Burckhardt-Schülers finden können, der sich hauptsächlich mit der italienischen Kunst befaßte ...[120] Und dennoch bildete diese *science of culture* den Anfang eines Werkes von so weitreichender Bedeutung (Tylors 1871 in London erschienener *Primitive Culture*), daß die Ethologie Ende des 19. Jahrhunderts allenthalben »die Wissenschaft des Herrn Tylor« genannt wurde.[121] Die Bekanntheit eines Buch – und selbst eine so große wie in diesem Fall – ist natürlich noch kein Beleg dafür, daß es auch als theoretische Quelle benutzt wurde. Der Berührungspunkt zwischen Warburgs »Kulturwissenschaft« und Tylors *science of culture* liegt zunächst einmal in der Herstellung einer speziellen Verbindung *zwischen Geschichte und Anthropologie*.

Beide verfolgen das Ziel, den ewigen – ein Jahrhundert später von Lévi-Strauss immer noch kritisch konstatierten[122] – Gegensatz zwischen dem für jegliche Geschichtswissenschaft un-

---

118 J. von Schlosser 1911, S. 10. Siehe A. Warburg 1927a, S. 38, etc.

119 F. Saxl 1929-1930, S. 318.

120 E. H. Gombrich 1970, S. 16 (dt. S. 33-34). K. W. Forster 1996, S. 6, übersieht Tylor vollkommen in Warburgs »ethnologischer Kultur«.

121 Siehe M. Panoff 1996, S. 4363.

122 C. Lévi-Strauss 1949, S. 3-33 (dt. S. 11-40).

ausweichlichen Evolutionsmodell und jener Zeitlosigkeit zu überwinden, die man der Anthropologie oft zuschreibt. Warburg öffnete das Feld der Kunstgeschichte für die Anthropologie nicht nur, um dort neue Forschungsgegenstände zu finden, sondern auch, um *die Zeit zu öffnen*. Tylor vollzog eine genau symmetrische Operation. Er behauptete zunächst, das Grundproblem jeder »Wissenschaft der Kultur« (*science of culture*) liege in der »Entwicklung der Kultur« (*development of culture*). Diese Entwicklung lasse sich nicht auf ein nach dem Vorbild der Naturwissenschaften formuliertes Entwicklungsgesetz zurückführen.[123] Der Ethnologe könne daher nur begreifen, was »Kultur« bedeutet, wenn er deren Geschichte und sogar Archäologie betreibe:

> Strebt man weiter, einen Einblick in die allgemeinen Gesetze der geistigen Bewegung zu gewinnen, so bietet es uns einen praktischen Vortheil, wenn wir im Stande sind, dieselben an antiquarischen Überresten zu studiren, welche für unsere moderne Zeit kein lebhaftes Interesse mehr haben ...[124]

Warburg brauchte dieses methodologische Prinzip des Unzeitgemäßen gewiß nicht abzulehnen. Sinn hat in einer Kultur oft das Symptom, das Ungedachte und Anachronistische dieser Kultur. Wir sind hier bereits mitten in der *Phantomzeit des Nachlebens*. Tylor führte sie theoretisch zu Beginn seiner *Primitive Culture* ein, indem er feststellte, daß die beiden konkurrierenden Modelle der »kulturellen Entwicklung« – die »Theorie des Fortschritts« und die »Theorie des Verfalls« – dialektisch miteinander verbunden und verschränkt werden müßten. Das Ergebnis ist ein *Zeitknoten*, der sich schwer aufdröseln läßt, weil sich darin ständig Evolutionsbewegungen mit solchen Bewegungen kreuzen, die sich einer Evolution widersetzen.[125] Innerhalb dieser

---

123 E. B. Tylor 1871, Bd. I, S. 13 und 23-62 (dt. Bd. I, S. 15 und 26-69).

124 Ebd., Bd. I, S. 143 (dt. Bd. I, S. 157).

125 Ebd., Bd. I, S. 14-16 (dt. S. 17-20). Siehe ders. 1881, S. 373-400 (dt. S. 450-483), wo Tylor die Begriffe der Tradition und der Diffusion untersucht. Die erste ausdrückliche Definition des *suvival* gab Tylor 1865:

Kreuzung erscheint schon bald als *Differential* der beiden widersprüchlichen Zeiten der Begriff des *survival*. Ihm wird Tylor einen wesentlichen Teil seiner Bemühungen um eine theoretische Grundlegung widmen.

Doch er hatte das Wort, fast spontan, schon vorher benutzt, in einem anderen Kontext, einer anderen Zeiterfahrung, einem *Wechsel*. Und zwar ausgerechnet im Kontext einer Mexikoreise. Von März bis Juni 1856 hatte Tylor Mexiko zu Pferde durchstreift, Beobachtungen angestellt und Tausende Notizen gemacht. 1861 veröffentlichte er sein Reisetagebuch, sein *Traurige Tropen*, in dem nach und nach fast zu seiner eigenen Überraschung Moskitos und Piraten, Alligatoren und Missionare, Sklavenhandel und Spuren der Azteken, Barockkirchen und indianische Bräuche, Erdbeben und der Gebrauch von Feuerwaffen, Tischsitten und Zähltechniken, Museumsobjekte und Straßenkämpfe ihren Auftritt erleben.[126] *Anahuac* ist ein faszinierendes Buch, weil man ständig das Erstaunen des Autors miterlebt: ein Erstaunen, daß ein und dasselbe Erlebnis, zur selben Zeit und am selben Ort, diesen *Knoten aus Anachronismen*, diese Mischung aus Vergangenem und Gegenwärtigem, zu vermitteln vermag. So aktualisieren die Festlichkeiten zur Karwoche in Mexiko heterogene, halb christliche, halb heidnische Erinnerungen. Der indianische Markt in Grande holt ein Zählsystem in die Gegenwart, das Tylor nur in präkolumbianischen Manuskripten finden zu können glaubte. Und die Verzierungen auf antiken Opfermessern gleichen solchen auf den Sporen mexikanischer *vaqueros* (Abb. 4 und 5).[127]

Damit hat Tylor die extreme Vielfalt, die schwindelerregende Komplexität kultureller Tatsachen entdeckt (die man auch spürt,

---

»das ›standing over‹ (*superstitio*) alter Bräuche inmitten einer neuen, veränderten Situation«; ders. 1865, S. 218.

126 Ders. 1861. Ein zweispaltiges Register all dieser Themen findet sich ebd., S. 340-344.

127 Ebd., S. 47-54, 85-89. Besonders deutlich wird dieser Anachronismus im System der dem Buch beigegebenen Illustrationen (siehe insb. S. 110-111, 220-221, 236).

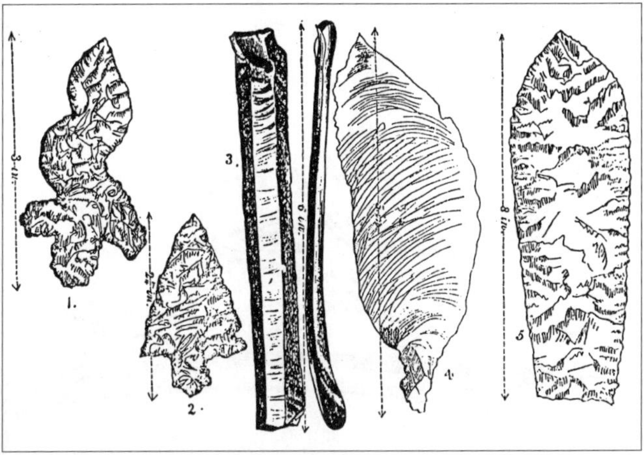

Abb. 4: Prähistorische Pfeilspitzen aus Obsidian. Mexiko. Nach E. B. Tylor, *Anahuac*, London 1861, S. 96.

wenn man Frazer liest). Aber zugleich hat er noch etwas in weitaus stärkerem Maße Erschütterndes entdeckt (das man bei der Lektüre Frazers niemals spürt): das schwindelerregende *Spiel der Zeit* in der Gegenwart, auf der aktuellen »Oberfläche« einer Kultur. Dieser Schwindel äußert sich zunächst in dem starken und offenkundigen, aber in seinen methodologischen Konsequenzen durchaus weniger deutlichen Gefühl: *daß die Gegenwart aus zahlreichen Vergangenheiten zusammengesetzt ist.* Deshalb muß der Ethnologe nach Tylors Ansicht zum Historiker jeder seiner Beobachtungen werden. Aus der »horizontalen« Komplexität dessen, was er sieht, resultiert also in erster Linie eine »vertikale« – paradigmatische – Komplexität der Zeit:

> Fortschritt, Verfall, Ueberleben, Wiederaufleben, Umgestaltung, alles dies sind Formen des Zusammenhangs, welcher das bunte Netzwerk der Civilisation erhält. Es bedarf nur eines Blickes auf die unbedeutenden Vorgänge unseres eigenen täglichen Lebens, um einsehen zu können, wie weit wir selbst wirklich ihre Urheber, wie weit nur Erben und Umformer der Ereignisse längst vergangener Zeiten sind. Sehen wir uns in den Zimmern um, in denen wir leben, da können

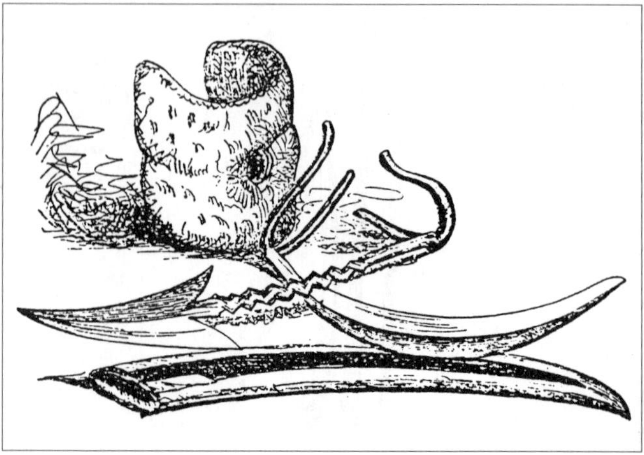

Abb. 5: Sporen für Hahnenkämpfe. Mexiko, 19. Jahrhundert. Nach E. B. Tylor, *Anahuac*, London 1861, S. 254.

> wir sehen, wie wenig der, welcher nur seine eigene Zeit kennt, selbst hier Alles richtig verstehen kann. Hier ist ein assyrisches Geissblatt, dort die Lilie Anjous, ein Gesims mit einer griechischen Borte läuft um die Decke, der Styl Ludwigs XIV. und sein Vorgänger, die Renaissance, theilen sich in den Spiegel. Der Gestalt nach verändert, an einen anderen Ort versetzt oder verstümmelt tragen solche Bestandtheile der Kunst ihre Geschichte aufgeprägt; und wenn die noch ferner liegende Geschichte weniger leicht zu lesen ist, so haben wir kein Recht, weil wir sie nicht deutlich erkennen können, zu sagen, daß dort überhaupt keine Geschichte mehr ist.[128]

Es ist bezeichnend, daß dieses Beispiel für ein Weiterleben – eines der ersten in Tylors *Primitive Culture* – die formalen Elemente einer Verzierung betrifft, diese »Urworte« jeglichen Stilbegriffs.[129] Bezeichnend ist auch, daß dieses Weiterleben von Formen mit dem Begriff des Abdrucks (*stamp*) belegt wird. Wer sagt, die Gegenwart trage die Zeichen zahlreicher Vergangen-

128 Ders. 1871, Bd. I, S. 16 (dt. Bd. I, S. 18).

129 Siehe das zeitgenössische Werk von G. Semper 1878-1879.

heiten, der behauptet in erster Linie die Unzerstörbarkeit eines Abdrucks der Zeit – oder der Zeiten – in den Formen unseres gegenwärtigen Lebens. So spricht denn Tylor von der »Stärke« oder »Ausdauer« (*strength*) solcher *survivals*, durch die – eine weitere Metapher – »alte Gebräuche ihren Platz behaupten können inmitten einer neuen Cultur«.[130] Er vergleicht auch die Zählebigkeit der Überbleibsel mit einem Fluß, der »Jahrhunderte lang in dem einmal errungenen Bette fortfließt«. Womit er, immer noch im Wortfeld des Abdrucks, das »Beharrungsstreben der Cultur« (*the permanence of culture*) zum Ausdruck bringt.[131]

Tylor wirft hier also ein »Grundproblem« auf, in dem Warburg seine eigenen Fragen hinsichtlich des »Fortdauerns«, der Zählebigkeit antiker Formen in der *longue durée* der Geschichte der europäischen Kunst wiedererkennen konnte. Aber das ist noch nicht alles. Ein solches Fortdauern hätte man auch im Begriff des »Wesens der Kultur« fassen können, wie es in manchen philosophischen Anthropologien des 19. Jahrhunderts geschah. Doch Tylors Grundgedanke in dieser Frage wie auch seine Nähe zu Warburgs Ansatz liegen in einer entscheidenden Erweiterung begründet: Das »Beharrungsstreben der Cultur« findet seinen Ausdruck nicht in einem *Wesen*, einem allgemeinen Merkmal oder Archetyp, sondern ganz im Gegenteil in einem *Symptom*, einem Ausnahmemerkmal, in etwas Verschobenem. Die Zählebigkeit der Überreste, ihre »Ausdauer«, wie Tylor schreibt, zeigt sich im scheinbar unbedeutenden Charakter nebensächlicher, überflüssiger, lächerlicher oder anomaler Dinge. Im wiederkehrenden Symptom und im Spiel, in der Pathologie der Sprache und im Unbewußten der Formen zeigt sich das Nachleben als solches. Deshalb untersuchte Tyler Kinderspielzeug (Bogen, Schleudern, Klappern, Knöchelchen oder Spielkarten: Überreste alter und durchaus ernster Praktiken aus dem Bereich des Kriegs oder des Wahrsagens), wie Warburg später das Festwesen

130 E. B. Tylor 1871, Bd. I, S. 64 (dt. Bd. I, S. 71).

131 Ebd., Bd. I, S. 63 (dt. Bd. I, S. 70).

der Renaissance untersuchte. Er befragte Merkmale der Sprache, Sprüche, Sprichwörter und Grußformeln,[132] wie Warburg dies später für die Florentiner Kultur tun wollte.

Aber vor allem interessierte Tylor sich für das Nachleben unter dem spezielleren Blickwinkel des *Aberglaubens*. In seinen Augen erschloß sich schon die Definition des anthropologischen Konzepts aus der traditionellen lateinischen Bedeutung von *superstitio*.

> Solch ein Verfahren würde man gewöhnlich und nicht ganz zu Unrecht als Aberglauben (superstition) bezeichnen; ja, man würde einem grossen Theile der Ueberlebsel überhaupt diesen Namen geben. Das Wort »superstition« selbst drückt vielleicht in seinem ursprünglichen Sinne eines »Ueberstehens« aus alten Zeiten, den Begriff des Ueberlebens aus. Aber jetzt schliesst der Ausdruck »superstition« einen Vorwurf in sich … Für die Zwecke des Ethnographen ist es jedenfalls wünschenswerth, solch einen Ausdruck wie »Ueberlebsel« einzuführen, um einfach die historische Thatsache zu bezeichnen.[133]

So wird verständlich, weshalb die Analyse des Nachlebens in *Primitive Culture* ihren Höhepunkt in einem langen Kapitel findet, das sich mit Magie und Astrologie in all ihren erkennbaren Formen befaßt.[134] Da denkt man unwillkürlich an den Höhepunkt, den in Warburgs *Nachleben der Antike* die Analyse der astrologischen Praktiken in den Fresken von Ferrara oder selbst noch in den Schriften Martin Luthers bildet.[135] In beiden Fällen – von Freud sei hier noch gar nicht die Rede – sind es die Lücke im Bewußtsein, der Mangel an Logik, der Unsinn in der Argumentation, die *in die Gegenwart einer geschichtlichen Tatsache die Bresche ihres Nachlebens schlagen*. Tylor bewunderte schon vor Warburg und Freud in den »trivialen Details« (*trivial details*) eine Fähigkeit, ihre eigene Bedeutungslosigkeit mit Sinn zu erfüllen – oder zum Symptom zu erheben, zu *landmarks*, wie

132 Ebd., Bd. I, S. 63-100 (dt. Bd. I, S. 71-110).
133 Ebd., Bd. I, S. 64-65 (dt. Bd. I, S. 71-72).
134 Ebd., Bd. I, S. 101-144 (dt., Bd. I, S. 111-159).
135 A. Warburg 1912 und 1920.

er selbst es nennt. Schon vor Warburg und dessen Interesse für den »Animismus« der Votivbildnisse bemühte Tylor sich – allerdings neben anderen – um eine allgemeine Theorie dieser Fähigkeit der Zeichen.[136] Schon vor Warburg und seiner Faszination für die Ausdrucksphänomene der Gebärde bemühte Tylor sich – gleichfalls neben anderen – um eine Theorie der »Gefühlssprache und der nachahmende[n] Sprache« (*emotional and imitative language*).[137] Schon vor Warburg und Freud erhob er auf seine Weise den Anspruch, das Symptom – Ungereimtheiten, Fehlleistungen, Krankheit, Wahnsinn – als privilegierten Zugang zur schwindelerregenden Zeit des Nachlebens zu nutzen. Der *Weg über das Symptom* böte also die beste Möglichkeit, die *Stimme der Phantome* zu hören?

> Während des ganzen Verlaufs dieser Untersuchung, mag es sich um die schwachen Überlebsel aus einer früheren Cultur oder um ein plötzliches frisches Wiederaufbrechen zu erneuter Thätigkeit gehandelt haben, dürfte man sich vielleicht darüber beklagen, daß alle Beispiele Dingen entnommen sind, welche entweder längst abgenutzt, werthlos und frivol sind oder gar durch ihre offenbare Thorheit schädlich wirken. Es ist thatsächlich so, und ich habe diesen Gang mit vollem Bewusstsein und in ganz bestimmter Absicht für meine Argumentation gewählt. Denn bei solchen Untersuchungen haben wir wirklich allen Grund, gegen Thoren dankbar zu sein. Es ist ganz erstaunlich, selbst wenn wir kaum unter die Oberfläche des Gegenstandes eindringen, zu sehen, in wie grossem Masstabe Dummheit und unpraktischer Conservativismus und störrischer Aberglaube dazu beigetragen haben, daß Spuren der Geschichte unseres Geschlechts auf uns gekommen sind, welche der praktische Utilitarismus erbarmungslos fortgefegt haben würde.[138]

*

136 E. B. Tylor 1871, Bd. II, S. 1-327 (dt. Bd. II, S. 1-362).
137 Ebd., Bd. I, S. 145-217 (dt. Bd. I, S. 160-198).
138 Ebd., Bd. I, S. 142 (dt. Bd. I, S. 156).

Zwischen Phantom und Symptom wäre danach das Nachleben in den historischen und anthropologischen Wissenschaften eine spezifischer Ausprägung der *Spur*.[139] Warburg interessierte sich bekanntlich für die Spuren der klassischen Antike: Spuren, die sich keineswegs auf die gegenständliche Existenz materieller Überreste reduzieren ließen, sondern auch in Formen, in Stilen, in Verhaltensweisen, in der Psyche fortbestanden. Es ist leicht nachzuvollziehen, weshalb er sich für Tylors *survivals* interessierte. Erstens bezeichneten sie eine *negative Realität*, jene Realität nämlich, die in einer Kultur als Ausschuß erscheint, als veraltet oder außer Gebrauch gekommen (so zeugen die Florentiner *bòti* im 19. Jahrhundert von einer Praxis, die bereits von der Gegenwart und den für die Kunst der Renaissance grundlegenden »modernen« Aktivitäten abgeschnitten war). Zweitens bezeichneten Tylors *survivals* eine *verdeckte Realität*: Etwas überdauert und zeugt von einem verschwundenen Zustand der Gesellschaft, aber sein Fortbestand ist mit einer entscheidenden Modifikation verbunden – einer Veränderung des Status und der Bedeutung (wer sagt, Pfeil und Bogen der antiken Krieger hätten als Kinderspielzeug überlebt, der sagt damit ganz offensichtlich, daß ihr Status und ihre Bedeutung sich vollkommen verändert haben).

Darin gleicht die Analyse der *survivals* durchaus der Analyse symptom- und phantomhafter Manifestationen. Sie bezeichnen eine *hereinbrechende Realität*, so geringfügig oder gar ungreifbar sie sein mag, und damit auch eine *geisterhafte Realität*: das Nachleben astrologischer Elemente erscheint daher in Luthers Diskurs wie ein »Phantom«, dessen Wirkung Warburg an dessen Charakter als Eindringling – als Symptom – zu erkennen vermag: als Eindringling in die logische Argumentation des Reformators.[140] So kann es denn nicht erstaunen, daß die kritischen Potentiale der Tylorschen *survivals* zunächst einmal auf Glaubensphänomene angewandt wurden und entsprechend auf

139 Ders. 1869a, S. 83-93; ders. 1869b, S. 522-535. Siehe M. T. Hodgen 1936, S. 67-107.

140 A. Warburg 1920, S. 199-303.

dem Gebiet der Religionsgeschichte ihre häufigste Anwendung fanden.[141] Einige auf die *longue durée* ausgerichtete archäologische Forschungen – die Untersuchungen zu den von André Leroi-Gourhan später so genannten »technischen Stereotypen« vorwegnahmen – kamen immerhin in die Nähe einer Geschichte der Objekte aus der Perspektive des Nachlebens.[142]

141 Siehe zum Beispiel S. A. Cook 1913, S. 375-412; A. Weigall 1928; P. Saintyves 1930; G. J. Laing 1931. Zum kritischen Potential des Tylorschen *survival* siehe M. T. Hodgen 1936, S. 108-139.

142 Siehe zum Beispiel L. C. G. Clarke 1934, S. 41-47; A. Leroi-Gourhan 1943, S. 9-113.

Schicksale des Evolutionismus, Heterochronien

Allerdings muß man sagen, daß der Begriff des Nachlebens niemals eine sonderlich gute Presse hatte – und das nicht nur in der Kunstgeschichte. Zu Tylors Zeiten erhob man den Vorwurf, das *survival* sei ein allzu strukturales und abstraktes Konzept, dem jegliche Präzision fehle und das sich nicht durch Tatsachen verifizieren lasse. Der positivistische Einwand bestand in der Frage: Wie wollen Sie ein *survival* datieren?[143] Man verstand nicht, daß es sich hier um einen Begriff handelt, der eine nicht im trivialen und tatsachenbezogenen Sinne »geschichtliche« Zeit kennzeichnen soll. Heute erhöbe man eher den Vorwurf, das Konzept des *survival* sei allzu wenig struktural: ein Begriff, mit dem man alles belegen könne und der allzu stark vom Evolutionsgedanken geprägt sei. Er sei veraltet und außer Gebrauch gekommen, ein betagtes szientistisches Gespenst und insofern typisch für das 19. Jahrhundert. Das meint man ohne weiteres aus einer modernen Anthropologie schließen zu können, die, von Marcel Mauss bis hin zu Claude Lévi-Strauss, die notwendige Neuorientierung solcher ethnologischer Begriffe vorgenommen habe, welche allzu stark vom Essentialismus (à la Frazer) oder vom Empirismus (à la Malinowski) geprägt waren.

Geht man der Kritik genauer nach, erkennt man jedoch, daß die Dinge komplexer und nuancierter sind, als es scheint. Es geht nicht um das Weiterleben als solches, sondern um den Gebrauch, den einige angelsächsische Ethnologen Ende des 19. Jahrhunderts von diesem Konzept machten. So zögerte Mauss nicht, den Begriff zu benutzen. Das dritte Kapitel seines *Essai sur le don* trägt den Titel »Weiterleben dieser Prinzipien [des Gabentauschs] in den alten Rechts- und Wirtschaftsordnungen«.[144]

143 Siehe M. T. Hodgen 1936, S. 140-174.

144 M. Mauss 1923-1924, S. 228-257 (dt. S. 120-156).

Dort erklärt er, die Prinzipien der Gabe und Gegengabe seien für den Historiker und den Ethnologen allenfalls »Überreste«. »Nichtsdestoweniger sind sie von allgemeinem soziologischen Wert, denn sie ermöglichen es uns, ein Moment der gesellschaftlichen Entwicklung zu verstehen. Doch auch sozialgeschichtlich sind sie von Bedeutung, denn Institutionen dieses Typs haben den Übergang zu unseren eigenen Rechts- und Wirtschaftsformen gebildet und können daher zur historischen Erklärung unserer Gesellschaften dienen. Die Moral und die Praxis des Austauschs der uns unmittelbar vorangegangenen Gesellschaften bewahren mehr oder minder deutliche Spuren all jener Prinzipien, die wir [in den sogenannten *primitiven* Gesellschaften] analysiert haben.«[145] An anderer Stelle weitet er den Begriff der *survivance* sogar auf »primitive« Gesellschaften aus:

> Alle bekannten Gesellschaften haben sich entwickelt. Schon die ursprünglichsten Menschen haben eine unermeßliche Vergangenheit hinter sich; diffuse Tradition und Weiterleben spielen also selbst bei ihnen eine Rolle.[146]

Womit gesagt ist, daß »primitive« Gesellschaften nicht nur eine Geschichte haben – was von manchen lange Zeit bestritten wurde, wie der Ausdruck »geschichtslose Gesellschaften« belegt –, sondern daß diese Geschichte auch ebenso komplex sein kann wie die unsrige. Auch sie besteht aus bewußt weitergegebenen Elementen und aus »diffusen Traditionen«, wie Mauss schreibt. Und auch sie ist in ein Spiel oder einen Knoten heterogener Zeiten eingebunden, in einen Knoten aus Anachronismen – selbst wenn eine Analyse wegen des Fehlens schriftlicher Quellen sich hier schwierig gestaltet. Wenn Mauss die Anwendung des Begriffs der *survivals* kritisiert, so tut er dies also nicht, um die Komplexität der Zeitmodelle in Frage zu stellen, sondern im Gegenteil, um den ethnologischen *Evolutionismus* als Simplifizierung der Zeitmodelle zurückzuweisen. Wenn etwa Frazer die *survivals* der »alten Vermischung von Magie und Religion«

145 Ebd., S. 228 (dt. S. 120).

146 Ders. 1903, S. 372.

beschreibt, erwidert Mauss, diese Hypothese besitze »nur sehr geringen Erklärungswert«, also die Hypothese einer Mischung aus Magie und Religion, der eine Autonomisierung der – rationaleren, stärker moralisch ausgerichteten, also insgesamt höher »entwickelten« – Religion gefolgt sei.[147]

Mauss kritisiert auch sehr weitsichtig die zweite und bis heute gefährliche Falle jeglicher Analyse des Nachlebens, die man als *Archetypismus* bezeichnen könnte. Sie führt nicht zu einer Simplifizierung der Zeitmodelle, sondern zu ihrer schlichten Negation. Die Zeitmodelle werden hier zu einem Essentialismus der Kultur und der Psyche verdünnt. Das wichtigste Element dieser Falle ist die Analogie, die für eine geschönte Wahrnehmung sorgt. Wenn Ähnlichkeiten zu Pseudomorphien werden und dazu noch zur Entdeckung einer allgemeinen und zeitlosen Bedeutung dienen, wird aus dem *survival* eine Mystifikation und ein Erkenntnishindernis.[148] Auch das Warburgsche *Nachleben* wurde gelegentlich in diesem Sinne interpretiert und zu solchen Zwecken benutzt. Doch Warburgs philologische Anstrengungen, sein Blick für das Singuläre, seine ständiges Bemühen, alle Fäden ausfindig zu machen und sie zusammenzuhalten, auch wenn er sehr wohl wußte, daß manche ihm entgingen, einige gerissen waren und anderen einen unterirdischen Verlauf nahmen – all das entfernt das Nachleben von jeglichem Essentialismus. Die Anamnesis der *Symptome* hat absolut nichts mit der Generalisierung in Gestalt der *Archetypen* zu tun.

Die Kritik, die Lévi-Strauss – im Einleitungskapitel seiner *Anthropologie structurale* – übt, scheint da weit härter auszufallen. Sie ist radikaler, aber auch einseitiger und zuweilen etwas ungenau oder gar boshaft. Lévi-Strauss kritisiert zunächst im Anschluß an Mauss den Archetypismus und dessen falschen Gebrauch substantialisierter Analogien und universell eingesetzter Pseudomorphien.[149] Dann greift er direkt auf Tylor zurück. Pfeil

147 Ders. 1913, S. 155.

148 Ders. 1925, S. 522-523.

149 C. Lévi-Strauss 1949, S. 6 (dt. S. 13-14).

und Bogen sind keine »Gattung«, wie der es in einer an der biologischen Fortpflanzungsbeziehung orientierten Sprache gesagt hatte. Denn »zwischen zwei identischen Werkzeugen oder zwei verschiedenen Werkzeugen, die aber der Form nach ähnlich sind, besteht auf immer eine radikale Kluft, die daher rührt, daß das eine nicht aus dem anderen hervorgegangen ist, sondern jedes von ihnen aus einem System von Vorstellungen«.[150] Dieser ersten Feststellung hätte Warburg übrigens ohne weiteres zugestimmt, maß sie doch der Organisation der Symbole die Stellung einer grundlegenden Struktur der empirischen Welt bei.

Lévi-Strauss geht noch einen – weniger besonnenen – Schritt weiter, wenn er sagt, die aus dem Problem der »Überbleibsel« hervorgegangenen Forschungen seien enttäuschend, weil sie »uns nichts über [...] die unbewußten Vorgänge mitteilen, die in konkreten individuellen oder kollektiven Erfahrungen zum Ausdruck kommen« – was er wenige Seiten später selbst wieder entkräftet, indem er Tylor fast schon als Begründer der Erforschung der »unbewußten Natur der kollektiven Phänomene« darstellt.[151] Doch in seinen Augen bleibt Tylor der Ethnologe, der eine Ethnologie bar jeder geschichtlichen Betrachtung betrieb, und zum Beweis genügt ihm eine kurze Passage aus dessen *Researches into the Early History of Mankind* (1865), wobei er nicht einmal auf den Titel dieses Werkes achtet und vor allem nicht berücksichtigt, daß Tylor sechs Jahre später in *Primitive Culture* Überlegungen zur Geschichtlichkeit primitiver Gesellschaften anstellt, wie sie Lévi-Strauss allenfalls und ausschließlich Franz Boas zugestehen möchte.[152] Der Autor der *Anthropologie structurale* wird 1952 eine These zur »verschlossenen« Geschichtlichkeit primitiver Völker aufstellen, die gänzlich unbewußt die oben zitierten Tylorschen Passagen paraphrasiert.[153]

---

150 Ebd., S. 7 (dt. S. 14-15).

151 Ebd., S. 9 und 25 (dt. S. 17 und 32).

152 Ebd., S. 7 und 13-14 (dt. S. 15 und 21).

153 Ders. 1952, S. 114-115 (dt. S. 116-117): »Ein primitives Volk ist auch kein Volk ohne Geschichte, obwohl uns der Ablauf dieser Geschichte oft entgeht. [...] Zunächst ist uns die Geschichte dieser Völker vollstän-

Von alledem bleibt die eigentliche Frage unberührt, und die lautet, was denn *survival* oder »Nachleben« bedeuten soll. Und zunächst einmal ist zu fragen, ob und inwiefern – in welchem Sinne und mit welchen Folgen – dieses Konzept auf dem Evolutionsgedanken basiert. Wenn Tylor das siebte Kapitel seiner *Researches into the Early History of Mankind*, das sich mit »Entwicklung und Verfall der Zivilisation« befaßt, mit Verweisen auf Darwin spickt, dann geschieht dies eindeutig in polemischer Absicht. Er muß zu dieser Zeit die menschliche Evolution gegen die göttliche Bestimmung ausspielen, also *The Origin of Species* gegen die Bibel.[154] Er muß den »Entwicklungsgedanken« und die Sichtweise der biologischen Arten gegen die religiösen Theorien der Entartung und die Perspektive der Erbsünde rehabilitieren.[155]

Hier ist nun eine weitere Präzisierung angebracht: Zu der Zeit, als Tylor sich auf diesen Verweisungszusammenhang einläßt, hat er das Vokabular des *survival* noch gar nicht entwickelt. Auch wenn die Debatte über die Evolution seinen allgemeinen epistemologischen Horizont bildet, erarbeitet er den Begriff des *survival* doch vollkommen unabhängig von Darwin und Spencer.[156] Während die natürliche Selektion vom *survival of the fittest* als Garant des biologischen Neuen sprach, näherte Tylor sich dem Überleben aus dem entgegengesetzten Blickwinkel der am deutlichsten »unangepaßten und unpassenden« (*unfit, inappropriate*) kulturellen Elemente als Träger eher einer überwundenen Vergangenheit als einer in Entwicklung begriffenen Zukunft.[157]

*

dig unbekannt oder bleibt uns infolge der fehlenden oder mangelhaften mündlichen Überlieferung und archäologischen Zeugnisse auf ewig verschlossen. Daraus läßt sich nicht schließen, daß es keine gibt.«

154 E. B. Tylor 1865, S. 150-190.

155 Siehe M. T. Hodgen 1936, S. 36-66.

156 E. B. Tylor 1871, Bd. I, S. VII-VIII (Vorwort zur Ausgabe von 1873, in der dt. Übersetzung nicht enthalten). Siehe R. H. Lowie 1937, S. 68-85.

157 Siehe M. T. Hodgen 1936, S. 40; und insb. J. Leopold 1980, S. 49-50 *et passim.*

Kurz gesagt, die *survivals* sind nur Symptome einer zeitlichen Desorientierung, aber keinesfalls Prämissen einer laufenden Teleologie oder irgendeines »Evolutionsziels«. Natürlich zeugen sie von einem früheren – und überwundenen – Zustand, doch sie sagen nichts über die Evolution als solche. Sie haben zweifellos einen gewissen diagnostischen, aber keinerlei prognostischen Wert. Schließlich sei daran erinnert, daß Tylors Kulturtheorie weder auf eine Biologie noch auf eine Theologie hinauslief. Die »Wilden« waren für ihn ebensowenig fossile Überreste einer ursprünglichen Menschheit wie Verfallserscheinungen eines göttlichen Ebenbildes. Seine Theorie zielte vielmehr auf eine gleichermaßen *historische* und *philologische* Perspektive[158] – was nur allzu verständlich macht, weshalb Warburg sich dafür interessierte.

Eines ist sicher: Das Warburgsche Konzept des Nachlebens fand seine ersten Annäherungen in einem Erkenntnisfeld, das mit den Gegenständen der Anthropologie und dem allgemeinen Horizont der Evolutionslehre zusammenhing. Darin, so schreibt Gombrich, blieb Warburg ein »Mann des 19. Jahrhunderts«, und seine Kunstgeschichte sei in ihren theoretischen Grundmodellen veraltet und überholt.[159] Das ist eine brutale und vielleicht sogar etwas böswillige Vereinfachung. Im besten Fall zeugt sie von den Schwierigkeiten, die den Ikonologen der zweiten Generation der Umgang mit einem Erbe bereiten konnte, das allzusehr einem Phantom glich, als daß man es als solches hätte »anwenden« können. Im schlimmsten Fall zielt diese Vereinfachung auf eine erneute Schließung der theoretischen Wege, die der Begriff des Nachlebens eröffnet hatte.

Warburg ein Anhänger des Evolutionismus? Was könnte das heißen? Daß er Darwin gelesen hat? Daran besteht nicht der geringste Zweifel. Daß er die Idee eines »Fortschritts« in der Kunst und ein »kontinuitätsorentiertes« Zeitmodell vertreten hat?[160] Nichts könnte falscher sein. Es sei zunächst daran erinnert, daß

158 Siehe M. Panoff 1996, S. 4364-4365.

159 E. H. Gombrich 1970, S. 68, 168, 185, 321 usw. (dt. S. 94, 213, 244, 429 usw.).

160 Ders. 1994b, S. 635-649.

die Evolutionslehre die *Frage nach der Zeit* in die Wissenschaft vom Leben einführte, und zwar über jene – wie Georges Canguilhem es nennt – »lange kosmische Zeit« hinaus, in deren Rahmen sich Lamarcks Denken noch bewegt hatte. Doch die Frage nach der Zeit stellen hieß die *Frage nach den Zeiten*, also nach den unterschiedlichen zeitlichen Modalitäten stellen, die sich zum Beispiel in einem Fossil, einem Embryo oder einem rudimentären Organ manifestieren.[161] Andererseits hat Patrick Tort gezeigt, daß es völlig abwegig wäre, die Philosophie Herbert Spencers – an die man bei dem Ausdruck »Evolutionismus« unwillkürlich denkt – auf Darwins Theorie der biologischen Evolution zurückzuführen. Darwins Theorie ist eine biologisch-ökologische Lehre der Transformation biologischer Arten unter dem Einfluß der Variation, während Spencers Philosophie eine Doktrin oder gar Ideologie der gerichteten Geschichte darstellt, die in den Oberschichten und den industriekapitalistischen Milieus des 19. Jahrhunderts verbreitet war und deren Schlußfolgerungen in vielen Punkten im Widerspruch zu denen der *Origin of Species* stehen.[162]

Der Kern des Mißverständnisses liegt im Begriff des *survival*. Erst in der fünften Ausgabe seines Buchs greift Darwin den von Spencer geprägten Ausdruck *survival of the fittest* auf. Heutige Epistemologen halten die Verknüpfung der beiden Worte (die Tylor, wie wir gesehen haben, sorgsam auseinanderhielt) für eine theoretische Verirrung. Wer so spricht, führt die *Selektion* tatsächlich auf das *Überleben* zurück. Die Fähigsten und Stärksten überleben die anderen und vermehren sich. Der Gedanke, dieses Gesetz könne auch für die geschichtliche oder kulturelle Welt gelten, stammt von Spencer und nicht von Darwin, der in der Kultur eine Möglichkeit sah, sich der natürlichen Selektion – durch »Nichtanpassung« – zu widersetzen.[163] In diesem

161 Siehe G. Canguilhem 1977, S. 106.

162 Siehe P. Tort 1983, S. 166-197 *et passim* (der die wissenschaftliche Vorgehensweise der Evolutionsbiologie mit dem ideologischen Vorgehen des Spencerschen Evolutionismus vergleicht); ders. 1992, S. 13-46.

163 Ders. 1992, S. 13: »Die natürliche Selektion selegiert die Kultur, die sich

Sinne war Warburg zweifellos Darwinist, aber kein Evolutionist im Sinne Spencers.

Nachleben bedeutet für ihn nichts anderes als eine *Erhöhung der Komplexität geschichtlicher Zeit*, die Wahrnehmung spezifischer, nichtnatürlicher Zeiten in der Welt der Kultur. Der Gedanke, die Kunstgeschichte in der »natürlichen Selektion« zu gründen, die sukzessive die schwächeren Stile eliminierte, wodurch das Werden seine Vervollkommnungsfähigkeit und die Geschichte ihre Teleologie erhielte, dieser Gedanke war das genaue Gegenteil seines eigentlichen Projekts und seiner Zeitmodelle. Die überlebende Form im Sinne Warburgs überlebte nicht siegreich den Tod ihrer Konkurrentinnen. Sie überlebte vielmehr als Symptom und Phantom *ihren eigenen Tod*. Zu einem bestimmten Zeitpunkt in der Geschichte verschwunden, taucht sie sehr viel später wieder auf, und das möglicherweise zu einer Zeit, da man dies nicht mehr erwartet, nachdem sie die Zeiten an den kaum definierten Rändern des »kollektiven Gedächtnisses« überdauert hat. Nichts ist dieser Vorstellung fremder als Spencers »synthetische« und autoritäre Systematik, sein so genannter »Sozialdarwinismus«.[164] Andererseits lassen sich durchaus Verbindungen zwischen diesem Begriff des Nachlebens und manchen Darwinschen Äußerungen zur Komplexität und zum paradoxen Charakter der biologischen Zeiten aufzeigen.

Aus dieser Sicht könnte man das Nachleben mit Zeitmodellen vergleichen (wenn auch nicht gleichsetzen), die als Symptom in der Evolution auftreten, sich also sämtlichen Schemata einer kontinuierlichen Anpassung widersetzen. Evolutionstheoretiker sprechen von »lebenden Fossilien«, jenen völlig anachronistischen Lebewesen, die überlebt haben.[165] Sie sprechen von »fehlenden Bindegliedern«, jenen Übergangsformen zwischen alten und rezenten Stadien der Variation.[166] Im Begriff der »Retrogres-

---

der natürlichen Selektion widersetzt.« D. Becquemont 1996, S. 4173-4175.

164 Siehe H. Spencer 1873.

165 Siehe N. Eldredge und S. M. Stanley (Hg.) 1984.

166 Siehe C. Devillers 1996a, S. 1710-1730.

sion« weigern sie sich, eine »positive« Evolution einer »negativen« Regression gegenüberzustellen.[167] Sie sprechen sowohl von »panchronen« als auch von »heterochronen« Formen – erstere sind lebende Fossilien oder überlebende Formen, die man als Fossilien allenthalben antraf, aber für ausgestorben hielt, dann jedoch plötzlich als lebende Formen wiederentdeckt hat.[168] Bei letzteren handelt es sich um paradoxe Lebensformen, in denen heterogene Entwicklungsphasen miteinander kombiniert sind.[169] Wenn das normale Spiel der natürlichen Selektion und der genetischen Mutationen es nicht erlaubt, die Herausbildung einer neuen Art zu verstehen, sprechen sie sogar von »aussichtsreichen Monstren«, das sind »nicht konkurrenzfähige« Organismen, die dennoch eine radikal andere, eigenständige Abstammungslinie hervorzubringen vermögen.[170]

Auf seine Weise spricht das Warburgsche Nachleben in der Tat nur von »lebenden Fossilien« und »retrogressiven« Formen. Es spricht von *Heterochronien* und sogar von »aussichtsreichen Monstren« – wie der »Wundersau von Landser«, einer Mißgeburt mit zwei Leibern und acht Beinen, die Warburg nach einem Kupferstich von Dürer im Blick auf die »Region der wahrsagenden Monstra« kommentiert.[171] Man versteht aber auch das Mißverständnis, zu dem die Kennzeichnung eines so experimentellen – vorsichtigen, heuristischen – Werkes wie des Warburgschen als »evolutionistisch« führen kann.

*

167 Siehe P. Tort 1996a, S. 1594-1597; ders. 1996b, S. 3677.

168 Siehe M. Delsol und J. Flantin 1996, S. 1714-1717.

169 Siehe C. Devillers 1996b, S. 2215-2217; als Beispiel nennt er den Axolotl (einen Lurch, der sein Leben lang im Stadium einer fortpflanzungsfähigen Larve verbleibt, also zugleich Kind und Erwachsener ist); er spricht von unterschiedlichen Geschwindigkeiten (einer Beschleunigung oder Verlangsamung) der Entwicklung, die als »Neotenie«, »Progenese«, »Peramorphose bzw. »Hypermorphose« bezeichnet werden. Siehe auch K. J. McNamara 1982, S. 130-142.

170 Siehe M. Delsol 1996, S. 3042-3044.

171 A. Warburg 1920, S. 253.

Um das *beispiellose* und anachronistische Objekt zu erfassen, verfuhr Warburg letztlich wie alle Pioniere. Er zimmerte sich ein System aus heterogenen Elementen, die er allein aufgrund der »guten Nachbarschaft« zu allen übrigen entlehnte. Ernst Gombrich hat Warburgs Anleihen beim heterodoxen Evolutionismus eines Tito Vignoli aufgewiesen – und zugleich auch überschätzt.[172] Diese positivistische Quelle muß man jedoch neben der Romantik etwa eines Carlyle sehen. Warburg entlehnte bei ihm weitere Argumente für jene Infragestellung der Geschichte, aus der sich die Wahrnehmung der Phänomene des Nachlebens ergab. Carlyle beeinflußte Warburg nicht allein auf der Ebene jener »Philosophie des Symbols« (und der Kleidung), die man in einem so sonderbaren Werk wie *Sartor Resartus* findet, auf das wir noch zurückkommen werden. Im selben Kontext skizzierte er auch eine ganze Geschichtsphilosophie im Dialog mit dem gesamten deutschen Denken – von Lessing, Herder, Kant, Schiller und natürlich Goethe.[173]

Es war eine Philosophie der Distanz (Geschichte als Herstellung einer Verbindung zu Fernem) und der Erfahrung (Geschichte als eine durch Prüfung ausgewiesene Philosophie). Es war eine Philosophie der gleichermaßen prophetischen und rückblickenden *Zeitenschau*; eine Kritik an der vorsichtigen Geschichte und ein Loblied auf die künstlerische Geschichte. Es war eine Theorie der »Zeitzeichen« (*signs of Times*), die Carlyle selbst als »hyperbolisch-asymptotisch« bezeichnete, stets auf der Suche nach Grenzen und unerkannten Tiefen. Wo Geschichte im trivialen Sinne als sukzessiv, narrativ und linear galt, da sprach Carlyle von der Zeit als einem Strudel aus zahllosen gleichzeitigen Handlungen und Körpern (*solids*), die er am Ende das »Chaos des Seienden« (*chaos of Being*) nannte.[174]

---

172 Siehe E. H. Gombrich 1970, S. 68-71 (dt. S. 95-98).

173 Siehe C. F. Harrold 1934, S. 151-179.

174 T. Carlyle 1833-1834, S. 37-40 (dt. S. 71-74). Als Motto des Romans wählte Carlyle einen berühmten Ausspruch Goethes über die Zeit: »Die Zeit ist mein Vermächtnis, mein Acker ist die Zeit.« Siehe auch ders. 1829, 1830 und 1833; sowie J. D. Rosenberg 1985.

Es ist durchaus nicht bedeutungslos, daß Wilhelm Dilthey diese Geschichtsphilosophie 1890 im Blick auf seine eigene »Kritik der historischen Vernunft« kommentierte.[175] Auf denkbar unterschiedlichsten – und in vielen Punkten divergierenden – Wegen konnten Carlyle und Dilthey damit dem jungen Warburg einige begriffliche Werkzeuge an die Hand geben, mit deren Hilfe er nach und nach das Zeitmodell seiner eigenen, in Entstehung begriffenen Kulturwissenschaft zu konstruieren vermochte.[176] Die Öffnung der Kunstgeschichte für die Anthropologie konnte seine eigenen Intelligibilitätsschemata und seine eigenen Determinismen allenfalls modifizieren. Und in jedem Fall fand Warburg sich in einem Streit Partei ergreifen, in dem sich Ende des 19. Jahrhunderts positivistische Historiker oder Fachhistoriker und die Verfechter einer erweiterten Kulturgeschichte gegenüberstanden: in Frankreich etwa Salomon Reinach oder Henri Berr, in Deutschland Wilhelm Dilthey oder Karl Lamprecht, Warburgs eigentlicher Lehrer.

Was könnte man aus all diesen Anleihen und Streitfragen anderes schließen, als daß der Evolutionismus hier seine eigene Krise, eine eigene interne Kritik auslöste? Warburg erkannte die Notwendigkeit, die kanonischen Geschichtsmodelle – narrative Modelle, solche mit kontinuierlicher Zeit, solche mit objektivem Anspruch – zu erweitern, er bewegte sich nach und nach in Richtung einer Theorie des *Formengedächtnisses* – einer aus Sprüngen und Latenzen, überlebenden und anachronistischen Formen, aus Gewolltem und Unbewußtem bestehenden Theorie – und vollzog so einen einschneidenden Bruch mit der Vorstellung eines geschichtlichen Fortschritts oder einer geschichtlichen Entwicklung. Er spielte also den Evolutionismus gegen sich selbst aus. Er dekonstruierte ihn und befaßte sich nur noch mit jenen Fällen von Nachleben, die wir nun in ihrer spezifischen Ausprägung zu erfassen versuchen wollen.

---

175 W. Dilthey 1890, S. 507-527.

176 Siehe F. Gilbert 1972, S. 381-391. Warburg konnte Dilthey neben Visher und Usener in der *Festschrift Eduard Zeller* lesen.

Renaissance und Unreinheit der Zeit: Warburg und Burckhardt

Warburg hat den Begriff des Nachlebens in einem ganz bestimmten historischen Rahmen ausgearbeitet, der nahezu ausschließlich den Gegenstand seines veröffentlichten Werkes bildet. Es handelt sich um die Renaissance, vor allem die italienische (Botticelli, Ghirlandaio, Francesco del Cossa, aber auch Polizian oder Pico della Mirandola) sowie die flämische und deutsche (Memling, van der Goes, Dürer, aber auch Luther oder Melanchthon). Wenn wir solch einen Begriff heute wiederaufgreifen, liegt es nahe, daß er eine theoretische Lektion enthält, die geeignet scheint, einige zentrale Voraussetzungen unseres *allgemeinen* Wissens hinsichtlich der Bilder gleichsam »auf neue Grundlagen zu stellen«. Wir dürfen jedoch nicht vergessen, daß Warburg das Problem im besonderen Kontext der Renaissance formulierte. Wir dürfen von ihm nichts verlangen, was er niemals versprochen hat (genau das tut Gombrich, wenn er ihm etwa vorwirft, er habe das Mittelalter »praktisch ausgespart«).[177] Die allgemeine Bedeutung des Nachlebens resultiert aus einer Lektüre und Interpretation des Warburgschen Werkes, sie ist das Ergebnis unserer eigenen Konstruktion.

Immerhin wird man Warburg eine gewisse – wenn auch subtile und untergründige – Lust an der Provokation unterstellen dürfen. Ist es etwa keine Provokation, auf dem Schreibtisch des Historiker-Philosophen die beiden so unterschiedlichen Begriffe »Nachleben« und »Renaissance« zusammenzuführen? Gewiß, der Ausdruck *Renaissance* bezeichnet im Deutschen nur die betreffende Geschichtsepoche und nicht umstandslos wie im Französischen oder Italienischen auch einen Prozeß, den nun der Ausdruck »Nachleben der Antike« bezeichnen sollte. Dennoch bleibt der Eindruck, daß es etwas Irritierendes hat,

177 E. H. Gombrich 1970, S. 309-311 (dt. S. 412-415).

wenn man beide Worte miteinander in Berührung bringt. Wir müssen allerdings feststellen, daß die beiden Worte nicht unbeschädigt aus dieser Berührung hervorgehen konnten. Die Renaissance als Goldenes Zeitalter in der Kunstgeschichte mußte dabei etwas von ihrer Reinheit und Vollkommenheit verlieren und umgekehrt das Nachleben als undurchsichtiger Evolutionsprozeß etwas von seiner urzeitlichen, vorgeschichtlichen Anmutung.

Aber warum dieser Kontext? Warum die Renaissance? Warum der Beginn oder Wiederbeginn bei der Renaissance – ich denke hier an Warburgs erste Veröffentlichung, seine Dissertation über Botticelli.[178] In erster Linie deshalb, weil genau dort die Kunstgeschichte als Wissensgebiet begonnen oder wiederbegonnen hatte: Warburg und Wölfflin erfanden (vor Panofsky) das Fachgebiet der Kunstgeschichte neu, indem sie auf die im Humanismus, also der Renaissance, angelegten Voraussetzungen eines Diskurses zurückgingen, der nicht immer schon existiert hatte. Den Einstieg in die Renaissance – den Einstieg in die Kunstgeschichte über den Königsweg der Renaissance – zu suchen bedeutete für einen jungen Wissenschaftler am Ende des 19. Jahrhunderts zugleich den Einstieg in einen Theoriestreit über Status, Stil und Gegenstand des historischen Diskurses schlechthin.

Dieser Streit reicht zurück bis zu Jules Michelet, der mit einigen berühmten Formulierungen erstmals einen im eigentlichen Sinne historischen und deutenden Begriff der Renaissance skizzierte: »Entdeckung der Welt und des Menschen«, »Ankunft einer neuen Kunst«, »Befreiung der Phantasie«, Rückkehr zur Antike, verstanden als »Appell an die Lebenskräfte« …[179] Versuchen wir einmal zu relativieren, was solchen Formeln heute an Banalem, also Anfechtbarem anhaftet: Als Warburg an der Bonner Universität Henry Thodes Vorlesungen verfolgte, hörte

---

178 A. Warburg 1893, S. 11-63.

179 J. Michelet 1855, S. 34-35. Siehe L. Fèbvre 1950, S. 717-729 (dt. S. 211-221).

er wahrscheinlich zahllose kritische Bemerkungen über diese »moderne« Renaissance, die hauptsächlich als Augenblick der *Erfindung einer antichristlichen Moral* verstanden wurde. Die Kritik wandte sich weniger gegen Michelet selbst als gegen zwei deutsche Denker, die solche Formeln bis ins Extrem getrieben haben sollten, und diese beiden Autoren waren niemand anderes als Jacob Burckhardt und Friedrich Nietzsche.[180] Der Streit betraf natürlich nicht allein den – christlichen oder nichtchristlichen – Charakter der Renaissance, sondern auch den Status der Geschichtswissenschaft sowie deren philosophische und anthropologische Ansprüche. Letztlich ging es in diesem Streit um die gesamte neue Kulturgeschichte, wie Burckhardt und Nietzsche sie auf die Tagesordnung gesetzt hatten.

Warburg hätte zweifellos keinen Augenblick gezögert, wenn er zwischen Thodes »Franziskaner«-Vorlesungen und Burckhardts »modernen« Schriften hätte wählen müssen. Thodes Name findet sich kein einziges Mal in Warburgs *Gesammelten Schriften*, während auf Burckhardts Einfluß allenthalben verwiesen wird.[181] Ein einziges Beispiel mag genügen, um diesen Gegensatz zu verdeutlichen. In seinem 1902 erschienenen Aufsatz über die Florentiner Bildniskunst wählt Warburg als Ausgangspunkt ausgerechnet die Ikonographie der Franziskaner, nämlich die *Bestätigung der Ordensregel des hl. Franziskus*, wie Giotto sie in der Kirche Santa Croce und Ghirlandaio sie in Santa Trinità dargestellt hatten – was das Fehlen jeglichen Hinweises auf Thode noch erstaunlicher erscheinen läßt.[182] Tatsächlich überging Warburg hier lediglich mit Schweigen, daß seine anthropologische Interpretation des Ghirlandaio-Zyklus Punkt für Punkt dem Schema widersprach, das Thode in seinem eigenen Buch über die Renaissance vorgeschlagen hatte. Andererseits beginnt der Text mit einem schwungvoll vorgetragenen,

---

180 H. Thode 1885. Zur Geschichte des Renaissancebegriffs in Deutschland siehe J. Huizinga 1920 (dt. S. 89-139); R. Kaufmann 1932; S. Vietta (Hg.) 1994; W. K. Ferguson 1948, S. 167-230; ders. 1963.

181 A. Warburg 1932, Bd. I.2, S. 679 (Stichwort »Burckhardt« im Index).

182 Ders. 1902a, S. 70-71.

ganz von Burckhardts Autorität beherrschten theoretischen Anspruch:

> Als vorbildlicher Pfadfinder hat Jakob Burckhardt der Wissenschaft das Gebiet der Kultur der italienischen Renaissance erschlossen und genial beherrscht; aber es lag ihm fern, das neuentdeckte Land selbstherrlich auszunutzen; im Gegenteil erfüllte ihn wissenschaftliche Selbstverleugnung so sehr, daß er das kulturgeschichtliche Problem, anstatt es in seiner ganzen künstlerisch lockenden Einheitlichkeit anzupacken, in mehrere äußerlich unzusammenhängende Teile zerlegte, um jeden für sich mit souveräner Gelassenheit zu erforschen und darzustellen. So gab er in seiner »Kultur der Renaissance« einerseits die Psychologie des socialen Individuums ohne Hinblick auf die bildende Kunst, wie er andrerseits in seinem »Cicerone« nur eine »Anleitung zum Genuss der Kunstwerke« bieten wollte. [...] Daß wir uns der überlegenen Persönlichkeit Jakob Burckhardts bewusst sind, darf uns nicht hindern, auf der von ihm gewiesenen Bahn weiterzuschreiten.[183]

Diese »Bahn« war in methodologischer Hinsicht so anspruchsvoll, daß man ihr kaum zu folgen vermochte. Doch in der »Selbstverleugnung«, wie er selbst dies nannte, stellte Warburg sich so auf eine Höhe mit der bei Burckhardt wahrgenommenen Bescheidenheit. Es handelt sich um eine fast schon stoisch zu nennende Einstellung. Einerseits muß man die »Einheitlichkeit« jeglicher Kultur, ihren fundamental organischen Charakter anerkennen. Andererseits weigert man sich jedoch, sie zu benennen oder zu definieren oder den Anspruch zu erheben, sie als solche zu erfassen. Vielmehr beläßt man die Dinge im Zustand der »Zerlegung«. Warburg hat sich stets geweigert, eine abschließende Synthese herzustellen, das heißt, er schob den Augenblick des Schließens, den Hegelschen Augenblick des absoluten Wissens, stets weiter hinaus. Entsprechend gilt es, die »Selbstverleugnung« oder epistemologische Bescheidenheit bis zu der Erkenntnis zu treiben, daß ein einzelner Forscher – ein *Pionier* – seine Arbeit nur auf Einzelnes richten kann und soll, wie er in

183 Ebd., S. 67.

derselben »Vorbemerkung« schreibt, wobei er mit dem Paradoxon einer »synthetischen Kulturgeschichte« spielt, die dennoch das »einzelne Kunstwerk«, also eine Reihe nicht hierarchisierter Fälle, erforscht:

> Und selbst nach seinem Tode tritt uns dieser geniale Kenner und Gelehrte noch als unermüdlicher Sucher entgegen; in seinen hinterlassenen »Beiträgen zur Kunstgeschichte von Italien« hat er, um dem großen Ziel einer synthetischen Kulturgeschichte näher zu kommen, noch einen dritten empirischen Weg angebahnt: er scheute die Mühe nicht, dem einzelnen Kunstwerke in seinem direkten Zusammenhange mit dem zeitgenössischen Hintergrunde nachzuforschen, um die idealen oder praktischen Anforderungen des wirklichen Lebens als »Kausalitäten« zu erfassen.[184]

Auch Wölfflin – der andere große »Neuerfinder« der Kunstgeschichte im 20. Jahrhundert – bewunderte in Burckhardt den Meister, der eine »synthetische Kulturgeschichte« schaffen konnte, ohne das »System« jemals zu definieren, also abzuschließen, zu schematisieren oder zu simplifizieren. Im Vordergrund habe bei Burckhardt stets das Interesse »am Individuum und am einzelnen Fall« gestanden, so daß ein endgültiges Urteil offen geblieben sei.[185] Nun vermochte niemand besser als Warburg die paradoxe Aufgabe zu vollenden (falls dieser Ausdruck hier paßt), die mit dem Verb »zerlegen« so gut beschrieben ist. Niemand vermochte sich auf dem Gebiet der Kunstgeschichte an jene *unendliche Analyse der einzelnen Werke* zu wagen, die wegen des Fehlens eines abschließenden Urteils als »unvollendet« oder »unabgeschlossen« gelten konnte.

Die Bescheidenheit und Selbstverleugnung, die Warburg angesichts des von Burckhardt geschaffenen historischen »Monuments« an den Tag legte, sind weder gespielt noch bloße Höflichkeit.[186] Das heißt aber nicht, daß Warburgs Arbeit eine

---

184 Ebd., S. 67. Siehe J. Burckhardt 1874-1897.

185 H. Wölfflin 1940, S. 149 und 164-178. Zum Verhältnis zwischen Warburg und Wölfflin siehe M. Warnke 1991, S. 79-86; A. Neumeyer 1971, S. 35.

186 Siehe A. Warburg 1902b, S. 103. Schon 1892 hatte Warburg seine

bloße Fortsetzung des Burckhardtschen Werkes gewesen wäre. In seinen persönlichen Notizen zeigt Warburg sich gerne kritischer, diskussionsfreudiger und stärker zum Widerspruch aufgelegt.[187] Außerdem gehören wesentliche Warburgsche Begriff – wie »Nachleben«, »Pathosformel« oder die Theorie des »Ausdrucks« – nicht zu Burckhardts begrifflichem Repertoire. Andererseits kann man sich nicht des Eindrucks erwehren, daß Warburgs berühmte *Zettelkästen* – diese Karteikästen in verschiedenen Farben – gleichsam eine dreidimensionale Verkörperung der *Materialien* darstellen, die Burckhardt für eine ständig aufgeschobene und niemals veröffentlichte Geschichte der Renaissancekunst gesammelt hatte (Abb. 6 und 7). Es lohnt jedenfalls, einmal der Frage nachzugehen, was an dem großen Baseler Historiker denn den Anschauungen und Konstruktionen des jungen Warburg nützlich sein konnte.

*

Den Zugang zur Kunstgeschichte über den »Königsweg« der Florentiner Renaissance zu suchen bedeutete 1902 (bei den Forschungen zur Bildniskunst) wie schon 1893 (bei den Forschungen zu Botticelli) Stellung zu dem von Burckhardt im Verlauf seines Großwerks Die *Cultur der Renaissance in Italien* geprägten Begriff zu beziehen.[188] Die in diesem Buch enthaltenen Themen und Thesen sind endlos diskutiert worden. Man lobt seine Kühnheit, den großen Atem, die »geniale« Entwicklung. Man bewundert die Art, wie hier ein äußerst reiches und vielgestaltiges geschichtliches Material zusammengefaßt wird. Man läßt es sich auch nicht nehmen, gegen jedes der berühmten Motive – den Gegensatz zwischen Mittelalter und Renaissance, die

---

Botticelli-Arbeit dem »Baseler Meister« zukommen lassen, der sie als »schöne Arbeit« bezeichnete; siehe W. Kaegi 1933, S. 283-293.

187 Siehe E. H. Gombrich 1970, S. 145 (dt. S. 183-184).

188 J. Burckhardt 1860. Siehe W. Kaegi 1956, S. 645-769; E. M. Janssen 1970; A. Buck 1987, S. 7-34; ders. 1989, S. 23-36; ders. 1990, S. 5-12; M. Ghelardi 1991, S. XI-XXIV und 211-222; P. Ganz 1994, S. 37-78.

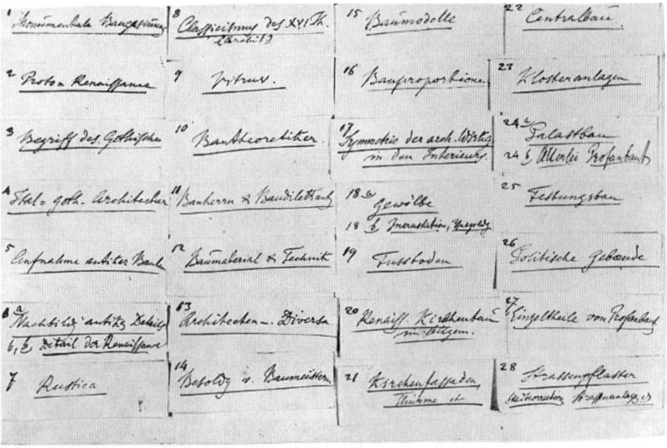
1 Monumentale Bauaufgaben
2 Proto-Renaissance
3 Begriff des Gothischen
4 Stil = goth. Architektur
5 Aufnahme antiker Bauten
6 a Nachbildung antiker Details
6 b detail der Renaissance
7 Rustica
8 Classicität des XVI Jh.
9 Vitruv
10 Bautheoretiker
11 Bauherrn & Baudilettanti
12 Baumaterial & Technik
13 Architekten – Diverse
14 Besoldg. u. Baumeister
15 Baumodelle
16 Bauproportionen
17 Symmetrie der arch. Wirkung in den Interieurs
18 a Gewölbe
18 b Incrustation
19 Fussboden
20 Renaiss. Kirchenbau
21 Kirchenfassaden
22 Centralbau
23 Klosteranlagen
24 a Palastbau
24 b Allerlei Profanbauten
25 Festungsbau
26 Politische Gebäude
27 Einzeltheile von Profanbauten
28 Strassenpflaster

Abb. 6: Jacob Burckhardt, Skizze des Projekts *Kunst der Renaissance*, 10. August 1858. Tinte auf Papier. Basel, Jacob-Burckhardt-Archiv. Photo: Jacob-Burckhardt-Archiv.

Vorrangstellung Italiens, die »Entwicklung des Individuums« – kritische Einwände vorzutragen.[189] Man räumt ein, daß dieses Buch trotz aller Kritik immer noch die geschichtswissenschaftliche Debatte über den Begriff der Renaissance beherrscht.[190] Aber zugleich verwendet man diese erdrückend beherrschende Stellung auch als Argument zugunsten der These, daß Burckhardt mit seinem Meisterwerk einen Mythos, eine *mythische Renaissance,* schuf, aus deren Kult schließlich hervorging, was Heinrich Mann mit dem Ausdruck »hysterische Renaissance« geißelte.[191]

Nun gibt es durchaus einen *Mythos Renaissance*, doch dieser Mythos ist integraler Bestandteil der Renaissancekultur – und Burckhardt kann das Verdienst beanspruchen, ihn als solchen

---

189 Siehe H. Baron 1960, S. 207-222; ders. 1960-1973, S. 155-181; A. Sapori 1963, S. 363-376; R. Klein 1970, S. 204-223.

190 Siehe P. O. Kristeller 1961, S. 29; D. Hay 1982, S. 1; G. Braden und W. Kerrigan 1989, S. 3-35; F. Jaeger 1994, S. 116-134.

191 Siehe W. Rehm 1929, S. 296-328; G. Uekermann 1985, S. 42-126; G. Goebel-Schilling 1990, S. 78-88; J. B. Bullen 1994.

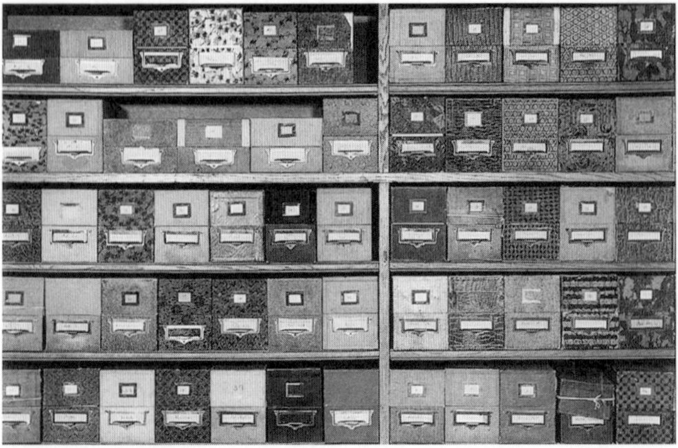

Abb. 7: Aby Warburg, *Zettelkästen*. London, The Warburg Institute. Photo: The Warburg Institute.

analysiert zu haben. Die »Entwicklung des Individuums« beruht wahrscheinlich auf einer mythischen, mit Sicherheit aber auf einer ideologischen und politischen Struktur.[192] Dennoch zeitigt sie Wirkungen im Bereich der Erkenntnis und des Stils, der Wahrheit und der Geschichte. Wenn das »Individuum« ein Renaissancemythos ist, so hat dieser Mythos doch immerhin die faszinierenden Realitäten hervorgebracht, die uns in Gestalt der Florentiner Porträts des Quattrocento entgegentreten. Und genau sie machte Warburg zu seinem Ausgangspunkt. Einen Mythos zu analysieren und sich in dessen ästhetische Wirkungen hineinzuversetzen hieß dessen Fruchtbarkeit ermessen (im Sinne einer »Wissenschaft des Konkreten«) und ihn zugleich (als Ensemble von Phantasmen) zu dekonstruieren.

Burckhardts Analyse interessierte Warburg also nicht wegen einiger Verallgemeinerungen, aus denen die Renaissance als Kultur oder Epoche rein und begrifflich »gewappnet« hervorspringen konnte wie Athene aus dem Kopf des Zeus. Burckhardt hatte durchaus eine »Entwicklung des Individuums« im

192 J. Burckhardt 1860, S. 89-115.

Italien der Renaissance erkannt, doch diese »Entwicklung« fand ihren merkwürdigen Abschluß in einer *Analyse der Symptome* und geistreichen Spötteleien, der Parodien und Verleumdungen (sämtlich Hindernisse für ein trivial evolutionistisches Modell), denen das Individuum, von Franco Sacchetti bis hin zu Aretino, unablässig ausgesetzt gewesen sei. Burckhardt sprach von der »Entwicklung des Individuums« also nicht im Sinne eines reinen Fortschritts seiner Emanzipation, sondern im Sinne einer *Entwicklung seiner Perversion*.[193]

Diese Analyse läßt zwei völlig verschiedene Interpretationen zu. Die erste ist moralischen Charakters. Sie folgt dem Modell »Größe und Verfall« der Pessimisten des 18. Jahrhunderts.[194] Sie schafft eine – durchaus berechtigte – Verbindung zwischen Burckhardt und Schopenhauer.[195] Doch da sie das Motiv des Niedergangs betonte, sah sie in Burckhardt letztlich nur noch einen der Vergangenheit zugewandten Ideologen, einen antidemokratischen Vorläufer des Kulturpessimismus im Stile Spenglers oder gar einen Anhänger der »konservativen Revolutionen«, die in Deutschland dem Nationalsozialismus den Weg bereiteten.[196] Die zweite Interpretation ist struktureller Natur. Ihr geht es eher um eine Klärung der *Funktionsweisen von Geschichte* als um *Urteile über die Geschichte*. Sie besitzt den – von Warburg sehr genau erkannten – Vorzug, daß sie dialektisch und eben deshalb epistemologisch fruchtbar ist. Wenn Burckhardt die »moderne Kultur« und deren Unfähigkeit geißelt, »der alten Welt Geschmack abzugewinnen«,[197] dann fällt er nicht so sehr ein »reaktionäres« Urteil, vielmehr verweist er kritisch auf das allgemeinere Problem der Beziehung zwischen einer Kultur und ihrem Gedächtnis. Eine Kultur, die ihre Erinnerung – ihr eige-

---

193 Ebd., S. 104-115.

194 Siehe É. Gebhart 1887, S. 66.

195 Siehe H. White 1973, S. 230-244 und 263.

196 Siehe P. W. Krüger 1930; A. Momigliano 1955, S. 283-198; M. A. Holly 1988, S. 47-73 (mit leichten Veränderungen wiederabgedruckt in ders. 1996, S. 29-63).

197 J. Burckhardt 1865-1885, S. 7 und 11.

nes Nachleben – verdrängt, ist ebenso zur Ohnmacht verdammt wie eine Kultur, die in der unablässigen Erinnerung an ihre Vergangenheit erstarrt. Nicht anders, so scheint mir, dachte auch Walter Benjamin.[198]

Die »Entwicklung des Individuums« trägt also in sich die Entwicklung ihrer Symptome, ihrer Pervertierung, ihrer negativen Seiten. Welchen Schluß sollen wir aus dieser These ziehen? Eine moralische Sichtweise wird hier von »Verfall« sprechen, und dies im Namen einer »Reinheit«, von der man nicht recht weiß, ob man sie wie Winckelmann an der Schwelle zum »griechischen Wunder« verorten soll. Eine strukturelle Sichtweise wird dagegen begreifen, daß die Zeit – jede Zeit, die der Antike geradeso wie die der Renaissance – *unrein ist.* Auf der Grundlage solch einer Interpretation konnte Warburg seine Arbeit beginnen und dabei nutzen, was in Burckhardts Analysen die Konstruktion eines einschneidenden Begriffs der Unreinheit der Zeit ermöglichte und damit letztlich die Konstruktion einer theoretischen Grundlage für das »Nachleben«.

*

Zudem hatte Burckhardt beschlossen, die der Renaissance eigene Komplexität der Zeiten auszumessen, so daß es unmöglich – und historisch verhängnisvoll – war, sie in der schönen Wissenschaft eines Leonardo, der engelhaften Malerei eines Raffael oder dem Genie eines Michelangelo zusammenfassen zu wollen. Ein halbes Jahrhundert, bevor Freud seine »Grundregel« des Nichts-Auslassens formulierte, schrieb Burckhardt, der Historiker dürfe sich »gegen kein Vergangenes abschließen«.[199] Die Lücken, die dunklen Kontinente, die Gegenmotive, die Verirrungen – all das ist Teil seiner Forschung. Deshalb muß die berühmte »Entwicklung des Individuums« zusammen mit der von Burckhardt so genannten, für das Italien der Renaissance

198 Siehe G. Didi-Huberman 2000, S. 85-155.

199 J. Burckhardt 1865-1885, S. 7.

typischen »Verflechtung von antikem und neuem Aberglauben«[200] gedacht werden (bekanntlich wird Warburg eine ähnliche Analyse für Luthers und Melanchthons Deutschland vornehmen). Wo Robert Klein bei Burckhardt einen »gewissen Gegensatz zwischen den beiden Orientierungen der Renaissance« – dem positiven Geist der »Entdeckung der Welt und des Menschen« und dem phantastischen Geist der esoterischen Fiktionen[201] – erblickte, da wären wir versucht, so etwas wie einen *dialektischen Blick* zu erkennen, der *Spannungen und Polaritäten zu denken* vermag und den Warburg dann selbst auf allen Ebenen der Analyse systematisierte.

Unter diesen Umständen sieht man nicht recht, wie sich die berühmte »Wiedererweckung des Altertums«[202] in der Zeitlichkeit einer reinen und einfachen Wiederkehr desselben (etwa desselben »Schönheitsideals«) denken ließe. Erhält doch diese *Wiederkehr* ihre Berufung zu den *Unterschieden*, Komplexitäten und Metamorphosen gerade durch ihr – zutiefst *anachronistisches* – Verhältnis zu den Besonderheiten der Gegenwart und des Ortes, also Italiens im 15. Jahrhundert.[203] Erst die Begegnung der langen Zeit des Nachlebens – Burckhardt spricht nicht von Nachleben, sondern von einer langen Einwirkung des Altertums – mit der kurzen Zeit der Stilentscheidungen macht die Renaissance zu einem so komplexen Phänomen.[204]

Deshalb konnte Burckhardt im Blick auf das geschichtliche Konzept des *renaître* – er benutzte die französische Verbform selbst in einem Manuskript aus dem Jahr 1856 – eine wirklich dialektische Bewegung beschreiben, eine Bewegung zwischen der *Bruch-Zeit*, die er als »Wiederaufnahme« der antiken Vergangenheit bezeichnet, und der *Wirbel*-Zeit der »lebensfähigen Reste«, die latent und in gewissem Sinne wirkungslos bleiben innerhalb der »langen Unterbrechung«, in der sie kaum wahr-

200 Ders. 1860, S. 350-376.
201 R. Klein 1970, S. 219.
202 J. Burckhardt 1860, S. 116-189.
203 Ebd., S. 116-117.
204 Ebd., S. 117.

zunehmen sind.[205] Die Antike ist kein »reines Zeitobjekt«, das als solches wiederkehrt, wenn man es aufruft. Sie ist vielmehr eine große Bodenbewegung, ein dumpfes Vibrieren, ein Grundton, der alle Schichten der Geschichte und der Kultur durchdringt:

> Neben allem Wissensstoff der Erde behauptet sich, wie ein Grundakkord, der immer wieder hindurchtönt, die Geschichte der alten Welt, das heißt aller derjenigen Völker, deren Leben in das unsrige eingemündet ist.[206]

So wirkt es denn auch weniger erstaunlich, aus seinem Munde eine so radikale – und in den Augen ästhetisierender Verehrer der Renaissance skandalöse – These wie die zu hören, daß aus der Renaissance »kein eigener organischer … Stil« hervorgegangen sei.[207] Was heißt das? Es heißt, *daß die Renaissance unrein ist*, und zwar in ihren Kunststilen ebenso wie in ihrem Wechsel zwischen lebendiger Gegenwart und erinnerter Antike. Man kann sich für das 19. Jahrhundert keine schärfere Kritik am Historismus vorstellen (der nach der Einheit der Zeit sucht) wie auch am Ästhetizismus (der die Einheit des Stils anstrebt).[208]

Die Renaissance ist unrein: Warburg wird niemals aufhören, diese Beobachtung – mit Hilfe der Konzepte des Nachlebens und der Pathosformel – zu vertiefen und weiter auszuarbeiten. Die Renaissance ist unrein: Darin liegt möglicherweise deren Grenze im Blick auf jedes Ideal, aber gerade hier liegt auch ihre Vitalität. So schrieb denn Warburg 1920, gerade die »Mischung heterogener Elemente« kennzeichne, was »so lebenskräftig« sei an der »Kultur der Renaissance«.[209] Sie kennzeichne den Florentiner »Mischstil«.[210] Sie impliziere eine ständige Dialektik der »Spannungen« und »Kompromisse«, so daß sich die Renaissance-

205 Zit. n. M. Ghelardi 1991, S. 129.
206 J. Burckhardt 1865-1885, S. 6.
207 Zit. n. M. Ghelardi 1991, S. XVI.
208 Siehe G. Boehm 1991, S. 73-81.
209 A. Warburg 1920, S. 208-209.
210 Ders. 1906, S. 127.

kultur dem Historiker als ein »rätselhafter Organismus« darbiete:

> Gegensätze der Lebensanschauung, wenn sie, die einzelnen Mitglieder der Gesellschaft mit einseitiger Leidenschaft erfüllend, zum Kampfe auf Leben und Tod anstacheln, sind die Ursache des unaufhaltsamen gesellschaftlichen Verfalls, und doch zugleich die zur höchsten Kulturblüte treibenden Kräfte [...]. Auf diesem Grunde erwächst die Kulturblüte der florentinischen Frührenaissance. Die ganz heterogenen Eigenschaften des mittelalterlich christlichen, ritterlich romantischen oder klassisch platonisierenden Idealisten und des weltzugewandten etruskisch-heidnisch praktischen Kaufmanns durchdringen und vereinigen sich im Mediceischen Florentiner zu einem rätselhaften Organismus von elementarer und doch harmonischer Lebensenergie ...[211]

211 Ders. 1902a, S. 74.

Lebensfähige Reste: Das Nachleben läßt Geschichte anachronistisch werden

Die Renaissance ist unrein – das »Nachleben« wäre dann Warburgs Art, den zeitlichen Modus dieser Unreinheit zu bezeichnen. Obwohl unauffällig, scheint mir der Ausdruck »lebensfähige Reste« bei Burckhardt von entscheidender Bedeutung zu sein, wenn wir das Paradoxe – und die Notwendigkeit – solch eines Begriffs im Blick auf Warburg begreifen wollen. Es ist das Paradoxon einer Restenergie, einer Spur vergangenen Lebens, eines kaum vereitelten und fast noch andauernden oder – mit einem Wort – *gespensterhaften* Todes, das dieser so triumphierend als »Wiedergeburt« bezeichneten Kultur ihr ureigenes Lebensprinzip verleiht. Aber um was für ein Leben, was für eine Zeitlichkeit handelt es sich hier? Inwiefern verlangt das Nachleben ein eigenes fundamentales Verständnis des »Formenlebens« und der »Zeitformen«, die dieses Leben entfaltet?

Die Arbeitshypothese für unsere Lektüre wird lauten, daß Warburgs »Nachleben« jenseits des Verweises auf Burckhardts »lebensfähige Reste« ein den Bildern eigenes Zeitmodell liefert, ein *Anachronismusmodell*, das nicht nur mit Vasaris Verwandtschaftsbeziehungen (diesen Familienromanen) und Winckelmanns Nostalgien (diesen Elegien aufs Ideal) bricht, sondern auch mit jeglicher Mutmaßung hinsichtlich eines Sinns der Geschichte. Das »Nachleben« im Sinne Warburgs verweist also auf eine Geschichtstheorie. Letztlich müssen wir dieses Konzept im Blick auf den Hegelianismus beurteilen und bewerten.[212]

Beginnen wir mit der Feststellung, daß Warburg selbst das »Nachleben der Antike« für ein »Hauptproblem« seiner gesam-

212 Siehe A. Dal Lago 1984, S. 73-79, mit einer Zurückweisung der Positionen von E. H. Gombrich 1969, S. 24-59 (dt. S. 27-64).

ten Forschung hielt. Das bestätigen seine engsten Mitarbeiter und Freunde wie Fritz Saxl[213] oder auch Jacques Mesnil:

> Die von Professor Warburg in Hamburg gegründete Bibliothek unterscheidet sich von allen anderen Bibliotheken durch die Tatsache, daß sie nicht einem einzigen oder mehreren Zweigen des menschlichen Wissens gewidmet ist und in keine der üblichen Kategorien weder allgemeiner noch besonderer Art fällt, sondern allein im Blick auf die Lösung eines Problems oder vielmehr eines umfangreichen Komplexes miteinander zusammenhängender Probleme geschaffen, geordnet und ausgerichtet worden ist. Dieses Problem ist eines, mit dem Aby Warburg sich seit seiner Jugend befasst hat: Was war die Antike für die Menschen der Renaissance? Welche Bedeutung hatte sie für sie? In welchen Bereichen und auf welchen Wegen übte sie ihren Einfluss aus? Diese Frage betrifft keineswegs nur Kunst und Literatur. Die Renaissance weckt in ihm nicht allein die Vorstellung eines Stils, sondern auch und vor allem die einer Kultur: Das Problem des Nachlebens und einer Wiedergeburt der Antike ist ein künstlerisches, aber im selben Maße auch ein religiöses und soziales Problem.[214]

Auch das heutige Klassifikationssystem der Bibliothek Warburg zeugt noch von dieser Obsession. Jede oder fast jede größere Abteilung beginnt mit einer Unterabteilung zum »Nachleben der Antike« – zum Nachleben der antiken Götter, des astrologischen Wissens, der literarischen Formen, der Bildmotive usw. Die von 1923 bis 1932 von Fritz Saxl herausgegebenen *Vorträge der Bibliothek Warburg* sind gleichfalls in vieler Hinsicht von dieser Fragestellung geprägt. Schlagen wir etwa den ersten Band auf, so sehen wir einen Aufsatz über Albrecht Dürer als Interpreten der Antike (von Gustav Pauli) und eine Studie über das Nachleben des Hellenismus in der arabischen Magie (von Hellmut Ritter) sowie den berühmten Vortrag von Ernst Cassirer über den Begriff der »symbolischen Form« und einen Essay von Adolph Goldschmidt über »Das Nachleben der antiken Formen im

---

213 F. Saxl 1920, S. 1-4; ders. 1922, S. 347-400.
214 J. Mesnil 1926, S. 237.

Mittelalter«.[215] Die ganzen bibliographischen Bemühungen des Warburg-Instituts werden am Ende in die Herausgabe zweier Bände münden, die sich ausschließlich mit dem Nachleben der Antike befassen.[216]

Aber war diese Fragestellung tatsächlich so neu? Hatte nicht schon der Neoklassizismus Winckelmanns und seiner Nachfolger das »Altertum« auf die lebendige Gegenwart der Menschen des 19. Jahrhunderts projiziert?[217] Ernst Gombrich verweist auf den Einfluß eines Textes von Anton Springer, des ersten Kapitels seines Buchs *Bilder aus der neueren Kunstgeschichte*, das den Titel trägt: »Das Nachleben der Antike im Mittelalter«. An den Rand eines Absatzes, in dem Springer den antiken Fall der Gewänder als »vortreffliches Ausdrucksmittel« bezeichnet, soll Warburg seine Zustimmung durch ein knappes »bravo« signalisiert haben.[218]

Warburg verfügte ohne Zweifel über eine genaue Kenntnis der gesamten historischen Literatur zum Problem der »Tradition der Antike«. Doch diese Kenntnis verstärkt aus unserer Sicht nur noch den Unterschied zwischen seinem eigenen Begriff des Nachlebens und allen anderen, die zu seiner Zeit – unter welcher Bezeichnung auch immer – im Umlauf gewesen sein mögen.[219] Inwiefern können wir also sagen, das Nachleben im Sinne Warburgs habe mit allen voraufgegangenen oder zeitgenössischen Vorstellungen ähnlicher Art gebrochen? In erster Linie insofern,

---

215 F. Saxl (Hg.) 1921-1932. Ähnliches gilt für die 21 Bände der *Studien der Bibliothek Warburg*, die von 1922 bis 1932 erschienen.

216 H. Meier, R. Newald und E. Wind (Hg.) 1934.

217 W. Herbst 1852.

218 E. H. Gombrich 1970, S. 49-50 (dt. S. 70). Siehe A. Springer 1867 (Warburg benutzte die 2. Ausgabe von 1886), über den Eugène Müntz in Frankreich schrieb: »[...] einer der Meister der Kunstgeschichte, Antoine Springer, Professor an der Universität Leipzig, zeigt uns, daß die Antike in gewisser Weise auch im Mittelalter noch weiter lebt (das ist die Bedeutung des Ausdrucks »Nachleben«).« E. Müntz 1887, S. 631.

219 Siehe G. Dehio 1895; L. Friedländer 1897, S. 210-240 und 370-401; E. Jaeschke 1900; H. Semper 1906; P. Cauer 1911; R. W. Livingstone 1912.

als Warburgs Begriff *sich keiner historischen Periodisierung überlagern ließ*. Springers »Nachleben« simplifizierte die Geschichte, indem es sie periodisierte. Es bot die Möglichkeit, an einer in ihrem mittelalterlichen Nachleben »geschwächten«, in der Renaissance dagegen »triumphierenden« Antike festzuhalten. Warburgs »Nachleben« ist dagegen ein struktureller Begriff. Er gilt für die Renaissance geradeso wie für das Mittelalter. »Jede Zeit hat die Renaissance der Antike, die sie verdient«, schrieb er.[220] Ebensogut hätte er allerdings auch schreiben können, jede Zeit habe das Nachleben, das sie verdiene, oder vielmehr, das notwendig für sie sei und ihr in stilistischer Hinsicht gewissermaßen zugrunde liege.

*

Warburgs Begriff des Nachlebens bietet uns keine Möglichkeit, die Geschichte zu simplifizieren. Er sorgt dafür, daß jeder Periodisierungsversuch unvermeidlich in die Irre führt. Er steht quer zu jedem chronologischen Schnitt. Er beschreibt eine *andere Zeit*. Er desorientiert die Geschichte, er öffnet und kompliziert sie. Mit einem Wort, er »anachronisiert« die Geschichte. Er führt zu jenem Paradoxon, wonach die ältesten Dinge nach weniger alten Dingen erscheinen können. So kommt die Astrologie indischen Ursprungs – die älteste, die es gibt – im Italien des 15. Jahrhunderts wieder in Gebrauch, nachdem sie durch die griechische, arabische und mittelalterliche Astrologie überholt und ersetzt worden war.[221] Allein schon dieses von Warburg ausführlich entfaltete Beispiel zeigt, wie das Nachleben die Geschichte desorientiert: Jede Periode ist ihr eigener Knoten aus Altertümern, Anachronismen, Gegenwärtigem und Ansätzen zu Künftigem.

Weshalb überlebt das mittelalterliche Wissen bei Leonardo da Vinci? Weshalb überlebt die nordeuropäische Gotik in der klas-

220 A. Warburg 1926a, zit. n. E. H. Gombrich 1970, S. 238 (dt. S. 322).
221 Siehe A. Warburg 1912, S. 178.

sischen Renaissance? Schon Michelet hatte gesagt, das Mittelalter sei »gerade deshalb so schwer zu töten, weil es seit langem tot ist«.[222] Gerade Dinge, die seit langem tot sind, spuken besonders wirkungsvoll – und auf besonders gefährliche Weise – in unserem Gedächtnis. Die Hausfrau, die heute ihr Horoskop legt, geht dabei mit den Namen antiker Götter um, an die doch angeblich niemand mehr glaubt. Das Nachleben *öffnet* also die Geschichte – was Warburg zum Ausdruck bringen wollte, wenn er von »Kunstgeschichte im weitesten Sinne« sprach: einer für anthropologische Fragen des Aberglaubens und der Weitergabe von Glaubensinhalten offenen Kunstgeschichte.[223] Einer von jener »Kulturpsychologie« informierten Kunstgeschichte, für die Warburg sich bei Hermann Usener und Karl Lamprecht zu begeistern begonnen hatte.

In dem Maße, wie das Nachleben Gegenstandsbereiche, Ansätze und Zeitmodelle der Geschichte erweitert, kompliziert es sie auch. Es bringt gleichsam einen »Unschärfebereich« in die historische Korrelation der Erscheinungen. Das Spätere befreit sich fast schon vom Früheren, wenn es sich mit diesem gespensterhaft nachlebenden »Noch-Früheren« verbindet, wie es etwa in Rembrandts Werk geschieht, das nach Warburgs Ansicht »antiker und klassischer« – und insgesamt ovidischer – ist als das eines Antonio Tempesta, das ihm geschichtlich vorausgeht.[224] Die Form befreit sich fast vom Inhalt, wie bei den Fresken in Ferrara, auf denen die Renaissancestruktur – die Stellung der Figuren zueinander, der Bezug auf die Astrologie – mit einer noch mittelalterlichen, heraldisch-ritterlichen Ikonographie koexistiert.[225]

Wer das zur Kenntnis nimmt, stellt sich der offenkundigen Tatsache, daß die Ideen der *Tradierung* und *Weitergabe* von unerhörter Komplexität sind. Sie sind geschichtlich (Mittelalter, Renaissance), aber zugleich auch anachronistisch (Renaissance *des* Mittelalters, Mittelalter *der* Renaissance). Sie bestehen aus

222 J. Michelet 1855, S. 36.
223 A. Warburg 1920, S. 201.
224 Ders., 1926a, siehe E. H. Gombrich 1970, S. 229-238 (dt. S. 307-321).
225 A. Warburg 1912, S. 178-190.

bewußten und unbewußten Prozessen, aus Vergessen und Wiederentdeckung, aus Abschwächung und Zerstörung, aus Übernahmen und Bedeutungsumkehrungen, aus Idealisierungen und Abänderungen – sämtlich Begriffe, die Warburg in dieser oder abgewandelter Form selbst verwendet.[226] Es reicht ein Perspektivwechsel, bei dem das Geschichtsmodell der Renaissance und das anachronistische Modell des Nachlebens in ein dialektisches Verhältnis geraten, und die Idee einer Weitergabe in der Zeit wird problematisch. Zumal sich diese Komplexität nach Warburg nicht ohne hartnäckigen Bezug auf eine Anthropologie denken läßt, der Fragen des Glaubens, der Entfremdung, des Wissens – und natürlich des Bildes – zugrunde liegen:

> Die Geschichte des Einflusses der Antike, betrachtet in dem Wandel ihrer überlieferten, verschollenen und wiederentdeckten Götterbilder, enthält unaufgeschlossene Erkenntniswerte zu einer Geschichte der Bedeutung der anthropomorphistischen Denkweise.
> […] Unter diesem Gesichtspunkte sind die hier behandelten Bilder und Worte – nur ein Bruchteil von dem, was zur Verfügung hätte stehen können – etwa als bisher ungelesene Urkunden zur tragischen Geschichte der Denkfreiheit des modernen Europäers aufzufassen; es sollte zugleich an einer positiven Untersuchung aufgezeigt werden, wie sich bei einer Verknüpfung von Kunstgeschichte und Religionswissenschaft die *kulturwissenschaftliche Methode* verbessern läßt.[227]

Weil das Nachleben aus *longues durées* und kritischen Augenblicken, alterslosen Latenzen und brutalem Wiedererscheinen gewebt ist, wird die *Geschichte* am Ende *anachronistisch*. Damit zerfällt jedes chronologische Verständnis von Dauer. Durch das Nachleben wird erstens die *Gegenwart anachronistisch*. Es dementiert entschieden den Zeitgeist, auf den sich die Definition der Kunststile so oft stützte. Warburg zitierte gerne Goethes Worte: »Was ihr den Geist der Zeiten heißt, das ist im Grund der Herren eigener Geist, in dem die Zeiten sich bespiegeln.«

---

226 Ders. 1932, I.2, S. 670-673 (Register, Stichwort »Antike, Nachleben«).
227 Ders. 1920, S. 259 und 267.

Und so beurteilte er die Größe eines Künstlers oder eines Kunstwerks – anders als eine allzu geläufige soziologische Lektüre seines Werkes es uns glauben machen möchte – nach deren Fähigkeit, solch einem Zeitgeist Widerstand zu leisten.[228]

Zweitens wird die *Vergangenheit* durch das Nachleben *anachronistisch*. Warburg analysierte die Renaissance auch deshalb als »unreine Zeit«, weil die Vergangenheit, aus der sie ihre »Lebenskraft« bezog, also die klassische Antike, selbst nichts von einem absoluten Ursprung hatte. Der Ursprung ist also selbst schon eine unreine Zeitlichkeit aus Mischformen und Ablagerungen, Vorausweisendem und Zerfallenem. Was da in den Bilderzyklen des Palazzo Schifanoia überlebt hat, ist ein Modell orientalischer Astrologie, in dem ältere griechische Formen bereits einen langen Veränderungsprozeß durchgemacht hatten. Wenn der Kunsthistoriker sich darauf einläßt, in den Kunstdenkmälern der Renaissance Prozesse der *longue durée* am Werk zu sehen (Warburg behandelt etwa im selben Zusammenhang ein Werk von Raffael und den Konstantinsbogen in Rom, zwischen denen 1.200 Jahre liegen[229]), dann riskiert er unvermeidlich Anachronismen. Nennen wir das eine Entscheidung, den Anachronismus in der geschichtlichen Entwicklung selbst am Werk zu sehen.

Denn das Nachleben schlägt eine Bresche in die üblichen Entwicklungsmodelle. Es enthüllt dort Paradoxien, Ironien des Schicksals und Veränderungen, die nicht geradlinig verlaufen. Es läßt selbst die Zukunft anachronistisch werden, insofern es nach Warburg eine »stilbildende Macht« darstellt.[230] Wenn Luther und Melanchthon Anteilnahme »an den fortlebenden mysteriösen Praktiken heidnischer Religiosität« zeigen, so muß das für eine »geradlinig denkende Geschichtsauffassung« natürlich paradox erscheinen.[231] Aber genau das rechtfertigte Warburgs Forderung nach einem spezifischen Zeitmodell für die Geschichte der Bil-

228 Ders. 1926a, zit. n. E. H. Gombrich 1970, S. 313-314 (dt. S. 420-421).
229 A. Warburg 1914, S. 281.
230 Ders. 1893, S. 13.
231 Ders. 1920, S. 209.

der, die, wie er selbst sagte und wie wir bereits gesehen haben, »ihre eigene Entwicklungslehre« finden müsse.[232]

*

Nun sind wir ein wenig besser gerüstet, um die Paradoxien einer Geschichte der Bilder als einer Geschichte von Phantomen und Gespenstern zu begreifen – von überlebenden, latenten, wiederkehrenden Elementen, die sich in die manifestere Entwicklung der Perioden und Stile mischen. Mit einer der frappierendsten Formeln definierte Warburg – 1928, ein Jahr vor seinem Tod – die von ihm praktizierte Geschichte der Bilder als »Gespenstergeschichte für ganz Erwachsene«.[233] Aber von wem, woher und aus welcher Zeit stammen diese Gespenster? Warburgs wunderbare Texte über das Porträt mit ihrer Mischung aus archäologischer Präzision und melancholischer Einfühlung lassen zunächst den Gedanken aufkommen, daß diese Gespenster die Hartnäkkigkeit und das *Nachleben eines Nach-dem-Tode* betreffen.

Als Aby Warburg an den Porträts der Familie Sassetti arbeitete (einer Bankiersfamilie wie seiner eigenen), schrieb er seinem Bruder Max einen bewegenden Brief, in dem er zu beschreiben versuchte, inwiefern seine Archivarbeit zwar »trocken«, aber dennoch »colossal interessant« sei, weil diese »schemenhaften Bilder« längst verschwundener Menschen dadurch wieder »pakkendes Leben« erhielten.[234] Von daher wird auch die paradoxe »Lebendigkeit« der Florentiner Porträts verständlicher (also ihr physisches Verhältnis zum Tod) und damit auch ihr so kraftvoller »Animismus« (also ihr psychisches Verhältnis zum Unbelebten).[235] Hatten nicht auf den Sarkophagen, diesen Schmuckkästen des Todes, die Künstler der Renaissance – von Nicola Pisano bis Donatello und darüber hinaus – die klassischen Formen

232 Ders. 1912, S. 185.

233 Ders. 1928-1929, S. 3.

234 Ders., Brief an seinen Bruder Max vom 30. Juni 1900, zit. n. E. H. Gombrich 1970, S. 129 (dt. S. 167).

235 Siehe G. Didi-Huberman 1994, S. 383-432.

zur Darstellung des Lebens erprobt, jenes »bewegten Lebens«, das gleichsam versteinert im Marmor der römischen Überreste überlebt hatte?[236]

Doch das ist noch nicht alles. Die Gespenster dieser Geschichte der Bilder kommen auch aus einer inchoativen Vergangenheit. Sie sind *Überbleibsel einer vorgeburtlichen Zeit.* Aus ihrer Analyse sollten wir etwas Wesentliches über die von Warburg so genannte »Stilbildung«, ihre Morphogenese, lernen. Das Modell des Nachlebens betrifft also nicht nur die Suche nach Verschwundenem, sondern eher noch die Suche nach dem fruchtbaren Element darin, das Spuren zu hinterlassen und ins Gedächtnis einzugehen vermag und deshalb zu einer Wiederkehr oder gar einer »Renaissance« fähig ist. Das wäre dann, epistemologisch gesprochen, gleichsam die Neudefinition des biomorphen Evolutionsmodells.

Leben, Tod und Wiedergeburt, Fortschritt und Niedergang – also die seit Vasari im Umlauf befindlichen Modelle – reichen nicht mehr aus, um die symptomartige Geschichtlichkeit der Bilder zu beschreiben. Darwin kannte sich damit natürlich bestens aus. Seine Analyse des »gelegentlichen Zum-vorschein-kommens« verknüpfte in bemerkenswerter Weise den »Rückschlag verschwundener Merkmale« mit dem Motiv der »Latenz«, dank deren die biologische Struktur des »gemeinsamen Vorfahren« überlebt:

> »Bei den Tauben indessen haben wir noch einen andern Fall, nämlich das in allen Rassen gelegentliche Zum-vorschein-kommen von schieferblauen Vögeln mit zwei schwarzen Flügelbinden, weissen Weichen, einer Querbinde auf dem Ende des Schwanzes und einem weissen äussern Rande am Grunde der äusseren Schwanzfedern. Da alle diese Merkmale für die elterliche Felstaube bezeichnend sind, so glaube ich, wird Niemand bezweifeln, daß es sich hier um einen Fall von Rückschlag und nicht um eine neue, aber analoge Abänderung

---

236 Siehe I. Ragusa 1951. S. Contarini 1992, S. 91, zitiert eine sehr an Warburg gemahnende Formulierung von André Jolles, wonach die Renaissance »ihre Wiege in einem Grab« hatte.

in verschiedenen Rassen handelt. [...] Es ist ohne Zweifel eine sehr überraschende Thatsache, daß seit vielen und vielleicht Hunderten von Generationen verlorene Merkmale wieder zum Vorschein kommen. [...] In einer Zucht, welche nicht gekreuzt worden ist, sondern worin beide Eltern einige von den Characteren ihrer gemeinsamen Stammart eingebüsst haben, dürfte die Neigung, den verlorenen Character wieder herzustellen, mag sie stärker oder schwächer sein, wie schon früher bemerkt worden, trotz allem, was man Gegentheiliges sehen mag, sich fast jede beliebige Anzahl von Generationen hindurch erhalten. Wenn ein Merkmal, das in einer Rasse verloren gegangen ist, nach einer großen Anzahl von Generationen wiederkehrt, so ist die wahrscheinlichste Hypothese nicht die, daß ein Individuum jetzt plötzlich nach einem mehrere hundert Generationen älteren Vorgänger zurückstrebt, sondern die, daß in jeder der aufeinanderfolgenden Generationen das fragliche Merkmal noch latent vorhanden gewesen ist und nun endlich unter unbekannten günstigen Verhältnissen zum Durchbruch gelangt.«[237]

237 C. Darwin 1859, S. 179-180.

Der Exorzismus des Nachlebens: Gombrich und Panofsky

Bevor wir nach den Bedingungen fragen, unter denen in der Kunstgeschichte eine antike Form in manchen Fällen zum Nachleben und in anderen zur Renaissance befähigt ist, wollen wir das Schicksal dieser Fragestellung in der Geschichte des Fachgebiets zu klären versuchen. Ist Warburgs »Nachleben« verstanden worden? Von manchen gewiß. Vom *mainstream* ganz sicher nicht. Hier ein paar Beispiele.

Als Julius von Schlosser 1911 seine *Geschichte der Porträtbildnerei in Wachs* veröffentlichte, wurde deutlich, daß der – von Tylor, aber vor allem von seinem Freund Warburg[238] – übernommene Begriff des Nachlebens die einzige theoretische Möglichkeit bot, das seltsamste Phänomen der Wachsbildnerei zu verstehen, nämlich ihre Dauerhaftigkeit, ihren Widerstand gegen stilgeschichtliche Einflüsse und ihre Fähigkeit, zu überleben, ohne sich sonderlich weiterzuentwickeln.[239] Schlosser begriff, daß die Geschichte der Bilder keineswegs eine »Naturgeschichte« darstellt, sondern ein Konstrukt, ein »methodisches Präparat«, und daß sie nicht den Gesetzen des trivialen »Evolutionismus« unterliegt, was schließlich am Ende des Buchs seine entschiedene Kritik an »teleologischen Ansprüchen« nach Art Vasaris rechtfertigte.[240]

Zweifellos ließ Schlosser – übrigens eher aus Bescheidenheit als aus Unwissenheit – einige theoretische Probleme des Modells des Nachlebens unberücksichtigt. Doch eine Idee begann deutlich Gestalt anzunehmen: Wenn die Kunst eine Geschichte hat, dann haben die Bilder ein Nachleben, das sie von der gewohnten Sphäre der Kunstwerke abhebt. Das Gegenstück zu ihrem Überleben bildet die Verachtung, die ihnen eine »große« Geschichte

238 J. von Schlosser 1924a, S. 36.
239 Siehe G. Didi-Huberman 1998c, S. 138-162.
240 J. von Schlosser 1911, S. 9-11 und 119-121.

der Kunststile entgegenbringt.[241] Deshalb war die *Geschichte der Wachsbildnerei* seit vielen Jahren wieder das erste Buch, das eher von Anthropologen als von Kunsthistorikern gelesen wurde.

Edgar Wind hat sich – in der Frage der Zeitmodelle – wahrscheinlich niemals an eine theoretische Entscheidung so radikaler und explorativer Art herangewagt wie Warburg und Schlosser. Er verstand jedoch sehr wohl, daß der Ausdruck »Nachleben« nicht nur als triviale »biologische Metapher« verwendet werden sollte: »Wenn wir vom ›Nachleben der Antike‹ sprechen«, so schrieb er 1934, »verstehen wir darunter, daß die in der Antike geschaffenen Symbole fortfahren (*continue*), Macht über nachfolgende Generationen auszuüben. Aber was verstehen wir unter ›fortfahren‹?« Wind merkt an, das Nachleben setze eine ganze Reihe von Operationen voraus, in denen Vergessen, Bedeutungswandel, zielstrebiges Erinnern, unbeabsichtigtes Wiederfinden usw. gemeinsam am Werk seien, und diese Komplexität verweise auf den *kulturellen* statt natürlichen Charakter der zugehörigen Zeitlichkeit.[242] Damit kritisierte Wind nicht nur Wölfflins »immanente Geschichte«, sondern ganz allgemein den Gedanken der »historischen Kontinuität« (*historical continuity*), der außer acht lasse, worin gerade der Schauplatz jeglichen Nachlebens bestehe: in einem Wechselspiel aus »Pausen« und »Krisen«, aus »Sprüngen« und »gelegentlichen Umkehrungen« (*periodic reversions*), aus alldem, was keinen historischen Bericht bilde, sondern einen Gedächtnisstrang (*memory-mnemosyne*). Keine Abfolge künstlerischer Tatsachen, sondern eine Theorie der symbolischen Komplexität.[243]

Deutlicher könnte man die Kritik am Historismus nicht formulieren, die schon in der bloßen Hypothese des Nachlebens enthalten ist. Gertrud Bing hat auf Warburgs paradoxe Stellung in der Epistemologie der Geschichtswissenschaft hingewiesen (und ähnliches könnte man, wie ich glaube, auch über Foucault

241 Ebd., S. 10.
242 E. Wind 1934, S. VIII.
243 Ebd., S. VII.

sagen): Einerseits bleibt er gelegentlich in Einzelheiten befangen, ist voreingenommen oder irrt sich sogar bei manchen geschichtlichen Tatsachen. Andererseits bewirkt seine Hypothese hinsichtlich des Gedächtnisses – jener spezifischen Art von Gedächtnis, die das Nachleben voraussetzt – eine tiefgreifende Veränderung im Verständnis dessen, was ein historisches Phänomen überhaupt ist. So ist es denn aufschlußreich, daß Gertrud Bing aufzeigt, inwiefern das »Nachleben« unsere gesamte Vorstellung von Tradition verändert. Sie ist kein kontinuierlicher Strom mehr, in dem die Dinge lediglich stromabwärts fließen, sondern eine spannungsreiche Dialektik, ein Drama, das sich zwischen dem Lauf des Stromes und seinen eigenen Wirbeln abspielt.[244] Walter Benjamin entfernte sich, wie man wieder einmal feststellen kann, nicht weit von dieser Art, Geschichte zu denken.[245]

*

Man wird allerdings eingestehen müssen, daß kaum jemand diese Lektion befolgte. Historiker gehen nicht gerne das Risiko ein, sich zu irren. In ihren Augen hat eine exakte Tatsache mehr Wert als unsichere Hypothesen. Das kann man wissenschaftliche Bescheidenheit nennen, aber auch Feigheit oder gar philosophische Faulheit und im schlimmsten Fall positivistischen Haß auf jegliche »Theorie«. Gombrich beschloß seine 1970 erschienene Biographie mit einem Kapitel »Zur Stellung Warburgs in der Kunstgeschichte«. Darin spürt man einen befremdlichen Willen zum »Vatermord«, den Wunsch, der *Revenant* – wie Warburg sich 1924 einmal selbst bezeichnete – *möge nicht mehr wiederkehren*. Und mit ihm möge auch das Nachleben, diese »veraltete« Hypothese, ihre ewige Wiederkunft in den Hintergedanken der Kunsthistoriker beenden.[246]

Um dieses Ziel zu erreichen, bedurfte es zweier Operationen.

244 G. Bing 1965, S. 438-440 und 448-449.
245 Siehe G. Didi-Huberman 2000, S. 85-155.
246 E. H. Gombrich 1970, S. 307-324 (dt. S. 409-432).

Die erste bestand darin, *die dialektische Struktur des Nachlebens zu annullieren*, das heißt zu bestreiten, daß zwei Rhythmen, *Nachleben* und *Renaissancen*, die Zeit der Bilder organisieren – und unrein oder hybrid werden lassen. Im Blick darauf zögert Gombrich nicht, den Eindruck zu erwecken, Warburgs »Nachleben« ließe sich letztlich ganz einfach auf das sogenannte *revival* zurückführen.[247] Die zweite Operation besteht darin, *die anachronistische Struktur des Nachlebens zu annullieren*. Dazu genügt es, auf Springer zurückzugreifen und die Unterscheidung zwischen Nachleben und Wiedergeburt erneut zu periodisieren, das heißt, sie ganz einfach auf eine chronologische Unterscheidung zwischen Mittelalter und Renaissance zurückzuführen. Gombrich unterscheidet dann letztlich zwischen der dunklen »Beharrlichkeit« mittelalterlichen Nachlebens und der erfindungsreichen »Flexibilität« der Nachahmung *all'antica*, die nur eine dieser Bezeichnung würdige Renaissance ab dem 15. Jahrhundert hervorzubringen vermochte.[248]

Wer den verschiedenen Avataren des Nachlebens nachspüren wollte, müßte eine erdrückende Aufgabe bewältigen und die gesamte Geschichte des Fachgebiets nach Warburg durcharbeiten. Hier sei lediglich auf die markantesten Orientierungspunkte hingewiesen. Adolph Goldschmidt veröffentlichte im ersten Band der *Vorträge der Bibliothek Warburg* einen Artikel über »Das Nachleben der antiken Formen im Mittelalter«. Mit geschärfter Aufmerksamkeit für das Paradoxon des Nachlebens – das gleichermaßen auf ein »Weiterleben« und ein »Weitersterben« verweist – versuchte Goldschmidt die Erkenntnisse, die Warburg an Botticelli gewonnen hatte, auf das Mittelalter auszudehnen, wobei er vor allem die Ausdrucksbedeutung des Faltenwurfs in der byzantinischen Kunst hervorhob.[249] Zwanzig Jahre später sollte

247 Ebd., S. 34; ders. 1994a, S. 48, wo die Warburgsche Frage: Was bedeutet das Nachleben der Antike?« folgendermaßen ins Englische übersetzt wird: »How are to interpret the continued revivals of elements of ancient culture in Western civilization?«

248 Ders. 1961, S. 122-128 (dt. S. 158-166).

249 A. Goldschmidt 1921-1922, S. 40-50.

Jean Seznec das »Fortleben der antiken Götter« als Argument für eine chronologische Vermengung anführen, das gleichfalls zeigen sollte, wie weit das Feld des Nachlebens im Überlagerungsbereich zwischen Mittelalter und Renaissance war:

> Die traditionelle Antithese von Mittelalter und Renaissance schwächt sich in dem Maß ab, wie man beide besser kennt: ersteres erscheint »weniger finster und weniger statisch«, letztere »weniger glänzend und nicht so unvermittelt«. Vor allem wird klar, daß die heidnische Antike, weit entfernt, im Italien des fünfzehnten Jahrhunderts »wiedergeboren« zu werden, in Kunst und Kultur des Mittelalters fortgelebt hatte. Selbst bei den Göttern kann von einer »Auferstehung« nicht die Rede sein, denn sie waren aus dem Gedächtnis und der Vorstellungskraft der Menschen nie verschwunden. [...] Der Stilunterschied verstellt uns auch deshalb den Blick auf die Traditionskontinuität, weil die italienische Kunst des fünfzehnten und sechzehnten Jahrhunderts alte Symbole mit junger Schönheit bekleidet. Doch die Texte bezeugen die Schuld der Renaissance gegen das Mittelalter. Wir versuchen darzustellen, wie auf wechselvolle Weise das mythographische Erbe der Antike von Jahrhundert zu Jahrhundert weitergereicht wurde und wie am Ende des Cinquecento die großen italienischen Traktate über die Götter, von denen sich der Humanismus und die Kunst ganz Europas nährt, noch den Kompilationen des Mittelalters verpflichtet und ganz von deren Geist erfüllt sind.[250]

Eine derartige Hommage an Warburgs Lektion und die Unreinheit in der Zeit der Bilder war allerdings keineswegs die Regel. Allenthalben spürt man den Wunsch nach einer immer klareren und eindeutigeren, also schematischeren Periodisierung der Kunstgeschichte, die dem Denken größere Befriedigung verschafft. Kurz, die von Gombrich so klar zum Ausdruck gebrachte Annullierungsoperation fand sich in weniger deutlicher Form auch in einer Reihe theoretischer Verschiebungen, welche das »Nachleben« in Richtung zeitlicher Schemata – und

250 J. Seznec 1940, S. 9 und 11 (dt. S. 3 und 6); siehe auch F. von Bezold 1922; A. Frey-Sallmann 1931.

deterministischer Modelle – zogen, die von dieser Hypothese eigentlich gerade in Frage gestellt wurden. So verschob man das »Nachleben« in Richtung des zeitlosen Begriffs des »Archetyps« oder der Vorstellung ewig wiederkehrender Kreisläufe, um – mit wenig Aufwand – die Mischung aus »Kontinuitäten« und »Variationen« zu erklären, von der die Geschichte der Bilder unausweichlich geprägt ist.[251]

Man hat das »Nachleben« auch in die stärker positivistische Richtung der *materiellen Überreste* der Antike oder der allgemeineren Frage der *Quellen* verschoben.[252] Oder in Richtung der eher »formalistischen« Frage nach den *Einflüssen*.[253] Dann auch in Richtung der ikonographischen *Traditionen*[254] und ganz allgemein jener nicht weiter hinterfragten *Beharrung*, an der manche Kunstgattungen der Antike bis in die Moderne hinein festgehalten haben.[255] Und all das wurde schließlich noch übertragen auf die soziologischen Theorien der Rezeption, des »antiken Geschmack«, der Nachahmung oder des bloßen »Bezugs« auf die »Stilnormen« der Antike.[256] Warburgs »Nachleben«, ob als veraltet empfunden oder als Passepartout verwendet, jedenfalls aber seiner theoretischen Bedeutung entledigt, wird also nicht mehr *diskutiert*. Was allerdings nicht bedeutet, daß man es assimiliert hätte. Im Gegenteil. Eher schon müßte man sagen, daß man es durch ebenjenes Fachgebiet austrieb, das ihm das geschichtswissenschaftliche Konzept der Unreinheit der Zeit

---

251 Siehe F. Saxl 1947, S. 1-12; ders. 1948, S. 483-498; J. Bialostocki 1965, S. 144-173.

252 Siehe R. Jullian 1931, S. 131-140 und 217-228; W. S. Heckscher 1937, S. 204-220; M. Greenhalgh 1989; N. Gramaccini 1996.

253 Siehe R. Newald 1993, S. 1-144; ders. 1969; J. Adhémar 1939; W. S. Heckscher 1963.

254 Siehe F. Saxl 1935, 1938, 1938-1939; K. Weitzmann 1960, S. 45-68; ders. 1978, S. 71-85; H. Keller 1970; J. Bialostocki 1973, S. 7-32; P. C. Claussen 1977, S. 11-27; R. Hammerstein 1980.

255 Siehe O. Immisch 1919; A. von Salis 1947; E. G. von Klemperer 1980; H. Lloyd-Jones 1982.

256 Siehe N. Dacos 1973, S. 725-746; C. Cieri Via 1986, S. 5-10; S. Howard 1990; R. Recht (Hg.) 1992.

verdankte – aber ihm genau dieses Konzept schließlich zum Vorwurf machte.

*

Der Hohepriester der Austreibung unseres Dibbuk ist niemand anderes – aber wie könnte man daran zweifeln? – als Erwin Panofsky. Das mußte selbst Gombrich einräumen, wenn auch widerwillig. Vor allem seit Panofskys Bemühungen um eine »historische Einordnung« des Warburgschen Werkes betreiben Generationen von Kunsthistorikern die Entwertung des »Nachlebens« und dessen rituelle theoretische Austreibung.[257] Schon 1921 – nur fünfzehn Jahre nach Warburgs Vortrag über »Dürer und die italienische Antike« – veröffentlichte Panofsky einen Aufsatz über »Dürers Stellung zur Antike«, dessen Titel allzu große Ähnlichkeit mit dem Warburgschen besitzt, als daß er nicht von einer heimlichen Rivalität zeugte.[258] Schon dort machte die Frage des »Nachlebens« trotz einiger konventionell-anerkennender Formeln der Frage des *Einflusses* Platz, und das bei Warburg mit dem Dionysischen im Sinne Nietzsches verbundene Problem des *Pathos* wich einer Frage nach der *Typisierung* und dem »Maß«, die er mit einigen Hinweisen auf die »Idealität des Schönen« bei Kant und in der antiken Rhetorik untermauerte.[259]

In seinem Nachruf auf Warburg, den Panofsky 1929 schrieb, kommt der Ausdruck, der Warburgs Hauptproblem bezeichnet, der Ausdruck »Nachleben der Antike« nämlich, kein einziges Mal vor. Statt vom »Nachleben« ist schon dort nur noch vom »Erbteil des Altertums« und der »Rezeptionsgeschichte der Antike« die Rede.[260] Gemeinsam mit Fritz Saxl, der sich bereits länger nach Kräften um eine *Historisierung* der Warburgschen Begriffe bemühte (was an sich einen legitimen Versuch darstell-

257 E. H. Gombrich 1970, S. 316-317 (dt. S. 423-424).
258 E. Panofsky 1921-1922, S. 274-350.
259 Ebd., S. 275-277 und 291-293.
260 Ders. 1929, S. 250.

te),[261] veröffentlichte er 1933 im wissenschaftlichen Bulletin des Metropolitan Museum einen langen Aufsatz über »Die antike Mythologie in der mittelalterlichen Kunst«. Es war seine erste bedeutsame Publikation in englischer Sprache[262] – seine Eintrittskarte in eine neue intellektuelle und institutionelle Welt, die sein Exil (seine Flucht aus Nazi-Deutschland) in ein Imperium (seine unangefochten Vorherrschaft innerhalb der akademischen Kunstgeschichte) verwandelte.

Es ist möglich und in gewissem Maße auch durchaus angebracht, diesen Aufsatz als *Fortsetzung* der Warburgschen Arbeiten zum »Nachleben der antiken Götter« zu lesen. Panofsky und Saxl beschränken sich scheinbar darauf, den Begriff des Nachlebens auf eine Zeit anzuwenden, mit der Warburg selbst sich nicht direkt befaßt hatte. Gleich zu Beginn gibt man daher dem Nachleben einen gewissen Raum, einen Platz, der dem Geschichtsverständnis Vasaris – allerdings nur partiell – »Unrecht« gibt:

> Die ersten Italiener, die über die Kunstgeschichte schrieben, etwa Ghiberti, Alberti und vor allem Giorgio Vasari, glaubten, die antike Kunst sei zu Beginn des christlichen Zeitalters aufgegeben worden und erst wieder zum Vorschein gekommen, als sie im 14. und 15. Jahrhundert zur Grundlage der so genannten Renaissance gemacht wurde. Damit hatten diese Autoren sowohl Recht als auch Unrecht. Unrecht insofern, als zahllose Verbindungen zwischen Mittelalter und Renaissance bestanden [...]. Antike Vorstellungen überlebten während des ganzen Mittelalters (*classical conceptions survived throughout the Middle Ages*): literarische, philosophische, naturwissenschaftliche und künstlerische. Besondere Bedeutung erlangten sie nach Karl dem Großen, unter dessen Herrschaft auf fast allen Gebieten der Kultur eine Wiederbelebung der Antike (*classical revival*) beschlossen und ins Werk gesetzt wurde. Recht hatten diese

261 Siehe F. Saxl 1920, S. 1-4; ders. 1922, S. 347-400. Schon zwischen diesen beiden Aufsätzen tritt das *rinascimento* an die Stelle des »Nachlebens«.

262 Allerdings sei hier auch auf E. Panofsky und F. Saxl 1926, S. 177-181, sowie auf E. Panofsky 1928, S. 31-34, hingewiesen.

ersten Autoren insofern, als die künstlerischen Formen, in denen die antiken Vorstellungen während des Mittelalters fortbestanden (*persisted*), gänzlich anderer Art waren als unsere heutigen Vorstellungen von der Antike, Vorstellungen, die erst während der Renaissance in ihrem eigentlichen Sinne (*»Renaissance« in its true sense*) als Wiedergeburt der Antike (*»rebirth« of antiquity*) erschienen – als deutlich abgegrenztes geschichtliches Phänomen (*as a well-defined historical phenomenon*).[263]

Man spürt bereits, daß diese Einführung nicht nur eine Fortsetzung, sondern bereits eine mögliche Abkehr von Warburgs Vorhaben oder dessen Umkehrung impliziert, obwohl Panofsky und Saxl von sich behaupten, in seiner Nachfolge zu stehen (seine *followers* zu sein).[264] Was wird hier fortgeführt? Der allgemeine Gedanke einer Polarisierung zwischen *Nachleben* und *Renaissance*. Und was wird umgekehrt oder aufgegeben? Der strukturelle oder synchrone Tenor, der nichtchronologische – und letztlich *anachrone* – Tenor dieser beiden Rhythmen. Die Dinge unterscheiden sich deutlicher in Bedeutung und Zeit. Sie erfahren eine Hierarchisierung und eine Periodisierung. Aus dem *Nachleben* wird damit jene niedere Kategorie der Kunstgeschichte, die das Mittelalter zu einer Zeit künstlerischer »Konventionen« macht, zu einer Zeit »fortschreitenden Verfalls« (*gradual degeneration*) der antiken Normen und letztlich zu einer Zeit, in der Form und Inhalt in beklagenswerter Weise »auseinandertraten«: Der mittelalterliche Geist ist danach »unfähig, die Einheit zwischen antiker Form und antikem Stoff … zu verwirklichen« (*incapable of realizing … the unity of classical Form and classical subject matter*).[265]

Die Renaissance wird – oder vielmehr: wird wieder – jene *gehobene Kategorie* der Kunstgeschichte, die das Quattrocento und

263 E. Panofsky und F. Saxl 1933, S. 228.

264 Ebd., S. 229.

265 Ebd., S. 240 und 263-268, was den ausdrücklich geäußerten Ansichten in Warburg 1912, S. 182, widerspricht: »Dem sogenannten Mittelalter fehlte es hier wahrlich nicht an dem Willen zu stofflichgetreuer Archäologie.«

das Cinquecento zu einer Zeit künstlerischer Blüte, archäologischer Authentizität und mithin stilistischer Reinheit macht. Liest man Panofsky und Saxl, möchte man fast meinen, die Renaissance »in ihrem eigentlichen Sinne«, die Renaissance »als deutlich abgegrenztes geschichtliches Phänomen«, wäre die einzige Zeit gewesen, die die Entstehung eines wahrhaften und »freien« Menschen erlebt hätte. Frei vor allem von symbolischen Lasten oder Konventionen der bildlichen Darstellung: Die »in der Renaissance erfolgte Wiedereinführung der antiken mythologischen Themen war eine Triebkraft wie auch ein Kennzeichen der allgemeinen Entwicklung, die zur Wiederentdeckung des Menschen als eines der schützenden Hülle der Symbole und Konventionen beraubten Naturwesens führte (*a natural being stripped of his protecting cover of symbolism and conventionality*)«.[266] Damit sind zwar vielleicht nicht alle Spannungen beseitigt (Panofsky und Saxl verweisen in diesem Sinne auf die Gegenreformation als das *Ende* der Renaissance). Doch allein der »antiken Harmonie« billigen sie das Privileg zu, während der Renaissance *in its true sense* die künstlerischen und kulturellen Krisen überwunden zu haben, von denen die Zeit des Nachlebens per Fehlanzeige oder *ex negativo* gezeugt hatte.[267]

Nur ein schwieriges konzeptionelles Problem blieb zu klären: Die Renaissance widersetzt sich dem Nachleben auf zwei Ebenen, die sich nicht leicht zur Deckung bringen lassen. Der hierarchische Gegensatz fällt leider nicht mit der chronologischen Abfolge zusammen. Panofsky findet dafür eine wirkungsvolle Lösung, indem er in dem Ausdruck »Renaissance« zwei verschiedene kategoriale Ebenen unterscheidet: eine synchrone Ebene, die er hier als Erneuerung (*renovation*) bezeichnet, und das »deutlich abgegrenzte geschichtliche Phänomen«, das die *Renaissance* darstellt. Was man die »karolingische Renaissance« genannt hat, ist für Panofsky nur eine »Erneuerung«. Eine Renaissance in ihrem eigentlichen Sinne ist dagegen nur die des

266 E. Panofsky und F. Saxl 1933, S. 268.
267 Ebd., S. 276-278.

15. und 16. Jahrhunderts.[268] Das Nachleben bleibt in der Dunkelheit seiner relativen Unbestimmtheit.

Ab 1944 bezeichnet Panofsky als *renascence* (ein nur schwer zu übersetzendes Wort), was er zuvor als Erneuerung oder *renovatio* bezeichnet hatte.[269] Abgeschlossen ist das System dann 1960 mit seinem Buch *Renaissance and Renascences in Western Art*, ein Werk, das auf Vorlesungen aus dem Jahr 1952 zurückging, also in den folgenden acht Jahren viel Zeit hatte zu reifen. Panofsky wiederholt dort mit Nachdruck die These, daß die karolingische »Erneuerung« und ganz generell alle Momente eines »Protohumanismus«, wie das Mittelalter sie erlebte, keinesfalls im strengen Sinne als »Renaissancen« zu verstehen seien, sondern lediglich als *renascences*, als partielle Momente einer »Wiederkehr der Antike«.[270]

So wird verständlich, daß Panofsky zur Lösung des zu Anfang genannten Grundproblems – des Verhältnisses zwischen *Kontinuität* und *Wandel* in der Geschichte – einen begrifflichen Rahmen konstruiert, der mit seinem dreigliedrigen Aufbau ähnlich strukturiert ist wie die berühmte »semiologische« Unterscheidung zwischen »primärem Sujet«, »konventionalem Sujet« und »eigentlicher Bedeutung«, die er zu Beginn seiner Studie über »Ikonographie und Ikonologie« vorstellte.[271] Nach Panofsky soll also eine dreistufige Hierarchie die gesamte »Theorie der geschichtlichen Zeit« organisieren: Ganz oben steht die Renaissance, deren großer Anfangsbuchstabe (in der englischen Schreibweise) die zentrale chronologische Stellung wie auch die zeitlose Würde signalisiert. Eine Würde, die Panofsky mit hegelianisch anmutenden Ausdrücken qualifiziert: »Selbstverwirklichung«, »Bewußtwerdung«, »Versöhnung«, »Gesamterscheinung«.[272] Die Renaissance im Singular ist für Panofsky also das Erwachen der Kunst zu ihrem eigenen Bewußtsein, das heißt

268 Ebd., S. 235.
269 E. Panofsky 1944, S. 201-236
270 Ders. 1960, S. 42-113 (dt. S. 55-117).
271 Ders. 1939, S. 26-54 (dt. S. 38-40).
272 E. Panofsky 1960, S. 8-9 und 31 (dt. S. 23-24 und 43).

zu ihrer eigenen Geschichte und ihrer »Verwirklichung« oder idealen Bedeutung.

Ihr voraus gingen die verschiedenen partiellen *renascences* oder Renaissancen im Plural, die in der langen Zeit des Mittelalters die Formengeschichte als ebenso viele Momente des Erwachens zur Antike erschütterten.[273] Und schließlich ist da der Schlaf, von dem all diese Momente sich abheben. Panofsky zögert nicht, sie zu benennen und ihnen einen theoretischen Status zu geben. Ganz richtig spricht er wenig später von einer »Inkubationszeit«.[274] Doch es ist klar, daß es sich hier um nichts anderes als das Warburgsche *Nachleben* handelt. Die letzten Sätze des Abschnitts über »Renaissance and Renascences« stellt dem »unerlösten Gespenst« dieses Nachlebens höchst aufschlußreich die endlich wieder auferstandene – ideale, ungreifbare, reine, immaterielle, allgegenwärtige – Seele des Klassizismus *all'antica* gegenüber:

> Das Mittelalter hatte die Antike unbeerdigt (*unburied*) gelassen und ihren Leichnam abwechselnd galvanisiert und exorziert. Die Renaissance stand weinend an ihrem Grab und versuchte, ihre Seele auferstehen zu lassen (*to ressurect its soul*). Und in einem schicksalhaft günstigen Augenblick gelang ihr das. Deshalb war die mittelalterliche Vorstellung von der Antike so konkret und gleichzeitig so unvollständig und verzerrt (*so incomplete and distorted*); während die moderne, die sich in den letzten drei oder vier Jahrhunderten allmählich entwickelte, so umfassend und in sich geschlossen, aber, wenn ich so sagen darf, abstrakt (*consistent but … abstract*) ist. Und deshalb waren die mittelalterlichen Renaissancen vorübergehend, während *die* Renaissance dauerhaft bleiben sollte. Auferstandene Seelen sind unberührbar, aber haben den Vorteil der Unsterblichkeit und Allgegenwart (*immortality and omnipresence*).[275]

Man meint, in diesen Sätzen das Echo zwei einander symmetrischer – und gleichermaßen idealistischer – Übertreibungen

---

273 Ebd., S. 104-108 (dt. S. 107-112).
274 Ebd., S. 53 (dt. S. 65).
275 Ebd., S. 113 (dt. S. 116-117).

eines Vasari und eines Winckelmann zu hören. Tod den spukenden Gespenstern und Revenants! Es leben die auferstandenen, unsterblichen Seelen! Natürlich kommt darin nichts anderes als eine ästhetische Wahlentscheidung zum Ausdruck. Oder sogar eine wahnhafte Wahlentscheidung. Das ist an sich durchaus legitim. Aber hier erscheint sie in einem der Wahrheit verpflichteten Diskurs, der die Kunstgeschichte als objektive Wissenschaft begründen soll. Er richtet diese Wissenschaft auf die Erforschung deutlich abgegrenzter geschichtlicher Phänomene (*well-defined historical phenomena*) aus statt auf die unbestimmte Zeit des Nachlebens. Er will in der Renaissance eine Zeit ohne Unreinheiten, eine als Eichmaß dienende Zeit erkennen, an der sich Homogenität und »Wiedervereinigung« von Form und Inhalt ablesen lassen. Er verzichtet also auf Warburgs Grundgedanken.

Veritas filia temporis, heißt es in einem antiken Spruch.[276] Doch der Historiker hat herauszufinden, welcher Zeit Tochter – oder welcher Zeiten Tochter – die Wahrheit ist. Als Schüler von Warburg erkannte Panofsky anfangs die Komplexität und den Anachronismus der Zeit der Bilder. In einem noch in Deutschland geschriebenen Text »Zum Problem der historischen Zeit« wählte er – durchaus nicht zufällig – ein Beispiel aus dem Mittelalter, um die theoretischen Schwierigkeiten anzureißen, die in der Kunstgeschichte jedes Entwicklungsmodell mit sich bringt:

> Wenn irgendwo, ergibt sich bei der Beobachtung der Reimser Plastik das Bild eines unendlich vielfarbigen Gewebes, innerhalb dessen die verschiedensten Fäden sich bald verknüpfen, bald nebeneinander- und bald auseinanderlaufen; die einzelnen Stilrichtungen (von den zum Teil beträchtlichen und schon an und für sich die Aufstellung einer einsinnigen Evolutionsreihe verbietenden Qualitätsunterschieden ganz abgesehen) entwickeln sich nicht nur, sondern sie durchdringen sich auch, und sie durchdringen sich nicht nur, sondern sie perennieren auch, aller Querverbindungen ungeachtet, nebeneinander. […] Nun scheint diese unendliche Mannigfaltigkeit von »Bezugssystemen«, als die die Welt des Kunsthistorikers sich

276 Siehe F. Saxl 1936, S. 199-222.

> primär darstellt, einem wirren und sozusagen unformalisierbaren Chaos gleichzukommen[...]: stehen wir dann nicht vor einem völlig inhomogenen Nebeneinander solcher Bezugssysteme, die, mit Simmel zu reden, in »selbstgenügsamer« Isolation und irrationaler Besonderheit verharren?[277]

Panofsky erkannte also anfangs – mit Warburg – die Unreinheit der Zeit. Doch am Ende versuchte er, sie auszumerzen, aufzulösen und in ein Ordnungsschema zu pressen, das wieder an den ästhetischen Wunsch nach Goldenen Zeitaltern (wie die Renaissance eines war) und an den historischen Wunsch nach »Bezugssystemen« anknüpfte. So endet der Text von 1931 mit der Hoffnung, eine »Chronologie« der Reimser Plastiken werde dereinst zu einer Klärung und Hierarchisierung der vielfältigen stilistischen Bezugssysteme führen.[278] Womit er letztlich den Wunsch des idealistischen oder positivistischen Historikers zum Ausdruck bringt, die Zeiten würden wieder »rein«, wenn man sie erst analysiert hätte. Daß jegliches Nachleben sich ganz von selbst aus der Geschichte eliminierte, wie die Weinhefe aus einem guten Wein verschwindet. Aber ist das überhaupt möglich? Nur ideale Weine – Weine ohne Geschmack – sind gänzlich frei von Weinhefe, frei von jener Unreinheit, die ihnen erst Stil und *Leben* verleiht.

277 E. Panofsky 1931, S. 77 und 79.
278 Ebd., S. 79-82.

Geschichtliches Leben: Formen, Kräfte und Unbewußtes der Zeit

Ein Wort fällt also von Warburg bis zu Panofsky und wird vergessen: das Wort »Nachleben«. Und mit ihm – mit seiner unaufhebbaren Unreinheit – fällt ein weiteres, darin enthaltenes Wort: Leben. Panofsky, soviel ist klar, wollte nur die Bedeutung (*meaning*) der Bilder verstehen. Warburg dagegen wollte auch ihr »Leben« verstehen, diese unpersönliche »Kraft« oder »Macht«, von der er gelegentlich spricht, auch wenn er sie niemals definierte. Woher stammte dieser so wenig axiomatisierte und dennoch so bedeutsame Wortschatz? Vor allem von Burckhardt, auf dessen Forschungen zur Bedeutung von Randerscheinungen der visuellen Kunst in der Renaissance als »wahrer Übergang aus dem Leben in die Kunst« er sich gerne bezog.[279] Wie für Burckhardt, so war auch für Warburg Kunst keine bloße Frage des Geschmacks, sondern eine Lebensfrage. Und ebensowenig war Geschichte für ihn eine bloße Frage der Chronologie, sondern ein Wirbel und Kampf des »Lebens« in der *longue durée* der Kulturen.

Die Geschichte der Bilder war daher für Warburg, was sie schon für Burckhardt gewesen war (aber nicht mehr für Panofsky sein sollte), nämlich eine »Lebensfrage« und – da der Tod in diesem Leben allgegenwärtig ist – eine Frage des »Überlebens« und des Nachlebens. Der darin erkennbare Biomorphismus hat jedoch nichts mehr mit dem eines Vasari oder Winckelmann gemein. Denn das »Leben«, von dem hier die Rede ist, wäre nicht denkbar ohne das *nichtnatürliche Element*, das bei Burckhardt und Warburg der Begriff der Kultur impliziert. Und es wäre auch nicht denkbar ohne das *Element von Unreinheit*, das bei beiden im Begriff der geschichtlichen Zeit enthalten ist. Versuchen wir, dieses rätselhafte »Leben« kurz zu umreißen. Es läßt

279 A. Warburg 1893, S. 47.

sich, wie mir scheint, zugleich als Spiel von Funktionen (das einen anthropologischen Ansatz erfordert), als Spiel von Formen (das einen morphologischen Ansatz erfordert) und als Spiel von Kräften verstehen (das einen dynamischen oder energetischen Ansatz erfordert).

Das Leben ist ein Spiel von Funktionen, insofern es das Leben einer Kultur ist. Das ist Burckhardts ersten Lesern nicht entgangen, zumal seine philosophische Anthropologie in den noch vagen Ausdrücken der »Seele« oder des »innersten Zustands des Bewußtseins eines Volkes« gelesen wurde: »In der italienischen Seele hoffte er das Geheimnis der Renaissance zu finden«, schrieb Émile Gebhart 1887, »und das Wort *Kultur* sollte den innersten Zustand des Bewußtseins eine Volkes bezeichnen. Für ihn zeigt sich in allen großen Tatsachen dieser Geschichte, in Politik, Gelehrsamkeit, Kunst, Moral, Vergnügung, Religion, Aberglaube, die Wirkung *lebendiger Kräfte.*«[280] Burckhardts *Kulturgeschichte* erfuhr bekanntlich eine kritische Rezeption durch die Sozialgeschichte,[281] wie Warburgs *Kulturwissenschaft* eine kritische Rezeption durch Panofskys Ikonologie und die Sozialgeschichte der Kunst erfuhr. Dadurch sind einige ihrer Unschärfen eliminiert worden (und das ist gut so), aber zugleich auch einige ihrer wichtigsten theoretischen Hypothesen und einige ihrer zutreffendsten *kritischen Verknüpfungen*. Wir wollen einige davon nennen, die Warburg mehr oder weniger ausdrücklich übernahm.

Das »Leben« als Spiel von Funktionen ist für Burckhardt zunächst einmal weder das der Tatsachen noch das der Systeme. Man muß über das »Leben« und seine konkrete Bewegung in der Kultur sprechen, weil die positivistische Geschichte dazu neigt, alle Aussagen auf die Chronologie auszurichten, während die idealistische Geschichte – vor allem Hegelscher Prägung – dazu neigt, alles in Richtung allzu abstrakter Wahrheiten zu drängen. In beiden Fällen gelangt man zu einer Entkörperung

280 É. Gebhart 1887, S. 4.

281 Siehe P. Burke 1986, S. 187-196; S. K. Cohn 1995, S. 217-234.

der Zeit, weil man deren Komplexität vereinfachen will, das heißt leugnet. Das »Leben als Kultur« soll dagegen eine kritische Verknüpfung sein, die das schematische, also triviale Dilemma der Naturgeschichte und der Ideengeschichte auflöst:

> Die Geschichte ist etwas anderes als die Natur; ihr Schaffen und Entstehen- und Untergehenlassen ist ein anderes. [...] Durch einen urtümlichen Trieb schafft jene [die Natur] konsequent-organisch in unendlicher Varietät der Gattungen bei großer Gleichheit der Individuen; hier ist die Varietät (freilich innerhalb der einzigen Spezies *homo*) lange nicht so groß; es gibt keine scharfen Abgrenzungen, die Individuen aber drängen auf Ungleichheit = Entwicklung. Während die Natur nach einigen Urtypen (wirbellose und Wirbeltiere, Phanerogamen und Kryptogamen) schafft, ist beim Volk der Organismus nicht so sehr Typus als allmähliches Produkt. [...] Wir verzichten ferner auf alles Systematische; wir machen keinen Anspruch auf »weltgeschichtliche Ideen«, sondern begnügen uns mit Wahrnehmungen und geben Querdurchschnitte durch die Geschichte, und zwar in möglichst vielen Richtungen; wir geben vor allem keine Geschichtsphilosophie. [...] Hegel... spricht von dem »von der ewigen Weisheit Bezweckten« und gibt seine Betrachtung als eine Theodicee aus, vermöge der Erkenntnis des Affirmativen, in welchem das Negative ... zu einem Untergeordneten und Überwundenen verschwindet. [...] Wir sind aber nicht eingeweiht in die Zwecke der ewigen Weisheit und kennen sie nicht. Dieses kecke Antizipieren eines Weltplanes führt zu Irrtümern, weil es von irrigen Prämissen ausgeht.[282]

Man könnte sagen, mit dieser zweifachen Ablehnung betrat Burckhardt den »dritten Weg« einer neuen Geschichtsschreibung.[283] Einer Geschichtsschreibung, an deren Grundentscheidungen Warburg wirkungsvoll festhielt: über die Tatsachen hinaus Philologe zu sein (denn die Tatsachen erlangen ihre Bedeutung in erster Linie durch die Grundfragen, die sie aufwerfen) und über die Systeme hinaus Philosoph zu sein (denn die

282 J. Burckhardt 1886-1871, S. 18 und 1-2.

283 Siehe K. Joël 1918; K. Löwith 1928, S. 9-38; ders. 1936, S. 39-361; A. Janner 1948, S. 3-58; J. Ernst 1954, S. 323-341; E. Heftrich 1967; H. Fuhrmann 1991, S. 23-38; I. Siebert 1991.

Grundfragen erlangen ihre Bedeutung in erster Linie durch ihre je besondere Anwendung in der Geschichte). Das wäre also der »dritte Weg«: eine Ablehnung jeglicher Teleologie als absoluter Pessimismus, eine grundsätzliche Anerkennung des geschichtlichen Daseins oder Lebens der Kulturen, also ihrer Komplexität. Burckhardt behauptete sogar, die authentische Geschichte werde durch »Ideen«, die aus »vorgefaßten Theorien« hervorgegangen sind, ebenso deformiert wie durch die bloße »Chronologie« ... Die Geschichte sei jene Erkenntnisbemühung, die uns von unserer grundlegenden »Unfähigkeit des Verständnisses für das Bunte, Zufällige« befreit.[284]

So stellt sich eine seltsame Dialektik der Zeit ein, die weder »Gut« noch »Böse« braucht und weder »Anfang« (den Ursprung oder die Quelle, aus denen alles sich herleitete) noch »Ende« (die Richtung der Geschichte oder den Punkt, auf den alles hinausläuft). Sie braucht nichts von alledem, um die Komplexität – die Unreinheit – ihres »Lebens« zum Ausdruck zu bringen. Sie besteht aus Rhizomen, aus Wiederholungen, aus Symptomen. Die Lokalgeschichte – und erst recht die des Volks oder der Rasse – ist ihr fremd, denn ihr fehlt der Gedanke der Beziehungen und der Unterschiede. Die Weltgeschichte ist nicht mehr ihr Gegenstand, denn Burckhardt verzichtet von vorneherein darauf, nach einer allgemeinen Formel für das »System« all dieser Rhizome zu suchen.

Die Geschichtsphilosophen »sind mit Spekulation über die Anfänge behaftet und müßten deshalb eigentlich auch von der Zukunft reden; wir können jene Lehren von den Anfängen entbehren, und die Lehre vom Ende ist nicht von uns zu verlangen. [...] Fragen wie die nach Einwirkung von Boden und Klima... sind Einleitungsfragen für Geschichtsphilosophen, nicht für uns, und daher ganz zu übergehen, sowie auch alles Kosmische, die Lehre von den Rassen, die Geographie der drei alten Weltteile u. dgl. Überall im Studium mag man mit den Anfängen beginnen, nur bei der Geschichte nicht. Unsere Bilder derselben sind meist

---

284 J. Burckhardt 1868-1871, S. 48.

doch bloße Konstruktionen, wie wir besonders bei Gelegenheit des Staates sehen werden, ja bloße Reflexe von uns selbst. Gering ist die Gültigkeit des Schlusses von Volk zu Volk oder von Rasse zu Rasse. Was wir als Anfänge glauben nachweisen zu können, sind ohnehin schon ganz späte Stadien. [...] Ihre [der heimatlichen Geschichte] anscheinend soviel größere Verständlichkeit beruht zum Teil auf einer optischen Täuschung, nämlich auf unserem viel nachdrücklicheren Entgegenkommen, welches mit großer Blindheit geschehen kann.«[285]

Diese Reflexion über das Verhältnis zwischen *Lokalem* und *Globalem* führt bei Burckhardt zu einer Reflexion über das Verhältnis zwischen *Werden* und *Stabilität*: Das »Leben« der Geschichte ist nicht nur ein räumliches Spiel individueller und kontextueller Ereignisse, sondern – natürlich – auch ein Spiel der Zeit, der Dialektik zwischen dem, was sich wandelt, und dem, was sich dem Wandel widersetzt.[286] Historiker sein bedeutet für Burckhardt nicht allein, die Abfolge der sich verändernden Dinge zu beschreiben. Es gilt vor allem, »die drei großen Potenzen Staat, Religion und Kultur« zu analysieren und »dann zunächst deren dauernde und allmähliche Einwirkung aufeinander, besonders die des Bewegten (der Kultur) auf die beiden stabilen« zu behandeln.[287] Darin läuft das »Leben« der Geschichte durchaus auf eine Morphologie hinaus: Sie ist ein Spiel von Formen, sofern man unter »Form« die spürbare Kristallisation solch einer Dialektik oder solch einer »Einwirkung aufeinander« versteht.

> Da ... der Wechsel der Zeiten die Formen, welche das Gewand des äußeren wie des geistigen Lebens bilden, unaufhörlich mit sich rafft, ist das Thema der Geschichte überhaupt, daß sie die zwei in sich identischen Grundrichtungen zeige und davon ausgehe, wie erstlich alles Geistige, auf welchem Gebiete es auch wahrgenommen werde, eine geschichtliche Seite habe, an welcher es als Wandlung, als Be-

285 Ebd., S. 3-4 und 8.

286 Siehe R. Winners 1929, S. 33-48; J. Grosse 1997.

287 J. Burckhardt 1868-1871, S. 1.

dingtes, als vorübergehendes Moment erscheint, das in ein großes, für uns unermeßliches Ganzes aufgenommen ist, und wie zweitens alles Geschehen eine geistige Seite habe, von welcher aus es an der Unvergänglichkeit teilnimmt. Denn der Geist hat Wandelbarkeit, aber nicht Vergänglichkeit.[288]

*

Es ist das Gebiet der Kultur, das Burckhardt – als Historiker und Anthropologe, nicht als Philosoph – in dem Wort »Geist« ins Auge faßt. Noch bevor Warburg die Stellung eines »Psychohistorikers« beanspruchte, hatte Burckhardt bereits die Kulturgeschichte im Sinne einer Morphologie oder sogar Ästhetik der »psychischen Formen« der Kultur verstanden. Darin erblickte er die zentrale Frage seines gesamten historischen Projekts, aber »nicht etwa romantisch-phantastisch«, sondern »als einen wundersamen Prozeß von Verpuppungen«.[289] Deshalb konnte Burckhardt seine Notizbücher mit all diesen visuellen Aufzeichnungen füllen (Abb. 8). Die Kultur einer Zeit zeigt sich in ihren Schriftquellen und ihren geschichtlichen Ereignissen, aber ebenso auch in ihren Bildern, in ihren architektonischen Verzierungen, ihrer Kleidung, ihren vom Menschen umgestalteten Landschaften, in ihrer heraldischen Phantasie und noch in den marginalsten Figuren wie etwa den Grotesken.[290]

Man versteht Burckhardt völlig falsch, wenn man seine Ästhetisierung der Geschichte auf allzu geringe epistemologische Kenntnisse, die Unbedarftheit des Kunstliebhabers oder mangelnde fachliche Konsequenz des Historikers *stricto sensu* zurückführt. Burckhardt ästhetisiert die Geschichte nicht, wie man sich dem Rausch des Vergessens hingibt. Er erkennt lediglich – eine bemerkenswerte Lektion –, daß die *zeitliche Angel*

---

288 Ebd., S. 5.

289 Ders. 1818-1897, Bd. I, S. 208 (Brief an Karl Fresenius vom 19. Juni 1842).

290 Siehe M. Ghelardi 1991, S. 115-125; Y. Boerlin-Brodbeck 1994; W. Schlink 1997.

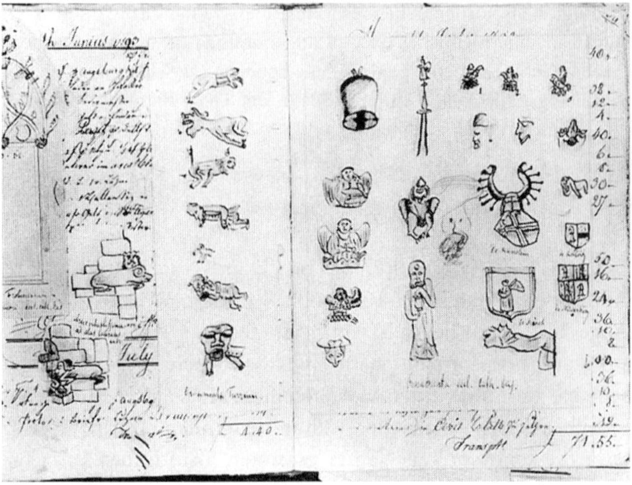

Abb. 8: Jacob Burckhardt, *Skulpturen am Münster*, um 1835. Blatt mit Zeichnungen aus einer Sammlung mit dem Titel *Alterthümer*. Basel, Jacob-Burckhardt-Archiv. Photo: Jacob-Burckhardt-Archiv.

zwischen Werden und Stabilität, zwischen *Geschichte* und *Typus*, eine *formale Angel* ist, ein »Prozeß von Verpuppungen«. Es ist daher notwendig, die Geschichte zu »ästhetisieren«. Bei Burckhardt nimmt die *Kultur* in gewisser Weise dieselbe Stellung ein wie bei Hegel die »Vernunft in der Geschichte«.[291] Geschichte ist gar nicht möglich ohne Kulturgeschichte, und Kulturgeschichte ist nicht möglich ohne eine Kunstgeschichte, die offen ist für die anthropologischen und morphologischen Hintergründe der Bilder.[292] Eine Aufgabe, die Burckhardt gewiß als Baustelle hinterließ. Eine Aufgabe, die Warburg und Wölfflin, jeder auf seine Weise, fortsetzen oder vielleicht auch vollenden wollten.

Daß die Aufgabe des Historikers ganz zentral in dieser un-

291 Siehe P. Lacoue-Labarthe 1998, S. 5-9.

292 Siehe W. Kaegi 1956, S. 49-152; K. Berger 1960, S. 38-44; H. u. H. Schlaffer 1975, S. 72-111; G. Boehm 1991, S. 79-86; I. Siebert 1991, S. 37-71 und 153-236; M. Sitt 1992; ders. 1994, S. 227-242; J. R. Hinde 1994, S. 119-123; ders. 1996, S. 107-123.

verzichtbaren Morphologie liegt – deren kritische Landschaft, etwa von Goethe bis Carlo Ginzburg, man einmal nachzeichnen sollte –, erklärt auch die stark visuelle Färbung des theoretischen Wortschatzes bei Burckhardt: Man erkennt eine entschiedene Ablehnung des Kantschen *A-priori* wie auch der Hegelschen »Spekulation« und eine entsprechende Forderung an den Historiker, sich dem »Blick«, der »Anschauung« und sogar der »Phantasie« zu überlassen.[293] »Bilder, Tableaux, das ist's was ich möchte«, schrieb er schon 1844 – ein Gedanke, den Warburg aufgriff, noch bevor er ihn auf den Tafeln seines Atlas *Mnemosyne* verwirklichte.[294] So wird nur allzu deutlich, und dies ist nur eines von vielen Beispielen, daß die Grisaille, selbst als Farbwahl, eine Zeitform zum Ausdruck bringt, in der die geschichtliche Gegenwart (zum Beispiel die von Mantegna) ihre eigene archäologische Distanzierung demonstriert, ihren eigenen Anachronismus, ihre eigene Berufung, die Gestalten der Antike – wie Gespenster – überleben zu lassen.[295]

Geschichte ist also nicht möglich ohne eine Morphologie der »Zeitformen«. Doch das Argument wäre nicht vollständig ohne diese wichtige Einschränkung: Es gibt keine *Morphologie* oder Analyse der *Formen* ohne eine *Dynamik* oder Analyse der *Kräfte*. Wird das nicht beachtet, reduziert sich die Morphologie – wie oft zu beobachten – auf die Erstellung steriler Typologien. Damit wird unterstellt, die Formen seien die Reflexe einer Zeit, während sie in Wirklichkeit – lächerliche oder erhabene – *Abstürze* eines Konflikts sind, der in der Zeit am Werk ist. Das heißt eines *Kräftespiels*. Das wäre also das dritte Kennzeichen des »Lebens« im Burckhardtschen Sinne: Die Dynamik des »Typus« und der »Entwicklung« stellt das geschichtliche »Hauptphänomen« dar. Es handelt sich um ein spannungsreiches und oszillierendes Phänomen, das eine furchtbare Komplexität hervorbringt:

---

293 J. Burckhardt 1818-1897, Bd. I, S. 204-209 (Briefe an Willibald Beyschlag und an Karl Fresenius vom 14. und 19. Juni 1842).

294 Ebd., Bd. II, S. 99 (Brief an Hermann Schauenburg vom 10. Juni 1844).

295 Siehe A. Warburg 1929d.

> Die Wirkung des Hauptphänomens ist das geschichtliche Leben, wie es tausendgestaltig, komplex, unter allen möglichen Verkappungen, frei und unfrei daherwogt, bald durch Masse, bald durch Individuen sprechend, bald optimistisch, bald pessimistisch gestimmt, Staaten, Religionen, Kulturen gründend und zerstörend, bald sich selbst ein dumpfes Rätsel, mehr von dunklen Gefühlen, die durch die Phantasie vermittelt sind, als von Reflexionen geführt, bald von lauter Reflexionen begleitet und dann wieder mit einzelnen Vorahnungen des viel später erst sich Erfüllenden.[296]

Von »geschichtlichem Leben« sprechen bedeutet also den Versuch, die Zeit als Spiel von »Kräften«, »Mächten« und »Potenzen« zu begreifen, aus denen »irdische Lebensformen aller Art« hervorgehen.[297] An anderer Stelle schreibt er: »Wir haben einfach die verschiedenen Kräfte, wie sie neben- und nacheinander auftraten, zu konstatieren und objektiv zu schildern.«[298] Doch das ist eine äußerst schwierige Aufgabe, denn Kräfte entziehen sich gerne dem Zugriff. Sie sind schwer festzustellen, wenn sie allzu heftig und allgegenwärtig sind, und sie sind schwer festzustellen, wenn sie allzu virtuell und unsichtbar bleiben (»unsichtbare Kräfte«).[299] Die Doppelbedeutung des Wortes »Macht« – als manifeste und als latente Kraft – hat nichts Anekdotisches. Sie zwingt uns, zumindest zwei Konsequenzen zu ziehen oder zwei Verzweigungen vorzunehmen, die unser Verständnis der Geschichtlichkeit tiefgreifend verändern.

Die erste führt zu einer *Dialektik der Zeit* – zu ebenjener, die wir im Begriff des *Symptoms* zu erfassen versuchen. Liest man Burckhardt, funktioniert diese Dialektik in der Art eines ständig wechselnden Streits zwischen »Latenzen« und »Krisen«. Tatsächlich gibt es keine geschichtliche Zeit ohne ein Wechselspiel von Latenzen. Burckhardt verweist auf »unsere Unkenntnis alles dessen, was man latente Kräfte, materielle wie geistige, nennt, und das Unberechenbare geistiger Kontagien, welche plötzlich

---

296 J. Burckhardt 1868-1871, S. 5-6.
297 Ebd., S. 5.
298 Ders. 1865-1885, S. 101.
299 Ebd., S. 86. Siehe H. Ritzenhofen 1979; E. Schulin 1994, S. 87-100.

die Welt umgestalten können«.[300] Dieser geschichtliche und kollektive Sachverhalt hat auch seine psychische und individuelle Entsprechung. »Im Menschen ist überhaupt nie bloß eine Seite ausschließlich, sondern immer das Ganze tätig, wenn auch einzelne Seiten desselben schwächer, unbewußt.«[301]

So versucht also jede Latenz, einen Weg zurück an die Oberfläche der Ereignisse zu finden. Die »Krise« bezeichnet bei Burckhardt jene besonders wirkungsvolle Fähigkeit der Zeit, ihre eigene Macht – unerwartet, als Symptom – hervortreten zu lassen. Mindesten zwei Kapitel der *Weltgeschichtlichen Betrachtungen* sind gänzlich dieser Frage gewidmet.[302] Und allenthalben drängt sich ihm die dialektische Beobachtung des so schwer zu analysierenden Verhältnisses zwischen festen Formen und jenen Kräften auf, die sie in Bewegung setzen, oder zwischen herrschenden Kräften und den Formen, die sie scheitern lassen. »In der Geschichte wird [der Untergang] stets vorbereitet durch innere Abnahme, durch Ausleben. Dann erst kann ein äußerer Anstoß allem ein Ende machen. […] Die um *einer* Sache willen beginnende Krisis hat den übermächtigen Fahrwind vieler anderer Sachen mit sich, wobei in betreff derjenigen Kraft, welche definitiv das Feld behaupten wird, bei allen einzelnen Teilnehmern völlige Blindheit herrscht.«[303]

*

Es wird deutlich, daß Burckhardt Geschichtsschreibung nicht als Analyse zeitlich aufeinanderfolgender Tatsachen begreift, sondern gleichsam als Analyse eines *Unbewußten der Zeit*: ihrer Latenzen und Katastrophen. Warburgs Geschichte der Bilder wird, wie mir scheint, die Konsequenzen aus dieser methodologischen Entscheidung ziehen und die Geschichte zu einer *Symptomatologie*, also einer *Pathologie der Zeit* machen – die

300 J. Burckhardt 1868-1871, S. 10.
301 Ebd., S. 44.
302 Ebd., S. 116-150 und 181-196.
303 Ebd., S. 19 und 125.

auf einen bloßen moralischen Pessimismus zu reduzieren falsch wäre, auch wenn das tragische Element darin überall zutage tritt. Burckhardt wünschte von den »Katastrophen« oder »Krankheiten« der Zeit vor allem in morphologischen und dynamischen Begriffen zu sprechen:

> [Der Historiker muß jede einzelne Kraft analysieren und] dann zunächst deren dauernde und allmähliche Einwirkung aufeinander, besonders die des Bewegten (der Kultur) auf die beiden stabilen [Kräfte Staat und Religion] behandeln, weiterhin zur Betrachtung der beschleunigten Bewegungen des ganzen Weltprozesses übergehen, der Lehre von den Krisen und Revolutionen, auch von der sprungartigen zeitweisen Absorption aller anderen Bewegungen, dem Mitgären des ganzen übrigen Lebens, den Brüchen und Reaktionen, also zu dem, was man Sturmlehre nennen könnte … *Unser* Ausgangspunkt ist der vom einzigen bleibenden und für uns möglichen Zentrum, vom duldenden, strebenden und handelnden Menschen, wie er ist und immer war und sein wird; daher unsere Betrachtung gewissermaßen pathologisch sein wird.[304]

Soll man noch von einer Dialektik der Zeit sprechen? Ja, wenn man darunter eher einen von Spannung geprägten als auf Lösung ausgerichteten, eher einen belagernden und sedimentierten als einen linearen und gerichteten Prozeß versteht. Die Dialektik der »stabilen« und »bewegten« Kräfte führt zu einer tiefgreifenden Kritik am Historismus. Sie kompliziert, vervielfacht und desorientiert die Zeitmodelle, die Burckhardt hier als »Krisen«, »Revolutionen«, »Brüche«, »Reaktionen«, als »zeitweise Absorption« oder als »Mitgären« bezeichnet – und die Liste ließe sich leicht noch verlängern. Wenn hier von einem »Unbewußten« oder einer »Pathologie« die Rede ist, so bedeutet das auch, daß die Dialektik, die hier am Werk ist, nur die *Unreinheit und den Anachronismus der Zeit* aufzeigt. Das ist die zweite Lektion, die zweite Konsequenz eines morphologischen und dynamischen Ansatzes in der Geschichte. Schon bei Burckhardt ist die Zeit eine des Spuks, der Vermischung, des Anachronismus. In die-

304 Ebd., S. 1 und 3.

sem Sinne nimmt er ganz unmittelbar das Warburgsche »Nachleben« vorweg.

So bezeichnet Burckhardt die westliche Kultur als eine grenzenlose Bewegung, die »im Besitz der Traditionen aller Zeiten, Völker und Kulturen« sei.[305] So stellt er fest, »es gibt hier keine scharfen Abgrenzungen«; der »Organismus« jeglicher Kultur sei »allmähliches Produkt«, die »Wirkung der Gegensätze und der Verwandtschaften«. Und die Schlußfolgerung lautet: »Im geschichtlichen Leben ist alles voll von Bastardtum, als gehörte dasselbe wesentlich mit zur Befruchtung für größere geistige Prozesse.«[306]

Diese Unreinheit ist indessen nicht allein synchroner Art, sondern betrifft die Zeit selbst, ihren Rhythmus und ihre Entwicklung. Man dürfe sich nicht auf Perioden verlassen und die Geschichte in »Weltalter« einteilen, schreibt Burckhardt. Vielmehr sei eine »Sukzession der Bildungsstufen« festzustellen, die »Wandlungen« und »Unzulänglichkeit« voraussetzten – ähnlich einer schwer zu analysierenden Mischung aus »Untergang« und etwas, das man durchaus »Nachleben« nennen könnte.[307]

Dabei kommt Burckhardt dem »Nachleben« am nächsten, wenn er jede hierarchische Periodisierung der Geschichte nach *Barbarei* und *Kultur* zurückweist – wie Warburg es später ablehnen wird, eine klare Trennung zwischen Mittelalter und Renaissance vorzunehmen:

> So wenig wir die geschichtliche Darstellung mit den frühesten Staatsbildungen beginnen können, ebenso wenig kann dies geschehen mit dem *Übergang von Barbarei in Kultur*. Auch hier sind die Begriffe viel zu schwankend. [...] Zuletzt wird der Gebrauch oder Nichtgebrauch des Wortes Nervensache. Ich halte für Barbarei, Vögel in Käfigen zu halten. Vor allem müßte man ausscheiden, was etwa aus kindlichen Urzeiten bis in die höchste Bildung hinein versteinert weiterlebt, etwa aus sakralen oder politischen Gründen, wie etwa

305 Ebd., S. 50.

306 Ebd., S. 18-19.

307 Ders. 1865-1885, S. 6 (wo Burckhardt den Ausdruck »kein absoluter Untergang« verwendet).

> einzelne Menschenopfer. […] Unzähliges lebt auch unbewußt weiter als Erwerb, der aus irgend einem vergessenen Volk in das Geblüt der Menschheit übergegangen sein kann. Ein solches unbewußtes Aufsummieren von Kulturresultaten in Völkern und Einzelnen sollte man überhaupt immer in Rechnung ziehen. Dies Wachsen und Vergehen folgt höheren, unergründlichen Lebensgesetzen.[308]

Auf derselben Seite verwendet Burckhardt den Ausdruck »Weiterleben«, der bereits ein »Überleben« bedeutet. Damit war der Weg frei für ein Verständnis des *Nachlebens* – und mit dem *Nachleben* war der Weg frei, um die Zeit als jenes unreine, spannungsgeladene Spiel, jenen Kampf zwischen Latenzen und Gewalten zu begreifen, den man mit Warburg das »Leben« der Bilder nennen kann.

---

308 Ebd., S. 8-9; ders. 1868-1871, S. 42.

Zweiter Teil: *Pathosbild*
Bruchlinien und Intensitätsformeln

Seismographie der bewegten Zeiten

Im Sommersemester 1927 – also drei Jahre nach seiner Rückkehr aus der psychiatrischen Klinik in Kreuzlingen, wo Binswanger ihn behandelt hatte – beschloß Warburg, seinen Studenten an der Hamburger Universität ein Seminar anzubieten, das gänzlich Burckhardt und dessen historischem Werk gewidmet war. In der Abschlußsitzung, in der Alfred Neumeyer über die theoretischen Aspekte in den *Weltgeschichtlichen Betrachtungen* referiert hatte, ergriff Warburg das Wort und machte einen Vorschlag, der mir für sein eigenes Verständnis der Arbeit des Historikers höchst aufschlußreich erscheint. Er schlug vor, Nietzsches und Burckhardts Werk als ebenso polare wie untrennbare Gegensätze miteinander zu vergleichen.[1]

Schon in den ersten Sätzen kam Warburg auf das Wesentliche, und das bestand in der Zurückweisung der Auffassung, der Historiker sei in der Lage, den darzustellenden oder zu interpretierenden zeitlichen Stoff – die Erinnerung – zu beherrschen. Burckhardt und Nietzsche interessierten Warburg nicht wegen der Geschichtsdoktrinen, die sie geschaffen oder vertreten hatten. Echte Historiker waren sie in seinen Augen nicht als Meister einer *explizierten*, sondern als *Subjekte einer implizierten* Zeit. Sie waren, sagte Warburg, »Auffänger« des geschichtlichen Lebens, wobei er dieses »geschichtliche Leben« in den gleichermaßen psychischen und technischen, morphologischen und dynamischen Begriff der »mnemischen Wellen« faßte.[2]

Die Symptomatologie der Zeit nach Burckhardt, das zeitliche Spiel der Latenzen und Krisen, all das findet nun seinen Ausdruck in einer geologischen Metapher, die letztlich noch beun-

1 A. Warburg 1927e, S. 86-89. An diesem Seminar, das zwischen dem 30. Mai und dem 27. Juli stattfand, nahmen teil (in alphabetischer Reihenfolge): I. Fraenckel, H. Schubert, L. Beuchelt, F. Rougemont, L. H. Heydenreich, K. Sternelle, R. Drommert und A. Neumeyer.

2 Ebd., S. 86.

ruhigender wirkt: Die Wellen des Gedächtnisses durchqueren und beeinflussen ein Element, die Kultur und ihre Geschichte, das nicht gänzlich flüssig ist, weshalb es darin zu Spannungen, Widerständen, Symptomen, Krisen, Brüchen und Katastrophen kommt. Der »Grundakkord, der immer wieder hindurchtönt« durch die Masse der Zeit, wie Burckhardt einst sagte,[3] dieser »Grundakkord« der überlebenden Dinge nimmt hier die Form einer »Welle« an, die man als »Schockwelle« und als ein Zerbrechen begreifen muß. Deshalb nimmt der exemplarische Charakter Burckhardts und Nietzsches für die Tätigkeit des Historikers hier die technische Gestalt eines Aufzeichnungsapparats für unsichtbare Bewegungen der Erde an, nämlich die eines Seismographen:

> Wir müssen Burckhardt und Nietzsche als Auffänger der mnemischen Wellen erkennen und sehen, daß das, was sie als Weltbewusstsein haben, sie beide in ganz anderer Weise ergreift. Wir müssen sie sich gegenseitig beleuchten lassen, und diese Betrachtung muss uns dazu verhelfen, Burckhardt als Erleider seines Berufes zu verstehen. Beide sind sehr empfindliche Seismographen, die in ihren Grundfesten beben, wenn sie die [Schock-, Erinnerungs-]Wellen empfangen und weitergeben müssen.[4]

Bleiben wir kurz bei diesem technischen Vergleich. In erster Linie ist der Seismograph ein Apparat, der in der Lage ist, unterirdische – unsichtbare oder nicht einmal zu spürende – Bewegungen aufzuzeichnen, deren innere Entwicklung zu jenen verheerenden Katastrophen führen kann, die wir als Erdbeben bezeichnen (Abb. 9). Ende des 19. Jahrhunderts kam es in der Seismologie dank einer Verbesserung der graphischen Aufzeichnungstechniken zu entscheidenden neuen Entwicklungen.[5] Letztlich ging es den Aufzeichnungswissenschaften darum, das gesamte Feld der – sichtbaren und unsichtbaren, spürbaren und

---

3 J. Burckhardt 1865-1885, S. 6.

4 A. Warburg 1927e, S. 86.

5 Siehe J. F. J. Schmidt 1879; F. de Montessus de Ballore 1911, S. 33-65.

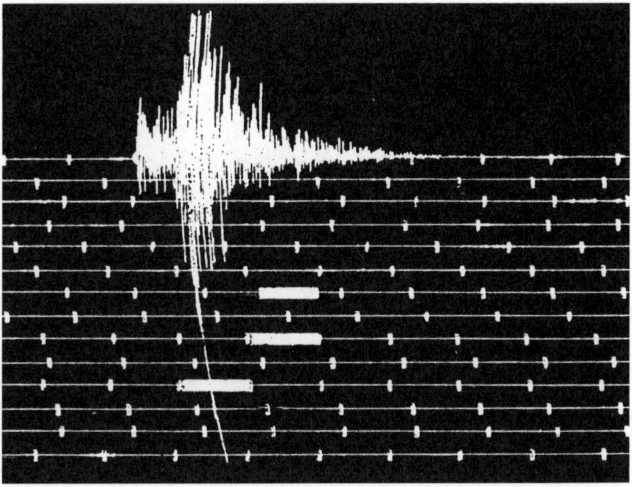

Abb. 9: Seismogramm, mit Hilfe eines astatischen Wiechert-Pendels gewonnen: lokales Erdbeben (in Chile). Nach F. de Montessus de Ballore, *La Sismologie moderne*, Paris 1911, Abb. 19 (Ausschnitt).

nichtspürbaren, physikalischen und psychischen – Phänomene und »Infraphänomene« mit ihren aufgezeichneten Spuren zu bereichern. Worum es bei dieser *Episteme* der Aufzeichnung ging und zu welchen Ergebnissen sie führte, hat wohl niemand besser zusammengefaßt als Étienne-Jules Marey in seinem 1878 erschienenen Buch über *La Méthode graphique*.[6]

Mareys Name ist bekanntlich eng mit der Entwicklung der Chronophotographie verbunden.[7] Schon 1967 hat William Heckscher auf die Ähnlichkeit zwischen diesem photographischen Ansatz hinsichtlich Zeit und Bewegung und Warburgs Verständnis des »bewegten Lebens« der Bilder hingewiesen.[8] In jüngerer Zeit hat Philippe-Alain Michaud diese Analogie bis in ihre Paradoxa der figurativen Dekonstruktion entfaltet: Die »Ge-

6 É.-J. Marey 1878.

7 Siehe M. Frizot (Hg.) 1977; F. Dagognet 1987; L. Mannoni 1999.

8 W. S. Heckscher 1967, S. 254-255.

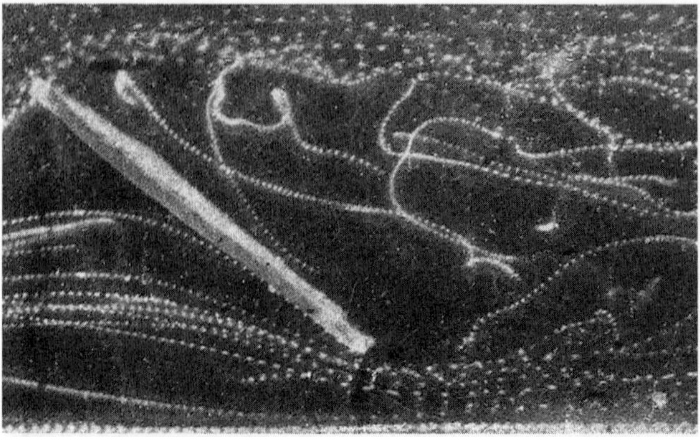

Abb. 10: Étienne-Jules Marey, *Bewegung von Wellen im Wasser und von Strömungen an einem Hindernis, sichtbar gemacht durch leuchtende, in der Flüssigkeit schwebende Plättchen*, 1892-1893. Chronophotographie auf ruhender Platte. Paris, Collège de France.

stalt wird nicht mehr als Modifikation oder Zustand verstanden, sondern als Manifestation einer Energie, die sich im Körper aktualisiert. [...] Der Körper des Mannes mit dem Silberknopf (in Mareys Experiment] verschwindet auf der Photoplatte, wie der Körper der Nymphe [bei Warburg] von dem erforschten Blatt verschwindet, um einer anderen Figur, der von Energie in Bewegung, Platz zu machen.«[9] (Abb. 10 und 11.)

Diese *Formel der von jeder Darstellung des Körpers losgelösten Bewegung* ist nicht nur eine ästhetische Folge der chronophotographischen Methode, sondern buchstäblich eine *Rückkehr* zu den epistemischen Bedingungen der »graphischen Methode«, die Marey – noch vor dem Rückgriff auf die Photographie – in ihrer allgemeinen Form entwickelt hatte. In methodologischer Hinsicht wäre die Chronophotographie danach weniger eine Erweiterung der Photographie in Richtung der Bewegung (wobei man sie in der Regel zur Vorgeschichte des Films rechnet) als vielmehr ein optisch vermittelter Sonderfall jener Chronogra-

9 P.-A. Michaud 1998a, S. 86 und 88.

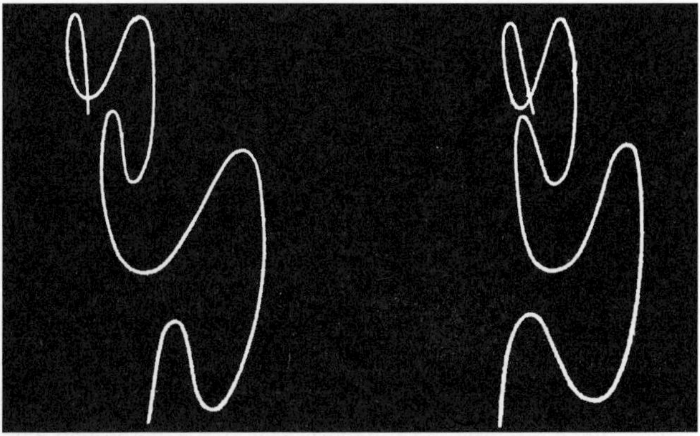

Abb. 11: Étienne-Jules Marey, *Stereoskopische Aufnahme der Bahn eines leuchtenden, in Höhe des Lendenwirbels eines sich vom Photoapparat wegbewegenden Mannes angebrachten Punktes*, 1894. Chronophotographie auf ruhender Platte. Nach É.-J. Marey, *Le Mouvement*, Paris 1894.

phie, jener Schrift oder »Inschrift der Zeit«, nach deren Instrumenten Marey seit seinen ersten Arbeiten suchte.[10] Im Rahmen seiner Experimente zur Tierphysiologie versuchte Marey 1866 zu definieren, was, wie er sich ausdrückte, die »reale Form« einer Muskelzuckung sein mochte. Er meinte, man müsse sie »graphisch darstellen«, und zwar mit Hilfe von Aufzeichnungsapparaten, die gleichsam *Seismographen des menschlichen Körpers* wären. Ein Instrument, das die Inschrift, den *Graphen*, der »Zeiten« und der subtilsten Bewegungen des lebenden Organismus wiederzugeben vermochte.[11]

Marey definierte die »graphische Methode« zunächst als die beste »Art der Darstellung von Phänomenen«.[12] Man erkennt jedoch rasch, daß diese »Schreibweise«, wie er gerne sagt, zu einem Paradoxon führt, durch das der Begriff des Darstellbaren sich am Ende spaltet und in zwei komplementäre Aspekte zer-

10 É.-J. Marey 1868, S. V; ders. 1885; ders. 1894, S. V.

11 Ders. 1866, S. 3-10.

12 Ders. 1868, S. 81.

fällt. Einerseits ist das »Chronogramm« eine *Formel*: Als abstrakte Transposition geht sie vom *Graphischen* im geläufigsten Sinne aus und meint die Spur eines reinen Verhältnisses zwischen zwei oder mehr Variablen, dargestellt durch eine Linie, die mehrere »charakteristische Punkte« miteinander verbindet. Als Formel wäre das Chronogramm daher meta-repräsentational, indirekt und rein symbolisch.

Andererseits jedoch verlangt Marey sehr viel mehr von seiner graphischen Methode. Sie soll, so sagt er, eine »Form direkten Ausdrucks« der Phänomene sein.[13] Dazu ist es jedoch erforderlich, daß die – ihrem Wesen nach getrennten, diskreten, diskontinuierlichen – »charakteristischen Punkte« sich dem zeitlichen *Kontinuum* der Bewegung annähern. Der Status der bloßen Formel verändert sich, sobald es gelingt, »den Zustand des Körpers in jedem Augenblick seiner Zustandsveränderung aufzuzeichnen« und so einen *kontinuierliche Graphen* herzustellen. Dazu ist es erforderlich, eine Technologie der »Aufzeichnungsgeräte mit kontinuierlicher Anzeige« zu entwickeln.[14] Die Verwirklichung dieses Ziels wäre die Erfindung der *Chronographie* schlechthin, nämlich einer »Übertragung der Bewegung auf den Schreibarm [oder Stilus], der sie in ihrer Dauer niederschreibt«, und zwar auf der Walze des Aufzeichnungsgeräts (im 19. Jahrhundert begnügte man sich damit, das Papier mit Hilfe von Rauch zu schwärzen).[15] Der Ausdruck »Übertragung« ist hier entscheidend: Er macht aus der *Formel*, einem meta-repräsentationalen Gebilde, einen infra-repräsentationalen *Index*, eine physikalische Verlängerung, einen direkten, in Echtzeit erfolgenden Transfer der Bewegung.

Das ist der entscheidende Punkt an dieser Fragestellung: Die eigentlich abstrakte Formel hat zugleich einen direkten Zugriff auf das Phänomen, das sie nicht eigentlich repräsentiert, sondern eher begleitet, das sie taktil »überträgt«, aufschreibt und zu-

---

13 Ders. 1878, S. 1-46.

14 Ders. 1868, S. 105.

15 Ders. 1894, S. 4.

gleich »ausdrückt«. Dieselbe Polarität findet sich, das sei schon hier angemerkt, im Verhältnis der beiden Warburgschen Begriffe »Pathosformel« und »Dynamoprogramm«. Sie setzt ein energetisch-dynamisches Verständnis der Spur und zugleich eine reflexartige Verlängerung der Organbewegungen voraus – wenn auch vermittelt durch den Schreibarm oder *Stilus*, wobei letzteres nicht nur im technischen, sondern auch im ästhetischen Sinne zu verstehen ist. Sie setzt außerdem eine beträchtliche Erweiterung des *Feldes der graphischen Aufzeichnung* voraus: Der Seismograph, von dem Warburg spricht, ist nur ein Sonderfall jener »Apparate zur Aufzeichnung der Bewegung«, deren System Marey so sorgfältig entwickelte: Pantographen, Harmiographen, Akzelerographen, Odographen, Myographen, Pneumographen, Kardiographen, Rheographen, Hämodromographen, Limnographen, Kymographen, Thermographen, Sphygomographen und andere Polygraphen – all diese von Marey beschriebenen Apparate hatten die Aufgabe, den *zeitlichen Charakter* der am schwersten zu beobachtenden Phänomene wiederzugeben, angefangen bei der Ausbreitung von Wellen in Flüssigkeiten bis hin zum Zittern, zum Schlucken oder zur Artikulation von Lauten.[16]

Obwohl Warburgs Vergleich sich auf den »Sonderfall« einer im 19. Jahrhundert weitverbreiteten Kategorie technischer Geräte bezieht, erweist er sich doch als höchst spezifisch: Der große Historiker – Burckhardt oder Nietzsche – ist durchaus nicht mit jedem beliebigen »Polygraphen« oder »Chronographen« vergleichbar. Warburg spricht von einem *Seismographen*, weil die Zeit für ihn nicht mehr das ist, was sie für Marey gewesen war: keine beliebige Größe, nicht die notwendige und kontinuierliche Variable jeglichen Phänomens, sondern etwas weitaus Geheimnisvolleres, nur schwer Greifbares und zugleich auch Furchtbares. Wenn Warburg den *Dynamographen* zum Vergleich anführt, so um den komplexen Charakter der in der Geschichte der Bilder zu analysierenden Bewegungen zu verdeutlichen. Sie lassen sich unmöglich auf einen einzigen Aspekt reduzieren. Sie setzen

16 Ders. 1868, S. 106-202; ders. 1878, S. 107-240.

Kräfte, also *dynamische Formen* ins Werk. Deshalb gilt es in der Kunstgeschichte weiterhin über biologische und psychische Modelle nachzudenken – angefangen bei denen des »Lebens« und des »Nachlebens«. Und wenn Warburg, wie in diesem 1927 abgehaltenen Seminar, von einem *Seismographen* spricht, will er damit auf den letztlich sehr bedrohlichen Charakter dieses »geschichtlichen Lebens« hinweisen.

*

Um was für eine Bedrohung handelt es sich? Die Zeit versetzt uns stets an den Rand von Rissen, die wir meist nicht sehen. Der Historiker-Seismograph beschreibt nicht einfach nur *sichtbare Bewegungen*, die hier und da auftreten. Er befaßt sich vielmehr mit der Aufzeichnung und Übertragung *unsichtbarer Bewegungen*, die überleben, sich unterirdisch fortsetzen, die in der Tiefe verharren und auf den Augenblick warten, da sie – für uns unerwartet – zutage treten. Es hatte seinen Grund, daß Burckhardt von einer »Pathologie« und einer »Symptomatologie« der Zeit sprach. Der Kulturhistoriker muß aufmerksam darauf horchen wie Schmidts Seismograph auf die Bewegungen der Erdkruste und Charcots Dynamograph auf den hysterischen Körper, eingetaucht in den Zustand somnambulen »Überlebens«, in Erwartung, in der *aura hysterica* seiner Krise, seines eigenen Bebens (Abb. 12).[17]

In Wirklichkeit gibt es zwei Bedrohungen. Einerseits verzeichnet der Historiker-Seismograph auf taktilem Wege die Symptome der Zeit, wobei sein *Stilus* die Schwingungen oder Schockwellen aufnimmt und auf die Aufzeichnungswalze überträgt, so daß sie für die anderen optisch sichtbar werden. Für diesen Zweck mobilisiert er ein Wissen über die Symptome, ein »unerwartetes« Wissen, welches das so verstandene geschichtliche Wissen von jeglicher positivistischen Gewißheit unterscheidet.

17 Siehe P. Régnard und P. Richer 1878, S. 641-661; P. Richer 1881, S. 537-658; G. Didi-Huberman 1982, S. 84-112 und 173-183.

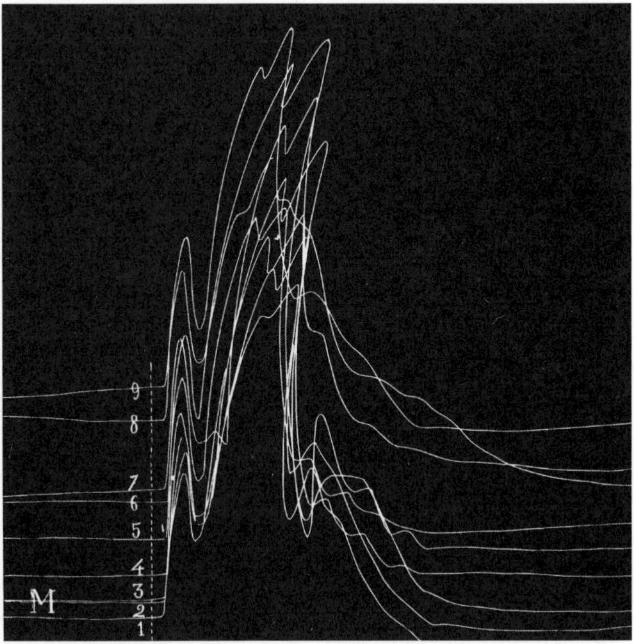

Abb. 12: Myogramm einer Hysterikerin: Muskelzuckung während eines somnambulen Zustands. Nach P. Richer, *Études cliniques sur la grande hystérie*, Paris 1885, S. 642.

Andererseits jedoch besteht Warburg auf der Feststellung, daß dieses Zeitbeben das Aufzeichnungsgerät selbst erreicht. Wenn die Zeitwellen eintreffen, erbebt der »sehr empfindliche Seismograph« auf seinem Fundament. Er überträgt also das Beben nach außen, als *Wissen über das Symptom*, als nun für andere lesbare »Pathologie der Zeit«. Aber er überträgt es auch in sein eigenes Inneres, als *Erleben des Symptoms*, als »Zeiteinfühlung«, in der er sich zu verlieren droht. Das ist die Dialektik das Bildes, das Aby Warburg hier vorschlägt, um die »beruflichen Risiken« des Historikers zu verdeutlichen.

Zeitlinie: Der Historiker wandelt an Abgründen

Von dort aus erschließt sich für Warburg eine neue Polarität zwischen dem »Stilus« eines Burckhardt und dem eines Nietzsche. Auf der einen Seite schwingt der Seismograph Burckhardt: Er empfängt »die Wellen aus der Region der Vergangenheit« und fühlt sämtliche Bedrohungen. Doch in seinem Schwingen verschiebt und öffnet er das gesamte geschichtliche Wissen. Er läßt neue Gebiete der Geschichte erscheinen, »Stücke elementaren Lebens«, die er genauestens transkribiert und die schließlich unsere ganze Sicht der Geschichte im allgemeinen und der Renaissance im besonderen verändern werden. Er schwingt, aber er bricht nicht. So gut er kann, schützt er sich vor der tellurischen Erfahrung der Zeit, verweigert sich der Einfühlung, bemüht sich, sein »volles Bewusstsein« zu bewahren. Er beschwört also die Gespenster des Nachlebens herauf, hält die Bedrohung von sich fern, macht sich zum Gefährten der »Aufklärer«. Er will letztlich nichts anderes als ein intelligenter »Nekromant« der Vergangenheit sein. Er bewahrt sich seine Stabilität, indem er seine Fähigkeit des Erlebens abtötet und sein Leben lang ein »einfacher Lehrer« an einer Baseler Universität bleibt.[18]

Wenn der Seismograph Nietzsche in Schwingung gerät, beginnt alles zu zittern und heftig zu beben. Nietzsche empfängt die Wellen der Zeit in ihrer ganzen Wucht, er stürzt sich rückhaltlos hinein und geht am Ende darin unter. Auch er verschiebt und öffnet das gesamte geschichtliche Wissen. Aber dabei öffnet – und kreuzigt – er sich selbst. Und darum zerbricht er. Er schützt sich vor keiner Erfahrung, bemüht sich nicht, sein »volles Bewusstsein« zu bewahren, ruft alle Gespenster und alle Bedrohungen zu sich, verzichtet auf die Intelligenz der Aufklärer und die Weitergabe des Wissens. Den gesamten mittleren Teil

18 A. Warburg 1927e, S. 86-87.

seines Seminars widmet Warburg der minutiösen Beschreibung der Ereignisse von Turin, die den Philosophien im Wahnsinn versinken ließen. Warburg gelangt zu dem Schluß, daß Nietzsche einem anderen Sehertypus angehört als Burckhardt: »Er ist der Typus eines Nabi, des alten Propheten, der auf die Strasse läuft, sich die Kleider zerreisst, Wehe schreit ...«[19] Der Seismograph hat kaum Zeit, die Sentenz der Zeit niederzuschreiben, da bricht er bereits in Stücke.

Das alles fasziniert Warburg, der aus eigener Erfahrung weiß, was es heißt, im Wahnsinn zu versinken. Doch mehr noch fasziniert ihn, daß der stilistische Gegensatz zwischen den beiden »Sehertypen« die Form eines so eng geschürzten Knotens annehmen kann, daß er eine einzige Einheit bildet, in der das Arbeitsproblem – die »Psychotechnik«, wie er sagt – des Historikers zum Ausdruck kommt. Nietzsche, so bemerkt er, war stets eng mit Burckhardt *verbunden*. Ihre Bindung war ebenso beständig wie fern, ebenso notwendig wie mit der Zeit unmöglich.[20] Tatsächlich widerrief der Philosoph niemals seine Bewunderung für diesen allzu bescheidenen Historiker, den er dennoch für groß und einen seiner wenigen »Lehrer« hielt. Er teilte mit ihm einige grundlegende Ansichten über die Griechen und das Schicksal der Antike im allgemeinen, über den Begriff der Kultur, über die Arbeit des Historikers, über die notwendige Einsamkeit des Denkers, fern von der akademischen Welt (die Burckhardt einmal mit einer Meute Hunde verglich, die zusammenkommen, um einander zu beschnüffeln). Er zählte sich und Burckhardt zu jenen, »die sich aus Verzweiflung zurückhalten«.[21] Und auch das vermochte Warburg von innen her zu verstehen.

Er war sechsundzwanzig Jahre alt, als er seine Dissertation

19 Ebd., S. 87.

20 Zum Verhältnis zwischen Nietzsche und Burckhardt siehe K. Löwith 1936, S. 44-90; A. von Martin 1945; E. Salin 1948; ders. 1959; C. Andler 1958, Bd. I, S. 181-227, 327-362; C. P. Janz 1978-1979, Bd. I, S. 321-326, 415-418, 622-624, 844-845, Bd. II, S. 155-156, 637-639, Bd. III, S. 27-38.

21 C. Andler 1958, Bd. I, S. 181-183.

über Botticelli an Burckhardt schickte. Im selben Alter hatte Nietzsche das Seminar des Baseler Historikers mit einer Begeisterung besucht, die ihn schreiben ließ: »Ich höre bei ihm ein wöchentlich einstündiges Colleg über das Studium der Geschichte [die späteren *Weltgeschichtlichen Betrachtungen*] und glaube der Einzige seiner 60 Zuhörer zu sein, der die tiefen Gedankengänge mit ihren seltsamen Brechungen und Umbiegungen, wo die Sache an das Bedenkliche streift, begreift. Zum ersten Male habe ich ein Vergnügen an einer Vorlesung, dafür ist sie auch derart, daß ich sie, wenn ich älter wäre, halten könnte.«[22] Später schickte Nietzsche alle seine Bücher an Burckhardt. Der empfing sie mit einer seltsamen Mischung aus Distanzierung und übertriebener Bewunderung. Er verwies auf seine Unfähigkeit, »über Ursachen nachzudenken«, bewunderte die »freie Fülle« des Geistes, behauptete von sich, er sei niemals so tief »in den Tempel des eigentlichen Denkens« eingedrungen wie Nietzsche und meinte insgesamt, dieses ganze Denken gehe »über meinen alten Kopf weit hinaus«.[23]

Obwohl Warburg keinen Zugang zum damals noch nicht veröffentlichten Briefwechsel der beiden Männer hatte, verstand er sehr wohl, daß auch diese Distanzierung eine Antwort war, nämlich die des vorsichtigen Historikers, der vor der Katastrophe und dem »Zusammenbruch« zurückschreckte, die dem jungen Freund drohten. Diesen Eindruck gewinnt man jedenfalls, wenn man Warburgs Darlegungen auf der Abschlußsitzung seines Seminars von 1927 heute liest: Nietzsche habe schon in Turin verstanden, daß der Baseler Seismograph alle Erschütterungen seines eigenen psychischen Untergrundes bereits aufgezeichnet hatte. Wie läßt sich sonst erklären, daß Nietzsche nach seinem Zusammenbruch glaubte, Burckhardt um Hilfe bitten zu müssen?

---

22 F. Nietzsche 1850-1889, Bd. 3, S. 155 (Brief an Gersdorff vom 7. November 1870).

23 J. Burckhardt 1874-1886, S. 158-159, 187, 208-209, 211-212 (Briefe an Nietzsche vom 25. Februar 1874, 5. April 1879, 13. September 1882, 26 September 1886: zit. n. Janz 1978-1979, Bd. I, S. 845, Bd. II, S. 157).

[Turin, 4. Januar 1889]

Meinem verehrungswürdigen Jakob Burckhardt.
Das war der kleine Scherz, dessentwegen ich mir die Langeweile, eine Welt geschaffen zu haben, nachsehe. Nun sind Sie – bist Du – unser grosser grösster Lehrer: denn ich, zusammen mit Ariadne, habe nur das goldne Gleichgewicht aller Dinge zu sein, wir haben in jedem Stücke Solche, die über uns sind …

Dionysos

[…]

[Turin] Am 6 Januar 1889.

Lieber Herr Professor,
zuletzt wäre ich sehr viel lieber Basler Professor als Gott; aber ich habe es nicht gewagt, meinen Privat-Egoismus so weit zu treiben, um seinetwegen die Schaffung der Welt zu unterlassen. Sie sehen, man muß Opfer bringen, wie und wo man lebt. […] Da ich verurtheilt bin, die nächste Ewigkeit durch schlechte Witze zu unterhalten, so habe ich hier eine Schreiberei, die eigentlich nichts zu wünschen übrig läßt. […] so hören Sie meine ersten zwei schlechten Witze: Nehmen Sie den Fall Prado nicht zu schwer. Ich bin Prado, ich bin auch der Vater Prado, ich wage zu sagen, daß ich auch Lesseps bin. […] Ich bin auch Chambige – auch ein anständiger Verbrecher. Zweiter Witz: Ich grüße die Unsterblichen. [] Was unangenehm ist und meiner Bescheidenheit zusetzt, ist, daß im Grunde jeder Name in der Geschichte ich bin. […] In diesem Herbst war ich, so gering gekleidet als möglich, zwei Mal bei meinem Begräbnisse zugegen, zuerst als conte Robilant (– nein, das ist mein Sohn, insofern ich Carlo Alberto bin, meine natur unten) aber Antonelli war ich selbst. Lieber Herr Professor, dieses Bauwerk sollten Sie sehn; da ich gänzlich unerfahren in den Dingen bin, welche ich schaffe, so steht Ihnen jede Kritik zu, ich bin dankbar, ohne versprechen zu können, Nutzen zu ziehn. Wir Artisten sind unbelehrbar. […]

In herzlicher Liebe Ihr
Nietzsche[24]

---

24 F. Nietzsche 1850-1889, Bd. 8, S. 574 und 577-579 (Briefe an Burckhardt vom 4. und 6. Januar 1889).

Warburg hatte keine Möglichkeit, aus den Briefen zu zitieren, die er für verloren hielt. Doch er berichtet fast Stunde für Stunde – und höchst ungewöhnlich für ein Seminar über die Methode in der Kunstgeschichte – über die Ereignisse, die folgten, als Burckhardt diese delirierenden Hilferufe erhalten hatte: Wie der alte Mann zu Overbeck läuft, um ihn über die Lage zu informieren, und der nach Turin fährt und Nietzsche »in einer Ecke, in einem Zustand vollständigen Zusammenbruchs« findet.[25] Andererseits ist es aufschlußreich, daß Warburg ein wichtiges Detail übergeht: Nietzsche wurde nach seiner Rückkehr aus Turin von dem großen Psychiater Otto Ludwig Binswanger[26] behandelt, dem Onkel jenes Ludwig Binswanger, der von 1921 bis 1924 seine therapeutischen Bemühungen auf den genialen Kunsthistoriker verwandte, als der sich »in einem Zustand vollständigen Zusammenbruchs« befand.

Es ist wahrscheinlich, daß Warburg in Kreuzlingen von den klinischen Symptomen seines illustren Vorgängers hörte: den »leuchtenden Geistern«, die dessen Zimmer füllten; den plötzlich auferstandenen antiken Göttern oder auch von jenem Einfühlungsvermögen, das an *Animismus* oder gar an den *Dämonenglauben* grenzte. »Zwischen den Dingen und ihm«, schrieb Andler, »gab es keine Trennwand mehr. Er besaß alle Macht über Materie und Geister. Er vermochte sich durch Magie in sie zu verwandeln.«[27] Angesichts dieser Symptome, so lückenhaft und unvollständig sie auch sein mögen, denkt man ganz unwillkürlich an all das, was Warburg selbst in seinem Wahnsinn erlebte – diese dämonischen Wiedergänger, diesen Animismus der Bilder, diese motorischen Einfühlungen, in denen er gleichsam den Aberglauben und die Pathosformeln zur Verkörperung

25 A. Warburg 1927e, S. 87.

26 Siehe C. Andler 1958, Bd. II, S. 616-619; C. Janz 1978-1979 83-105. Otto Ludwig Binswanger (1852-1929), Professor in Jena, schrieb über Epilepsie, Hysterie, das »moralische Irresein« und die Reform der »Irrenfürsorge«. Siehe O. L. Binswanger 1886-1890, 1896 und 1899.

27 C. Andler 1958, Bd. II, S. 613.

brachte, deren Geschichte und Nachleben in der abendländischen Kultur er so sorgfältig studiert hatte.[28]

Staunen kann man gleichfalls nur über jenen Übergang zum Nachleben, den Nietzsches Delirium ins Werk setzt. In seinem Brief an Burckhardt vom 6. Januar 1889 stellen wir fest, daß der Philosoph sich am Ende zugleich mit Gott, dem unsterblichen Schöpfer der Welt, und mit Chambige, einem obskuren, kurz zuvor zum Tode verurteilten Kriminellen, identifiziert; mit Lesseps und mit Carlo Alberto; ganz zu schweigen von Prado, einem weiteren Mörder, von Antonelli und vom Comte Robilant ... Doch die Zahl der genannten Namen ist nicht so wichtig. Entscheidend ist, daß Nietzsche, der den vorausgegangenen Brief mit »Dionysos« unterzeichnet hat, »jeder Name in der Geschichte« zu sein behauptet. Indem er jede natürliche Genealogie auflöst, will er die ganze Genealogie verkörpern, auch wenn er dadurch zum Gespenst seiner selbst wird. Antonin Artaud wird sehr viel später ganz Ähnliches schreiben in *Ci-gît*, einem Text, den er nach einer Reise zu den mexikanischen Indianern verfaßte.[29] Was könnte es also anderes sein als eine psychotische Radikalisierung dieses *Nachlebens*, das Warburg so geduldig im Kontext einer Geschichte der Bilder herausgearbeitet hat – eine Zurückweisung der Latenz, wobei alle Zeiten zugleich auf derselben Aufzeichnungsebene erscheinen? Was könnte es anderes sein als ein Extremfall für die Hypothese des Seismographen?

Noch bevor wir der Wirkung der Nietzsche-Lektüre auf Warburgs Zeitmodelle nachgehen, müssen wir die *kritische*, das heißt strukturelle Bedeutung eines Berichts erfassen, den Warburg zum Abschluß seines Seminars über Burckhardt und die historische *Methode* von eine *Krise* gibt. Wie Nietzsches delirierende *Verkörperung der Genealogie* sich nicht von seiner Geschichtskritik und seiner geduldigen Ausarbeitung der Zeit mit Hilfe von Konzepten wie der Genealogie oder der ewigen Wie-

---

28 Siehe M. Diers 1979, S. 5-14; J. L. Koerner 1997, S. 30-38.

29 Siehe A. Artaud 1948, S. 77, 84 und 88-89.

derkehr des Gleichen trennen läßt, so läßt sich auch die *geisterhafte* – oder »dämonische« oder »animistische« – Verkörperung bei Warburg nicht von seiner eigenen Kritik der Kunstgeschichte und seiner geduldigen Ausarbeitung der Zeit mit Hilfe von Begriffen wie Nachleben oder Renaissance trennen. Warburg berichtet so minutiös über die Turiner Episoden, weil sie in seinen Augen eine mögliche Folge der Arbeit des Historikers illustrieren – eine Folge, deren Schockwellen er seit dem Ausbruch des Ersten Weltkriegs selbst verspürt hatte. Der allzu empfindliche Seismograph zeichnet alles zugleich auf, Welle um Welle, längst vergangene und neueste Wellen, bis er mit seinem überhasteten Stilus chaotisch die sich wechselseitig überlagernden Überreste jedes Phantoms, jedes »Namens in der Geschichte«, ineinander verschlingt und schließlich zerbricht.

Bezeichnen wir dies mit dem Ausdruck, den Warburg selbst dafür geprägt hat: als psychotechnisches Modell der Arbeit des Historikers, das er hier in der Doppelgestalt des Seismographen Burckhardt und des Seismographen Nietzsche vorschlägt. Der Seismograph Burckhardt empfängt die Schockwellen und zeichnet sie geduldig und getreulich auf. Er vermag ihnen zu widerstehen oder, wie man so sagt, »den Stoß abzufangen«, weil er sich eine gewisse Vorsicht bewahrt – jene berühmte *sophrosyne* der Griechen, von der Warburg so oft spricht: eine Distanz gegenüber den Stößen, die er aufzeichnet. Das ist ihm möglich, weil er sein Denken Stein für Stein aufbaut, weil seine historische Arbeit etwas Architektonisches besitzt. Sein Denken gleicht einem Turm, der in die Höhe wächst. Sie macht das Werk der Zeit sichtbar und wappnet sich zugleich gegen deren verheerende Wirkungen, die Warburg – als »Psychohistoriker«, der er ist – »dämonisch« nennen wird.

»Der eine, der den dämonischen Hauch des Vernichtungsdämons fühlt und sich in einen Turm setzt, und der andere, der mit ihm gemeinsame Sache machen will.«[30] Der eine (Burckhardt) hat sich entschieden, auf Distanz zu bleiben, der andere (Nietz-

30 A. Warburg 1927e, S. 87.

sche), sich berühren zu lassen. Der eine verwandelt das Wissen, indem er es lehrt – ohne »fordernd« zu sein, sagt Warburg: eine zugleich bescheidene und vorsichtige Position. Der andere will das Wissen umwandeln, weil er es mit aller Kraft verlangt: eine ehrgeizige und verzweifelte Position. Der eine bietet *Formeln* für die Geschichte, der andere läßt das *Pathos* der Zeit widerhallen. Warburg selbst sieht in dieser Polarität den Gegensatz, den Nietzsche seit der *Geburt der Tragödie* kannte: Der *Architekt* wird danach als »apollinisch« gekennzeichnet und der andere – dessen Pathos Warburg zu einem Vergleich mit dem *Bildhauer* Agostino di Duccio veranlaßt – zweifellos als »dionysisch«. Diese Kennzeichnung ist nicht nur typologischer Natur. Sie erlaubt auch die Feststellung, daß der Historiker der westlichen Kultur selbst in der Polarität seiner eigenen Methode jenes »Nachleben der antiken Götter« verkörpert, dessen Schicksal zu interpretieren er sich zur Aufgabe gemacht hat.

*

Es kann kein Zweifel bestehen, daß diese – als solche im Rahmen des Seminars von 1927 vorgestellte – *methodologische* Polarität bei Warburg auch eine *autobiographische* Dimension besitzt. Der Doppelname Burckhardt-Nietzsche erscheint unter diesem Blickwinkel als dynamographische Formel eines Selbstbildnisses. Zunächst stellt Warburg sich selbst explizit als Burckhardtschen Seismographen dar: als Kulturhistoriker, der »Pathologien der Zeit« – Latenzen und Krisen, ineinander verwoben – einfängt; als einen Forscher, der die »wissenschaftliche Selbstverleugnung« beherrscht; als einen Forscher mit Sinn für die Einheit der »Grundprobleme«; als Wissenschaftler, der auf die Besonderheit der einzelnen Objekte achtet. Als geduldigen Sammler von Karteikarten, Büchern und Bildern, von Materialien, Fakten und Formen; als einen Philologen, der offen ist für die Unreinheiten der Zeit, die schwarzen Kontinente, die als »Lebensreste« der Geschichte verstandenen Symptome. Der von ihm errichtete Turm – die schwindelerregende Kulturwissenschaftliche Bibliothek Warburg – wurde zum virtuellen Gefäß aller Symptome und Erschütterungen der Zeit, über die sie möglichst viel Wissen zu sammeln versuchte.

Doch Warburg empfand sich auf eine – angesichts der Konvulsionen, in die ganz Europa 1914 gestürzt wurde – offen konvulsive Weise als einen Seismographen, der in Schwingung geriet und daran zu zerbrechen drohte. Der Exeget des »Nachlebens der Antike« gehörte offenbar zu jenen großen Geschichtsdenkern (ich denke an Nietzsche, aber auch an Walter Benjamin, Carl Einstein oder Marc Bloch), die sich ganz direkt von der Geschichte ergreifen und berühren ließen und von ihr verschlungen wurden. Es ist ein Schwindel ähnlich dem des Turms: ein Schwindel des Zusammenbruchs, bei dem jede Tatsache, jede Form, jeder schwarze Kontinent zu einer Probe für das Wissen und den Wissenschaftler wird. Ein Schwindel, in dem das *Wissen über das Symptom* zu einem *Symptom des Wissens* wird, zu einer direkten Bedrohung für den Erfinder dieses Wissens.

Aus dieser Sicht scheint es aufschlußreich, daß Warburg sein »Selbstbildnis des Historikers als Seismograph« schon am Grunde seiner psychotischen Erfahrung einführte – oder jedenfalls entwickelte. Bereits in den Notizen für seinen 1923 in Kreuzlingen gehaltenen Vortrag verwendet er das Bild des Seismographen. Und er greift es 1927 in einem anderen autobiographischen Kontext wieder auf, in dem es nicht mehr nur um die Reise zu den Hopi-Indianern geht, sondern allgemein um seine »Lebensreise«:

> Was ich also sah und erlebte, gibt nur den äusseren Schein der Dinge wieder, von denen zu sprechen ich nur das Recht habe, wenn ich vorausschicke, daß das unlösbare Problematische mir so drückend auf der Seele gelastet hat, daß ich in meiner gesunden Zeit nie gewagt haben würde, darüber etwas wissenschaftlich zu äussern. Jetzt aber, 1923 im März, in Kreuzlingen, in einer geschlossenen Anstalt, wo ich mich als Seismograph empfinde, der aus Holzstücken zusammengesetzt ist, die einem Gewächs entstammen, das aus dem Orient in die nahrhafte norddeutsche Tiefebene verpflanzt wurde und ei-

> nen aus Italien inokulierten Ast trug, lasse ich die Zeichen, die ich empfange, aus mir heraustreten, weil in dieser Epoche eines chaotischen Untergangs auch der Schwächste verpflichtet ist, den Willen zur kosmischen Ordnung zu verstärken. Und in einer Notiz aus dem Jahr 1927 schrieb er, im Rückblick auf seinen Lebensweg habe er das Gefühl, es sei seine Aufgabe gewesen, wie ein Seismograph auf der Grenzlinie zwischen den Kulturen zu funktionieren und das Leben in seiner Spannung zwischen zwei Polen zu erkennen, in der Spannung zwischen der natürlichen, instinktiven, heidnischen Energie und dem ordnenden Verstand.[31]

Aufschlußreich ist auch, daß Warburg gelegentlich für sich selbst solche »Seismographien der Zeit« *gezeichnet* hat. Während seiner Exkursion in die Mesa Verde (Colorado) vom 5. bis 8. Dezember 1895 vermerkt er in seinem Tagebuch, welche Schwierigkeiten es ihm bereitet, ein so feindseliges und zerklüftetes Gelände zu durchqueren, und welche Angst in ihm aufstieg:

> »Pneumonia« (meine Zwangsvorstellung). [...] Reiten, Reiten, Cliff-dwll. Canon. [...] Schweigen. Reiten. Abendhimmel. [...] Es wird dunkel. Wir warten. »That's something for your European experience.« Ha. Ha.[32]

Diesem Text ist eine Zeichnung beigefügt, die man zugleich aus der Sicht einer räumlichen und einer zeitlichen Überdeterminierung lesen kann (Abb. 13). Es handelt sich um eine (nach einem Buch von Gustav Nordenskjöld über die Mesa Verda angefertigte) geographische Skizze des durchquerten Gebiets mit seinem zerklüfteten, von zahlreichen verzweigten Canyons durchzogenen Terrain. Sie ähnelt fast einem Labyrinth oder dem Geäst der Bronchien, wie ein Weg, der in der Angst vor einem äußeren Raum oder in der Phobie eines Innenraums zurückzulegen ist. Aber vor allem zeichnet sie die Überlagerung zweier Rhythmen oder zweier Zeitreiche auf: Einerseits zeigt die Karte

31 A. Warburg 1923b, S. 573; ders. 1927d.

32 Ders., *Tagebuch*, 5.-8. Dezember 1895 (zit. nach D. McEwan 1998, S. 151).

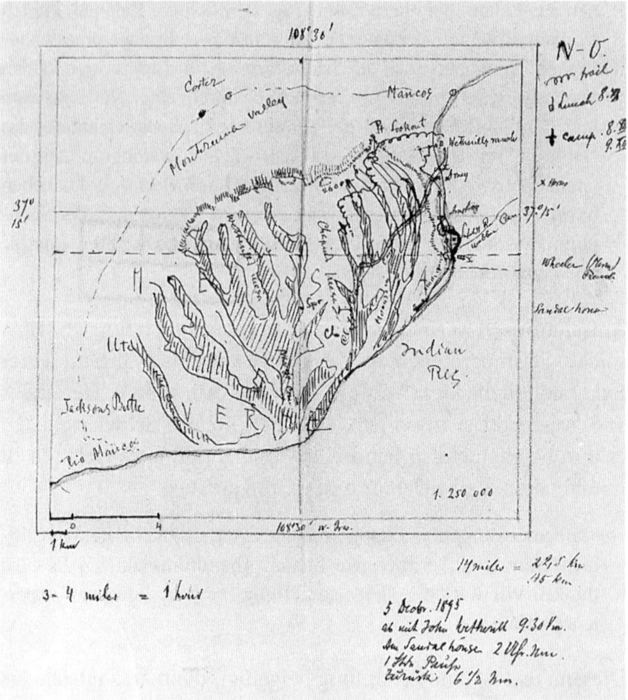

Abb. 13: Aby Warburg, *Mesa Verde, 5. Dezember 1895*. Bleistift und Tusche auf Papier, Auszug aus einem Konvolut von Aufzeichnungen mit dem Titel *America* (1894-1897). London, The Warburg Institute. Photo: The Warburg Institute.

als solche das Ergebnis einer unermeßlichen Dauer, nämlich der Zeit der geologischen Arbeit. Jeder Strich, jedes Relief, jede Ader entspricht dem Verlauf eines unendlich langsamen Flusses, dem der Erosionsprozesse, die eine unbekannte Anzahl seismischer oder vulkanischer Episoden durchgemacht haben – aber niemand weiß, wann … Andererseits zeigt Warburgs Zeichnung die mikroskopische Zeit seines eigenen Weges, so lang der ihm auch erscheinen mochte: die Pausen, die Biwaks und selbst noch die Mahlzeiten. Die Zeichnung ist insofern anachron, als sie auf

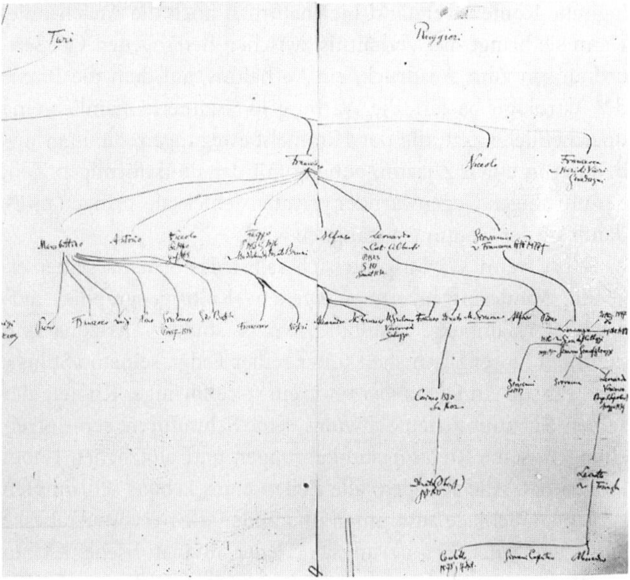

Abb. 14: Aby Warburg, *Stammbaum der Familie Tornabuoni*. Tuschezeichnung. Teil von Tafel »A« des *Mnemosyne*-Atlas (1927-1929). London, The Warburg Institute. Photo: The Warburg Institute.

ein und derselben Aufzeichnungsebene die persönliche, fast schon anekdotische Zeit einer Exkursion in kleinem Maßstab und die unpersönliche, gigantische Zeit der Erosion in großem Maßstab festhält.

Jahre später finden wir ganz Ähnliches auf der ersten Tafel des Bilderatlas *Mnemosyne*, auf der Warburg eine alte Himmelsdarstellung mit zoomorphen oder anthropomorphen Sternbildern, eine Karte der wichtigsten Wanderungsbewegungen kosmologischer Symbole vom Mittleren Osten bis nach Nordeuropa und einen selbst gezeichneten Stammbaum der Familie Tornabuoni (Abb. 14) übereinanderstellt. Schon allein der Stammbaum vereint zwei verschiedene Rhythmen von Zeitlichkeit: die lange Dauer der Weitergabe des Namens und die kurze Dauer der einzelnen Menschen, die ihn tragen. Der astronomische und astrologische Kontext verstärkt hier natürlich noch die Anachronie. Denn sie bringt das Verhältnis zwischen heterogenen Größenordnungen zum Ausdruck, ein Verhältnis, auf dem die Praxis der Astrologie basiert, die Warburg so faszinierte: nämlich eine unermeßliche Zeit, die der Himmelsbewegungen, die man unbedingt in einen Zusammenhang mit der punktförmigen Zeit, der unruhigen Gegenwart der privaten Schicksale, bringen muß, damit sie der Deutung zugänglich wird.

Selbst wenn Warburg für sich selbst das Schema seiner eigenen Wanderungen, seiner eigenen »Kulturgeographie« aufzeichnet (Hamburg, Straßburg, wo er studiert, Arizona und natürlich Florenz), entsteht unter seiner Feder, seinem »Stilus«, so etwas wie ein *Dynamogramm*: ein spiralförmiger Knoten, der seinen eigentümlichen Schwung, seine Schraffuren, seine Streichungen, seine Richtungsumkehrungen und plötzlichen Gabelungen hat. Alle Etappen, alle Zeiten eines Lebens schrumpfen mit einem Schlage zusammen und bilden die nervöse Arabeske eines wie jeder Erinnerungsakt, jeder divinatorische Akt in wenigen Augenblicken zurückgelegten Schicksalsweges (Abb. 15).[33]

*

Das also sind die *Dynamographien* oder *Seismographien* des Historikers, des Denkers: Spuren, die zugleich der Formel und dem Pathos, dem abstrakten Schema und dem taktilen Widerhall gleichen. Diese doppelte Fähigkeit – ideelle Abstraktion und körperliche, das heißt rhythmische Reaktion – ist notwendig, um die unsichtbaren oder nur in Episoden sichtbaren Bewegungen aufzuzeichnen, die das Symptom zwischen Latenzen und Krisen, zwischen Nachleben und Geburt auslöst. Auch Nietzsche befaßt sich in seinen unveröffentlichten Fragmenten gelegentlich mit solchen Spuren. Hier sei nur ein einziges Beispiel genannt, das gewisse Ähnlichkeiten mit Warburgs Zeichnun-

33 Siehe K. W. Forster 1995, S. 185-186.

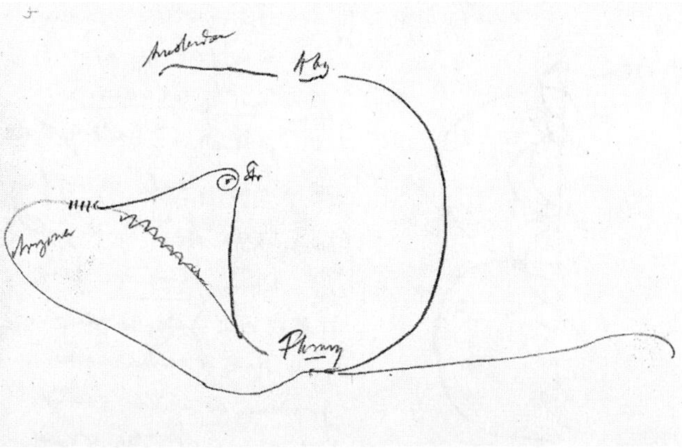

Abb. 15: Aby Warburg, *Schema einer persönlichen Geographie*, 1928. Bleistift auf Papier. London, The Warburg Institute. Photo: The Warburg Institute.

gen hat. Es handelt sich um ein Blatt aus dem Frühjahr 1873, auf dem er wahrscheinlich bereits nach einem Ausdruck für die ewige Wiederkehr sucht (Abb. 16).

Das in diesem Fragment behandelte – und an sich schon sehr Warburgsche – Problem ist das der »Bewegung in der Zeit«. Nietzsche fragt dort nach dem Status der *Wirkung*: »… jede Wirkung hat einen Weg zurückzulegen«, und das setzt *Bewegung* voraus. »Dazu bedarf es einer Zeit.«[34] Keiner Zeit *a priori*, keines beliebigen Zeitrahmens der Wirkung, sondern ihrer Dynamik als »wirkende Kraft«. Einerseits wird also die Zeit als *Kraft* gedacht; und die Kraft wird ihrerseits als Zeitliches, als Nichtbeharren, gedacht. »Das heißt: die Zeit beweist das absolute Nichtbeharren einer Kraft.«[35] In der Frage nach dem Verhältnis zwischen Zeit und Bewegung entscheidet Nietzsche sich hier nicht dafür, die Zeitdimension auf die naheliegenden – physikalischen – Gesetze der Bewegung zurückzuführen, was Marey wohl vorgeschlagen hätte. Ganz im Gegenteil, er geht bei der Frage nach

34 F. Nietzsche 1869-1874, S. 575.

35 Ebd., S. 576.

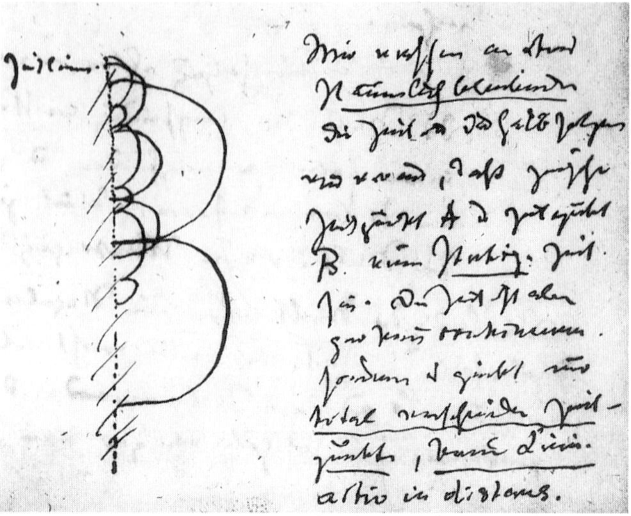

Abb. 16: Friedrich Nietzsche, *Dynamisches Schema der Zeit*, Frühjahr 1873. Tinte auf Papier. Auszug aus *Nachlaß 1869-1874*, Fragment 16.12 = U I 5b. Weimar, Nietzsche-Archiv. Photo: Nietzsche-Archiv.

der Bewegung von einem *Widerspruch* zwischen Raum und Zeit aus: »Übersetzung aller Bewegungsgesetze in Zeitproportionen. [...] Die Bewegung laboriert an dem Widerspruch, daß sie nach Raumgesetzen construirt und durch Annahme einer Zeit wieder diese Gesetze unmöglich macht: d. h. zugleich ist und nicht ist.«[36]

Die Bewegung in Zeitproportionen übersetzen? Die Zeitproportionen als Kräfte denken? Sobald man diese Forderung aufstellt, zeigt sich die *Differenz in der Wiederholung* oder, weniger Deleuzeanisch gesprochen, die *Diskontinuität in der Zeit*. Sobald man diese Diskontinuität – unter dem Blickwinkel der »Fernwirkung« – einführt, entfaltet sich ein Zeitverständnis, das bereits von Phantomen und Bewegungen der Symptome beherrscht ist. Und über das, wenn ich so sagen darf, »seismographische« Pro-

36 Ebd., S. 577 und 576.

jekt gelingt es, *Differenz*, *Distanz* und *Rhythmus* gemeinsam zu denken:

> [N]ur absolut veränderliche Kräfte können wirken, solche die keinen Augenblick dieselben sind. Alle Kräfte sind nur *Funktionen der Zeit*.
> 1) Eine Wirkung von aufeinanderfolgenden Zeitmomenten ist *unmöglich*: denn zwei solche Zeitpunkte würden in einander fallen. Also ist jede Wirkung actio in distans, d. h. durch Springen.
> 2) Wie eine Wirkung dieser Art in distans möglich ist, wissen wir gar nicht.
> 3) Schnell, langsam usw. in der ganzen Art dieser Wirkung. D. h. die Kräfte, als Funktionen der Zeit, äußern sich in den Relationen naher oder ferner Zeitpunkte, nämlich schnell oder langsam. Die Kraft liegt im Grade der Beschleunigung.[37]

Genau an dieser Stelle stellt sich die graphische – chronographische oder dynamographische – Notwendigkeit einer Veranschaulichung dieser Anforderung ein: Nietzsche wirft rasch eine Skizze auf das Blatt: sein Schema der Zeit. »Zeitlinie«: nicht wie üblich eine kontinuierlich von links (Vergangenheit) nach rechts (Zukunft) verlaufende Gerade, sondern ein *Regen aus Punkten*, eine unterbrochene Linie, eine *fallende* Linie. »Die Zeit ist aber kein continuum, sondern es giebt nur *total verschiedene Zeitpunkte, keine Linie*. Actio in distans.«[38] Diese Nichtlinie wird ihrerseits von einer Reihe nervöser Striche gekreuzt, die vielleicht die Idee des Realen als Raumpunkt (»Real: ein Raumpunkt«) zum Ausdruck bringen sollen. Und über alledem zeichnet der Seismograph die bogen- und nicht kreisförmigen Zeiten der Wiederkehr auf: kleine und große, weite und enge, beschleunigte und verlangsamte … Das Ergebnis ist natürlich eine Verwicklung der Zeiten, eine graphische Formel, die hier mit dem ganzen Spiel der Differenzen, Wiederkünfte und Anachronismen wiedergegeben wird.

Es ist sicher kein Zufall, daß diese einander überlagernden, mehr oder weniger weiten Bögen die Form einer Folge von *Wel-*

37 Ebd., S. 578.
38 Ebd., S. 579.

len auf dem nichtkontinuierlichen Strom der Zeit annehmen. Und letztlich einer Folge jener »mnemischen Wellen«, von denen Warburg 1927 in seinem Seminar sprach. Es ist sicher auch kein Zufall, daß die von Warburg aufgezeigte Polarität, die im Bild des Seismographen – als des wissenschaftlichen Apparates der Formel und des Prüfgeräts für Pathos – zum Ausdruck kommt, sich in einem Fragment wiederfindet, das Nietzsche im selben Jahr schrieb, als er auch das Zeitschema zeichnete: »Der wissenschaftliche Mensch ist ein rechtes Paradoxum: rings umstarren ihn die schrecklichsten Probleme, an Abgründen wandelt er und er pflückt eine Blume um ihre Staubfäden zu zählen. Es ist nicht Stumpfheit des Erkennens: denn er glüht in seinem Triebe zum Erkennen und Entdecken und kennt keine größere Lust als den Schatz des Wissens zu mehren. Aber er benimmt sich wie der stolzeste Müssiggänger des Glücks: als ob das Dasein nicht eine heillose und bedenkliche Sache sei, sondern ein fester, für ewige Dauer garantirter Besitz.«[39]

Die Frage, die sich hier stellte und die auch Warburgs Frage war, lautet: Wie kann man die Zeit kennen? Wie kann man Formeln produzieren, wenn man weiß, daß man an Abgründen wandelt?

39 Ebd., S. 613 (Fragment 28.1).

Die Tragödie der Kultur:
Warburg und Nietzsche

Eine seltsame und zumindest in epistemologischer Hinsicht nicht sonderlich komfortable Situation. Stellt man sich vor, daß ein Historiker der Renaissance »an Abgründen wandelt«? Stößt er in seiner Forschung nicht eher auf strahlende Schönheit und leuchtende Farben, auf heitere Harmonien und in voller Reinheit erblühte Meisterwerke? Von Warburgs Erbe behält man gern nur die »Formeln« – soweit sie positiv waren: antikisierende und bewegte Gewandmotive, Realismus und Individualität im Porträt usw. Und man stellt sich darauf ein, soweit das möglich ist, die »Abgründe« zu begraben (sie einfach wegzulassen war nicht möglich). Man versucht also mit aller Kraft, das Verhältnis zwischen Warburg, Nietzsche und Burckhardt herunterzuspielen, obwohl es im Seminar von 1927 deutlich zutage tritt.

Cassirer etwa räumt ein, daß Burckhardts Art der geschichtlichen Betrachtung für Nietzsche einen gewissen Reiz besessen habe.[40] Und ebenso konzediert er: »Der Weg Burckhardts scheidet sich von dem der meisten Geschichtsforscher des neunzehnten Jahrhunderts.«[41] Aber er sieht letztlich nur »ein merkwürdiges Phänomen und eine geistesgeschichtliche Anomalie« in der Tatsache, daß Schopenhauer – und darüber hinaus Nietzsche selbst – seine philosophische Spur im Diskurs eines großen Historikers hinterlassen konnte.[42] Auch Hans Baron möchte nur die Unterschiede zwischen Burckhardt und Nietzsche gelten lassen: Burckhardts Geschichte der Renaissance sei immer noch unverzichtbar, während Nietzsche für das Fachgebiet der Geschichte nur »Abgründe« und Gefahren darstelle.[43]

40 E. Cassirer 1950, S. 274.
41 Ebd., S. 275.
42 Ebd., S. 280.
43 H. Baron 1960, S. 209; B. T. Wilkins 1959, S. 123-137.

Da es in der ganzen Debatte letztlich um den *geisteswissenschaftlichen* Charakter der Kunstgeschichte als Fachgebiet geht, gilt es in erster Linie den Nietzscheanischen Faden (oder das Fädchen) in Warburgs Geschichte um jeden Preis abzuschneiden. Stellt man sich einen Historiker der Renaissance vor, der Ikonographie »mit dem Hammer« betreibt? Wenn Gombrich – trotz all der oben angeführten Passagen in den *Weltgeschichtlichen Betrachtungen* – einen »hegelianischen« Burckhardt erfindet, so vor allem, wie mir scheint, um das Gespenst Nietzsche aus der ikonologischen Konstellation bei Warburg zu vertreiben.[44] Aber ist das überhaupt möglich? Nachdem Gombrich den Einfluß der *Geburt der Tragödie* auf Warburgs Bemühung um eine Überwindung der klassischen »evolutionistischen« Modelle eingeräumt hat, verweist er auf die Veränderungen, die der Aufsatz von 1895 – über die von Bernardo Buontalenti gezeichneten Florentiner Intermezzi – an Nietzsches Ansichten vornimmt. Tatsächlich faßte Warburg das gesamte Verhältnis zwischen den (nach Nietzsche apollinischen) und den (potentiell dionysischen) »lebendigen« Künsten von Grund auf neu.[45] Soviel zu den »Formeln«.

Dennoch bleiben Nietzsche und Warburg einige wesentliche »Abgründe« gemeinsam. Nicht auf der Ebene der geschichtlichen Resultate sollte man nach Gemeinsamkeiten ihres Denkens suchen, sondern auf der Ebene der grundlegenden Fragen zu Kunst, Geschichte und Kultur im allgemeinen. Es sollte möglich sein, die Beziehungen zwischen Warburg und Nietzsche nuanciert herauszuarbeiten, ohne das Schneidende – das Entschiedene, Erregende und Bewegende – an ihren gemeinsamen Vorstellungen und Einstellungen zu glätten. Die erste Einstellung dieser Art könnte man folgendermaßen formulieren: Die Kunst befindet sich am Knotenpunkt, im *bewegten Zentrum* der Kultur. Was bereits eine radikale Verschiebung des Wissens über die Kunst

44 E. H. Gombrich 1969, S. 37-45.

45 Ders. 1970, S. 184-185 (dt. S. 243-244). Siehe A. Warburg 1895, S. 259-300 (dt. S. 124-167). Zur Frage der *Intermezzi* und der Tragödie siehe A. M. Meyer 1987, S. 171-188; H. Pfotenhauer 1985, S. 298-313.

und mithin des Wissenschaftlers selbst erfordert: Warburg hat durchaus Nietzsches Wette aufgenommen, wonach es einem Philologen möglich sei, die Kunst nicht nur unter der Optik der Wissenschaft zu betrachten, sonder auch »die Wissenschaft unter der Optik des Künstlers zu sehn, die Kunst aber unter der des Lebens«.[46] Womit er den Gedanken bestätigte, daß der Historiker nicht zur reinen und einfachen Beherrschung des Gegenstands seines Wissens fähig, sondern selbst darin auf vitale Art verwickelt sei.

Der Historiker – oder Philosoph – begegnet seinem Gegenstand in der Tat nicht als etwas Objektivierbarem, Erkennbarem, das man aus der Ferne in die reine Vergangenheit der Geschichte zurückstoßen könnte. Wir stehen vor jedem Werk als Betroffene und in etwas *Verwickelte*, das eigentlich kein Ding ist, sondern – Warburg spricht hier wie Nietzsche – eine Lebenskraft, die wir nicht auf ihre einfachen Elemente reduzieren können. Warburgs ganze philologische Kompetenz zielt (etwa wenn er das Testament des Francesco Sassetti entziffert[47]) nicht allein auf die Rekonstruktion der Lebensdaten eines Florentiners aus dem 15. Jahrhundert, sondern auf ein Verständnis der Kunst Ghirlandaios aus der Sicht einer wirklich *anthropologischen Verschlingung* und Verquickung des Bildes, des Künstlers und des Betrachters. Das entspricht ganz der Grundlektion Nietzsches: Die Kunst ist nicht »interesselos«, wie Kant einst meinte. Sie ist nicht heilsam, erhebend, beruhigend. Mag sie auch »Bejahung des Falschen« sein, so ist sie doch ein »Zuschuß von [vitaler] Kraft«. Sie verweigert sich von vorneherein der ganzen »Askese« der klassischen ästhetischen Tradition, dieser »eigentlichen Philosophen-Gereiztheit und -Rancune gegen

46 F. Nietzsche 1872, S. 14 (»Versuch einer Selbstkritik«, Vorwort zur Ausgabe von 1886). Zu Nietzsche und dem philologischen Paradigma siehe G. Tatár 1989, S. 161-173; P. Wotling 1995, S. 37-50. Zum Nietzsche-Erbe in Deutschland siehe S. E. Aschheim 1992. Zu Warburg als »Künstler-Philologe« siehe M. Glasmeier 1994, S. 47-50; G. Zanetti 1985, S. 173-188.

47 A. Warburg 1907b, S. 137-163

die Sinnlichkeit«, wie Nietzsche in *Zur Genealogie der Moral* schreibt.[48]

Die Kunst als »Lebenskraft«? Wer das sagt, der pflichtet auch Burckhardt und dessen Verständnis der in der Unreinheit der Zeit wirksamen »Kräfte« bei. Diese Unreinheit, die Nietzsche auf einer allgemeinphilosophischen Ebene ansprach – »Meine Philosophie umgedrehter Platonismus: je weiter ab vom wahrhaft Seienden, um so reiner schöner besser ist es«[49] –, führte Warburg über Burckhardt auf die besondere, historisch dokumentierte Ebene der Renaissancekultur zurück. Genau das ist der Florentiner »Mischstil«: Die »Mischung heterogener Elemente« macht ihn, wie wir gesehen haben, zu einem »rätselhaften Organismus« von elementarer »Lebensenergie««.[50]

Nietzsches Umkehrung findet sich daher in Warburgs Spezialstudien philologisch diagnostiziert und anthropologisch reformuliert wieder. Wo Nietzsche eine von jeglichem »guten Geschmack« freie Schönheit forderte, eine unruhige Ästhetik und ein Bewußtsein des Schmerzes als »Urquelle« der Kunst,[51] da geht Warburg von seiner eigenen Abneigung gegen »ästhetisierende Kunstgeschichte« aus und zeigt, daß die Kunst der Renaissance insofern »vital« war, als sie all diese Elemente der Unreinheit, des Häßlichen, des Schmerzes und des Todes in sich aufnahm. Die Anmut der von Ghirlandaio geschaffenen Figuren läßt sich anthropologisch nur vor dem Hintergrund der Stiftertätigkeit, der genealogischen Bemühungen und der in Grabmälern realisierten Vorstellungen verstehen: Schmerz vermischt mit Schönheit, Angst vor dem Tod vermischt mit dem Glauben an die Auferstehung, »moderner« Realismus vermischt mit »etruskisch-heidnischem« Mangel an Eleganz ... All das bildet die Bewegung einer »Lebensenergie«, einen Strom und Gegenstrom, von dem die Schönheit der Bilder in Santa Tri-

---

48 F. Nietzsche 1887, S. 349-356.

49 F. Nietzsche 1869-1874, S. 199 (Fragment 7.156).

50 A. Warburg 1902a, S. 74.

51 F. Nietzsche 1870, S. 568; ders. 1869-1874, S. 164-166, 198-200 und 202 (Fragmente 7.116-117, 152-154, 157 und 165).

nità überlebt hat und uns wie verfestigter Schaum vor Augen steht.[52]

*

»Ist nun aber die Realität vielleicht nur der Schmerz, und daher die *Vorstellung* geboren?«[53] Als Nietzsche diese Frage Ende 1870 oder Anfang 1871 stellt, denkt er zweifellos an die Tragödie: an die Tragödie als gebärendes Zentrum der Kunst. Das ist der zweite Gedanke: Die Tragödie gebiert uns als Kulturwesen. Karl Marx hatte gesagt, der Mann könne nicht wieder zum Kind werden, sondern allenfalls kindisch. Daher wunderte er sich über den »ewigen Reiz«, den die alten griechischen Tragödien immer noch auf uns ausübten.[54] Nietzsche kehrt die Perspektive um: Die tragische Kindheit überlebt in uns, und *dieses Überleben gebiert uns immer wieder*, erfindet unsere Gegenwart wie auch unsere Zukunft. Warum? Weil die Tragödie die Geburt der Kunst, deren Geburt durch den Schmerz, *wiederholt*. Der Wille, schreibt Nietzsche 1870, »ist also nicht nur leidend, sondern gebärend: er gebiert den Schein in jedem kleinsten Moment. [...] Das ungeheure künstlerische Vermögen der Welt hat sein Analogon in dem ungeheuren Urschmerz.«[55] *Die Geburt der Tragödie* ist bekanntlich gänzlich um diese These aufgebaut: Die tragische Lust ist nichts anderes als eine eng mit diesem Urschmerz verschmolzene Lust. Deshalb entfaltet sie sich im Element der Spannung, der Polarität (zwischen Apoll und Dionysos), des unversöhnten Widerspruchs.[56]

Warburg verstand, als er Nietzsches Buch las, vollkommen, daß es darin ebenso um *Nachleben* wie um *Geburt* ging. Auch

52 A. Warburg 1902a, S. 137-163. Siehe F. Nietzsche 1869-1874, S. 166 (Fragment 7.117): »Das *Kunstwerk* und der *Einzelne* ist eine *Wiederholung des Urprozesses*, aus dem die Welt entstanden ist, gleichsam ein Wellenring in der Welle.«

53 F. Nietzsche 1869-1874, S. 164 (Fragment 7.116).

54 K. Marx 1857, S. 641-643.

55 F. Nietzsche 1869-1874, S. 204-205 (Fragmente 7.168-169).

56 Ebd., S. 219-220 (Fragment 8.2).

wenn er eine zweifelnde Frage an den Rand einer Passage über den italienischen *stilo rappresentativo* kritzelte,[57] kommt er doch fünf Seiten weiter nicht umhin, über die Frage nachzudenken, was Nietzsche unter der »Wiedergeburt« der Tragödie verstand oder unter dem »Nachleben« – einer durchaus möglichen Übersetzung des dort benutzten Verbs »durcherleben« – des »hellenischen Wesens« in uns.[58]

In der Formulierung dieser Zeitmodelle – wir sind noch nicht bei der ewigen Wiederkehr – fand Warburg also ein theoretisches Werkzeug, das von wesentlicher Bedeutung für sein eigenes Konzept des Nachlebens war. Es ging wie gesagt darum, das Problem der »Weitergabe der Antike« in einer Weise zu formulieren, die über das von Winckelmann vorgeschlagene Modell der »Nachahmung« hinausging. Es ist kein Zufall, wenn Nietzsche, als er später – 1889 – darlegte, »was ich den Alten verdanke«, wiederum Burckhardt lobte und zugleich Winckelmanns Vorstellung, seinen »Begriff ›griechisch‹«, geißelte, weil der »unverträglich mit jenem Elemente« sei, »aus dem die dionysische Kunst wächst – mit dem Orgiasmus«.[59]

Auf der einen Seite die »*niaiserie*« der angeblichen Ruhe und der »schönen Seele«. Auf der anderen Seite ein vitaler, heftiger, explosiver, dionysischer und (als Aufgabe für die Philologie) immer wieder neu zu entdeckender Hellenismus. Nietzsche verweist hier, wie Warburg es nach ihm gleichfalls tun wird, auf eine Kulturpsychologie, die allein in der Lage sei, den, wie er sagt, »deutschen« Einfluß der idealistischen Doktrinen eines Kant oder Winckelmann zu vermeiden.

> In den Griechen »schöne Seelen«, »goldene Mitten« und andre Vollkommenheiten auszuwittern, etwa an ihnen die Ruhe in der Grösse, die ideale Gesinnung, die hohe Einfalt bewundern – vor dieser »hohen Einfalt«, einer niaiserie allemande zuguterletzt, war ich

---

57 Ders. 1872, S. 123 (S. 108 der von Warburg benutzten Ausgabe mit der Signatur AMH 700 seiner Bibliothek).

58 Ebd., S. 128-129.

59 Ders. 1889a, S. 159.

> durch den Psychologen behütet, den ich in mir trug. Ich sah ihren stärksten Instinkt, den Willen zur Macht, ich sah sie zittern vor der unbändigen Gewalt dieses Triebs, – ich sah alle ihre Institutionen wachsen aus Schutzmaassregeln, um sich voreinander gegen ihren inwendigen *Explosivstoff* sicher zu stellen. [...] Ich war der erste, der, zum Verständnis des älteren, des noch reichen und selbst überströmenden hellenischen Instinkts, jenes wundervolle Phänomen ernst nahm, das den Namen des Dionysos trägt: es ist einzig erklärbar aus einem *Zuviel* von Kraft.[60]

Nach genau diesem tragischen Überschwang des Lebens – Nietzsche verglich ihn in derselben Passage mit den »Wehen der Gebärerin«[61] – begann Warburg in der Schlangengewalt des *Laokoon* oder in der »tierischen Kraft« der antiken Kentauren zu suchen, die er mit zweiundzwanzig Jahren bei seinem Professor für antike Archäologie Kekulé von Stradonitz studierte (Abb. 17):

> Die tierische Kraft, mit welcher der Centaur sein Opfer umklammert, und dessen wilde Begehrlichkeit, die selbst der nahende Tod nicht dämpfen kann, ist vortrefflich wiedergegeben ... Und doch das beste fehlt dieser Formenwelt: die Schönheit.[62]

Schon in dieser allerersten Analyse einer »Pathosformel« zeigt Warburg sich auf der Höhe der Forderungen Nietzsches: Verzicht auf jene ideale »Harmonie ohne eine innerste Noth«, die Winckelmann zur Beruhigung der deutschen Ästhetik erfand; kein Ausblenden der »schrecklichen Tiefe« jeglicher Schönheit. »Es gibt keine schöne Fläche ohne eine schreckliche Tiefe«, schrieb Nietzsche zu der Zeit, als *Die Geburt der Tragödie* entstand.[63] Und sogar ein Akzeptieren, daß in der Verschlingung »tierischer Kraft«, »wilder Begehrlichkeit« und des »nahenden Todes« Schönheit als solche (oder zumindest in ihrer üblichen Vorstellung als ruhig und anziehend) sich nicht einstellt.

Da ist es kaum verwunderlich, wenn wir sehen, wie bei War-

60 Ebd., S. 157-158.

61 Ebd., S. 159.

62 A. Warburg 1887 (zit. n. E. H. Gombrich 1970, dt. S. 56).

63 F. Nietzsche 1869-1874, S. 158-159 (Fragmente 7.89-91).

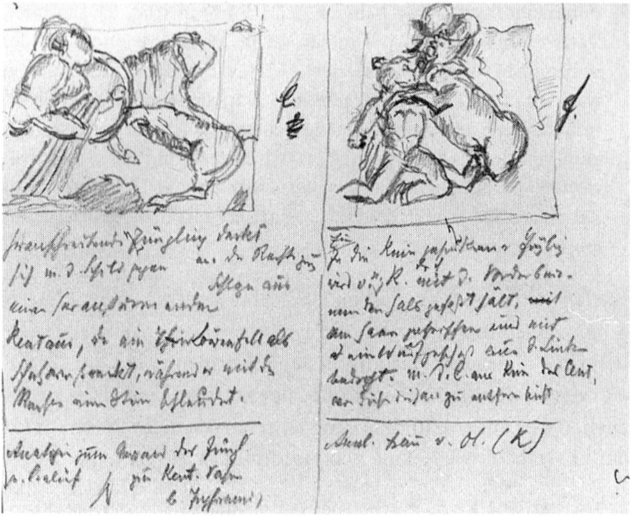

Abb. 17: Aby Warburg, *Kentaurenkampf auf dem Westfries des Theseus-Tempels in Athen*, 1887. Bleistift auf Papier. London, The Warburg Institute. Photo: The Warburg Institute.

burg Nietzsches berühmte Polarität zwischen Apollinischem und Dionysischem aufkommt – die ihn auch weiterhin in seinem ganzen intellektuellen Leben beschäftigen wird. Und ebenso wenig kann es erstaunen, daß er das – bis dahin verdrängte – dionysische Gegenmotiv wegen seiner dunklen und so mächtigen formalen Kraft betont. Ganz spontan schätzt Warburg in den Bildern jene Aspekte, die Nietzsche dem Dionysischen zuordnete: die »Grazie des Schrecklichen« (waren die Grazien nicht furchterregende Göttinnen?), den endlosen unversöhnlichen Kampf (Laokoon im Kampf mit der Schlange), den »Rausch des Leidens« (eine Begehrlichkeit, die selbst der nahende Tod nicht zu dämpfen vermag), die Vorherrschaft der Metamorphosen (auf Kosten der ewig heiteren Ruhe) usw.[64]

Auch daß bei dieser Übernahme von Konzepten schließlich

64 Ders. 1870, S. 562-571; ders. 1872, S. 25, 73-74, 108-109.

eine Meinungsverschiedenheit auftrat, kann nicht erstaunen. Wo Nietzsche einen Gegensatz zwischen der (apollinischen) »Kunst des Bildners« und der (dionysischen) Kunst der Feier und des Festes konstruiert,[65] da erwidert Warburg – mit Burckhardt –, Bild- und Festkunst seien anthropologisch untrennbar miteinander verbunden: Die Intermezzi, die Umzüge, die christlichen und heidnischen Darstellungen der Renaissance, all diese Äußerungsformen menschlicher »Handlung« bilden für Warburg das Milieu, in dem die bildnerischen Formen erst ihre Bedeutung erlangen. Wo Nietzsche einen Gegensatz zwischen (apollinischen) »Künsten des Traums« und (dionysischen) »Künsten des Rauschs« erkennt, da behauptet Warburg auf der Grundlage seiner Überlegungen zum Anthropomorphismus und seines Konzepts der *Pathosformel* die anthropologische Einheit zwischen Plastik und Tanz. »Wenn Nietzsche doch nur mit den Tatsachen der Völkerkunde und Volkskunde besser vertraut gewesen wäre!« klagt Warburg 1905 in seinem Tagebuch.[66]

Wie könnte man auch nicht erstaunt sein angesichts der fast schon unbewußten Kontinuität, die sich in der *Geburt der Tragödie* zeigt, wenn man dort von den Veitstänzen und anderen »Volkskrankheiten«, die als lauter Überreste der »bacchischen Chöre der Griechen« dargestellt werden, zur berühmten Analyse der *Verklärung Christi* von Raffael übergeht, diesem plastischen Ausdruck des ewigen Antagonismus zwischen der »apollinischen Schönheitswelt« und ihrem »Untergrund« aus dionysischem Schrecken.[67] Nietzsche glaubte am Ende sogar einen Gegensatz zwischen der apollinischen Gesichtswahrnehmung und der dionysischen Vereinigung aller Sinne konstruieren zu können:

> Der apollinische Rausch hält vor Allem das Auge erregt, so daß es die Kraft der Vision bekommt. Der Maler, der Plastiker, der Epiker sind Visionäre par excellence. Im dionysischen Zustande ist dage-

65 Ders. 1870, S. 563-566; ders. 1872, S. 25-29.

66 A. Warburg, *Tagebuch*, 9. Dezember 1905 (zit. n. Gombrich 1970, dt. S. 244).

67 F. Nietzsche 1872, S. 29-39.

> gen das gesamte Affekt-System erregt und gesteigert: so daß es alle seine Mittel des Ausdrucks mit einem Male entladet und die Kraft des Darstellens, Nachbildens, Transfigurirens, Verwandelns [...] zugleich heraustreibt.[68]

Darauf erwidert Warburg ganz einfach – und es bedarf einer ganzen Theorie der Einfühlung, um diese Einfachheit zu verstehen –, daß Bilder nicht nur das Sehen ansprechen. Sie sprechen zunächst den Blick an, aber auch Wissen, Gedächtnis und Begehren wie auch deren stets verfügbare Fähigkeit zur *Intensivierung*. Womit gesagt ist, daß sie das ganze Subjekt mit seinen sensorischen, psychischen und sozialen Dimensionen voraussetzen. Der Gegensatz zwischen Apollinischem und Dionysischem konnte daher bei dem Gebrauch, den Warburg davon machen wollte, nicht zur Klassifikation der Künste oder zu deren Einteilung in »Epochen« benutzt werden. Er findet sich vielmehr in jeder Kunst, in jeder Epoche, in jedem Objekt und auf allen Ebenen der Analyse. Die in diesem Punkt konstatierte Meinungsverschiedenheit mit Nietzsche führte letztlich nur zu einer strukturellen Erweiterung der Polarität zwischen Apollinischem und Dionysischem.

Dieser Polarität begegnen wir auf Warburgs Weg bei jedem Schritt. Schon 1893 verweist er auf die Übernahme einer Dionysos-Figur durch Nicola Pisano, die sich kaum maskiert in den Kanzelreliefs des Baptisteriums in Pisa wiederfindet. Nicht weniger fasziniert ist er von der Tatsache, daß eine antike Mänade als Vorbild für einen Engel von Agostino di Duccio dienen kann (Abb. 18).[69] 1906 charakterisiert Warburg die gesamte Renaissance durch einen Konflikt zwischen »dionysisch anstachelnd« und »apollinisch abklärend«.[70] Und 1914 integriert Warburg Nietzsches Polarität insgesamt in den von ihm so geschätzten Gegensatz zwischen *Ethos* und *Pathos*. In seinem Vortrag erklärt er, daß

---

68 Ders. 1889a, S. 117.

69 A. Warburg 1893, S. 21.

70 Ders. 1906, S. 128.

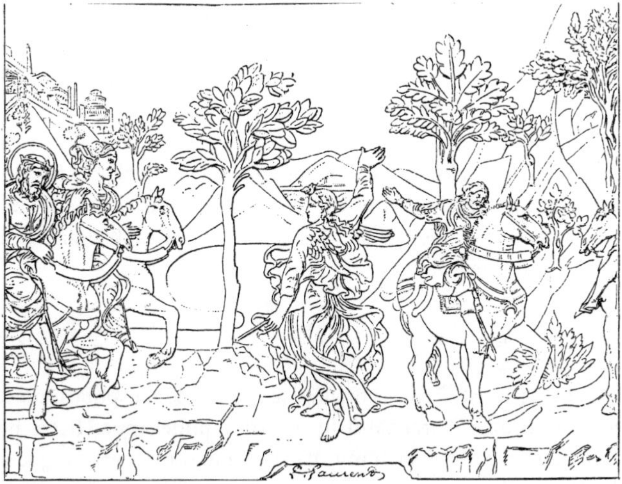

Abb. 18: Agostino di Duccio, *Der hl. Sigismund auf dem Weg ins Kloster Agauno*, um 1456. Umzeichnung eines Marmorreliefs (Mailand, Castello Sforzesco). Nach C. Yriarte, *Rimini*, Paris 1882, S. 222.

> eine Auffassung der Antike, die eben der Winckelmanns diametral gegenübersteht, dem Geiste des Quattrocento tatsächlich entspricht. [...] Wir entschließen uns jetzt allmählich, diese klassische Unruhe als eine wesentliche Eigenschaft der antiken Kunst und Kultur anzusehn; durch die religionswissenschaftliche Durchforschung des griechisch-römischen Altertums lernen wir aber mehr u. mehr, die Antike gleichsam im Symbol einer Doppelherme von Apollo und Dionysos zu schauen. Das apollinische Ethos wächst mit dem dionysischen Pathos gleichsam als Doppelzweig aus einem Stamme hervor, der in den mysteriösen Tiefen des griechischen Mutterbodens wurzelt. Das Quattrocento wusste diese zweifache Fülle des heidnischen Altertums künstlerisch zu würdigen.[71]

Aus diesen Prämissen ergibt sich eine dritte These: *Die antike Tragödie ist zugleich das gebärende und das bewegte Zentrum der Kultur*. Warburg stellte sich offensichtlich dieselbe Grundfrage

71 A. Warburg 1914, S. 307-308.

wie Burckhardt und Nietzsche: »Meine Aufgabe: *den inneren Zusammenhang und die Nothwendigkeit jeder wahren Kultur* zu begreifen.«[72] Wie Burckhardt und wie Nietzsche begriff er, daß die symbolische Ordnung sich nur im Verhältnis zu jenen dunklen »Kräften« verstehen läßt, die in unterschiedlicher Weise als *Pathos, Affekt, Trieb, Konflikt* … bezeichnet werden. Wie Burckhardt und Nietzsche – und wie auch Freud – sah Warburg keinen anderen Ausweg, als die Kultur über ihre Krankheiten, ihre Symptome, ihre schwarzen Kontinente zu begreifen.

*

Es entging Ernst Cassirer nicht, daß die Geschichtsphilosophie, von Hegel über Burckhardt bis Georg Simmel (nur Nietzsche wird hier vergessen), sich mit dem Gegenmotiv einer »Tragödie der Kultur« verschnitten und befrachtet sah.[73] Ebensowenig entging ihm, daß im Zentrum dieser Frage das Wort »Nachleben« auftauchen mußte: Die Tragödie der Kultur ist die Tragödie ihres Gedächtnisses. Die Tragödie unseres mangelhaften Gedächtnisses des Tragischen. Welche Richtung soll man in der so mächtigen »Traditions-Gebundenheit« einschlagen? Und wie soll man zugleich mit der unverzichtbaren »Eigenart« des »schöpferischen Prozesses in der bildenden Kunst« umgehen?[74] Auf diese Frage antwortet Cassirer mit den Worten – und der Autorität – Warburgs: »In neuerer Zeit ist es insbesondere A. Warburg gewesen, der auf diesen Prozeß das stärkste Gewicht gelegt und der ihn, psychologisch wie historisch, nach allen Seiten hin zu erleuchten gesucht hat.«[75]

Wie erleuchtet nun Warburg diesen Prozeß? Indem er erklärt – das ist die vierte und für unsere Zielsetzung wichtigste Position –, die Kultur sei ihrem Wesen nach stets tragisch, weil

72 F. Nietzsche 1869-1874, S. 426 (Fragment 19.33).

73 E. Cassirer 1942, S. 103-127 (es handelt sich in der Hauptsache um einen Kommentar zu G. Simmel 1911, S. 223-253).

74 Ebd., S. 116-117.

75 Ebd., S. 117.

vor allem das Tragische in der Kultur überlebe. Konflikthafte Polaritäten zwischen Apollinischem und Dionysischem und aus unseren eigenen unvordenklichen Zeiten stammende Pathosbewegungen machen in erster Linie das Leben und die innere Spannung unserer westlichen Kultur aus. Nietzsche schrieb an anderer Stelle, »dass die griechische Tragödie in ihrer ältesten Gestalt nur die Leiden des Dionysus zum Gegenstand hatte«.[76] Diese Leiden sind: Kampf, tierisches Verhalten, Zerstückelung, Masken, Metamorphosen ... Die »zivilisierte« Menschheit ist von einer »tierischen Kraft« durchdrungen, die Warburg mit zweiundzwanzig Jahren auf den Friesen der Griechen entdeckt. Schon Nietzsche hatte auf die bacchischen Überreste in den Veitstänzen, der sizilianischen Tarantella und anderen von Animismus und Animalität geprägten »Volkskrankheiten« hingewiesen.[77]

Ebenso ist die christliche Menschheit von einer heidnischen Energie durchdrungen, deren Nachleben Warburg zum Gegenstand seiner ganzen Forschungsarbeit machte. Nietzsche hatte bereits die italienische Renaissance als »antichristliche Wiederholung der Antike auf der Spitze der Modernität« verstanden.[78] Eine vitale Zeit, eine Zeit prunkvoller Verschwendung. Nach Nietzsche war die Renaissance eine Zeit, »wo Alles *verthan* wird, wo die Kraft selbst verthan wird, mit der man sammelt, capitalisirt, Reichthum auf Reichthum häuft«.[79]

> ... die Renaissance hatte positive Kräfte, welche in unserer bisherigen modernen Cultur noch nicht wieder so mächtig geworden sind. Es war das goldene Zeitalter dieses Jahrtausends, trotz aller Flecken und Laster. [...] Versteht man endlich, *will* man verstehn, *was* die Renaissance war? Die *Umwerthung der christlichen Werthe*, der Ver-

76 F. Nietzsche 1872, S. 71.

77 F. Nietzsche 1869-1874, S. 19 (Fragmente 1.33-34), wo er auf das Buch von J. F. C. Hecker hinweist. Unter den Signaturen DCA und DCH verfügt die Bibliothek Warburg über eine ganze Reihe von Büchern zu diesem Thema.

78 Siehe K. Löwith 1935-1956, S. 113-126.

79 F. Nietzsche 1887-1889, S. 419 (Fragment 15.23).

such, mit allen Mitteln, mit allen Instinkten, mit allem Genie unternommen, die *Gegen*-Werthe, die *vornehmen* Werte zum Sieg zu bringen ... Es gab bisher nur diesen grossen Krieg, es gibt bisher keine entscheidendere Fragestellung als die der Renaissance, – *meine* Frage ist ihre Frage.[80]

Warburg entdeckte im »geschichtlichen Fleisch und Blut« der Renaissance, daß all diese Dinge – Christentum und Heidentum, obskure Glaubensvorstellungen und individuelle Freiheit usw. – weit weniger getrennt waren, als Nietzsche dies glauben machen wollte, aber deshalb nicht weniger Konflikte bargen. Dennoch hielt er daran fest, daß die Renaissance in der Musik (in der Entstehung der Oper, wie sein Vorgänger sie darstellte[81]) und in der Plastik (in den »Pathosformeln«, die er unablässig erforschte) durchaus so etwas wie das »allmähliche Erwachen des dionysischen Geistes« zeigte.[82]

Auch wenn Warburg in der späteren Entwicklung seines Vokabulars – nach 1914 – nach und nach vom *Dionysischen* (einem philosophischen und spezifisch griechischen Ausdruck) zum *Dämonischen* (einem anthropologischen, eher »asiatischen« oder »babylonischen« Ausdruck) überging, hielt er doch an der mit Nietzsche (vor ihm) und Freud (nach ihm) geteilten Grundüberzeugung fest, wonach in einer Kultur stets die *am stärksten verdrängten*, die obskursten, die fernsten und zähesten Elemente überleben. Die *am vollständigsten toten*, weil am tiefsten vergrabenen und phantomartigsten Elemente, die jedoch zugleich auch *am lebendigsten*, weil am stärksten bewegt, am nächsten und am triebhaftesten sind. Das ist die seltsame Dialektik des Nachlebens. Davon ging Warburg aus – wie vor ihm schon ein Künstler wie Donatello dies getan hatte: In der Textur der florentinischen Totenmasken, diesen neuzeitlichen Versionen der römischen *imago*, kündigt sich die »Lebendigkeit« der realisti-

80 Ders. 1878, S. 199; ders. 1888, S. 250. Zu Nietzsche und der Renaissance siehe M. Hester 1976, S. 71-88; V. Gerhardt 1989, S. 93-116; L. Farulli 1990, S. 54-70.

81 F. Nietzsche 1872, S. 124-125.

82 Ebd., S. 127.

schen Renaissanceporträts an. Auf den Wänden der Sarkophage tanzen antike Mänaden, die uns anrühren und ihre paradoxe *Lebensenergie* in *versteinerte Bewegungen* verwandeln.

Was bedeuten solche Aussagen für eine Theorie der geschichtlichen Zeit? An welche Modelle müssen wir uns halten, um diesen eigenartigen und paradoxen Biomorphismus des Nachlebens genauer zu charakterisieren, als wir dies bisher getan haben? Worin besteht die *Lebensenergie* der Bilder, die in der Lage war, sich selbst zu überleben, wiederzuerstehen und sich auf so bewundernswerte Weise in der Überfülle der Kunstwerke des 15. Jahrhunderts zu verausgaben? Als entscheidendes theoretisches Scharnier zu dieser gänzlich Warburgschen Frage erscheint mehr als jemals zuvor Nietzsche. Er zeigt uns die nötige Verbindung – oder den Sprung – an, der verständlich macht, wo im Blick auf das Nachleben der *Dreh- und Angelpunkt* liegt.

Weshalb auch hier wieder Nietzsche? Weil er es besser als jeder andere verstanden hat, dem Historismus seiner Zeit die Stirn zu bieten. Man kann Warburgs grundlegenden Versuch – der Geschichte der Bilder »ihre eigene Entwicklungsgeschichte« zu geben[83] – nicht verstehen, ohne wenigstens auf die sehr lauten und stark widerhallenden Hammerschläge der *Unzeitgemäßen Betrachtungen* und einige andere, in unmittelbarer Verbindung dazu stehender Texte zurückzukommen, vor allem aus *Menschliches, Allzumenschliches*.

Das Werden, sagt Nietzsche, darf man sich weder als eine gerichtete und kontinuierliche *Gerade* noch als *Fläche* und überhaupt nicht als festes, isolierbares *Objekt* vorstellen. Das Paradigma des Tableaus, das Burckhardt noch für passend gehalten hatte, genügt Nietzsche schon bald nicht mehr: Wenn Geschichte hieße, »das Bild des Lebens zu malen«, wie ärmlich werde dann das Werden und mithin das Leben selbst wiedergegeben. »Im Werdenden kann sich ein Werdendes nicht als fest

83 A. Warburg 1912, S. 185.

und dauernd, nicht als ein ›Das‹ spiegeln.«[84] Es bedarf daher der Bewegung, der Metamorphose: Rückfluß, zukunftsgewandtes Nachleben, unzeitgemäße Wiederkehr.[85] Mit dem Wechselspiel von Erinnern und Vergessen beginnt praktisch auch das zweite Stück der *Unzeitgemäßen Betrachtungen*. Dort erklärt Nietzsche die Geschichte selbst zu einer – physischen, psychischen, kulturellen – Lebensfrage und nicht bloß zu einer Frage des Wissens.

Als Motto dient ihm ein Satz von Goethe: »Übrigens ist mir Alles verhasst, was mich bloss belehrt, ohne meine Thätigkeit zu vermehren, oder unmittelbar zu beleben.«[86] Wir brauchen die Historie »zum Leben und zur That, nicht zur bequemen Abkehr vom Leben und von der That«, indem man der Vergangenheit eine »hypertrophische Tugend« zugesteht. Das bedeutet gleichermaßen *Erinnerung* (die den Menschen ausmacht, während das Tier ein »unhistorisches« Wesen ist) und *Vergessen* (das zu allem Handeln gehört, wobei ein Leben in ununterbrochenem Erinnern das Dasein zu einem »nie zu vollendenden Imperfectum« zu machen drohte, ganz zu schweigen davon, daß es »ganz und gar unmöglich« wäre, »ohne Vergessen überhaupt zu leben«).[87] So wird der Mensch erst zum Menschen, wenn ihm der »blitzende Lichtschein« der Geschichte aufscheint, wenn er die Kraft hat, »das Vergangene zum Leben zu gebrauchen«. Doch »in einem Uebermaasse von Historie hört der Mensch wieder auf«, denn »ohne jene Hülle des Unhistorischen würde er nie angefangen haben und anzufangen wagen«. Das »Unhistorische und das Historische ist gleichermaassen für die Gesundheit … nöthig«, das heißt für die Möglichkeit der Bewegung des Körpers wie auch des Geistes, des Subjekts wie seiner ganzen Kultur.[88]

---

84 F. Nietzsche 1878, S. 387.

85 Ebd., S. 362-363.

86 Ders. 1874, S. 246 (Brief Goethes an Schiller vom 19. Dezember 1798).

87 Ebd., S. 246-250..

88 Ebd., S. 250-253. Siehe auch ebd., S. 257: »Denn bei einem gewissen Uebermaass derselben [der Historie] zerbröckelt und entartet das Leben und zuletzt auch wieder, durch diese Entartung, selbst die Historie.«

Werden ist also Bewegung. Wie könnte es anders sein, als daß jenes Wissen, das sie zu ihrem Gegenstand macht, in der Bewegung ihren eigentlichen Stoff, ihr Thema und ihre Methode fände? Aber was ist Bewegung? Nietzsche antwortet auch hier wieder: Sie ist ein Spiel, ein Verhältnis von *Kräften*. Erinnerung und Vergessen, »Historisches« und »Unhistorisches« sind Kräfte – geradeso wie auf ästhetischem Gebiet das Apollinische und das Dionysische, deren Wechselspiel erst Bewegung, also »Leben«, also Werden ermöglicht. Ein Leben, das gänzlich aus Konflikten besteht: »aktive« gegen »reaktive« Kräfte. Werden ist daher *Polarität* (Aktivwerden, Reaktivwerden), doch darüber hinaus bildet es einen Knoten aus Spannungen, einen ständig wachsenden Knoten, einen Schlangenhaufen, kurz so etwas wie eine außergewöhnliche Komplexität, die am Werk ist (Aktivwerden der reaktiven Kräfte, Reaktivwerden der aktiven Kräfte).[89]

Erinnern wir uns, wie bemerkenswert Gilles Deleuze diese Dynamik erhellt hat. Der Körper? »Nichts als Kraftquanten in einem wechselseitigen ›Spannungsverhältnis‹.« Das Objekt? »Das Objekt selbst ist Kraft, ist Ausdruck einer Kraft ..., das Auftreten einer Kraft.« Die Geschichte? »Die Geschichte eines Dings besteht ganz allgemein in der Aufeinanderfolge der Kräfte, die sich seiner bemächtigen, sowie im gleichzeitigen Vorhandensein der Kräfte, die um seine Überwältigung ringen. Ein und dasselbe Ding ... ändert jeweils entsprechend den Kräften, von denen es angeeignet wird, seinen Sinn.«[90] Hier sei sogleich angemerkt, daß Warburg sich den Status der im wechselvollen Gang des Nachlebens und der Wiedergeburten immer wieder angeeigneten antiken »Formeln« nicht anders vorgestellt hat.

Die hier gemeinte »Kraft« hat durchaus Bezüge zu den – schon von Burckhardt verwendeten – historischen Konzepten: Kraft, Macht, Potenz. Eine weitere Präzisierung erfährt der Begriff bei Nietzsche (wie auch bald schon bei Warburg) durch den Gedan-

---

89 Siehe G. Deleuze 1962, S. 81 (dt. S. 79).

90 Ebd., S. 4, 7 und 45 (dt. S. 7-8, 10-11 und 45).

ken einer *doppelten Zeitlichkeit*, einer Konjunktion zweier heterogener Rhythmen. Erstens ist die Kraft eines Nachlebens fähig: Das betrifft die Erinnerung. »Vielleicht kann der Mensch nichts vergessen«, schreibt Nietzsche zur Zeit des zweiten Stücks der *Unzeitgemäßen Betrachtungen*. »Alle Formen, die einmal vom Gehirn und Nervensystem erzeugt sind, wiederholt es von jetzt ab so oft. Eine gleiche Nerventhätigkeit erzeugt das gleiche Bild wieder.«[91] Mit kritischem Blick auf Bakunin, »der im Haß gegen die Gegenwart, die Geschichte und die Vergangenheit vernichten will«, schreibt er weiter: »Nun wäre um alle Vergangenheit zu tilgen freilich nöthig, die Menschen zu vertilgen.«[92] Das also ist die vitale – tiefe, unbewußte – Macht der *Mnemosyne*:

> Alle Tradition wäre jene fast unbewusste der ererbten Charactere: die lebenden Menschen wären, in ihren Handlungen, Beweise, was im Grunde durch sie tradiert werde; mit Fleisch und Blut liefe die Geschichte herum, nicht als vergilbtes Document und als papiernes Gedächtniss.[93]

Nietzsche vergißt hier vielleicht, was Warburg sein Leben lang, vom Florentiner *Archivio* bis zur Hamburger Bibliothek, erfahren hat: Die »vergilbten Dokumente« sind ihrerseits das Fleisch des Gedächtnisses, und die Tinte, mit der sie bedeckt sind, ist das geronnene Blut der Geschichte. Entscheidend ist jedoch der Gedanke, der in diesen Zeilen zum Ausdruck kommt, der Gedanke eines als *Material verstandenen Gedächtnisses*, als Material der Dinge. Im Anschluß an die Frage nach dem Unbewußten – also ob es ein »es denkt« gibt – formuliert Nietzsche schließlich diese bemerkenswerte Hypothese: »Wenn Gedächtniß und Empfindung das *Material* der Dinge wären!«[94]

Aber welche Art von Material? Darauf gibt es nur eine Antwort: ein plastisches Material. Also ein Material, das zu jeglicher Metamorphose fähig ist. Das *Nachleben* lehrt uns die Unzerstör-

91 F. Nietzsche 1869-1874, S. 447 (Fragment 19.82).
92 Ebd., S. 580 (Fragment 26.14).
93 Ebd., S. 702 (Fragment 29.172).
94 Ebd., S. 471 (Fragment 19.165).

barkeit der Spuren. Die *Metamorphose* lehrt uns ihre relative Auslöschung, ihre unablässige Umwandlung. Nach der Seite des Vergessens, wenn man so will (aber sofern man es als ein für das Gedächtnis selbst lebenswichtiges Vergessen denkt). Die Plastizität taucht in Nietzsches Text genau an der Stelle auf, an der es notwendig wird, die beiden Regime des Werdens gemeinsam zu denken: das Regime des *Schlags*, wie man sagen könnte, oder der *Wirkung* (mitten im Beben, unter seiner Einwirkung, vergessen wir alles) und das Regime des *Rückschlags* oder der *Nachwirkung* (während des Nachlebens, in der Nachwirkung, erinnern wir uns, und sei es auch, ohne es zu wissen). Der Mensch vergißt nichts von seinem »Urschmerz«. Aber er wandelt das alles um. Der dieser Prägung und diesem Umwandlungsvermögen gemeinsame Agent ist nichts anderes als die Plastizität – diese materielle Kraft – des Werdens.

> Um ... die Grenze zu bestimmen, an der das Vergangene vergessen werden muss, wenn es nicht zum Totengräber des gegenwärtigen werden soll, müsste man genau wissen, wie groß die plastische Kraft eines Menschen, eines Volkes, einer Cultur ist, ich meine jene Kraft, aus sich heraus eigenartig zu wachsen, Vergangenes und Fremdes umzubilden und einzuverleiben, Wunden auszuheilen, Verlorenes zu ersetzen, zerbrochene Formen aus sich nachzuformen.[95]

Diese »plastische Form« sorgt also dafür, daß die Narbe einer erlittenen Verletzung in die Entwicklung des Organismus eingeht. Sie sorgt dafür, daß die traumatischen Folgen einer »zerbrochenen Form« in die Entwicklung benachbarter Formen eingeht. Die organische Interpretation steht, wie man sieht, keineswegs im Widerspruch zu ihrer ästhetischen Interpretation.[96] Denn sie

---

95 Ders. 1874, S. 251.

96 Die erste Interpretation vertritt W. Müller-Lauter 1978, S. 97-140; die zweite P. Lacoue-Labarthe 1986, S. 98-105. Nietzsche selbst schreibt dazu, »daß mit dem *Organischen* auch das *Künstlerische beginnt*«: F. Nietzsche 1869-1874, S. 436 (Fragment 9.50). Zur »plastischen Kraft« bei Nietzsche siehe auch G. Deleuze 1962, S. 56-59 (dt. S. 56-59); F. H. Robling 1996, S. 87-98.

vereint *Körper* und *Stil* in derselben Frage der *Zeit*: Nachleben und Metamorphose kennzeichnen am Ende die ewige Wiederkehr selbst, in der die Wiederholung nicht ohne ihr Übermaß, die Form nicht ohne die unvermeidliche Beschwörung des Formlosen bleibt.[97]

Gilles Deleuze hat noch einen weiteren Aspekt dieser »plastischen Kraft« erhellt. Es geht um die Frage, welche *Art von Wissenschaft* solch eine Kraft erfordert. Wenn diese Kraft, das heißt hier, wenn »der Wille zur Macht ... die Prinzipien mit dem Empirismus versöhnt, wenn er einen höheren Empirismus erstellt, so weil er ein wesentlich plastisches Prinzip ist, das keinen größeren Umfang aufweist als jeweils das, das es bedingt, das sich mit dem Bedingten verwandelt, sich ein jedes Mal mit dem bestimmt, was es selbst bestimmt. Der Wille zur Macht ... ist niemals den Determinationen übergeordnet, die er innerhalb eines Kräfteverhältnisses vollzieht: stets plastisch also und in Verwandlung begriffen.«[98] Damit sind wir ohne Zweifel über Kant und Hegel gemeinsam, über jegliche anerkannte Form von Synthese hinaus.[99] Wir haben es – das impliziert die Plastizität – mit einem bislang unbekannten Verhältnis zwischen Allgemeinem und Besonderem, zwischen Universellem und Einzelnem zu tun, einem Verhältnis, in dem das Allgemeine sich unter jedem Druck oder Anstoß des lokalen Objekts deformiert. Nietzsche hat zweifellos solch eine Deklassierung des Universellen verlangt (zögern wir nicht, das Wort zu verwenden, mit dem Bataille später die Operation des Formlosen kennzeichnen sollte). Aber ich behaupte, daß erst Warburg solch einen *höheren Empirismus* wirklich in die Praxis umzusetzen vermochte.

*

97 G. Deleuze 1968a, S. 122 und 152 (dt. S. 124-125 und 153).
98 Ders. 1962, S. 57 (dt. S. 56-57).
99 Ebd., S. 58-59 (dt. S. 57-59).

Der »höhere Empirismus« erlaubt es uns nun, die negativen Urteile abzuwehren, die so oft über das von Warburg geschaffene Wissen gefällt werden: Kein einziges konsequentes Buch, nur Artikel über irgendwelche mikroskopische Fragen, allzu »weite« und allzu bewegende Ideen, spezialisierte und verstreute historische Ergebnisse. Diese Absonderlichkeit hat zweifellos mit den psychischen Kämpfen eines »unheilbar Schizoiden« gegen die »auseinandersetz[ende] Logik« zu tun, die ihn bedrohte, wie Warburg selbst sich 1923 beschrieb.[100] Doch diese Absonderlichkeit hängt gleichermaßen mit einer bemerkenswert begründeten epistemologischen Entscheidung zusammen: jener nämlich, die historische Intelligibilität der Bilder unter dem Druck – der Einwirkung – jeder fruchtbaren Singularität umzuwandeln und neu zu modellieren. Deshalb ist das Warburgsche Wissen ein *plastisches Wissen* par excellence. Es arbeitet selbst mit ineinander verschachtelten Gedächtnissen und Metamorphosen. Die Bibliothek und die unglaubliche Zahl der Manuskripte, Karteikarten und Dokumente (Warburg warf nie etwas weg) bilden ein *plastisches Material*, das in der Lage ist, alle Zufälle – die undenkbaren oder nie gedachten Objekte der Kunstgeschichte – zu absorbieren und sich dadurch zu verwandeln, ohne sich jemals zu einem anerkannten Ergebnis, einer Synthese oder einem absoluten Wissen zu verfestigen.

Soweit Warburg ein aufmerksamer Leser der *Geburt der Tragödie* und zweifellos auch des zweiten Stücks der *Unzeitgemäßen Betrachtungen* war, das ja die methodologische Frage seines eigenen Fachgebiets so eng berührte, ist durchaus kein zufälliger Zusammenhang anzunehmen zwischen der philosophischen Entstehung der Plastizität, die bei Nietzsche das *Material-Gedächtnis* des Werden charakterisiert, und der historisch-anthropologischen Entstehung der Plastizität, die bei Warburg die *Bild-Materialien* des Werdens kennzeichnet. Von diesen »Bild-Materialien« kann man zumindest zwei Dinge sagen: Sie sind plastisch aufgrund ihrer Überlebensfähigkeit, das heißt auf-

100 A. Warburg 1923b, S. 568.

grund ihrer Beziehung zur *Phantomzeit*; und sie sind plastisch aufgrund ihrer Fähigkeit zur Metamorphose, das heißt aufgrund ihres Verhältnisses zur *Körperzeit*.

Ein paar Beispiele. Wie verstand Warburg von Anfang an die klassische Antike, diese Zeit einer verschwundenen Welt, die aber in Italien »überleben« und schließlich »wiedergeboren« werden sollte? Als einen Kampf zwischen antagonistischen »plastischen Kräften«, dem Apollinischen und dem Dionysischen, in dem das gefährliche Motiv des Tierischen dominiert. Im *Kampf der Kentauren* auf dem griechischen Fries, den er mit zweiundzwanzig Jahren untersuchte (Abb. 17) wie auch im *Laokoon* – einem für die gesamte deutsche Ästhetik zentralen Paradigma, das Warburg sein Leben lang beschäftigte (Abb. 29 und 36) – besitzt das Tierische eine reptilienhafte Fähigkeit zur Metamorphose, die so weit reicht, daß es sogar die menschliche Form zu absorbieren vermag (Abb. 37). In den Studien zur heidnisch-antiken Weissagung in der Lutherzeit verkörpert das Tierische sich dann schließlich in den Monstren der politisch-religiösen Propaganda (Abb. 19).[101]

Und wie ging Warburg die Frage des »Nachlebens der Antike« an, die ihn so unablässig beschäftigte? Indem er sich – wie der Held der *Gradiva* – vom Motiv der bewegten *weiblichen Gestalt* gefangennehmen ließ. Von der Dissertation über Botticelli (1893) bis hin zur Korrespondenz mit André Jolles über das Thema der *Ninfa* (1900) zieht eine wahrhaft *plastische Figur* ohne Ansehung der Vielfalt ihrer ikonographischen Identifizierung – als Venus oder Pomone, Nymphe oder Victoria, Hora oder Aura, Dienerin oder Mänade, Judith oder Salomé – mit ihrer unnachahmlichen Anmut durch die Bilder der Renaissance.[102]

Selbst die heroische *Männlichkeit* des Florentiner Bürgers konstituiert sich über exemplarische *plastische Materialien*: kein Nachleben und keine Widergeburt des antiken Porträts ohne Vermittlung durch ein technisches Wissen, das in all seinen For-

---

101 Ders. 1920, S. 248.
102 Ders. 1893, S. 11-64.

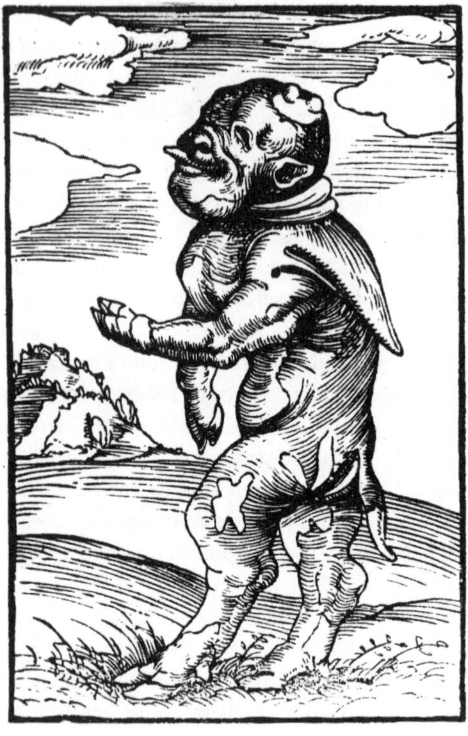

Abb. 19: *Mönchskalb*, 1608. Holzschnitt (anonym, deutsch). Nach J. Wolff, *Lectiones memorabiles et reconditae*, Lauingen 1608.

men mit einer bestimmten Verwendung der Plastizität zusammenhing. Die Kunst des gemalten Porträts – die Warburg 1902 am Beispiel der Fresken von Ghirlandaio untersuchte – läßt sich nicht verstehen ohne das von Vasari übergangene *missing link*, den der Gebrauch des direkt vom Gesicht des Spenders abgenommenen Votivbildnisses darstellte. Und ebensowenig läßt sich das Porträtbildnis – das im selben Aufsatz zum Beispiel an Rossellinos Büsten behandelt wird – ohne das *missing link* der Verwendung von Totenmasken verstehen, wie sie während des ganzen Quattrocento im Sinne eines Nachlebens der römischen *imago* in Gips abgenommen und in gebranntem Ton nachgeformt wurden.[103] Julius von Schlosser erweiterte hier das Denken seines Freundes ganz beträchtlich. Seine Studie über die Porträtbildnerei in Wachs war eine meisterhafte Demonstration des Zusammenhangs zwischen Plastizität der Zeit und Plastizität des Materials. Und es zeigte sich, daß gerade die plastischsten, aber in der Bildhauerkunst am wenigsten geschätzten Materialien – Wachs, Gips und Ton – in der Lage sind, dem Nachleben den Weg ins Unbewußte der Formen zu ebnen.[104] Und das heißt, daß die Plastizität ein Wesensmerkmal der Bild-Zeit darstellt.[105]

Warburg hat diesen Grundgedanken immer wieder durchdekliniert, ohne ihn zu einer allgemeinen Regel machen zu wollen – wie bei ihm üblich. Doch eine Linie war für ihn ein plastischer Vektor der Umarmung oder tödlichen Umschließung: die Schlange (Abb. 36-37). Eine Fläche war für ihn ein plastischer Vektor der Bewegung oder des Pathos: Faltenwurf (Abb. 21-22). Ein Volumen war für ihn der plastische Vektor des unruhigen Verhältnisses zwischen »äußerer Ursache« und »innerer Ursache«: Eingeweide.[106] Und die Zeit schließlich dachte Warburg als plastischen Vektor des Nachlebens und der Metamorphose der Bilder. Selbst bei der Analyse der fruchtlosen divinatorischen Berechnungen in Johann Engels *Astrolabium planum* (1488) betrachtete Warburg die Ziffernfolge – die tabellarische Anordnung der astrologischen Dekane – als Funktion eines plastischen »Stroms« des Werdens. (Abb. 20).[107] Später bezeichnete er die Zahl als eine rationale, in ihr Verhältnis zu Chaos und Zerstörung eingespannte »Kraft«.[108]

---

103 Ders. 1902a, S. 89-92.

104 J. von Schlosser 1911. Siehe G. Didi-Huberman 1996a, S. 63-81; ders. 1998c, S. 138-162.

105 Siehe G. Deleuze 1985, wo das Motiv der Plastizität nicht als solches behandelt, sondern über Begriffe wie »Schicht«, Vielfalt, Metamorphose usw. suggeriert wird.

106 Siehe A. Warburg 1925.

107 Ders. 1920, S. 248.

108 Ders. 1927a, S. 12-19.

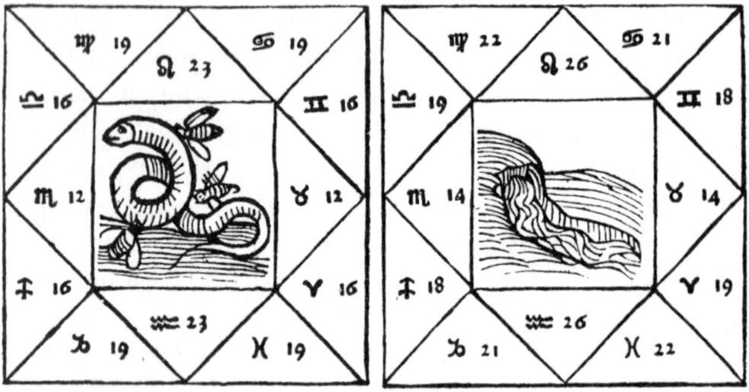

Abb. 20: Scorpio-Wahrsagebilder, 1488. Holzschnitte (anonym, deutsch). Nach J. Engel, *Astrolabium planum in tabulis ascendens*, Venedig 1488 (die Schlange steht für die »List«, der Strom für die Wechselhaftigkeit des Menschen).

Und tatsächlich geht es hier immer um »Kräfte« und dialektische Spannungen. Müßte man, um genauer zu sein, die geschichtliche Zeit nicht eher als ein *halbplastisches* Material bezeichnen? Plastizität allein vermag nicht zu erklären, was sie aufnimmt und absorbiert, was auf sie einwirkt und sie verwandelt. Man muß die Plastizität und die *Naht* (die Art, wie der Boden vernarbt ist) vor dem Horizont des *Bruchs* denken (der Art, wie der Boden nachgegeben hat, gebrochen ist, nicht plastisch genug war). Der Historiker wandelt an Abgründen, weil Beben stattgefunden haben, die dort zu einem Bruch der historischen Kontinuität führten, wo die Zeit nicht die nötige Plastizität besaß. Deshalb bleibt Burckhardts Lektion so kostbar: Das Fachgebiet der Geschichte muß sich als eine »Symptomatologie der Zeit« verstehen, die Latenzen (plastische Prozesse) und Krisen (nichtplastische Prozesse) zusammen zu interpretieren vermag. Wir müssen die *Plastizität* des Werdens daher als das begreifen, was dem *Beben* – der »Krise« nach Burckhardt, dem »Urschmerz« nach Nietzsche, dem »Trauma« nach Freud – ermöglicht, zu überleben, sich zu verwandeln, das heißt im *Symptom* (einem zugleich plastischen und nichtplastischen Prozeß) wiederzukehren, ohne das Milieu, in das es einbricht, vollständig zu zerstören. Die Plastizität des Werdens ist nicht ohne Brüche in der Geschichte vorstellbar.

*

Das gilt selbst auf der epistemologischen Ebene des historischen Wissens. Vom Nachleben und von den Metamorphosen der heidnischen Weissagung – die er innerhalb des antiheidnischen Diskurses *par excellence*, des Lutherschen nämlich, analysierte – sagte Warburg, wie bereits angemerkt, sie widersprächen jeder »geradlinig denkenden Geschichtsauffassung«.[109] Wir befinden uns hier auf einem weiteren, Warburg und Nietzsche gemeinsamen Terrain: dem einer »aktiven Philologie«, die fähig ist, das Leben und die Plastizität des Werdens zu denken.[110] Die gesamte Argumentation des zweiten Stücks der *Unzeitgemäßen Betrachtungen* – die berühmte »Kritik der Historie« – basiert darauf. Der Hinweis ist sicher nicht belanglos, daß der Gedanke, wonach allzu viel Historie dem Menschen (dem Leben und dem Werden) abträglich sein könne, zum ersten Mal von dem großen Vorläufer Burckhardts und Erfinder einer Geschichte der Renaissance geäußert wurde, von Michelet nämlich:

> Wir haben nach der Geschichte gesucht, und nun ist sie überall. Wir werden von ihr belagert, erstickt, erdrückt. Wir tragen schwer an dieser Last, können kaum noch atmen und erfinden nichts mehr. Die Vergangenheit tötet die Gegenwart. Weshalb ist die Kunst tot (bis auf einige wenige Ausnahmen)? Weil die Geschichte sie getötet hat. Dagegen protestieren wir, im Namen der Geschichte selbst und im Namen des Lebens. Die Geschichte hat mit diesem Steinhaufen nichts zu tun. Die Geschichte ist die der schöpferischen Seele, des schöpferischen Geistes, der fruchtbaren Initiative, des Heldentums, der Heldentat, des heldenhaften Schaffens.[111]

---

109 Ders. 1920, S. 209.

110 Siehe G. Deleuze 1962, S. 83-85 und 114-116 (dt. S. 81-83 und 109-111).

111 J. Michelet 1855, S. 34.

Aus Michelets Protest wird bei Nietzsche eine Schmähung. Doch es ist dieselbe Plastizität – gegen den unbeweglichen »Steinhaufen« der vom positivistischen Historiker angehäuften Fakten – und derselbe »Heroismus des Schaffens«, den Nietzsche in den *Unzeitgemäßen Betrachtungen* fordert. Die Historie, der Nietzsche den Prozeß macht, ist jene Geschichte, die sich als unfähig erweist, die Vergangenheit aus dem Blickwinkel der überlebenden Elemente und ihrer Metamorphosen anzugehen. Für sie ist die Vergangenheit ein toter Gegenstand, auch und gerade wenn sie sie zu bewahren glaubt. Denn was sie gegen Anachronismus und Gegenwart zu bewahren glaubt, mumifiziert sie. Das heißt, sie hält an einer *Form* von Vergangenheit fest, aber verzichtet darauf, ihre *Kraft* zu denken:

> [...] wenn der historische Sinn das Leben nicht mehr conservirt, sondern mumisiert: so stirbt der Baum, unnatürlicher Weise, von oben allmählich nach der Wurzel zu ab – und zuletzt geht gemeinhin die Wurzel selbst zu Grunde. Die antiquarische Historie entartet selbst in dem Augenblicke, in dem das frische Leben der Gegenwart sie nicht mehr beseelt und begeistert. [...] Sie versteht eben allein Leben zu bewahren, nicht zu zeugen; deshalb unterschätzt sie immer das Werdende, weil sie für dasselbe keinen errathenden Instinct hat.[112]

Die Geschichte im Zeitalter des Positivismus? Eine quasi-totalitäre Geschichte: »Theilung der Arbeit! In Reih' und Glied!« Eine Wissenschaft, in der man die Henne »künstlich zum allzuschnellen Eierlegen zwingt«, so daß »auch die Eier immer kleiner (obzwar die Bücher immer dicker)« werden. Eine Kultur, in der die Menschen »sogleich grauhaarig geboren« werden, weil sie in der Vergangenheit nur ein »Alter der Menschheit« erblicken. Eine Wissenschaft, die auf die »schreckliche Verknöcherung der Zeit« ausgerichtet ist. Und auch diese Wissenschaft kommt letztlich daher als ein »asketisches Ideal«, eine »verkappte Theologie«, als der »lähmende und verstimmende« Glaube, »ein Spätling der Zeiten zu sein«. Und was ihr als »der sich selbst realisierende

112 F. Nietzsche 1874, S. 268.

Begriff« gilt – eine Spitze gegen Hegel –, reduziert sich auf ein »Compendium der thatsächlichen Unmoral«, also auf »gelehrtes Elend«.[113]

Dieses »gelehrte Elend« möchte Nietzsche als Psychologe analysieren. Es sei nichts anderes als ein Schutz vor der Angst, eine Abwehrreaktion gegen die grundlose »Furcht« vor dem »Unbekannten«, die uns unvermeidlich an den »Urschmerz«, von dem er seit der Zeit der *Geburt der Tragödie* spricht, erinnere und ihn in uns überleben lasse. So gleicht die zwanghafte Produktion *einer Ursache* im historischen Diskurs einem apotropäischen Prozeß angesichts der wesenhaften Dunkelheit der *Sache*:

> Etwas Unbekanntes auf etwas Bekanntes zurückzuführen, erleichtert, beruhigt, befriedigt, giebt außerdem ein Gefühl von Macht. Mit dem Unbekannten ist die Gefahr, die Unruhe, die Sorge gegeben, – der erste Instinct geht dahin, diese peinlichen Zustände *wegzuschaffen*. Erster Grundsatz: irgend eine Erklärung ist besser als keine. Weil es sich im Grunde nur um ein Loswerdenwollen drückender Vorstellungen handelt ... [...] Der Ursachen-Trieb ist also bedingt und erregt durch das Furchtgefühl. Das »Warum?« soll, wenn irgend möglich, nicht sowohl die Ursache um ihrer selbst willen geben, als vielmehr eine Art von Ursache – eine beruhigende, befreiende, erleichternde Ursache. [...] Das neue, das Unerlebte, das Fremde wird als Ursache ausgeschlossen.[114]

Auch hier hielt sich Warburg auf der Höhe des von Nietzsche formulierten Anspruchs: Seine Bildung – eine gewaltige Bildung – ließ sich nicht vom »Ursachen-Trieb« blenden. Sie verstand es, dem »Unbekannten« und »Fremden« Raum zu geben. Sie fürchtete sich nicht vor der Entdeckung »beängstigender« oder »drükkender« Ursachen bei der Erklärung noch der glanzvollsten Erscheinungen der Renaissance. Ist es für eine »ästhetisierende Kunstgeschichte« nicht bedrückend, mitten in der schönen Individualität des italienischen Porträts in Florenz als »Verquik-

113 Ebd., S. 298-310. Siehe ders. 1869-1874, S. 621-723 (Fragmente 29.1-232).

114 Ders. 1889a, S. 92-93.

kung oder Nachleben heidnischer Bildniskunst in christlichen Kirchen« auf »herausfordernde moderige Schneiderpracht« und »fetischistischen Wachsbildzauber« zu stoßen?[115] Niemals entfernte Warburg sich bei der Betrachtung eines Kunstwerks von jenem »Urschmerz«, in dem Nietzsche die dunkle Ursache – oder den höchsten *Zweck* – der Darstellung erblickte.

Das zweite Stück der *Unzeitgemäßen Betrachtungen* stellt den Historiker in der Tat vor eine zentrale epistemologische Wahlentscheidung. Auf der eine Seite *eine Geschichte, die die Vergangenheit tötet*: die beruhigende Geschichte des Positivisten. Sie ist – sie hält sich für – »wissenschaftlich« und *objektiv*. Aber sie macht ihren Gegenstand nur zu einem toten, das heißt harmlosen und seines »Lebens« beraubten Objekt. Auf der anderen Seite *die Geschichte, in der die Vergangenheit lebt und überlebt*: die unruhigere – und eher beunruhigende – Geschichte des genealogischen Philosophen, des Kulturpsychologen, des Anthropologen der fruchtbaren Einzelfälle. Ihr Objekt ist eine – nachlebende, verwandelnde –Kraft, deren Schockwelle oder gar deren Berührung, also Stoß, der Historiker auf fatale Weise spürt. Nietzsche charakterisiert diese Geschichte als eine »künstlerische Potenz«, die nichts anderes sei »als die Art, wie der Geist des Menschen die ihm *undurchdringlichen Begebenheiten* aufnimmt; das, weiss Gott ob Zusammengehörige verbindet. [...] Dazu gehört aber vor Allem eine grosse künstlerische Potenz.«[116]

Die Geschichte will Wissenschaft sein, und dieser Wille ist nur bewundernswert. Ihre Bewegung innerhalb des Wissens – die Erzeugung von »Quellen«, die Suche nach »Ursachen« – strebt diesen Status durchaus zu Recht an. Aber verwirklicht sie diesen Anspruch auch jemals als solchen? Sie negiert vielmehr ihre eigene Schönheit, wenn sie glaubt, das Ziel sei erreicht, das heißt, die Bewegung sei beendet. Wenn sie die Grenze – und, ich wiederhole, die Schönheit – ihres Status akzeptiert, wird ihre »wissenschaftliche« Berufung sich als Werk, als Konstruk-

---

115 A. Warburg 1902a, S. 73-74 und 91.

116 F. Nietzsche 1874, S. 290 (Franz Grillparzer zitierend) und 292.

tion, als Kunst erweisen. Nietzsche meint im zweiten Stück der *Unzeitgemäßen Betrachtungen*, die Geschichte solle es ertragen, »zum Kunstwerk umgebildet« zu werden.[117] Warum zum Kunstwerk? Weil darin Form und Kraft sich notwendig, organisch miteinander verbinden. Nietzsche schreibt, »daß mit dem *Organischen* auch das *Künstlerische beginnt*«.[118] *Die Plastizität des Werdens sorge für einen Bruch im Diskurs der Geschichte.* Das Künstlerische (Formen und Kräfte der Kultur) und das Organische (Formen und Kräfte des lebenden Körpers) zeigen sich in der Kontinuität der Geschichte als ebenso viele »unhistorische Kräfte«,[119] als ebenso viele Symptome und *Anachronismen.* Die Kunst ist für Nietzsche das Bewegungszentrum – der kritische Ort *par excellence*, der Ort des Nichtwissens – des historischen Fachgebiets. Warburg machte Kunstgeschichte zu einem kritischen Fachgebiet *par excellence* – einem Ort des Wissens wie des Nichtwissen – für jegliche historische Intelligibilität seiner Zeit.

117 Ebd., S. 296.
118 Ders. 1869-1874, S. 436 (Fragment 19.50).
119 Ders. 1874, S. 330; ders. 1869-1874, S. 674 und 644 (Fragmente 29.96 und 29.42).

Dynamogramm oder der Kreislauf der Gegenzeiten

Geschichte bedeutet also Bewegung. Sie bewegt sich, sie unterscheidet sich von sich selbst, sie entfaltet ihre Semiplastizität. Hier fließend und dort zerbrechend, hier schlangenartig und dort mineralisch. Warburg wollte all das zweifellos zusammen denken, dialektisch: Latenzen mit Krisen, in der Schwebe Bleibendes mit Brüchen, Verformbares mit Beben. Und so bot der Begriff des Nachlebens am Ende die Möglichkeit der dynamischen, spezifizierten, historischen Formulierung eines *Symptoms der Zeit*. Aber was ist aus der Sicht der geschichtlichen Zeit ein Symptom? Im hier betrachteten Kontext ist das Symptom die ganz eigentümliche Rhythmizität des Ereignisses eines Nachlebens: Einbruch (Auftreten des Jetzt) und Rückkehr (Auftreten des Einst) in einem. Anders gesagt, es ist das unerwartete Zusammentreffen einer *Gegenzeit* und einer *Wiederholung*.

Wer so spricht, befolgt eine weitere Lektion Nietzsches. Er beansprucht für die Bilder das Privileg der zeitlichen Fremdheit oder des *Unzeitgemäßen*. Das Unzeitgemäße ist nicht einfach die reine Negation der Geschichte – und erst recht nicht der Zeit. Vielmehr impliziert es die gemeinsame Macht der Gegenzeit und der Wiederholung. Die *Macht der Gegenzeit*: Alles, was in der Geschichte bedeutsam ist, was »realen Einfluß« ausübt, kann nach Nietzsche nur als etwas erscheinen, das »gegen die Zeit und dadurch auf die Zeit« wirkt.[120] So müssen wir den philologischen Anspruch und die Leidenschaft für die Antike verstehen, die Nietzsche und Warburg teilten: Sie boten die archäologischen – nicht metaphysischen und ewigen, sondern *materiellen* und *zeitlichen* – Werkzeuge einer scharfen Kritik am herrschenden Historismus. Jede wahrhaft historische Kraft (und das Nachleben ist eine solche) muß das unhistorische Elemente hervorbringen

120 F. Nietzsche 1874, S. 247.

können, das ihr Gegenmotiv darstellt, wie auch jede erinnernde Kraft das Element des Vergessens hervorbringen muß, das sie trägt. Die Gegenzeit verweist bei Nietzsche also auf die »unhistorische Atmosphäre, in der jedes grosse geschichtliche Ereignis entstanden ist«.[121] Daher die berühmte Aufforderung an die Adresse der Historiker: »Und wenn ihr nach Biographien verlangt, dann nicht nach jenen mit dem Refrain ›Herr So und So und seine Zeit‹, sondern nach solchen, auf deren Titelblatte es heissen müsste ›ein Kämpfer gegen seine Zeit‹.«[122]

Welche Lebensenergie, welche »unhistorische Energie« vermag dem »Kämpfer gegen seine Zeit« die Waffe des Unzeitgemäßen zu bieten, die er gegen alle Zwänge und Konventionen des Zeitgeistes richten kann? Nietzsche versteht sie paradoxerweise – wir befinden uns nun auf dem Terrain der ewigen Wiederkehr – als eine *Macht der Wiederholung.* Wie Gilles Deleuze es ausgedrückt hat, bietet die *Wiederkunft* Nietzsche den Ausdruck und sogar das *Wesen des Werdenden.* In ihr konstituiert sich Zeitlichkeit als notwendiges Zusammenwirken oder als notwendige – auf fatale Weise anachrone – Koexistenz der Vergangenheit, der Gegenwart und der Zukunft.

> Wie kann sich das Vergangene, die Vergangenheit in der Zeit bilden? Wie kann das Gegenwärtige, die Gegenwart vergehen? Niemals vermöchte der vorübergehende Augenblick vorüberzugehen, wäre er nicht schon vergangen und zugleich noch gegenwärtig, erst zukünftig und doch zugleich schon gegenwärtig. Wenn die Gegenwart nicht durch sich selbst verginge, wenn auf eine neue Gegenwart gewartet werden müßte, damit jene zur Vergangenheit wird, so würde sich die Vergangenheit allgemein niemals in der Zeit bilden, wie auch jene Gegenwart nie vergehen: wir können nicht warten, der Augenblick muß in einem gegenwärtig und vergangen, gegenwärtig und zukünftig sein, damit er vergehen kann (und zugunsten anderer Augenblicke auch vergeht). Das Gegenwärtige muß mit sich als Vergangenes und Zukünftiges koexistieren. Dieses synthetische Verhältnis des Augenblicks zu sich als Gegenwärtiges, Vergangenes

121 Ebd., S. 254.
122 Ebd., S. 295.

> und Zukünftiges begründet gerade sein Verhältnis zu den anderen Augenblicken. Demzufolge erweist sich die ewige Wiederkehr als Antwort auf das Problem des *Vorübergehens*. In diesem Sinne darf sie nicht interpretiert werden als Wiederkehr dessen, was ist, was Ein- und Dasselbe ist. Es wäre widersinnig, wollten wir im Ausdruck »ewige Wiederkehr« verstehen: Wiederkehr des Selben. Nicht das Sein kehrt wieder, sondern die Wiederkehr selbst macht das Sein aus, insofern dieses sich im Werden und im Vergehenden bejaht. Nicht das Eine kehrt wieder, sondern das Wiederkehren selbst ist das Eine, das sich im Verschiedenen oder Vielen bejaht.[123]

Kurz, die Vergangenheit konstituiert sich aus der Gegenwart heraus – dank ihrer Fähigkeit des *Übergangs* und nicht dank ihrer Negation durch eine andere Gegenwart, die sie als tot hinter sich ließe. Und die Gegenwart konstituiert sich aus der Vergangenheit heraus, dank ihrer Fähigkeit zum *Nachleben*. Deleuzes Kommentar hat hier den Vorzug, Nietzsches ewige Wiederkehr von jedem trivialen Zeitmodell zu befreien. Die angesprochene »Ewigkeit« bleibt stets prekär und »vergänglich«. Die angesprochene »Wiederkehr« bleibt stets Veränderungen und Metamorphosen ausgesetzt. Nietzsches Gewaltstreich besteht letztlich darin, daß er die Koexistenz eines *chaotischen* und eines *zyklischen* Modells als notwendig darstellt, um die Zeit zu denken.[124]

Deshalb arbeiten die Macht der Gegenzeit und die der Wiederholung zusammen. Die Gegenzeit ist nicht ohne die Rhythmizität der Wiederkehr denkbar. Die Gegenzeit kehrt wieder, darin liegt ihr ganzer Wert als Symptom, jenseits der Gelegenheiten oder der bloßen Zufälle. Umgekehrt ist die Wiederholung nicht ohne die Kakorhythmie der unvorhergesehenen Brüche denkbar. Die Wiederholung zerlegt das Wiederholte, funktioniert nicht als Rückkehr zum Gleichen. Das bringt Deleuze gut zum Ausdruck, wenn er Nietzsches ewige Wiederkehr dem Einen (keine Wiederholung ohne Vielfalt) und dem Gleichen

123 G. Deleuze 1962, S. 54-55 (dt. S. 54-55).
124 Ebd., S. 33 (dt. S. 33-34).

(keine Wiederholung ohne Unterschied) entreißt.[125] Genau das meinte auch Klossowski, als er den Kreislauf der ewigen Wiederkehr als einen »*circulus vitiosus*« charakterisierte, der in seinen verdrehenden oder »per-vertierenden« Wirkungen niemals vorauszusehen sei.[126]

Aber verwendet Nietzsche nicht – geradezu notorisch – den Ausdruck »ewige Wiederkehr des Gleichen«?[127] Diese Schwierigkeit hat einige Zweifel an der »differenzierenden« Interpretation der ewigen Wiederkehr bei Gilles Deleuze ausgelöst. Doch der Einwand verflüchtigt sich weitgehend, wenn man das »Gleiche« bei Nietzsche nicht mit »Einssein« oder »Identität« verwechselt. Die Wiederkehr des Gleichen ist keine Rückkehr zum Gleichen – und erst recht keine Rückkehr zum Identischen. Das »Gleiche«, das in der ewigen Wiederkehr zurückkehrt, ist nicht die Identität des Seins, sondern lediglich ein *Ähnliches*. Die Mänade, die im Nachleben der Formen im Quattrocento wiederkehrt, ist nicht die griechische Gestalt als solche, sondern ein vom metamorphen Phantom geprägtes Bild dieser Person – erst klassisch, dann hellenistisch, dann römisch, dann im christlichen Kontext rekonfiguriert. Kurz, sie ist etwas *Ähnliches*, das geht und wiederkehrt. Und so auch vermag die Wiederholung den Unterschied in sich zu bearbeiten. Warburg, der die Bilder – ihr Werden und ihre Abwandlungen – als privilegierten Ort jeden kulturellen Nachlebens analysierte, hatte das vollkommen verstanden. In neuerer Zeit hat Giorgio Agamben einen aufschlußreichen Umweg über die Etymologie vorgeschlagen, um die – sehr Warburgsche – Notwendigkeit zu verstehen, die Bilder ins Zentrum jeglichen Nachdenkens über die menschliche Zeit zu stellen:

> Schenken wir unsere Aufmerksamkeit einen Augenblick lang dem Adjektiv »*gleich*«. Es besteht aus der Vorsilbe »*ge-*»(sie zeigt einen Sammelnamen an, ein Versammelndes) und aus der Wortform

125 Ders. 1968a, S. 7-41 (dt. S. 15-47).

126 P. Klossowski 1969, S. 37-88 und 301-356 (dt. S. 91-118 und 323-386).

127 Siehe K. Löwith 1935-1958, S. 127-141 und 161-178.

> »*leich*«, die auf das mittelhochdeutsche »*lich*«, auf das gotische »*leik*« und schließlich auf die erschlossene Form »*lig*« (Anschein, Gestalt, Ähnlichkeit; im modernen Deutsch: *Leiche* – der Tote –) verweist. Die Form »*lig*« findet sich in der Nachsilbe »*lich*« wieder, die im Deutschen dazu dient, Adjektive zu bilden (»*weiblich*« bedeutet ursprünglich: etwas, das Frauengestalt hat); sie findet sich auch im Adjektiv »*solch*« (der philosophische Ausdruck »*als solches*« meint das, was die eigene Gestalt betrifft). Im Englischen gibt es eine genaue Entsprechung, »*like*«: man stößt darauf in dem Wort »*likeness*« und in den Verben »*to like*« und »*to liken*«; bei der Bildung von Adjektiven fungiert es ebenfalls als Nachsilbe. In diesem Sinne könnte man die ewige Wiederkehr des Gleichen buchstäblich als ewige Wiederkehr des »*lig*«, der Gestalt, deuten. Es gibt also in der ewigen Wiederkehr eine Art Bild.[128]

Genau das wollte Warburg mit der *ewigen Wiederkehr der antiken Ähnlichkeiten* zum Ausdruck bringen – eine ewige Wiederkehr, die über jedes triviale Verhältnis hinaus denkbar war, und über jedes Zeitmodell hinaus, wie es der Gedanke einer *Nachahmung antiker Vorbilder* impliziert. Das Nachleben tritt in Bildern zutage – das ist Warburgs Hypothese zur *longue durée* der abendländischen Kultur wie auch zu den »Trennungslinien zwischen den Kulturen« (was ihm zum Beispiel erlaubte, in der Bildsubstanz eines italienischen Freskos aus dem Quattrocento das aktive und nachlebende Phantom eines antiken arabischen Astrologen zu erkennen). Das Nachleben tritt in Bildern zutage: Genau das verlangt von uns mehr als eine einfache Kunstgeschichte. Warburg entwickelte sein ganzen Denken hinsichtlich der nachlebenden Bilder in der Optik einer – immer noch Nietzscheanischen – *Genealogie der Ähnlichkeiten*. Das heißt in der Perspektive einer wirklich kritischen Betrachtung des Werdens der Formen, gegen den Strich der Teleologien, Positivismen und Utilitarismen jeglicher Couleur. Indem Aby Warburg die Grundlagen dieser Genealogie der okzidentalen Ähnlichkeiten legte, sorgte er im Bereich der Ästhetik – aber auch in der Kunstgeschichte und ihren

128 G. Agamben 1990, S. 543-544.

ruhigen Vasarischen Abstammungslinien – für einen Aufruhr, der zwar diskreter, aber durchaus vergleichbar mit dem war, den Nietzsche auf dem Gebiet der Ethik mit seiner ätzenden *Genealogie der Moral* ausgelöst hatte.

Genealogie »meint ... Herkunft oder Entstehung, aber auch Differenz oder Distanz in der Herkunft«.[129] Nietzsche verstand das genealogische Wissen zunächst als ein philologisches und mehr noch: etymologisches Wissen.[130] Warburg trennte sich offensichtlich nie von dieser Einstellung. Man braucht nur an die eindrucksvolle Zahl von Büchern zum Thema Etymologie in seiner Bibliothek zu denken wie auch an die notorische Rolle der sprachwissenschaftlichen Theorien Hermann Osthoffs – ich werde darauf zurückkommen – bei der Definition des für ihn so zentralen Begriffs der *Pathosformel*.[131] Die Etymologie gründet den genealogischen Zusammenhang keineswegs in der Kontinuität der Abstammungslinien, Quellen und »Ursprünge«, sondern eröffnet uns durch das Spiel des Nachlebens den Zugang zu dessen Ausbreitung und wesenhafter Diskontinuität, die das Diskontinuierliche »unseres Seins« ist und hervorbringt, wie Michel Foucault in einer berühmten Studie über das Verhältnis zwischen Geschichte und Genealogie bei Nietzsche geschrieben hat:

> Die »wirkliche« Historie unterscheidet sich von der Historie der Historiker dadurch, daß sie keinerlei Beständigkeit voraussetzt: Nichts am Menschen – und auch nichts an seinem Leib – ist so unveränderlich, daß man die anderen dadurch begreifen und sich selbst in ihnen wiedererkennen könnte. Alles, worauf man sich stützen mag, um sich der Geschichte zuzuwenden und sie in ihrer Totalität zu erfassen, und alles, was sie als ruhige, kontinuierliche Bewegung erscheinen läßt, muß systematisch zerstört werden. Es gilt, alles in Stücke zu schlagen, was dem tröstlichen Spiel des Wiedererkennens Vorschub leistet. Wissen bedeutet selbst auf historischer Ebene nicht »wiederfinden« und erst recht nicht »uns selbst wiederfinden«. Die

129 G. Deleuze 1962, S. 3 (dt. S. 6).

130 F. Nietzsche 1887, S. 261-264.

131 Siehe H. Osthoff 1899 und 1901.

Historie wird in dem Maße »wirklich« sein, wie sie das Diskontinuierliche in unser Sein einführt. Sie wird unsere Gefühle unterteilen und unsere Triebe dramatisieren; sie wird unseren Leib vervielfachen und ihm selbst entgegensetzen. Sie wird nichts unter sich dulden, das die beruhigende Stabilität des Lebens oder der Natur besäße; sie wird sich nicht von einer stummen, beharrlichen Bewegung tragen lassen, die angeblich in ein großes Ziel mündet. Sie wird ihre eigenen Fundamente untergraben und die vorgebliche Kontinuität zerstören. Denn Wissen dient nicht dem Verstehen, sondern dem Zerschneiden.[132]

Foucault übernimmt in dieser Passage offensichtlich den »schneidenden« Stil der *Genealogie der Moral*, wenn auch, wie mir scheint, ein wenig übertrieben. Einerseits verweist er zu Recht auf den wirklichen Sinn des philologischen und etymologischen Paradigmas. Warum sichtet die Genealogie so »gewissenhaft und geduldig … Dokumente«?[133] Ein Zug, der, nebenbei bemerkt, bei Warburg noch typischer scheint als bei Nietzsche. Weil ihr Gegenstand im Unterschied zu jedem absoluten Sinn der Geschichte, zu jeder »metahistorische[n] Entfaltung idealer Bedeutungen und endloser Teleologien«, auf die Singularitäten des Werdens und der ewigen Wiederkehr zielt. Die Genealogie, schreibt Foucault, macht »all die Brüche sichtbar, die uns durchziehen«.[134] So löst am Ende die Gewissenhaftigkeit des etymologischen Wissens die Kontinuität einer möglichen Wortgeschichte auf und führt ganz folgerichtig zu einer Symptomatologie, was Nietzsche in der *Genealogie der Moral* auch durchaus bestätig, wenn er das schlechte Gewissen – über die Etymologie der Wörter »gut« und »böse« hinaus – als »Symptom« und selbst als »Krankheit« zu analysieren versucht.[135]

132 M. Foucault 1971, S. 147-148 (dt. S. 179-180).

133 Ebd., S. 136 (dt. S. 166).

134 Ebd., S. 136-137 und 154 (dt. S. 167 und 188).

135 F. Nietzsche 1887, S. 310-313. Zum symptomatologischen Paradigma bei Nietzsche siehe K. Löwith 1935-1958, S. 12; G. Deleuze 1962, S. 48-50, 85-86 (dt. S. 6, 48-50, 84-87); T. A. Long 1989, S. 112-128; M. Vozza 1990, S. 91-104; P. Wotling 1995, S. 109-182 (»Kultur als Symptom«).

Foucault erkennt also ganz genau, wie der Begriff des Symptoms es Nietzsche – und seinem eigenen historischen Projekt – gestattet, den genauen Punkt der »Verbindung zwischen Leib und Geschichte« zu finden.[136] Er weiß, die »wirkliche« Genealogie »fürchtet sich nicht vor dem Blick von unten«, sondern erforscht – um hier einen Ausdruck von Georges Bataille zu paraphrasieren – die niederen Stoffe der Kultur, »das unaussprechliche, barbarische Gewimmel«, das auch der Arzt im Organismus seines Patienten erforschen können muß.[137] Andererseits radikalisiert Foucault die Diskontinuität (die Gegenzeit) so sehr, daß er Gefahr läuft, das Gedächtnis (die Wiederholung) aus dem Blick zu verlieren. Ein Symptom ist für ihn nur Diskontinuierliches, das heißt Vergessen, »verlorenes Geschehen«: »Es geht darum, die Geschichte zu einem Gegengedächtnis zu machen.« Seine Ablehnung des Begriffs des Ursprungs geht ganz in diese Richtung einer Ablehnung der Geschichte als »Ort der Wahrheit«, als Ursprungsort, an dem das »Wesen der Sache« seinen Ausdruck fände.[138]

Abgesehen davon, daß die Ablehnung des Nietzscheschen Ursprungs philologisch nicht korrekt ist,[139] hat sie noch den Nachteil, daß sie den Begriff des Symptoms entdialektisiert. Foucault stellt ohne jede Nuancierung das angeblich kontinuierliche Modell der »Wurzeln« dem genealogischen Willen, »die Brüche sichtbar zu machen«, entgegen.[140] Er bedenkt nicht, daß die Wurzeln vielfältig, ineinander verknäult und verworren, netzförmig, rhizomartig sein können, daß sie hier offenliegen und dort unterirdisch verlaufen, daß sie hier versteinert sein und sich dort in ständiger Keimung befinden mögen … Der Ursprung – dessen Theorie Walter Benjamin schon 1928 formuliert hat[141] – setzt

136 M. Foucault 1971, S. 143 (dt. S. 174).
137 Ebd., S. 149 (dt. S. 181).
138 Ebd., S. 153 und 138-139 (dt. S. 186, 168 und 170).
139 Siehe S. Lash 1984, S. 1-17; B. C. Sax 1989, S. 769-781; J. Pizer 1990, S. 462-478; T. H. Wilson 1995, S. 157-170.
140 M. Foucault 1971, S. 154 (dt. S. 188).
141 W. Benjamin 1928, S. 207-237.

selbst Diskontinuität und das anadyomenenhafte Erscheinen und Verschwinden der genealogischen Fäden voraus. Wenn man die Genealogie mit Nietzsche als Symptomatologie denken muß, dann muß man das Symptom weitaus komplexer verstehen, als eine strikte Diskontinuität dies wäre. Die von Aby Warburg angestrebte und gewissenhaft als Symptomatologie der Ähnlichkeiten realisierte Etymologie der Formen, dieses genealogische Wissen, ist ohne ein dialektisches Verständnis des Symptoms nicht denkbar: Gegenzeiten entstehen aus dem ureigensten Stoff der Wiederholungen, Vergessen erwächst aus dem ureigensten Stoff der bewußten Erinnerungen, Unterschiede gehen aus dem ureigensten Stoff, dem *nachlebenden Stoff der Ähnlichkeiten* hervor.

*

Das also sind die Bewegungen und Zeiten des Symptombilds: Fälle von Nachleben, kritische Punkte im Kreislauf der Gegenzeiten. Warburg suchte sein Leben lang nach einem deskriptiven und theoretischen Begriff für diese Bewegungen. Er sprach von einem *Dynamogramm*, in gewisser Weise dem *Graphen des Symptombilds*: die Wirkung des Nachlebens unmittelbar sichtbar und übertragbar gemacht durch die »seismographische« Empfindlichkeit des Historikers der Bilder.

Auf deskriptiver Ebene könnte das *Dynamogramm* das Verhältnis des Nachlebens ausdrücken, in dem zum Beispiel der außergewöhnlich leidenschaftliche Faltenwurf in Niccolò dell'Arcas Bologneser *Beweinung* zu einem hellenistischen Faltenwurf-Typus steht, den der Renaissancekünstler kaum kennen und daher auch nicht als solchen »nachahmen« konnte (Abb. 21 und 22). Das »Dynamogramm« gäbe dann die beiden Faltenwürfen gemeinsame Linie des »Lebens« oder der »Lebensenergie« wieder: ihre besondere – besonders intensive, faltenreiche, bewegte – Art, die Falten arbeiten zu lassen, das heißt charakteristische Diskontinuitäten im ebenso charakteristischen Fluß des behauenen oder modellierten Materials zu schaffen.

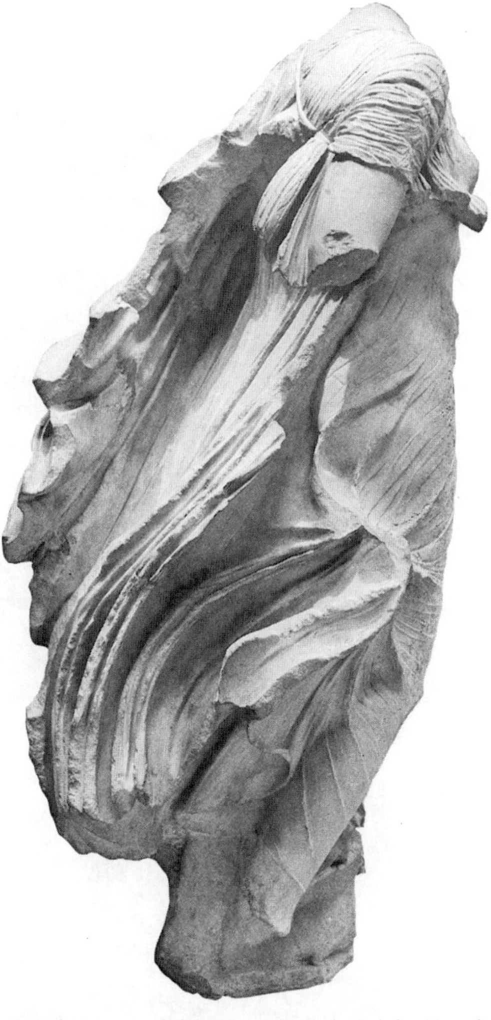

Abb. 21: *Nereide*. Marmor (Kleinasien, anonym). Teil des Nereidenmonuments aus Xanthos, 4. Jahrhundert vor Christus. London, British Museum. Photo: G. D.-H.

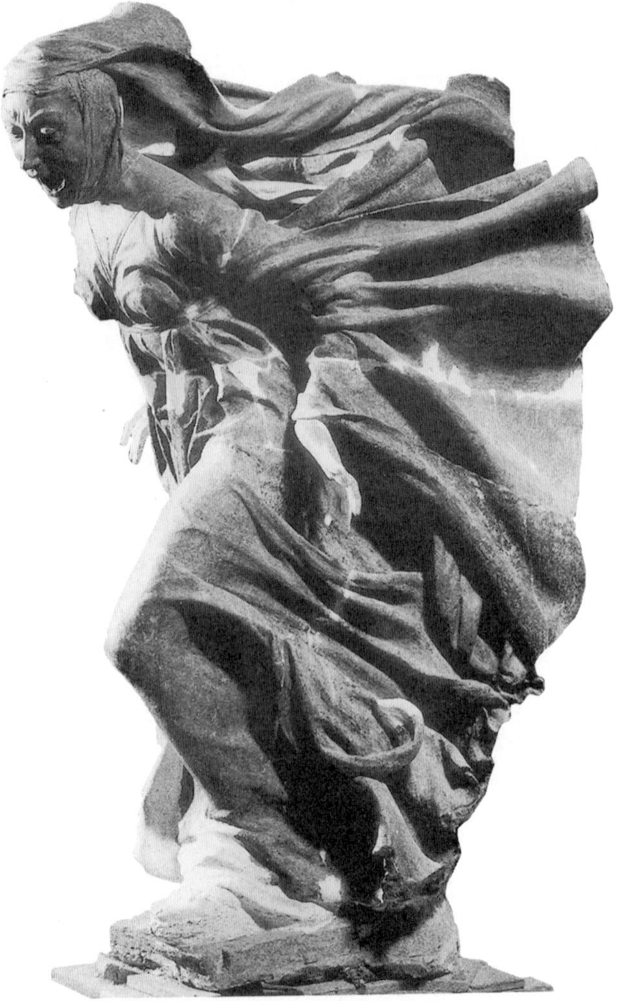

Abb. 22: Niccolò dell'Arca, *Beweinung Christi*, Figur der Magdalena. Terracotta, um 1480. Bologna, Santa Maria della Vita. Photo: Antonio Guerra.

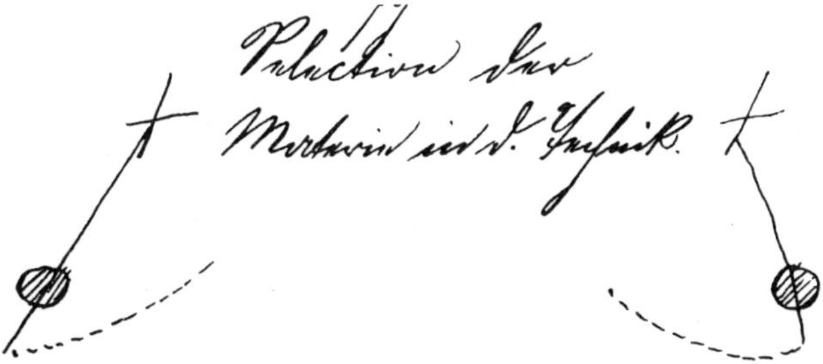

Abb. 23: Aby Warburg, *Pendelschema der Polarität zwischen Idealismus und Realismus*, 1892. Tinte auf Papier, aus *Grundlegende Bruchstücke zu einer monistischen Kunstpsychologie* I, S. 166. London, Warburg Institute Archive. Photo: The Warburg Institute.

Allerdings ist anzumerken, daß Warburg die deskriptive Erforschung solcher »gemeinsamen Merkmale« niemals systematisiert hat. Er hat nie – wie zu seiner Zeit ein Cavalcaselle oder Morelli – nach den von ihm analysierten Kunstwerken gezeichnet und auch nicht nach einer zugrundeliegenden »geheimen Geometrie« der Gemälde gesucht. Aufgrund seiner Achtung vor dem Singulären war er möglicherweise mißtrauisch gegen eine Praxis, die das Bild schematisiert, also ärmer gemacht hätte. Deshalb zog er es vor, seine Forschungsgegenstände fotografieren zu lassen und die Fotografien dann mit der Lupe zu untersuchen. Das bedeutet auch, daß der Begriff des *Dynamogramms* für Warburg hochgradig theoretisch war. Er stellte eine spezifische Formulierung des paradoxen Biomorphismus dar, dem wir in dem Ausdruck »Nachleben der Antike« begegnen. In Warburgs unveröffentlichten Manuskripten findet sich vielfach ein äquivalenter Ausdruck: *Wiederbelebung antiker Dynamogramme.*[142]

Das Dynamogramm zielt also auf eine Form von historischer Energie, eine *Form von Zeit*. Die ganze Warburgsche Zeitlichkeit scheint sich um Hypothesen rhythmischer, pulsierender, innehaltender, alternierender, keuchender Zeiten aufzubauen. Das

142 A. Warburg 1927a, S. 27.

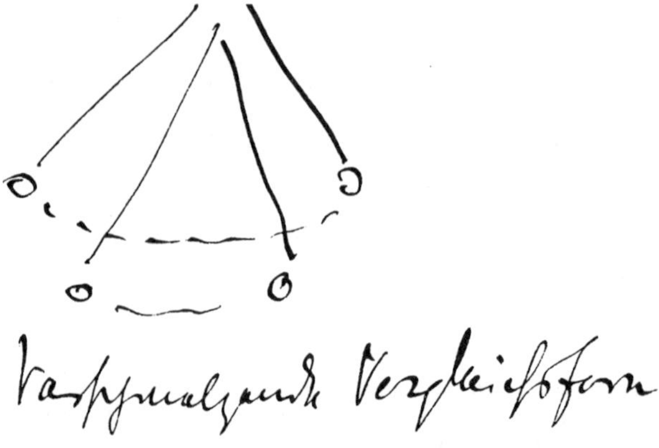

Abb. 24: Aby Warburg, *Pendelschema zu den ornamentalen »Instabilitäten« und »Rhythmen«*, 1900. Tinte auf Papier, aus *Grundlegende Bruchstücke zu einer monistischen Kunstpsychologie* II, S. 67. London, Warburg Institute Archive. Photo: The Warburg Institute.

zeigt sich deutlich schon beim Überfliegen der zahlreichen unveröffentlichten Seiten, auf denen oft »Schwingungsdiagramme« der immer wieder angesprochenen Polaritäten zu sehen sind: das »Pendeln« zwischen Idealismus und Realismus (Abb. 23); der »Rhythmus« der »Labilitäten« des Stils (Abb. 24); oder diese wunderbare »ewige Wippe«, auf deren Mitte eine kleine, mit K bezeichnete Gestalt tanzt – oder sich abkämpft wie Jean Genets Seiltänzer. Und es ist zweifellos der *Künstler*, den Warburg auf dieser kleinen Skizze darstellen wollte (Abb. 25).[143]

Und zweifellos wird man diese Lektion verallgemeinern müssen: Das Dynamogramm ist so etwas wie die ständig erneuerte Hypothese einer *Form der Formen in der Zeit*. Warburg selbst sollte schließlich schreiben, sein ganzes interdisziplinäres Projekt – das sich gleichermaßen als »kunstgeschichtlich, historisch und sozialpsychologisch« verstand – müsse am Ende in eine große »Ästhetik des Dynamogramms« einmünden.[144]

143 Ders. 1888-1905, S. 92, 162 und 48.

144 Ders. 1927a, S. 9.

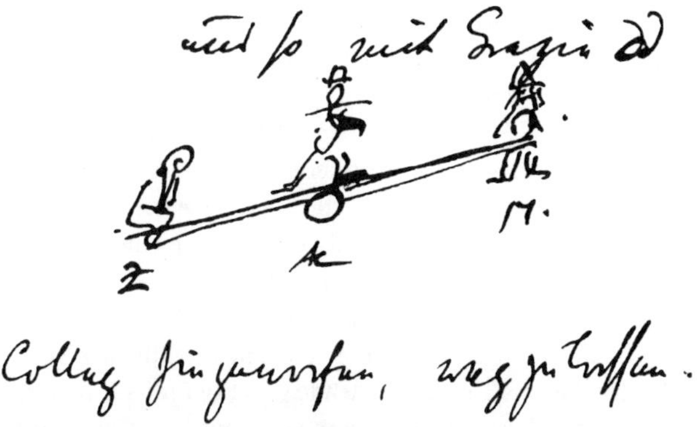

Abb. 25: Aby Warburg, *Die ewige Wippe*, 1890. Tinte auf Papier, aus *Grundlegende Bruchstücke zu einer monistischen Kunstpsychologie* I, S. 110. London, Warburg Institute Archive. Photo: The Warburg Institute.

Man hat letztlich nichts von Warburgs Projekt verstanden, wenn man – im Gefolge Panofskys, Gombrichs und einiger anderer – darauf besteht, es auf eine reine Ikonologie der »symbolischen Bedeutungen« zu fokussieren. Diese Lesart berücksichtigt nur die Hälfte – fast so, als beschriebe man den *Laokoon*, ohne auf die Gebärden, den Kampf und die Schlange zu achten. Damit bliebe man der – völlig falschen – Vorstellung verhaftet, Warburg hätte sich ausschließlich für die »Inhalte« der Bilder interessiert und nur relativ wenig für deren »Formen« oder »Kräfte«. Tatsächlich interessierte sich der Autor der *Ninfa* nicht für die figurative »Symbolik« auf der Ebene eines Lexikons der Symbole (nach Art von Ripa) oder für die »Auflösung eines Bilderrätsels«[145] (nach Art von Panofsky). Er suchte in den Bildern etwas weitaus Fundamentaleres, das er gelegentlich als »dynamische« oder »energetische Symbolik« bezeichnete.[146]

Kurz, das Nachleben erinnert sich nicht an das *Signifikat* – das

145 Ders. 1912, S. 185.
146 Ders. 1927a, S. 55; ders. 1928a, S. 96 usw.

sich jeden Augenblick und in jedem Kontext, in jedem Kräfteverhältnis, in das es eintritt, verändert –, sondern für den *Signifikanten*, den Strich, der sich selbst bedeutet. Und wohlgemerkt, es handelt sich weniger um den Strich im Sinne des Umrisses der dargestellten Figur als um den – dynamischen und nachlebenden, singulären und doch wiederholten – Akt des Umreißens der figurierenden Figur. Nicht *Gestalt*, sondern *Gestaltung*. In diesem Sinne hängt für Warburg das Bild von einer »symbolischen Funktion« ab, und zwar genau in dem Maße, wie das darin übertragene Gedächtnis (*Mneme*) das eines »Bewegungsabdrucks« darstellt, wie man den in den handschriftlichen Notizen der letzten Lebensjahre zu findenden merkwürdigen Ausdruck »energetisches Engramm« übersetzen könnte.[147] Der Künstler der Renaissance wäre dann nach Warburg – der dabei vor allem an Donatello, Botticelli oder Mantegna dachte – nichts anderes als ein »Auffänger und Former der antiken dynamophorischen Mneme«.[148]

Daß die antike Mneme »dynamophor« sei, also eher Kräfte als Bedeutungen trage und übertrage, führt uns einmal mehr zurück zu Nietzsche. In der Tat könnte man sagen, Warburgs Begriff des Dynamogramms sei der Versuch einer Antwort auf Nietzsches Versprechen einer Psychologie, aber auch einer *Ästhetik der Kräfte* statt der Bedeutungen, einer Erkenntnis der Kräfte, die zugleich eine »Morphologie« wäre.[149] Man könnte auch sagen, Warburg vermochte im Marmor zu finden, was Nietzsche nur im Ton finden konnte. Den »Genius des Daseins an sich«; den Willen, der sich »unmittelbar verständlich« macht;[150] kurz alles, was Nietzsche dem musikalischen »Rausche des Gefühls« zuschrieb, all das versucht die rhythmische und morphologische »Ästhetik des Dynamogramms« hervorzuholen.

Diese Ästhetik bedarf deshalb einer Morphologie, weil jede Kraft – als »Ursache von Bewegung« nach der elementarsten

147 Ders. 1927a, S. 44.
148 Ders. 1928a, S. 15.
149 F. Nietzsche 1886, S. 38.
150 Ders. 1870, S. 575.

physikalischen Definition – zwischen Extrempositionen wirkt, die auf diese Weise einen Abstand, eine *Polarität* definieren. Da kann es nicht erstaunen, daß Warburg die Begriffe *Dynamogramm* und *Polarität* stets gemeinsam verwendete. Letztlich geht es um die Erkundung aller Möglichkeiten, einer widersprüchlichen Spannung Form zu verleihen: als hätten gerade die Bilder nach Warburg die Fähigkeit und vielleicht sogar die Funktion, den gegensätzlichsten Dingen des Daseins und der Geschichte Plastizität, Intensität oder verringerte Intensität zu verleihen. Das Manuskript der *Allgemeinen Ideen* von 1927 begann – nach zahllosen Versuchen derselben Art – mit dem Schema einer weitverzweigten Folge von *Zweiteilungen*, mit dem sich die Renaissance in ihrem »Stil« erfassen lassen sollte: rationale Perspektive der »Entwicklung« oder »dämonische« Perspektive der »Aktualität«; »archäologische« oder »historische« Perspektive usw. – wobei all das zusammen ein hypothetisches Dynamogramm des Renaissancestils im 15. Jahrhundert darstellen sollte.[151]

Auf der Grundlage dieses Dynamogramms soll der Historiker die vielfältigen Folgen extremer Polarisierungen und »Depolarisierungen« nachzeichnen: Das »antike Dynamogramm« tritt »in maximaler Spannung« auf, ist aber auch in der Lage, sich zu »depolarisieren« und zum Beispiel Phasen durchzumachen, die durch eine »unpolarisierte latente Ambivalenz« geprägt sind.[152] Oder auch Prozesse durchzumachen, die Warburg seit seinen ersten Studien über Florenz als solche des »Ausgleichs« bezeichnete.[153] Die ganze Kunst Ghirlandaios und die ganze Stilistik des Florentiner Porträts im Quattrocento werden als Kompromiß zwischen diametral entgegengesetzten Tendenzen analysiert: zwischen dem (vor allem flämischen und gotischen) *Realismus* und dem (vor allem italienischen und renaissancetypischen) *Klassizismus*.

151 A. Warburg 1927a, S. 3.
152 Ebd., S. 20 und 74.
153 Siehe Martin Warnke 1980b, S. 68-74.

Neben seiner Entdeckung so wichtiger *missing links* wie der Koexistenz mittelalterlicher religiöser Praktiken und antiker Techniken eines figurativen »Hyperrealismus« (den durch Abformung gewonnenen wächsernen Votivbildnissen) gewann Warburg auch ein dialektisches Verständnis der widersprüchlichen Anforderungen, die das Florentiner Bürgertum des 15. Jahrhunderts in seinem stolzen Wunsch nach Selbstdarstellung stellte. Dazu bedurfte es der Individualität im Stile van Eycks *und* der Idealisierung nach Art der Römer, der »frommen flämischen Schlichtheit« *und* der Schaustellung des »etruskisch-heidnischen« Kaufmanns, des gotischen Details *und* des antiken Pathos, des mittelalterlichen Belehrungswillens *und* der Stilisierung nach Art der Renaissance, der christlichen Allegorese *und* des heidnischen Lyrismus, des gekreuzigten Gottes *und* der tanzenden Mänaden, des Kostüms *alla francese* (also des nordischen) *und* des Faltenwurfs *all'antica* …[154]

*

Wie müssen wir die Dynamik dieser Polaritäten verstehen? Gombrich hat die verschiedenen Stufen der stilistischen Polarität zwischen Gotik und Renaissance zweifellos sehr gut analysiert, wonach die Gotik das Aufblühen der Renaissance zunächst behinderte, dann aber ganz ihrer Rolle als »ungehemmtes mittelalterliches Leben« gerecht wurde.[155] Doch Gombrichs theoretische Schlußfolgerung bleibt unvollständig und kümmerlich. Sie führt Warburgs Ansatz auf Modelle zurück, die ihm vorausliegen und unterlegen sind. Historiker der Renaissance wie Alexis-François Rio oder John Addington Symonds hatten durchaus die polarisierte oder oszillierende Struktur der italienischen Kultur des Quattrocento erkannt. So sprach Rio schon 1861 von einer »bemerkenswerten oszillierenden Bewegung in der Florentiner

154 A. Warburg 1902a, S. 65-102; ders. 1902b, S. 103-124; ders. 1905a, S. 177-184; ders. 1907b, S. 137-163.

155 E. H. Gombrich 1970, S. 148-167 (dt. S. 186-204).

Schule ..., die sich abwechselnd vom Göttlichen und vom Weltlichen inspirieren läßt«.[156] Symonds wiederum erkannte schon 1881 den abwechselnd mittelalterlichen und antiken, volkstümlichen und philologischen Charakter der italienischen Dichtung im 15. Jahrhundert.[157]

Die Beschränktheit dieser Modelle beruht auf ihrer dialektischen Trivialität. Entweder werden die Dinge als widersprüchlich dargestellt, oder sie werden, wie Gombrich schreibt, »harmonisiert« über den Begriff der »Kompatibilität«, den Warburg in Spencers Werken hätte lesen können.[158] Doch die »Schwingung«, von der Warburg oft spricht, ist keine bloße »Oszillation«, wie Rio sie meinte. Ihre Bewegung, ihr Schwingungszyklus, impliziert die dynamische, unaufgelöste Koexistenz der beiden gegensätzlichen Pole. Sie eliminieren sich niemals wechselseitig, und sie werden auch nicht von einer dritten, übergeordneten Entität eliminiert, die sie »harmonisierte«, sie subsumierte und jegliche Spannung aufhöbe. Sie verharren vielmehr in ihrer *in Bewegung versetzten* oder besser: *zum Schlagen gebrachten Gegensätzlichkeit*. Der »Ausgleich« im Sinne Warburgs ist keine Lösung. Er gleicht weniger einer Synthese im Hegelschen Sinne als einem Symptom im Freudschen Sinne. Er stellt buchstäblich eine »Bildung« in dem Sinne dar, in dem Freud – genau zur selben Zeit – von »Symptombildung«, »Ersatzbildung«, »Kompromißbildung« oder auch von »Mischbildung« sprach. Gombrich weist zwar darauf hin, daß Warburg Freud kaum kannte[159] (obwohl sein berühmter Aufsatz »Über den Gegensinn der Urworte« den typischen Fall einer »Ambivalenz« oder »depolarisierten Polarisierung« darstellt[160]), doch die Ähnlichkeit zwischen Warburgs Ästhetik der Dynamogramme und Freuds Metapsychologie der Symptombildungen ist dennoch frappierend.

---

156 A.-F. Rio 1861-1867, Bd. I, S. 401 (Ghirlandaios Fresken in Santa Trinita analysiert er in dieser Weise auf den S. 401-406).

157 J. A. Symonds 1881, Bd. I, S. 234-328 und Bd. II, S. 488-532.

158 E. H. Gombrich 1970, S. 168 (dt. S. 214).

159 Ebd., S. 184 (dt. S. 243-244).

160 S. Freud 1910, S. 227-234.

Die Dynamik der Polaritäten bei Warburg führt also weder zu einer bloßen »Kompatibilität« im Sinne Spencers noch zu einer bloßen »Harmonisierung« im Sinne Gombrichs. Dennoch zitiert Gombrich einen erhellenden Text, in dem Warburg, nachdem er das Verhältnis des »Kontrasts« mit dem des »Zusammenwirkens« verbunden hat, zu einem Gedanken gelangt, der weit entfernt ist von einer idealen Synthese oder einer Harmonisierung der Unterschiede, nämlich zu einem »Wachstumsprozess mit latenten plastischen Zielen«.[161] Was heißt das? Daß die Dinge sich in verschlungenen Knoten entwickeln, in »Schlangenhaufen«: in eine Richtung (hier gegensätzlich) und in eine andere (dort zusammenwirkend). In jedem Falle sind sie mit unbemerkten – latenten oder unbewußten – Bewegungen ausgestattet, die jenseits jeglicher beobachtbaren Richtung die wesenhafte Plastizität des Werdens manifestieren, und er bezieht sie auf eine, wie er dies einmal nennt, »dialektische [hermeneutische] Causalität«.[162] Daß es sich hier um einen unreinen Prozeß handelt, der offenbar Ähnlichkeit mit einer »Kompromißbildung« hat, gibt Warburg in dem Ausdruck »rätselhafter Organismus« zu erkennen, der die so heterogene »Lebensenergie« des Florentiner Quattrocento kennzeichnet.[163]

Die Entwicklung der Warburgschen Interessen bestätigt die polarisierte, hybride, unversöhnte Struktur des Nachlebens. Nach und nach begreift Warburg jegliches Kulturobjekt als aktive Spannung, als »Konfrontationsenergie«. Und die ganze Kulturgeschichte begreift er schließlich als gewaltige »Psychomachie«. Die geographische und stilistische Polarität der Schriften über die Florentiner Renaissance verwandelt sich daher in eine fundamentalere, anthropologischere Polarität: eine Art mentaler Geographie oder eine Stilkunde der abendländischen Psyche, in der die Konfrontationsenergie nicht mehr Burgund und Latium im 15. Jahrhundert gegeneinanderstellt, sondern

161 A. Warburg 1903-1906 (zit. n. E. H. Gombrich 1970, S. 185).
162 Ders. 1928a, S. 21.
163 Ders. 1902a, S. 74.

»Athen und Alexandrien« in der *longue durée* unserer europäischen Kultur. Wenn Warburg seinen Aufsatz von 1920 mit der fast sokratischen Bemerkung schließt: »Athen will eben immer wieder neu aus Alexandrien zurückerobert sein«,[164] meint man die Freudsche Weisheit des »Wo Es war, soll Ich werden« zu hören.[165]

Der Konflikt zwischen *Es* und *Ich* – zwischen Primär- und Sekundärprozeß – bildet möglicherweise ganz allgemein den metapsychologischen Hintergrund der Warburgschen Polaritäten. Die *Polarität des Symbols*, die nach Warburg den gesamten Kulturbegriff durchzieht, führt in der Tat zu einer *metapsychologischen Polarität*, die jene »Psychohistorie« begründet, von der der Autor der *Mnemosyne* träumte. Nicht zufällig wurde dieses ganze Hypothesenbündel kurz vor und unmittelbar nach seiner psychotischen Erfahrung und der an Freuds Psychoanalyse wie auch der Daseinsanalyse orientierten Behandlung durch Ludwig Binswanger in den Jahren 1921-1924 formuliert.

So war denn Warburg »schwer erkrankt«, als er 1920 seinen – zwei Jahre zuvor verfaßten – Aufsatz über die heidnisch-antike Weissagung in Luthers Zeiten veröffentlicht.[166] Als Seismograph, den die historischen Wellen des ersten großen Weltkonflikts und der Zustand eines, wie er selbst es nannte, »unheilbar Schizoiden«[167] zerbrochen hatten, schuf der Historiker in diesem Text eine *kulturelle Symptomatologie* all dieser individuell erlebten Todeskämpfe. Weil die *Symbole* eine dynamische, polarisierte – konflikthafte und instabile, von Bewegungen und unversöhnlichen Triebregungen geprägte – Struktur besitzen, muß die Kultur von ihren Bewegungen, Krankheiten und *Symptomen* her verstanden werden. Der Aufsatz über die heidnische Weissagung im Zeitalter der Reformation kann daher gänzlich als Symptomatologie des modernen Denkens gelesen werden. Darin treten »Bilder« und »Zeichen«, »Magie« und »Logik«, materielle

164 Ders. 1920, S. 267.
165 S. Freud 1933, S. 516.
166 A. Warburg 1920, S. 200.
167 Ders. 1923b, S. 568.

»Götzen« und »mathematische Abstraktion« in einen heftigen Gegensatz zueinander.[168]

Wie bereits angemerkt, spielt dieses Bündel aus Polaritäten auf einer anderen Ebene und mit einem veränderten Wortschatz erneut die von Nietzsche formulierte Polarität zwischen Apollinischem und Dionysischem durch. Warburg nennt sie hier »olympisch« und »dämonisch«, um die Spannung zwischen »höheren« und »niederen« Formen der Kultur hervorzuheben. Womit er zugleich daran erinnert, daß die betreffenden Dynamogramme die Entwicklung einer Tragödie nachzeichnen, nämlich die »tragische Geschichte der Denkfreiheit des modernen Europäers«, wie Warburg abschließend schreibt.[169] Mitten in dieser Tragödie sehen wir eine neue Polarität entstehen, eine fundamentale Spannung, die uns zu einem Problem der Form und der Kraft, also des Bildes führt: Was im Bild macht das Denken seines Körpers aus? Was im Bild macht den Geist seiner Materie aus?

Im Zeichen Goethes – zwischen dem *Faust*, der am Anfang, und der *Farbenlehre*, die ganz am Ende zitiert wird[170] – stellt Warburg die für die Kunstgeschichte wie auch die Ästhetik zentrale Frage nach dem Verhältnis zwischen *Körper* und *Symbol*, zwischen den plastischen Formen des »Anthropomorphismus« und den diskreten Formen des »Zeichens«. Die ganze Analyse des berühmten Dürerschen Kupferstichs *Melancholia I* läßt sich lesen als Dynamogramm der Polarität zwischen der melancholischen Stimmung (Eingeweide, organische Stoffe) und der sublimierenden Chiffre des vom Künstler gezeichneten magischen Quadrats (Manipulation von Zeichen durch das Denken, logische Umkehrung der Schicksalsangst).[171] Hier sei betont, daß

168 Ders. 1920, S. 202.

169 Ebd., S. 202 und 267. Bis zu seinem Lebensende wird Warburg Nietzsches Polarität zwischen Apollinischem und Dionysischem verwenden; siehe ders. 1928-1929, S. 102 (Eintragung vom 17. Mai 1929): »Das Doppelantlitz d[er] Antike als Apollinisch-Dionysisch [...]«.

170 A. Warburg 1920, S. 201 und 268.

171 Ebd., S. 251-259.

Warburg dieses Wechselspiel der Polaritäten *strukturell* betrachtet. Er selbst verweist darauf, inwiefern er hier eine Geschichtsschreibung untergräbt, »deren Entwicklungslehre rein zeitbegrifflich bedingt ist«:

> *Logik*, die den *Denkraum* – zwischen Mensch und *Objekt* – durch begrifflich *sondernde Bezeichnung schafft* und *Magie*, die eben diesen Denkraum durch abergläubisch *zusammenziehende* – ideelle oder praktische – *Verknüpfung* von Mensch oder Objekt wieder *zerstört*, beobachten wir im weissagenden Denken der Astrologie noch als einheitlich primitives Gerät, mit dem der Astrologe zugleich messen und zaubern kann. Die Epoche, wo Logik und Magie wie Tropus und Metapher (nach den Worten Jean Pauls) »auf einem Stamme geimpfet blühten«, ist eigentlich zeitlos, und in der kulturwissenschaftlichen Darstellung solcher Polarität liegen bisher ungehobene Erkenntniswerte zu einer vertieften positiven Kritik einer Geschichtsschreibung, deren Entwicklungslehre rein zeitbegrifflich bedingt ist.[172]

Kann man in dieser Passage nicht das berühmte »zeitlos« – den grundlegenden Anachronismus – des Freudschen Unbewußten lesen? Wie dem auch sei, fünf Jahre nachdem Warburg diese Zeilen geschrieben hatte, formulierte er ihn in seinem Kreuzlinger Vortrag neu im Rahmen eines noch expliziter psychologischen oder besser: metapsychologischen Vokabulars. Freuds und Binswangers Einfluß – auf den ich noch genauer eingehen werde – beherrscht von nun an Warburgs Versuch, die Kultur in Begriffen wie »mythische Denkweise« und »ersetzendes Bild«, »Abwehr« und »phobischer Reflex«, »triebhafte Magie« und »Katharsis«, »Katastrophe der Loslösung« und »Verknüpfungszwang«, »unbewusstes … Archiv des Gedächtnisses« und schließlich als »Urkategorie kausaler Denkformen« zu erfassen, die in seinen Augen das Materielle darstellt.[173]

Interessant sind diese explorativen Formulierungen deshalb, weil Warburg mit der Annäherung an eine Metapsychologie der

---

172 Ebd., S. 202-203.
173 Ders. 1923b, S. 567-601.

kulturellen Tatsachen immer stärker zu einer Phänomenologie des »Bildkörpers« neigt, wie man dies nennen könnte. Die »Symptome ... einer Seelenschwingung«, von denen er 1926 spricht;[174] die »Versuche ..., die Vorgänge innerhalb der Stilentwicklung als kunstpsychologische Notwendigkeit zu begreifen«,[175] von denen 1927-1928 die Rede ist; die »Dialektik des Monstrums«, auf deren psychische Macht er bis zu seinem Tod immer wieder hinwies[176] – all das ist begleitet von einer hochgradigen Aufmerksamkeit für die körperlichen und phantasmatischen Beziehungen des Subjekts (des Künstlers oder des Betrachters) zum Bild.

Und die »heterogene Herkunft« der Renaissance, die den allerersten Gegenstand seines Fragens gebildet hatte, beschrieb er schließlich 1929 in Begriffen einer räumlichen und körperlichen Phänomenologie: Die Grund-»Schwingung« der Kultur sorgt für die Spannung und den »Rhythmus« zweier reziproker Bewegungen, zu deren Bezeichnung er die Neologismen »Einschwingen« und »Ausschwingen« prägte. Das Bild *»schlägt«* also wie im Rhythmus von Diastole und Systole oder Ein- und Ausatmen. Es schwingt nach innen, es schwingt nach außen. Es öffnet und schließt sich. Es fordert uns auf, seine »Materie« zu berühren, und stößt uns zurück in die »zeichenmässige« Region der Distanzierung.[177] Und so weiter in der endlosen Bewegung eines Ein- und Ausströmens: »[...] und zurück«.[178]

Das Bild schlägt, und in ihm schlägt auch die Kultur. Das ist ihr paradoxes Leben, ihre »Lebensenergie«, die sich unmöglich fixieren läßt, weil ihre Dialektik unmöglich abzuschließen ist: Sie pendelt unablässig zwischen »Lebensbejahung« und »Le-

174 Ders. 1926b, S. 565.

175 Ders. *Tagebuch*, 1927-1928 (zit. n. E. H. Gombrich 1970, S. 357). Warburg setzt seinen Gedankengang fort mit Überlegungen zu einer »Kritik der weltgeschichtlichen Epochen-Abgrenzung«.

176 Zit. ebd., S. 341.

177 Ders. 1929b, S. 225-228.

178 Ders. 1926b, S. 565 (es handelt sich um die beiden letzten Worte des Aufsatzes).

bensverneinung«, wie Warburg kurz vor seinem Tod im fiebrigen Manuskript der *Grundbegriffe* schreiben wird.[179]

179 Ders. 1928a, S. 28.

Feld und Vehikel der Bewegungen des Nachlebens: Die Pathosformel

Wenn man wissen möchte, ob ein liegender Körper tot oder lebendig ist, ob er noch einen Rest animalischer Energie besitzt, sollte man vor allem auf Bewegungen achten: auf die bloße Bewegung statt auf das Aussehen. Zum Beispiel auf das Beben eines Fingers, eine Bewegung der Lippen, ein Zittern der Augenlider, und seien sie auch kaum wahrnehmbar oder unendlich verlangsamt wie jene »Welle, versteinert im Augenblick, da sie gegen das Ufer anströmt«, von der Goethe so schön im Blick auf den *Laokoon* sprach.[180] Ich kann nur dann sagen, daß *noch ein Rest Leben da sei*, wenn es *sich noch bewegen kann*, in welcher Weise auch immer. Jede Fragestellung im Blick auf das Nachleben muß, phänomenologisch betrachtet, ihren Weg über die Frage nach der organischen Bewegung nehmen.

Bei Warburgs »Nachleben« komplizieren sich die Dinge schon dadurch, daß das *Nachleben der Antike* im geschichtlichen Leben aufzusuchen ist, inmitten der Ereignisse, wie sie am hellichten Tag stattfinden – in deren Rücken oder Futter, zuweilen auch in deren Schockwelle, also Flanke. Wir müssen die »Bewegung des Nachlebens« als einen Gegenrhythmus zur »Bewegung des Lebens« begreifen. Findet die Zeit der *Gegenzeit* nicht ihre plastische, visuelle und körperliche Entsprechung in einem Dynamogramm von *Gegenbewegungen*? Und zeigt das Nachleben in den Bewegungen des Lebens nicht seinen Symptomcharakter als jene Gegenaktivität, die weder ganz lebendig noch ganz tot ist, sondern das andersartige Leben jener Dinge, die vergangen sind und uns weiterhin verfolgen?

Auf diese große Frage – *nach den körperlichen Formen der nachlebenden Zeit* – antwortet das bei Warburg absolut zentra-

180 J. W. Goethe 1798, S. 134.

le Konzept der *Pathosformeln*. Die Idee dazu zeichnete sich in Umrissen schon sehr früh ab und lag bereits den *Grundlegenden Bruchstücken zu einer monistischen Kunstpsychologie* zugrunde, einem unvollendeten Projekt, das er 1888, noch während seines Studiums, begann und erst 1905 aufgab.[181] Allgegenwärtig war sie auch in seinem letzten unvollendeten Projekt, *Mnemosyne*. Einer der in Betracht gezogenen Untertitel lautete: *der Eintritt d[er] Gebärdensprache all'antica in die Menschen-Darstellung der italienischen Frührenaissance*.[182] In dieser Zeit, in der Warburg seine »Grundbegriffe« zu formulieren versuchte, erfährt das Konzept sogar eine spezifische Entwicklung, von der die – gleichfalls unveröffentlichte – Gruppe von Manuskriptblättern mit dem Titel *Pathos, Pneuma, Polarität* zeugt.[183]

Ebenso beharrlich begleitet die Pathosformel das gesamte »sichtbare«, das heißt lesbare und veröffentlichte Voranschreiten der Warburgschen Reflexion über die Bilder. Schon in der Vorbemerkung zu seiner Dissertation über Botticelli von 1893 kündigte Warburg – ohne jedoch zu wagen, das Wort auszusprechen, das er dafür geprägt hatte – sein wichtigstes Vorhaben an, nämlich

> Schritt für Schritt [zu] verfolgen, wie die Künstler und deren Berather in »der Antike« ein gesteigerte äussere Bewegung verlangendes Vorbild sahen und sich an antike Vorbilder anlehnten, wenn es sich um Darstellung äusserlich bewegten Beiwerks – der Gewandung und der Haare – handelte.[184]

Das Vorhaben schien ihm von so entscheidender Bedeutung zu sein, daß es ihm jenseits der »verworrenen Gelehrsamkeit«, die er selbst seiner Studie über die *Geburt der Venus* bescheinigte,[185] die Worte für seinen Schlußsatz lieferte: Es gehe letztlich um ein Verständnis der Neigung, »auf die Kunstwerke des Althertums

---

181 A. Warburg 1888-1905.
182 Ders. 1928-1929, S. 43 (Eintragung vom 4. Mai 1929).
183 Ders. 1928b.
184 Ders. 1893, S. 13.
185 Ebd., S. 25.

zurückzugreifen, sobald es sich um die Verkörperung äusserlich bewegten Lebens handelte«.[186]

Zu kulminieren – und endlich ausgesprochen zu werden – scheint das in Warburgs gesamtem veröffentlichten Werk gegenwärtige Problem der »Pathosformeln« in der 1905 entstandenen Arbeit über »Dürer und die italienische Antike«. Dort zeigt der Historiker eine »pathetische Strömung« auf, in der sich seines Erachtens der Stil der Frührenaissance herausbildet.[187] Durchaus nicht zufällig wählt Warburg das gewalttätige – ebenso mörderische wie erotische – Motiv der Tötung des Orpheus durch seine Geliebten und stellt eine gestische Verbindung, eine Art »dynamographischen« Vektor, zwischen den Darstellungen auf griechischen Vasen und bestimmten Renaissanceillustrationen der Ovidschen *Metamorphosen* und sodann zwischen Mantegnas gelehrtem Pathos und Dürers herzzerreißendem Humanismus her (Abb. 3 und 26-28).

Das von Warburg in diesem Aufsatz ausgewählte Motiv ist offenbar weitaus tragischer und düsterer als das der Studie über Botticelli. Statt mit einer Geburt haben wir es hier mit einer Tötung zu tun, statt mit einem weiblichen Akt, der Zärtlichkeit weckt, mit einem männlichen Akt, dessen Protagonist erschlagen wird. Doch die Fragen, die sich hier stellen, sind dieselben: Weshalb greift der neuzeitliche Mensch auf antike Formeln zurück, wenn es darum geht, eine affektive Geste der Gegenwart auszudrücken? Weshalb eignen sich heidnische Darstellungen so gut dazu, die christlichen ikongraphischen Sujets der heiligen Liebe oder der Beweinung des toten Leibes Jesu einzukleiden, wenn nicht gar zu pervertieren – oder im Gegenteil zu erhellen? Was verdanken die Pathosformeln der Renaissanceplastik nicht nur einer figurativen Archäologie (der Entdeckung der römischen Spuren), sondern auch einer Inszenierung der poetischen Sprache, der Musik und des Tanzes, wie sie in Polizians berühmtem tragischen Tanzspiel *Orfeo* so schön zum Ausdruck kommen?

186 Ebd., S. 31.

187 Ders. 1906, S. 125.

Warum überlebt diese »echt antike Stimme« in der Spannung eines instabilen, für das Florentiner Quattrocento charakteristischen »Mischstils«? Warum manifestiert sich die Bewegung der nachlebenden Zeit – das *Nachleben der Antike* – auf der geographischen Ebene des kulturellen »Austauschs« zwischen Süd und Nord, zwischen Mantegnas Italien und Dürers Deutschland? Dazu erklärt Warburg, er sei der

> Überzeugung, daß diese beiden Blätter [Abb. 3 und 28] als Aktenstücke zur Geschichte des Wiedereintritts der Antike in die moderne Kultur noch nicht erschöpfend interpretiert sind, insoweit sie einen bisher unbeachteten doppelseitigen Einfluß der Antike auf die Stilentwicklung der Frührenaissance offenbaren. [...] Die typische pathetische Gebärdensprache der antiken Kunst, wie sie Griechenland für dieselbe tragische Szene ausgeprägt hatte, greift mithin hier unmittelbar stilbildend ein. [...] [Diese Werke] zeigen fast völlig übereinstimmend, wie lebenskräftig sich dieselbe archäologisch getreue Pathosformel, auf eine Orpheus- oder Pentheusdarstellung zurückgehend, in Künstlerkreisen eingebürgert hatte; vor allem beweist dies aber der Holzschnitt zur Venezianischen Ovidausgabe von 1497 [Abb. 27] ... Hier ertönt zum Bild die echt antike, der Renaissance vertraute Stimme, denn daß der Tod des Orpheus nicht nur ein rein formal interessantes Ateliermotiv, sondern ein wirklich im Geiste und nach den Worten der heidnischen Vorzeit leidenschaftlich und verständnisvoll nachgefühltes Erlebnis aus dem dunkeln Mysterienspiel der Dionysischen Sage war, beweist das früheste italienische Drama Polizians, sein in ovidianischen Weisen sprechender »Orfeo«, der 1472 in Mantua zuerst aufgeführt wurde. Dadurch empfängt der »Tod des Orpheus« seinen nachdrücklichen Akzent, denn in diesem tragischen Tanzspiel, dem Erstlingswerk des berühmten florentinischen Gelehrten, trat das Leiden des Orpheus unmittelbar dramatisch verkörpert ... vor die Sinne der Renaissancegesellschaft in Mantua. [...] Die »Bilder zum Tode des Orpheus« sind somit wie ein vorläufiger Fundbericht über die ersten ausgegrabenen Stationen jener Etappenstraße anzusehen, auf der die wandernden antiken Superlative der Gebärdensprache von Athen über Rom, Mantua und Florenz nach Nürnberg kamen ...«[188]

188 Ebd., S. 125-130.

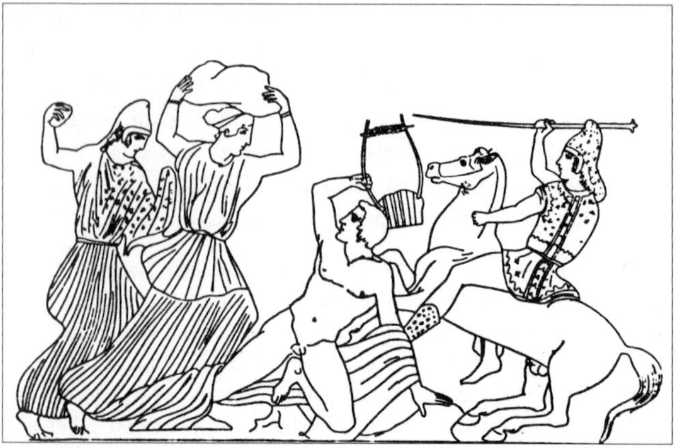

Abb. 26: *Der Tod des Orpheus* (anonym, griechisch), 5. Jahrhundert vor Christus. Umzeichnung eines Vasenbildes. Nach A. Warburg, *Dürer und die italienische Antike*, Leipzig 1906, Tafel 1.

1914 – kurz bevor er in den Krieg gegen die »Dämonen« der Kultur und die »Monstren« seiner eigenen Psyche eintritt – kommt Warburg auf die »gesteigerte Beweglichkeit all'antica« und den »neuen pathetischen Stil« des Quattrocento zurück, wobei er noch vor Mantegna die entscheidende Rolle Pollaiuolo und vor allem Donatello zuweist, mit ihrer dionysische Klage, ihrem »Trauerorgiasmus«, ihren christlichen *conclamationes* und ihren Mänaden auf den Grabsteinen …

> Dem Verlangen Donatellos, den Menschenkörper aus steifem Prunk zu entschälen und ihn in unbehindertem Rhythmus seiner antiken Körperlichkeit sprechen zu lassen, konnten sich eben auch schliesslich die Lieferanten der köstlichen Stofflichkeiten nicht entziehen. […] Seit den Reliefs für den Antoniusschrein zu Padua (zirka 1445) sind er, und vor allem seine Schüler, von einer hypernervösen, tragischen Pathetik ergriffen, die bei einzelnen geradezu zu einem Orgiasmus der Beweglichkeit führt, der die vorbildlichen antiken Reliefs an pathetischer Heftigkeit noch zu übertreffen versucht.[189]

189 Ders. 1914, S. 293 und 296.

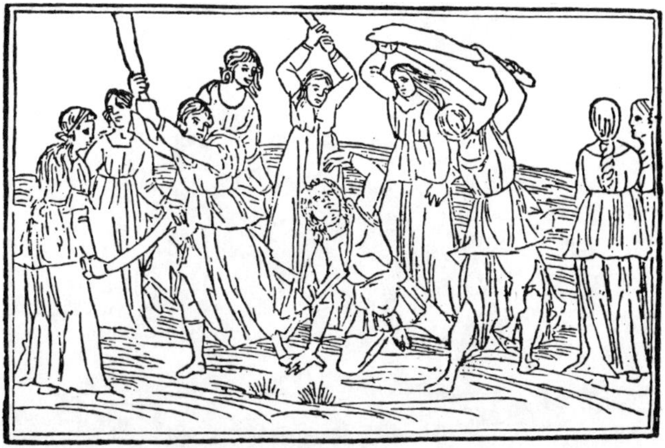

Abb. 27: *Der Tod des Orpheus* (anonym, italienisch), 1497. Holzschnitt aus Ovids *Metamorphosen*, Venedig 1497. Nach A. Warburg, *Dürer und die italienische Antike*, Leipzig 1906, S. 57.

Es ist kein Wunder, daß diese Entwicklung in der »antiken Instabilität« der Gebärdenformeln und in der Nietzscheanischen Polarität zwischen »apollinischem *Ethos*« und »dionysischem *Pathos*« endet.[190] Aber wer interessiert sich seit Warburg unter diesem Blickwinkel des »freien Rhythmus«, der »übernervösen« Bewegung und des »überhitzten Pathos« für die italienische Renaissance? Mit dem dionysischen Nachleben treibt die Kunstgeschichte die Körperlichkeit der Pathosformeln ebenso aus wie die Zeitlichkeit des Nachlebens.

*

In dieser Weise könnte man Schritt für Schritt verfolgen, wie einige berühmte Kunsthistoriker die »Pathosformeln« in ihren Werken verleugneten oder zumindest verrieten. Wölfflin verteidigte als erster den »gemäßigten« und »durchgeistigten« Klassizismus des Cinquecento gegen die »Ängstlichkeit«, »Befangen-

190 Ebd., S. 307-308.

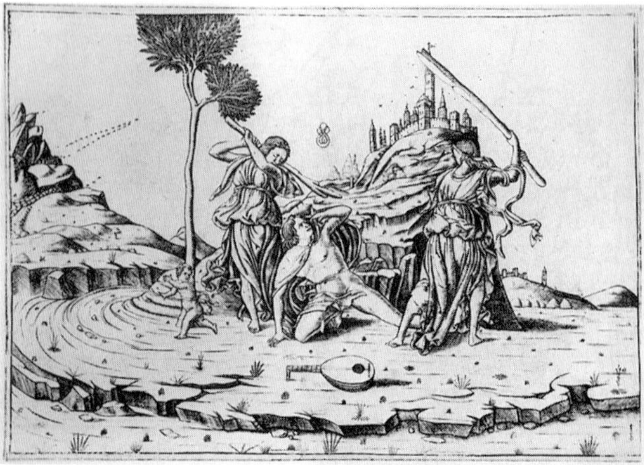

Abb. 28: *Der Tod des Orpheus* (anonym, italienisch), 15. Jahrhundert, Kupferstich nach einer Zeichnung von Andrea Mantegna. Nach A. Warburg, *Dürer und die italienische Antike*, Leipzig 1906, Tafel II.

heit« und »Trivialität« des Quattrocento.[191] Panofsky reduzierte den pathetischen Ausdruck auf den Status des »primären Sujets« eines Bildes. In seinem eigenen Text über Dürer und die klassische Antike suchte er die Lösung – die Auflösung – der »tragischen Unruhe« in einer ganz Winckelmannschen »klassischen Ruhe«. Er wies das Pathos des Quattrocento mit dem Hinweis auf eine verspätete Gotik zurück, womit er ihm einen regressiven Charakter zusprach. Er übernahm den Gegensatz zwischen der »gemeinen« und der »edlen Natur«, die Kant wegen ihres sublimierten, idealisierten und universalisierten Charakters so verehrte. Er lobte »Maß« und »Vereinigung« gegen alle von Warburg so geschätzten pathetischen Spannungen.[192]

Gombrich reduzierte später die Pathosformeln auf reine Fragen der ikonographischen Botschaft und der »Illusion des Le-

---

191 H. Wölfflin 1899, S. 191-276 (wo er implizit auf Warburgs Thesen von 1893 zu antworten scheint).

192 E. Panofsky 1921-1922, S. 276, 288, 291-294; ders. 1939, S. 7-9.

bens«,[193] bevor er sie schlicht und einfach aus seinen Untersuchungen über »Handlung und Ausdruck in der abendländischen Kunst« ausschloß.[194] Kurz, Warburgs Konzept machte seinen Erfinder zwar berühmt, galt aber dennoch als »untauglich« und bar jeglichen praktischen Werts.[195] So erlaubt André Chastel es sich, das Konzept in seiner zusammenfassenden Darstellung der »Gebärde in der Renaissance« vollkommen zu ignorieren.[196] Aber ebenso verfährt auch Pierre Francastel bei seiner Analyse des Verhältnisses zwischen »plastischer Phantasie« und »theatralischer Vision« im Quattrocento.[197] Die Warburgsche Pathosformel wurde also von der strukturalistischen Geschichtsschreibung (mit ihrer impliziten Abneigung gegen Nietzsches Energetik) ebenso vernachlässigt wie von der positivistischen Geschichtsschreibung (mit ihrer impliziten Abneigung gegen dessen anthropologischen Anspruch). Ignoriert wurde sie schließlich auch von Forschungsgebieten, die ihm in gewisser Weise erst ihre Existenz verdankten, zum Beispiel von der Kulturgeschichte der Gebärden oder von der jüngeren Semiotik der Leidenschaften.

Warburgs Kommentatoren erkannten durchaus die zentrale oder sogar konstitutive Bedeutung der Pathosformel.[198] Einige der Anthropologie nahestehende Historiker – an erster Stelle Carlo Ginzburg – haben sogar versucht, Warburgs Konzept wieder einen gewissen praktischen Wert zu verleihen, auch wenn sie es zu diesem Zweck in die eine oder andere Richtung abwandelten.[199] Doch die Herstellung solch eines praktischen Werts stößt

---

193 E. H. Gombrich 1961, S. 128 (dt. S. 166); ders. 1964, S. 55 (dt. S. 57); ders. 1966b, S. 76 (dt. S. 76).

194 Ders. 1972, S. 78-104 (dt. S. 78-104).

195 Ders. 1970, S. 321 (dt. S. 428).

196 A. Chastel 1987, S. 9-16.

197 P. Francastel 1965, S. 201-281; ders. 1967, S. 265-312.

198 Siehe insbesondere M. Warnke 1980b, S. 61-68; M. Barasch 1985, S. 119-127; P. Vuojala 1997, S. 190-191 (englische Zusammenfassung); F. Bassan 1998, S. 185-201.

199 Siehe C. Ginzburg 1996, S. 38-39, kommentiert von F.-R. Martin 1998, S. 5-37. Siehe auch A. Haus 1991, S. 1319-1339; I. Barta-Fliedl und C. Geissmar-Brandi (Hg.) 1992; dies. und N. Sato 1999.

auf zwei Hauptschwierigkeiten. Die erste beruht auf dem ganz beträchtlichen philosophischen Ehrgeiz, der Warburgs Konzept innewohnt und von dem die Kunsthistoriker nie recht wußten, was sie damit anfangen sollten. Die zweite beruht auf der Tatsache, daß Warburg, wie es seine Art war, zahlreiche Hypothesen formulierte (oder theoretische »Raketen« abschoß), ohne sie jemals in ein einheitliches System einzuordnen oder deren Widersprüche auch nur vorläufig zu versöhnen.

Der philosophische Ehrgeiz zeigt sich schon in den Worten, die sein Erfinder dafür wählte. Sie besitzen eine Doppelstruktur, wie man sie oft bei Warburg findet. »Pathosformel« oder »Dynamogramm« zeigen in der Tat, daß Warburg das Bild auf zwei Ebenen dachte, auf der Ebene der dialektischen Energie einer Montage von Dingen, die das Denken eigentlich für Widersprüche hält: Pathos und Formel, Kraft und Graph, kurz: *Kraft und Form*, Zeitlichkeit eines Subjekts und Räumlichkeit eines Objekts ... Warburgs Ästhetik des Dynamogramms fand also in der pathetischen Gebärde *all'antica* einen Ort *par excellence* – einen formalen Topos, aber auch einen phänomenologischen Intensitätsvektor – für jene »Konfrontationsenergie«, die jede Kunstgeschichte in Warburgs Augen zu einer wahrhaften Psychomachie, einer kulturellen Symptomatologie machte.[200] Die Pathosformel wäre danach ein bedeutungsvoller Zug, eine Linienführung der anthropomorphen Bilder des antiken und modernen Abendlandes: das Element, durch das und in dem das *Bild schlägt*, sich bewegt, sich in der Polarität der Dinge abkämpft.

Dieser Kampf – ein Element der Spannung, ein Schmelztiegel der Widersprüche – ist in Warburgs Werk allgegenwärtig. Der ständige »Kampf« der Pathosformel ist durchaus kein Zeichen von Schwäche, wie Gombrich und all jene meinen, die die Stärke eines Konzepts mit dessen systematischer Geschlossenheit verwechseln, vielmehr zeugt er von einer philosophischen Wette, die Warburg an den Anfang seiner »namenlosen Wissenschaft«

200 Siehe A. Warburg 1927a, S. 21 (Eintragung vom Juni 1927): »Dynamogramm = Pathosformel«.

stellte: einer Wette, die zunächst einmal darin bestand, das Bild zu denken, ohne es zu schematisieren (im trivialen wie auch im Kantischen Sinne des Wortes). Und tatsächlich konstituiert sich »Pathosformel« als ein Begriff, der von ebenjenem erregt und leidenschaftlich bewegt ist, von dem er objektiv handelt: Rundum kämpft er sich ab im Schlangenknoten der Bilder und führt einen unermüdlichen Kampf mit der wimmelnden Komplexität der räumlichen und mit der intervallförmigen Komplexität der zeitlichen Dinge. Es ist kein Zufall, daß der Begriff zu einer Zeit entstand, als der junge Warburg in den Lehrveranstaltungen seines Archäologielehrers Kekulé von Stradonitz die komplizierten – animalischen oder choreographischen, von Agonie oder Erotik geprägten und vielleicht auch jeder ästhetischen Schönheit baren – Bewegungen des griechischen Kampfs der Kentauern (Abb. 17) oder gewiß auch des Laokoon (Abb. 29) studierte, der Warburgs gesamtes Werk durchzieht.[201]

Der theoretische Ehrgeiz der Pathosformel befand sich also ganz auf der Höhe des Risikos, das Warburg einging, um die vielfältigen Polaritäten des aus der Perspektive seines Nachlebens betrachteten antiken Bildes zu *behaupten* – und nicht etwa aufzulösen. Ernst Cassirer stellte völlig zu Recht die *Pathosformel* – zusammen mit dem *Nachleben*, dessen«Verkörperung« sie darstellt, wie Warburg selbst es ausdrückte – in den Mittelpunkt des Problems, das der Urheber dieser revolutionären Kunstgeschichte aufwarf:

> Denn sein Blick ruhte nicht in erster Linie auf den Werken der Kunst, sondern er fühlte und sah hinter den Werken die großen gestaltenden Energien. Und diese Energien waren ihm selbst nichts anderes als die ewigen Ausdrucksformen menschlichen Seins, menschlicher Leidenschaft und menschlichen Schicksals. So wurde alle bildende Gestaltung, wo immer sie sich regte, ihm lesbar als eine einzige Sprache, in deren Struktur er mehr und mehr einzudringen und deren Gesetze er sich zu enträtseln suchte. Wo andere bestimmte abgegrenzte Gestalten, wo sie in sich ruhende Formen gesehen hatten, da

201 Siehe R. Kekulé von Stradonitz 1883.

> sah er bewegende Kräfte, da sah er das, was er die großen »Pathosformeln« nannte, die die Antike als einen bleibenden Besitz für die Menschheit geschaffen hat.[202]

Der Mann, der dies schrieb, hatte acht Jahre zwischen den Regalen der Kulturwissenschaftlichen Bibliothek Warburg verbracht. Da ist es kaum verwunderlich, daß er die historische und philosophische Bedeutung der Pathosformel sehr gut verstand. Erstaunlich ist aber auch nicht, daß Cassirer als guter Neukantianer das Verhältnis der künstlerischen Formen zu den »bewegenden Kräften« der Kultur in Begriffen verdeutlichen wollte, die Warburg in seinem Nietzschetum gerade zu untergraben gedachte. Man sollte nicht sagen, die »großen gestaltenden Energien« seien »hinter den Werken«. Warburg war ein Historiker des Besonderen und kein Erforscher abstrakter Allgemeinheiten. In seinen Augen waren die Grundprobleme, die *Kräfte*, nicht hinter den Formen, sondern auf derselben Ebene wie sie, auch wenn sie ihre Bestimmung oder Eingrenzung in einem winzigen besonderen Objekt fanden. Die Kritik am Wölfflinschen »Formalismus«, auf die Cassirer hier implizit verweist, bedeutet nicht, daß die »symbolischen Formen« als *deus ex machina* die zu subsumierende Entität der bildlichen Formen wären.

Beleg dafür ist der – nach Cassirers Darstellung gänzlich unverständliche – Einfluß, der Gottfried Semper und Adolf Hildebrand bei der Formulierung der Warburgschen Pathosformel zugeschrieben wird. Diese Formulierung berücksichtigt das Ornament, das phänomenologische Verhältnis zu den Formen und die materielle Kultur ebenso wie den symbolischen Gehalt.[203] Salvatore Settis und Giorgio Agamben haben, jeder auf seine Weise, sehr genau verstanden, daß der Begriff der Pathosformel ein bis dahin unbekanntes Verhältnis zwischen Form und Inhalt fassen sollte. »Ein Konzept wie das der Pathosformel«, schreibt Agamben, »macht es unmöglich, Form und Inhalt voneinander

202 E. Cassirer 1929a, S. 370.

203 Siehe G. Bing 1958, S. 460-462; dies. 1965, S. 445-448.

zu trennen, denn es bezeichnet die unauflösliche Verquickung einer emotionalen Ladung mit einer ikonographischen Formel.«[204]

Was bedeutet »Verquickung«? Es meint eine Konfiguration, in der heterogene oder sogar feindliche Dinge gemeinsam bewegt werden: unmöglich zu einer Synthese zusammenzufassen, aber auch unmöglich voneinander zu trennen. Aneinandergeleimte Kontraste, gemeinsam montierte Unterschiede. Zu Haufen aufgetürmte, ineinander verwobene und verschachtelte Polaritäten: »Formeln« und Leidenschaften, »Engramme« und Energien, Abdrücke und Bewegungen,[205] »äußere Veranlassungen« (der Wind im Haar einer Nymphe) und psychische Motive (das Begehren der Nymphe), »Beiwerk« (Parergon, Peripherie) und Schätze (das Zentrum, das Herz der Dinge), Detailrealismus und dionysische Intensität, Marmorkunst (Skulptur) und Gebärdenkunst (Tanz, Theater, Oper) …

Doch die verwirrendsten Verquickungen und Verschlingungen betreffen die Geschichte und deren Zeitlichkeit: ein Haufen Zeitfetzen, könnte man sagen. Eine Anhäufung heterogener Zeiten, die ein Gewimmel bilden wie die Schlangen in dem indianischen Ritual, das Warburg so faszinierte (Abb. 76).[206] Hier verschlingen sich Eros und Thanatos, der Kampf um Leben und Tod und das Begehren, die symbolische Montage und die triebhafte Demontage, das mineralisierte Fossil und die Lebensenergie der Bewegung, die dauerhafte Kristallisierung der Graphen und der vergängliche Gefühlsausdruck. Hier vereinen sich etymologisch das *momentum* der unpersönlichen Zeit und das *movimentum* des von Leidenschaften ergriffenen Körpers.

> [Warburg] zeigte, wie die Antike für gewisse typische, immer wiederkehrende Situationen bestimmte prägnante Ausdrucksformen geschaffen hat. Gewisse innere Erregungen, gewisse Spannungen

204 G. Agamben 1984, S. 11. Siehe auch S. Settis 1981, S. XIX-XXIX; ders. 1997, S. 31-73.

205 Siehe A. Warburg 1927a, S. 45 (Eintragung vom 23. Mai 1927)

206 Ders. 1923c, S. 37-42.

> und Lösungen sind in ihnen nicht nur festgehalten, sondern sie sind gleichsam in sie gebannt. Überall wo ein gleichartiger Affekt anklingt, wird auch das Bild, das die Kunst für ihn geschaffen, wieder lebendig. Es entstehen, nach Warburgs Ausdruck, bestimmte »Pathosformeln«, die sich dem Gedächtnis der Menschheit unauslöschlich einprägen. Den Bestand und den Wandel, die Statik und die Dynamik dieser »Pathosformeln« hat Warburg durch die gesamte Geschichte der bildenden Kunst hindurch verfolgt.[207]

Bewegungen und Emotionen, die sich »gleichsam … gebannt« durch die Zeit ziehen – das ist die Bildmagie der Pathosformeln nach Warburg. Wieder einmal geht die Entdeckung auf den geschärften Sinn für ein die italienische Renaissance konstituierendes Paradoxon zurück. Auf den Wänden antiker Sarkophage haben die Bewegungen des Lebens, des Begehrens und der Leidenschaften bis heute überlebt. Und sie vermögen, uns zu bewegen und unsere aktuelle Wahrnehmung zu verwandeln. Sie vermögen, sich selbst zu bewegen, als hätte die von Warburg seit seiner ersten Publikation so oft zitierte »stilbildende Macht«[208] es geschafft, aus diesen Fossilien der Bewegung veritable Lebewesen zu machen, die der chronologischen Zeit die Stirn bieten: Fossilien in Bewegung. Verkörpertes Nachleben, »primitive Formeln«, die in der Lage wären, unsere eigenen Gebärden hier und jetzt zu bewegen und zu erregen, wie ein Zeitgenosse von Warburg, Rainer Maria Rilke, es so schön zum Ausdruck gebracht hat:

> Und doch sind sie, diese lange Vergangenen, in uns, als Anlage, als Last auf unserem Schicksal, als Blut, das rauscht, und als Gebärde, die aufsteigt aus den Tiefen der Zeit.[209]

207 E. Cassirer 1942, S. 117.
208 A. Warburg 1893, S. 13.
209 R.-M. Rilke 1929, Brief vom 14. Mai 1904.

Auf der Suche nach den primitiven Formeln

Die Entdeckung der »Pathosformeln« versteht sich nicht von selbst. Es reicht nicht, einige Ähnlichkeiten zwischen verschiedenen Darstellungen desselben Typs von Gebärden aufzuzeigen, um deren genealogischen Zusammenhang hervortreten zu lassen und den Formbildungs- und natürlich auch Veränderungsprozeß ein und derselben »Verkörperung des Nachlebens« zu begreifen. Die Pathosformel hat zahlreiche Quellen und theoretische Grundlagen.[210] Dazu gehört zum mindesten eine sinnvolle Verknüpfung dreier Blickwinkel oder sogar dreier Standpunkte: eines philosophischen (zur Problematisierung der Ausdrücke »Pathos« und »Formel«), eines historischen (zur Verdeutlichung der Genealogie der Objekte) und eines anthropologischen (zur Berücksichtigung der kulturellen Beziehungen dieser Objekte).

Der philosophische Standpunkt hat folgende Auffassung zur Voraussetzung: Es gilt, Schluß zu machen mit den rein negativen oder ausschließenden Definitionen des Pathos, die hier traditionell einen Gegensatz zum Handeln (*poïeïn*), zum Stoff (*ousia*, wodurch die Leidenschaft ontologisch in die Nähe des Akzidentiellen gerät), zur Gelassenheit (*apathéia*) und damit zur Weisheit (*sophia*) konstruieren. Es gilt, all das zu öffnen, zu nuancieren, zu dialektisieren. Es gilt, das Wesentliche zu erkennen, die positive *Plastizität* des Pathos-Paradigmas: Vermag das als *pathetikos* zu kennzeichnende Wesen, das Wesen, dem etwas zustoßen oder das von etwas berührt werden kann, seine Schwäche (die Offenheit, die Schutzlosigkeit) nicht in eine Stärke zu verwandeln (nämlich die, das Feld des Möglichen zu erweitern)? Verleiht ihm nicht gerade die Fähigkeit, berührt zu werden, auch

210 Hier könnte man zumindest und ohne Rücksicht auf die Reihenfolge Lessing, Goethe, Haeckel, Darwin, Spencer, Lamprecht, Wundt, Schmarsow, Vignoli, Usener, Semper und einige andere nennen.

eine Kraft zu handeln? Wenn der Philosoph – Aristoteles in seiner Abhandlung *Über die Seele* – schreibt: »Es leidet das Ungleiche, ist das Erleiden vorüber, ist es ein Gleiches«,[211] muß dann der Historiker der Bilder nicht gerade in diesem paradoxen Charakter des Pathos den Reichtum eines Darstellungsvermögens suchen?

Der Begriff der Pathosformel erforderte andererseits auch eine – wenn auch sehr schwierige – Klärung des alten, im theoretischen Denken so oft behandelten Ausdrucksproblems. Wenn Warburgs Denken hier stark vom Begriff des Ausdrucks und dem zugehörigen Vokabular geprägt war, so verdankte sich dies dem Zusammenfluß mehrerer in Deutschland Ende des 19. Jahrhunderts lebendiger Traditionen. Die eine ist die der *Immanenzphilosophien*, deren – mit Gilles Deleuze zu sprechen: »ein wenig verborgene, ein wenig verteufelte« – Geschichte sich von Spinoza bis Nietzsche zieht: Philosophien, die danach fragten, was ein Körper vermag, und im Rahmen dieser Frage die radikalste Kritik am klassischen Darstellungskonzept vortrugen.[212]

Eine weitere Tradition ist die der *Philosophien des Symbols*, das heißt die der Philosophen der Formel. Hier könnte man auf zwei so unterschiedliche Figuren wie Gottlob Frege und Ernst Cassirer verweisen. Frege – ein genauer Zeitgenosse Warburgs – vermochte das Problem der Formel nicht aufzuwerfen, ohne sich tief in die Philosophie der *Phantasie* und des *Ausdrucks* zu stürzen.[213] Der zweite – auf einigen seiner Interessengebiete gleichsam ein Schüler Warburgs – vermochte der Frage nach der Sprache und dem Symbol im allgemeinen nicht nachzugehen, ohne sich auf eine Geschichte der Subjektivität zu stützen, die bis auf den antiken Pathosbegriff zurückreichte:

211 Aristoteles, *Über die Seele*, S. 34 (II, 5, 417a).
212 G. Deleuze 1968b, S. 299-311 (dt. S. 284-296).
213 G. Frege 1892, S. 40-65. Siehe C. Imbert 1992, S. 119-162 und 299-326.

> Je mehr indessen der Begriff der »Subjektivität«, den die neuere Philosophie fortschreitend erarbeitet, sich weitet und vertieft – je deutlicher aus ihm eine neue wahrhaft universelle Auffassung der *Spontaneität* des Geistes erwächst …, um so entschiedener muß jetzt auch in der Leistung der Sprache ein anderes Moment hervorgehoben werden. Die Sprache scheint gerade, wenn wir sie zu ihren frühesten Anfängen zurückzuverfolgen suchen, nicht lediglich repräsentatives Zeichen der Vorstellung, sondern emotionales Zeichen des Affekts und des sinnlichen Triebes zu sein.[214]

Wie der Autor der *Mnemosyne* sehr wohl wußte, war das antike Verständnis des Pathos untrennbar mit dessen poetischer (Achills Schmerz), theatralischer (Antigones Schmerz) und natürlich auch bildlicher Inszenierung (Laokoons Schmerz) verbunden. Der Ausdrucksbegriff erlangt seine ganze theoretische Tiefe in einer *Kunstphilosophie*, deren imposante Tradition Warburg schon bald in sich aufnahm. Sein Lehrer Carl Justi führte ihn in die Lektüre Winckelmanns, August Schmarsow in die Lessings ein.[215] Lektüren, die den Charakter einer Initiation besaßen und von entscheidender Bedeutung waren – aber auch für einen deutlichen Kontrast sorgten. Warburg grenzte sich schon bald von den beiden illustren Theoretikern des 18. Jahrhunderts ab. Er äußerte sich ironisch über Winckelmann, der verzweifelt bis in die Figurengruppe des *Laokoon* hinein nach seiner »stillen Größe« suchte (Abb. 29).[216]

Lessings Arbeit dagegen regte Warburg schon sehr früh – nämlich 1889 – zu einem Projekt an, das den Titel »Entwurf zu einer Kritik des Laokoons an Hand der Kunst des Quattrocento in Florenz« tragen sollte.[217] Das war nicht mehr und nicht weni-

---

214 E. Cassirer 1923b, S. 90-91. Siehe ebd., S. 99-134.

215 Siehe C. Justi 1898; A. Schmarsow 1907a.

216 A. Warburg 1914, S. 305: »… die Einfalt und stille Größe, die Winckelmann selbst dem in Todesqual sich windenden Laokoon anempfand«; und S. 307: »Daß aber eine Auffassung der Antike, die eben der Winckelmanns diametral gegenübersteht, dem Geiste des Quattrocento tatsächlich entspricht …«

217 Ders. 1889 (siehe Gombrich 1970, S. 23-24 und 50-51 (dt. S. 41 und 71).

ger als ein Angriff auf den Felsen Lessing, der »nach Aristoteles der zweite Gesetzgeber der Künste« gewesen war, wie Dilthey 1877 bemerkt hatte.[218] In den Augen des jungen Warburg hatte Lessing in gewisser Weise die Tür – die des ästhetischen Problems des pathetischen Ausdrucks – sogleich wieder geschlossen, nachdem er sie geöffnet hatte. Einerseits hatte er die Bedeutung des *momentum*, also des *movimentum* für die Ausdruckskraft der Kunst im allgemeinen, erkannt. Andererseits hatte er den bildenden Künsten diese Kraft abgesprochen:

> Die bloße weite Öffnung des Mundes – bei Seite gesetzt, wie gewaltsam und ekel auch die übrigen Teile des Gesichts dadurch verzerret und verschoben werden, – ist in der Malerei ein Fleck und in der Bildhauerei eine Vertiefung, welche die widrigste Wirkung von der Welt tut.[219]

Lessings Dogma ist bekannt: Die bildenden Künste haben eine Beziehung zur Zeit nur im Blick auf den »einzige[n] Augenblick, an den die materiellen Schranken der Kunst [im Unterschied zur Dichtung] alle ihre Nachahmungen binden«.Und zur Leidenschaft haben sie nur insofern Beziehung, als sie den Augenblick ihrer höchsten Intensität zurückweisen.[220] Die bildende Künste sind unfähig, »unsichtbare« Handlungen abzubilden, eine echte Abfolge von Ansichten darzustellen und eine Montage aus gegensätzlichen Affekten zu schaffen. »Der Dichter allein besitzt das Kunststück, mit negativen Zügen zu schildern, und durch Vermischung dieser negativen mit positiven Zügen, zwei Erscheinungen in eine zu bringen.«[221]

Doch der ästhetische Pathosbegriff – jenes »ästhetische Pathos«, von dem Warburg in den Schriften Anton Springers lesen konnte[222] – endete nicht bei Lessing. Dessen »Laokoon« wurde nicht nur von zahlreichen Autoren debattiert: von Johann Gott-

---

218 W. Dilthey 1877, S. 103-104.

219 G. E. Lessing 1766, S. 23.

220 Ebd., S. 25.

221 Ebd., S. 72; siehe auch S. 87-88, 93 und 96-97.

222 A. Springer 1848, S. 9.

fried Herder, Karl Philipp Moritz und natürlich von Goethe selbst.[223] Vielmehr wurde die Frage des tragischen Pathos zu einem zentralen Paradigma der gesamten deutschen romantischen Philosophie. Schiller schalt 1792 den Klassizismus der französischen Tragödie wegen ihrer gestelzten »Dezenz« und stellte ihr die Kühnheit, Wahrheit, Offenheit und Aufrichtigkeit der großen griechischen Tragödie gegenüber. Zu den Griechen zurückkehren hieß sich auf eine wahrhaftige Ästhetik, eine wahrhaftige Ethik des *Tragisch*-Seins, des *Berührt*-Seins, des *Pathetisch*-Seins berufen:

> Darstellung des Leidens – als bloßen Leidens – ist niemals Zweck der Kunst, aber als Mittel zu ihrem Zweck ist sie derselben äußerst wichtig. [...] Das Sinnenwesen muß tief und heftig leiden; Pathos muß da sein, damit das Vernunftwesen seine Unabhängigkeit kundtun und sich *handelnd* darstellen könne. [...] *Pathos* ist also die erste und unnachläßliche Forderung an den tragischen Künstler, und es ist ihm erlaubt, die Darstellung des Leidens so weit zu treiben, als es, *ohne Nachteil für seinen letzten Zweck*, ohne Unterdrückung der moralischen Freiheit, geschehen kann.[224]

In dieser Schrift, in der die Laokoon-Gruppe gleichfalls als zentrales Beispiel angeführt wird, entwickelte Schiller eine dialektische Sicht der tragischen Darstellung – »Das erste Gesetz der tragischen Kunst war Darstellung der leidenden Natur. Das zweite ist Darstellung des moralischen Widerstandes gegen das Leiden«[225] –, die ähnliche Entwicklungen in Hegels *Phänomenologie des Geistes* vorwegnimmt.[226] In der Zwischenzeit hatte Goethe seine eigene Antwort auf die von der Laokoon-Gruppe aufgeworfene Frage gegeben: ein bewundernswerter Text, dem Warburg zweifellos einige wesentliche Merkmale seines Begriffs der Pathosformel entnahm:

---

223 Siehe S. Richter 1992; S. Settis 1999.
224 F. Schiller 1792b, S. 512-513.
225 Ebd., S. 515.
226 G. W. F. Hegel 1807, S. 529-544. Siehe auch F. Schiller 1792a, S. 372-393; und die Analysen in P. Szondi 1961.

> Sollte ich diese Gruppe, wenn mir keine weitere Deutung derselben bekannt wäre, erklären, so würde ich sie eine tragische Idylle nennen. Ein Vater schlief neben seinen beiden Söhnen, sie wurden von Schlangen umwunden und streben nun, erwachend, sich aus dem lebendigen Netze loszureißen. Äußerst wichtig ist dieses Kunstwerk durch die Darstellung des Moments. Wenn ein Werk der bildenden Kunst sich wirklich vor dem Auge bewegen soll, so muß ein vorübergehender Moment gewählt sein; kurz vorher darf kein Teil des Ganzen sich in dieser Lage befunden haben, kurz nachher muß jeder Teil genötigt sein, diese Lage zu verlassen; dadurch wird das Werk Millionen Anschauern immer wieder neu lebendig sein. Um die Intention des Laokoon recht zu fassen, stelle man sich in gehöriger Entfernung mit geschlossenen Augen davor; man öffne sie und schließe sie sogleich wieder, so wird man den ganzen Marmor in Bewegung sehen, man wird fürchten, indem man die Augen wieder öffnet, die ganze Gruppe verändert zu finden. Ich möchte sagen, wie sie jetzt dasteht, ist sie ein fixierter Blitz, eine Welle, versteinert im Augenblicke, da sie gegen das Ufer anströmt. Dieselbe Wirkung entsteht, wenn man die Gruppe nachts bei der Fackel sieht.[227]

Vor der Skulpturengruppe (Abb. 29) wird Goethe zum Morphologen. Er versteht es, *die Form zu betrachten*. Er sagt nicht, wie ein Ikonograph dies täte, Laokoon und seine Söhne kämpften gegen Schlangen. Außerdem bemerkt er, die drei Körper versuchten, sich von einem »lebendigen Netze« loszureißen, also von einem organischen Gebilde, das die Darstellung der menschlichen Leiber zugleich unterstreicht und erstickt. Des weiteren versteht es Goethe, *die Zeit zu betrachten*. Er begreift, daß der vom Künstler gewählte und konstruierte *Augenblick* die skulpturale Qualität der dargestellten *Bewegung* vollständig bestimmt. Ein »vorübergehender« Augenblick also: Das ist – wie hier nun gesagt werden muß – der Knotenpunkt des ganzen Bildes und des Problems, das es löst. Der Augenblick »dazwischen«, der weder die Stellung davor noch die danach ist, der Moment der Nichtstase, der sich an die vorausgegangene Stase erinnert und die kommende

227 J. W. Goethe 1798, S. 133-134.

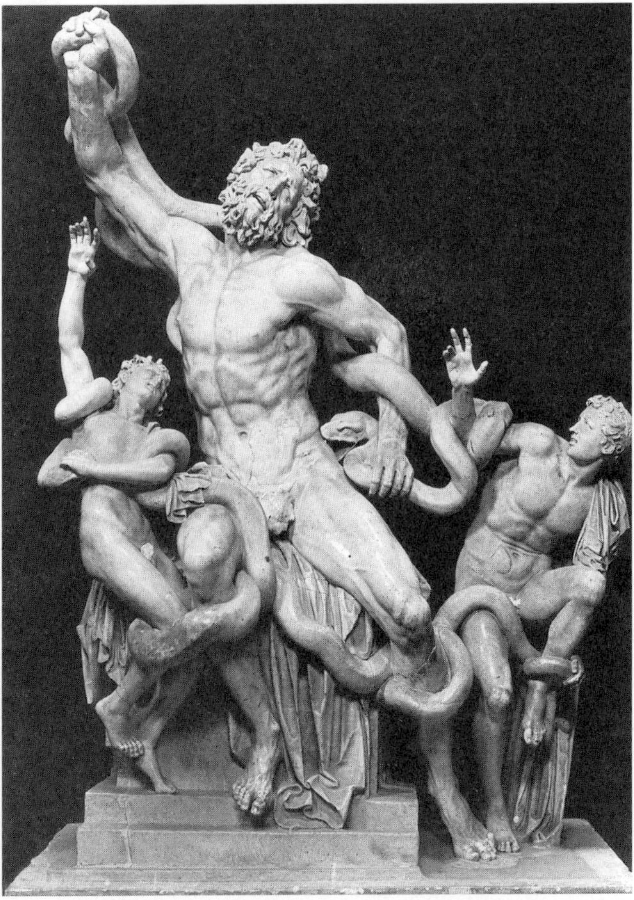

Abb. 29: *Laokoon und seine Söhne* (anonym, römisch), Marmor, um 50 nach Christus (nach einem griechischen Original des 3. Jahrhunderts vor Christus). Rom, Vatikanmuseum. Photo: The Warburg Institute.

Stase vorwegnimmt, dieser Augenblick eröffnet dem Pathos die Chance, seine radikalste Formulierung zu finden:

> [...] der höchste pathetische Ausdruck, den sie [die bildende Kunst] darstellen kann, schwebt auf dem Übergange eines Zustandes in den andern. [...] Bleibt alsdann bei einem solchen Übergange noch die deutliche Spur vom vorhergehenden Zustande, so entsteht der herrlichste Gegenstand für die bildende Kunst, wie dies beim Laokoon der Fall ist, wo Streben und Leiden in einem Augenblick vereinigt sind.[228]

Und schließlich versteht Goethe es auch, all das zu dialektisieren, indem er *den Blick selbst in den Blick nimmt*, während dieser Form und Zeit zusammenbringt. Die vom Dichter vorgeschlagenen Kunstgriffe – die Augen schließen und wieder kurz öffnen, die Skulptur bei Nacht im flackernden Licht einer Fackel betrachten – zielen allein darauf ab, »die Intention des Laokoon recht zu fassen«, die ästhetische Wahrheit seiner *Bewegung* und seines *Augenblicks* besser zu spüren: wie einen fixierten Blitz oder eine versteinerte Welle. Die Wahl des »vorübergehenden Moments« verleiht der Skulptur nicht nur die Wahrheit der darin dargestellten Bewegung, sondern löst auch eine – einfühlende – Wirkung aus, durch die der *Laokoon* mehr wird als eine *Skulptur der Bewegung*, nämlich etwas beim Marmor Undenkbares: eine *Skulptur in Bewegung*.

Goethes Text hält mehr noch, als er verspricht, insofern die Präzision der inneren Analyse den äußerlichen Kunstgriff der Inszenierung fortsetzt und rechtfertigt. Die Bewegung des *Laokoon* verdankt sich nicht einem bloßen Zwinkern mit den Augenlidern oder der Betrachtung bei Nacht. Sie folgt vielmehr aus der organischen Konfiguration, insofern sie, wie Goethe schreibt, »höchst mannigfaltige« Kräfte ins Spiel zu bringen versteht,

---

228 Ebd., S. 136. Goethe gibt noch ein weiteres Beispiel, in dem gleichfalls eine Schlange in Szene gesetzt wird: den Tod der Eurydike.

> […] wenn der eine Körper durch die Umwindung wehrlos gemacht ist, wenn der andere zwar wehrhaft, aber verletzt ist und dem dritten eine Hoffnung zur Flucht übrigbleibt.[229]

Jenseits der Ikonographie erhält also die Skulptur ihre fundamentale, pathetische, emotionale Wahrheit durch die *Heuristik der Bewegung* – drei körperliche Zustände und drei Möglichkeiten der Reaktion auf dieselbe Situation. Denn die anthropologische Wahrheit des *Laokoon*, so sagt Goethe, sei folgende: »Der Mensch hat bei eignen und fremden Leiden nur drei Empfindungen: Furcht, Schrecken und Mitleiden, das bange Voraussehen eines sich annähernden Übels, das unerwartete Gewahrwerden gegenwärtigen Leidens und die Teilnahme am dauernden oder vergangenen; alle drei werden durch dieses Kunstwerk dargestellt und erregt, und zwar in den gehörigen Abstufungen.«[230]

Der *Laokoon* ist also keineswegs ein kurzer zeitlicher Ausschnitt aus einer Erzählfolge. Er bildet vielmehr eine Heuristik der zeitlichen Bewegung, die subtile Montage zumindest dreier verschiedener Momente, dreier verschiedener pathetischer Emotionen. Der hellenistische Bildhauer und sein römischer Kopist wollten keine bloße Wirkung darstellen, kein fixes Ergebnis einer Handlung, sondern den Zusammenhang – das heißt das dynamische Intervall, die Arbeit der Montage – zwischen einer Ursache und ihren Wirkungen gemäß dem von Goethe formulierten »Hauptsatz«: »Der Künstler hat uns eine sinnliche Wirkung dargestellt, er zeigt uns auch die sinnliche Ursache.«[231]

Wie hätte Warburg bei seiner eigenen Forschung zu den Pathosformeln der Renaissance nicht von solch einer Analyse fasziniert sein sollen? Bieten Pollaiuolos Figuren doch in Gestalt mehrerer »Akteure« – worunter ein Ikonograph mehrere verschiedene Personen verstünde – die regelmäßigen Abwand-

229 Ebd., S. 138.
230 Ebd., S. 139.
231 Ebd., S. 135.

lungen ein und derselben pathetischen Handlung, aus mehreren Blickwinkeln zugleich betrachtet, wie man es bei den Bogenschützen des großen *Heiligen Sebastian* in London oder den nackten Männern der berühmten, von Warburg oft zitierten *Schlacht* beobachten kann.

Goethes Sichtweise brachte außerdem zwei wichtige methodologische Begründungen: Erstens ein Lob des bei Warburg allgegenwärtigen fruchtbaren *Besonderen*, das Goethe hier anspricht, wenn er sagt: »Wenn man von einem trefflichen Kunstwerk sprechen will, so ist es fast nötig, von der ganzen Kunst zu sprechen, denn es enthält sie ganz, und jeder kann, soviel es in seinen Kräften steht, auch das Allgemeine aus einem solchen besonderen Fall entwickeln.«[232] Und zweitens analysiert Goethe den *Laokoon* nicht im Blick auf eine Unterscheidung – Klassifizierung oder Hierarchisierung – der verschiedenen schönen Künste, wie Lessing dies im Sinn hatte, sondern umgekehrt, um die *Affinitäten* zwischen verschiedenen Ausdrucksweisen zu bestimmen. In dieser Hinsicht bleibt Goethes Lektion unübertrefflich: Man findet sie in Warburgs *Mnemosyne*-Atlas, aber auch in Benjamins Passagen-Werk, in Batailles Zeitschrift *Documents* oder auch in Eisensteins theoretischen Schriften.

Während Goethe Warburg den Weg zu einer Morphologie des Pathos ebnete, eröffnete Nietzsche ihm die Möglichkeit, das Pathos dynamisch zu denken. Und wiederum im Rückgriff auf *Die Geburt der Tragödie* vermochte Warburg den akademischen Gegensatz zwischen Affekt und Aktion wirklich zu überwinden. Nietzsche hatte besser als jeder andere zu zeigen vermocht, was es mit der *Stärke des Pathos* auf sich hatte. Wenn der Schmerz zur tragischen Kunst, die »unbewußte Kraft« zur »formbildenden Kraft« wird, beweist das Pathos seine Dynamik, seinen Überschwang, seine Fruchtbarkeit.[233] Nietzsches ganze Ästhetik dreht sich um *Intensivierung*, ob es sich nun um den dionysi-

232 Ebd., S. 130.

233 Siehe F. Nietzsche 1872, S. 15-16, 28, 61-62 usw.; ders. 1869-1874, S. 21-22, 214-217 und 397 (Fragmente 1.43, 7.200-204 und 16.13).

schen Tänzer handelt, der seine Gebärde steigert und »sich mit Schlangen umgürtet« wie ein musikalischer Laokoon, oder um die »Gebärdensprache«, dieses körperliche Element, das bei Nietzsches Definition der dionysischen Aktivität ein so wichtige Rolle spielt.[234]

Das Pathos steht keineswegs im Gegensatz zur Form, sondern bringt sie hervor. Und es bringt sie nicht nur hervor, sondern entfacht sie zu ihrer höchsten Glut. Indem es sie intensiviert, verleiht es ihr Leben und *Bewegung*. Und damit setzt es den *Moment* der Wirkung frei. Wie Gilles Deleuze dies so gut analysiert hat, bringt das Pathos als Macht erst Werden und Zeit hervor:

> Der Wille zur Macht äußert sich demzufolge zunächst als Vermögen, affiziert, als bestimmtes Vermögen der Kraft, selbst affiziert zu werden. [...] Das Vermögen, affiziert zu werden, bedeutet nicht notwendig Passivität, sondern Aktivität, Sensibilität. [...] Deshalb spricht Nietzsche fortwährend davon, daß dieser »die primitive Affektform ist«, aus der alle anderen Affekte hervorgehen ... Oder noch besser: »Der Wille zur Macht nicht ein Sein, nicht ein Werden, sondern ein Pathos.« [...] Pathos ist das elementare Faktum, dem ein Werden entspringt.[235]

Das also ist, philosophisch verkürzt, Warburgs Erforschung der »Pathosformeln«. Sie ist übrigens zeitgleich mit – und sogar streng komplementär zu – Alois Riegls Erforschung der »ornamentalen Formen«. Riegl sah bekanntlich im »Kunstwollen« das anthropologische Motiv seiner Forschung.[236] Warburg ging dagegen von einer stärker nietzscheanisch geprägten Definition des »Willens zur Macht« aus, den er nicht unter dem Blickwinkel einer natürlichen Selektion »starker« auf Kosten »schwacher« Formen betrachtete, sondern unter dem Blickwinkel einer »primitive[n] Affekt-Form«.[237] Warburgs Pathosformeln sind

234 Ders. 1870, S. 559 und 572-577.

235 G. Deleuze 1962, S. 70-72 (dt. S. 69-71). Siehe M. Djurić 1989, S. 221-241.

236 A. Riegl 1893, S. V-XIX.

237 F. Nietzsche 1887-1889, S. 300-301 (Fragment 14.121).

nichts anderes als solche »primitiven Affekt-Formen«. Allerdings muß man die Bedeutung jedes einzelnen Ausdrucks – »primitiv«, »Affekt«, »Form« – im Blick auf die übrigen betrachten. So wenig die Entdeckung der »primitiven Formeln« sich auf eine bloß chronologische oder rückwärts schreitende Erforschung reduzierte, so wenig vermochte sie in Warburgs Augen ohne eine Philologie und eine Geschichte auszukommen. Denn das Primitive zeigt sich nicht nur in der Geschichte, es formuliert, formt und bildet sich auch darin.

So hatte es durchaus seinen Grund, wenn Warburg in der obersten Etage seiner Bibliothek die den Grundlagen der Psychologie gewidmete Abteilung – seine Bücher über Wahrnehmung, »Emotionen« und »Willen«, das Unbewußte und die Träume, über das Gedächtnis und die Theorien der Symbole – um eine ganze Unterabteilung, eine ganze Wand mit Werken über die »Geschichte der Gebärden« von der Antike bis in die Gegenwart ergänzte.[238] Dort finden sich die griechischen, lateinischen und mittelalterlichen Physiognomien, die Abhandlungen der Renaissance, die *Kunst der Zeichen* von Giovanni Bonifacio, John Bulwers *Chirologia* und die Schriften von Descartes, die *Conférence sur l'expression générale et particulière* von Charles Le Brun. Dort finden sich Johann Jacob Engels *Ideen zu einer Mimik* mit ihren berühmten – an den antiken rhetorischen Kategorien der *significatio* und der *demonstratio* orientierten – begrifflichen Einteilungen, ihren »Regeln des vollkommenen Ausdrucks« der Seele durch den Körper, ihrer genauer Kenntnis des Verfahrens der »Abstufung« und der »Steigerung«, also der *Intensivierung*, seiner Theorie der *Doppeldeutigkeit* des Ausdrucks und ihren scharfsinnigen Überlegungen zur Bedeutung der Zeit bei der Hervorbringung von Ausdrucksbewegungen.[239] Dort finden sich schließlich die Physiognomien von Paillot de Montabert, Schimmelpennink, Carus und Lavater, ganz zu schweigen von den

238 Unter der Signatur DAC.

239 J. J. Engel 1785-1786, Bd. I, S. 59-61, 310-312, 342-344; Bd. II, S. 220-236.

zahlreichen Arbeiten akademischer (kunstwissenschaftlicher) oder positivistischer (naturwissenschaftlicher) Nachfolger aus dem 19. Jahrhundert.

Aus dieser Fülle kodifizierte Werke ragt ein kleines Buch hervor: Scheinbar bescheidener als andere, besaß es doch keine geringere Bedeutung für Warburgs Projekt, die *longue durée* der aus der griechischen und römischen Antike überkommenen und bis in die zeitgenössische Welt weitergegebenen »primitiven Affektformeln« zu erkennen und zu analysieren. Ohne Zweifel half dieses Buch Warburg, das Terrain der traditionellen Physiognomie zugunsten des Terrains der Pathosformeln hinter sich zu lassen und die einfache historische Kontinuität durch die Zeit des Nachlebens zu untergraben. Obwohl das Buch 1835 erschienen und damit bereits recht alt war, rechtfertigte es doch Warburgs Bemühung, die empirisch-deskriptiv arbeitende »künstlerische Ikonographie« der Gebärden – für die es zu Warburgs Zeiten bereits zahlreiche Beispiel gab – durch eine anthropologisch begründete Forschung zu ersetzen. Das Buch des italienischen Gelehrten Andrea de Jorio trägt den Titel *La mimica degli Antichi investigata nel gestire napoletano* und will den Fortbestand der antiken Gebärden in der neapolitanischen Volkskultur dokumentieren.

Andrea de Jorio vergleicht darin eine archäologische Folge (von Figuren auf Flachreliefs oder Vasenbildern des Museums von Neapel) mit einer gleichsam ethnographischen Folge (realer Gebärden, die der Autor in den einfachen Vierteln der Stadt beobachtet hatte) und gelangt zu dem Schluß, die beiden Folgen zeigten eine »vollkommene Übereinstimmung« (Abb. 30-31).[240] Kurz gesagt, die *aktuellen Gebärden* der Neapolitaner mußten als *Gebärden all'antica* angesehen werden, auch wenn sie sich gegenüber jeder »Nachahmung« oder »Wiedergeburt« der Antike vollkommen gleichgültig zeigten. Warburg erkannte zweifellos in diesem zeitlichen und kulturellen Paradoxon die Prämissen seiner eigenen Hypothesen zum Schicksal – zum Nachleben –

240 A. de Jorio 1832, S. V.

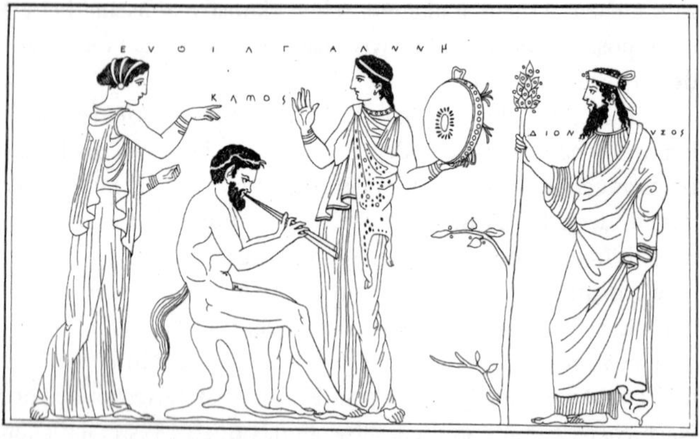

Abb. 30: *Nymphen und Satyrn mit Dinoysos* (anonym, griechisch), 5. Jahrhundert vor Christus. Umzeichnung eines Vasenbilds. Nach A. de Jorio, *La mimica degli Antichi investigata nel gestire Napoletano*, Neapel 1832, Tafel XVIII.

der Pathosformeln in der *longue durée* der abendländischen Darstellung wieder.

Natürlich wird man zwischen den Formulierungen Andrea de Jorios – die zweifellos unter dem Einfluß der Geschichtsphilosophie Giambattista Vicos und bestimmter Arbeiten gelehrter Jesuiten des 18. Jahrhunderts standen[241] – und Warburgs Formulierungen die beträchtliche Entwicklung der anthropologischen Disziplinen im 19. Jahrhundert berücksichtigen müssen. Tylors *Primitive Culture* widmete zwei ganze Kapitel dem Überleben der »Gefühlssprache und nachahmenden Sprache«, für das ihm der neapolitanische Fall im Unterschied zum englischen ein unabweisbares Beispiel von »Primitivät« lieferte. Es zeige sich, schreibt er,

> dass der gebildete Mensch heutzutage in der grossen Kunst der Sprache wesentlich dieselbe Methode befolgt, wie der Wilde, nur in der Behandlung der Einzelheiten erweitert und verbessert. […] Soweit

241 Siehe V. Requeno 1784; ders. 1797, S. 40-42 (»Dell'antichità della chironomia«).

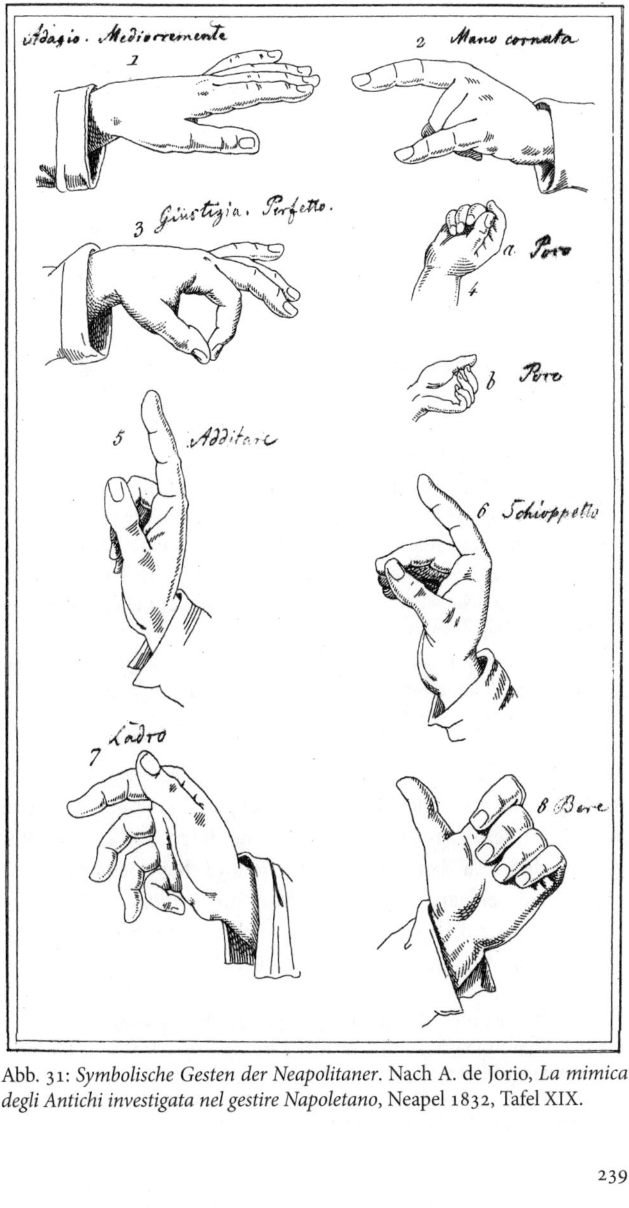

Abb. 31: *Symbolische Gesten der Neapolitaner*. Nach A. de Jorio, *La mimica degli Antichi investigata nel gestire Napoletano*, Neapel 1832, Tafel XIX.

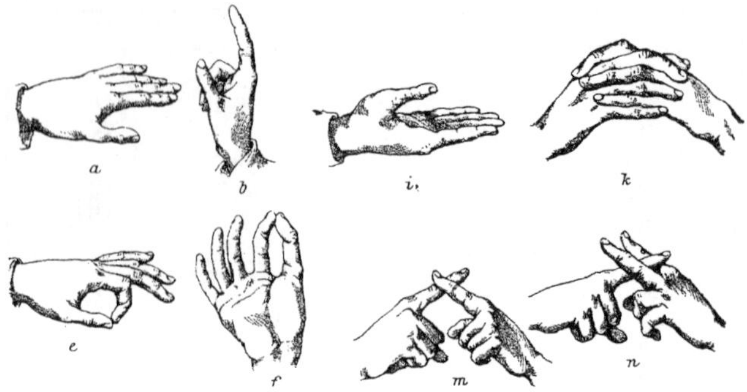

Abb. 32: *Symbolische Gesten der Neapolitaner [a-f] und nordamerikanischer Indianer [i-n].* Nach W. Wundt, *Völkerpsychologie*, Leipzig 1900 (Ausg. 1911), Bd. I, S. 195 und 197.

> wir darüber urteilen können, sind die sichtbaren Geberden und das hörbare Wort seit ältester Zeit in der Geschichte unsres Geschlechts in Verbindung gebraucht worden. [...] Das äusserste Gegenbild zu dieser hervorragenden Stellung der Geberde als eines Verkehrsmittels bei rohen Stämmen und der Entwicklung der Pantomime in öffentlichen Schaustellungen und im Privatverkehr bei solchen Völkern wie den Neapolitanern unserer Zeit findet sich in England, wo mit Recht oder mit Unrecht eine Gedanken vermittelnde Geberdensprache jetzt auf einen so geringen Umfang im täglichen Gespräch sowie in öffentlichen Reden reducirt ist.[242]

Den Kreis – Neapolitaner, antike Römer oder Griechen, »primitive« Völker – schloß schließlich einige Jahre später Wilhelm Wundt. In den Kapiteln seiner monumentalen Völkerpsychologie, die den »Ausdrucksbewegungen« und der »Gebärdensprache« gewidmet waren, reproduzierte er die neapolitanischen Gebärden, um sie direkt mit denen der Indianer Nordamerikas zu vergleichen (Abb. 32).[243] Das war natürlich interessant für einen

242 E. B. Tylor 1871, Bd. 1, S. 189 und 193-194 (dt. S. 160 und 163-164).

243 W. Wundt 1900, S. 43-257. Wundts Analysen basierten unmittelbar auf einem wichtigen Aufsatz, den zweifellos auch Warburg sehr genau las: G. Mallery 1879-1880, S. 263-552. Ein Auszug aus diesem langen Aufsatz war ins Deutsche übersetzt worden (ders. 1882).

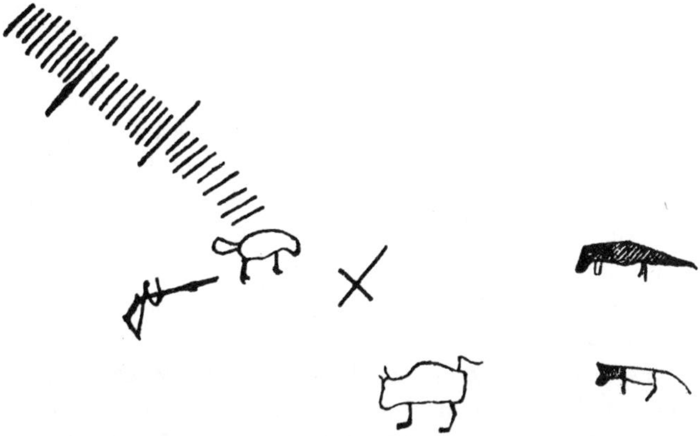

Abb. 33: *In Piktogrammen verfaßter Geschäftsbrief eines amerikanischen Indianers.* Nach G. Mallery, *Sign Language among North American Indians*, Washington 1881, S. 382; wiederabgedruckt in W. Wundt, *Völkerpsychologie*, Leipzig 1900 (Ausg. 1910), Bd. I, S. 251.

Kunsthistoriker, dessen Forschungsfeld sich zwischen Florenz und Oraibi, zwischen dem figurativen (bildlichen, künstlerischen, italienischen) Nachleben auf der einen und dem körperlichen (ausagierten, rituellen, indianischen) Nachleben auf der anderen Seite entfaltete. Warburg studierte Wundt um so aufmerksamer, als sein eigener Lehrer Schmarsow ihn bereits herangezogen und vertiefend diskutiert hatte.[244]

Angesichts des heuristischen Charakters seiner »interdisziplinären« Lektüre war es für Warburg offensichtlich nicht notwendig, den gesamten Aufbau der dem Wundtschen Werk zugrunde liegenden Lehre zu übernehmen. Es genügte ihm, einige fruchtbare Elemente zu isolieren. Welche Elemente der *Völkerpsychologie* für Warburgs Konzepte interessant sein konnten, läßt sich in drei Aspekten zusammenfassen oder vielmehr in drei *Verknüpfungsebenen*, die das Projekt einer Anthropologie der »primitiven Affektformeln« stützen konnten. Die erste Ver-

244 Siehe A. Schmarsow 1907b, S. 306-339 und 469-500.

knüpfungsebene betrifft das Wechselverhältnis zwischen *Biologischem* und *Symbolischem* in der Definition der »Gebärdensprache«. Wundt interessierte sich zunächst dafür, wie die Gebärde sich auf der Grundlage einer Affektbewegung als »Formel« und als elaborierte »Syntax« herausbildet.[245] Im Blick auf das extreme Pathos der Figuren bei Donatello oder Niccolò dell'Arca (Abb. 22) stellte sich Warburg eine Frage ganz ähnlicher Art: Weshalb geht die Wirksamkeit einer »Pathosformel« – ihre schlichte Unmittelbarkeit, ihre Intensität, ihr Einfühlungsvermögen – so oft mit einem komplexen Aufbau und einem komplexen Umgang mit den Zeichen einher?

Eine zweite Verknüpfungsebene betrifft das Wechselverhältnis zwischen Mimischem und Plastischem im Begriff der Gebärde. Wundt interessierte sich für die Gebärden der Neapolitaner und der Indianer wegen ihrer bildlichen Bedeutungen. Sie erschienen ihm wie »ein flüchtiger Hinweis oder ein in die Luft gezeichnetes Bild«, und als Beispiel führte er das aus der klassischen Studie von Garrick Mallery übernommene Handzeichen an, das sich ergibt, wenn man die Zeigefinger beider Hände überkreuz legt (Abb. 32m).[246] Diese *körperliche Gebärde*, die bei manchen Indianerstämmen den symbolischen Austausch, die »Unterschrift« unter einen Vertrag bezeichnet, findet sich als *piktographisches Zeichen* – als einfaches, kleines, mit Tinte gezeichnetes Kreuz – in einem Geschäftsbrief, den Wundt ein paar Seiten weiter reproduziert und in dem das Kreuz den Zwischenraum zwischen den beiden Tauschobjekten – Gewehre gegen Vieh – einnimmt (Abb. 33).

Diese Verknüpfungsebene war für Warburg ebenso bedeutsam wie für Wundt. Er formulierte eine anthropologische Hypothese über die Plastizität und Mimetik symbolisch aufgeladener Gebärden. Umgekehrt formulierte er eine ästhetische Hypothese über die Verwurzelung jeglicher anthropomorphen bildlichen Darstellung in der körperlichen Motorik. Für Warburg wie für

245 W. Wundt 1900, S. 143-199.

246 Ebd., Bd. I, S. 158. Siehe G. Mallery 1879-1880, S. 382 und 452.

Wundt kann es eine »Bilderschrift« nur auf der Grundlage einer »Gebärdensprache« geben.[247]

Die dritte Verknüpfungsebene betrifft das Wechselverhältnis zwischen Körperlichem und Psychischem in der Aktualität jeglicher Gebärde und der bildlichen Darstellbarkeit jeglicher »Pathosformel«. Am Ende seines Kapitels über den »psychologischen Charakter der Gebärdensprache«[248] griff Wundt in seiner *Völkerpsychologie* auf eine Reihe von Hypothesen zurück, die er einige Jahre zuvor in seinen umfangreichen *Grundzügen der physiologischen Psychologie* entwickelt hatte. Darin erforschte er systematisch die »körperlichen Grundlagen des Seelenlebens« und beschrieb die »Gemütsbewegungen« – nach Darwin – in ihrem körperlichen Ausdruck.[249] Man verstünde diese Hypothesen jedoch falsch, wenn man sie auf einen simplen biologischen Evolutionismus reduzierte. Das »Primitive« ist bei Wundt, wie Michel Espagne so schön dargelegt hat, »nicht durch Rassen oder biologische Merkmale definiert, sondern rein psychologisch«.[250]

Diese Psychologie mußte Warburg auch in einer weiteren Hinsicht interessieren. Wundt sah den *Vorstellungsprozeß* in körperlichen Elementen der *Taktilität* und der *Motorik* begründet,[251] so daß die Genese der »elementaren ästhetischen Empfindungen« im Rahmen einer Polarität zwischen Lust und Unlust, Anziehung und Abstoßung verstanden wurde, auf Kosten der Frage nach Urteilen wie »schön« oder »häßlich«, als deren Verächter auch Warburg sich schon früh erwies:

> Die psychologische Untersuchung der ästhetischen Gefühle hat bis jetzt immer noch unter dem Umstande zu leiden gehabt, daß die Anregung zu derselben ganz und gar von jenem Aesthetischen im engeren Sinne ausging, mit welchem sich die Theorie der schönen

---

247 W. Wundt 1900, S. 238-253; ders. 1908, S. 138-176 und 486-548.

248 Ders. 1900, S. 253-257.

249 Ders. 1874, S. 21-315 und 800-838.

250 M. Espagne 1998, S. 83. Siehe A. Arnold 1980; R. Topel 1982; C. M. Schneider 1990.

251 W. Wundt 1874, S. 464-496.

> Künste und die aus ihr unter dem Namen der Aesthetik hervorgegangene Wissenschaft beschäftigt. So ist es gekommen, daß man jene einfachsten Fälle des Gefallens und Missfallens ganz aus dem Auge verlor, welche doch für die psychologische Theorie die Grundlage sind, von der aus auch die complicirteren ästhetischen Wirkungen erklärt werden müssen.[252]

All diese Hypothesen fanden also ihren Weg in die erste Ausarbeitung des Warburgschen Konzepts der Pathosformel. Und das um so selbstverständlicher, als sie von zweien seiner unmittelbaren Lehrer verwendet und diskutiert worden waren: August Schmarsow hatte Wundts Thesen zum Verhältnis zwischen *Mimischem* und *Plastischem* nicht nur kommentiert, sondern auch erweitert und ganz konkret – in Florenz, wo Warburg in die Renaissance eingeführt wurde – an Reliefs von Ghiberti oder Donatello erprobt.[253] Auf der anderen Seite teilte Karl Lamprecht mit Wundt den Ehrgeiz, eine psychologische Geschichtsschreibung zu begründen – jene *Psychohistorie*, die Warburg selbst später fordern sollte.[254]

*

Wenn die Kunstgeschichte – oder vielmehr die Geschichte der Bilder im allgemeinen – schließlich eine zentrale Stellung in diesem breit angelegten Erkenntnisprojekt erhielt, so weil eines am Ende ganz klar geworden war: Die *Psyche* hinterläßt in der Geschichte Spuren. Sie bahnt sich einen Weg und *hinterläßt ihren Abdruck in den visuellen Formen*. Darauf zielten zunächst einmal die Warburgschen Begriffe des »Dynamogramms« und der

252 Ebd., S. 703.

253 Siehe A. Schmarsow 1886; ders. 1899, S. 57-79.

254 Siehe K. Lamprecht 1896-1897, S. 880-900; ders. 1900; ders. 1905b, S. 51-76, wo er Begriffe wie »seelischer Charakter« oder »psychische Kraft« verwendet und eine echte »Kulturpsychologie« fordert. Doch wo Lamprecht sich für den »dominanten« seelischen Charakter interessierte, da interessierte Warburg sich für »nachlebende« Charaktere. Zum Verhältnis zwischen Warburg und Lamprecht siehe K. Brush 2001, S. 65-92.

»Pathosformel«. Zugleich rechtfertigte dies die Forderung nach einer von Ethnologie und Psychologie gleichermaßen gestützten Historie.

Es ist kaum verwunderlich, daß Karl Lamprecht, geleitet von der Hypothese einer Parallelität zwischen Phylogenese und Ontogenese, nicht nur die Grundlagen einer historischen Anthropologie legte, sondern sich auch – wie vor ihm schon Wundt – der experimentellen Psychologie zuwandte. So begann Anfang des Jahrhunderts auf seine Initiative eine große Kampagne zur Sammlung von Kinderzeichnungen aus aller Welt: von freien Zeichnungen, aber auch – die experimentelle Methode verpflichtet – von solchen, die auf der Grundlage eines einheitlichen Protokolls (als Illustration eines Märchens oder der Geschichte von Hans-Guck-in-die-Luft) angefertigt wurden und so einen kulturübergreifenden Vergleich ermöglichten. Schon nach einem einzigen Jahr hatte Lamprecht vierzigtausend Kinderzeichnungen beisammen, deren Auswertung man Siegfried Levinstein übertrug.[255]

Warburg vermochte der Welt der Kindheit – Kinderzeichnungen, Kinderbücher – solchen Raum in der Thematik seiner Bibliothek einzuräumen, weil deren Bildwelt ein exemplarisches Gefäß für die Pathosformeln wie auch das Nachleben bot. Warburg rechnete mit der motorischen und gestischen Energie der Kinderzeichnungen (Abb. 34), aber auch mit der Durchlässigkeit, welche die kulturelle Welt der Kinder mit ihren Märchen und Sagen gegenüber der *longue durée* der Mythen beweist. Auf seiner Reise zu den Indianern Neu-Mexikos bat Warburg seinen Informanten Cleo Jurino – Maler-Priester einer heiligen *Kiwa* –, für ihn einen Schlangenblitz aus der Hopi-Mythologie zu zeichnen (Abb. 35). Damit verfuhr er wie ein guter Ethnologe, zum Beispiel wie Franz Boas, der die Kasuistik der »primitiven graphischen Formen« zu bestimmen versuchte.[256] Doch Warburg

255 S. Levinstein 1905. Karl Lamprechts Vorwort zu diesem Buch wurde auch gesondert publiziert, siehe K. Lamprecht 1905a.

256 Siehe F. Boas 1927, S. 17-63.

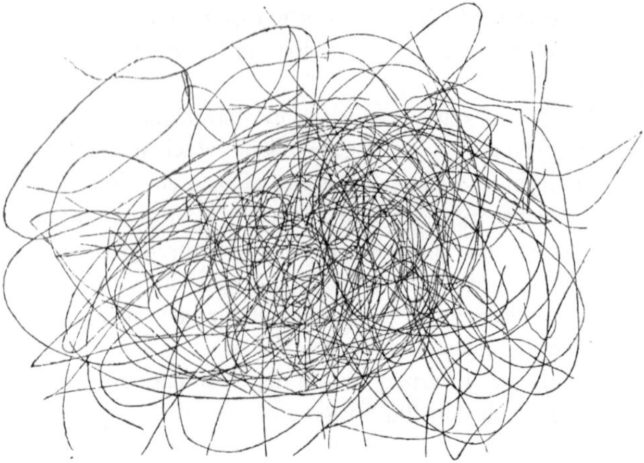

Abb. 34: *Kritzelei eines Kindes.* Nach H. Eng, *Kinderzeichnen*, Leipzig 1927, S. 5.

tat noch mehr: Er folgte – seit 1895 – exakt dem von Lamprecht für die psychologische Forschung vorgeschlagenen Verfahren:

> Ich habe einmal versucht, die Kinder dieser Schule ein deutsches Märchen, das sie vorher nicht kannten, Hans Guck-in-die-Luft, illustrieren zu lassen, weil darin ein Gewitter vorkommt, und wollte sehen, ob dabei der Blitz von den Kindern realistisch oder in der Schlangenform gezeichnet wird. Von 14 sehr lebendigen, aber unter dem Einfluß der amerikanischen Schule stehenden Zeichnungen waren 12 realistisch gezeichnet. Aber zwei brachten doch noch das unzerstörbare Symbol der pfeilspitzigen Schlange, wie sie in der Kiwa vorkommt [Abb. 73].[257]

Wonach suchte Warburg bei diesem Experiment? Nach den »primitiven Formeln« für eine tierische Energie (Schlange) und

257 A. Warburg 1923c, S. 53-54. Daß Warburg dieses Protokoll zehn Jahre vor Lamprecht einsetzte, mag erstaunlich erscheinen. In Wirklichkeit war ihre gemeinsame Quelle ein Aufsatz des amerikanischen Pädagogen E. Barnes, 1895, S. 302-306 (dem wiederum C. Ricci 1887 vorausgegangen war) – diesen Hinweis verdanke ich Benedetta Cestelli Guidi, der ich dafür danke.

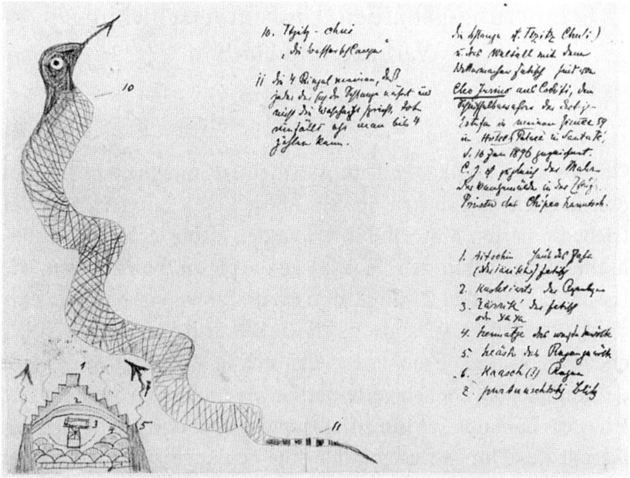

Abb. 35: Cleo Jurino (Warburgs indianischer Informant), *Kosmologische Darstellung mit Schlangenblitz*, 1895. Nach A. Warburg, *Bilder aus dem Gebiet der Pueblo-Indianer in Nord-Amerika*, 1923, Abb. 4. Photo: The Warburg Institute.

eine kosmische Energie (Blitz)? Gewiß. Aber darüber hinaus hatte er das Paradoxon verstanden, das in der Aneignungsweise (wenn auch nur bei einer Minderheit – zwei von vierzehn Zeichnungen) dieser unreinen und fragilen »Primitivität« lag. Insgesamt symptomatisch. Nicht archetypischer Reflex einer phylogenetischen Quelle, wie Lamprecht es vielleicht gewünscht hätte. Sondern ein komplexes Netz *ineinander verschlungener* Zeiten, »unzerstörbarer Symbole« und geschichtlich bedingter Entstellungen, all das sichtbar in der *dynamischen Linie* eines von Kinderhand gezeichneten Schlangenblitzes.

Erinnerungsgebärden, Umkehrverschiebungen: Warburg und Darwin

Gibt es eine Logik der Pathosformeln? Kann man überhaupt den Bereich bestimmen, in dem diese Logik operiert, von der triebgesteuerten Motorik bis hin zu den elaboriertesten symbolischen Konstruktionen? Wie lassen die plastischen Formen, wie lassen die rituellen Zwänge all das zusammenwirken? Wie entsteht, überdauert, verändert sich das Gebärdengedächtnis? Welche gemeinsamen Probleme stellen sich in Warburgs Augen von der komplexen, ebenso verfeinerten wie intensiven Skulptur des Priesters Laokoon bis hin zur abrupten, über und über bemalten Gestalt des Hopi-Priesters, der eine Schlange zwischen seinen Zähnen hält und sie auf der Fotografie herzeigt wie ein Gaukler am Ende seiner Vorstellung (Abb. 36-37)?

Und sei es auch nur, um bei der Beantwortung dieser Frage einen Anfang zu machen, und sei es auch nur, um sie ein wenig präziser zu formulieren, muß man davon ausgehen, daß *alles, was im Körper* – aktuell oder dargestellt – *geschieht, von einer bestimmten Montage der Zeit abhängt.* Nach den »primitiven« Pathosformeln fragen heißt verstehen versuchen, was denn »das Primitive« bedeutet in der Aktualität seines motorischen Ausdrucks, ob diese Aktualität nun Gegenstand einer photographischen Wiedergabe aus dem Vatikanmuseum (wie im Fall des griechischen Priesters) oder von den *Mesas* Neu-Mexikos ist (wie im Fall des Hopi-Priesters). Wie dem auch sei, das Verhältnis zwischen Aktualität und Primitivität ist durch eine *anachrone Montage* bestimmt: Die theoretische Ausarbeitung des »Nachlebens« hatte kein anderes Ziel als das Verständnis dieser zeitlichen Montage – auch wenn dieses Ziel ehrgeizig genug war.

Bei seinem Versuch, das Schicksal des Primitiven in der okzidentalen Geschichte der Bilder zu klären – und auch der 1924 von einem Mitarbeiter der Smithsonian Institution fotografierte Indianer war zweifellos gleichfalls Teil der okzidentalen Bildwelt[258] –, mußte Warburg seine Perspektive ständig dialektisieren und seinen Diskurs in die auf fatale Weise doppeldeutige Struktur der Anachronismen einfügen, denen er auf allen Ebenen der Analyse begegnete. So kam etwa die historische Perspektive, die die *Veränderungen* der Pathosformeln beschreibt, nicht ohne eine anthropologische Perspektive aus, die allein die *Zählebigkeit* ebendieser Formeln zu beschreiben vermag.

Die anthropologische Perspektive mußte ihrerseits verdoppelt werden, je nachdem, ob man die Anthropologie den Geisteswissenschaften oder den Naturwissenschaften zurechnete. Zu Warburgs Zeit bestanden beide Auffassungen nebeneinander. Wer wollte bezweifeln, daß der *Laokoon*, dieses Meisterwerk der griechischen Plastik, einen kulturell primitiven Zustand des tragischen Pathos aktualisierte – indem er ihn verwandelte und verkleidete? Der Kunsthistoriker und der Anthropologe der Bilder interessieren sich daher gleichermaßen für die epischen Quellen, die den Schmerz des trojanischen Priesters beschreiben, und für das figurative Vokabular des pathetischen Ausdrucks in der griechischen Kunst im allgemeinen. Das Auffinden und Klären der Quellen dürfte Warburg im Alltag seines Forscherlebens mehr als alles andere beschäftigt haben.

Doch die anthropologische Frage stellte sich für Warburg auch im Blick auf die natürliche Primitivität. Zeigt sich im tragischen Schmerz des Laokoon – in »sublimierter« Form, wie der Historiker der Pathosformeln in Freudscher Manier sagte – nicht ein noch älteres Verhältnis? Und ist dieses infrasymbolische und infranarrative Verhältnis nicht das des menschlichen Körpers zum physischen Leiden und zur Gewalt des animalischen Kampfes? Wie man leicht erkennt, bildet die *Nähe zwischen dem Menschlichen und dem Tierischen* ein wesentliches Motiv des *Laokoon*, aber auch des von Warburg studierten indianischen Rituals. In beiden Fällen stellt der Mensch sich dem Tier als der Todesgefahr *par excellence*. In beiden Fällen auch verleibt der Mensch sich das Tier ein oder umhüllt es und macht

---

258 Siehe B. W. Dippie 1992, S. 132-136.

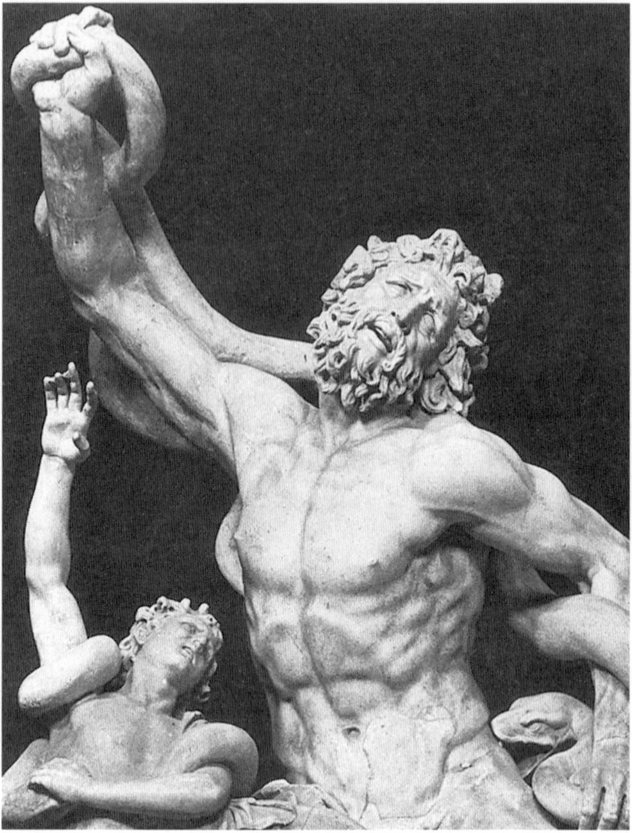

Abb. 36: *Laokoon und seine Söhne* (anonym, römisch), Marmor (Teilansicht), um 50 nach Christus (nach einem griechischen Original des 3. Jahrhunderts vor Christus). Rom, Vatikanmuseum. Photo: The Warburg Institute.

seinen eigenen Tod – oder vielmehr sein Werkzeug – gleichsam zu einer zweiten Haut. In der hellenistischen Statue (Abb. 36) erscheinen die Schlangen fast wie eine »Übermuskulatur« der drei Figuren oder wie Eingeweide, die in einer Art phantasmatischer Umkehrung von innen nach außen gestülpt sind. Im Schlangen-

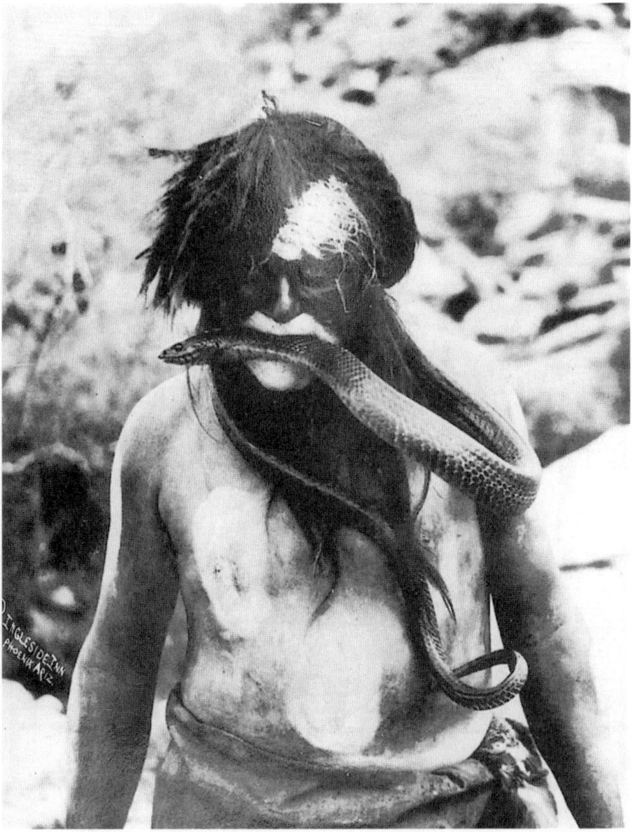

Abb. 37: *Hopi-Indianer beim Schlangenritual* (anonym, amerikanisch), 1924. Photo: The Warburg Institute.

ritual (Abb. 37) ist das Tier wie eine Sache dargestellt, mit der der Mensch sich schmückt und deren Substanz er – wenn auch nur zum Schein – in sich aufzunehmen vermag.

Die wesenhafte Wildheit des *Laokoon*, sein Verhältnis zum Primitiven und Tierischen, all das erscheint noch in Warburgs

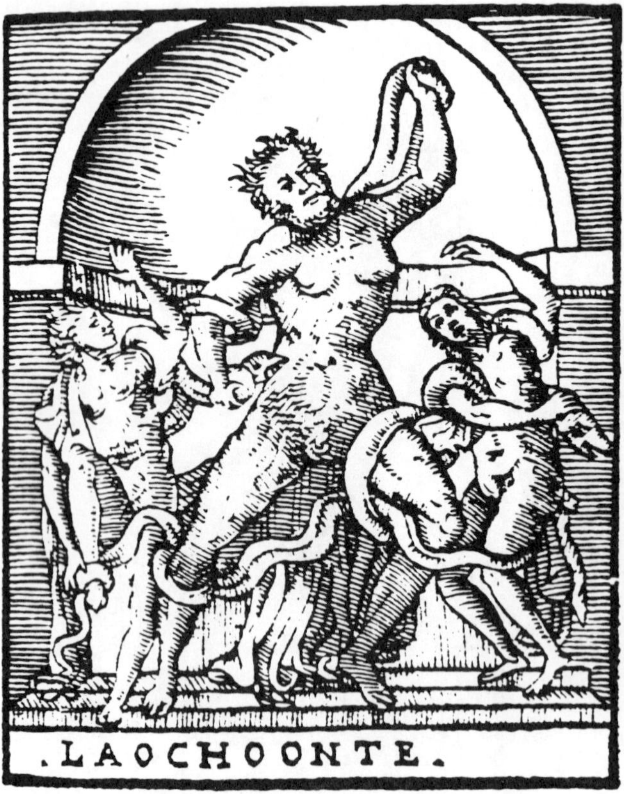

Abb. 38: Girolamo Franzini, *Laokoon*, 1596. Holzschnitt. Nach *Icones statuarum antiquarum Urbis Romae*, Rom 1599.

Archiv zum Nachleben der Antike in der Renaissance. Es ist aufschlußreich, daß der griechische Held oft eher wie ein struppiger Wilder dargestellt wurde und nicht wie ein ehrwürdiger Priester des Apoll (Abb. 38). Nicht weniger aufschlußreich ist die Tatsache, daß die wenigen Karikaturen des Meisterwerks sich ganz auf die Darstellung der tierischen Zeit verlegten: Ein um 1550 nach einer Zeichnung von Tizian entstandener Holzschnitt von Niccolò Boldrini zeigt die unglücklichen Trojaner in Gestalt »pa-

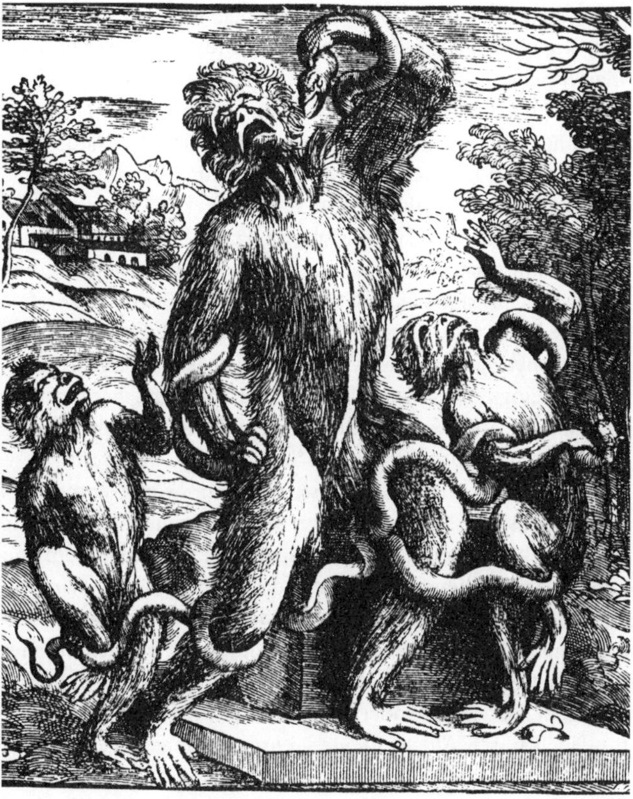

Abb. 39: Niccolò Boldrini, *Karikatur des Laokoon, nach Tizian* (Ausschnitt), um 1550-1560. Holzschnitt. Photo: The Warburg Institute.

thetischer« Affen im Würgegriff der Schlangen (Abb. 39). Horst Janson hat in einem 1946 vom Warburg Institute veröffentlichten Aufsatz gezeigt, daß dieses Bild im Zusammenhang mit der wissenschaftlichen Kontroverse zwischen Vesalius und den galenischen Ärzten seiner Zeit stand. Vesalius zweifelte nicht nur deshalb an der Richtigkeit der anatomischen Beobachtungen Galens, weil sie auf falschen Interpretationen beruhten, sondern auch aus dem empirischen Grunde, daß sie auf der Autopsie von

Affen statt von Menschen basiert haben sollten.[259] Man sieht hier, wie eine *biologische Frage* – die im Rückblick wegen ihrer »darwinschen« Aspekte erstaunlich genug erscheint – mit einer für die gesamte Epoche wesentlichen ästhetischen Frage zur Deckung gelangen konnte, der Frage des »Affen der Natur« (*ars simia naturae*) nämlich, womit man im Cinquecento die künstlerische Ähnlichkeit als solche bezeichnete.

Im Blick auf das erstaunliche, von Tizian erfundene Bild haben die Kunsthistoriker einen äußerst wichtigen Interpretationsweg vernachlässigt (wichtig für Tizian selbst, wenn man etwa an seine berühmte *Allegorie der Klugheit* denkt): Es handelt sich um das physiognomische Wissen, das sich auf die Konstruktion einer Analogie zwischen menschlichen und tierischen Formen stützt. Betrachten wir diese drei Affen in der Pose einer berühmten Figurengruppe der griechischen Antike. Das ironische – wenn nicht polemische oder bissige – Beim-Wort-Nehmen des Sinnspruchs *ars simia naturae* verweist unvermeidlich auf eine Reflexion physiognomischer Art über das Primitive in dem von Tizian dargestellten Thema des Todeskampfs. Da das *Primitive* sich hier der *Antike* überlagert, löst das Bild eine neue Empfindung aus: Schon sein Motiv, der Kampf gegen ein gefährliches Tier, setzt Affekte und Handlungen frei, in denen der Mensch zu einem Tier wird – oder wieder wird –, das gegen ein anderes Tier kämpft. *Pugna simiae natura*, wie man sagen könnte. Die Kunst äfft die Natur nach, doch im Wesen des physischen Kampfes liegt es, uns auf den Status von Wilden oder Affen zurückzuwerfen, die in ihrem Überlebenskampf gefangen sind.

Wer könnte mehr als ein Physiognom wünschen, die »primitiven Formeln« des menschlichen Pathos zu klassifizieren? Wer könnte mehr als er wünschen, *animalische* Bedingungen – im Sinne von »wildem Tier« wie auch von »tierischen Geistern« – der menschlichen Bewegung zu isolieren? Wir kennen die Mischwesen, die Leonardo da Vinci und später Charles Le Brun

259 H. W. Janson 1946, S. 355-368. Siehe in jüngerer Zeit auch M. Muraro und D. Rosand 1976, S. 114-115.

so liebten. Doch eine *Naturwissenschaft der Gemütsbewegungen* entstand erst mit Camper, Lavater oder Charles Bell. Camper formulierte eine Theorie der »Gefühlsnerven« und ergötzte sich an der Komposition eines Gemäldes, auf dem er die Gesichtszüge des antiken Apoll aus einem primitiven Gesicht, nämlich dem eines Affen, entwickelte. Lavater schuf ein phantastisches Archiv menschlichen und tierischen Ausdrucks. Und Charles Bell versuchte, den Ausdruck der Gemütsbewegungen auf dem Konzept des Reflexes zu gründen, das er um eine Grammatik der Muskeln ergänzte.[260]

Doch die »Pathosformeln«, wie Warburg sie verstand, ließen sich nicht nach dem Muster solch einer Reduktion der Ausdrucksbewegungen auf bloße Reflexe begreifen und auch nicht nach dem Muster einer Reduktion der pathetischen Gebärden auf den Status bloßer rhetorischer Konventionen. Man könnte sagen, die von Warburg in den Bereich der Bilder eingeführte *anthropologische Frage nach der Gebärde* liegt zwischen zwei Extremen, deren Verknüpfung die Pathosformel gerade zu erfassen versucht: auf der einen Seite Aufmerksamkeit für den animalischen Charakter der Bewegungen des Körpers, auf der anderen Seite Aufmerksamkeit für die »Seele« oder zumindest für dessen psychischen oder symbolischen Charakter. Einerseits haben wir es mit dem Unhistorischen, Triebhaften, Nicht-Willentlichen der »natürlichen« Dinge zu tun; andererseits sind wir mitten in der Geschichte, den Symbolen und dem Willkürlichen, die alles »Kulturelle« mit sich bringt.

Die Ausdruckstheorien, von denen Warburg Kenntnis nehmen konnte, litten alle an der Unvereinbarkeit dieser beiden Dimensionen. Doch ein erstes wichtiges Werkzeug (es sollten weitere folgen) bot Hoffnung auf eine Lösung des Problems. Es handelte sich um die Anwendung einer Theorie des biologischen Wandels auf tierische und menschliche Gebärden. Eine Theorie, mit der es möglich war, die Natur zu historisieren und umgekehrt auch die von Warburg benutzten – weitestgehend

260 P. Camper 1792; J. C. Lavater 1782-1803; C. Bell 1806.

von Burckhardt oder Nietzsche übernommenen – vitalistischen Metaphern gleichsam auf eine biologische Grundlage zu stellen. Diese Theorie fand sich in Charles Darwins Buch *Der Ausdruck der Gemütsbewegungen bei den Menschen und den Tieren.*

*

Warburg entdeckte es 1888 – mit zweiundzwanzig Jahren – im Kontext seines ersten Florentiner »Terrains«. Während der junge Forscher voller Staunen die dionysische Fülle auf den antiken Sarkophagen und deren Nachleben im pathetischen Überschwang Donatellos in San Lorenzo untersuchte, vertiefte er sich in der Nationalbibliothek von Florenz in dieses Werk. »Endlich ein Buch, das mir hilft«, notiert er in sein Tagebuch.[261] Dennoch findet sich darin nichts, was dem erhabenen Schrei des Laokoon vergleichbar wäre. In diesem Buch gibt es nur tierische Abwehrstellungen, Katzen, die sich sträuben, verzerrte Gesichter, die an einem Affen der Spezies *Cynopithecus niger* studiert werden (Abb. 40), oder auch den künstlich herbeigeführten Schrecken eines alten Mannes mit »friedlichem Gemüt« und »beschränkter Intelligenz« (Abb. 41). Wie konnte solch ein Buch die erhoffte und bis dahin entbehrte Hilfe bringen, die es Warburg ermöglichen sollte, die figurative Logik der pathetischen Gebärden in der Renaissance zu verstehen?

Auch wenn alle Kommentatoren den Einfluß Darwins auf Warburgs Theorie der Pathosformeln anerkennen,[262] bleibt doch die Frage offen, wie dieser Einfluß zu interpretieren wäre. Man wird – mit Gombrich[263] – auf einen »Evolutionismus« oder »Positivismus« bei Warburg verweisen, wenn man den Einfluß des Darwinschen Buchs auf den Versuch einer Nomenklatur beschränken möchte. Paolo Mantegazza glaubte 1885 die »Dar-

261 A. Warburg, *Tagebuch*, 1888 (zit. n. E. H. Gombrich 1970, S. 99).

262 Siehe E. Wind 1931, S. 413; F. Saxl 1932, S. 13-15; G. Bing 1965, S. 448-449.

263 E. H. Gombrich 1966a, S. 119-120; ders. 1970, S. 307-324 (dt. S. 409-422).

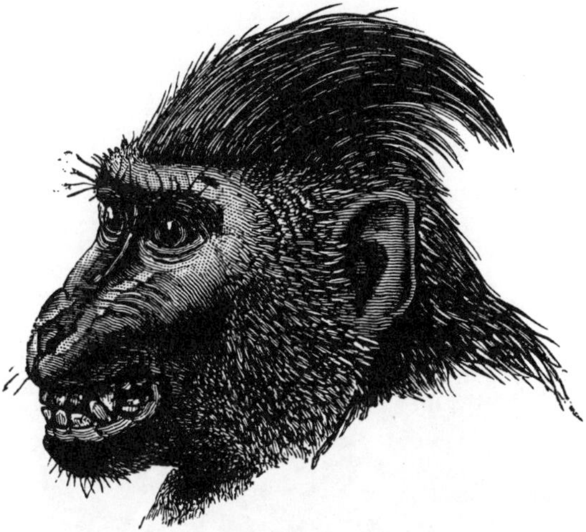

Abb. 40: M. Wolf, *»Cynopithecus niger« […], sich über Liebkosungen freuend. Nach der Natur gezeichnet*, 1872. Nach Ch. Darwin, *The Expression of the Emotions in Man and Animals*, London 1872, Abb. 17.

winschen Ausdrucksgesetze« zu einer strengen Klassifikation auszubauen, die sich auf das sogenannte »Alphabet der Mimik« stützte (in Wirklichkeit handelte es sich um eine positivistische Adaptation der antiken Rhetorik in ihrer wohl schlechtesten Ausprägung).[264] Unnötig zu sagen, daß diese szientistische Prosa nichts mit Warburgs stets hypothetischem und niemals doktrinärem Stil zu tun hatte.

Im 19. Jahrhundert glaubten zahlreiche Wissenschaftler, ihr Bestreben, die Ausdrucksphänomene – mimische Gebärden, pathologische Bewegungen – in präzisen, hierarchisch abgestuften Typologien zu erfassen, auf eine evolutionistische Grundlage stellen zu können. Die »Wissenschaft des Ausdrucks« bewegt sich an den unscharfen Grenzen zwischen Psychologie und sozialen Codes, Physiologie und rassistischen Vorurteilen. Sie umreißt einen veränderlichen, seinem Wesen nach experimen-

264 P. Mantegazza 1865, S. 67-87.

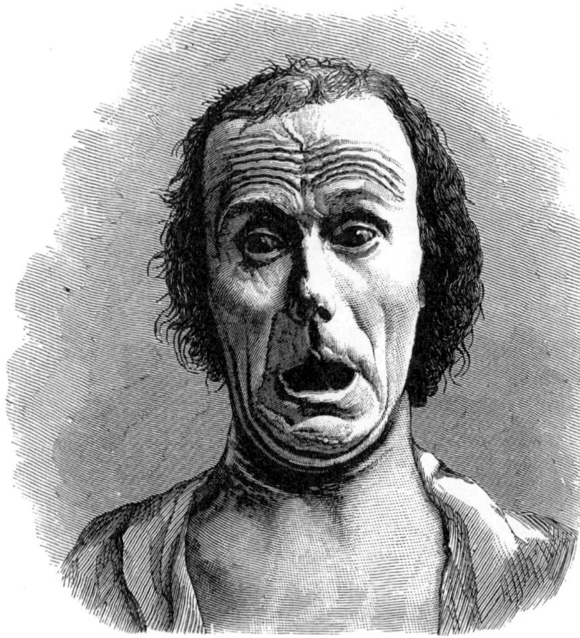

Abb. 41: T. W. Wood, *Schrecken. Nach einer Photographie von Dr. Duchenne.* Nach Ch. Darwin, *The Expression of the Emotions in Man and Animals*, London 1872, Abb. 20 (in späteren Ausgaben Abb. 28).

tellen und interdisziplinären Bereich. In ihrem Zentrum entstehen einige monumentale Werke wie das von Wundt oder Ludwig Klages.[265] Doch es ist bekannt, daß diese Psychologie und diese Anthropologie am Ende zu herausragenden Werkzeugen polizeilicher Maßnahmen – wie den berüchtigten Bemühungen Lambrosos – und schließlich der Rassentheorien wurden, die in Deutschland lange vor ihrer praktischen Umsetzung durch die Nazis florierten.

Warburg litt ganz unmittelbar unter allem, was er das Monstrum des menschlichen Daseins nannte: Er litt unter seinen

265 W. Wundt 1900, 1908 und 1910; L. Klages 1923.

eigenen »psychischen Monstren«; er litt unter den Erschütterungen der Geschichte und insbesondere unter dem Antisemitismus, diesem »Monstrum« *par excellence* der westlichen Kultur.[266] Er verteidigte unermüdlich, wenn auch ohne Hoffnung die Weisheit – die *sophrosynè* der alten Griechen – gegen jeglichen Irrationalismus. Aber er konnte wie Freud oder Benjamin nichts anderes tun, als die Herrschaft der Monstren über die Vernunft erkennen und begreifen zu wollen. Homo sapiens ist bekanntlich für den Menschen ein Wolf – also ein Tier. Und die Dokumente der Kultur sind ebenso viele Archive, in denen die Spuren des Denkens sich mit denen der Barbarei mischen.

Der Ausdruck der Gemütsbewegungen bei den Menschen und den Tieren war für Warburg keineswegs ein Werkzeug für eine Theorie der »natürlichen Selektion« oder des »Fortschritts« der Gebärden von ihren rohen Anfängen bis zu ihrem vollkommenen zivilisierten Ausdruck. Ganz im Gegenteil, Darwins Werk erlaubte es ihm, die Regression zu denken, die in den Bildern der höchsten Kultur (also der Kultur der Antike und der Renaissance) am Werk war. Er betrachtete die »Pathosformeln« des *Laokoon* also nicht aus der Winckelmannschen Perspektive einer angeblichen Harmonie als Endpunkt eines geistigen Evolutionsprozesses, sondern aus der Sicht eines Nachlebens des Primitiven, also eines Konflikts zwischen Natur und Kultur oder genauer zwischen Trieb*bahnungen* und symbolischen *Formeln*. Die Gebärden das *Laokoon* bilden das – sublime – »Dynamogramm« eines symbolisierten Residuums primitiver körperlicher Reaktionen. Das ist der allgemeine Gedanke, den Darwin gerade zu der Zeit darlegte, als sich in Warburgs Denken der Begriff der Pathosformel herausbildete.

Eines sei hier betont – und darin liegt Darwins eigener Ausgangspunkt. Sein *Ausdruck der Gemütsbewegungen* kann weder Anthropologen noch Historikern als ikonographisches Lexikon der realen oder dargestellten menschlichen Gebärden dienen.

266 Siehe H. Liebschütz 1971, S. 225-236; C. Schoell-Glass 1998a; dies. 1998b, S. 107-128; dies. 1999, S. 218-230.

»Über den körperlichen Ausdruck der Seelenbewegungen sind viele Werke geschrieben worden, aber eine noch größere Zahl über ›Physiognomie‹, das heißt über das Erkennen des Charakters aus dem Studium der beständigen Form der Gesichtszüge«, schreibt Darwin in der Einführung zu seinem Buch. »Mit diesem letzten Gegenstand haben wir hier nichts zu tun« (*with this latter subject I am not here concerned*).[267] Das ist weit entfernt von dem »Wortschatz« der Gebärdensprache oder der »Lesbarkeit« der Gesichtszüge, die Camper, Lavater oder Le Brun sich erhofft hatten. Was Warburg bei Darwin fand, war durchaus keine neue, angeblich wissenschaftliche Antwort auf alte akademische Fragen nach den »Regeln des Ausdrucks der Gemütsbewegungen«.

Was aber dann? Sehr viel weniger und sehr viel mehr als das. Darwin besaß die epistemologische Klugheit, auf allgemeine Regeln zu verzichten. Und mehr noch, er bestand darauf, daß »die Bewegungen häufig äußerst unbedeutend und von einer schnell vorübergehenden Natur sind« (*the movements being often extremely slight and of a fleeting nature*) und daß bei deren Veränderung »Sympathie« und Einbildung eine ständige Rolle spielen.[268] Doch jenseits der Regeln verfolgte er das Ziel, ein Prinzip oder eine »theoretische Erklärung« (*theoretical explanation*) für diesen subtilen Charakter zu finden.[269] Daß Warburg Interesse an diesem theoretischen Prinzip finden konnte, mag um so rätselhafter erscheinen, als Darwin sogleich auch die künstlerische Darstellung der Ausdrucksbewegungen – »von den großen Meistern der Malerei und Bildhauerkunst« – aus seinem Forschungsfeld ausschließt:

> Viertens hatte ich auch gehofft, von den großen Meistern der Malerei und Bildhauerkunst eine große Hilfe zu erhalten, welche so eingehende Beobachter sind. Ich habe daher Photographien und Kupferstiche vieler allgemein bekannter Kunstwerke genau betrachtet, habe aber, mit wenigen Ausnahmen, dadurch keinen Vorteil er-

267 C. Darwin 1872, S. 1 (dt. S. 7).
268 Ebd., S. 12 (dt. S. 20).
269 Ebd., S. 18 (dt. S. 27).

langt. Der Grund hiervon ist ohne Zweifel der, daß bei Werken der Kunst die Schönheit das hauptsächliche, oberste Ziel ist; und stark kontrahierte Gesichtsmuskeln zerstören die Schönheit« (*destroy beauty*).[270]

Was Warburg in den sich sträubenden Katzen, den affenartigen Gesichtszügen, den weinenden Kindern oder den angsterfüllten Geisteskranken fand, die Darwin in seinem Werk analysierte, war ein wahrhaft *dialektisches Prinzip der Ausdrucksgebärde*. Warum dialektisch (dieses Wort gehörte ganz gewiß nicht zu Darwins Wortschatz)? Weil es ihm gelingt, in der Aktualität der pathetischen Bewegung drei Typen von Bewegungen miteinander zu verbinden, die in einem paradoxen Verhältnis zueinander stehen. Darwin beschreibt sie im ersten Kapitel seines Buchs, dem er die Überschrift »Allgemeine Prinzipien des Ausdrucks« (*General Principles of Expression*) gibt. Ich werde sie hier in einer etwas anderen Reihenfolge behandeln als Darwin – weil es mir nicht um ihren eigentlichen Anwendungsbereich geht, sondern um ihre Verwendung bei Warburg.

Ein erstes Grundprinzip ist die *Prägung*. Darwin charakterisiert sie als »direkte Tätigkeit (*direct action*) des Nervensystems«, wobei körperliche Gebärden »durch die Konstitution des Nervensystems verursacht werden, von Anfang an unabhängig vom Willen und in gewissem Maße unabhängig von Gewohnheit« (*independently from the first of the will and independently to a certain extent of habit*).[271] Hier haben wir die physiologischen Voraussetzungen eines *Prinzips des unbewußten Gedächtnisses*, das menschliche Ausdruckshandlungen steuert.

Ein zweites Prinzip ist die *Verschiebung*. Das unbewußte Gedächtnis und die Gewohnheit sind so stark, daß der biologische »Nutzen« der Ausdruckshandlung meist in den Hintergrund gedrängt wird. Dann bestimmt die Assoziation die gesamte Gestik der affektiven Bewegungen. »Sobald derselbe Seelenzustand herbeigeführt wird, so schwach dies auch geschehen mag, so

270 Ebd., S. 14 (dt. S. 22).
271 Ebd., S. 29 (dt. S. 37).

ist infolge der Macht der Gewohnheit und der Assoziation (*the force of habit and association*) eine Neigung vorhanden, dieselbe Bewegung auszuführen, wenn sie auch im gegebenen Falle nicht von geringstem Nutzen sind.«[272]

Das dritte Prinzip ist das des *Gegensatzes* (*principle of antithesis*). Es verweist auf eine Fähigkeit zur *Umkehrung* des Assoziationsvorgangs, die deren physiologische »Nutzlosigkeit«, aber auch das *paradox gesteigerte* Ausdrucksvermögen unterstreicht. »Gewisse Seelenzustände führen zu bestimmten gewohnheitsmäßigen Handlungen, welche, nach unserm ersten Prinzip, zweckmäßig sind. Wenn nun ein direkt entgegengesetzter Seelenzustand herbeigeführt wird, so tritt eine sehr starke und unwillkürliche Neigung zur Ausführung von Bewegungen einer direkt entgegengesetzten Natur ein, wenn auch dieselben von keinem Nutzen sind, und derartige Bewegungen sind in manchen Fällen äußerst ausdrucksvoll« (*highly expressive*).[273]

Es ist interessant, daß Darwin nach diesen ausführlichen Analysen zu zwei Schlußfolgerungen gelangt, die man zusammendenken muß. Einerseits spricht er von einer biologischen *Notwendigkeit* des Ausdrucks:

> Wenn Handlungen aller möglichen Art regelmäßig irgendeinen Seelenzustand begleiten, so werden sie sofort als ausdruckgebend erkannt. Dieselben können aus Bewegungen jedweden Teils des Körpers bestehen: so finden wir das Wedeln mit dem Schwanze beim Hunde, das Zucken mit den Schultern beim Menschen, ferner das Sträuben der Haare, die Absonderung von Schweiß, einen veränderten Zustand der Kapillargefäße, beschwerliches Atmen und den Gebrauch der Stimmorgane und anderer lauterzeugender Werkzeuge. Selbst Insekten drücken Zorn, äußerste Furcht, Eifersucht und Liebe durch ihre Stridulation aus. Beim Menschen sind die Respirationsorgane von besonderer Bedeutung beim Ausdruck, nicht bloß in einer direkten, sondern in einem noch höheren Grade in einer indirekten Art.[274]

272 Ebd., S. 28 (dt. S. 36).
273 Ebd., S. 28 (dt. S. 36).
274 Ebd., S. 349-350 (dt. S. 389).

Diese *Notwendigkeit* ist ererbt. Sie gibt Darwin die Gewißheit, daß die menschliche Gebärde auch in den komplexesten Gesellschaften noch Spuren einer Primitivität trägt, die in ihren fundamentalsten Formen überlebt hat. So könne man schließen, »daß die Furcht seit einer äußerst entfernt zurückliegenden Zeit in beinahe derselben Weise ausgedrückt wurde, wie es jetzt von Menschen geschieht: nämlich durch Zittern, das Aufrichten der Haare, kalten Schweiß, Blässe, weit geöffnete Augen, Erschlaffung der meisten Muskeln und dadurch, daß sich der Körper niederduckte oder bewegungslos gehalten wurde.«[275]

Andererseits erkennt Darwin die biologische *Nutzlosigkeit* der meisten Ausdrucksgebärden. Er schreibt, daß »Bewegungen, welche zur Befriedigung irgendeines Verlangens oder zur Erleichterung irgendeiner Empfindung von Nutzen sind, häufig wiederholt und so gewohnheitsgemäß werden, daß sie, mögen sie nun von Nutzen sein oder nicht (*whether or not of any service*), ausgeführt werden, sobald dasselbe Verlangen oder dieselbe Empfindung selbst in einem sehr schwachen Grade gefühlt wird.«[276] Kurz, das unbewußte Gedächtnis, daß den primitiven Charakter der Ausdrucksbewegungen fortführt und aktualisiert, löst sie – über die Prozesse der Assoziation und des Gegensatzes – von ihrer unmittelbaren Notwendigkeit. Es verwandelt sie, wird Warburg sagen, in *Formeln*, die in allen Bereichen der Kultur eingesetzt werden können.

Darwin konnte sich übrigens nicht enthalten, am Ende seines Buchs eine Passage von Shakespeare zu zitieren,[277] wie schon vor ihm Duchenne de Boulogne – auf den Darwin in seinem Buch mehrfach verweist – sein *Mécanisme de la physionomie humaine* nicht ohne einen »ästhetischen Teil« abschließen mochte, in dem er die Ergebnisse der physiologischen Experimente für einen Vergleich der »natürlichen« Gebärde mit dem Gefühlsausdruck der Lady Macbeth oder auch ... des Laokoon« nutzte

---

275 Ebd., S. 360-361 (dt. S. 400).
276 Ebd., S. 347 (dt. S. 387).
277 Ebd., S. 365 (dt. S. 405).

(Abb. 42).[278] Aber warum dieser Rückgriff auf die Kunst – oder diese Rückkehr zur Kunst? Zweifellos deshalb, weil Darwin die Nachahmung selbst zu einem Grundprinzip erhebt, wonach selbst beim Tier die Natur*notwendigkeit* der sozialen Konstruktion und sogar dem kulturellen Willen zuarbeitet:

> Daß beim Menschen eine starke Neigung zur Nachahmung (*a strong tendency to imitation*) besteht, unabhängig von dem bewußten Willen (*independently of the conscious will*), ist sicher. Dies zeigt sich in der außerordentlichsten Art und Weise bei gewissen Gehirnkrankheiten, besonders beim Beginn der entzündlichen Gehirnerweichung, und ist das »Echo-Symptom« genannt worden. Die in dieser Art affizierten Patienten ahmen ohne jedes Verständnis jede ihnen vorgemachte absurde Gebärde und jedes Wort nach, welches in ihrer Nähe selbst in einer fremden Sprache geäußert wird. Was die Tiere betrifft, so haben der Schakal und der Wolf in der Gefangenschaft gelernt, das Bellen des Hundes nachzuahmen. Auf welche Weise das Bellen des Hundes zuerst gelernt worden ist, welches verschiedene Gemütserregungen und Begierden auszudrücken dient und welches deshalb so merkwürdig ist, als es erst erlangt worden ist, seitdem das Tier domestiziert worden ist, und als es von verschiedenen Rassen in verschiedenem Grade vererbt wird, wissen wir nicht; könnten wir aber nicht vermuten, daß die Nachahmung bei seiner Erlangung im Spiel war, insofern nämlich die Hunde lange Zeit in enger Verbindung mit einem so gesprächigen Tiere, wie der Mensch eines ist, gelebt haben?[279]

So konnten Darwins drei Prinzipien des Ausdrucks – zusammen mit dem Feld, das sie spontan im Bereich des Symbols und der Nachahmung eröffneten – zu konstitutiven Bestandteilen der Warburgschen Ausarbeitung der Pathosformel werden. Das Prinzip der Prägung oder des unbewußten Gedächtnisses findet sich bei Warburg wieder in einem reichhaltigen Wortschatz um Begriffe wie »Prägung« oder »Engramm«: Was bei Botticelli

278 G.-B. Duchenne de Boulogne 1862, S. 109-125 (Laokoon) und 169-188 (Lady Macbeth).

279 C. Darwin 1872, S, 355-356 (dt. S. 395).

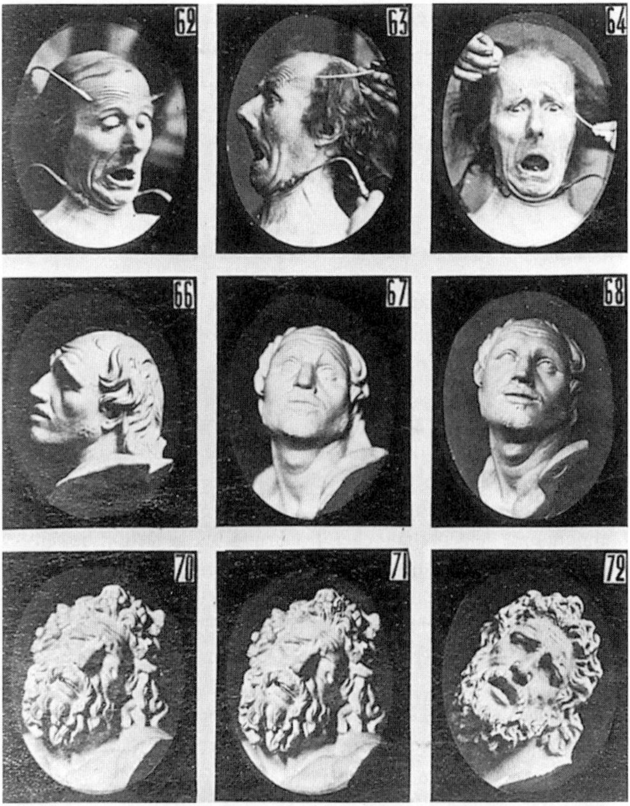

Abb. 42: G.-B. Duchenne de Boulogne, *Ausdrucksbewegungen der Augenbrauen und der Stirn*, 1852-1856. Nach ders., *Mécanisme de la physionomie humaine*, Paris 1862, Tafel VII (Ausschnitt).

aus der Antike überlebt, ist eine »gesteigerte äußere Bewegung« (Gebärden, Faltenwurf, Haar), deren Fähigkeit, sich dem Stoff der Zeit »einzuprägen«, man sich vorstellen muß.[280] Wenn Warburg die von Mantegna und Dürer eingesetzten Pathosformeln als »archäologisch getreu« bezeichnet, will er damit nicht nur

280 Siehe A. Warburg 1893, S. 13.

sagen, daß die beiden Künstler ihre antiken Vorbilder getreu kopiert hätten, sondern auch, daß der moderne Mensch sich, wissentlich oder nicht, der Welt »energetisch« über »Ausdrucksprägungen« nähert, die vielleicht begraben, aber niemals aus seinem kulturellen Boden oder seinem »kollektiven Gedächtnis« verschwunden waren.[281]

*

Deshalb verwies Warburg 1929 in der Einleitung zu seinem *Mnemosyne*-Projekt auf die Prägung, das »Engramm« und das unbewußte Gedächtnis des Dionysischen:

> In der Region der orgiastischen Massenergriffenheit ist das Prägewerk zu suchen, das dem Gedächtnis die Ausdrucksformen des maximalen inneren Ergriffenseins soweit es sich gebärdensprachlich ausdrücken läßt, in solcher Intensität einhämmert, daß diese Engramme leidenschaftlicher Erfahrung als gedächtnisbewahrtes Erbgut überleben und vorbildlich den Umriß bestimmen, den die Künstlerhand schafft, sobald Höchstwerte der Gebärdensprache durch Künstlerhand im Tageslicht der Gestaltung hervortreten wollen.[282]

Warburg hat diese Hypothesen zum unbewußten Gedächtnis nicht systematisiert – und hier noch weniger als in anderen Fällen. Jeder übernommene Begriff war eine Falle. Lösungsansätze bergen stets auch Nebengefahren. So vermochte das Darwinsche Modell der Reflexhandlung (der Prägung als »direkter Handlung des Nervensystems«) die für das Nachleben typischen kulturellen Prozesse der Sedimentierung von Symbolen nicht bis ins letzte zu erklären. Deshalb wandte Warburg sich Ewald Herings Hypothesen zum Gedächtnis als einer »allgemeinen Funktion der organisierten Materie« zu, die Samuel Butler gegen den Dar-

---

281 Ders. 1906, S. 126. Siehe ders. 1928-1929, S. 140 (nicht datierte Eintragung): »Energetische Auseinandersetzung/mit der Welt im Spiegel/antikisierender Ausdrucksprägung.«

282 Ders. 1929b, S. 171.

winismus gerichtet und Richard Semon bis hin zu einem Begriff des »energetischen Engramms« erweitert hatte.[283]

Die organische Materie besitzt nach Semon eine ganz besondere Eigenschaft: Jede Handlung, jede Energieumwandlung, die sie erfährt, hinterläßt einen Abdruck, den Semon als »Engramm« oder »Erinnerungsbild« bezeichnet. Während die Empfindungen oder »Originalerregungen« verschwinden, bleiben die Engramme dieser Empfindungen zurück und fungieren im weiteren Schicksal des betreffenden Organismus indirekt oder aktiv als deren Ersatz.[284]

Es handelt sich um einen recht seltsamen – und in Warburgs Augen sehr interessanten – Versuch, sich dem biologischen Denken aus der psychischen Perspektive der Zeit als Gedächtnisenergie zu nähern. Die *Engraphie* der »Originalerregungen« löst den Gedächtnisvorgang einer *Operationslatenz* aus, die auf den Augenblick einer partiellen Wiederkehr der ursprünglichen »energetischen Situation« wartet, den Semon den Augenblick der *Ekphorie* nannte. Hier haben wir ein Modell *energetischen Nachlebens*, das partiell gewissen Erfordernissen der Warburgschen Begriffe des Nachlebens und der Pathosformel im kulturellen Bereich der Bilder entsprach.

Solche Übernahmen haben natürlich auch etwas Heuristisches. Sie bedeuten keineswegs die Anerkennung einer bestimmten biologischen Lehre. Bei Warburg stehen sie im übrigen neben Bezügen auf die »formale Prägung«, die Anton Springer in Hegels Geschichtsphilosophie erkannte, auf die »Philosophie des Unbewußten« im Sinne Eduard von Hartmanns, auf Tito Vignolis »Paläontologie des Geistes«, ganz zu schweigen von Goethes allgegenwärtiger Morphologie – dieser Theorie eines Gedächtnisses der Formen – und vom romantischen Geschichtsverständnis eines Thomas Carlyle.[285]

Aber kehren wir zurück zu Darwin. Das in *Der Ausdruck*

283 E. Hering 1870; S. Butler 1880; R. W. Semon 1904.

284 R. W. Semon 1909, S. 137-143.

285 Siehe A. Springer 1848, S. 9; E. von Hartmann 1869-1871, Bd. 1, S. 36-47 und 233-253; T. Vignoli 1895, S. 315-338.

der Gemütsbewegungen formulierte Prinzip der Verschiebung entsprach Warburgs ersten Eindrücken, als er 1893 das Nachleben der antiken Pathosformeln im »bewegten Beiwerk – der Gewandung und der Haare –« der so seltsam unbewegten und »teilnahmslosen« Figuren Botticellis zu bestimmen versuchte.[286] »Verschiebung« bezeichnet sehr gut das in den Gemälden des Florentiner Meisters so wirksame Darstellungsgesetz: Die »leidenschaftliche Seelenbewegung« oder die »innere Ursache« nimmt ihren Weg über die Darstellung »äusserlich bewegten Beiwerks«, als suchte eine unbewußte Energie – Warburg spricht von »willenlosem Beiwerk« – den Untergrund seiner Prägung in dem so »gleichgültigen«, aber plastischen Material des Gewandes und des Haars (Abb. 43).[287]

Wir befinden uns hier genau am Gegenpol jeglicher Physiognomie im herkömmlichen Sinne. Mit seiner Erkenntnis der Ausdrucksverschiebung – 1914 spricht er von einer »Accentverschiebung der Körpersprache«[288] – verschiebt er das ganze Wissen über Ausdruck und Bewegungsdarstellung in den bildenden Künsten. Denn nicht eine Sache verschiebt sich hier, sondern die Bewegungsfähigkeit selbst. Wir beginnen zu begreifen, inwiefern die körperlichen Formen des Nachlebens nicht nur zur Unzeit einer *Gegenzeit* auftreten, sondern auch als *Gegenbewegungen*: als Gegenvollzüge, als Symptombewegungen. Intensität entsteht oft durch eine Verschiebung, eine – in allen Bedeutungen des Wortes – *deplazierte* Bewegung. Sie zeigt sich überraschend dort, wo man sie nicht erwartet, im *Parergon* des Körpers (Gewand, Haar) oder der Darstellung selbst (im Zierrat oder in architektonischen Elementen wie der Verzierung von Sassettis Grabmal oder in Ghirlandaios berühmter Treppe *in abisso* in Santa Trinità).

Also eine radikale Verschiebung. Man kann stets nach weiteren Quellen für Warburgs Pathosformel suchen – und auch

---

286 A. Warburg 1893, S. 13.

287 Ebd., S. 62-63.

288 Ders. 1914, S. 290.

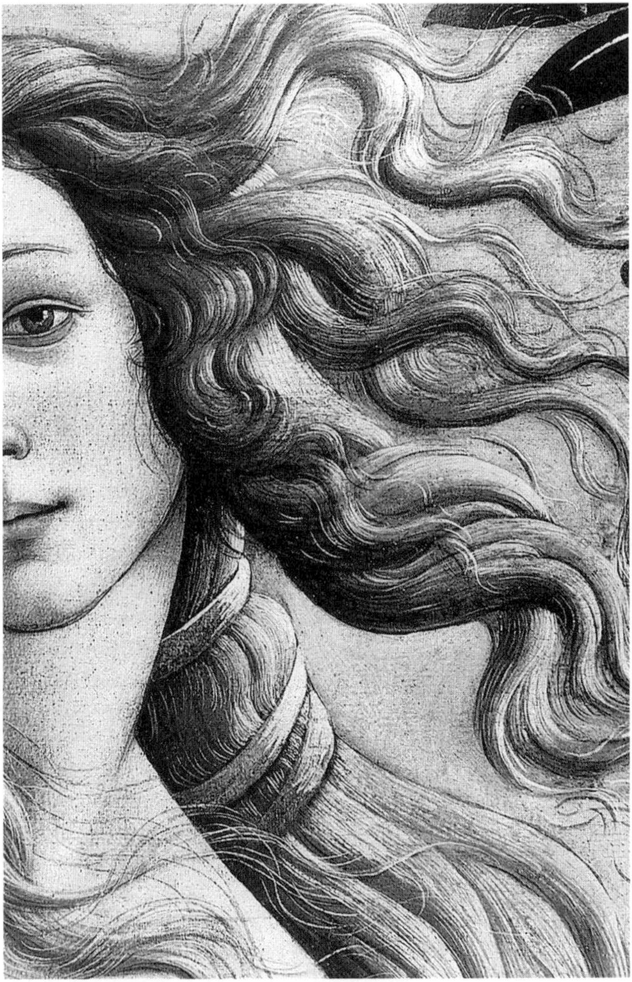

Abb. 43: Sandro Botticelli, *Die Geburt der Venus*, um 1484-1486 (Ausschnitt). Tempera auf Leinwand. Florenz, Uffizien. Photo: G. D.-H.

solche finden. Hatte Alfred von Reumont nicht bereits den Ausdruck »bewegtes Beiwerk« verwendet?[289] Hatte nicht schon Jacob Burckhardt auf die Rolle des immer feierlicheren und dynamischeren Faltenwurfs in der Renaissance hingewiesen?[290] Und hatte Nietzsche nicht bereits Aischylos gelobt, weil er in seinen Tragödien »den freien Faltenwurf des Gemüths aufgebracht« habe?[291] Doch es hilft nichts: Niemand anderer vor und nach Warburg hat so tief den symptomhaften Vorgang verstanden, durch den *eine Verschiebung Intensität hervorbringt*. Von all seinen Zeitgenossen verstand es nur Freud, wie wir noch genauer darlegen werden, solche Analysen auf dem Gebiet der Hervorbringungen des Unbewußten, der Träume, Wahngebilde und Symptome, vorzunehmen. Womit gesagt ist, daß Warburg hier die Funktionsweise eines »Unbewußten der Formen« berührte.

Da kann es kaum erstaunen, daß Warburg eine ähnliche Bedeutung auch Darwins drittem »allgemeinen Prinzip des Ausdrucks«, nämlich dem *Gegensatz*, beimaß. An die Pathosformel angepaßt, äußert das Prinzip des Gegensatzes sich in Prozessen, die Warburg als »Bedeutungsinversion« oder »energetische Inversion« bezeichnete. Es gibt keine Pathosformel ohne Polarität und ohne »energetische Spannung«, doch die Plastizität der Formen und Kräfte in der Zeit ihres Nachlebens liegt gerade in ihrer Fähigkeit, die in den Dynamogrammen angezeigten Spannungen umzuwandeln oder umzukehren. Eine Polarität kann auf ein *Spannungsmaximum* gebracht oder auch *depolarisiert* werden; ihr »passiver« Wert kann »aktiv« werden usw.[292]

---

289 A. von Reumont 1883, Bd. II, S. 161.

290 J. Burckhardt 1855, Bd. II, S. 3. Siehe E. H. Gombrich 1970, S. 179 (dt. S. 232, Fn. 24), zitierte folgenden Satz von Burckhardt: »Wo irgend Pathos zum Vorschein kam, mußte es in antiker Form geschehen« (im engl. Original nicht nachgewiesen, in der dt. Übers. zit. n. K. H. von Stein, *Vorlesungen über Ästhetik*, Stuttgart 1897, S. 77)

291 F. Nietzsche 1869-1874, S. 14 (Fragment 1.13).

292 A. Warburg 1927a, S. 76 (Eintragung vom 7. Mai 1927); ders. 1928a, S. 13 (Eintragung von 1928); ders. 1928-1929, S. 118-129 (Eintragungen vom 22. Januar bis 15. April 1929) und S. 131 (Eintragung vom 15. Januar 1929).

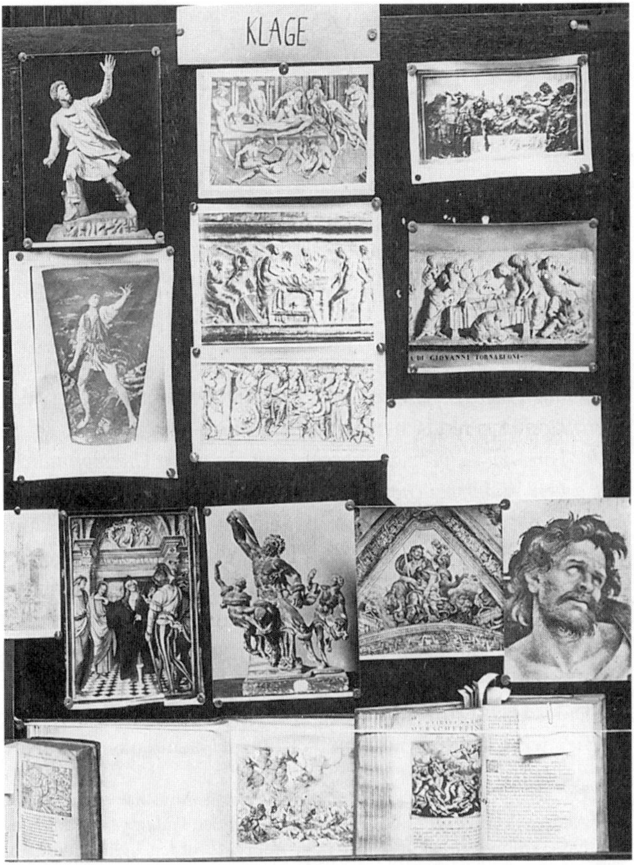

Abb. 44: Aby Warburg, *Klage*. Ausschnitt einer Tafel der *Urworte der pathetischen Gebärdensprache*, 1927 (Ausstellung in der Kulturwissenschaftlichen Bibliothek Warburg in Hamburg). Photo: The Warburg Institute.

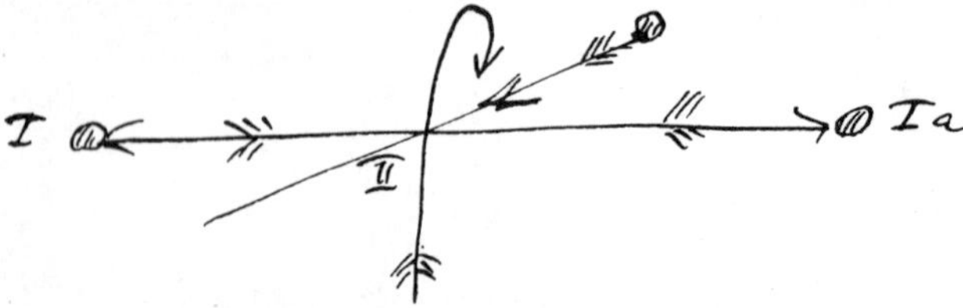

Abb. 45: Aby Warburg, *Dynamisches Schema der Grade der Verzierung*, 1890. Tinte auf Papier, aus *Grundlegende Bruchstücke zu einer monistischen Kunstpsychologie* I, S. 106. London, Warburg Institute Archive. Photo: The Warburg Institute.

Kurz, die Pathosformel besitzt die paradoxe Eigenschaft (und damit auch Gemeinsamkeit mit einer unbewußten Bildung oder Formation im Freudschen Sinne), daß ihre Aufgabe, *den Affekt in der Form zu steigern*, einhergeht mit einer Art *Unempfindlichkeit gegen Widersprüche*: Es steht ihr stets frei, eine Bedeutung zugunsten der entgegensetzten Bedeutung aufzugeben. So kann aus der heidnischen Mänade ein Engel der Verkündigung werden wie bei Agostino di Duccio (Abb. 18). So wird aus dem Beginn einer Hinrichtung eine Wunderheilung wie auf Donatellos Hochaltar im Santo. So konnte aus der angsterfüllten Gebärde einer antiken Figur der Niobidengruppe die heroische Siegesgebärde des David von Andrea del Castagno werden (Abb. 44).[293]

Hier wird deutlich, warum Warburgs Nachdenken über die

293 Das letzte Beispiel bedarf einer Präzisierung. Man hat eingewendet, Andrea del Castagnos David gehe nicht auf den *Pädagogen* in der Niobidengruppe zurück (die erst 1583 entdeckt worden sei), sondern auf den *Dioskuren* vom Monte Cavallo, der aus einer schönen Zeichnung von Benozzo Gozzoli bekannt gewesen sei. Falls es sich um eine philologische Präzisierung handelt, können wir sagen, sie sei nützlich und positiv. Falls es sich um einen theoretischen Einwand gegen Warburgs Pathosformel handelt, können wir sagen, daß sie illusorisch und positivistisch ist. Denn die Identifizierung der »direkten Quelle« beseitigt nicht das Problem. Schon in der »antiken Unbeständigkeit«, wie Warburg sagte, kommt es zu einer dynamischen Inversion derselben Gebärde beim Opfer (dem Pädagogen) und beim Helden (dem Dioskur). Die genannten Einwände stammen von M. Horster 1980, S. 28, und A. Nesselrath 1988, S. 197-198.

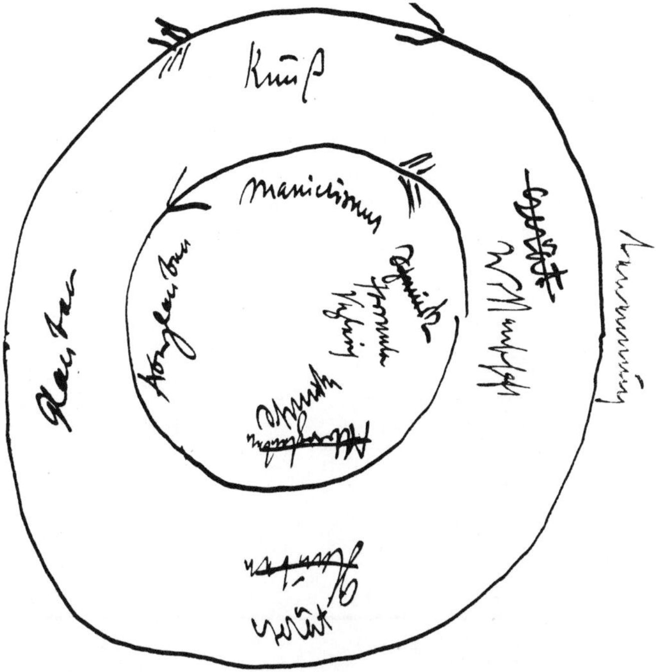

Abb. 46: Aby Warburg, Dynamisches Schema der Beziehungen zwischen Werkzeug, Glauben, Kunst und Erkenntnis, 1899. Tinte auf Papier, aus *Grundlegende Bruchstücke zu einer monistischen Kunstpsychologie* II, S. 59. London, Warburg Institute Archive. Photo: The Warburg Institute.

Bilder so stark von Begriffen wie »Schwingung«, »Vergleich« und »Ambivalenz« geprägt war. In seinen Jugendwerken suchte er nach einer synthetisierenden Formulierung dieser vielfältigen Paradoxa. Deshalb die vielen Schwingungsschemata (Abb. 23-25) und schematischen Darstellungen einer »dynamischen Inversion« (Abb. 45-46).[294] Danach verlegte er sich auf den dialektischen Gedanken unaufgelöster Spannungen: Systole und

294 A. Warburg 1888-1905, I, S. 106 (Abschrift S. 45) und II, S. 59 (Abschrift S. 158).

Diastole, *Ethos* und *Pathos*, apollinisch und dionysisch ... Am Ende sprach er über die Kultur im dunklen Spiegel seiner eigenen psychopathologischen Erfahrung: schizoider Bruch oder manisch-depressiver Wechsel.[295] Er hatte verstanden, daß unter dem doppelten Regime der Bilder eine wahrhafte Psychomachie schlägt. Ein Streit, ein Verlangen, ein Kampf, die jeglicher Kultur innewohnen und deren Pathosformeln vor unseren Augen als ebenso viele fossile Bewegungen überleben.

295 Ders. *Tagebuch*, 3. April 1929 (zit. n. E. H. Gombrich 1970, S. 406).

Choreographie der Intensitäten: Nymphe, Begehren, Streit

Streit, Begehren, Kampf: Alles ist in der Pathosformel vermischt. Alles gemeinsam, im Wechsel und gegeneinander. Intensität reimt sich dort auf Überfülle – jene Überfülle, die Nietzsche das Dionysische nannte. Die pathetischen Bilder der Frührenaissance, wie sie Donatellos Reliefs in Padua und an der Kanzel von San Lorenzo in Florenz in solchem Überfluß darbieten, lassen an jene Schlangehaufen denken, die Warburg auf seinem Weg immer wieder fand. Jedes Organ dieser großen Organismen ist von einer eigenen Energie beseelt, jedes verschlingt sich in das andere, und jedes widerspricht dem anderen in seiner eigenen Richtung. Solch ein Agglomerat unabhängiger oder sogar konkurrierender, aber ineinander verschlungener Dinge läßt sich unmöglich schematisieren und zu einer Synthese zusammenfassen. Warburg wußte sehr wohl, daß seine Forschungsobjekte einen »rätselhaften Organismus« bildeten.[296]

Gibt es eine Typologie der Pathosformeln? Warburg stellte sich diese Frage. 1905 begann er ein großes Notizbuch im Folioformat, dessen Umschlag mit marmoriertem Papier bezogen war (Wirbel, Spiralen, ineinander gerollte Schlangen). Er gab ihm den Titel »Schemata Pathosformeln«, womit er wahrscheinlich die angesprochene Typologie meinte. Er zeichnete mit Bleistift einige großartige Bilder – wie Giottos Allegorien in Padua – und zog sie sorgfältig mit Tusche nach. Er skizzierte, wie er es oft tat, vielfach verzweigte Schemata, hypothetische Genealogien, Gegensatzpaare, die sich ständig vermehrten. Er legte auf den Doppelseiten große Tabellen an, mit Zeilen und Spalten. Dort kann man Listen mit »mimischen Graden« durchgehen wie »Lauf«, »Tanz«, »Verfolgung«, »Raub«, »Kampf«, »Sieg«, »Triumph«, »Tod«, »Klage« und »Auferstehung«. Doch die meisten Felder

296 A. Warburg 1902a, S. 74.

blieben leer. Es war offensichtlich ein verzweifeltes Projekt (Abb. 47). Und so schließt man das Notizbuch wieder: Wirbel, Spiralen, ineinander gerollte Schlangen (Abb. 48).[297]

Die Schemata waren also ein Fehlschlag. Zwanzig Jahre später weichen die leer gebliebenen »Schemata Pathosformeln« dem *Mnemosyne*-Atlas, dieser nicht mehr schematischen, ständig in Arbeit befindlichen, niemals endgültig fixierten Montage eines bereits umfangreichen, aber letztlich unendlichen Korpus von Bildern. Die Ikonographie läßt sich nach Motiven oder Typen ordnen – die Pathosformeln dagegen definieren ein in Warburgs Augen strikt *trans-ikonographisches* Feld. Wie ließ sich hier das Zusammenwirken der drei aus Darwins Biologie übernommenen »Ausdrucksprinzipien« berücksichtigen? Und da es sich um Kulturanthropologie handelte: Wie ließen sich – über Darwin hinaus – Paradigmen finden, mit deren Hilfe man die *Intensität der symbolischen Formen* zu denken vermochte?

Warburg wandte sich zunächst einem *linguistischen* Paradigma zu, das heißt, er fragte nach dem Status der »Formel« in dem Ausdruck »Pathosformel«. Als er 1893 erklärt, er wolle bei Botticelli der »stilbildenden Macht« über Prozesse der »gesteigerten Bewegung« nachgehen,[298] benutzt er nicht zufällig das Partizip »gesteigert«. Das Wort steht ganz allgemein für »Intensivierung« und »Verstärkung«, aber es verweist in einem spezielleren Sinne zugleich auf die grammatische Verwendung der Steigerungsform, des Komparativs. Die linguistische Analogie ist also von Anfang an da. In seinen Manuskripten hantiert Warburg unablässig mit den Steigerungsformen, die er auch folgerichtig als *Komparativ* und *Superlativ* bezeichnet.[299] Und an Mantegnas und Dürers »Bildern zum Tode des Orpheus« (Abb. 3 und 28) interessiert ihn vor allem die Ausgrabung der, wie er sagt, drei antiken »Superlative der Gebärdensprache«.[300]

---

297 Ders. 1905-1911.

298 Ders. 1893, S. 13.

299 Ders. 1906-1907, S. 9; ders. 1927a, S. 40 (Eintragung vom 26. Mai 1927), usw.

300 Ders. 1906, S. 130.

Abb. 47: Aby Warburg, *Tabelle der »Pathosformeln«*. Tinte auf Papier, aus *Schemata Pathosformeln*, 1905-1911. London, Warburg Institute Archive. Photo: The Warburg Institute.

Es ist bekannt, welche Rolle in dieser Konzeption Hermann Osthoffs sprachwissenschaftliche Theorien zu den formalen Eigenschaften der Suppletivformen in den indo-europäischen Sprachen gespielt haben. Die Steigerung erfordert nach Osthoff einen Wechsel des Stamms, eine radikale Verschiebung: *melior* hat nicht denselben Stamm wie *bonus*, und *optimus* bedeutet eine weitere Verschiebung.[301] Warburg drückte das folgendermaßen aus:

> Schon 1905 war dem Verfasser [Warburg] bei solchen Versuchen die Schrift von Osthoff über das Suppletivwesen der Indogermanischen Sprache zu Hilfe gekommen: er wies zusammenfassend nach, daß bei Adjektiven und Verben ein Wortstammwechsel in der Komparation oder Konjugation eintreten kann, nicht nur, ohne daß die Vorstellung einer energetischen Identität der gemeinten Eigenschaft oder Aktion darunter leidet, obwohl die formale Identität des wortgeformten Grundausdrucks wegfällt, sondern das der Eintritt eines fremdstämmigen Ausdrucks eine Intensifikation der ursprünglichen Bedeutung bewirkt. Mutatis mutandis läßt sich ein ähnlicher Prozeß auf dem Gebiet der kunstgestaltenden Gebärdensprache feststellen, wenn etwa die tanzende Salome der Bibel wie eine griechische Mänade auftritt, oder wenn eine fruchtkorbtragende Dienerin Ghirlandajos im Stil einer ganz bewußt nachgeahmten Victorie eines römischen Triumphbogens herbeieilt.[302]

Kurz gesagt, die *Fremdartigkeit* hat hier die Macht, eine aktuelle Gebärde zu steigern, indem sie diese der Phantomzeit des Nachlebens überantwortet. Erst die Fremdartigkeit eröffnet dem Stil im anachronen Zusammenstoß zwischen dem Jetzt (der Dienerin) und dem Einst (der Victorie) seine Zukunft, seine Fähigkeit, sich gänzlich zu verändern und umzuwandeln – ein Vorgang, den Warburg gelegentlich als »Umstilisierung« bezeichnet.

Das ist, in der Sprache wie im Körper und in den Bildern, die Macht des Nachlebens: Jede Umwandlung – jede Fortsetzung

301 H. Osthoff 1899, S. 20-31.

302 A. Warburg 1929b, S. 171.

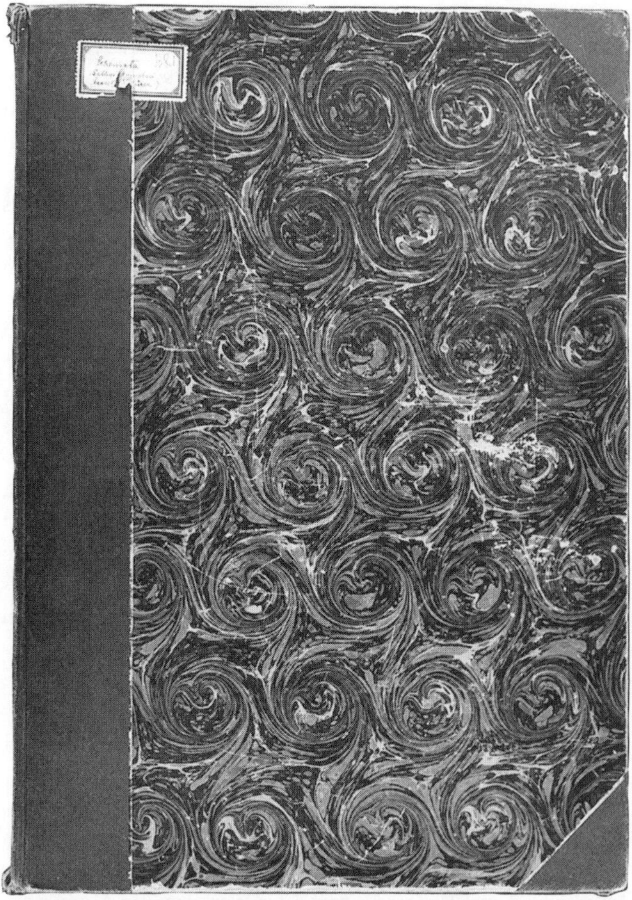

Abb. 48: Aby Warburg, *Schemata Pathosformeln*, 1905-1911 (Umschlag des Manuskripts). Heft im Folioformat. London, Warburg Institute Archive. Photo: The Warburg Institute.

in die Zukunft, jede intensive Entdeckung, jede radikale Neuheit – nimmt nach Warburg ihren Weg über einen Rückgriff auf »Urworte«. Deshalb begreift er sein letztes Projekt, den *Mnemosyne*-Atlas, letztlich als eine über Nachleben, Metamorphosen und Sedimentierungen verlaufende Suche nach der verlorenen Zeit und nach den »Urworten leidenschaftlicher gebärdensprachlicher« und phantomhafter »Dynamik«.[303] Wie Carl Abels »Urworte« – denen Freud 1910 seine berühmte Überlegung zum »Gegensinn« entlehnte[304] – bilden Warburgs »Urworte« ein plastisches Material, das offen ist für aufeinanderfolgende Prägungen, für unablässige Verschiebungen und für Verkehrungen ins Gegenteil.

Es wäre daher ein großer Irrtum, wenn man in Warburgs Anthropologie eine Beschreibung der »Ursprünge« im Sinne reiner »Quellen« ihres späteren Schicksals suchte. Die »Urworte« existieren nur als *nachlebende*, das heißt unrein, maskiert, kontaminiert, umgewandelt oder sogar in ihr Gegenteil verkehrt (Abb. 44). Sie gehen wie ein Hauch zeitlicher Fremdartigkeit in die Bilder der Renaissance ein, aber sie lassen sich keineswegs in ihrem »Naturzustand« isolieren, nicht einmal auf den antiken Sarkophagen. Strenggenommen hat dieser Naturzustand niemals wirklich bestanden.

Ein ebenso großer Irrtum wäre es, wenn man in diesem linguistischen Paradigma eine »ikonologische« Reduktion der Bilder auf Worte suchte. Bei Warburg gibt es keine reduktiven – oder reduzierenden – Operationen. Seine philologische Leidenschaft, seine Anleihen bei Hermann Usener, seine Bewunderung für Ludwig Traubes Paläographie, seine Freundschaft mit André Jolles oder Ernst Robert Curtius (der Warburg sein Monumentalwerk *Europäische Literatur und lateinisches Mittelalter* widmete und den Begriff des Nachlebens in der Literaturwissenschaft benutzte), all das verweist sicher auf eine tiefe Verwandtschaft der Forschungsfelder, aber keineswegs auf eine Abstammung der

---

303 A. Warburg 1828, S. 32 (Eintragung von 1928).

304 S. Freud 1910, S. 221-234

Erforschung der Bilder von der Erforschung der Wörter.[305] Warburg schrieb schon 1902, bei seiner »Quellenforschung« gehe es nicht darum, Kunstwerke durch Texte zu erklären, sondern darum, »die natürliche Zusammengehörigkeit von Bild und Text« wiederherzustellen.[306]

Diese natürliche Zusammengehörigkeit ist der Geschichte der Körper ebenso eingeschrieben wie der Geschichte der Bilder. Botticellis Erotik – man denke etwa an den so leichten und elaborierten Reigen der mythologischen Figuren in *Der Frühling* – antwortet nicht nur auf seine literarischen »Quellen«, etwa auf all das, was man bei Polizian lesen kann. Sie ist auch körperlich getrieben von den »Urrhythmen«, die schon die Flächen der antiken Sarkophage prägen (Abb. 49). Schon lange vor Salomon Reinach und Marcel Mauss[307] hatte Warburg die Notwendigkeit einer historischen Anthropologie der Gebärden begriffen, die keine Gefangene der naturalistischen oder positivistischen Physiognomien des 19. Jahrhunderts, sondern in der Lage war, die technische und symbolische Konstitution der körperlichen Gebärden in den einzelnen Kulturen zu untersuchen.

*

Daher die Bedeutung eines zweiten Paradigmas, das ich das *choreographische* nennen möchte. Es hatte die Aufgabe, radikaler nach dem Status der »Formel« zu fragen, insofern sie einem »Pathos« Existenz verleiht, also einer physischen und affektiven Reaktion des menschlichen Körpers. Man könnte die Hypothese aufstellen, die »Körpertechniken« – Grußformen, Tänze,

---

305 Siehe E. R. Curtius 1947, S. 5 (Widmung an Warburg), S. 45 (»der liebe Gott steckt im Detail«), S. 87 (Botticelli und die antiken Autoren) usw.; ders. 1950, S. 23-27. Zum Verhältnis zwischen Warburg und Curtius – bei dem die *Pathosformel* eher in Richtung *Topos* geht – siehe M. Warnke 1980b, S. 61-68; D. Wuttke 1986, S. 627-635. Zum Verhältnis zwischen Warburg und Jolles siehe A. Bodar 1991, S. 5-18.

306 A. Warburg 1902a, S. 69-70.

307 S. Reinach 1924, S. 64-79; M. Mauss 1936, S. 363-386 (dt. S. 199-220).

Kampfregeln, Sport, Ruhehaltungen, sexuelle Positionen – böten eine privilegierte Verknüpfung für die von Warburg gesuchte »natürliche Zusammengehörigkeit von Wort und Bild«. Im Blick auf Polizians *Stanze* und Botticellis *Geburt der Venus* dürfte der Historiker sich danach nicht mit dem bloßen Verhältnis zwischen »literarischer Quelle« und künstlerischem »Resultat« begnügen. Er müßte vielmehr eine ganze anthropologische Schicht ins Auge fassen, in der die sozialen Regeln der amourösen Verführung neben der Art und Weise stünden, wie die Florentiner den *ballo in due* oder besser noch die mit »Venus« betitelte *bassa danza* tanzten.

Was macht in der *Geburt der Venus* Hora (oder die Grazie), deren Kleid samt dem großen Umhang im Wind flattert? Ein für die *storia* aufmerksamer Ikonograph wird sagen, sie empfange Venus am Ufer und reiche ihr ein Kleid, mit dem sie ihre Blöße bedecken könne. Warburg wird außerdem sagen, sie tanze auf der rechten Seite des Bildes. Was machen Zephir und Chloris (oder Aura)? Warburg wird sagen, abgesehen davon, daß sie den Wind erzeugen, der die Muschel mit Venus ans Ufer treibt, tanzen sie ineinander verschlungen, und das noch in der Luft. Und was macht Venus? Sie tanzt unbewegt vor uns, das heißt, sie macht aus ihrer schlichten Pose eine Choreographie des ausgestellten Körpers. Was machen die Figuren auf Botticellis *Frühling*? Sie alle tanzen. Was machen die Dienerinnen in Ghirlandaios Zyklus in Santa Maria Novella, abgesehen davon, daß sie Wasser in ein Gefäß gießen oder einen Korb mit Früchten bringen? Auch sie tanzen, und obwohl sie für die Verteilung der Personen innerhalb des ikonographischen Themas nur marginale Bedeutung besitzen, ist ihr Tanz für die Dynamik des Bildes von zentraler Bedeutung.

Das ist es, worauf Warburg zunächst achtete: Ob es sich um Botticelli (1893) oder Ghirlandaio (1902) handelte, oder auch um Leonardo und Agostino di Duccio, Mantegna oder Dürer, immer wieder taucht die Frage nach der *gesteigerten Gebärde* auf, vor allem wenn aus dem Schritt Tanz wird. Schon Nietzsche hatte in seinem Aufsatz »Die dionysische Weltanschauung«

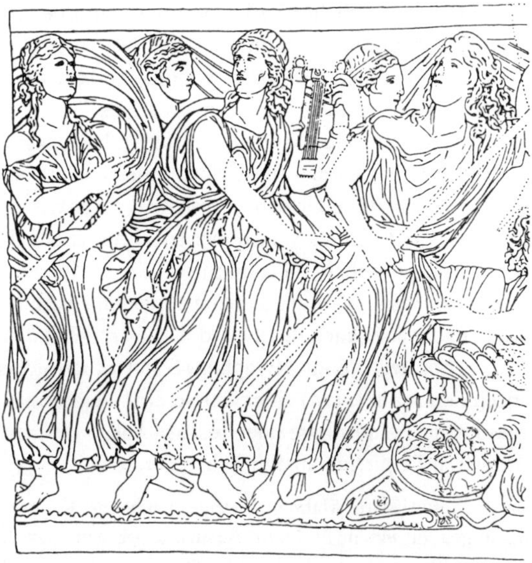

Abb. 49: *Achill auf Skyros* (anonym, römisch, nach einem griechischen Original). Umzeichnung (Ausschnitt) eines in Woburn Abbey befindlichen Sarkophags. Nach A. Warburg, *Sandro Botticellis »Geburt der Venus« und »Frühling«*, Leipzig 1893, S. 15.

von einer »gesteigerten Geberdensprache in der Tanzgeberde« gesprochen[308] und so die Umwandlung der natürlichen Gebärde (Gehen, Weggehen, Erscheinen) in die plastische Formel (Tanzen, Umherwirbeln, Stolzieren) umschrieben. Warburg entwikkelte den Begriff der Pathosformel weitgehend im Blick auf diese choreographische Steigerung, die die gesamte Renaissancemalerei durchzieht und die Warburg, soweit es sich um die weibliche Anmut – das Venushafte – handelte, nicht nur begrifflich erfaßte, sondern auch in einer transversalen, mythischen Personifizierung zusammenfaßte: der *Ninfa* oder Nymphe.

Ninfa ist danach die unpersönliche Heldin der tanzenden, weiblichen Pathosformel – unpersönlich insofern, als sie eine

308 F. Nietzsche 1870, S. 575.

beträchtliche Zahl möglicher Verkörperungen und Personen in sich vereint. Warburg hatte schon 1895 den Gedanken, ihr eine Monographie zu widmen, die um so paradoxer erscheinen mußte, als sie von zwei Händen stammen sollte, als Frucht eines – fiktiven – Briefwechsels mit seinem Freund André Jolles.[309]

Ninfa ist zunächst einmal die Heldin jener »transitorischen Bewegungen in Haar und Gewand«, welche die Renaissancemalerei so leidenschaftlich als verschobenen Hinweis auf das Pathos der Bilder »festzuhalten« wünschte.[310] Sie ist die *auratische* Heldin *par excellence*. Warburg assoziiert *nymphae* ikonologisch mit *aurae*, macht aber auch deutlich, daß die antike Darstellung weiblicher Schönheit (Venus, Nymphen) erst wirklich »lebendig« wird durch den Atem (*aura*) einer »äussere[n] Veranlassung«:[311] eine fremdartige Atmosphäre oder Textur (Abb. 43). Genau das hatte Alberti in *De pictura* ausführlich angeraten:

> Es ist doch so: Haare, Mähnen, Zweige, Laub und Kleider, deren Bewegungen auf einem Bild zum Ausdruck gebracht werden, vermögen zu erfreuen. In der Tat bin ich selbst der Auffassung, daß die Haare alle die sieben Bewegungsarten, von denen ich gesprochen habe, ausführen sollten: indem sie eine kreisförmige Wendung beschreiben, als wollten sie einen Knoten bilden; indem sie in die Luft hinauf wogen, als ahmten sie Flammen nach; indem sie bald unter andern Haaren dahinkriechen, bald sich nach dieser oder nach jener Seite aufrichten. [...] Nun kommt es uns also darauf an, daß Tücher Bewegungen aufnehmen (*cum pannos motibus aptos esse volumus*); anderseits sind Tücher ihrem Wesen nach schwer, fallen unablässig zu Boden und entziehen sich so ziemlich allen Biegungen. Deswegen wird man gut daran tun, auf dem Bild – in einer Ecke des Vorhangs – das Antlitz des West- oder des Ostwinds anzubringen, wie er zwischen den Wolken hindurchbläst, wodurch alle Tücher, die sich gegenüber befinden, angestoßen werden. In der Folge wird sich eben die gewünschte Anmut einstellen: die Seiten der Körper

---

309 A. Warburg 1900 (zusammen mit A. Jolles). Siehe E. H. Gombrich 1970, S. 105-127 (dt. S. 141-164); A. Bodar 1991, S. 5-18; S. Contarini 1992, S. 87-93; S. Weigel 2000, S. 65-103.

310 A. Warburg 1893, S. 19.

311 Ebd., S. 30-31 und 54-63.

> nämlich, auf die der Wind trifft, werden unter der Verhüllung des Tuches – weil die Tücher durch den Wind an den Körper gepresst werden – beinahe nackt erscheinen. Was dagegen die übrigen Seiten betrifft, so werden die Tücher, durch den Wind getrieben, von ihnen weg durchaus passend in die Luft hinaus wogen.[312]

Ninfa ist also die Heldin des bewegt-erregenden Zusammentreffens: Eine »äussere Veranlassung« löst an den Rändern des Körpers eine »transitorische Bewegung« aus, die allerdings organisch ebenso souverän, notwendig und schicksalhaft wie vergänglich ist. *Ninfa* nimmt körperliche Gestalt an in der Windfrau, in der Aura, in der Göttin Fortuna, die Warburg als »Stilbildung weltzugewandter Energie« beschrieb.[313] *Ninfa* nimmt körperliche Gestalt an, das heißt, sie ist zugleich Frau und Göttin: irdische und himmlische Venus, Tänzerin und Diana, Dienerin und Victorie, kastrierende Judith und weiblicher Engel, wie man dies sehr gut sehen kann, wenn man sich im *Mnemosyne*-Atlas die Tafeln 46-48 anschaut (Abb. 69-72).[314]

Luftig, aber wesenhaft verkörpert, ungreifbar, aber wesenhaft taktil. Das ist das schöne Paradoxon der *Ninfa*, deren Inszenierungstechnik in *De pictura* so schön enthüllt wird. Es genügt, schreibt Alberti, Wind auf eine schöne, bekleidete Gestalt wehen zu lassen. Auf der dem Wind zugewandten Seite wird das Gewand an die Haut gepreßt, und aus dieser Berührung entsteht so etwas wie ein Abguß des nackten Körpers. Auf der anderen Seite bewegt und entfaltet der Stoff sich frei und fast willkürlich in der Luft. Das ist die Magie der Gewänder. Botticellis Grazien wie auch den antiken Mänaden (Abb. 49) gelingen diese beiden gegensätzlichen Modalitäten des figürlich Darstellbaren: Luft und Haut, flüchtiges Gewebe und organische Textur. Einerseits flattert das Gewand für sich allein und schafft seine eigenen volutenförmigen Morphologien. Andererseits enthüllt es die Intimität – die bewegt-erregende Intimität – des Körpers. Könnte

312 L. B. Alberti 1435, S. 278-281.
313 A. Warburg 1907b, S. 147.
314 Ders. 1927-1929, S. 84-89.

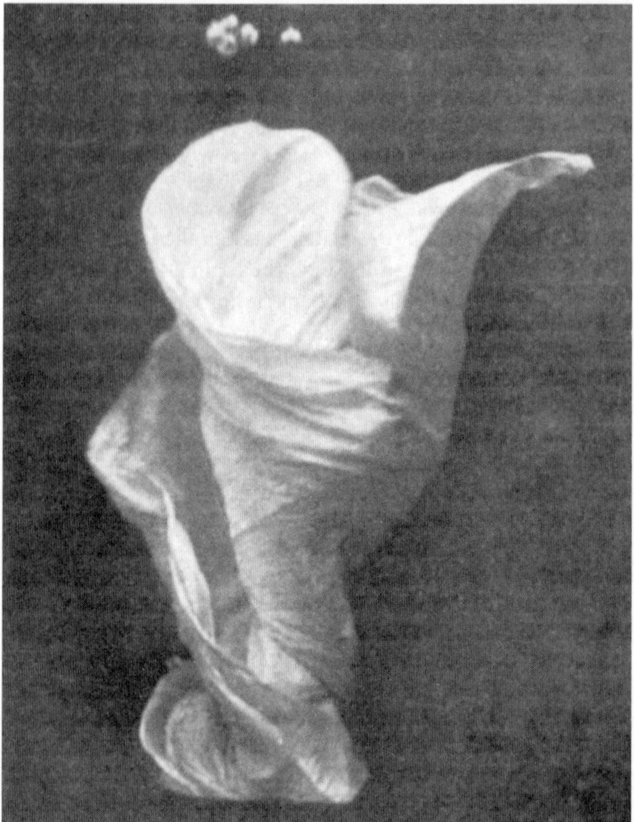

Abb. 50: Théodore Rivière, *Loïe Fuller: Lilientanz*, 1896. Photographie.

man nicht sagen, daß jede Choreographie sich zwischen diesen beiden Extremen bewegt?

Allerdings ist auch nicht zu übersehen, daß in dieses Paradoxon der Pathosformel ein zeittypisches Merkmal Eingang findet, wie es einerseits in den weit ausgebreiteten, abstrakten und überdimensionalen Dynamogrammen der fliegenden Gewänder Loïe Fullers, andererseits in den gereinigten, abstrakten, aber or-

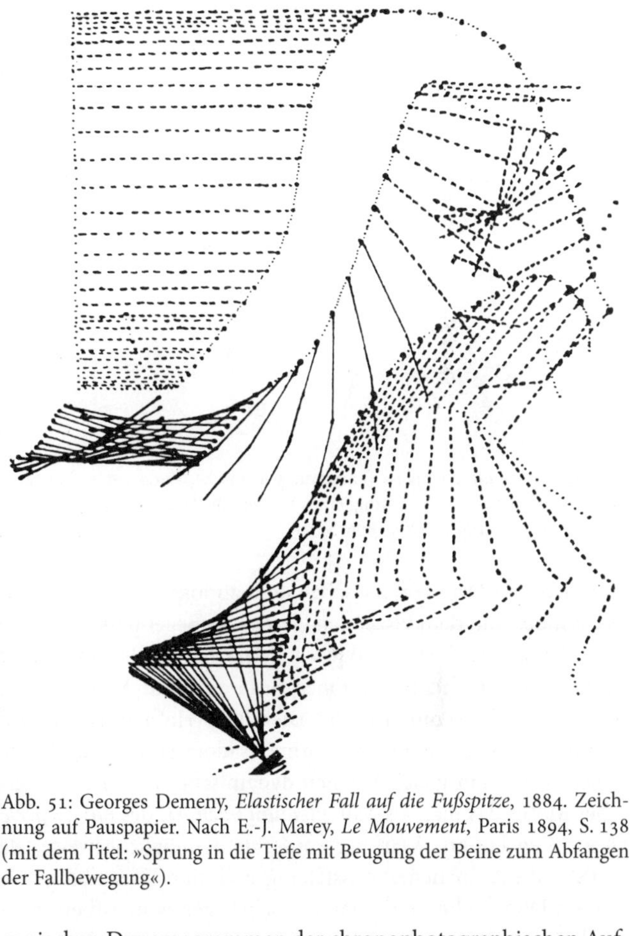

Abb. 51: Georges Demeny, *Elastischer Fall auf die Fußspitze*, 1884. Zeichnung auf Pauspapier. Nach E.-J. Marey, *Le Mouvement*, Paris 1894, S. 138 (mit dem Titel: »Sprung in die Tiefe mit Beugung der Beine zum Abfangen der Fallbewegung«).

ganischen Dynamogrammen der chronophotographischen Aufnahmen Étienne-Jules Mareys (Abb. 51) zum Ausdruck kommt. *Ninfa* sorgt, wie man erkennt, für die mögliche Verknüpfung der »äusseren Veranlassung« – Atmosphäre, Wind – mit der »inneren Veranlassung«, die im tiefsten Grund das Begehren ist. *Ninfa*, mit ihrem bewegten Haar und Gewand, erscheint so als ein stets in Bewegung befindlicher Berührungspunkt zwischen

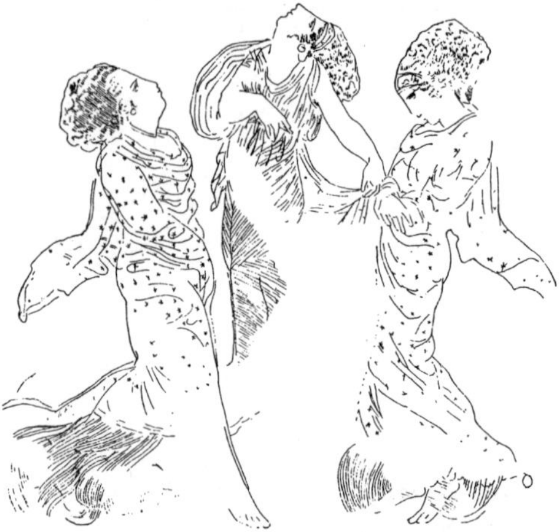

Abb. 52: *Tanzende Nymphen* (anonym, griechisch), Ende des 5. Jahrhunderts vor Christus. Umzeichnung eines Vasenbilds. Nach M. Emmanuel, *La Danse grecque antique*, Paris 1896, S. 103.

Draußen und Drinnen, zwischen dem atmosphärischen Gesetz des Windes und dem viszeralen Gesetz des Begehrens.

Das angesprochene zeittypische Merkmal vereint Taine und Ruskin, Proust und Burne-Jones, Segantini und Max Klinger, Jugendstil und symbolistische Dichtung, Hofmannsthal und d'Annunzio, Fortuny und Mallarmé, Isadora Duncan und Loïe Fuller ... um ein gleichermaßen dynamisches und archäologisches Motiv, das man als *Mänadentum nach Art des Fin de siècle* bezeichnen könnte. Warburg entdeckte es möglicherweise, als er 1888 die Münchener Ausstellung und eine Vorstellung von Isadora Duncan besuchte, ganz zu schweigen vom ästhetischen Einfluß seiner Frau, Mary Hertz, einer Künstlerin, die dem Kreis der deutschen Symbolisten nahestand.

All das findet sich auf seltsame Weise neubestimmt in einem archäologischen Werk, das Warburg wahrscheinlich gelesen – und sich vor allem genauer angeschaut hat. Es handelt sich um Maurice Emmanuels voluminöse Abhandlung über *La Danse grecque antique*. Der streng archäologischen Erforschung

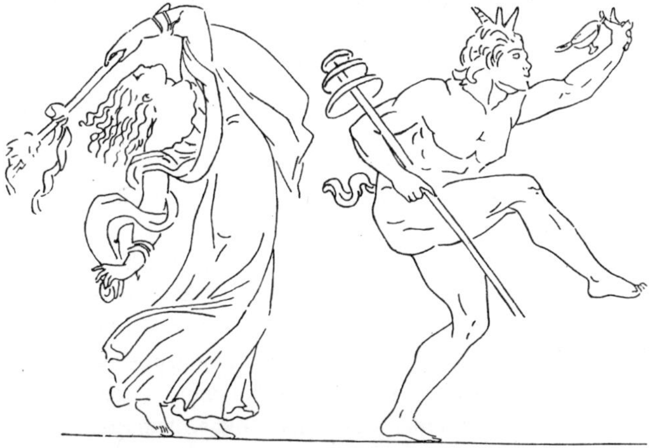

Abb. 53: Mänade und Satyr (anonym, griechisch), hellenistische Zeit. Umzeichnung eines Flachreliefs. Nach M. Emmanuel, *La Danse grecque antique*, Paris 1896, S. 198.

einer beträchtlichen Zahl figürlicher Darstellungen (Hochreliefs, Flachreliefs, Vasenbilder) läßt der Autor mit der Autorität des bestallten Ballettmeisters der Pariser Oper eine zeitgenössische technische und ästhetische Betrachtung folgen. Um in dem so erzeugten Anachronismus eine Einheit herzustellen, beruft Maurice Emmanuel sich auf Marey. Die Chronophotographie wird hier wie bei Duchenne de Boulogne zum experimentellen Werkzeug *par excellence*, um mit Körpern des 19. Jahrhunderts choreographische Formeln zu verkörpern, die aus einer ganz anderen Zeit stammen, nämlich von griechischen Vasen des 5. vorchristlichen Jahrhunderts.[315]

Einerseits mutet Maurice Emmanuel mit seiner archäologischen Bemühung den antiken Pathosformeln offensichtlich eine übertriebene Beweislast zu (der Archäologe betrachtet die griechischen Vasenbilder hier so, wie er Photographien betrachtet).

315 M. Emmanuel 1896, S. V. Die Chronophotographien finden sich auf den Tafeln II und V.

Andererseits zeigt die – wiederholte, choreographierte, mit den Mitteln der Chronophotographie aufgenommene – Erprobung derselben antiken Formeln, daß ihr dynamischer und stilistischer Anspruch, ihre Fähigkeit zum Nachleben, auch an der Wende vom 19. zum 20. Jahrhundert nichts von ihrer Lebendigkeit verloren hatte. Gabriele Brandstetter hat sehr schön gezeigt, daß die archäologisch erforschten Pathosformeln der Antike entscheidende Bedeutung für die von ihr so genannten Toposformeln der choreographischen Avantgarde in Europa besaßen.[316]

So kann es nicht verwundern, daß in Maurice Emmanuels Buch die Frage des Gewands – zwischen freien Voluten des Stoffs und enthüllten organischen Bewegungen – eine ebenso transversale wie bedeutende Stellung einnehmen (Abb. 52). Man tanzt geradeso mit seiner Kleidung wie mit seinem Körper. Oder vielmehr: die Kleidung wird gleichsam zu einem – seinerseits tanzenden – Zwischenraum zwischen dem Köper und der Atmosphäre, in der er sich bewegt. Deshalb begleitet die Drapierung oder das »bewegte Beiwerk«, wie Warburg sagt, sämtliche von Maurice Emmanuel vorgeschlagenen Kategorien: von »rituellen und symbolischen« bis hin zu »konkreten« und »dekorativen« Gebärden, von »mechanischen« und »expressiven« Gebärden bis hin zu solchen, die er als »orchestisch« bezeichnet.[317]

Ebensowenig kann verwundern, daß nun das dionysische Motiv – der Mänaden und Bacchanten – mit seiner Maßlosigkeit in das so schöne Maß der klassischen Schritte, Sprünge und Positionen eindringt. Der tanzende Körper mit seinem reproduzierbaren Gebärdenvokabular weicht einer geheimnisvolleren, »primitiveren« und triebhafteren Choreographie, einer Choreographie *nichtreproduzierbarer* Bewegungen im Zusammenhang mit Ritualen, die allzu wild waren, als daß ein Ballettmeister der Pariser Oper sie mit seinem Taktstock hätte rekonstruieren können. Und so verweist Maurice Emmanuel auf die »äußerste Grenze der Krümmung ..., die jene Tänzerin erreicht, welche

316 G. Brandstetter 1995, S. 43-315.

317 M. Emmanuel 1896, S. 28-37 und 41-44.

sich mit sehr kleinen Schritten und halb auf die Zehenspitzen erhoben nach vorn bewegt« (Abb. 53).[318] Er verweist auf die sehr an den Flamenco erinnernde Figur einer »Drehung, die mit kleinen Schritten auf dem vollen Fuß [oder] halb auf die Zehenspitzen erhoben ausgeführt wurde und gelegentlich von einer seltsamen Krümmung oder Beugung der Knie begleitet war«.[319] Er verweist auf die Totentänze der alten Griechen, bei denen man »gestikulierte«, indem man sich die Kleider zerriß, auf die Brust schlug oder sich die Haare ausriß.[320] Er verweist schließlich auf die dionysischen oder allgemeiner: die *orgiastischen* Tänze:

> Die rituelle Begeisterung brachte den *orgiastischen Tanz* hervor. Der findet sich nicht ausschließlich bei den glühenden Anhängern des Dionysos. Der Kult der Rhea, die orphischen Mysterien zeigten eine seltsam wilde Orchestik, welche die Adepten in frenetisch Halluzinierende verwandelte. Möglicherweise räumte selbst der Kult des Apoll orgiastischen Tänzen einen Platz ein. Verzückung führt nach Strabon in die Nähe des Göttlichen. Man denke an die Verrenkungen der Pythia: Sie haben durchaus gewisse Ähnlichkeit mit den ekstatischen Posen und den überzogenen Bewegungen vieler auf Vasen oder Reliefs abgebildeten Tänzer. [] Die Mänade, die einen menschlichen Fuß trägt und kopfüber einen orgiastischen Tanz aufführt, ist zweifellos eine rein symbolische Darstellung. Sie erinnert an den Dionysos Zagreus, der von den Titanen zerrissen wurde. Doch die Menschenfresserei, auf das Zerfleischen von Tieren reduziert, wurde in den nächtlichen Zeremonien zu Ehren des Zagreus praktiziert. Die Initiierten teilten sich das rohe Fleisch eines Stiers, und in ihrer Verzückung ahmten sie Dionysos nach, den Euripides darstellte, wie er den Bock opfert und von dessen zuckendem Fleisch kostet. Die Mänade von Scopas, die ein Zicklein zerreißt, und all deren spätere Replikate können uns eine Vorstellung von diesen Tänzen vermitteln, in denen die Wildheit der Bewegungen jegliche Eurhythmie auszuschließen scheint.[321]

318 Ebd., S. 198.
319 Ebd., S. 164-165.
320 Ebd., S. 267-275.
321 Ebd., S. 299-301.

Die Frage nach der Eurhythmie bzw. deren Fehlen ist entscheidend. Maurice Emmanuel erkennt, daß im Unterschied zur »modernen Art der Regulierung von Massentänzen« (einer eher akademischen Art, die auf der »strengen Gleichzeitigkeit gleichartiger Bewegungen« basierte, »welche von allen Tänzern in einer symmetrischen Anordnung ausgeführt werden«) die Griechen »stets der Asymmetrie [und der] scheinbaren Unordnung den Vorzug gaben«.[322] Deshalb können wir mit Warburg sagen, ihre Pathosformeln entsprechen den Prinzipien der Verschiebung und des Gegensatzes, um sich dynamisch ineinander zu verschlingen, wie es ein Schlangenhaufen täte … An die Stelle der Eurhythmie, der Symmetrie und des strengen Taktmaßes tritt also gleichsam eine komplexe *Polyrhythmie*, eine scheinbare Unordnung, in der asymmetrische Pakete und solitäre Geometrien, souveräne Taktschläge und vom Takt abweichende Augenblicke miteinander verschmelzen.

Andererseits muß man sehen, daß mit der Abweichung vom Taktmaß, mit der Maßlosigkeit, auch das Dionysische aufkommt und mit ihm das Tragische. Man muß sehen, daß mit dem Tragischen der Kampf zwischen den einzelnen Wesen, der Konflikt innerhalb des einzelnen Wesens, der innere Streit zwischen Begehren und Schmerz auftritt. Und daß sich mit dem choreographischen Paradigma ein schrecklicheres, agonistisches Paradigma verknüpft: letztlich der ewige Heraklitsche Krieg. Ich habe bereits darauf hingewiesen, daß Warburgs Frage nach den Pathosformeln aus seinem schon früh erkennbaren Interesse an einigen ikonographischen Themen entstanden war, in denen es um einen Kampf um Leben und Tod ging: den Kampf der Kentauren (Abb. 17), den Tod des Orpheus (Abb. 3 und 26-28), Laokoon (Abb. 29, 36 und 38-39), ganz zu schweigen von einigen alttestamentarischen Motiven wie David und Goliath (Abb. 44) oder Judith und Holofernes (Abb. 71), wie auch von den erhabenen Kämpfen eines Leonardo, eines Michelangelo – dessen eigenes Relief *Der Kampf der Kentauren* in der Casa Buonar-

322 Ebd., S. 296.

roti – und eines Raffael, auf die Warburg unter einem gänzlich Heraklitschen Blickwinkel verwies, wenn er sagte: »Von Florenz drängt um 1490 … eben alles daraufhin, das bewegte Leben im höhern Stile der grossen Kunst heidnischer Vorfahren zu fassen und umzuprägen«.[323]

*

Mit dem Auftritt der *Ninfa* eröffnet der Aufruhr des gewaltsamen Todes einen schlangenförmig gewundenen Weg zur Choreographie des Begehrens – Warburg spricht hier gelegentlich von einer »Stilisierung der Energie« oder von »lebensvolle[n] Gestalten«.[324] Die Nymphe erotisiert den Kampf, enthüllt die unbewußten Verbindungen zur Aggression und zum Sexualtrieb. Deshalb interessierte Warburg sich so stark für Motive der Vergewaltigung, des Raubs und der »erotischen Verfolgung« (man denke an Pollaiuolos *Apoll und Daphne*, den Polizian in seiner *Giostra* in Verse setzte); oder für *Ninfas*, wie man sagen könnte, »erotischen Sieg« über ihren verstümmelten Gegner (man denke auch hier wieder an Botticellis *Judith* und an Mantegnas oder Dürers *Tod des Orpheus*).[325]

Ninfa erotisiert also den Kampf der Lebewesen untereinander – denn *Eros* ist grausam. Und am Ende vereinigt sie all das in ihrem eigenen Körper. Sie wird selbst Kampf, innerer Kampf mit sich selbst, ein unentwirrbarer Knoten des Konflikts und des Begehrens, zur Prägung gewordener Gegensatz. Agonistisches und dionysisches Paradigma werden eins. Von nun an impliziert das dionysische Paradigma die Figur der Nymphe als *Mänade*, ob nun heidnisch oder christlich:

> In Florenz gab es ja wirklich um diese Zeit einen Akademiedirektor, den Bildhauer Bertoldo di Giovanni; er unterwies die jungen Künstler, indem er sie mit den Antikenschätzen der Medici, die er verwal-

323 A. Warburg 1914, S. 304-305.
324 Ders. 1900 (zit. n. E. H. Gombrich 1970, S. 155).
325 Ders. 1893, S. 41; ders. 1906, S. 125-135.

> tete, vertraut machte. Nur wenige Werke sind von ihm erhalten, aber sie beweisen, daß er, der Schüler des späten Donatello, wie kaum ein anderer, der antiken Pathosformel mit Leib und Seele verschrieben war. Wie eine Mänade das zerrissene Tier schwingt, so umkrampft die klagende Magdalena unter dem Kreuz ihren im Trauerorgiasmus abgerissenen Haarschopf.[326]

Die Magdalena von Bertoldo di Giovanni (Abb. 54) ist offensichtlich genau in dem Sinne dionysisch, den Nietzsche diesem Begriff zu Beginn seiner *Geburt der Tragödie* gab: das »ungeheure Grausen ..., welches [sie] ergreift«, und ebenso die »wonnevolle Verzückung«, die das Grausen zu begleiten scheint, all das sorgt dafür, daß man »plötzlich an den Erkenntnisformen der Erscheinung irre wird«. Der »Satz vom Grunde, in irgend einer seiner Gestaltungen« (Warburg hätte gesagt: in irgend einer seiner Formeln), scheint »eine Ausnahme zu erleben«. In ihrer noch choreographischen und schon agonistischen Bewegung scheint Bertoldos Magdalena ein »Zerbrechen des principii individuationis« herbeizuführen und läßt dadurch »aus dem innersten Grunde des Menschen« eine Intimität emporsteigen, die sich hier – Nietzsche verlangt es noch in denselben Zeilen – als das Drama der »Zweiheit der Geschlechter« gibt.[327]

Offenkundig nackt, aufreizend unter ihrem durchsichtigen Gewand, tanzt Bertoldos Magdalena, diese dennoch sehr fromme und renaissancehafte *Ninfa*, zu Füßen des nackten Christus, wie eine antike Mänade Leib an Leib mit dem nackten Satyr tanzte, den sie provoziert (Abb. 53). Diese Magdalena steht, aus der Sicht der bildlichen Darstellung betrachtet, Botticellis Judith, die den Kopf des Holofernes so grausam – so sinnlich – an dessen zerzaustem Haar hochhält, sehr viel näher als irgendeiner unschuldigen frommen Frau von Fra Angelico. In ihr verkörpert sich das Nachleben des Heidentums: Prägung (Darwins erstes Prinzip) und »Primitivität«. Andererseits, wo ein Ikonograph Schmerz und Begehren voneinander trennte (die Magdalena

326 Ders. 1914, S. 303-304. Siehe F. Antal und E. Wind 1937, S. 70-73.
327 F. Nietzsche 1874, S. 28 und 25.

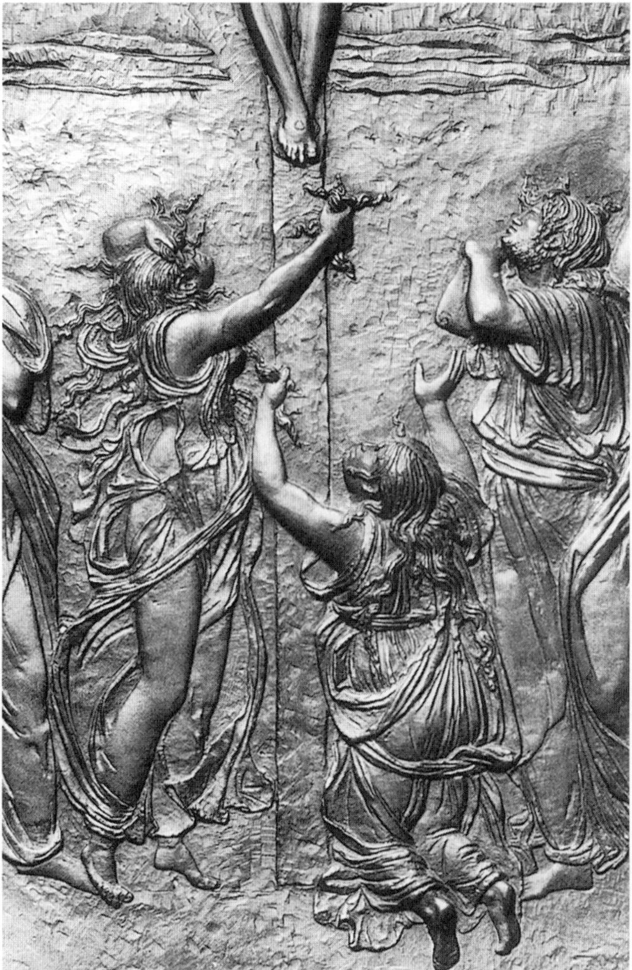

Abb. 54: Bertoldo di Giovanni, *Kreuzigung*, um 1485 (Ausschnitt). Bronzerelief. Florenz, Museo Nazionale del Bargello. Photo: G. D.-H.

ist im Kontext dieser neutestamentarischen Szene offenkundig nichts als Schmerz), da entdeckt der Anthropologe der Pathosformeln einen anderen, komplexen Rhythmus: ein Dynamogramm, in dem die Kennzeichen der Trauer (die Hand, die sich die Haare ausreißt, die kniende Stellung der zweiten Frau, eine stärker ritualisierte Version der erstgenannten Gebärde) sich mit den Kennzeichen eines unbewußten Begehrens vermischen (der Hand, die ihre organische Trophäe schwenkt; der in Unordnung geratenen Kleidung, der auf die Zehenspitzen erhobenen Stellung). Wir finden hier also eine Verschiebung (Darwins zweites Prinzip), die zu einer Vermischung von Begehren und Trauer führt, das heißt zur Vermischung zweier eigentlich als Gegensätze geltender Emotionen (Darwins drittes Prinzip).

Wir sehen also *Ninfa* im inneren Kampf ihrer gegensätzlichen Bewegungen. Angesichts des »Leidens Christi« vereint die »Leidenschaft Nymphae« ein grausames seelisches »Leid« mit einer wilden körperlichen »Freude«. Am Ende seines Lebens wird Warburg die Pathosformeln, diese »Urworte« des mimischen Ausdrucks, aus der Sicht einer wahrhaften »Seelendramatik« betrachten, in der die »ekstatische« oder gar »dämonische« Dimension der Bilder bis in ihre Sublimierung hinein zum Vorschein kommt.[328]

> Der Entdämonisierungsprozeß der phobisch geprägten Eindrucks-erbmasse, der die ganze Skala des Ergriffenseins gebärdensprachlich umspannt, von der hilflosen Versunkenheit bis zum mörderischen Menschenfraß, verleiht der humanen Bewegungsdynamik auch in den Stadien, die zwischen den Grenzpolen des Orgiasmus liegen, dem Kämpfen, Gehen, Laufen, Tanzen, Greifen, jenen Prägrand unheimlichen Erlebens, das der in mittelalterliche(r) Kirchenzucht aufgewachsene Gebildete der Renaissance wie ein verbotenes Gebiet, wo sich nur die Gottlosen des freigelassenen Temperaments tummeln dürfen, ansah. […]
>
> In einer eigentümlichen Zwiespältigkeit versuchte nun die italieni-

328 A. Warburg 1928-1929, S. 8 und 28 (Eintragungen vom 2. September 1928 und vom 25. Mai 1929). Zum »dämonischen« Charakter der Pathosformeln siehe S. Radnóti 1985, S. 91-102.

sche Renaissance sich diese Erbmasse phobischer Engramme einzuverseelen. Sie war einerseits eine willkommene Anstachlerin für die neuen Freigelassenen des weltzugewandten Temperaments, die dem um seine persönliche Freiheit dem Schicksal gegenüber Kämpfenden den Mut zur Mitteilung des Unaussprechlichen verlieh.
Dadurch aber, daß diese Aufstachelung als mnemische Funktion vorsichging, d. h. durch vorgeprägte Formen bereits einmal durch künstlerische Gestaltung geläutert war, blieb die Restitution ein Akt, der zwischen triebhafter Selbstentäußerung und bewußter bändigender formaler Gestaltung, d. h. eben zwischen Dionysos – Apollo, dem künstlerischen Genius den seelischen Ort anwies, wo er seiner persönlichsten Formensprache dennoch zur Eigenausprägung verhelfen konnte.
Der Zwang zur Auseinandersetzung mit der Formenwelt vorgeprägter Ausdruckswerte, – sie mögen nun aus Vergangenheit oder Gegenwart stammen – bedeutet für jeden Künstler, der seine Eigenart durchsetzen will, die entscheidende Krisis.[329]

Eine »entscheidende Krisis« also. Aber es geht nicht nur um die von der paradoxen Freude ihres Leids ergriffene Magdalena. Es geht um das Gedächtnis der Formen und um künstlerisches Schaffen schlechthin. Wenn der Künstler mit den Pathosformeln einer heidnischen »Erbmasse« hantiert, wenn er bereit ist, *Mnemosyne*, der Mutter der neun Musen, zu folgen, findet er sich in der unvermeidlichen – strukturellen und strukturierenden – Situation eines Wechsels zwischen »triebhafte[r] Selbstentäusserung« und »formale[r] Gestaltung« gefangen. Alles oszilliert, alles bewegt sich, immer geht eines mit dem anderen einher: Es gibt keine Konstruktion von Formen ohne Hingabe an Kräfte. Es gibt keine apollinische Schönheit ohne dionysischen Hintergrund.

Wir wollen ein letztes Mal Nietzsches Ausdrücke aufgreifen: Was ist die »entscheidende Krisis« anderes als jener seiltänzerische Augenblick, jener auf Messers Schneide stehende Augenblick, in dem die »wonnevolle Verzückung« sich zu einem »ungeheuren Grausen« zusammenzieht? In dem der empor-

329 A. Warburg 1929b, S. 171-172.

steigende »innerste Grund«, verbunden möglicherweise mit der »Zweiheit der Geschlechter«, plötzlich ein »Zerbrechen des principii individuationis« herbeiführt? In dem man unvermittelt an den Erkenntnisformen irre wird, insofern sie »eine Ausnahme … erleiden«?[330]

Was ist nun dieser Augenblick, in dem die Gegenwart des Pathos und die Vergangenheit des Nachlebens, das Bild des Körpers und das Bezeichnete der Sprache, die Überfülle des Lebens und die Überfülle des Todes, organische Verausgabung und rituelle Konvention,[331] burleske Pantomime und tragische Gebärde einander bekämpfen und sich ineinander verschlingen? Was ist dieser Augenblick, wenn nicht diese Ausnahme, diese Desorientierung des Körpers und des Denkens, dieses »Zerbrechen des principii individuationis«, dieses Emporsteigen des »innersten Grundes«, die zu Warburgs Zeiten allein die Freudsche Psychoanalyse zu denken vermochte?

---

330 F. Nietzsche 1874, S. 25 und 28.

331 Siehe E. De Martino 1958 (bei dessen Neuausgabe 1975 seltsamerweise das Wort *pagano* im Titel weggelassen wurde).

Dritter Teil: *Symptombild*
Bewegte Fossilien und Erinnerungsmontage

Die Perspektive des Symptoms: von Warburg zu Freud

Warburgs Versuch ist ebenso bescheiden wie vertrackt, ebenso aufrichtig in seinem Grundsatz wie schwindelerregend in seiner Realisierung: gegen jede positivistische, schematische oder idealistische Kunstgeschichte. Warburg wollte einfach nur der wesenhaften Komplexität seiner Forschungsgegenstände gerecht werden. Dazu war es erforderlich, sich mit Verschlingungen und Verquickungen, Stratifizierungen und Überdeterminierungen auseinanderzusetzen. Wahrscheinlich sah Warburg in jedem Objekt der Kunstgeschichte einen komplexen, wimmelnden – faszinierenden und erschreckenden – Schlangenhaufen (Abb. 76).

Wie kann man den *bewegten Knäuel der Zeiten* jenseits der Geschichte als kontinuierlichen Strang Vasarischer Abstammungslinien beschreiben? Wie kann man den *bewegten Knäuel der Bilder* jenseits dieser abgeschlossenen und klug hierarchisierten Aktivitäten beschreiben, die unsere Akademien die »schönen Künste« nennen? Um solche Fragen zu beantworten, führte Warburg die Begriffe des Nachlebens und der Pathosformel ein: um im Kontext der Erforschung der visuellen Renaissancekultur besser denken zu können, was Überdeterminierung bedeutet und welche Anforderungen die Vieldeutigkeit und Plastizität der Bilder, die intensive Arbeit im Innern der Dinge und Symbole an den Historiker stellen. Der Ausdruck »Nachleben« erlaubte es, die zeitliche Überdeterminierung der Geschichte zu erfassen, der Ausdruck »Pathosformel« die Überdeterminierung der Bedeutung in den unserer abendländischen Kultur so vertrauten anthropomorphen Darstellungen. Eine spezifische Arbeit des Gedächtnisses – jener souveränen *Mnemosyne*, die als Inschrift über dem Eingang der Bibliothek Warburg in Hamburg prangte – wickelte die Fäden des bewegten Knäuels abwechselnd auf und ab.

Die Überdeterminierung der von Warburg erforschten Phänomene ließ sich auf der Basis einer Minimalbedingung formulieren, wie sie der Pendelschlag – die »ewige Wippe« (Abb. 25) – zwischen Instanzen beschreibt, die unablässig in einem Verhältnis der Spannung oder Polarität aufeinander einwirken: Prägung und Bewegung, Latenz mit Krise, plastische und nichtplastische Prozesse, Vergessen und Erinnern, Wiederholung und Gegenzeit ... Die Dynamik dieser strukturellen Pendelschläge möchte ich *Symptom* nennen.[1]

Das Symptom bezeichnet jene komplexe schlangenartige Bewegung, jene unauflösliche Verschlingung, jene Nichtsynthese, die wir bislang aus dem Blickwinkel des *Phantoms* und des *Pathos* betrachtet haben. Das Symptom bezeichnet den Kern der Spannungsprozesse, die wir nach Warburg in den Bildern zu begreifen versuchen: den Kern des Körpers und der Zeit. Den Kern der Phantomzeit und des Pathoskörpers an jenem Operationsrand der fehlenden Darstellung (wie der Quasi-Unsichtbarkeit des Windes in Haar und Gewand der *Ninfa*) und der übermäßigen Darstellung (wie der Quasi-Taktilität des gequälten Fleischs des *Laokoon*). Die paradoxe Zeitlichkeit des Nachlebens zielt auf nichts anderes als die Zeitlichkeit des Symptoms. Die paradoxe Körperlichkeit der Pathosformel zielt auf nichts anderes als die Körperlichkeit des Symptoms. Die paradoxe Bedeutung des Symbols nach Warburg ist nichts anderes als die Bedeutung des Symptoms – hier in seinem Freudschen Sinne verstanden, das heißt in einem Sinne, der alle bestehenden medizinischen Semiologien untergrub und ihnen widersprach.

Mit dieser These passiert unsere Lektüre offensichtlich ein Kap. Während Tylors »Überlebsel«, Burckhardts »Lebensreste«, Nietzsches »primitive Affektformen« des Dionysischen und Darwins »allgemeine Prinzipien des Ausdrucks« für Warburgs Begriffe unbestreitbar *Quellen* – neben weiteren Quellen – dar-

1 Die These orientiert sich an einigen Vorarbeiten; siehe G. Didi-Huberman 1982, S. 83-272; ders., 1985, S. 20-28 und 115-132 (dt. S. 21-29 und 123-140); ders. 1990a, S. 195-218 (dt. S. 161-176); ders. 1995a, S. 191-226; ders. 1995b, S. 165-383; ders. 1996c, S. 145-163 (dt. S. 240-249).

stellen, ist Freuds »Symptombildung« eher ein Hilfsmittel zur *Interpretation*, das uns, wie mir scheint, helfen kann, die von Warburg eingesetzten zeitlichen, körperlichen und semiotischen Modelle zu klären, zu entwickeln und *auseinanderzufalten*. Sie soll verdeutlichen, worauf diese Modelle abzielten, und ihnen so wieder einen praktischen Wert verleihen, den sie lange schon verloren zu haben scheinen. Womit auch gesagt ist, daß diese Lektüre auf ein bestimmtes Ziel ausgerichtet und daher auch angreifbar sein wird (zumal sie sich polemisch mit der mehrheitlichen neopanofskyschen Interpretation des Warburgschen Erbes auseinandersetzt und sich gegen sie richtet).

Es geht also bei dieser Ausrichtung der Interpretation darum, den Ehrgeiz der von Warburg erfundenen »namenlosen Wissenschaft« an der Elle ihrer eigenen Unabgeschlossenheit zu messen, denn zu der Zeit, als er die theoretische Konstruktion des Nachlebens unterbricht (in den Jahren 1918-1929, die von Warburgs psychotischen Erfahrung geprägt sind, aber auch von der Abfassung der fragmentarisch-theoretischen *Grundbegriffe*[2]), taucht bei ihm die Freudsche Begrifflichkeit des Symptomeinbruchs auf, eine echte Theorie der *unbewußten Gegenzeit und Gegenbewegung*, wie Ludwig Binswanger sie seinem Patienten vermittelt, der sein intellektueller Gesprächspartner war (und bis ans Ende bleiben sollte). Die Freudschen Begriffe, die von Binswanger teilweise überarbeitet wurden, klären und »öffnen« den Begriff des Nachlebens (insofern er auf eine Metapsychologie der Zeit zielte) wie auch den der Pathosformel (insofern er auf eine Metapsychologie der Gebärde zielte). Dank dieses Vergleichs werden wir besser verstehen, inwiefern Warburg ein »Historiker der Bilder« nur insofern war, als er das *Unbewußte* der Geschichte und der Bilder erforschte.

Zur Klärung dieser Frage reicht es nicht aus, darauf hinzuweisen, daß Warburg Freud nur unvollkommen kannte, wie Gombrich dies gleich zu Beginn seiner »intellektuellen Biographie« tat, als handelte es sich um eine dringend erforderliche War-

2 A. Warburg 1928a und 1928-1929.

nung.[3] Und auch nicht darauf, daß Freuds Begriffe keinen Eingang in »Warburgs System« gefunden hätten, wie Bernd Roeck dies in neuerer Zeit getan hat.[4] Die theoretischen Konvergenzen bedeuten keine schicksalhafte Verwandtschaft der Lehren, zumal bei einer Denkweise, die sich jedem System widersetzte. Es gibt durchaus Ähnlichkeiten, wie Gombrich selbst gelegentlich bemerkt[5] und wie auch andere Kommentatoren feststellen, gelegentlich ein wenig peinlich berührt wie in diesem Urteil von Willibald Sauerländer: Warburg »kommt Freud nahe, obwohl er ihn offenbar niemals sonderlich geschätzt hat«.[6]

Diese Verlegenheit ist zweifellos Ausdruck der Tatsache, daß im Blick auf die Freudsche Psychoanalyse bei Warburg selbst *Vertrautheit* und *Fremdheit* eng miteinander verwoben sind. Die Vertrautheit – die den Eindruck von Nähe erweckt – ist auf den ersten Blick zu erkennen: Warburg und Freud erforschten beide die Kultur in ihren unbehaglichen Seiten, ihren schwarzen Kontinenten, in ihren von Inaktuellem und von Nachleben, also von Verdrängung geprägten Bereichen. Deshalb forderte Warburg immer wieder eine »Kulturpsychologie«, deren bevorzugte Gegenstände Bildstile, Glaubensüberzeugungen und Symbole sein sollten.[7] Freud wiederum maß einer Fortführung seiner psychopathologischen Theorie in den Bereich der »Kulturgeschichte« hinein größte Bedeutung bei.[8] Thomas Mann faßte die Gemeinsamkeiten zwischen Warburg und Freud schon 1929 in der Feststellung zusammen, es handle sich um »diejenige Erscheinungsform des modernen Irrationalismus, die jedem reaktionären Mißbrauch unzweideutig widersteht«.[9]

Dieser »Irrationalismus« – Thomas Manns Formulierung wi-

---

3 E. H. Gombrich 1970, S. 13 (dt. S. 27). Siehe ders. 1966a, S. 119, wo Freud unter Warburgs »psychologischen Quellen« schlichtweg fehlt.

4 B. Roeck 1997, S. 102.

5 E. H. Gombrich 1970, S. 31, 184, 321-322 (dt. S. 49, 244, 429-430).

6 W. Sauerländer 1988.

7 A. Warburg 1893, S. 13.

8 S. Freud 1913a, S. 414-416; ders. 1913b und 1929.

9 T. Mann 1929, S. 154. Siehe M. Ghelardi 1998, S. 661.

derlegt sich selbst durch ihre eigene Zweideutigkeit – ist nichts anderes als ein rationaler Versuch, die souveräne dunkle Arbeit einer Instanz zu verstehen, für die Warburg (wie übrigens auch Riegl) sein Leben lang geeignete Begriffe suchte: von »Wille« im Sinne Schopenhauers über den »Willen zur Macht« im Sinne Nietzsches bis hin zum »Unbewußten« der Psychoanalyse. Weshalb sollte er seinen Wiener Zeitgenossen niemals »sonderlich geschätzt« haben? Weil er, so sagt Gombrich, Freuds »Betonung der Sexualität … ablehnte«.[10]

Es bleibt noch eine weitere einfache – aber zweifellos schlechte – Möglichkeit, an der Psychoanalyse festzuhalten und deren Erfinder zu verwerfen: Dazu braucht man nur einen Jungianischen Warburg zu erfinden. In diesem Sinne schreibt Gombrich: »Von Freud wollte Warburg nichts wissen, während Jungs Ansatz ihm gewiß nicht unsympathisch war« (*Jung's approach was certainly not uncongenial to him*).[11] Warburg und Jung sollen das Interesse an Mythen, Glaubensvorstellungen und der Weitergabe von Symbolen geteilt haben? Ganz gewiß (aber dieses Interesse teilten sie mit vielen anderen). Erklärten sie beide diese Phänomene über den Begriff des Archetyps? Ganz sicher nicht. Gombrich räumt selbst ein, daß er bei Warburg kein einziges Jung-Zitat gefunden hat, weder in seinem veröffentlichten Werk noch in seinen unveröffentlichten Manuskripten.[12]

Fritz Saxl hat als erster das Verständnis des Warburgschen Nachlebens in Richtung der Jungschen Archetypen verbogen.[13] Eine auffällige Folge war in den 1950er Jahren der Erwerb und die Eingliederung des Archivs der *Eranos-Jahrbücher* in die photographische Sammlung des Warburg Institute in London. Diese Ausrichtung des Warburgschen Erbes vereinfachte meines Erachtens die im Begriff des Nachlebens enthaltenen Zeitmodelle bis ins Triviale. Als Saxl 1947 seine eigenen Zeitmodelle explizierte, wurde klar, daß Warburgs Polyrhythmien, Unreinheiten

10 E. H. Gombrich 19 070, S. 184 (dt. S. 244).

11 Ebd., S. 287 (dt. S. 380).

12 Ebd., S. 242 (dt. S. 326).

13 F. Saxl 1929-1930, S. 318.

und Diskontinuitäten einem einfachen Wechselspiel aus »Kontinuität und Variation« in der Geschichte der Bilder gewichen waren. Wo Warburg die symptomhafte Zählebigkeit der Formen oder »Formeln« mitten in den Bedeutungsbrüchen, den berühmten »dynamischen Inversionen« gesucht hatte, da verwies Saxl auf die »Kontinuität in der Bedeutung der Bilder« (*continuity in the meaning of images*) und reduzierte das Nachleben einerseits auf den Archetyp (als zeitloses Moment der »Kontinuität«) und andererseits auf das *revival* (als geschichtliches Moment der »Variation«).[14]

*

Die Affinität zwischen Warburgs »namenloser Wissenschaft« und der Psychoanalyse liegt anderswo. Nach den direkten *Quellen* zu suchen ist nützlich, aber unzureichend.[15] Noch vergeblicher wäre es, diese Affinitäten in den gemeinsamen *Themen* zu suchen (zum Beispiel vergleichen zu wollen, was Warburg und Freud über denselben Leonardo da Vinci gesagt haben). Die Suche muß sich vielmehr auf die fundamentale Ebene der Konstruktion einer Perspektive richten: Weshalb mußte eine Anthropologie der Bilder auf die Arbeit eines unbewußten Gedächtnisses achten? Weshalb erforderte sie an einem bestimmten Punkt so etwas wie eine Metapsychologie? Wie kam sie dazu, ein bestimmtes paradoxes theoretisches Modell – das Symptom im Freudschen Sinne – zu benutzen, das die Kulturwissenschaften im allgemeinen und die Kunstgeschichte im besonderen zu einer veritablen *Psychopathologie* der Kulturobjekte machte? Das ist die Frage, die wir hier beantworten müssen.

Daß Warburg die Probleme der Kulturgeschichte unter dem Blickwinkel einer Psychologie anging, ist keineswegs außergewöhnlich, sondern ein Zug der Zeit, nämlich jener Zeit, da die Wissenschaften vom Menschen sich an eine interne Kritik des

---

14 Ders. 1947, S. 1-12.

15 Siehe A. Warburg 1923b, S. 582-583 usw.

Positivismus machten, aus der die moderne Psychoanalyse und die moderne historische Anthropologie hervorgehen sollten. Warburgs unmittelbarer Lehrer war auch hier wieder Karl Lamprecht, der ihm schon 1886-1887 die Überzeugung vermittelte, daß jedes historische Problem an irgendeinem Punkt aus psychologischer Perspektive angegangen werden müsse. Lamprecht erfand für den Bereich der Geschichtsforschung den Begriff der »seelischen Weite« und sah in den Monumenten der Vergangenheit Überreste einer Arbeit des »Gedächtnisses« (also eines psychischen Vermögens), die daher einer Analyse ihrer »symptomatischen« Bedeutung unterzogen werden mußte.[16]

Dieser Perspektive bedurfte es auf allen Ebenen, zur Kennzeichnung der Geschichte im allgemeinen wie auch ihrer spezifischsten Objekte. Wenn Georg Simmel eine ganze Geschichtsphilosophie auf »bewußte oder unbewußte Motive« stützte oder Marc Bloch fünfzig Jahre später erklärte: »Historische Tatsachen sind wesentlich psychologische Tatsachen«,[17] dann wird in all diesen Fällen behauptet, daß die Geschichtswissenschaft generell gehalten sei, eine psychologische Perspektive zu konstruieren. Und daraus folgt, daß auch die Kunstgeschichte und die Geschichte der Bilder nicht ohne solch eine Perspektive auskommen.

So präsentierte schon Hubert Janitschek – dessen Vorlesung Warburg 1889 hörte – seine Forschungen zur Kunst der italienischen Renaissance als Versuch einer »Sozialpsychologie«.[18] Auch Wölfflin, Berenson, Schmarsow und Worringer gingen von einer »psychologischen Ästhetik«, nämlich einer Ästhetik der Einfühlung aus, um ihre eigenen »Grundbegriffe« vorzulegen. So kann es kaum verwundern, daß auch Warburg den Status eines »Psychohistorikers« beanspruchte. Wie Lamprecht, wie Riegl mit seinem »Kunstwollen«, so strebte er danach, einen überindi-

---

16 Siehe K. Lamprecht 1896-1897, S. 75-150; ders. 1897, S. 880-900; ders. 1900; ders. 1905b, S. 77-102 und 103-130; ders. 1912, S. 54-72.

17 G. Simmel 1892-1907, S. 308-319; M. Bloch 1941-1942, S. 188 (dt. S. 210).

18 H. Janitschek 1879.

viduellen Begriff des Psychischen im Kulturbereich der Bilder anzuwenden, der sich keineswegs auf einen Roman subjektiver Intentionen reduzieren ließ (einen heroischen nach Art Vasaris oder einfach nur einen modischen nach Art der in der Kunstgeschichte so häufig anzutreffenden psychologischen Künstlerbiographien), sondern der erkennbar *auf der Ebene der Formen* am Werk war. Und das im übrigens meist an den Rändern der Darstellung: ob nun in der rein graphischen Verausgabung, deren psychischer Tenor so deutlich in der Kinderzeichnung zutage trat, oder im Gegenteil in der obsessiven Präzision der schwindelerregenden mittelalterlichen Ornamentik.[19] Warburgs Aufmerksamkeit für das »bewegte Beiwerk« nimmt ihren Anfang genau in dieser symptombezogenen Erforschung der Formen.[20]

Warburg beschrieb die Zielsetzung seiner Bibliothek (aber auch seines gesamten Werkes) als »eine Urkundensammlung zur Psychologie der menschlichen Ausdruckskunde«.[21] Was ist danach die von Warburg erfundene »namenlose Wissenschaft« anderes als eine lebendige Metamorphose der traditionellen Kunstgeschichte – dieser scheinbaren *Geschichte von Objekten* – in eine Geschichte der Psyche, wie sie ihre Verkörperung findet in Stilen, Formen, »Pathosformeln«, Symbolen, Phantasmen und Glaubensvorstellungen, kurz in allem, was Warburg mit dem Wort »Ausdruck« meinte? Eine Metamorphose, in der die »Geschichtspsychologie« die positivistische Sicht der *Geschichte* und der »Ausdruck« das idealistische Verständnis der *Kunst* tiefgreifend veränderten.

»Geschichtspsychologie« heißt, daß die Zeit des Nachlebens eine psychische Zeit ist – eine Hypothese, die auf mehreren Ebenen zugleich betrachtet werden muß. Zunächst einmal sind die *Motive* des Nachlebens bevorzugt die der starken psychischen Kräfte: pathetische Darstellungen, Dynamogramme des Begehrens, Abbildungen von Trauer, astrologische Symbole usw. So-

---

19 Zwei Beispiele, die Lamprecht untersuchte; siehe K. Lamprecht 1882 und 1905a.

20 A. Warburg 1893, S. 11-63.

21 Ders. 1923b, S. 582.

dann sind die *Bereiche* des Nachlebens die des Stils, der Gebärde und des Symbols als Träger des Austauschs zwischen heterogenen Orten und Zeiten.[22] Und schließlich lassen sich die *Prozesse* des Nachlebens nur von ihrer »natürlichen Zusammengehörigkeit« mit den psychischen Prozessen her verstehen, in denen sich die *Aktualität des Primitiven* manifestiert. Daher Warburgs Interesse an den triebhaften oder wahnhaften, latenten oder kritischen Momenten der Pathosformel.

Es ist höchst aufschlußreich, daß Warburg zur Zeit seiner Dissertation über Botticelli – in der sich bereits diskret, aber souverän die Motive des Traums, des unbewußten Begehrens, der »erotischen Verfolgungsscene«, des Opfers und des Todes abzeichnen – eine gewaltige, niemals abgeschlossene und niemals veröffentlichte »grundlegende« Arbeit zur »Kunstpsychologie« unternahm. Auf den gut dreihundert Blättern dieses zwischen 1888 und 1905 verfaßten Manuskripts entsteht bereits ein ganzes psychologisches und philosophisches Vokabular (wenn auch nicht unbedingt ein System), das es ermöglichen sollte, so furchterregende Fragen – Warburg war 1888 erst zweiundzwanzig – zu formulieren wie die nach »Kunst und Denken«, nach dem Verhältnis zwischen »Form und Inhalt«, nach einer »Theorie der Symbole«, nach der Stellung des »Anthropomorphismus«, nach »Ideenassoziationen«, »Denkbildern« usw.[23]

In all diesen Bemühungen um eine »Kunstpsychologie« – die man bis hin zu den *Allgemeinen Ideen* von 1927 findet[24] – bleibt das Vokabular des »Ausdrucks« allgegenwärtig. Wenn jegliche Geschichte auf einer Psychologie basiert, dann basiert nach Warburg jede *Geschichte der Bilder* auf einer *Ausdruckspsychologie.* Wir müssen allerdings verstehen, worauf diese Formulierung zielt. Ich habe es bereits angedeutet: Sie zielt auf eine *Psyche*, die sich nicht auf die üblichen Heldenromane der »Künstlerpersönlichkeit« beschränkt. Sie zielt auf eine fundamentalere

22 Ders. 1906, S. 130; ders. 1908, S. 451-454.
23 Ders. 1888-1905.
24 Ders. 1927a.

und transversale, unpersönliche und transindividuelle Psyche. Eine psychische Verfassung, die all dem gemeinsam ist, was man gemeinhin Körper und Geist, Bild und Wort, Darstellung und Bewegung nennt. Die anthropologisch von zentraler Bedeutung für das ist, was die klassische Ästhetik ein wenig verengend im Begriff der Nachahmung faßte.

*

Das bedeutet nicht nur, daß man das Nachleben als *psychische Zeit* denken, sondern auch, daß man die Pathosformel als *psychische Gebärde* begreifen muß. Gertrud Bing hat diesen fundamentalen Zug genau erkannt: Was die Pathosformeln »zum Ausdruck bringen«, so schreibt sie, »ist nicht ein Merkmal der wahrnehmbaren Welt ..., sondern ein Gefühlszustand«. Und sie schließt diesen Gedanken einer Historikerin, die sich ein wenig erschrickt angesichts des sumpfigen psychischen Terrains, auf das sie hier den Fuß setzt, mit der Bemerkung: »Wir befinden uns hier auf gefährlichem Boden.«[25] Doch Warburgs Forderung, so gefährlich sie gewesen sein mag, ist da. Die Pathosformel ist nicht in die Begriffe einer Semantik – oder gar Semiotik – der körperlichen Gebärden zu übersetzen, sondern in die Begriffe einer *psychischen Symptomatologie*. Die »Pathosformeln« sind sichtbare – körperliche, gestische, dargestellte, abgebildete – Symptome einer psychischen Zeit, die sich nicht auf eine Folge rhetorischer, gefühlsmäßiger oder individueller Peripathien reduzieren läßt.

Aber wo findet sich das theoretische Paradigma dieser Forderung? Dieser Frage galt Warburgs unbeirrbare Suche auf lange Sicht. Zweifellos blieb das Vokabular das des *Ausdrucks*. Aber die Perspektive war die des *Symptoms*. Denn der Ausdruck ist nach Warburg nicht der Reflex einer Intention, sondern die *Wiederkehr des Verdrängten im Bild*. Deshalb erscheint das Nachleben wie die Zeit einer Gegenzeit in der Geschichte (im Sinne

25 G. Bing 1965, S. 448. Siehe U. Raulff 1988a, S. 125-130.

des Werdens der Stile) und die Pathosformel wie die Gebärde einer Gegenwirkung in der Geschichte (im Sinne der *storia*, die ein Bild darstellt).

Also »Ausdruck«. Aber Symptomausdruck. Welche Art von Symptom? Symptom wovon? Warburg suchte zunächst im Bereich der Medizin – ohne sonderliche Zuversicht, daß er dort finden werde, was er suchte. Schon 1888 kommt ihm die medizinische Metapher in den Sinn, als er seinem Wunsch nach einer epistemologischen Überschreitung Ausdruck verleihen will, seinem Wunsch, Schluß mit der »ästhetisierenden Kunstgeschichte« der Kenner und Liebhaber, der »sogenannte[n] Gebildeten« zu machen:

> Wir junge Generation von Kunstforschern wollen die Kunstwissenschaft so weit zu bringen versuchen, daß der, der über Kunst öffentlich redet, ohne sich eigens in sie vertieft zu haben, als ebenso lächerlich gelten soll wie Leute, die sich über Medizin zu reden getrauen, ohne Doctoren zu sein.[26]

Als Warburg über seinen Wunsch nach einer epistemologischen Überschreitung sprach, half ihm noch die Medizin, neben der Anthropologie, die Geschmacksurteile der »ästhetisierenden Kunstgeschichte« zu zerreißen. Erst die Ethnologie lehrte ihn (durch seine Reise ins Land der Hopi), was das Primitive ist, und die Medizin lehrte ihn, was das Symptom ist, so daß er die traditionelle Kunstgeschichte durch eine Anthropologie der Bilder ersetzen konnte, die in der Lage war, die im Kontext der florentinischen Renaissance und dann der deutschen Reformation untersuchten stilistischen und symbolischen Erscheinungen »organisch« zu erfassen:

> Ausserdem hatte ich vor der ästhetisierenden Kunstgeschichte einen aufrechten Ekel bekommen. Die formale Betrachtung des Bildes – unbegriffen als biologisch notwendiges Produkt zwischen Religion- und Kunstübung – (was ich freilich erst später einsah) – schien

26 A. Warburg, *Tagebuch*, 3. August 1888; zit. n. E. H. Gombrich 1970, S. 39-40 (dt. S. 59).

mir ein so steriles Wortgeschäft hervorzurufen, daß ich nach meiner Reise in Berlin im Sommer 1896 zur Medizin umzusatteln versuchte. Ich ahnte noch nicht, daß mir aus dieser amerikanischen Reise eben der organische Zusammenhang zwischen Kunst und Religion der »primitiven« Völker so klar werden würde, daß ich die Identität oder vielmehr Unzerstörbarkeit des primitiven Menschen, der zu allen Zeiten derselbe bleibt, so deutlich schaute, so daß ich ihn als Organ ebenso in der Kultur der florentinischen Frührenaissance wie später in der deutschen Reformation herausstellen konnte.[27]

Tatsächlich hatte Warburg schon – von Dezember 1891 bis März 1892 in Berlin – die Psychologievorlesung zur Vorbereitung auf das Medizinstudium besucht. So bedeutete denn offenbar für den jungen Historiker der Bilder Medizin in erster Linie *Seelenmedizin*. Von diesem Punkt aus, den die meisten Kenner seines Werkes zugestehen,[28] stellt sich die Frage, welchen psychologischen – oder vielmehr *psychopathologischen* – Rahmen Warburg benötigte, um seine Stilkunde und Symptomatologie der Renaissancekultur zu begründen. Es erscheint recht vage, wenn man hier auf einen Versuch verweist, die »Symptome eines kollektiven Gemütszustands«[29] zu ermitteln. Noch weniger gerechtfertigt wäre der Versuch, die Frage nach dem Symptom auf die nach einem »Sinn der Geschichte« im Hegelschen Sinne zurückzuführen, wie Ernst Gombrich dies tut. Und ganz unzureichend wäre es, wenn man auf einen obskuren, wenn auch originellen Evolutionisten wie Tito Vignoli verwiese, um Warburgs Rückgriff auf das psychopathologische Paradigma zu erklären.[30]

Erst ab 1918, aus der Tiefe seines eigenen psychotischen Zusammenbruchs, begann Warburg die Nähe seines Denkens zu dem der Psychoanalyse zu erkennen. Gombrichs Auslassung dieser Episode in seiner Biographie bedeutete auch eine beträcht-

27 Ders. 1923b, S. 569.

28 Siehe G. Bing 1965, S. 440-441; E. H. Gombrich 1970, S. 67-68 (dt. S. 93-94), usw.

29 J. Mesnil 1926, S. 238.

30 E. H. Gombrich 1966a, S. 119-120; ders. 1969, S. 47-49 (dt. S. 50-53); ders. 1994b, S. 638 und 646-647.

liche epistemologische Zensur.[31] Es handelte sich ein weiteres Mal darum, die Dämonen des Freudschen Unbewußten – wie übrigens auch die des Nietzscheschen Dionysischen – unter den alten Brüstungen des in Ruinen liegenden Mitteleuropa zu belassen. Es handelte sich darum, der inzwischen angelsächsischen »Warburg-Tradition« die Möglichkeit zu eröffnen, zur alten Ordnung einer Philosophie der psychischen Vermögen (Kant und das *a priori*, von Panofsky gegen Nietzsche und die ewige Wiederkehr gewendet) und zu einer »positiven« Psychologie zurückzukehren (Popper und die Wahrnehmung, von Gombrich gegen Freud und den Wahn gewendet). Um diese Zensur zu zerschlagen, müssen wir heute versuchen, uns den Weg vorzustellen, der von Warburg zu Freud führt.

---

31 Siehe E. Wind 1971, S. 107.

Dialektik des Monstrums oder Verrenkung als Modell

Die von Warburg – als theoretische Begründung seiner Anthropologie der Bilder – erträumte »historische Ausdruckspsychologie« wurde also in erster Linie als Psychopathologie verstanden. Warburgs Geschichte der Bilder versucht die Lust der Renaissance an formalen Erfindungen zu analysieren, aber auch das »Schuldgefühl« des im Gedächtnis Bewahrten, das sich gleichfalls darin zeigen kann. Sie verweist auf die Bewegungen künstlerischen Schaffens, aber auch auf die zwanghafte »Selbstzerstörung«, die in der Überfülle der Formen am Werk ist. Sie betont die Kohärenz der ästhetischen Systeme, aber auch das »Irrationale« an den Glaubensvorstellungen, die gelegentlich dahinter stehen. Sie sucht nach der Einheit der Stilepochen, aber auch nach den »Konflikten« und »Kompromißbildungen«, die diese Stilepochen durchziehen und auflösen können. Sie betrachtet Schönheit und Reiz der Meisterwerke, aber auch die »Angst« und die »Phobien«, deren »Sublimierung« sie nach Warburg ermöglichen.

Dieses ganze – aus der Feder eines Historikers des Humanismus überraschende – Vokabular muß natürlich im Rahmen seiner theoretischen Archäologie untersucht werden. Es zeigt uns allerdings bereits an, daß das Symbol zwar im Mittelpunkt der Warburgschen Bemühungen stand, aber nicht als abstrakte Synthese zwischen Vernunft und Irrationalem, zwischen Form und Stoff usw.[32] – sondern als konkretes Symptom einer in der »Tragödie der Kultur« unablässig wirksamen Spaltung. Wenn Warburg seinen Blick auf eine pathetische Magdalena von Niccolò dell'Arca, Donatello oder Bertoldo di Giovanni wirft (Abb. 22 und 54), wird klar, daß der gestische »Ausdruck« erst einmal symptomatisch sein muß, um symbolisch sein zu können. Die

32 Siehe E. Cassirer 1922, S. 1-70; ders. 1923a, S. 169-200.

Gebärdenformel findet nur insofern zu einem »Ausdruck«, als sie bei der Heiligen zur Kristallisierung eines intensiven Augenblicks führt, der sich vor allem als wahrhafter *Einbruch in den symbolischen Bereich* der im Evangelium berichteten Geschichte gibt: Es ist der Augenblick einer *Gegenzeit*, die in Magdalenas Körper das zügellose Begehren antiker Mänaden wiederholt.[33] Es ist die Gebärde einer *Gegenwirkung*, die sich in Magdalenas Körper an etwas Heidnisches erinnert, von dem der symbolische Inhalt – das Opfer des fleichgewordenen Wortes – offenbar nichts wissen will. Es handelt sich also um so etwas wie ein Symptom.

Man könnte sagen, Warburgs Kunstgeschichte wollte in ihren Zeitmodellen – dem Nachleben – wie in ihren Bedeutungsmodellen – der Pathosformel – ihre bevorzugten Objekte auf der Grundlage ihrer *kritischen Effekte* erfassen: von den »erotischen Verfolgungsscenen« bei Botticelli und Pollaiuolo (in denen Savonarola zu Recht eine freche »orgiastische Lust« am Werk sah[34]) bis hin zu den »Superlativen der Gebärdensprache«, aus denen bei Donatello und vielen anderen eine »ganz unziemliche Beweglichkeit in Ausdruck und Gewandung« hervorgeht;[35] vom Einbruch der arabischen Astrologie in die Ferrareser Fresken des 15. Jahrhunderts bis hin zum obskuren Umgang der deutschen Reformation mit astrologischen Vorstellungen[36] – jedesmal erleben wir, wie sehr der »Zwang zur Auseinandersetzung mit der Formenwelt vorgeprägter Ausdruckswerte, – sie mögen nun aus Vergangenheit oder Gegenwart stammen – […] für jeden Künstler, der seine Eigenart durchsetzen will, die entscheidende Krisis« bedeutet.[37] Im Tanz dieser »entscheidenden Krisen« sah Warburg am Ende die ganze abendländische Kultur von einer symptomhaften Schwingung bewegt, die er selbst mit voller Wucht erlebt hatte:

---

33 A. Warburg 1893, S. 20-21.
34 Ebd., S. 35-53.
35 Ders. 1914, S. 283.
36 Ders. 1912, S. 173-198; ders. 1920, S. 199-303.
37 Ders. 1929b, S. 172.

> Manchmal kommt es mir vor, als ob ich als Psychohistoriker die Schizophrenie des Abendlandes aus dem Bildhaften in selbstbiographischem Reflex abzuleiten versuche: die ekstatische Nympha (manisch) einerseits und der trauernde Flußgott (depressiv) andererseits …[38]

Unterhalb der kritischen Effekte gibt es also eine *Ebene der Ursachen*, die Warburg 1929 schließlich mit zwei psychopathologischen Begriffen zu erfassen versuchte: dem der Schizophrenie (einem vorweggenommenen Deleuzeschen Ausdruck, wie es scheint) oder dem der manisch-depressiven Psychose (einem Ausdruck, der in direktem Zusammenhang zu der mit Ludwig Binswanger unternommenen therapeutischen Arbeit stand). Schon 1889 hatte Warburg diese Ebene der Ursachen angesprochen, indem er von unnatürlichen Bewegungen »ohne Motivierung« und »im Zusammenhang mit dem Wunsch …« sprach.[39] Vierzig Jahre später – also kurz vor seinem Tod – stand dem Psychohistoriker das Freudsche Konzept des Unbewußten zur Verfügung. Doch als hätte er Angst, dieses Substantiv (das Unbewußte) könne ihn von der Dynamik entfernen, die er charakterisieren wollte, wandte er sich lieber einmal mehr an den wimmelnden Schlangenhaufen und sprach statt dessen von einer »Dialektik des Monstrums«.[40]

Die Ebene der *Ursachen*? Es handelt sich also um den ewigen Konflikt mit einer furchterregenden, souveränen, unbenennbaren *Sache*. Themen, die in Warburgs letzten Jahren allgegenwärtig sind: der »Kampf mit dem Monstrum« in uns selbst; das »Seelendrama« der gesamten Kultur; die komplexe und dialektische Verschlingung des Subjekts mit jenem rätselhaften *Monstrum*, das er 1927 als »Urkausalitätsform« definiert.[41] Das war in War-

38 Ders., *Tagebuch*, 3. April 1929, zit. n. E. H. Gombrich 1970, S. 303 (dt. S. 406).

39 Ders., Fragmente, 27. März 1889, zit. n. E. H. Gombrich 1970, S. 48 (dt. S. 69).

40 Ders., Briefmarke, zit. n. E. H. Gombrich 1970, S. 252 (dt. S. 341).

41 Ebd., zit. n. E. H. Gombrich 1970, S. 251-252 (dt. S. 341); ders. 1927a, S. 14-16 (Eintragungen vom 30. und 31. Mai 1927).

burgs Augen die fundamentale und »unheimliche Doppelheit« aller kulturellen Tatsachen: Die Logik, die sie entstehen lassen, läßt auch das Chaos überborden, das sie bekämpfen. Die Schönheit, die sie erfinden, läßt auch den Schrecken erstehen, den sie verdrängen. Die Freiheit, die sie befördern, läßt die Triebzwänge bestehen, die sie zu brechen versuchen.[42] Warburg liebte den Spruch »*Per monstra ad astra*« (für den Freuds berühmter Ausspruch »Wo Es war, soll Ich werden« eine Variante darzustellen scheint). Aber wie könnte man ihn anders verstehen als im Sinne der Feststellung, daß der Weg auf jeden Fall über die Kräfte des Monstrums führt?

Kritische Effekte und unbewußte Ursachen: Die »Dialektik des Monstrums« beschreibt nichts anderes als eine Symptomstruktur. Denn die berücksichtigt gleichermaßen die Verdrängung und die Wiederkehr des Verdrängten: Verdrängung in der »plastischen Ausgleichsformel«, die kaum über die »Schwelle des Bewußtseins« tritt; Wiederkehr des Verdrängten in der »Krisis« und im Symptom (»symptomatisch«), die im Augenblick der »höchsten energetischen Anspannung« auftreten, wie Warburg schon 1907 das gesamte Vokabular in nur vier Zeilen seines Aufsatzes über Francesco Sassetti zusammenfaßt.[43] Später dann fand die »Dialektik des Monstrums« ihre visuelle Verkörperung in Dürers Kupferstich der achtfüßigen »Sau von Landser« oder in den furchterregenden Gestalten auf den antikatholische Propaganda-Holzschnitten (Abb. 19).[44]

Wenn Warburg im Blick auf diese Figuren von einer »Region der wahrsagenden Monstra« spricht,[45] halte ich es für möglich, diesen Ausdruck in der Doppeldeutigkeit zu verstehen, die eine zweigesichtige Disziplin wie die »historische Psychologie« sie verlangt. Nach der historischen Seite verstehen die Monstren der lutherischen Propaganda sich als »Prophezeiungen« einer politisch-religiösen Niederlage des Papsttums. Nach der psycho-

42 Ders. 1929b, S. 172.
43 Ders. 1907b, S. 149.
44 Ders. 1920, S. 244-255.
45 Ebd., S. 253.

logischen Seite signalisieren sie unwissentlich eine unbewußte *Wahrheit* vermittels der visuellen Gestalt dieser aus verschiedenen Körpern zusammengesetzten Monstren der *Sage*. Deshalb sind die Bilder in Warburgs Augen »wahrsagende« Objekte *par excellence*. Deshalb muß die Kunstgeschichte nicht nur eine Geschichte der Phantome sein, sondern auch eine Geschichte der Wahrsagungen und der Symptome.

Wie dem auch sei, von nun an müssen wir die Pathosformeln als die körperlichen Kristallisationen der »Dialektik des Monstrums« begreifen. Als Symptommomente des anthropomorphen Bildes verstand Warburg die Pathosformeln aus der dialektischen Perspektive der Verdrängung (»plastische Ausgleichsformel«) und der Wiederkehr des Verdrängten (»Krisis«, »höchste energetische Anspannung«). Das *bewegte Bild*, dessen Atlas oder dessen abendländisches genealogisches Album Warburg schaffen wollte, beschreibt nichts anderes als *Bewegungssymptome*.[46] Doch nach welchem Paradigma sollen wir sie verstehen? Zu Warburgs Zeiten gab es zahlreiche Versuche, die »Ausdrucksbewegungen« bis in ihre pathologischen Verschanzungen hinein zu erforschen: vom »physiognomischen Mechanismus«, den Theodor Meynert in seiner *Psychiatrie* (1884) untersuchte, über die Ausdrucksstörungen, die Karl Jaspers in seiner *Allgemeinen Psychopathologie* (1913) analysierte, bis hin zu Cassirers »Pathologie des Symbolbewußtseins« (1929).[47]

Auch die französische Psychologie hätte Warburg zweifellos die Vorbilder liefern können. Théodule Ribot hatte eine Theorie des unbewußten Gedächtnisses entworfen, eine »psychologische Vererbung« (sein »Nachleben« der »Vermögen« und »Instinkte«), für die er bis in die Florentiner Medizin hinein nach Beispielen suchte.[48] Er schlug eine Erklärung der Ausdrucksgebärden vor (sein persönlicher Begriff der Pathosformel), indem er eine ganze Theorie der unbewußten Bewegung entwickelte, in

46 Siehe P.-A. Michaud 1998a; G. Didi-Huberman 1998b, S. 7-20.

47 Siehe T. Meynert 1884, S. 251-262; K. Jaspers 1913, S. 212-249; E. Cassirer 1929b, S. 238-328.

48 T. Ribot 1881, S. 103-118.

der er die Psyche aus dem Blickwinkel einer »latenten motorischen Aktivität« betrachtete, die ihre »motorischen Reste« auf alle Schichten des psychischen Lebens verteilte.[49]

*

Doch mehr noch als alles andere scheint die – Ende des 19. Jahrhunderts so triumphierende und spektakuläre – Klinik der Hysterie das einschlägigste symptomatologische Vorbild für Warburgs »Dialektik des Monstrums« geliefert zu haben. Tatsächlich vereinigen sich im hysterischen Symptom die Pathosformeln, in denen die Krise zum Ausdruck kommt, und das Nachleben eines latenten Traumas, das in der Intensität der Bewegungen wiederkehrt (die Vorsilbe »nach« in dem Verb »Nachleben« kann übrigens auch den Gedanken der Nachahmung im Sinne von Simulation enthalten, und genau in diesem Sinne verstanden die Irrenärzte die Hysterie seit dem 18. Jahrhundert). Damit erscheint die Gestalt Charcots, des unbestrittenen Meisterdenkers der Funktionsweise des Symptoms und des unbestrittenen Ballettmeisters des hysterischen Schauspiels am Ende des 19. Jahrhunderts.

Auf die Affinität zwischen dem hysterischen Körper im Sinne Charcots und der Pathosformel im Sinne Warburgs hat in jüngerer Zeit Sigrid Schade hingewiesen. Abgesehen davon, daß sich in Warburgs Bibliothek zwei Werke von Charcot und seinem Mitarbeiter Paul Richer befanden,[50] zeigt Charcots Psychopathologie in mehreren wesentlichen Punkten eine gewisse Verwandtschaft mit Warburgs Kulturwissenschaft. Beide Wissensgebiete präsentieren sich als Erkundungen eines klinischen Archivs, nutzen dazu in beträchtlichem Umfang die Photographie und konstituieren sich schließlich als ikonographische Repertoires.[51] Damit wäre Warburgs Atlas der Pathosformeln ein historisches

49 Ders. 1914.

50 J.-M. Charcot und P. Richer 1889; P. Richer 1902..

51 S. Schade 1993, S. 460-484.

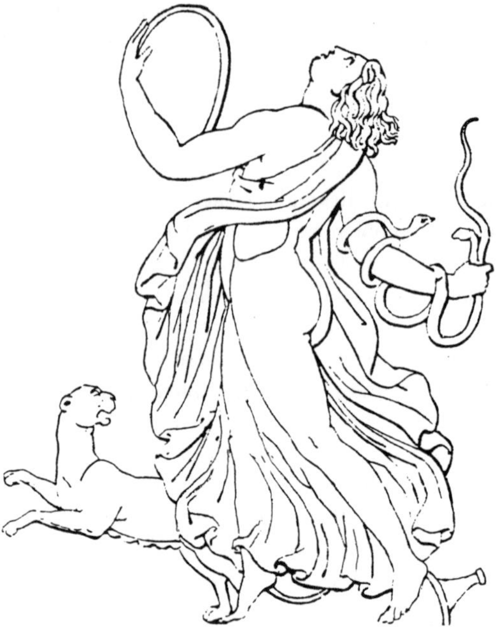

Abb. 55: *Tanzende Mänade* (anonym, griechisch), neuattische Zeit. Umzeichnung eines Reliefs im Louvre. Nach A. Warburg, *Bilder aus dem Gebiet der Pueblo-Indianer in Nord-Amerika*, 1923, Abb. 21.

Gegenstück zu der berühmten – von Richer nach Hinweisen seines Lehrers angefertigten – synoptischen Tafel des »vollständigen und regelrechten großen hysterischen Anfalls«.[52]

Der große Vorzug dieses Vergleichs liegt darin, daß er eine Zensur – einen, wie Schade schreibt, »blinden Fleck« – in der Warburg-Tradition aufhebt.[53] Tatsächlich wollte die Kunstgeschichte nichts von den *pathologischen* Erweiterungen des *Pathos* bei Warburg wissen. Sie wollte nicht zur Kenntnis nehmen, was ihre Stellung als »Geisteswissenschaft« der Tatsache verdank-

52 Siehe ebd., S. 464; P. Richer 1881, Tafel V.

53 S. Schade 1993, S. 460-463.

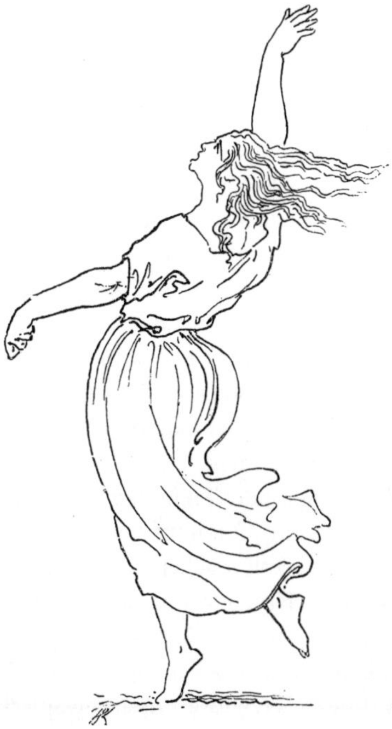

Abb. 56: *Vorboten des großen hysterischen Anfalls.* Nach P. Richer, *Études cliniques sur la grande hystérie ou hystéro-épilepsie*, Paris 1881, S. 5.

te, daß Warburg so etwas wie ein »pathologisches Fachgebiet« geschaffen hatte.[54] Sigrid Schade hat also durchaus recht, wenn sie in Charcot einen Vorläufer Warburgs auf dem Gebiet der Interdisziplinarität, der ikonographischen Sammlung und der Beobachtung des Körpers erblickt, der sich den Bewegungen des Pathos, der Leidenschaft oder gar der dionysischen Tollheit hingibt.[55] Hier sei bereits darauf hingewiesen, daß Nietzsches Anspielungen auf den Veitstanz und den jungen Besessenen in Raffaels *Verklärung Christi* in der *Geburt der Tragödie* ihr genaues

54 G. Didi-Huberman 1998b, S. 7-20

55 S. Schade 1993, S. 464.

Gegenstück in den Tafeln finden, die Charcot und Richer diesem Thema in ihrem Werk *Die Besessenen in der Kunst* widmen.[56]

Und wie könnte man nicht erstaunt sein über die Ähnlichkeit zwischen dionysischen *Ninfa*-Figuren bei Warburg und den von Richer in der Salpêtrière gezeichneten Hysterikerinnen (Abb. 55-56)? Könnte man nicht sogar sagen, der rückwärts gewandte Weg, den Charcot in seiner »rückblickenden Medizin« einschlug (von den modernen Hysterikerinnen über die christlichen Mystikerinnen zu den antiken Mänaden), finde seine historische und ästhetische Rechtfertigung in Warburgs Analyse des Nachlebens? Mir scheint, bei genauerem Hinsehen zeigt sich, das Terrain dieses Vergleichs ist voller Fallgruben, ja, tatsächlich bricht er bei jedem Schritt zusammen.

Charcots Verwendung der Figuren gründet letztlich in einer epistemischen Operation, die darauf zielt, den wesenhaft *proteushaften*, labilen und metaphorischen Charakter des hysterischen Symptoms – diesen Haufen wimmelnder Schlangen, die den Körper durchziehen – auf den Status einer regelmäßigen Tafel mit ebenso zeitlichen wie visuellen Gesetzmäßigkeiten zu reduzieren. Ob mit Hilfe der Hypnose, durch galvanische Experimente oder durch die Erstellung einer »Ikonographie«, stets ging es Charcot um dasselbe: *die Beherrschung der Unterschiede des Symptoms.* Und das konnte Richer konkret nur erreichen, indem er das Irresein der Hysteriker übertrieben darstellte, so daß sie den pathetischen Bildern entsprachen, die ihnen in der »künstlerischen Ikonographie« seines Lehrers vorausgingen.[57] Das war nur zu erreichen, wenn er einen *historischen Sophismus* entwickelte, dem ein *ikonographischer Sophismus* entsprach, in dem die realen – leidenden – Körper aufgefordert waren, sich dem Bild der in den Atlanten gesammelten Figuren anzupassen als ebenso viele »Beweise« für eine ein für allemal festgelegte klinische Tafel.[58]

Richers Hysterikerin besitzt vor allem deshalb so große Ähn-

56 F. Nietzsche 1872, S. 29-39; J.-M. Charcot und P. Richer 1887, S. 28-38 (dt. S. 43-55).

57 Siehe G. Didi-Huberman 1982, S. 69-82; ders. 1991, S. 267-280.

58 Ders. 1984, S. 125-188.

lichkeit mit Warburgs Mänade, weil er seine Hysterikerinnen in derselben Weise zeichnen wollte wie ein Archäologe die Umrisse einer antiken Skulptur. Bei Warburg findet sich nichts davon. Die Montage im *Mnemosyne*-Atlas respektiert die Diskontinuitäten und Unterschiede, sie tilgt niemals die zeitliche Kluft (etwa zwischen einer archäologischen Umzeichnung und einer zeitgenössischen Photographie). Charcots Tafel zielt dagegen auf Kontinuitäten und Ähnlichkeiten und konstruiert eine zeitliche Einheit im Ablauf des »vollständigen und regelrechten großen hysterischen Anfalls«. So untergräbt denn Warburgs »namenlose Wissenschaft« sämtliche Prämissen der medizinischen Ikonologie im Sinne Charcots. Darin ist »Hysterikerin« eine Oberkategorie, unter die sich alles, von der dargestellten Mänade bis zur realen Kranken, subsumieren lassen muß. Bei Warburg dagegen bleibt *Ninfa* eine fließende Bezeichnung, die eine Verkörperung nach der anderen durchläuft, ohne daß versucht würde, sie in diese oder jene Richtung zu verbiegen.

Letztlich wird man erkennen müssen, daß Charcots und Warburgs Symptomatologien einander auf nahezu allen Ebenen widersprechen. Bei Charcot ist das Symptom eine *klinische* Kategorie, die sich auf eine regelmäßige Tafel und ein genau definiertes nosologisches Kriterium zurückführen lassen. Bei Warburg dagegen ist das Symptom eine *kritische* Kategorie, die sowohl die »regelmäßige Tafel« der Stilgeschichte als auch die akademischen Kunstkriterien zerplatzen läßt. Charcot wollte das Symptom stets auf dessen (traumatische, neurologische oder sogar topologische) *Determinierung* zurückführen. Warburg dagegen begriff das Symptom als das stetige und ständig offene Werk der *Überdeterminierung*. Auf der einen Seite das quasi totalitäre Protokoll des »vollständigen und regelrechten« Anfalls; auf der anderen eine erratische *Verschlingung*, ein wimmelnder Schlangenhaufen, dessen Abszisse und Ordinate sich im Unterschied zu Charcots Tafel kaum bestimmen lassen.[59]

---

59 Siehe die von Warburg leer gelassenen Felder in A. Warburg 1905-1911 (Abb. 47).

Eine letzte Bemerkung soll die ganze Distanz zwischen den beiden epistemologischen Symptommodellen verdeutlichen: Darwins berühmte »allgemeine Prinzipien des Ausdrucks«, deren Bedeutung für Warburg wir gesehen haben, kommen in Charcots Modell des hysterischen Symptoms eindeutig zu kurz. Zwar verweist die *Prägung* durchaus auf eine im Anfall zur Wirkung gelangende traumatische Erinnerung, wo sie sich in der Phase der »leidenschaftlichen Haltungen« oder »plastischen Posen« konzentriert.[60] Aber *Verschiebung* und *Gegensatz*? Man wird einräumen müssen, daß Charcot und Richer eine Konzeption der »plastischen Posen« vertraten, in der die für diese beiden Darwinschen Prinzipien erforderliche *Plastizität* gerade nicht vorkommt. Sie findet sich allenfalls negativ, in die unsinnigen Tiefen des Anfalls verwiesen: in jener berüchtigten und verhaßten Phase, in der die Hysterikerin sich dem Arzt widersetzt und der Arzt, vom Geschehen überrollt, sich nur noch in zwei Qualifizierungen zu retten vermag: die des »Unlogischen« (sie macht völlig Beliebiges) und die der »Clownerie« (sie macht sich über uns lustig). Es handelt sich um die Phase der *Verrenkungen*, die Richer in Umrißzeichnungen darstellt (Abb. 57-60), weil sie sich kaum photographieren läßt, da sie in der raschen Folge der allzu ungeordneten Bewegungen untergeht oder von der Zwangsjacke verborgen wird, die man der Patientin letztlich doch anlegen muß.[61]

> Das ist, wenn man mir diesen etwas gewöhnlichen Ausdruck erlauben will, die *Periode der Kunststücke*. Und es hat durchaus seinen Grund, wenn Charcot sie mit der sonderbaren Bezeichnung *Clownerie* belegt, womit er auf die Muskelübungen der Artisten verweist. Tatsächlich besteht diese Periode aus zwei Phasen, derjenigen der *unlogischen Haltungen* oder *Verrenkungen* und derjenigen der *großen Bewegungen*, wobei beide eine Geschmeidigkeit, Beweglichkeit und Muskelkraft erfordern, die den Zuschauer in Erstaunen versetzt und zu Zeiten der *Convulsionnaires* von Saint-Médard so weit jen-

60 P. Richer 1881, S. 89-116.
61 Siehe G. Didi-Huberman 1991, S. 267-280.

> seits aller natürlichen Möglichkeiten zu liegen schienen, daß nur ein göttlicher Engriff sie zu erklären vermochte. [...] Die Kranke nimmt hier vielfältige, gänzlich unvorhergesehene und höchst unwahrscheinliche Haltungen ein.[62]

*

Und hier nun die entscheidende Wende: Freud kommt das Verdienst zu, ein Verständnis des hysterischen Symptoms entwickelt zu haben, das über das starre Modell der klinischen Tafel hinausging, die veränderlichen Verschlingungen – oder Überdeterminierungen – berücksichtigte und die wesenhafte Plastizität der beteiligten Prozesse achtete. Wie gelang es Freud, Charcots ikonographische Fixierung zu überwinden? Zunächst einmal, indem auch er – wie Lucille Ritvo gezeigt hat – auf die drei Darwinschen Prinzipien der Prägung oder »erinnernden Wiederholung«, der Verschiebung oder »Ableitung« und des »Gegensatzes« oder der Möglichkeit einer Verkehrung ins Gegenteil zurückgriff.[63]

Dank der *Prägung* vermochte Freud zu verstehen, inwiefern das Symptom eine unbewußt wirksame Erinnerung aktualisiert. Dank der *Verschiebung* vermochte er das ständige Wechselspiel der bildhaften Verschlingungen und der Bedeutungsmetamorphosen zu erklären: eine dynamische Erfassung der Komplexität der Erscheinungen. Und der *Gegensatz* erlaubte es ihm, zu beschreiben, wie das Unbewußte sich über logische Widersprüche und die Zeit der trivialen Biomorphismen hinwegsetzt und sie »ignoriert«. Es ist aufschlußreich, daß Freud das Problem des Symptoms genau dort aufgreift, wo Charcot es zurückgelassen hatte: mitten in den »unlogischen Bewegungen« – jenem negativen Moment in der »Dialektik des Monstrums«, jenem Augenblick der »höchsten energetischen Anspannung«, wie Warburg vielleicht gesagt hätte.

---

62 P. Richer 1881, S. 69. Siehe G. Didi-Huberman 1982, S. 161-162, 246-272 usw.

63 Siehe L. B. Ritvo 1990 (frz. S. 264-273); P. Lacoste 1994, S. 21-43.

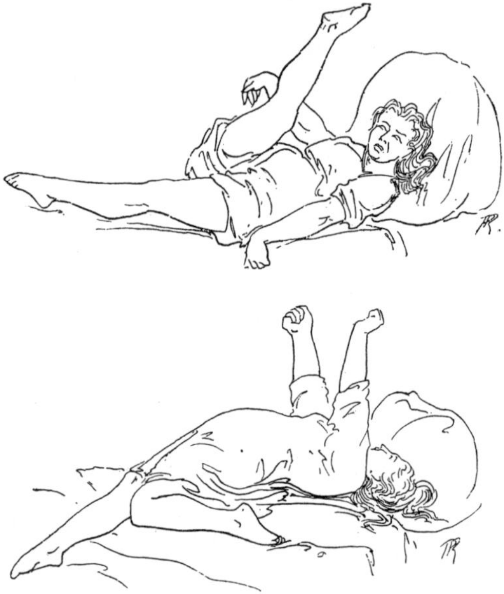

Abb. 57-58: *Großer hysterischer Anfall: Verrenkungen oder unsinnige Bewegungen.* Nach P. Richer, *Études cliniques sur la grande hystérie ou hystéro-épilepsie*, Paris 1881, S. 72-73.

Als Königsweg der Psychoanalyse, als »unbewußte Formation« im vollen Sinne des Wortes,[64] hängt das hysterische Symptom nach Freud nun nicht mehr von einer Ikonographie ab. Es ist weder (repräsentative oder protokollierte) »Tafel« noch auch »Reflex« (und sei es der eines Traumas). Es entfaltet vielmehr die *Dynamogramme* vielfältiger *Polaritäten*, zu Haufen versammelt oder erratisch miteinander montiert, zuweilen wie ein Gewimmel aus Schlangen: Berührungen mit Tabus, Bahnung mit Abwehr, Wünsche mit Zensur, Krisen mit Kompromissen, Verschlingungen mit Entwirrungen … Am dialektischen Angelpunkt dieser Polaritäten erscheint das symptomatische Moment als solches. Freud beobachtete es – noch bevor er es interpre-

64 Siehe S. Freud 1916-1917, S. 358-359; ders. 1926, S. 237.

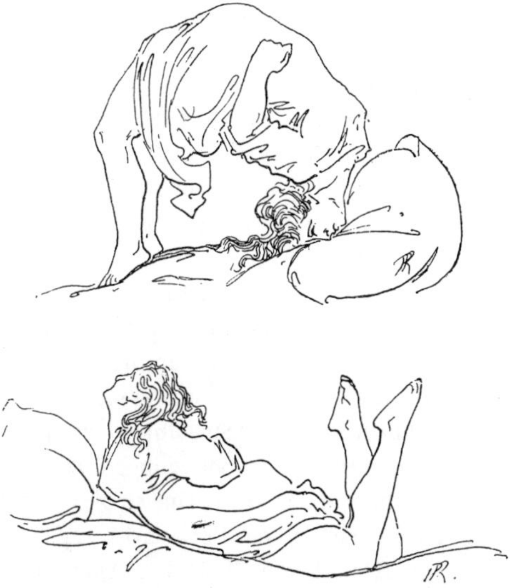

Abb. 59-60: *Großer hysterischer Anfall: Verrenkungen oder unsinnige Bewegungen.* Nach P. Richer, *Études cliniques sur la grande hystérie ou hystéro-épilepsie*, Paris 1881, S. 76-77.

tierte – in einer Situation, die wahrscheinlich nicht die der Behandlung war (man könnte an einen Gemeinschaftssaal in der Salpêtrière denken oder sogar an Charcots Vorlesungssaal). Er berichtet von gewissen hysterischen Anfällen,

> in denen die Kranke ... wie in einem Falle meiner Beobachtung, mit der einen Hand das Gewand an den Leib preßt (als Weib), mit der anderen es abzureißen sucht (als Mann). Diese widerspruchsvolle Gleichzeitigkeit bedingt zum guten Teile die Unverständlichkeit der doch sonst im Anfalle so plastisch dargestellten Situation und eignet sich also vortrefflich zur Verhüllung der wirksamen unbewußten Phantasie.[65]

65 Ders. 1908b, S. 194-195.

Eine bewundernswerte Lektion in Beobachtung.[66] Wo Richer die hysterischen Verrenkungen als »vielfältige, gänzlich unvorhergesehene und höchst unwahrscheinliche Haltungen« beschreibt, also als etwas, das sich unmöglich in einer Ikonographie erfassen läßt, gelingt es Freud, die *Formel dieses körperlichen Pathos*, die *Formel dieses* im Anfall explodierenden *Gebärdenchaos* zu entdecken. In diesem »bildhaft bewegten Körper« (wie Pierre Fédida sich der Frage des Symptoms nähert[67]), in diesem Wirrwarr ungeordneter Bewegungen, versteht Freud es in der Tat, eine exemplarische Struktur zu erkennen. Es lohnt sich, hier genauer hinzusehen, denn zu der Lektion in Beobachtung tritt hier noch eine tiefgründige anthropologische Lektion hinsichtlich der »Dialektik des Monstrums« hinzu.

Das erste Element in dieser Struktur ist die plastische Intensität der Körperformen und Bewegungen. Die Hysterikerin führt dem Beobachter in der Krise »eine so plastisch dargestellte Situation« vor Augen, daß der Blick davon zugleich gefangen (ergriffen, fasziniert) und verblüfft ist. Die »Unverständlichkeit« der im Anfall dargestellten »Situation« beruht zunächst einmal auf deren visueller Intensität. Freud geht also von einer phänomenologischen Gegebenheit aus, die für ihn ebenso unabweisbar, ebenso evident – aber schwer zu deuten – war wie für Warburg die dionysische Intensität der enthemmten Magdalena am Fuße des Kreuzes. Erinnern wir uns außerdem, daß Goethe von derselben Feststellung im Blick auf die verzweifelten Gebärden des *Laokoon* ausgegangen war: Die bewegende Intensität der Skulpturengruppe, so schrieb er, »bleibt, wie ein Naturwerk, für unsern Verstand immer unendlich, es wird angeschaut, empfunden; es wirkt, es kann aber nicht eigentlich erkannt« werden.[68]

Das zweite wesentliche Element dieser Struktur (und der zweite Grund für die »Unverständlichkeit« der Situation) ist die »widerspruchsvolle Gleichzeitigkeit«. Die extreme Wirkung

---

66 Siehe G. Didi-Huberman 1982, S. 161-162; ders. 1995a, S. 200-202; ders. 1998a, S. 92-98.

67 P. Fédida 1992, S. 246 (und allgemein S. 227-265).

68 J. W. Goethe 1798, S. 129.

wird hier zur Gegenwirkung. Aus der Intensität wird deren Gegensatz: eine zugleich organische und transgressive Arbeit. Wie kommt es dazu? Zwei gegensätzliche Bewegungen treffen im selben Körper zusammen. Freud beschreibt diese Dialektik in genau derselben Weise, wie Warburg es bei einer Magdalena von Niccolò dell'Arca getan hätte: indem er beobachtet, was mit dem »bewegten Beiwerk«, also dem Gewand geschieht: von der männlichen Hälfte der weiblichen Hälfte weggerissen, von der weiblichen Hälfte gegen den Angriff der männlichen Hälfte festgehalten. Das Ergebnis ist eine bewegte Verschlingung, eine »Dynamographie« verschlungener Polaritäten. »So ist ein kontradiktorisches Paar von Wunscherfüllungen der Sinn des Symptoms«, schrieb Freud schon 1899.[69] Unser Text nimmt diesen Gedanken in Begriffen auf, die an das Gesetz der *doppelten Konstitution jeglicher unbewußten Formation* erinnern[70] – ein Gesetz, das Warburg für den Gesamtbereich der Bilder zweifellos nicht bestritten hätte.

Das Darwinsche Prinzip des Gegensatzes wird hier so radikal erweitert, daß schon die bloße Idee des »pathetischen Ausdrucks« zu Bruch geht. Das Symptom – das ist seine Etymologie – verweist auf das, was fällt, und nicht auf das, was bedeutet. Mit ihm explodieren auch die Zeichen: Sie stieben in Garben auseinander und fallen in sich zusammen, bevor sich ein neues Feuerwerk entfaltet. Darauf verweist Freud bereits, als er beschreibt, in welcher Weise das Symptom überdeterminiert ist, und zwar nicht nur auf synchroner Ebene (mehrere Bedeutungen zugleich), sondern auch in diachroner Hinsicht (jeweils verändert mit der Zeit).[71] Kurz, das Symptom im Freudschen Sinne berücksichtigt genau das, was Warburg in der beständigen Pendelbewegung zwischen »extremen Polarisierungen« und »Depolarisierungen«, aus der sich »Mehrdeutigkeiten« ergaben, zu begreifen versuchte. Da kann es kaum erstaunen, daß die Wort-

69 S. Freud 1887-1904, S. 378 (Brief an W. Fließ vom 19. Februar 1899).
70 Ders. 1908b, S. 192-193.
71 Ders. 1900, S. 542; ders. 1905, S. 127.

felder des Konflikts und des Kompromisses für die Definition der Warburgschen »Pathosformel« ebenso notwendig waren wie für die Definition der Freudschen »Symptombildung«.

> Von den neurotischen Symptomen wissen wir bereits, daß sie der Erfolg eines Konflikts sind, der sich um eine neue Art der Libidobefriedigung erhebt. Die beiden Kräfte, die sich entzweit haben, treffen im Symptom wieder zusammen, versöhnen sich gleichsam durch das Kompromiß der Symptombildung. Darum ist das Symptom auch so widerstandsfähig; es wird von beiden Seiten her gehalten.[72]

Diese »Widerstandsfähigkeit« läßt sich ebensogut auch als Fähigkeit zum Nachleben begreifen. Die geschichtliche Zählebigkeit der Pathosformeln fände danach ihre metapsychologische Erklärung in der Verschlingung zwischen »von beiden Seiten her gehaltenen« Konflikten und stets möglichen Kompromissen. In der von Bertoldo di Giovanni geschaffenen Magdalena (Abb. 54) überlebt die antike Mänade nur deshalb so deutlich, weil Trauer und Begehren in ihrem Konflikt gehalten werden, gespannt, aber verschlungen in einer kunstvoll ausgewählten Zweideutigkeit, die erst den Kompromiß zwischen der heidnischen Tänzerin in Trance und der christlichen Heiligen in Tränen ermöglicht. Freud bezeichnete das Symptom als »eine kunstvoll ausgewählte Zweideutigkeit mit zwei einander voll widersprechenden Bedeutungen«.[73] Man meint, eine Beschreibung all dessen zu lesen, was Warburg am Nachleben der antiken Pathosformeln interessierte, etwa wenn die verzweifelte Gebärde des antiken *Pädagogen*, zur triumphalen Gebärde verkehrt, in der Gebärde des Renaissance-*David* überlebt (Abb. 44).

Das Symptom spielt also mit dem Gegensatz. Es sorgt für die »Unverständlichkeit« der Situationen, weil es dem äußerst komplexen Spiel der »widerspruchsvollen Gleichzeitigkeit« plastische Intensität zu verleihen vermag – das heißt eine phänomenale Evidenz, die dem Beobachter *en bloc* gegeben ist wie bei einer

72 Ders. 1916-1917, S. 350.
73 Ebd., S. 351.

Skulptur. Hier koexistieren »Reaktionsbildungen« und »Ersatzbildungen« miteinander und reagieren aufeinander. Hier koexistieren verdrängte und verdrängende Darstellungen miteinander und wechseln einander ab. Freud hatte schon im Traum einen auch im Symptom beobachtbaren Prozeß festgestellt, den er als »Umkehrung ins Gegenteil« bezeichnete:

> Die Umkehrung, Verwandlung ins Gegenteil, ist übrigens eines der beliebtesten, der vielseitigsten Verwendung fähigen Darstellungsmittel der Traumarbeit. [...] Ganz besonders wertvoll wird die Umkehrung aber im Dienste der Zensur, indem sie ein Maß von Entstellung des Darzustellenden zustande bringt, welches das Verständnis des Traumes zunächst geradezu lähmt. [...] Derselben Technik der zeitlichen Umkehrung bedient sich manchmal der hysterische Anfall, um seinen Sinn dem Zuschauer zu verbergen.[74]

Was Freud hier über die hysterische Verrenkung sagt, das sagt Warburg über die zu einem Nachleben fähigen Bildformeln: Ihr Spiel mit dem Gegensatz – ihre *Unempfindlichkeit für den* logischen *Widerspruch*, um einen Freudschen Ausspruch aufzugreifen – läßt zugleich ihre Veränderungsfähigkeit und ihre Zählebigkeit, also ihre Fähigkeit zur ewigen Wiederkehr hervortreten. Doch mehr noch: Warburg und Freud teilen eine besondere Aufmerksamkeit für die, wie ich sie nennen möchte, *formalen Angelpunkte* all dieser Bedeutungsumkehrungen.[75]

In seinem Aufsatz von 1908 erteilt Freud uns eine große Lektion in Beobachtung, insofern er die Komplexität des Phänomens akzeptiert (den wimmelnden Schlangenhaufen, der die »Unverständlichkeit« der Situation im hysterischen Anfall konstituiert), ohne deshalb auf die Suche nach einer Struktur zu verzichten. Diese Struktur findet er nicht, indem er das Gesehene ausdünnt oder schematisiert, wie Richer es tut, oder indem er nach einer Idee »hinter« dem Gesehenen sucht. Auch geht er nicht ins ikonographische Detail, wie Richer es zu tun versucht – was ange-

74 Ders. 1900, S. 324-325 (und Fn. S. 325).
75 G. Didi-Huberman 1996c, S. 145-163 (dt. S. 240-249).

sichts der Unordnung der »unlogischen« Bewegungen auch gar nicht möglich ist. Vielmehr erkennt er unvermittelt eine formale Spannungslinie, gleichsam eine in Bewegung befindliche Symmetrieachse, ebenso gewunden oder gebrochen wie der Körper, der sich abwechselnd entspannt und krümmt. Tanzend oder explodierend, aber stets gegenwärtig inmitten der chaotischen Gebärden, die sich beiderseits ihrer nicht zu fassenden Geometrie verteilen.

Zweifellos hatte Charcots Klinik – mit ihren zahllosen »Hemi-Sensibilitäten« und »Hemi-Anästhesien« usw. – Freud auf diesen Blick vorbereitet. Doch alles, was in Charcots Augen noch Unordnung war, die ganze »Unverständlichkeit« und »Unlogik« der Situation, ordnet sich hier um eine Achse, die das männliche und das weibliche Phantasma zueinander in Beziehung setzt. Dieses Scharnier verbindet die beiden widersprüchlichen Ausdrücke und bringt sie zugleich in Gegensatz zueinander. Es löst die Komplexität nicht auf, sondern ordnet sie und breitet sie räumlich und rhythmisch auseinander. Es ist die – wohlgemerkt ihrerseits in Bewegung befindliche – Angel, um die sich die ganze Regellosigkeit der Verrenkung entfaltet.

Diese bewegte Symmetrie bietet daher eine *Formel* für das im Anfall explodierende kritische *Pathos*. Man denkt unwillkürlich an die ganz eigentümliche Art und Weise, wie Warburg die Struktur des Pathos verstand, das in Botticellis Gemälden oder Ghirlandaios Fresken am Werk war. Tatsächlich beobachtete er überall die strukturierende Kraft visueller Angeln. Bei Botticelli war es die organische Umrandung der Körper und ihres »bewegten Beiwerks« Haar oder Gewänder; bei Ghirlandaio die architektonische Umrandung des Bodens und des Untergrunds, aus dem in Santa Trinità auf so merkwürdige Weise die genealogischen Porträts der Medici-Kinder hervorkommen.[76] Um diese visuellen Angeln herum tanzen gewissermaßen sämtliche Widersprüche und Konflikte, die im Bild am Werk sind: Harmonien und Brüche, Schönheit und Schrecken, Ähnlichkeit

76 A. Warburg 1893, S. 54-63; ders. 1902a, S. 76.

und Unähnlichkeit, Gegenwarten und Vergangenheiten, Leben und Tod ... Das morphologische Gesetz der Schlangenhaufen ist zweifellos komplex, überdeterminiert und nicht schematisierbar. Aber es existiert und läßt sich erkennen. Man erfaßt es niemals ganz, aber man nähert sich ihm, streift es im Rhythmus der vom Bild gelieferten bewegten Verschlingungen.

*

Eine letzte Bemerkung zu dieser visuellen Arbeit der »widerspruchsvollen Gleichzeitigkeit«: Die Freud und Warburg gemeinsame Vorstellung hat ihre Quelle – wieder einmal – in Goethes Ästhetik und Morphologie. Im Blick auf jene andere menschliche Verrenkung und jenen anderen Schlangenhaufen, die der *Laokoon* darstellt, betonte Goethe die Bedeutung der Gegensätze, die in der Skulptur am Werk sind (Abb. 29 und 36).

> Ich getraue mir daher nochmals zu wiederholen: daß die Gruppe des Laokoon neben allen übrigen anerkannten Verdiensten zugleich ein Muster sei von Symmetrie und Mannigfaltigkeit, von Ruhe und Bewegung, von Gegensätzen und Stufengängen, die sich zusammen teils sinnlich, teils geistig dem Beschauer darbieten ...[77]

Im *Laokoon* findet sich alles verdoppelt, einander entgegengesetzt und ineinander verschlungen. Der Bildhauer, sagt Goethe, »zeigt uns in einem Werke die Bewegung zugleich mit der Ursache«. Man sieht darin die drei Figuren in ihrem Kampf mit den Schlangen »höchst mannigfaltig beschäftigt«. Und mehr noch sieht man, »daß alle drei Figuren eine doppelte Handlung äußern«, so daß sich auf allen Ebenen der formalen Organisation alle Arten von Komplexität finden.[78] Und schließlich sieht Goethe in der Wahl des dargestellten Motivs – menschliche Körper, die sich unter den verrenkenden Bewegungen der Schlangenkörper verrenken – einen exemplarischen morphologischen

77 J. W. Goethe 1798, S. 132.
78 Ebd., S. 133 und 138.

Vorzug: Es gehe darum, »ausgeteilte Kräfte« darzustellen und zu zeigen, was die Verrenkung selbst (ob im Wahnsinn, im Schmerz oder in einem Meisterwerk der Bildhauerkunst) anthropologisch bedeutet, nämlich den verschlungenen Gegensatz zwischen *Bewegung* und *Lähmung*.

> Der gewählte Gegenstand ist einer der glücklichsten, die sich denken lassen. Menschen mit gefährlichen Tieren im Kampfe, und zwar mit Tieren, die nicht als Massen oder Gewalten, sondern als ausgeteilte Kräfte wirken, nicht von *einer* Seite drohen, nicht einen zusammengefaßten Widerstand fordern, sondern die nach ihrer ausgedehnten Organisation fähig sind, drei Menschen mehr oder weniger ohne Verletzung zu paralysieren. Durch dieses Mittel der Lähmung wird bei der großen Bewegung über das Ganze schon eine gewisse Ruhe und Einheit verbreitet. Die Wirkungen der Schlangen sind stufenweise angegeben. Die eine umschlingt nur, die andere wird gereizt und verletzt ihren Gegner.[79]

Von vielfältigen Kräften bewegt, in doppelter Handlung begriffen, Kompromisse eingehend, Konflikte ertragend, die es in der Spannung zwischen Bewegung und Lähmung halten, ist das Bild durchaus jener »rätselhafte Organismus«, dem Warburg in all seinen Forschungen zur Kultur der Renaissance begegnet.[80] Daß er eher an Nietzsches Dionysisches dachte als an die Klinik der Hysterie im strengen Sinne liegt auf der Hand. Doch auch Nietzsche hatte sorgfältig darauf geachtet, das Dionysische am Beispiel »rätselhafter Organismen« zu definieren, die zu jeder Metamorphose fähig waren, das heißt, die fähig waren, von vielfältigen Kräften bewegt zu werden und darauf mit vielfältigen Gebärden zu reagieren, die also in der Lage waren, alle Rollen zugleich zu spielen, wie Nietzsche im Blick auf »gewisse Hysterische« sagte:

> Im dionysischen Zustand ist … das gesamte Affekt-System erregt und gesteigert: so daß es alle seine Mittel des Ausdrucks mit einem Male entladet und die Kraft des Darstellens, Nachbildens, Transfi-

79 Ebd., S. 137.
80 A. Warburg 1902a, S. 74.

> gurirens, Verwandelns, alle Art Mimik und Schauspielerei zugleich heraustreibt. Das Wesentliche bleibt die Leichtigkeit der Metamorphose, die Unfähigkeit, *nicht* zu reagiren (– ähnlich wie bei gewissen Hysterischen, die auch auf jeden Wink hin *in jede* Rolle eintreten.[81]

Ein »rätselhafter Organismus« also. Das Rätselhafte, die »Unverständlichkeit« der Situation, von der Freud spricht, beruht zu einem guten Teil auf einem dritten Strukturelement des Symptoms: der *Verschiebung*. Dieser Begriff ist insgesamt eine Umformulierung des Darwinschen Begriffs der Assoziation. Er macht in erster Linie verständlich, warum der Symptomausdruck, so spektakulär, heftig und unvermittelt er sein mag, von einer echten *Verschleierungsarbeit* ausgeht, von jener »Verhüllung der wirksamen unbewußten Phantasie«, mit der Freud seine meisterhafte Beschreibung des hysterischen Ereignisses beschließt.

Das Symptom verhüllt sich, weil es eine Metamorphose erfährt, und es erfährt eine Metamorphose, weil es eine Verschiebung erfährt. Es zeigt sich zweifellos gänzlich, ohne etwas zu verbergen, und das zuweilen bis hin zur Obszönität, aber es zeigt sich als *Figur*. Das heißt auf einem *Umweg*.[82] Und erst die Verschiebung ermöglicht die Wiederkehr des »Verdrängten«. Wo Warburg an Botticellis *Venus* eine Verschiebung der pathetischen Intensität vom Zentrum (ihrem nackten Leib) zum Rand (ihrem vom Wind bewegten Haar) feststellte,[83] da konstatierte Freud bei Dora eine »Verschiebung der Empfindung« – gemeinsam mit einer »Affektverkehrung« – vom »Unterkörper« und seinen Schleimhäuten (Druckempfindung, Genitalität) zum »Oberkörper« und seinen Schleimhäuten (Ekel, Oralität).[84] Und auf diese Weise wird der Organismus »rätselhaft«.

Das Symptom verschiebt, und es verschiebt sich selbst. Es zeigt sich nur in der Dimension der Mehrdeutigkeit. Das ist seine Ausgangsphänomenologie, seine »Unverständlichkeit«. Das

---

81 F. Nietzsche 1889a, S. 117.

82 Siehe E. Auerbach 1938; G. Didi-Huberman 1990b, S. 596-609.

83 A. Warburg 1893, S. 11-63.

84 S. Freud 1905, S. 394-395.

Symptom gewährt uns – unmittelbaren, intensiven – Zugang nur zur *Organisation seiner Unzugänglichkeit.* Diese Unzugänglichkeit ist strukturell bedingt. Sie läßt sich nicht durch irgendeinen zusätzlichen »Schlüssel« aus dem ikonologischen Lexikon beheben. Sie sagt uns lediglich, daß es sehr viele Türen zu öffnen gibt und daß ihre Organisation, falls sie denn vorhanden ist, in Begriffen der Bewegung und Verschiebung gedacht werden muß – jenen »Wanderungen«, in denen Warburg das eigentliche Schicksal der Pathosformeln erblickte und deren geographische Bewegungen wie auch nachlebende Geschichten der *Mnemosyne*-Atlas zu rekonstruieren versuchte.[85]

Das Symptom verschiebt sich; es wandert und erfährt Metamorphosen. Ist es nicht genau das, was Rudolf Wittkower im Blick auf Warburgs Lektion die »Wanderung der Symbole« genannt hat?[86] Nicht ganz. Denn das Symptom ist von jener Unzugänglichkeit und jenem Eindringen – Verdrängtes, Wiederkehr des Verdrängten – gekennzeichnet, die dem Symbol nicht notwendig eignen. Das hat Freud sehr klar in einem kurzen Aufsatz aus dem Jahr 1916 gezeigt, der den Titel trägt: »Eine Beziehung zwischen einem Symbol und einem Symptom«. Das *Symbol*, das in der Regel dazu da ist, verstanden zu werden, wird in dem Augenblick zum *Symptom*, da es sich so weit verschiebt, daß es seine ursprüngliche Identität verliert, da es zu wuchern beginnt, seine Bedeutung auslöscht und die Grenzen seines semiotischen Feldes überschreitet. Auf der Straße den Hut ziehen ist danach ein Symbol von der Art einer sozialen Konvention (jemanden höflichen grüßen) oder auch der Traumfolklore (der Hut als Genitalorgan). Es wird zum Symptom, wenn zum Beispiel jemand wahnhaft die endlose Kasuistik des Grüßens und damit ein Bedeutungsnetz entfaltet, das alles in seiner Umgebung infiziert – die Verschiebung ist eine Art Epidemie. Dabei wird der Kopf unter anderem das abnehmbare Organ.[87]

---

85 A. Warburg 1906, S. 130; ders. 1929b, S. 173.
86 R. Wittkower 1977.
87 S. Freud 1916, S. 106-107.

Kurz, das Symptom ist ein unter der Einwirkung der »unbewußten Phantasie« unverständlich gewordenes Symbol: plastisch gesteigert, zu »widersprüchlicher Gleichzeitigkeit« und Verschiebung und daher auch zum Verbergen fähig. Die Einwirkung der Phantasie? Sie besteht darin, die Symbole in einen Bereich hineinzuziehen, der sie buchstäblich erschöpft. Sie reichern sich an und gehen immer mehr Verbindungen ein, bis sich eine Überfülle einstellt, die sie zugleich aber auch auszehrt. Die »Anziehung«, der sie ausgesetzt sind, führt also zu ihrer *Deformierung*, ihrer Bestimmung zum Formlosen. Freud spricht hier von einer Regression des symbolischen Denkens zu bloßen »sinnlichen Bildern«, in denen die Darstellung gewissermaßen zu ihrem »Rohmaterial« zurückkehrt:

> Wir haben nichts anderes getan als für ein nicht zu erklärendes Phänomen einen Namen gegeben. Wir heißen es Regression, wenn sich im Traum die Vorstellung in das sinnliche Bild rückverwandelt, aus dem sie irgendeinmal hervorgegangen ist. [...] *Das Gefüge des Traumgedankens wird bei der Regression in sein Rohmaterial aufgelöst.*[88]

Als unverständlich gewordenes Symbol scheint das Symptom als solches unzugänglich für eine erschöpfende »Bezeichnung«, eine Synthese oder eine »Dechiffrierung«.[89] Es muß interpretiert und nicht dechiffriert werden (wie es die Ikonologen im Gefolge Panofskys mit den »symbolischen Formen« tun möchten). Das Symptom ist »zunächst das Stummsein in dem Subjekt, das ein sprechendes sein soll«, oder anders ausgedrückt: »ein in den Sand des Fleisch geschriebenes Symbol«.[90] Eine paradoxe Schrift also. Regression und sinnliches Bild hinderten Freud nicht daran, das – metapsychologische – Problem der unbewußten Inschrift und der »Erinnerungsspur« aufzuwerfen.[91] Hier berühren wir das vierte Strukturelement unseres Modells. Es ist

88 Ders. 1900, S. 519.
89 Siehe J. Lacan 1966, S. 358, 372, 518, 689 usw.; ders. 1975, S. 3-20.
90 Ders. 1964, S. 16 (dt. S. 18); ders. 1966, S. 280.
91 S. Freud 1900, S. 510-524.

eine Umformulierung des Darwinschen Prinzips der Prägung, das Warburg – wir werden darauf noch zurückkommen – als »Engramm« bezeichnet hat. Es besagt, daß das Symptom etwas Nachlebendes ist, eine *Erinnerungsträgerbildung*.

Dieses Element ist für unsere Fragestellung vielleicht das wichtigste. Denn *Mnemosyne* bildet den Schlußstein der Warburgschen Anthropologie der Bilder. Aber was hat es mit diesem Gedächtnis auf sich? In größerer zeitlicher Nähe zu uns hat Lacan im Begriff der *Bedeutungskette* eine Antwort auf die doppelte Anforderung des Symptoms und der Bildungen des Unbewußten im allgemeinen gesucht. Sie vereinen Maskeneffekte und Wahrheitseffekte, Kräfte des Wandels und Kräfte der Wiederholung, unablässige Verschiebungen und unzerstörbare Prägungen. Was Lacan dazu veranlaßte, im Blick auf das Symptom »Gebärde« (*le geste*) und »Taten« (*la geste*) miteinander zu vereinen: wie etwas körperlich Unmittelbares (ein einziger Augenblick), das mit epischer Breite (einer langen Geschichte) ausgestattet ist.[92] Ist das nicht die Gebärde im Sinne Rilkes: diese »Gebärde, die aufsteigt aus den Tiefen der Zeit«? Ist das nicht die Pathosformel als Bewegung des Nachlebens? Aber wie sollen wir die Erinnerung verstehen, die diese Taten wieder hervorkommen läßt, das *von Zeit geprägte Bild*, dem sie Leben und Bewegung schenkt?

92 J. Lacan 1957-1958, S. 475 (dt. S. 559).

Warburg untersuchte das Gedächtnis, das im Nachleben des antiken Bildes und seiner »primitiven« Pathosformeln in der Neuzeit – der Renaissance – am Werk war, durchaus im Sinne eines psychischen Prozesses. Ob er nun von Richard Semon den Begriff des *Engramms* oder *Erinnerungsbilds* übernahm oder von Ewald Hering die Hypothese des Gedächtnisses als einer »allgemeinen Funktion der organisierten Materie«,[93] all das zeigt deutlich, daß die psychische Dimension in Warburgs Augen aus einem Blickwinkel betrachtet werden mußte, den er selbst als »monistisch« bezeichnete.[94] Es ging darum, die *Psyche* nicht von ihrem *Fleisch*, oder umgekehrt, die *Bildsubstanz* nicht von ihren *psychischen Kräften* zu trennen.

Welches sind nun diese psychischen Kräfte? Warburg kennzeichnet sie in der Textsammlung der »Grundbegriffe« zur *Mnemosyne*, indem er erklärt, das »Bilderwesen« bestehe darin, in einem Stil einen Hintergrund von »Vorprägungen« zu »bilden«[95] – wir könnten auch sagen: umzubilden. Auf zeitlicher Ebene heißt diese Operation »Nachleben«. Auf plastischer Ebene bezeichnet Warburg sie oft als »Verkörperung«, das ist die Art und Weise, wie die antiken Dynamogramme ihre figurativen Formeln finden und zu einem späteren Zeitpunkt ihrer Geschichte plastisch umformuliert werden.

Es scheint klar, daß die Bildkräfte – psychische und plastische Kräfte – nach Warburg direkt am sedimentierten, unreinen und bewegten Material eines *unbewußten Gedächtnisses* ansetzen. Das ist zweifellos die wichtigste Lektion des Warburgschen Nachlebens und zugleich die Lektion, die sich bis heute am schwersten ertragen läßt: Historiker und Kunsthistoriker ak-

93 E. Hering 1870; R. W. Semon 1904 und 1909.
94 A. Warburg 1888-1905.
95 Ders. 1928-1929, S. 116 (Eintragung vom 12. März 1929).

zeptieren nur sehr ungern, daß der evidente Gegenstand ihrer Arbeit, die Geschichte, in gewisser Weise von einem zeitlosen Gedächtnis desorientiert und »versperrt« wird, das für erzählerische Kontinuität ebenso unempfindlich ist wie für logische Widersprüche. Doch Warburg äußert sich in diesem Punkt sehr klar:

> Die Restitution der Antike als ein Ergebnis des neueintretenden historisierenden Tatsachenbewußtseins und der gewissenfreien künstlerischen Einfühlung zu charakterisieren, bleibt unzulängliche deskriptive Evolutionslehre, wenn nicht gleichzeitig der Versuch gewagt wird, in die Tiefe triebhafter Verflochtenheit des menschlichen Geistes mit der achronologisch geschichteten Materie hinabzusteigen. Dort erst gewahrt man das Prägewerk, das die Ausdruckswerte heidnischer Ergriffenheit münzt, die dem orgiastischen Urerlebnis entstammen: dem tragischen Thiasos.[96]

In diesem bildlichen »Urerlebnis« erkennt man ein durchgängiges Kennzeichen des dionysischen Modells. Doch die tragische Gestalt verweist auf nichts anderes als die »triebhafte Verflochtenheit« der Analyse weit über jedes »historisierende Tatsachenbewußtsein« hinaus. Hier tritt also – im Jahr 1929 – Freud an die Stelle Nietzsches. Es gäbe natürlich viel zu sagen über Ähnlichkeiten in der Art und Weise, wie Freud und Warburg das unbewußte Gedächtnis unter dem allgemeinen Blickwinkel der Evolution zwischen Phylogenese und Ontogenese untersuchen – man denke an Darwin, der dem vorausgegangen war mit seinen »*missing links*« und »Ausdrucksprinzipien«. Mir scheint es jedoch dringlicher, jene *Störungen in der Evolution* zu betrachten, die bei Warburg wie bei Freud die Symptombildungen darstellen. In dieser wichtigen Frage entfaltet Freud tatsächlich sämtliche Vorstellungen Warburgs – und ermöglicht es so, sie zu *lesen*. Wo Warburg entdeckt, inwiefern das Pathos ein bevorzugtes Objekt des Nachlebens ist, erklärt Freud uns, inwiefern das Pathos im Symptom ein bevorzugtes

96 Ders 1929b, S. 172. »Thiasos« ist die Bezeichnung für das Gefolge des Dionysos.

Ergebnis des Nachlebens und gleichsam dessen Verkörperung ist.

Das Freudsche Modell des Symptoms erlaubt es uns in der Tat, die Plastizität der Verkörperung und die Zeitlichkeit des Nachlebens – in ein und derselben Pathosformel – zu vereinen. Die Symptombildung ist in gewisser Weise ein Nachleben, das seine Verkörperung erfährt. Körper, die von Konflikten, von widersprüchlichen Bewegungen und den Strudeln der Zeit heimgesucht werden. Körper, *aus denen plötzlich ein verdrängtes Bild hervortritt*, wie Warburg erkannte, als er die Zählebigkeit, das Auftauchen und den Anachronismus des Nachlebens vor dem Hintergrund des Vergessens, der Latenzen und Verdrängungen beobachtete. Es ist erstaunlich, daß Freud im Symptom eine in allen Punkten ähnliche Zeitstruktur entdeckte.

Schon 1895 bemerkt er das bestimmende Element der »Unverständlichkeit« der im hysterischen Anfall präsentierten Situation. Jenseits der »leidenschaftlichen Haltungen« und »plastischen Posen« – die bei Charcot lediglich »Phasen« einer typologischen Entwicklung der Krise waren – entdeckt Freud, daß im Symptom *jede Gebärde pathetisch ist*, das heißt affektiert. Ob nun widersprüchlich, konfus, unlogisch oder formlos. Jede Gebärde ist pathetisch, weil alles, was in diesem Augenblick im Körper aufsteigt, die Macht eines *leidenden Gedächtnisses* offenbart.

Freuds Entdeckung zeigt sich in seiner Neuinterpretation des Darwinschen Prinzips der Prägung. Die (von Charcot behauptete) Erblichkeit ist nur eine Bedingung. Die Ursache liegt in der Einwirkung eines spezifischen Gedächtnisses.[97] Alle während des Anfalls produzierten Bewegungen sind entweder »Reaktionsformen des die Erinnerung begleitenden Affekts« oder »direkte Ausdrucksbewegungen dieser Erinnerung« oder beides zugleich (Prinzip des Gegensatzes, widersprüchliche Gleichzeitigkeit). Jedenfalls, behauptet Freud, »der Hysterische leide größtenteils an

97 S. Freud 1896b, S. 407-422.

Reminiszenzen«.[98] Und es ist sein »von Bildern bewegter Körper«, der dies auf alle erdenkliche Weisen zum Ausdruck bringt.

*

»An Reminiszenzen leiden« – ein entscheidender Satz. Er markiert praktisch die Geburtsstunde der Psychoanalyse. Zur selben Zeit entdeckte Warburg, daß auf Ghirlandaios Fresken (Abb. 67) die Florentiner Nymphe *Reminiszenzen tanzt* und in Dürers Zeichnung (Abb. 3) Orpheus buchstäblich *an Reminiszenzen leidet und stirbt.* Wenn das Symptom sich als »unverständliches Symbol« manifestiert, so letztlich in dem Maße, wie es als Ergebnis eines komplexen Netzes zu verstehen ist, in dem zahllose »Erinnerungssymbole« sich ineinander verschlingen:

> Strenggenommen verhält sich hiebei das hysterische Symptom gar nicht anders als das Erinnerungsbild … Der Unterschied liegt nur in dem anscheinend spontanen Auftreten der hysterischen Symptome, während man sich wohl erinnert, die Szenen und Einfälle selbst produziert zu haben. Es führt aber in der Wirklichkeit eine ununterbrochene Reihe von den unveränderten *Erinnerungsresten* affektvoller Erlebnisse und Denkakte bis zu den hysterischen Symptomen, ihren *Erinnerungssymbolen.*[99]

Was soll das bedeuten? Daß nach Freud das Symptom so agiert wie nach Warburg das Bild: als stets neues und überraschendes Ensemble von »lebendigen Resten« des Gedächtnisses. Als Kristallisation und als Formel von Nachleben. Und wenn hier von Erinnerungsbild gesprochen werden muß, so unter der – allerdings umstürzenden – Bedingung, *Gedächtnis und Erinnerung voneinander zu trennen* … Machen wir uns nur einmal klar, welche Schiwerigkeiten solch eine Bedingung einem positivistischen Historiker bereiten muß. Jedenfalls lernte Freud aus der Klinik des Symptoms (wie Warburg aus der Stilistik der Pathos-

98 Ders. 1895a, S. 95 und 86.
99 Ebd., S. 302.

formeln), daß das Gedächtnis unbewußt ist: »Bewußtsein und Gedächtnis schließen sich nämlich aus«, schrieb Freud schon 1896 an Wilhelm Fließ.[100] Ein weiterer entscheidender Satz. Von nun an gilt es zu verstehen, inwiefern die Erinnerung – über die wir verfügen, wenn etwa Vasari aus dem großen Familienroman der Florentiner Kunst schöpft – oft nur eine organisierte Amnesie ist, ein Köder, ein Hindernis für die Wahrheit jenseits aller Genauigkeit der Fakten, kurz: eine Deckfunktion?[101] Umgekehrt gilt es zu verstehen, durch welche Art von Arbeit dieses Gedächtnis sich zu organisieren vermag.

Freud erkannte außerdem die ganze Komplexität dieses Problems. Mit einem »entwurzelten Gefühl« und »sehr ergriffen« vom kaum mehr als eine Woche zurückliegenden Tod seines Vaters, schrieb er dennoch im November und Dezember 1896 drei außergewöhnliche Briefe an Fließ, in denen aus seiner Theorie des Symptoms eine Hypothese über das Gedächtnis im allgemeinen wurde. Da war die Rede von »unzerstörbaren Erinnerungsspuren«, aber auch von »Aufeinanderschichtung« und von einer »Umordnung nach neuen Beziehungen«, von »Verdrängung«, aber auch von »verschiedenen Arten von Zeichen«, die durch die Gedächtnisarbeit ins Werk gesetzt würden.[102] Das Feld der *Mnemosyne* öffnete sich der topischen und dynamischen Komplexität der unbewußten Psyche.

Aus dieser Komplexität gehen mindestens zwei fundamentale Eigenschaften hervor, die wir bereits beim Warburgschen Nachleben kennengelernt haben. Die erste liegt in der Tatsache, daß das unbewußte Gedächtnis sich nur in Symptommomenten erfassen läßt, die wie posthume Aktionen verlorenen, realen oder phantasierten Ursprungs auftreten.[103] Die zweite liegt in der Tatsache, daß das unbewußte Gedächtnis in den Symptomen nur als Verknotung von Anachronismen zutage tritt, in der mehre-

---

100 Ders 1887-1904, S. 218 (Brief an W. Fließ vom 6. Dezember 1896).

101 Ders. 1899; S. 531-554.

102 Ders. 1887-1904, S. 212-226 (Briefe an W. Fließ vom 2. November sowie vom 4. und 6. Dezember 1896).

103 Ders. 1896a, S. 77-78; ders. 1896b, S. 418-419; ders. 1896c, S. 383-384.

re Zeiten und mehrere heterogene Systeme der »Niederschrift« sich ineinander verschlingen:

> Das wesentlich Neue an meiner Theorie ist also die Behauptung, daß das Gedächtnis nicht einfach, sondern mehrfach vorhanden ist, in verschiedenen Arten von Zeichen niedergelegt. [...] ... pathologische Abwehr gibt es aber nur gegen eine noch nicht übersetzte Erinnerungsspur aus früherer Phase. [...] Es bleibt so ein Anachronismus bestehen, in einer gewissen Provinz gelten noch »Fueros«; es kommen »*Überlebsel*« zustande.[104]

Der Anachronismus bildet vielleicht das wesentliche Definitionsmerkmal des hier zutrage tretenden Gedächtnisbegriffs. Auf der Ebene der logischen Strukturen erscheint er als der *zeitliche Modus der Überdeterminierungen*, der in jeder unbewußten Formation, in jeder Bildung des Unbewußten am Werk ist. Freud schreibt, daß im Symptom »die Stammbäume« sich »verflechten«. Sie überkreuzten einander an privilegierten »Knotenpunkten«.[105] Doch diese Verflechtungen wären eher als Netze von Öffnungen zu denken, als Erdbebenspalten, die sich bei jedem Schritt im Boden der Geschichte auftun. Freud selbst ließ unter seiner Feder das erstaunliche Bild eines Netzes, eines Baums oder sogar eines Waldes von Verletzungen erstehen – als wäre die Symptomgebärde für sich allein schon im anachronistischen Augenblick ihrer Entladung eine ganze Bibliothek im Stile von Borges oder Warburg, in der jeder neue Saal ein neues leidendes Gedächtnis darstellte:

> Die Reaktion der Hysterischen ist eine nur scheinbar übertriebene; sie muß uns so erscheinen, weil wir nur einen kleinen Teil der Motive kennen, aus denen sie erfolgt. [...] Nicht die letzte, an sich minimale Kränkung ist es, die den Weinkrampf, den Ausbruch von Verzweiflung, den Selbstmordversuch erzeugt, mit Mißachtung des

---

104 Ders. 1887-1904, S. 217-219 (Brief an W. Fließ vom 6. Dezember 1896). »Fueros« waren aus unvordenklichen Zeiten stammende Sonderrechte in einigen spanischen Provinzen.

105 Ders 1896a, S. 60.

> Satzes von der Proportionalität des Effekts und der Ursache, sondern diese kleine aktuelle Kränkung hat die Erinnerung so vieler und intensiverer früherer Kränkungen geweckt und zur Wirkung gebracht, hinter denen allen noch die [unbewußte] Erinnerung an eine schwere, nie verwundene Kränkung im Kindesalter steckt.[106]

Diese Analyse hat für uns exemplarische Bedeutung, weil sie Intensität (die pathetische Übersteigerung der Gebärde) durch Komplexität (die zeitliche Überdeterminierung des Nachlebens) erklärt. Die ganze Dialektik der Pathosformeln ist hier bereits angelegt. Freud wird später erläutern, daß die Erinnerung sich genau an dem Punkt entzieht, an dem das Gedächtnis arbeitet, und daß genau an dem Punkt, an dem die Erinnerung sich entzieht, die Gebärde in der Aktualität des Symptoms auftritt. Man könne sagen, »der Analysierte erinnere überhaupt nichts von dem Vergessenen und Verdrängten, sondern er agiere es. Er reproduziert es nicht als Erinnerung, sondern als Tat, er wiederholt es, ohne natürlich zu wissen, daß er es wiederholt.«[107]

*

Das Erinnerungsmoment – das Warburg in den Bildern unter dem Aspekt der Pathosformel suchte – erweist sich danach als seinem Wesen nach anachronistisch: als ein Gegenwärtiges, in dem Nachlebendes sich regt und agiert. Anachronistisch, weil intensiv und intrusiv; anachronistisch weil komplex und sedimentiert. Auf nur wenigen Seiten seiner *Studien über Hysterie* glaubte Freud zahlreiche Motive vereinen zu müssen, das der geologischen Schichtung, der zeitlichen Umkehrung, der konzentrischen Ausbreitung von Wellen, der Verkettung verschlungener Wege, der Zickzacklinie des Springers im Schachspiel, der netzförmig verzweigten Linien, der Knotenpunkte oder Kerne, der exogenen Körper und »Infiltrate«, des blockierten Defilés,

106 Ebd., S. 77.

107 Ders. 1914, S. 209-210. Zum Verhältnis zwischen der Theorie des Gedächtnisses und der Theorie der leidenschaftlichen Gebärde bei Freud siehe M. Maslyczyk 1990, S. 1079-1091.

des Geduldspiels, der Fäden, der verwischten oder lückenhaften Spuren usw.[108]

Daraus wird deutlich, in welchem Maße der Anachronismus des Symptoms sich den positiven Modellen der Kausalität und der Geschichtlichkeit entzieht. Hier geschieht alles »in Umkehrung des Satzes: Cessante causa cessat effectus«.[109] Hier geschieht alles im Widerspruch zu den faktischen Hierarchien des Großen und des Kleinen, der Prämisse und der Folge, des Wichtigen und des Unbedeutenden.[110] Alles geschieht also entgegen den Erwartungen des historischen Berichts und seiner bekannten Modelle der Verursachung oder Evolution:

> Eine andere, weit überraschendere Aufdeckung hat zum Inhalt, daß von den infantilen seelischen Formationen trotz aller späteren Entwicklung beim Erwachsenen nichts untergeht. Alle Wünsche, Triebregungen, Reaktionsweisen, Einstellungen des Kindes sind beim gereiften Menschen nachweisbar noch vorhanden und können unter geeigneten Konstellationen wieder zum Vorschein kommen. Sie sind nicht zerstört, sondern bloß überlagert, wie die psychoanalytische Psychologie in ihrer räumlichen Darstellungsweise sagen muß. Es wird zum Charakter der seelischen Vergangenheit, daß sie nicht, wie die historische, von ihren Abkömmlingen aufgezehrt wird; sie besteht weiter neben dem, was aus ihr geworden ist, entweder bloß virtuell oder in realer Gleichzeitigkeit. [...] In der Stärke, welche den infantilen Resten im Seelenleben verblieben ist, sehen wir das Maß der Krankheitsdisposition, so daß uns diese zum Ausdruck einer Entwicklungshemmung wird.[111]

Hier zeigt sich die ganze Schwierigkeit des von Warburg verfolgten Projekts einer »historischen Psychologie« der Kultur. Denn in solch einem Projekt erschüttert die *psychische Zeit* schon die bloße Vorstellung, die man sich von der *geschichtlichen Zeit* macht. Wenn das Gedächtnis unbewußt ist, wie soll man dann dessen Archiv erstellen? Da kann es kaum verwundern, daß die

---

108 S. Freud 1895a, S. 294-300;1898, S. 519-527.
109 Ders. 1895a, S. 86.
110 Ders 1913a, S. 412.
111 Ebd., S. 412-413.

Kulturwissenschaftliche Bibliothek Warburg keiner der üblichen historischen Bibliotheken ähnelt. Und daß die Tafeln des *Mnemosyne*-Atlas kaum Ähnlichkeit mit denen von geschichtlichen oder geographischen Atlanten haben. Kaum verwunderlich ist allerdings auch, daß eine Definition des unbewußten Gedächtnisses wie die inzwischen klassische von Lacan ihren gesamten Wortschatz um eine Listen von Archiven organisiert[112] – von figurativen und nichtfigurativen, symbolischen und triebbezogenen, sprachlichen und nichtsprachlichen, kultivierten und volkstümlichen usw.: von all dem also, was Warburg in der psychologischen Abteilung seiner Bibliothek behandelt wissen wollte.

---

112 J. Lacan 1966; S. 259, wo er das Unbewußte über eine Vielzahl von Paradigmen behandelt: dem der Geschichte (zensiertes Kapitel), des Monuments (hysterisches Symptom), des Archivdokuments (Kindheitserinnerung), der semantischen Entwicklung (Bedeutungsschatz), der Traditionen und Legenden (mythische Bildwelt) und schließlich dem der ständig verzerrten und veränderten »Spuren«.

Wirbel, Wiederholungen, Verdrängung und Rückschläge

Man hat Warburg gelegentlich den Vorwurf gemacht, er sei niemals empfänglich für die Schönheit der von ihm untersuchten Florentiner Meisterwerke gewesen. Tatsächlich machte er sich demonstrativ lustig über die »Kenner und Attributzler« (Bode, Morelli, Venturi, Berenson ...), diese »Heroenverehrer«, die »letztlich nur noch das Temperament eines Gourmand beseelt«.[113] Aber wie könnte man bestreiten, daß er von der souveränen Anmut seiner *Ninfa Fiorentina* ergriffen, erschüttert, gefangen war?[114] Es stimmt schon, Warburg betrachtete die Bilder nie in schlichter, stiller Bewunderung. Die *Bilder offenbaren ihre gegenwärtige Anmut* im Augenblick der wahrgenommenen Gebärde (der überstreckten Haltung der Nymphe). Aber wie wir gesehen haben, leiden die Bilder auch unter Reminiszenzen. Kaum zeichnet die Gebärde sich ab oder intensiviert sich, verschiebt sich und wird damit beunruhigend, da läßt sie »aus den Tiefen der Zeit« *eine unbewußte Erinnerung emporsteigen*. Die visuelle Bewunderung löst bei Warburg stets so etwas wie eine tiefgreifende Beunruhigung über die Wirbel der Zeit aus.

Die Anmut des Bildes erzeugt also neben dem Gegenwärtigen, das es darbietet, eine doppelte Spannung: gegenüber der Zukunft durch das Begehren, das sie auslöst; gegenüber der Vergangenheit durch das Nachleben, auf das sie verweist. Warburg sah wahrscheinlich in jedem kraftvollen Bild diesen doppelten Rhythmus am Werk: »die ekstatische Nympha (manisch) einerseits und der trauernde Flußgott (depressiv) andererseits«.[115] Der Autor der *Mnemosyne* ist für unser schönes Fachgebiet, die Kunstgeschichte, ein wenig dieser Flußgott. Vor dem Hinter-

---

113 A. Warburg 1903; zit. n. E. H. Gombrich 1970, S. 143 (dt. S. 182).

114 Ders. 1900.

115 Ders., *Tagebuch*, 3. April 1929; zit. n. E. H. Gombrich 1970, S. 303 (dt. S. 406).

grund der Trauer wacht er über deren Werden wie über deren innere Wirbel. Wirbel? Urmomente, *Zeitstrudel* in der Geschichte. Nicht nur erlaubt das Freudsche Symptommodell, die Macht dieser Strudel, ihre dynamische und formale Notwendigkeit besser zu verstehen, Freuds Metapsychologie der Zeit macht es auch möglich, den Strom selbst, den Strom des Nachlebens – der *Mnemosyne* – gleichsam von innen her zu beobachten.

Besser als Nietzsches ewige Wiederkehr (vor ihm) erlaubt es die Freudsche Wiederholung (nach ihm), präzise zu erfassen, was Warburg in der »seismographischen« und »dynamographischen« Zeit der Bilder suchte. *Mnemosyne* zielt auf etwas, das weit »jenseits des Lustprinzips« liegt: nicht auf bloße Schönheit, nicht auf Erinnerung als solche, noch weniger auf das Sammeln von Kindheitserinnerungen der abendländischen Kunst, sondern auf die Art und Weise der *Einführung der Zeit ins Bild*. Ein Freudsches Projekt *par excellence*. Gibt es unter seinen metapsychologischen Schriften eine, die nicht von der Zeit handelte? Haben die Triebe nicht ein »Schicksal«? Erleiden Darstellungen nicht das Vergessen der »Verdrängung«? Arbeitet das Unbewußte nicht mit »Regressionen«, und verschiebt es sich nicht ins »Zeitlose«? (Wir werden auf diese scheinbar negative Qualifizierung noch zurückkommen.) Und zwingt uns schließlich nicht der Tod psychisch zur Trauer oder gar zur Melancholie?[116]

Man könnte fast in jedem Freudschen Begriff die Beschreibung einer zeitlichen Funktionsweise erblicken. Fixierung oder Abreagieren, Symptombildung, Kompromißbildung usw., Ausagieren, Wiederholungszwang oder Konstanzprinzip, Verdrängung oder Nachträglichkeit, Latenzperiode oder sekundäre Bearbeitung, Regression oder Urszene, Deckerinnerung oder Wiederkehr des Verdrängten – all diese Begriffe folgen den verschlungenen Fäden der unbewußten Mnemotechnik. Auch in diesem Punkt teilt Freuds Psychoanalyse mit Warburgs »namenloser Wissenschaft« eine charakteristische Einstellung gegenüber jeglicher Konstruktion eines Lehrgebäudes. Einerseits

116 S. Freud 1915.

übernimmt sie die Vorsicht und Bescheidenheit des Philologen (das ist der *analytische* Aspekt im prosaischen, materialistischen Sinne des Wortes). Andererseits formuliert sie ihre »Grundprobleme« (das ist der *metapsychologische* Aspekt) auf der Grundlage kühner Theorien, die schließlich der Tradition der großen metaphysischen Systeme und insbesondere dem Kantischen den Rücken kehren.[117]

Was Freud im Symptom – und Warburg im Nachleben – entdeckte, ist nichts anderes als ein *diskontinuierliches Zeitregime*: Strudel und Gegenzeiten, die sich wiederholen und deren Wiederholungen besonders unregelmäßig und daher auch unvorhersehbar erscheinen, weil sie psychologisch souverän sind. Ein diskontinuierliches Regime: »Anstatt Kants a priori Bedingungen unseres psychischen Apparats.«[118] Ein einziges Beispiel möge die Distanz zwischen der analytischen Beobachtung der *Symptomzeit* und der philosophischen Konstruktion einer *transzendentalen Zeit* verdeutlichen: Im selben Jahr (1905), in dem Warburg die nachlebenden Elemente in den von Dürer gezeichneten pathetischen Körpern entwirrte (Abb. 3), und im selben Jahr, in dem Freud die in Doras hysterischem Körper wirkenden unbewußten Phantasien beschrieb, hielt Edmund Husserl einige berühmte philosophische *Vorlesungen zur Phänomenologie des inneren Zeitbewußtseins.*

Ich habe gewiß nicht die Absicht, den – erdrückenden – Kommentar zu liefern, den dieser Vergleich verdiente. Es genügt vielleicht, wenn wir uns die Diagramme ansehen, die Husserl und Freud zur Veranschaulichung des zeitlichen Gegenstands ihrer jeweiligen Forschungen an den Rand ihrer Überlegungen zeichneten. Die beiden Dreiecke in Husserls Text (Abb. 61) beschreiben gut die »Kontinuität der Phasen«, die den gegenwärtigen Augenblick eines Objekts mit dem »Horizont der Vergangenheit« verbinden. Es ist kaum verwunderlich, daß Husserl diesen

---

117 Ders. 1920, S. 232 (mit einem Verweis auf Nietzsches ewige Wiederkehr). Zur Kritik an der Kantischen Zeit bei Freud siehe B. Chervet 1997, S. 1689-1698; J. Press 1997, S. 1707-1720.

118 S. Freud 1988, S. 151-152.

Prozeß als ein Fließen, ein »Ablaufsphänomen« im strengen Sinne definiert. Er schreibt:

> Von dem Ablaufsphänomen wissen wir, daß es eine Kontinuität steter Wandlungen ist, die eine untrennbare Einheit bildet [...]. Auch können wir evidentermaßen von dieser Kontinuität sagen, daß sie in gewisser Weise ihrer Form nach unwandelbar ist. Es ist undenkbar, daß die Kontinuität der Phasen eine solche wäre, die denselben Phasenmodus zweimal enthielte oder ihn gar ausgebreitet enthielte über eine ganze Teilstrecke. [...] In unserer Figur illustriert die stetige Reihe der Ordinaten die Ablaufsmodi des dauernden Objektes.[119]

Die drei Dreiecke, die Freud schon 1897 zeichnete (Abb. 62), sind expressionistischer und unruhiger: gespannt, gekippt, ineinander verschachtelt, auf verschiedenen Ebenen gegeneinander geneigt und zudem von sieben gestrichelten Linien begleitet ... Dazu schreibt Freud:

> *Architektur der Hysterie.* Wahrscheinlich so: Einzelne der Szenen sind direkt zugänglich, andere nur über vorgelegte Phantasien. Die Szenen sind nach steigendem Widerstand geordnet, die leichter verdrängten kommen zuerst nur unvollständig wegen der Assoziation mit den schwer verdrängten. Der Arbeitsweg geht in Schleifen ... abwärts. [In der Beschriftung der Zeichnung:] *Symptome.* Arbeit besteht aus einzelnen solchen tiefer und tiefer »tauchenden« Stükken.[120]

Während Husserl sich die Zeit als stetige Veränderung vorstellte, als Fluß oder »Ablaufsphänomen«, wie er es nannte, sah Freud im Symptom ein mehrfaches Zusammenbrechen von Gegenwartsblöcken, die eine Reihe von Erinnerungsebenen enthüllen (auf seinem Schaubild mit I, II, III, IV ... bezeichnet), welche ihrerseits Spalten oder im Gegenteil Verbindungen jeglicher Art aufweisen können.[121] Alle Linien, Bewegungen, Verbindungen,

---

119 E. Husserl 1905, S. 388-389.
120 S. Freud 1887-1904, S. 262-263 (Manuskript M, 1897).
121 Zum Unterschied der Zeitmodelle bei Husserl und Freud siehe J. Lagrange 1988, S. 575-607; I. Därmann 2001, S. 187-204.

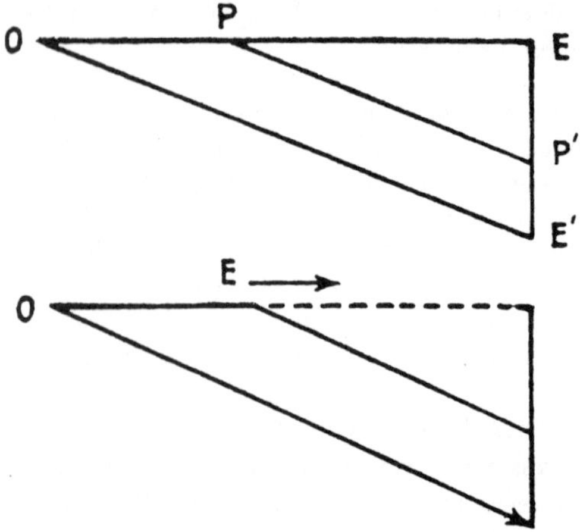

Abb. 61: Edmund Husserl, *Zeitdiagramm*, 1905. »OE – Reihe der Jetztpunkte; OE' – Herabsinken; EE' – Phasenkontinuum«. Nach E. Husserl, *Vorlesungen zur Phänomenologie des inneren Zeitbewußtseins*, Halle 1928, § 10 (S. 389).

Richtungen zerfallen in Intervalle, Spalten und Erdrutsche. Die Folgen sind Anachronismen, Phasenverschiebungen, Latenzen, Verzögerungen, Nachträglichkeiten – worauf die von Freud so bezeichnete »Arbeit« reagiert: ein Wort, das er 1897 gleich neben das Diagramm schreibt.

Die Zeit fließt nicht einfach nur, sie *arbeitet*. Sie baut sich auf und bricht zusammen, sie zerfällt und verwandelt sich. Sie gleitet, sie stürzt und wird wiedergeboren. Sie wird begraben und erlebt ihre Auferstehung. Sie zersetzt sich und setzt sich wieder zusammen: anderswo oder auf andere Weise, zu Spannungen oder Latenzen, zu Polaritäten oder Mehrdeutigkeiten, harmonisch oder zur Unzeit. Womit gesagt ist, daß *Mnemosyne* dem Psychoanalytiker wie dem Historiker vor allem eine Frage nach *vielfältigen Rhythmen* stellt. Rhythmen, die man im Skandieren des Gesangs (also im Wort der Klage) hören und im Tanz des Symptoms sehen kann. Die »Arbeit«, von der Freud spricht, scheint nach seiner Zeichnung in der Tat die optische Angula-

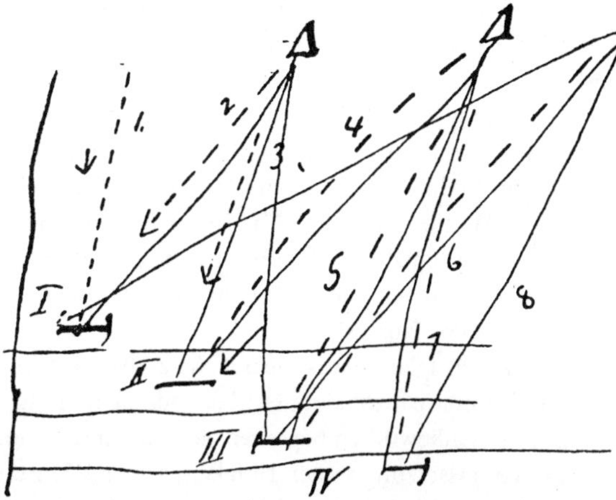

Abb. 62: Sigmund Freud, *Diagramm des Symptoms und der »Arbeit«*, 1897. Nach »Manuskript M«, *Aus den Anfängen der Psychoanalyse*, Frankfurt am Main 1962, S. 177.

tion dreier aufeinanderfolgender »Blickwinkel« zu konstruieren, also eine Heuristik des Blicks, als wäre das Auge in der Lage, »tiefer und tiefer« in die Zeitlichkeit selbst noch des Unbewußten einzudringen.[122]

*

Freud selbst charakterisierte das Unbewußte jedoch bekanntlich als »zeitlos«. Aber was soll das genau bedeuten? Reicht die Formulierung aus, um die Psychoanalyse aus dem gesamten Bereich der Geschichte zurückzuziehen?[123] Gewiß nicht. In Wirklichkeit ist für Freud die Zeitlosigkeit des Unbewußten eine dialektische Bedingung – die fruchtbare Negierung – des Fließens der Zeit als solchen. Denn unter dem Fluß des Werdens gibt es ein Flußbett, das heißt die *andere Zeit des Fließens*. Von den Bergen

122 Siehe P. Lacoste 1989, S. 47-79; ders. 1990, S. 104-127.
123 Siehe J. Le Goff 1988, S. 44-45 und 130.

herabgestürzte Felsen, zerschlagenes Geröll, Sedimente, geologische Abdrücke und Sande, die sich in einem völlig anderen Rhythmus bewegen als der über sie hinwegstreichende Strom. Unter der Chronologie des Flusses, der durch die Schluchten – Durchgänge und Hindernisse – seines Bettes strömt, gibt es also eine chronischen Bedingung, deren an der Oberfläche unsichtbare Zufälle die Wirbelzonen und Anachronismen des Stroms bestimmen, der sich plötzlich teilt oder in sich selbst dreht (das sind die Bereiche, in denen man zu ertrinken droht: die Gefahren, die Symptome des Flusses).

Mit Freuds »Zeitlosigkeit« ist es wie mit Nietzsches »Unzeitgemäßem«: Wir dürfen sie nicht als ausschließende Bedingung, als einen Mangel des Unbewußten begreifen, sondern müssen darin gerade die Voraussetzung seiner Tätigkeit, seines Wucherns, seiner Komplexität erblicken. Freud hat ihr zunächst – ebenso überzeugt wie bescheiden übrigens – im Sinne einer »Unveränderlichkeit des Verdrängten« Ausdruck verliehen:

> Ich habe immer wieder den Eindruck, daß wir aus dieser über jedem Zweifel feststehenden Tatsache der Unveränderlichkeit des Verdrängten durch die Zeit viel zu wenig für unsere Theorie gemacht haben. Da scheint sich doch ein Zugang zu den tiefsten Einsichten zu eröffnen. Leider bin auch ich da nicht weitergekommen.[124]

Unveränderlichkeit – also der *chronische* Charakter der Erinnerung – bedeutet jedoch nicht Unbeweglichkeit. Ganz im Gegenteil. Die Unveränderlichkeit besitzt einen Rhythmus, den Warburg im Auftreten der nachlebenden Formen der Kultur erkannt hat und den Freud mit dem metapsychologischen Begriff der »Wiederholung« zu beschreiben versuchte. Ich denke, man wird sagen können, was der Freudsche *Wiederholungszwang* für das Triebschicksal ist, das ist das Warburgsche *Nachleben* für das Schicksal der Bilder.

In der Archäologie dieses Verhältnisses drängen sich zumindest zwei Bezüge auf. Der erste ist nochmals Nietzsches ewige

---

124 S. Freud 1933, S. 511-512.

Wiederkehr. Sie ist von entscheidender Bedeutung für die Ausarbeitung der Zeitmodelle bei Warburg, aber man kann sie auch in einen Zusammenhang mit Freuds »Wiederholung« bringen. Das jedenfalls hat Gilles Deleuze in seiner *Différence et répétition* vorgeschlagen: die wesenhafte Beweglichkeit des Unbewußten; die Vorrangstellung »virtueller Objekte«, die ebenso viele anachronistische »Fetzen reiner Vergangenheit« sind; verschränkte Bewegungen von Eros, Thanatos und Mnemosyne in den Triebschicksalen; unauflösliche Verschlingung von Pathos und Pseudos, »die die Wiederholung als *Verschiebung* und *Verkleidung* setzt«;[125] Differenz schaffender – also beunruhigender, in ständiger Bewegung befindlicher – Status der Wiederholung selbst:

> Die Wiederholung konstituiert sich nur mit und in den *Verkleidungen*, die die Terme und die Beziehungen der Reihen der Realität affizieren; dies aber, weil sie vom virtuellen Objekt als einer immanenten Instanz abhängig ist, deren Eigenart zuerst in der *Verschiebung* besteht. [...] ... im äußersten Fall ist nur das Fremde vertraut, wiederholt sich nur die Differenz.[126]

Nur *die Differenz wiederholt sich* also im unbewußten Gedächtnis. Das heißt auch, daß die Wiederholung *Differenz schafft*, und sei es nur, wenn sie – in Symptomen, im Nachleben – den Fluß des geschichtlichen Werdens unterbricht. Ghirlandaios *Ninfa* (Abb. 67) führt durchaus eine Differenz in die auf dem Fresko erzählte Geschichte ein: Denn was soll diese junge Göttin in einer Szene, die von der Geburt Johannes des Täufers erzählt? Führt sie ihre Differenz nicht selbst noch in die Stilgeschichte ein, auf die sich die bildliche Behandlung aller übrigen Figuren der Szene bezieht? Nun wissen wir aber, daß Warburg ebendiese Differenz als ein Wiederholen begriff: als Nachleben oder hartnäckige Wiederkehr des griechisch-römischen Motivs einer Victorie auf den Wänden einer Florentiner Renaissancekirche.[127]

---

125 G. Deleuze 1968a, S. 128-135 und 142-144 (dt. S. 129-137 und 143-146).

126 Ebd., S. 138 und 145 (dt. S. 140 und 146).

127 A. Warburg 1914, S. 285.

Der philosophische Ansatz ist bei der Wiederholung zwar notwendig, aber im Blick auf Warburg – und auch auf Freud – nicht ausreichend. Eine *Anthropologie der Wiederholung* erfordert es, daß wir Nietzsches Perspektive, so seltsam dies auf den ersten Blick erscheinen mag, mit Darwins berühmten »allgemeinen Prinzipien« des Gefühlsausdrucks verknüpfen. Die Wiederholung erweist sich dabei erneut als eine Sache der *Prägung*. Angesichts der Bildungen des Unbewußten, so schreibt Freud, kann der Kranke »von dem in ihm Verdrängten nicht alles erinnern, vielleicht gerade das Wesentliche nicht … Er ist vielmehr genötigt, das Verdrängte als gegenwärtiges Erlebnis zu *wiederholen*, anstatt es … als ein Stück der Vergangenheit zu *erinnern*.«[128]

Kurz gesagt, das, woran man sich nicht erinnert, das Verdrängte, wiederholt sich im Erleben als Symptom, gleichsam unter der Einwirkung eines Prägemechanismus (einer Prägeform, eines Klischees oder einer Typographie, je nachdem, welchem technischen Modell man den Vorzug geben mag): Die »Erinnerungsspuren« und ihre »Bahnungen«, die »infantilen Reste« und ihre »Niederschrift« auf dem Wunderblock des unbewußten Gedächtnisses, all das konnte sich nun zu einem spezifischen Modell des unbewußten Gedächtnisses verbinden.[129] In diesen Prozessen erfolgen Erzeugung und Abstammung auf äußerst komplexen Wegen, ob es sich nun um die Übertragung von Energie (Dynamogramme) oder von Bedeutung (Symbolen) handelt (Abb. 63 und 64).[130] So entsteht ein neues, zugleich *materielles und geisterhaftes* Konzept der psychischen Übertragung. Als Freud – schon 1900 – schrieb: »Ihre Namen machen die Kinder zu ›Revenants‹«,[131] berücksichtigt er beide Aspekte: den materiellen Charakter des Signifikanten und den geisterhaften

128 S. Freud 1920, S. 228.

129 Ders. 1913a, S. 411-413; ders. 1925, S. 363-369, wo er die Vermutung äußert, »daß diese diskontinuierliche Arbeitsweise des Systems *W-Bw* der Entstehung der Zeitvorstellung zugrunde liegt« (S. 369).

130 Ders. 1895b, S. 387-477.

131 Ders. 1900, S. 469.

Charakter seiner ewigen Wiederkehr in seiner langen Abstammungsgeschichte. Warburgs Forderung an die Geschichte der Bilder läßt sich nicht besser zum Ausdruck bringen als in diesen beiden Kriterien.

*

Materiell und geisterhaft? Ein Fachgebiet geht beispielhaft mit diesen beiden Kriterien um: die Archäologie. Wenn Warburg seine Analyse der *vorhandenen* Fresken Ghirlandaios auf der Grundlage *zerstörter* Objekte (der Florentiner Votivbildnisse) entfaltet, deren Aussehen und Funktion er durch die ermüdende Lektüre der im *Archivio* angehäuften Dokumente zu rekonstruieren versucht, dann betätigt er sich zugleich als Archäologe und als Historiker.[132] Wenn Freud schreibt, die »Arbeit« seiner Deutungstätigkeit bestehe aus einzelnen »tiefer und tiefer ›tauchenden‹ Stücken«, und wenn er die Affektzustände im Symptom als ebenso viele Erinnerungsablagerungen beschreibt,[133] dann betätigt auch er sich als Archäologe des Gedächtnisses. In beiden Fällen geht es darum, vorhandene Dinge (Bilder, die ihre Anmut, Symptome, die ihre Verwirrung zeigen) im Blick auf abwesende Dinge zu betrachten, die dennoch wie Gespenster deren Genealogie und selbst noch die Form ihrer Präsenz bestimmen. In beiden Fällen wird diese Genealogie in der *materiellen* Räumlichkeit der zerstörten Überreste und in der *geisterhaften* Zeitlichkeit der Wiederkehr wahrgenommen.

Das archäologische Modell hat Freud sein Leben lang beschäftigt.[134] Seine Vorstellung von Zeit – also von den Paradoxien und Unruhen in der Evolution – hatte vielfach dort seinen Ursprung, etwa wenn er bei der Frage nach den *Stadien* oder *Stasen* auf die Frage nach den *Strata* zurückging, also nach materiellen Tiefenschichten. Schon 1896, als Freud nach der Erin-

132 A. Warburg 1902a, S. 65-102.

133 Ders. 1887-1904, S. 262-263 (Manuskript M, 1897).

134 Siehe J. Laplanche 1981, S. 185-211; L. Flem 1982, S. 71-93.

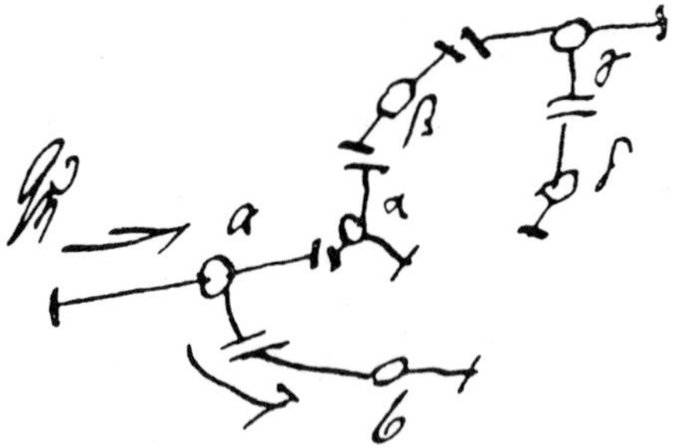

Abb. 63: Sigmund Freud, *Diagramm der Wiederholung, der Hemmung und der Bahnung*, 1895. Nach »Entwurf einer Psychologie«, *Aus den Anfängen der Psychoanalyse*, Frankfurt am Main 1962, S. 331.

nerung suchte, an der »die Hysterischen leiden«, stellte er sich vor, er stehe auf einem »Trümmerfeld« und wolle »den Schutt wegschaffen und von den sichtbaren Resten aus das Vergrabene aufdecken«. Eine berühmte Passage, die mit einem Wort des Propheten Habakuk endet: *Saxa loquuntur.*[135] Auch vierzig Jahre später hatte der prophetische Spruch seinen Modellcharakter nicht verloren:

> Der Analytiker hat von dem, worauf es ankommt, nichts erlebt und nichts verdrängt; seine Aufgabe kann es nicht sein, etwas zu erinnern. Was also ist seine Aufgabe? Er hat das Vergessene aus den Anzeichen, die es hinterlassen hat, zu erraten oder, richtiger ausgedrückt, zu *konstruieren*. […] Seine Arbeit der Konstruktion oder, wenn man es so lieber hört, der Rekonstruktion, zeigt eine weitgehende Übereinstimmung mit der des Archäologen, der eine zerstörte und verschüttete Wohnstätte oder ein Bauwerk der Vergangenheit ausgräbt. Sie ist eigentlich damit identisch, nur daß der Analytiker unter besseren Bedingungen arbeitet, über mehr Hilfsmaterial verfügt, weil er sich um etwas noch Lebendes bemüht, nicht um ein zerstörtes Objekt […]. Beiden bleibt das Recht zur Rekonstruktion

135 S. Freud 1896a, S. 54 (Saxa loquuntur – Steine sprechen, aus dem Buch Habakuk II.11).

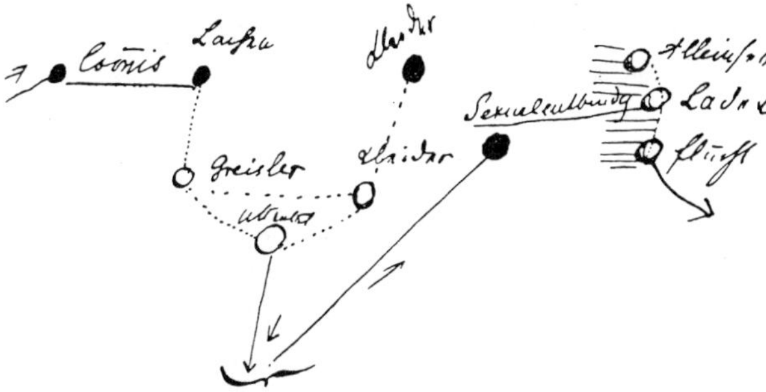

Abb. 64: Sigmund Freud, *Diagramm der Verdrängung und der Erinnerung*, 1895 (die schwarzen Punkte markieren Wahrnehmungen, an die sich die Patientin erinnert). Nach »Entwurf einer Psychologie«, *Aus den Anfängen der Psychoanalyse*, Frankfurt am Main 1962, S. 355.

> durch Ergänzung und Zusammenfügung der erhaltenen Reste unbestritten. Auch manche Schwierigkeiten und Fehlerquellen sind für beide Fälle die nämlichen.[136]

Warburg hätte diesen Gedanken wahrscheinlich gutgeheißen – mit Ausnahme eines Punktes allerdings. Der Gegensatz zwischen psychischer Erinnerung, deren Wirkung sich auf »etwas noch Lebendes« erstreckt, und materiellem Gedächtnis, dessen Objekte zerstört sein können, dieser Gegensatz wäre dem »Psychohistoriker« der Kultur wohl allzu trivial erschienen. Es ist ebenso falsch, den Phantomcharakter archäologischer Objekte außer acht zu lassen wie den materiellen Charakter psychischer Anamnesen nicht zu berücksichtigen. Die Geschichte der Bilder ist voll von Wiederkehrendem und Nachlebendem, weil die Kultur – für Warburg wie für Burckhardt, Tylor oder Nietzsche – etwas »Lebendes« ist. Gespenster beunruhigen niemals Totes. Nachleben betrifft nur Lebendes, zu dem auch die Kultur gehört. Wenn zerstörte antike Vorbilder (die griechischen »Originale«, wie man sagt) weiterhin die abendländische Kultur in ihrer *longue durée* heimsuchen, so weil ihre Weitergabe (zum Beispiel durch die römischen »Kopien«) gleichsam ein »Lebens-«

136 Ders. 1937b, S. 396-397.

oder »Überlebens«-Netz geschaffen hatte, ein organisches Phänomen, das seine Wirkung auf Bilder, Symbole und Monumente entfaltete: Prozesse der Reproduktion, der Zeugung, der Abstammung, der Wanderung, der Zirkulation, des Austauschs, der Diffusion …

Für die Bilder gilt danach dasselbe wie für die »psychischen Bildungen«, von denen Freud immer wieder sagt, daß sie niemals »voller Zerstörung« anheimfielen.[137] Wenn es eine Grenze des archäologischen Modells in der Psychoanalyse gibt, dann liegt sie allein in dem Bild, das die Archäologie von sich selbst hat. Etwa wenn man meint, der Archäologe befasse sich ausschließlich mit materiellen Objekten oder er sei in der Lage, die Objekte der Vergangenheit als solche zu rekonstruieren (ähnlich jenen Restauratoren, die triumphierend und naiv behaupten, sie hätten »die Originalfarben« eines Gemäldes »wiederhergestellt«). Wer Objekte der Vergangenheit ausgräbt, der verändert damit Gegenwart und Vergangenheit. Es gibt in der Kultur wie in der Psyche weder vollkommene Zerstörung noch vollkommene Wiederherstellung. Deshalb muß der Historiker auf Symptome, auf Wiederholung und Nachleben achten. Abdrücke werden niemals vollständig getilgt, aber auch niemals identisch wiedergegeben. Das Darwinsche Prinzip der Prägung, ohne das es kein unbewußtes Gedächtnis gäbe, erweist sich gleichermaßen als ein Prinzip der Ungewißheit wie der Zählebigkeit.

Ebenso zählebig, aber nur schwer mit Sicherheit zu begründen, ist das Prinzip des *Gegensatzes*. Wie wir gesehen haben, zeigt es seine Wirkung in Goethes Beschreibung des *Laokoon*, in Darwins Ausdruckstheorie, im Schicksal der Pathosformeln bei Warburg und in der »widersprüchlichen Gleichzeitigkeit«, die den Körper der Hysterischen nach Freud erschüttert. Es bleibt uns, das Prinzip in seiner psychischen Dimension zeitlichen Wirbels zu untersuchen. Nun ließe sich alles, was Freuds Klinik und Metapsychologie lehren, im Paradoxon einer bemerkenswerten »widersprüchlichen Gleichzeitigkeit« zusammenfassen:

---

137 Ebd., S. 398.

Die Zeit erscheint in der Gegenzeit. Die Zeit, die Mnemosyne zeichnet, bildet stets eine Gegenzeit in der Zeit, die Clio webt ... Anders gesagt, die der Geschichte zugrunde liegende Zeit erscheint darin stets als deren »Abstepp-Punkt« – als Vertiefung im Gewebe des Werdens, aber auch als strukturell unverzichtbares »tragendes Element«.

Die technische Konstruktion dieses Paradoxons führt bei Freud zur Dialektik zwischen Verdrängung und Wiederkehr oder Rückkehr des Verdrängten. In dieser Dialektik – dessen Modell sich im übrigen ein wenig verändert hat[138] – gilt es vor allem zu verstehen, daß die Wiederkehr des Verdrängten, diese »Kompromißbildung«, auf die Warburg überall in der Kultur traf, die einzige Möglichkeit darstellt, etwas über den Verdrängungsvorgang als solchen in Erfahrung zu bringen. Und dieser Weg führt eindeutig über das Symptom:

> Natürlich wird die mißglückte Verdrängung mehr Anspruch auf unser Interesse erheben als die etwa geglückte, die sich zumeist unserem Studium entziehen wird. [...] Man darf sich den Verdrängungsvorgang nicht wie ein einmaliges Geschehen mit Dauererfolg vorstellen, etwa wie wenn man etwas Lebendes erschlagen hat, was von da an tot ist; sondern die Verdrängung erfordert einen anhaltenden Kraftaufwand ... Wir dürfen uns vorstellen, daß das Verdrängte einen kontinuierlichen Druck in der Richtung zum Bewußten hin ausübt, dem durch unausgesetzten Gegendruck das Gleichgewicht gehalten werden muß.[139]

Druck und Gegendruck, Zeit und Gegenzeit: Alles ist Gegensatz und Verschränkung, auch hier wieder verschlingt sich alles wie ein Knoten aus Schlangen, die sich in ständiger Bewegung befinden. Jeder Bruch des Gleichgewichts zwischen dem Druck des Verdrängten, das nach Ausdruck sucht, und dem Gegendruck der verdrängenden Instanz führt zu »unbewußten Formationen«, zu *Bildungen des Unbewußten*, das heißt zu einer – wenn

---

138 Ein symmetrisches Modell 1907, ein »Einschlußmodell« in der *Metapsychologie* von 1915 – die Rückkehr des Verdrängten als »dritte Phase« des Gesamtvorgangs der Verdrängung: siehe ders. 1915, S. 107-118.

139 Ebd., S. 112 und 114; ders 1916-1917, S. 285-299.

auch zuweilen nur partiellen und momentanen – Wiederkehr des unerlösten psychischen »Gespensts«. Die Dialektik des Nachlebens bezeichnet genau diese Art von Vorgängen: Konfigurationen, die *latent* bleiben und sich ihr *Wirkungsvermögen* bewahrt haben, die verdrängt worden sind, aber weiterhin die Kraft dessen ausüben, das sich Bahn zu schaffen sucht; dann wiederum plötzliche Ausbrüche dank der »Entladung« von Spannungen, Rückkehr des Verdrängten, in der die *aktuelle Macht* der unbewußten Kraft ihren Ausdruck findet. Die ganze Dynamik des Symptoms ist hier zusammengefaßt. Lacan zieht diesen Knoten am Ende wieder zusammen, wenn er schlicht behauptet, daß »die Verdrängung und die Wiederkehr des Verdrängten dasselbe« seien.[140]

Von daher muß klar sein, daß zwischen »Fixierung« und »Entstellung«, Zählebigkeit und Labilität, Verschwinden und Auftauchen die Dialektik der Verdrängung – das Verdrängte und seine Rückkehr, die Wiederholung und ihre Differenz – alles, was *Geschichte* bedeuten soll, zutiefst verändern kann. Das ist der Sinn des letzten Freudschen Werkes, jenes »historischen Romans«, der um eine »Ursprungsgestalt«, Moses, konstruiert ist, aber im selben Zuge alle Gewißheiten und Phantasmen des historistischen Credos dekonstruiert. Freud spricht dort von einem Gedächtnis, das hin- und zurückfließt, einem anadyomenenhaften Gedächtnis, einem Wechselspiel zwischen »Latenz« und dem »Auftauchen unverständlicher ... Erscheinungen«, das sich unmöglich auf die Perlenkette einer einfachen Chronologie aufziehen läßt, sondern einen Prozeß darstellt, den Freud mit dem Ausdruck »Überbleibsel« charakterisiert – wobei er in Klammern noch präzisiert: *survival*.[141]

Genau das ist in den Augen des »Psychohistorikers« die zentrale Stellung des Nachlebens. Die Geschichte, schreibt Freud hier (zehn Jahre nach Warburgs Tod), findet ihren »Gehalt an historischer Wahrheit« nur im »Wiederkehren von längst verges-

140 J. Lacan 1953-1954, S. 215 (dt. S. 244).
141 S. Freud 1939, S. 521 und 524.

senen, bedeutsamen Vorgängen in der Urgeschichte der menschlichen Familie«.[142] So widmet Freud einen ganzen Abschnitt des *Moses* dem Problem der Tradition als eines von Vergessen und Latenzen geprägten Phänomens. Aber wie soll man sich diese »Latenz in der … Religionsgeschichte« vorstellen? Wie soll man verstehen, daß eine Tradition »gleichsam aus dem Hintergrund« weiterwirkt? »Daß eine verschollene Tradition eine so mächtige Wirkung auf das Seelenleben eines Volkes üben soll, ist keine uns vertraute Vorstellung.«[143]

Das ist jedenfalls eine Merkwürdigkeit der Zeit, mit der Warburg sich sein Leben auseinandersetzte, etwa als er auf den Wandfresken eines Renaissance-Palazzos in Ferrara das Nachleben einer alten arabischen Astrologie entdeckte. Andereseits ist es kein Zufall, wenn Freud auf den Mithraskult verwies, dessen Überreste Fritz Saxl in derselben Zeit und in demselben London beschrieb, in dem sich inzwischen das Warburg Institute befand.[144] Der Freudsche Begriff der unbewußten Erinnerung – den er in den 1890er Jahren zum Verständnis des Symptoms ausarbeitete – erhellt einen großen Teil der von Warburg untersuchten Kulturphänomene, und umgekehrt wird Warburgs Begriff des Nachlebens von Freud aufgegriffen und bestätigt im Rahmen der Hypothese, wonach auf dem Gebiet der Geschichte »der Eindruck der Vergangenheit in unbewußten Erinnerungsspuren erhalten« bleibt, so daß »die Erweckung der vergessenen Erinnerungsspur« hier »sicherlich … von entscheidender Bedeutung« ist.[145]

Es geht hier nicht um die Frage nach der Wahrscheinlichkeit der im *Mann Moses* vorgetragenen Darstellung,[146] sondern darum, die tiefe Erschütterung zu begreifen, die Freuds Symptommodell im Bereich der historischen Forschung auslöste. Jede Geschichte sammelt Verhindertes und Getanes, Verschwundenes

---

142 Ebd., S. 507.
143 Ebd., S. 515-520.
144 Ebd., S. 535 Fn. Siehe F. Saxl 1931, 1935, 1941.
145 S. Freud 1939, S. 542 und 548.
146 S. Moscovici 1986, S. 353-385.

und Geschehenes, Latentes und offen zutage Liegendes. Es geht also um *Vergessenes, das Wirkungen entfaltet*, und um verfügbare Erinnerungen. Gelegentlich kommt es zu *entscheidenden Krisen*. Das heißt, sie konstituiert sich im Skandieren des Verdrängten und der Wiederkehr des Verdrängten.

Nun sagt Freud (in der oben zitierten Passage), man dürfe »sich den Verdrängungsvorgang nicht wie ein einmaliges Geschehen mit Dauererfolg vorstellen«. Was heißt das? Daß er eine extreme »Mobilität« besitzt.[147] Daß er alle erdenklichen Formen und Deformationen annimmt, zwischen der Unvordenklichkeit der Latenzen und dem Anachronismus der Krisen. Freud bemerkte schon 1895, das hysterische Symptom zeige ein »Mißverhältnis« zwischen dem »jahrelang dauernden hysterischen Symptom und der einmaligen Veranlassung«.[148] In der Traumdeutung verwies er auf die Fähigkeit unbewußter Prozesse, jede zeitliche Folge abzuändern.[149] Mnemosyne erweist sich so als wesenhaft polychron. Sie bildet einen Strang vielfältiger, in ständiger Verschiebung begriffener Zeiten. Darwins drittes Prinzip (die Assoziation) findet hier seinen radikalsten Ausdruck. Dieses Prinzip erlaubt es, das unbewußte Gedächtnis mit seinem Wechselspiel aus Wiederholungen (Prägungen) und Gegenzeiten (Gegensätzen) als eine *generalisierte Verschiebung der Zeiten* zu begreifen.

*

Kann man sich solch eine Verschiebung vorstellen? Sieht man sich die Schaubilder in Freuds »Entwurf einer Psychologie« an, begreift man, daß die Wege nur gewunden und voller Hindernisse sein können, daß sie an den Wegkreuzungen Umwege oder Abkürzungen, Seitensprünge oder Ausflüchte erfordern (Abb. 63 und 64). Jede psychische Zeit konstituiert sich nach einem

147 S. Freud 1915, S. 114.
148 Ders. 1895a, S. 82.
149 Ders. 1900, S. 513.

Modell, das Freud im Blick auf die Phantasie – also auf Bilder im weitesten Sinne – als ein Zeitband beschrieb, das flattert und weht wie eine Qualle oder ein Haufen Tentakel, das sich unablässig formt und umformt:

> Das Verhältnis der Phantasie zur Zeit ist überhaupt sehr bedeutsam. Man darf sagen: eine Phantasie schwebt gleichsam zwischen drei Zeiten, den drei Zeitmomenten unseres Vorstellens. Die seelische Arbeit knüpft an einen aktuellen Eindruck, einen Anlaß in der Gegenwart an, der imstande war, einen der großen Wünsche der Person zu wecken, greift von da aus auf die Erinnerung eines früheren, meist infantilen, Erlebnisses zurück, in dem jener Wunsch erfüllt war, und schafft nun eine auf die Zukunft bezogene Situation, welche sich als die Erfüllung jenes Wunsches darstellt, eben den Tagtraum oder die Phantasie, die nun die Spuren ihrer Herkunft vom Anlasse und von der Erinnerung an sich trägt. Also Vergangenes, Gegenwärtiges, Zukünftiges wie an der Schnur des durchlaufenden Wunsches aneinandergereiht.[150]

Aber damit ist noch nicht alles gesagt. Es bedarf einer weiteren – und entscheidenden – Merkwürdigkeit, damit die chronologischen Kausalmodelle, die festen Verbindungen zwischen Prämissen und Folgen an ihre Grenzen stoßen und schließlich in Stücke fallen. Das geschah um 1895. In diesem Jahr begriff Freud, daß man den Ursprung nicht als festen Punkt denken darf, und wäre er noch so weit oben gelegen in der Linie des Werdens. *Der Ursprung entfaltet sich unablässig*: in Richtung Vergangenheit natürlich,[151] aber auch *in Richtung Zukunft*, wenn man so sagen darf. Freuds große Hypothese zur psychischen Zeit erreicht hier ihr ganzes Ausmaß. Sie verkörpert sich in dem zentralen und paradoxen Begriff der »Nachträglichkeit«. Sie impliziert in allen Bildungen des Unbewußten – und insbesondere im hysterischen Symptom – einen in Intervallen ablaufenden Prozeß, den Freud in der Dialektik der Verdrängung entdeckt:

---

150 Ders. 1908a, S. 174.
151 Ders. 1896a, S. 56-57.

Überall findet sich, daß eine Erinnerung verdrängt wird, die nur *nachträglich* zum Trauma geworden ist.[152]

Aus dieser einfachen Entdeckung folgen alle weiteren. Der Ursprung läßt sich nun nicht mehr auf eine faktische Quelle zurückführen, so »alt« im chronologischen Sinne sie auch sein mag (denn dabei handelt es sich um ein Erinnerungsbild, das *nachträglich* die Bedeutung eines Traumas erhält). Folglich läßt sich auch die Geschichte nicht mehr auf das bloße Sammeln von Vergangenem reduzieren. Lacan hat daraus für die Psychoanalyse eine umfassende Vision der »Zeitumkehrung«, der »Bedeutungsrückkopplung« und der »vorweggenommenen Zukunft« gewonnen,[153] während zahlreiche andere Kommentatoren versucht haben, diese umstürzende Bedeutung der Freudschen »Nachträglichkeit« im Blick auf eine Theorie der psychischen Zeit zu begreifen.[154] Aber wie könnte man übersehen, daß Freuds 1895 entdecktes Intervallprinzip eine *Dynamographie der Zeit* enthüllte, die in allen Punkten Ähnlichkeit mit der von Warburg zur selben Zeit im Bereich der Kultur ans Licht geholten besitzt?

Freuds »Nachträglichkeit« wäre danach für die Erinnerung an die »Traumata«, die Einfluß auf die Geschichte der Symptome haben, dasselbe wie Warburgs »Nachleben« für die Erinnerung an die »Quellen«, die Einfluß auf die Geschichte der Bilder nehmen. In beiden Fällen konstituiert der *Ursprung* sich erst in seiner *verspäteten* Manifestation. In der Geschichte der Emma, die Freud 1895 erzählt, zeigt sich, »daß eine Erinnerung verdrängt wird, die nur nachträglich zum Trauma geworden ist«. In der Geschichte der *Ninfa*, die Warburg 1893 erzählt, geschieht nach und nach fast dasselbe. Die Gebärdenfigur der Nymphe verwandelt sich erst nachträglich in eine »primitive Formel«. Hier reicht

152 Ders. 1895b, S. 356.

153 J. Lacan 1953-1954, S. 19 und 180-182 (dt. S. 20-21 und 203-205); ders. 1966, S. 197-213, 287-300, 808-809, 838-839 usw.

154 Siehe A. Green 1982, S. 225-253; P. Fédida 1985, S. 23-45; J. Laplanche 1992, S. 57-66.

im übrigen die Feststellung, daß von den beiden in der Dissertation über Botticelli reproduzierten »antiken Quellen« eine aus hellenistischer Zeit, die andere aus der – noch späteren – Zeit der, wie man sagt, »römischen Kopien griechischer Originale« stammt.[155]

Weshalb suchte Warburg die antiken Pathosformeln in Zeiten, die keineswegs archaisch, sondern bereits recht spät waren? Weil er sich in seiner epistemologischen Wahl für das Phänomen des Nachlebens entschied (Symptome, Nachträgliches, wirbelartige Ursprünge) und nicht für das der Geburt oder Wiedergeburt (absolute Anfänge, Wunder der Auferstehung, quellenartige Ursprünge). Wie Burckhardt und wie Riegl – die bereits erkannt hatten, welche Aufmerksamkeit gerade die Spätantike verdiente[156] – untersuchte Warburg den *Ursprung* nur unter dem Blickwinkel der Wiederholung und ihrer Differenzen, das heißt im Blick auf das komplexe Wechselspiel ihres erneuten, aber verspäteten Auftretens. Die »antike Wahrheit« enthüllt sich eher nachträglich – bei Donatello, bei Rembrandt oder sogar bei Manet[157] – als in einem Zustand archaischer »Reinheit«, der sich in jeder Hinsicht als inexistent erweist.

Wer die Florentiner Kunst des Quattrocento aus der Perspektive der Wiedergeburt untersuchte, verstand diese Kunst in aller Regel als eine Ansammlung von *Erinnerungen an die Antike*. Wenn Warburg sie dagegen aus dem Blickwinkel des Nachlebens studierte, untersuchte er eine andere Dimension, die – wie ihr eigenes Double – unterhalb der Erinnerungen lag: die der *Nachträglichkeit des Primitiven*. Dieses Nachträgliche hat ein schweres Leben. Zart, aber zäh reicht seine Wirkungsmacht bis in die Gegenwart des Historikers hinein. So verglich Warburg denn auch oft die Objekte seiner historischen Forschung – *longue durée* der Bilder, Nachleben der Antike – mit seiner eigenen Zeit. Das Jahr 1895 entspricht genau dem Augenblick, da

155 A. Warburg 1893, S. 29 und 48.
156 Siehe J. Burckhardt 1853; A. Riegl 1901.
157 A Warburg 1926a (zit. in E. H. Gombrich 1970, S. 229-238; dt. S. 307-322); ders. 1929e.

Ghirlandaios *Ninfa* mit ihrem Früchtekorb (Abb. 67) auf einer Photographie erneut Gestalt annimmt als Indianerin, die einen Krug auf dem Kopf trägt.[158] Und auch genau dem Augenblick, da der mit den mythologischen Schlangen kämpfende Laokoon erneut Gestalt annimmt in dem Hopi-Priester, der mit ganz lebendigen Schlangen hantiert (Abb. 37).

Mit dem Bemühen, die fernste Erinnerung in ihrer aktuellsten Nachträglichkeit und umgekehrt die allernächste Gegenwart in der Inaktualität ihres fernsten Nachlebens zu suchen, sorgte Warburg für ein enges Band zwischen den *survivals* der Tylorschen Anthropologie und den Symptombildungen der Freudschen Psychoanalyse. Die Formel, wonach jeder konsequente Historiker – von Burckhardt bis Nietzsche – ein Seher ist, hat nun nichts »Romantisches« oder Phantastisches mehr.[159] Denn erst im Erinnerungsmaterial selbst konstituiert sich das Nachträgliche: durch generalisierte Verschiebung, das heißt durch ein dialektisches Wechselspiel aus Umwegen der Zeit und der Bedeutung. Verspätungen, Wanderungen, Figuren.

Tatsächlich gibt es keine zeitlichen *Verspätungen* ohne *Figuren* im Bedeutungsraum. Die Affinität zwischen Warburgs Nachleben und Freuds Nachträglichkeit prägt alle Aspekte der Analyse. So scheint es mir durchaus kein Zufall zu sein, daß Freud 1895 zum Gedanken der Nachträglichkeit auf genau demselben Wege gelangte, den Warburg 1893 einschlug, um zur Idee des Nachlebens zu gelangen. Nämlich auf dem Umweg – über die Figur – des »bewegten Beiwerks«. Denn Freud gelangt durch nichts anderes auf den Weg des Erinnerungsmaterials als durch die Verschiebung der »Sexualentbindung« – Emmas *Pathos* in der verdrängten Szene – auf ihre Kleidung: als Schmuck, der den Blick verführt, oder als das Kleid, das der Verführer in der »Attentats«-Szene taktil und sexuell erkundet (Abb. 64).[160]

Ebenso zeigte Warburg, daß die Intensität des Pathos sich bei

158 Ders. 1923c, S. 15.
159 Ders. 1927e, S. 87.
160 S. Freud 1895b, S. 354-356.

Botticelli gerade dort als »Nachleben der Antike« erweist, wo sie sich auf den Faltenwurf der Gewänder und das fliegende Haar verschiebt.[161] Eine antike Nymphe verwandelt sich erst *nachträglich* in eine »primitive Formel«. Aber wenn sie – auf einem Gemälde von Botticelli oder einem Fresko von Ghirlandaio – erscheint, zeigt der Faltenwurf ihres bewegten Gewands im Vorübergehen, was er zwischen den Falten verbirgt: ein Nachleben der Antike, Dynamogramme eines seit langem versteinerten Begehrens.

161 A. Warburg 1893, S. 54-63.

Leitfossil
oder Tanz der begrabenen Zeiten

»Das Wesen, das sich in einer Form ausprägt, [beherrscht] die Jahrtausende. Jede Form bewahrt ein Leben. Das Fossil ist nicht mehr einfach ein Wesen, das gelebt hat, sondern ein Wesen, das noch lebt, in seiner Form eingeschlafen.«[162] Es ist nicht schwer zu verstehen, weshalb sich der Begriff des Fossils durch Warburgs gesamtes Denken zieht. Es ist ein – diskretes, aber eindringliches – Paradigma des Nachlebens, eines seiner großen Leitmotive. Sein Paradoxon – sein Ehrgeiz – liegt in dem sich querstellenden und bewegenden, fast schon musikalischen Umstand, daß dieses Paradigma niemals fixiert ist und sich weigert, zu »verhärten« oder zu kristallisieren. Man könnte sagen, Warburg bemühte sich auch im Begriff des Fossils, worum er sich überall bemühte: nichts als versteinert zu denken, sondern alles aus der Perspektive der Bewegung zu betrachten. Aber wie kann man ein Fossil aus der Perspektive der Bewegung denken?

Zunächst durch die Verwendungen dieses schönen Ausdrucks: *Leitfossil*.[163] Das *Leitfossil* wäre für die Tiefe der geologischen Zeiten dasselbe wie das *Leitmotiv* für die kontinuierliche Entwicklung einer Melodie: Es kehrt hier und da wieder, erratisch, aber hartnäckig, so daß man es selbst, wenn es sich verändert hat, bei jeder Wiederkehr erkennt wie eine souveräne Macht des Nachlebens. In der Geologie sind »Leitfossilien« – auch »charakteristische Fossilien« genannt – Gebilde, die ein und demselben Zeitalter, ein und derselben »Schicht« angehören, auch wenn man sie an ganz verschiedenen, weit voneinander entfernt liegenden Orten antreffen kann.[164] Das Leitfossil impliziert also eine zeitliche Zählebigkeit der Formen, durch-

162 G. Bachelard 1952, S. 111-112 (dt. S. 124).
163 Zit. n. Gombrich 1970, S. 261 (dt. S. 349).
164 Siehe J.-L. Descamps u. a. 1976, Bd. I, S. 438; J. Leclerc und J. Tarrête 1988, S. 419.

zogen jedoch von der Diskontinuität der Brüche, der Erdbeben und der Plattentektonik.

Auch bei seinem Interesse an den Fossilien als Zeugnissen eines Nachlebens, eines »in seiner Form eingeschlafenen Lebens«, konnte Warburg aus Goethes Morphologie schöpfen.[165] Doch der Begriff des »charakteristischen Fossils« geht zurück auf Georges Cuvier, der 1806 versuchte, die Wissenschaft vom Menschen und die Wissenschaft von der Erde, Paläontologie und Geologie, näher aneinander heranzuführen. Dieses Forschungsprogramm, das die Erforschung der Fossilien ins Zentrum stellte, gilt als Gründungsmanifest der stratigraphischen Paläontologie, die dem technischen Begriff des Leitfossils seine Kohärenz verleiht.[166]

Es ist bereits seltsam (und aufschlußreich), daß eine Bibliothek, die den »Kulturwissenschaften« gewidmet ist, so viele Bücher zur Geologie und zur Paläontologie enthält. Noch seltsamer ist es, wenn man mitten in der Abteilung »Anthropologie« auf das klassische Werk Ferdinand von Richthofens über »Gegenstände der physischen Geographie und Geologie« stößt.[167] Dort entdeckt man die Dynamik der Erosionsprozesse, die geologischen »Schichtenfaltungen«, die Dialektik langsamer Entwicklungen und katastrophaler Veränderungen der Erdkruste – sämtlich Dinge, die Warburgs »Seismographie« als veritable epistemologische Modelle des Nachlebens aufgreifen konnte (Abb. 9, 13 und 65). Und man versteht besser, weshalb Richthofens Buch auf den Regalen der Kulturwissenschaftlichen Bibliothek Warburg Platz findet, irgendwo zwischen der Abteilung, die dem Unbewußten – den Träumen, den Symbolen, der Psycho-

165 J. W. Goethe 1821, S. 196-203.

166 Siehe G. Cuvier 1806, S. 411; ders. 1811, S. 32-33. Siehe auch H. Hölder 1960, S. 359-430; B. Balan 1979, S. 380-383; G. Laurent 1987, S. 77-78. Ich danke Claudine Cohen, die mich auf die Bedeutung der Stratigraphie nach A. d'Orbigny 1849-1852, Bd. 1, S. 85-92 und 110-116, hingewisen har. Zum Verhältnis zwischen Fossil, Bild und Abdruck siehe insbesonders C. Cohen 1994, S. 66-86; C. Blanckaert 1999, S. 85-101.

167 F. F. von Richthofen 1886 (unter der Signatur DLF – »Allgemeine Anthropologie«).

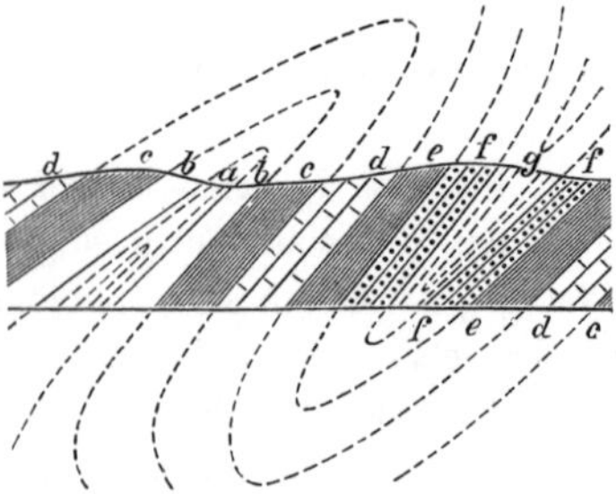

Abb. 65: *Dynamik der geologischen Schichten.* Nach F. von Richthofen, *Führer für Forschungsreisende*, Berlin 1886, Abb. 105.

pathologie – gewidmet ist, und der Abteilung, die sich mit dem Gebärdengedächtnis, also den Pathosformeln befaßt.[168]

Warburgs *Pathosformeln* sind in der Tat nichts anderes als *fossile Bewegungen*. Anthropologie und Paläontologie benutzten diesen Begriff schon seit langem, denn Armand de Quatrefages hatte bereits 1884 nicht nur von »wilden Menschen«, sondern auch von »fossilen Menschen« gesprochen.[169] Die Ausdrücke »fossile Menschen« und »lebende Fossilien« wurden schon bald zu Gemeinplätzen im Wortschatz der Biologen und Prähistoriker.[170] Unsere Vorfahren gehen uns nicht im Sinne einer linearen Abstammung voraus und auch nicht im Sinne eines Stammbaums, den man über einfache Verzweigungen verfolgen kann, sondern im Sinne gebrochener Schichten, diskontinuierlicher Strata, erratischer Blöcke (Abb. 66). Genealogien und Geologien erleiden stets die Gegenzeiten der Erdbeben und Eruptionen, der Überschwemmungen und katastrophalen Zerstörungen.

Doch Warburg versetzte, wie es seine Art war, seine theoretischen Modelle unablässig in Bewegung und verschob sie. Kaum ist das geologische Paradigma in die Genealogie – oder die Anthropologie – eingegangen, da finden wir es schon auf dem Gebiet der Psyche. Tatsächlich spricht Warburg vom Leitfossil vor

168 Unter den Signaturen DAA, DAC und DAD.
169 J.-L.-A. de Quatrefages de Bréau 1884.
170 Siehe M. Boule 1921; G.-H. Luquet 1926.

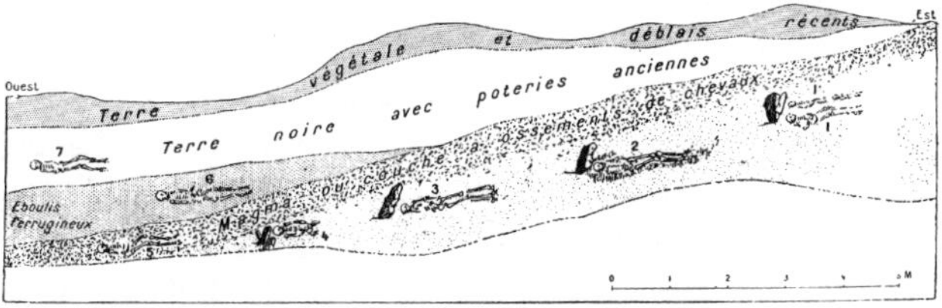

Abb. 66: *Aurignacien-Gräber von Solutré.* Nach G.-H. Luquet, *L'Art et la religion des hommes fossiles*, Paris 1926, Abb. 103.

allem im Blick auf das Nachleben im Sinne eines zur »Verkörperung« oder »Kristallisation« von Gebärden fähigen psychischen Gedächtnisses. Im Blick auf eine stratifizierte Zeit, die in der Gegenwart der Ausdrucksbewegung am Werk ist.[171]

Fossile Bewegungen oder Fossilien in Bewegung: Auch hier wieder ist von nichts anderem die Rede als vom Symptom im Freudschen Sinne. Wenn ein Symptom überlebt, ist es in der Tat ein Fossil, ein »in seiner Form eingeschlafenes Leben«, das gegen jede Erwartung aufwacht, das sich bewegt, sich regt, sich abmüht und den normalen Lauf der Dinge stört. Es ist ein Stück Vorgeschichte, das plötzlich gegenwärtig, ein »Lebensrest«, der plötzlich lebendig wird. Ein Fossil, das zu tanzen oder gar zu schreien beginnt.

Schon 1892 hatte Freud – mit Breuer und gegen Charcot – seine neue Theorie des hysterischen Symptoms auf die beiden Prinzipien der »Wiederkehr des Vergrabenen« (einer zähen, wie ein Fossil versteinerten, unbewußten Erinnerung, die dank einer zufälligen Ursache wieder an die Oberfläche tritt) und der Dissoziation gestützt (insbesondere der Dissoziation zwischen dem traumatischen »Anlaß« und seiner »Entladung« im Symptom).[172] Später fügte er hinzu, daß diese *dissoziierte Wiederkehr*

171 Siehe E. Norden 1924, S. 165, wo der Ausdruck benutzt wird. Ich danke Christopher Ligota für diesen Hinweis.

172 S. Freud 1895a, S. 104.

des Vergrabenen – topisch und chronologisch dissoziiert, weil die hervortretende Gegenwart des Fossils »jede zeitliche Folge« verkehrt – ihre wichtigste Verankerung in der »motorischen Sprache« der körperlichen Gebärden besitzt.[173]

Warburg faßte das Problem der Pathosformeln in der lapidaren Formel »abgeschnürte Dynamogramme« zusammen.[174] Der Ausdruck »Dynamogramm« bezeichnete hier die Existenz – das Nachleben – fossiler Abdrücke antiker Energien, das Adjektiv »abgeschnürt« den anaochronistischen Status und den Symptomcharakter des Leitfossils als eines von seinem Mutterboden, seiner Ursprungssymbolik losgelösten Elements. Die nachlebenden Zeiten sind nicht einfach nur begraben, sondern unter unseren Füßen begraben und bringen den Gang unserer Geschichte zum Straucheln, wenn sie wieder auftauchen. In diesem Straucheln klingt noch – etymologisch – das Wort *Symptom* nach.

Als »ins Motorische übersetzte, auf die Motilität projizierte, pantomimisch dargestellte Phantasien«,[175] verhalten die hysterischen Symptome sich nach Freud – wie die Pathosformeln nach Warburg – nicht wie Fossilien im trivialen Sinne, sondern wie Fossilien in Bewegung.[176] Diese Bewegung verbindet die aktuelle Energie der Gebärde mit der alten Energie ihrer Erinnerung, das Nachleben einer Krise mit dem Nachleben einer ewigen Wiederkehr. Sie ist gleichsam ein tragischer Tanz.

Von daher läßt sich so etwas wie eine dionysische Choreographie des Bildes denken und darüber auch eine Metapsychologie der Gebärde, in der die Gebärde als »Rohstoff der Erinnerungsspuren« betrachtet werden kann.[177] In diesem – paradoxen – Sinne enthüllt die Gebärde, so intensiv sie auch sein mag, ihren geisterhaften Charakter. Sie ist eine *geisterhaft wiederkehrende Bewegung*, die die Gegenwart zum Tanzen bringt, eine aktuelle Bewegung, ins Unvordenkliche gegossen. Kurz, sie ist ein *flüch-*

---

173 Ebd., S. 234-235.

174 A. Warburg 1927a, S. 37.

175 S. Freud 1909, S. 199.

176 Siehe M. David-Ménard 1994, S. 253.

177 C. Cyssau 1995, S. 223 und 271-303.

tiges Fossil. Gegen jede physiognomische oder ikonographische »Grammatik« öffnete Warburgs Theorie der Pathosformeln die Frage nach dem körperlichen Bild – und seiner Ausdruckskraft – in Richtung der Frage nach einem obskuren Tanz der stratifizierten Zeiten.

*

So müssen wir von nun an die Anmut der *Ninfa* verstehen, dieses Warburgschen Leitmotivs des bewegten Körpers, nämlich als paradigmatische Verkörperung des Leitfossils, dieses gleichsam musikalischen, melodischen und rhythmischen Versteinerungskonzepts. Sind doch die schönsten – die bewegendsten – Fossilien jene, in denen wir nach Millionen von Jahren das Leben in seinen zerbrechlichsten und vergänglichsten Formen wiedererkennen: der unsichere Schritt eines kleinen prähistorischen Vogels, die Spur eines Molluskenkörpers, unbekannte, gleichsam vom Wind bewegte Blätter bis hin zu den »vom Wasser hinterlassenen Riffelungen«.[178]

Ninfa läßt an all das denken. Einerseits verliert Warburg sie immer wieder wie einen Schmetterling, der sich dem Netz des Wissenschaftlers immer wieder entzieht – daher die Unfähigkeit, das Manuskript abzuschließen, das er zusammen mit André Jolles in Florenz begonnen hatte (Abb. 67).[179] Andererseits trifft er ständig auf sie, wohin er auch den Fuß setzt. Als Leitmotiv der Zeit des Nachlebens und als Leitfossil der geschichtlichen Zeit vereint Warburgs Nymphe stets zwei widersprüchliche Zeiten: zäh wie eine fixe Idee und fragil wie ein »flüchtiger Gedanke«; eindeutig ausgerichtet in der obsessiven Suche nach einer Taxonomie (um die Warburg sich bemühte) und verwirrend wie jede Fee, wie jede fiktive Gestalt; antik in ihrer formalen Verankerung innerhalb der hellenistischen Figurenwelt, modern aufgrund

178 A. d'Orbigny 1849-1852, Bd. I, S. 27-34.

179 A. Warburg 1900. Siehe A. Bodar 1991, S. 5-18; S. Contarini 1992, S. 87-93; S. Weigel 2000, S. 65-103.

ihrer unmittelbaren Bezüge zur Ästhetik des Fin-de-siècle.[180] Joseph Koerner hat ganz recht, wenn er sagt, *Ninfa* sei nicht nur »ein Objekt der wissenschaftlichen Forschung Warburgs«, sondern auch »deren Symbol«.[181]

> ... mein schönster aufgespannter Falter zerschlägt die Glasdecke und gaukelt spöttisch hinauf in die blaue Luft ... nun soll ich ihn wieder einfangen; auf diese Gangart bin ich nicht eingerichtet. Oder eigentlich, ich möchte wohl, aber meine wissenschaftliche Erziehung erlaubt es nicht. [...] Auch bin ich in Platonien geboren und möchte ..., wenn unsere laufende Frau kommt, freudig mit ihr wirbelnd fortschweben. Aber zu solchem Aufschwung ... mir ist es nur gegeben, nach rückwärts zu schauen ...[182]

Weshalb bietet Ghirlandaios »Nymphe« (Abb. 67) mehr – und stärker Verwirrendes – als einen bloßen Renaissance-Rückgriff auf die Formensprache der Antike? Um das zu verstehen, müssen wir uns genauer ansehen, was Warburg an dieser Figur faszinierte (und was gewiß auch Freud fasziniert hätte). Da ist zunächst eine Formenerinnerung, »ins Motorische übersetzt, auf die Motilität projiziert, pantomimisch dargestellt«. Ghirlandaios Figur ist offensichtlich *in Bewegung*. Warburg entdeckt, daß sie auch ein *Fossil* ist. Zwei Lektüren dürften ihm bei dieser Feststellung geholfen haben.

Die erste ist die des Heine-Textes »Die Götter im Exil«, eines offensichtlich zentralen Textes, wenn man sich eine Vorstellung vom Nachleben der Antike machen will.[183] Dort ist von Frauen die Rede, die auf seltsame Weise Statuen gleichen, grauen Gespenstern, noch bewegt von der Energie der antiken Bacchanale: einer »bleichen Versammlung«, die den »Sarkophagen ihrer Grabmäler« entstiegen scheint und deren Bewegungen beim Betrachter einen »leisen lüsternen Schauer« auslösen.[184]

180 Siehe G. Brandstetter 2000, S. 105-139.
181 J. L. Koerner 1997, S. 36.
182 A. Warburg 1900 (zit. n. E. H. Gombrich 1970, S. 110, dt. S. 146).
183 H. Heine 1853, S. 397-423.
184 Ebd., S. 406.

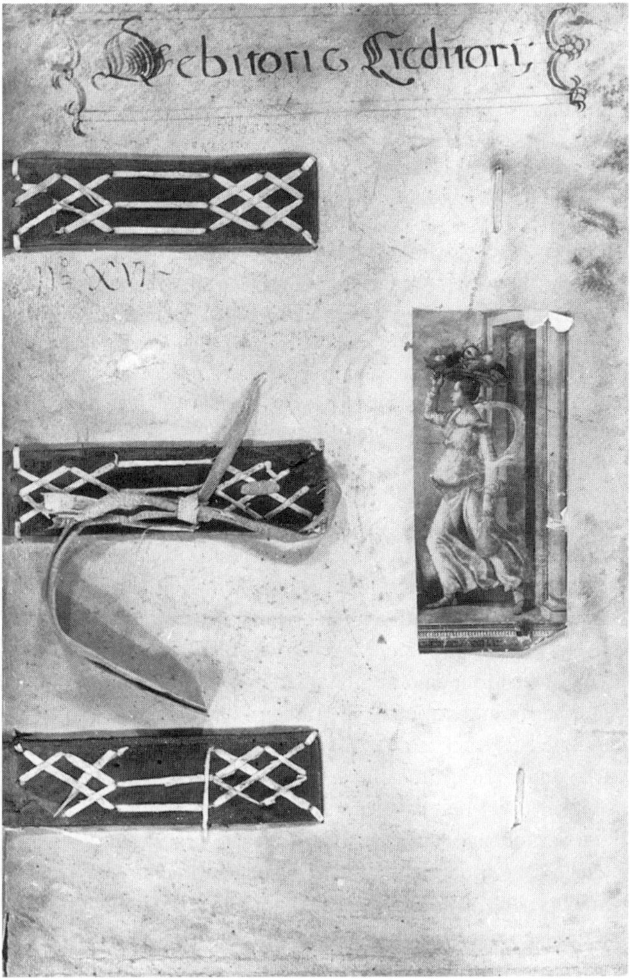

Abb. 67: Aby Warburg und André Jolles, *Ninfa fiorentina*, 1900. Umschlag des Manuskripts. London, Warburg Institute Archive. Photo: The Warburg Institute.

Warburgs zweite Quelle – auf die bereits Gombrich hingewiesen hat – ist Hippolyte Taines Beschreibung derselben Dienerin, die auf Ghirlandaios Fresken in Florenz den Früchtekorb so anmutig und so wenig christlich auf dem Haupt trägt (Abb. 67):

> In der Geburt des heiligen Johannes, ist ein anderes [Mädchen], welches steht, eine Herzogin aus dem Mittelalter, und neben ihr, die Dienerin, welche im Gewand einer Statue Früchte herbeibringt, hat den Schwung, die Fröhlichkeit und die Kraft einer antiken Nymphe, so daß die beiden Zeitalter und die beiden Schönheiten sich in der Unschuld ein und desselben wahren Gefühls verknüpfen und einen. Ein junges Lächeln blüht an ihren Lippen, und unter der halben Bewegungslosigkeit; unter dem Rest der Starre, welche die unvollkommene Malerei noch in ihnen zurückgelassen, errät man die verborgene Leidenschaft einer unversehrten Seele …[185]

Dieser Text bietet uns bereits eine exemplarische Beschreibung des Leitfossils: Das Gewand, der Schwung, die Leidenschaft und die Kraft sind durchaus in Bewegung. Aber all das bleibt »latent«, gleichsam angehalten »unter dem Rest der Starre«, erstarrt im Stein des antiken Flachreliefs. Kurz, die Bewegung ist nur ein *Fossil.* Betrachtet man das zentrale bildliche Pathoselement, das Ghirlandaio hier benutzt, das »bewegte Beiwerk« des Faltenwurfs, erkennt man, wie treffend der von Hippolyte Taine benutzte Ausdruck ist: »im Gewand einer Statue«. Das Gewand wird von einer *Gebärde* und vom *Wind* bewegt. Doch seine Einfarbigkeit zieht bereits alles in Richtung des Steins und der antiken Sarkophage (auf einem benachbarten Fresko in derselben Kapelle hat Ghirlandaio seine »Nymphe« übrigens ganz in Grau gemalt: Haut, Gewand und selbst noch der Korb mit Früchten hat das Kalkweiß des Marmors angenommen).[186]

Genau das ist die zweifache Macht, die zweifache Zählebigkeit nachlebender Dinge: Zählebigkeit dessen, was zwar begraben

185 H. Taine 1866, Bd. II, S. 133 (dt. Bd. II, S. 118).

186 D. Ghirlandaio, *Mariä Heimsuchung* (1485-1490), Florenz, Santa Maria Novella.

sein mag, aber als Versteinerung fortbesteht; Zählebigkeit dessen, was zwar vergessen sein mag, aber dank des Windes oder einer Phantombewegung wiederkehrt. Nicht zufällig beschrieb Warburg seine *Ninfa* als eine Spukgestalt, als einen »anmutigen Alpdruck«, wie er gerne sagte.[187] Er bekennt, sie überall zu sehen, nie recht zu wissen, wer sie ist, und nie genau zu begreifen, woher sie kommt. Er berichtet: »Ich verlor meinen Verstand.« Er zeigte sich fasziniert von ihrer Verwandlungsfähigkeit – von der später die Tafeln seines *Mnemosyne*-Atlas zeugen sollten – und vor allem von dem wiederkehrenden Detail ihres tanzenden, fast »beflügelten« Gangs.[188]

*

Von daher kann die Analogie zwischen Warburgs *Ninfa* und Freuds *Gradiva* nur in die Augen springen.[189] Die von Warburg benutzten ikonographischen Repertoires – vor allem die Werke von Maurice Emmanuel und von Fritz Weege über den Tanz in der Antike – räumen übrigens der Gestalt, die Jensen und dann auch Freud faszinieren sollte, einen bemerkenswerten Platz ein.[190] Wenn Warburg sagte, er sehe seine *Ninfa* überall, konnte Freud ständig einen Abguß der Gradiva betrachten, der in seinem Arbeitszimmer an gut sichtbarer Stelle gleich über seiner Couch an der Wand hing (Abb. 68).

Ninfa und *Gradiva* erscheinen aus unserer Sicht wie zwei mögliche Eigennamen – von Feen oder Halbgöttinnen – für jegliche Vorstellung, die man sich vom »Nachleben eines Bildes« machen kann. Beide zeigen eine Gebärde, den besonderen Reiz einer körperlichen Bewegung. Beide lassen eine Zeit erstehen, die nur über die psychologische Hypothese des Unbewußten verständlich wird. Beide erfordern schließlich einen *Erkenntnis-*

187 A. Warburg 1900 (zit. n. E. H. Gombrich 1970, S. 107, dt. S. 144).
188 Ebd. (zit. ebd., S. 107-108, dt. S. 144).
189 Siehe S. Settis 1981, S. VII-XIX; G. Huber 1993, S. 443-460.
190 Siehe M. Emmanuel 1896, S. 48-51, 61, 103, 143, 216, 287, 300, 304 usw.; F. Weege 1926, S. 56-98.

stil, eine neue Interpretationspraxis, in der die schwierige und konzentrierte Tätigkeit der Analyse die Verschlingung der Bilder, die Überdeterminierung der Bedeutungsträger, die Ausstreuung der Träume, die Assoziation der Ideen zu berücksichtigen hat. Unter diesen Umständen kann es nicht verwundern, daß Freuds Kommentare zu *Gradiva* einige grundlegende Aspekte der Warburgschen Pathosformel zu erhellen vermögen. Als Freud den berühmten »ungewöhnliche[n] und besonders reizvolle[n] Gang« herausstellt, verweist er auch auf das zeitliche Paradoxon, auf dem sowohl der Reiz als auch das Fremdartige dieser Gebärde beruht. Obwohl »›nach dem Leben‹ festgehalten«, bleibt er doch losgelöst von jeglicher Erfahrung in der »Wirklichkeit«.[191] Man könnte sagen, er vereint die flüchtige Konstitution des Symptoms (einen Augenblick, in dem Zeit sich plötzlich »befreit«) mit der fossilen Konstitution des Fetischs (dem verewigten Augenblick, in dem Zeit »blockiert« wird). Dieser zweifachen Konstitution entspricht das paradoxe Bild des Gangs, wie Jensen ihn beschreibt: eines Schreitens, das »ganz auf dem Boden« zu ruhen und dabei doch »zu schweben« scheint.[192]

In dieser »Doppelnatur«, wie Freud sagt, erkennt man deutlich den fundamentalen Anachronismus des Nachlebens, auf dessen Wechselspiel die Signifikanten in Jensens Darstellung – *Zoë*, (das Leben), Hartleben, *rediviva* (die Wiederlebende) usw.– allenthalben Hinweise streuen. Als Norbert Hanold *Gradiva* begegnet, da entfaltet sich die »flüchtige« Gegenwart der Begegnung gänzlich im »fossilen« Element einer begrabenen Erinnerung und einer ewigen Wiederkehr. Man möchte sogar sagen, je jünger die »Nymphe«, der man begegnet, desto ferner, älter der – physische – Ort, von dem her sie zurückkehrt. Genau darin liegt das Paradoxon der Gespenster. In ihrem Erscheinen vereinen sich die beiden konstitutiven Teile, die beiden konstitutiven Rhythmen des Leitfossils.

All das hat auch Folgen für den *visuellen* Status des wiederkeh-

191 S. Freud 1907, S. 48.
192 Ebd., S. 16.

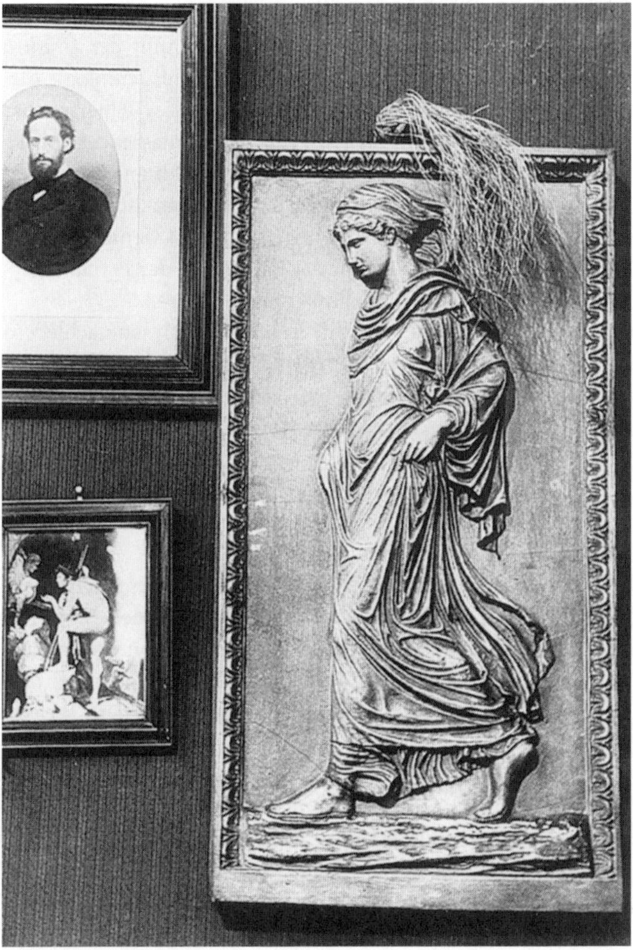

Abb. 68: *Abguß der Gradiva an der Wand von Freuds Arbeitszimmer in Wien*, 1938. Photo: Edmund Engelman (DR).

renden Bildes. Wladimir Granoff hat eine »Deckarbeit« – oder eine »Deckelungstätigkeit« – in Freuds Zuschnitt der *Gradiva* ausgemacht.[193] Und Jean-Michel Rey hat die Epistemologie dieses Zuschnitts aus der paradoxen Perspektive des »Übersehens« bestimmt, eines Verbs, das zugleich den »umfassenden Blick« und die Tatsache zum Ausdruck bringt, »daß man etwas nicht sieht«. Was ein Positivist hier für einen Beobachtungsmangel hielte, ist in Wirklichkeit nicht mehr und nicht weniger als »die wesentliche Voraussetzung für das Erscheinen der Psychoanalyse« in ihrem *kritischen* Verhältnis zum Sichtbaren.[194]

Auch Aby Warburg versuchte in seinen Analysen nachlebender Motive – in Bildern, in denen die Macht des Nachlebens oder *Überlebens* zutage zu treten vermochte – eine Erkenntnis durch *Übersehen* zu konstruieren. Auf dieser Ebene ging er allerdings weiter als Freud. Die Kommentare der *Ninfa* erlauben es, im Gegenzug manche fundamentalen Aspekte der Freudschen Episteme in der Auseinandersetzung mit visuellem Material zu erhellen. Hier zwei aufschlußreiche Beispiele:

Das erste betrifft die wesenhafte Materialität des Nachlebens. Wenn Warburg nach dem Status der Grisaille in den *Ninfa*-Bildern fragt (ob sie nun von Botticelli gezeichnet, von Ghirlandaio oder Mantegna gemalt oder von Donatello im Flachrelief dargestellt wurden), geht er einen Schritt weiter auf dem Weg zu einem immer phänomenologischeren Verständnis des visuellen Materials.[195] Er fragt, inwiefern die Wahl einer bestimmten Farbe oder auch »Atmosphäre« in einem Bild die Möglichkeit eröffnet, alles – und selbst noch Bewegtes – in der Distanz und materiellen Ununterschiedenheit zu erfassen, die für den Dunst (soweit es um Luft geht) oder für Fossilien (soweit es um Stein geht) typisch sind. Ein positivistischer Kunsthistoriker könnte meinen, die Grisaille enthülle lediglich einen Mangel an Farbe oder bestenfalls den sparsamen Umgang damit. Warburg hatte

193 W. Granoff 1976, S. 381-403.
194 J.-M. Rey 1979, S. 147-184.
195 A. Warburg 1929d.

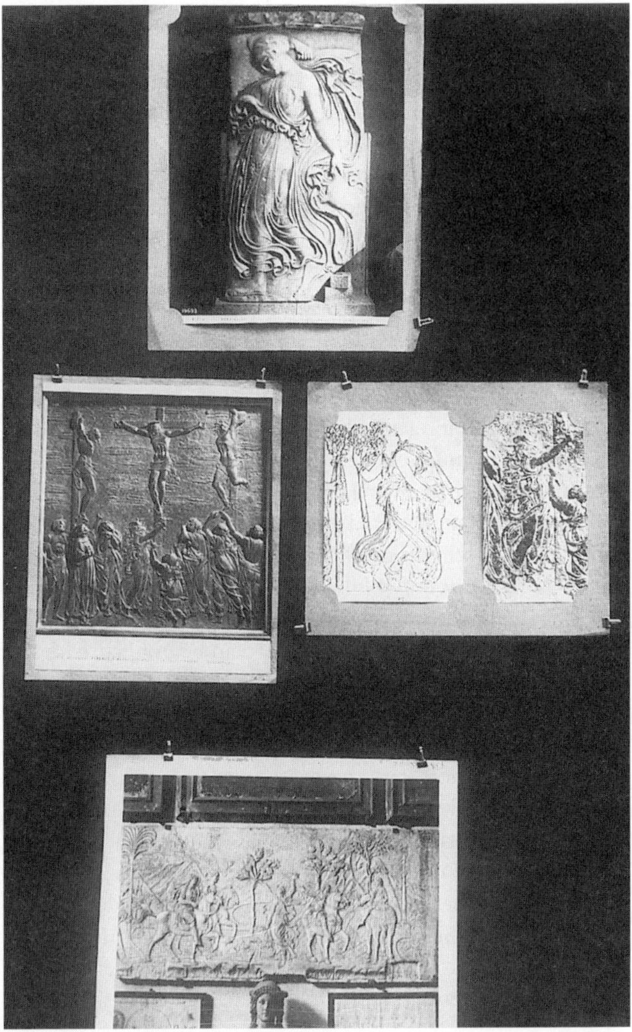

Abb. 69: Aby Warburg, *Bilderatlas Mnemosyne*, 1927-1929. Vorläufige Fassung eines Abschnitts über »Die Mänade«. London, Warburg Institute Archive. Photo: The Warburg Institute.

dagegen verstanden, daß gerade dieser Verlust gleichsam den Zugang zu einem privilegierten *Übersehen* der nachlebenden Dinge eröffnet.

Das zweite Beispiel betrifft die wesenhafte *Polarität* der Figuren. Wo Freud in Jensens Gefolge die Figur der Gradiva isoliert und sich mit Hinweisen auf deren Charme begnügt, da wirft Warburg die *Ninfa* in das gewaltige Netz der Spannungen, Gegensätze, Ambivalenzen und »dynamischen Verkehrungen«. Freud formulierte zwar eine psychobiographische Hypothese über den »anmutigen Fuß« als mögliche Umkehrung einer Mißbildung – »etwa wie ein Spitzfuß« – bei Jensens verstorbener Schwester.[196] Doch er trat in zweifacher Weise aus seiner eigenen Analyse heraus, zunächst indem er diese Hypothese von seiner eigenen Interpretation abhob, sodann – und vor allem – indem er sich damit begnügte, ein einziges Bild zu betrachten.

Warburg wußte sehr wohl, daß Gradiva ebenso wie *Ninfa* nicht allein daherkommt. Das Bild, mit dem der Psychoanalytiker sein Arbeitszimmer schmückte (Abb. 68), war nur der Vorfahr einer langen Reihe. Es ist aufschlußreich, daß Warburg ihm in seinem Bilderatlas eine Version vorzog, auf der über dem Kopf der jungen Frau, so erotisiert sie wirken mag, ein bedrohliches Messer dargestellt ist (Abb. 69). Darunter folgen Bilder mit Nymphen in Trance (griechisch) oder im Schmerz (christlich). Hier sind wir bereits fern von der ausschließlich »reizvollen« (*charming*) Figur, auf die Ernest Jones verweist, oder von dem lächelnden »Mädchen« mit dem reinen »Wissen um die Liebe«, das J.-B. Pontalis bewunderte.[197]

Mehrere Tafeln des *Mnemosyne*-Atlas entfalten die Folge, das heißt die Gesamtheit der möglichen Verwandlungen der *Ninfa*.[198] Auf Tafel 6 zum Beispiel ist die Mänade mit dem Messer umgeben von Opferszenen (der Opferung der Polyxena, die oben auf der Tafel zweimal dargestellt ist) oder von Gewaltszenen

196 S. Freud u. a. 1906-1908, S. 251 (11. Dezember 1907).

197 E. Jones 1955, Bd. II, S. 402; J.-B. Pontalis 1986, S. 217-228 (dt. S. 231-244).

198 A. Warburg 1927-1929, 20-27, 82-89 usw.

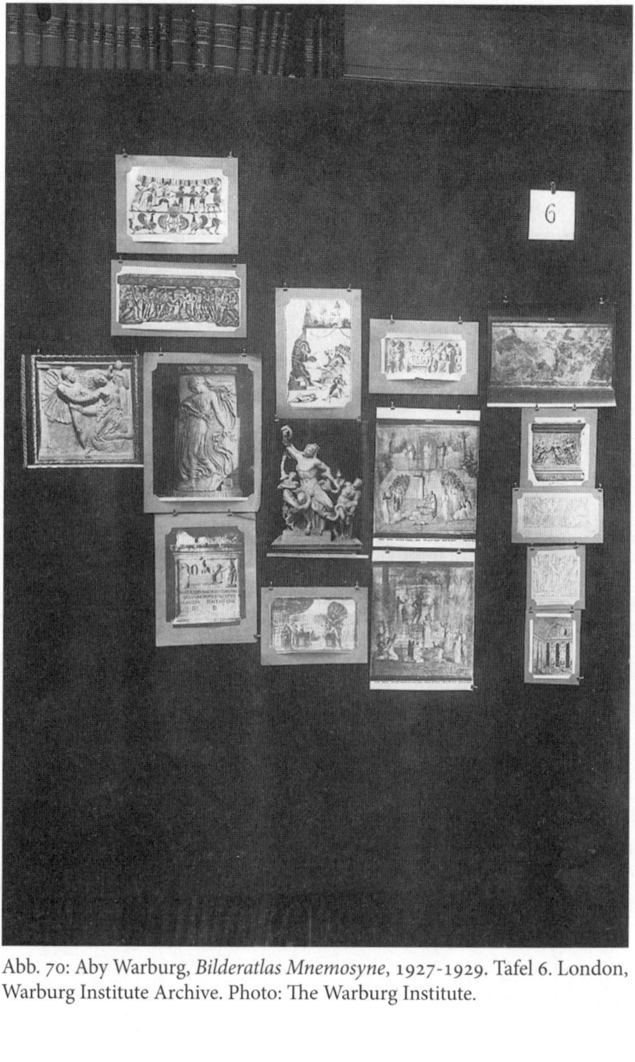

Abb. 70: Aby Warburg, *Bilderatlas Mnemosyne*, 1927-1929. Tafel 6. London, Warburg Institute Archive. Photo: The Warburg Institute.

(der von Ajax verfolgten Kassandra und nochmals eines mit seinen Söhnen von Schlangen erstickten Laokoon)[199] (Abb. 70). Auf Tafel 45 scheint eine ganze Versammlung »bewegter Nymphen« von einer Kohorte römischer Soldaten zu Tode gehetzt zu werden, die deren Kinder bei lebendigem Leibe zerstückeln in einer Szene aus dem berühmten Ghirlandaio-Zyklus in Santa Maria Novella (es handelt sich tatsächlich um eine Darstellung des *Bethlehemitischen Kindermords*).[200] Auf Tafel 47 folgen weitere Grausamkeiten: Aus dem Messer der Mänade wird das Kurzschwert in der Hand der von Donatello geschaffenen Judith, und aus dem Früchtekorb, den Ghirlandaios Dienerin so anmutig auf dem Haupt trägt (Abb. 67), wird ein abgeschlagener Kopf, den Judith oder ihre Dienerin trägt, in jeweils zwei Fassungen von Botticelli und von Ghirlandaio selbst (Abb. 71).[201]

Das Bild treibt sein Spiel mit logischen Widersprüchen – weil es sich nach der Macht des Unbewußten richtet. Es scheint, als hätte Warburg durchaus nicht der Freudschen Theorie bedurft, um tagtäglich jene beunruhigende Labilität des vom Kunsthistoriker untersuchten Materials wahrzunehmen. Ihm genügte ein »umfassender Blick« auf die literarischen Traditionen und die ikonographischen Verschiebungen der »Nymphe«. Schon bei der Zusammenstellung seines Archivs befand er sich mitten in dem, was Georges Dumézil später »Weite und Ungenauigkeit der *nymphaï*« nennen sollte.[202] Sterblich *und* unsterblich, schlafend *und* tanzend, besessen *und* besitzergreifend, geheim *und* offen, keusch *und* aufreizend, vergewaltigt *und* nymphoman, hilfsbereit *und* fatal, Beschützerin von Helden *und* Männerverderberin, sanftmütiges Wesen *und* Verfolgerin,[203] erfüllt *Ninfa* die strukturelle Funktion eines Umkehroperators zwischen gegensätzlichen

199 Ebd., S. 24-25.

200 Ebd., S. 82-83.

201 Ebd., S. 86-87.

202 G. Dumézil 1975, S. 41.

203 Siehe A. D. Nock 1961, S. 297-308; G. Becatti 1971; M. C. Bandera Viani 1984, S. 265-269; M. Halm-Tisserant und G. Siebert 1977, S. 891-902; H. Zusanek 1998.

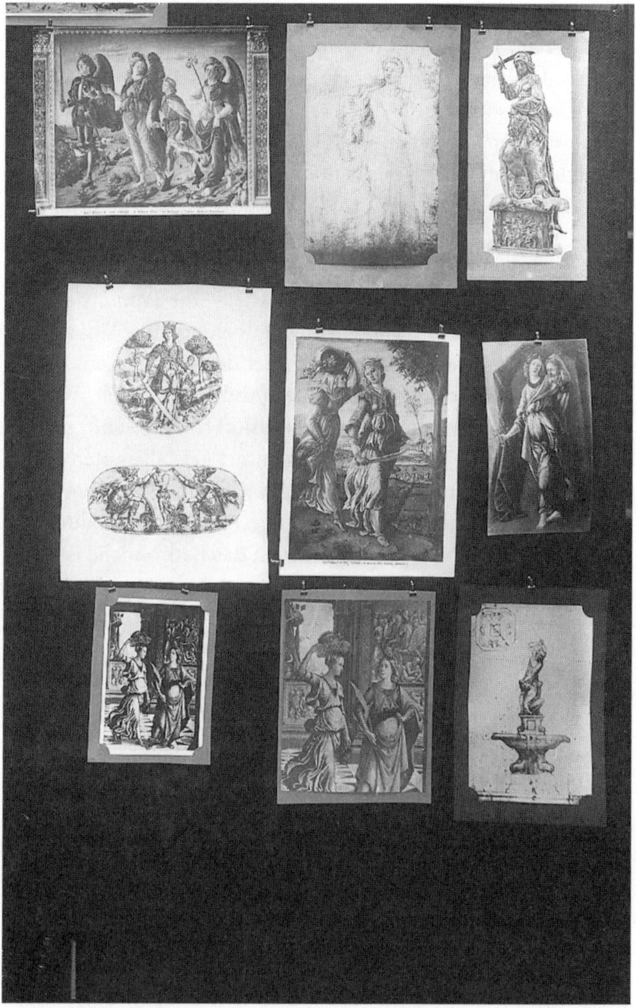

Abb. 71: Aby Warburg, *Bilderatlas Mnemosyne*, 1927-1929. Tafel 47 (Ausschnitt). London, Warburg Institute Archive. Photo: The Warburg Institute.

Werten, die sie abwechselnd »polarisiert« und »depolarisiert«, je nach Art der jeweiligen Verkörperung. Warburg verfolgte deren Schicksal bis in die Texte der Humanisten hinein, die er sammelte (wie insbesondere die des Boccaccio), und bis hin zu modernen Gemälden wie denen von Delacroix oder Manet.[204]

Blättert man das Manuskript der *Ninfa Fiorentina* durch und stößt dabei auf die Zeichnung, die Warburg – fast wie einen *Graphen* – neben die beiden lateinischen Wörter *tempus* (Zeit) und *amissio* (Wegschicken, Aufgeben, Fahrenlassen, Verlust oder Verzicht) zeichnete, hat man so etwas wie eine *Paradoxieformel* vor sich (Abb. 72). Die Verkehrung der beiden Füße läßt an eine Verrenkung denken, sofern es sich bei der schraffierten Fläche nicht um einen Schatten oder einen Abdruck handelt. Wir befinden uns hier zwischen einem Windstoß (im Gewand) und einem Fossil (einer alten, in der Gegenwart kristallisierten Spur), zwischen Bewegung und Lähmung, zwischen einer anmutigen und einer schrecklichen Gebärde. Die Anziehung ist durchaus da: der Reiz der »Nymphe«. Aber auch das Bedrohliche ist nicht fern.

Wenn Warburg bekannte, angesichts der *Ninfa* »den Verstand zu verlieren«, so weil er mit ihr die Erfahrung eines *zu allem fähigen Bildes* machte. Ihre Schönheit konnte sich in Schrecken verwandeln, aus ihrer Früchtegabe mochte ein abgeschnittener Kopf werden, ihr schönes Haar konnte im Winde wehen oder vor Verzweiflung ausgerissen werden (Abb. 54); aus ihrer erotischen Trophäe mochte eine lebendige Schlange werden (Abb. 55). Kurz, Medusa war niemals fern – Warburg selbst fühlte sich bekanntlich wie »gelähmt« vor dieser Gestalt, die ihn buchstäblich verfolgte.[205] Er wußte ohne Zweifel, daß schon die antike Tradition den Nymphen die Macht zugeschrieben hatte, den Sterblichen, die sie *ansahen*, den Verstand zu rauben.[206] Sollte das der Preis sein, der für jedes »Übersehen« des nachlebenden

204 A. Warburg 1927-1929, S. 128-129; ders. 1929e.

205 Siehe E. H. Gombrich 1970, S. 6 (dt. S. 19).

206 Siehe H. Herter 1937, Spalte 1553; F. Bassan 1998, S. 185-201 (leider sehr summarisch).

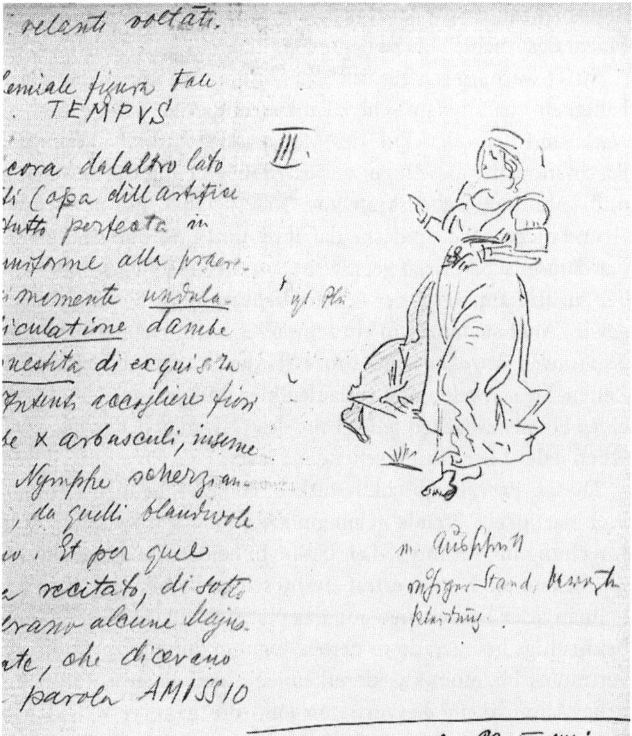

Abb. 72: Aby Warburg, *Ninfa*, 1900. Bleistift auf Papier, aus *Ninfa Fiorentina*, Blatt 6. London, Warburg Institute Archive. Photo: The Warburg Institute.

Bildes zu zahlen ist? Muß man den Verstand verlieren, um die Macht des Nachlebens zu begreifen?

Strikt warburgisch gesprochen, könnte man sagen, daß diese Fähigkeit zur »dynamischen Umkehrung« die Nähe zwischen *Ninfa* und der »Dialektik des Monstrums« enthüllt. Wenn die Faszination, die diese Figur auslöst, doppeldeutig ist (Bewegung und Lähmung, Lebenskraft und Todesgefahr), hat das seinen Grund nicht vielleicht darin, daß ihre *Aura* ganz und gar von einer dämonischen Kraft geprägt ist, auf die Warburg immer wieder zurückkam, so sehr er sie auch bannen wollte?[207] *Ninfa* tanzt, gewiß. Aber sie tanzt um ein schwarzes Loch. Sie fasziniert uns als *visueller Attraktor* eines Prozesses der Entfaltung begrabener Zeiten. Sie schwelen und verlaufen hier und dort wie die Adern eines Fossils zwischen jeder Falte des Gewands der *Ninfa*, zwischen jeder Locke ihres wehenden Haars.

Dieser Prozeß spricht natürlich von der beunruhigenden Fremdartigkeit. Freuds »Unheimliches« hat seine direkte Entsprechung in Warburgs »Leitfossil«. In beiden Fällen taucht das »Altbekannte, Längstvertraute« in seiner Dimension des Geheimen oder Begrabenen auf, das plötzlich zutage tritt.[208] *Ninfa* beunruhigt uns gerade in der Bewegung, durch die wir sie als vertrautes Phantom »wiedererkennen«, weil sie eine »unheimliche Ähnlichkeit« hervortreten läßt, die ganz verschiedenen Zeiten angehörige Dinge oder Lebewesen eint. Freuds spontaner Hinweis auf Heinrich Heines »Götter im Exil«[209] zeigt, daß das entscheidende Problem des Unheimlichen zweifellos mit dem Verhältnis zwischen *Ähnlichkeit* und *Nachleben* zu tun hat.

Diese »visuelle Anziehung«, die Schwindel verursacht und uns in den Krater der Zeiten hinabtauchen läßt, spricht auch von *Regression* und *Begehren*. Im selben Jahr, als Warburg auf eine Veröffentlichung der *Ninfa Fiorentina* verzichtete, schrieb Freud in seiner *Traumdeutung*, »daß die Verwandlung von Gedanken

---

207 Siehe R. Calasso 1994, S. 125-133.

208 S. Freud 1919, S. 244, 254-255 und 269.

209 Ebd., S. 259.

in visuelle Bilder mit die Folge der *Anziehung* sein möge, welche die nach Neubelebung strebende, visuell dargestellte Erinnerung auf den nach Ausdruck ringenden, vom Bewußtsein abgeschnittenen Gedanken ausübt«.[210] Später sollte Freud die metapsychologischen Ausdrücke dieses Vorgangs präzisieren: Die »Verstärkung der Reste« – eine Intensivierung, wie sie für die von Warburg untersuchten Pathosformeln der Renaissancekünstler typisch war – geht einher mit der Einbringung des »Wunsches«,[211] so daß hier ein begrabenes Bruchstück, ein Fossil, mit Spannungen aufgeladen wird, die der *Zukunft* zugehören.

Die Traumbilder – Warburg hätte gesagt: die nachlebenden Bilder im allgemeinen – besitzen die Besonderheit, daß sie einen zeitlich »rückläufigen« Weg nehmen, wie Freud auf derselben Seite anmerkt, und daraus einen Vektor der Protension machen, während die »Unzerstörbarkeit« der verdrängten Materialien zu einem Vektor der Unmittelbarkeit und Flüchtigkeit wird. So kann man sagen, in jedem nachlebenden Bild *tanzen die Fossilien*. Wie Freud präzisiert, liegt das Scharnier dieses Paradoxons in der berühmten »Rücksicht auf Darstellbarkeit«, der Austauschbarkeit von Worten und Bildern, nach deren Archiv Warburg ganz explizit suchte[212] und für die unsere rhetorische Verwendung von »Tropen« nur eine schwache Näherung darstellt: Die Signifikanten bewegen sich hier in einem Umfeld, in dem die Regression alles in Richtung ihres visuellen Materials, ihrer »plastischen Darstellung« zieht.[213]

»Plastische Darstellung« soll hier nicht bedeuten, daß eine abstrakte Idee eine gute visuelle Metapher oder ein »literarisches Bild« gefunden hätte, sondern daß eine Energie durch Ablagerung der Zeit Gestalt angenommen hat und zum *Fossil* geworden ist, aber dennoch die Fähigkeit behalten hat, sich zu bewegen und sich zu *verwandeln*. Freud spricht hier übrigens von einem »Schautrieb« als einer beispielhaften Instanz, die in der Lage sei,

210 Ders. 1900, S. 522.
211 Ders. 1915, S. 183-184.
212 A. Warburg 1902a, S. 69-70.
213 S. Freud 1915, S. 185. Siehe P. Fédida 1995, S. 221-244; ders. 2000.

die »sukzessive[n] Lavaeruptionen«, die sich im Laufe des psychischen Lebens verhärtet haben, »nebeneinander« bestehen zu lassen.[214] Ein Bild – im Sinne eines Leitfossils – betrachten hieße dann, *alle Zeiten gemeinsam tanzen zu sehen.*

*

Genau dies hatte Warburg in Neu-Mexiko getan, nämlich direkt einem »Fossilientanz« beigewohnt. In Wirklichkeit handelte es sich um zwei verschiedene Rituale, die Warburg jedoch zusammendenken wollte: einen Maskentanz (als Geister verkleidete Menschen) und einen Tanz der Organe (von den Tänzern manipulierte Schlangen). Das erste ist das *Katchinas*-Ritual, das Warburg selbst photographierte;[215] das zweite das berühmte Schlangenritual, dem er nicht beiwohnte, das er jedoch auf der Grundlage einer großen Zahl von Photographien kommentierte (vor allem der Aufnahmen, die H. R. Voth schon 1893 angefertigt hatte).[216]

Zwischen der antiken Nymphe, die auf den Wänden eines Sarkophags tanzt, und dem »wilden« Indianer, der mitten in der Wüste im Staub einer *Mesa* tanzt, könnte der Gegensatz kaum größer sein: marmorne Grisaille gegen lebendige Körpermalerei; erotischer Reiz gegen kriegerische Pantomime; ein zum Armband aufgerollter Schlangenschmuck gegen die lebendigen Schlangen zwischen den Zähnen (Abb. 37). Und dennoch, von Pompeji bis Oraibi – beide durchaus nicht zufällig auf vulkanischem Gelände errichtet – glaubte Warburg auf dieselbe Verschlingung von Problemen zu stoßen.[217] Was ist eine heidnische Kultur, ob sie nun in ihren Monumenten überlebt (wie in Italien) oder im konkreten gesellschaftlichen Leben (wie bei den

214 S. Freud 1915, S. 93-94. (Die »sukzessive[n] Lavaeruptionen« entsprechen den »Zwischenstufen der Triebentwickelung«. Im selben Absatz verwendet Freud den Ausdruck »Trieberuption«.)

215 Siehe B. Cestelli Guidi und N. Mann (Hg.) 1998, S. 132-141.

216 A. Dorsey und H. R. Voth 1902; H. R. Voth 1903.

217 Siehe C. Naber 1988, S. 88-97; U. Raulff 1988b, S. 59-95.

Indianern)? Vor allem aber, wie äußert sich solch ein Überleben, ob nun bei einer im Luxus lebenden Minderheit (wie der Elite der humanistischen Zirkel) oder bei einer in Not und Elend lebenden Minderheit (wie den kolonisierten Stämmen Neu-Mexikos)?[218] Warburg hat nicht verhehlt, was seine »Methode« ganz allgemein der 1895 unternommenen Reise zu den Indianern verdankte. In einem Brief an den Ethnologen James Mooney schrieb er:

> Ich fühle mich immer sehr in der Schuld Ihrer Indianer. Ohne das Studium ihrer primitiven Kultur wäre ich nie in der Lage gewesen, eine breitere Basis für die Psychologie der Renaissance zu finden.[219]

Irgenwann einmal werde er ihm eine Probe seiner Methode vorlegen, die allerdings noch unveröffentlicht und daher noch nicht bekannt sei, so daß man darauf noch werde warten müssen.

Die »Methode« bestand zunächst darin, das beträchtliche, vom Nachleben »kontaminierte« Feld abzumessen. Aus der Hand eines Kindes erhielt Warburg bezeichnenderweise seinen ersten »Fossilientanz« (Abb. 73). In einer Zeichnung, die von der Erzählung »Hans Guck-in-die-Luft« inspiriert war, sieht man zunächst das Bemühen des Indianerkindes, sich den in der Schule aufoktroyierten westlichen Darstellungsregeln anzupassen. Mehr oder weniger erfolgreich versucht es, den Raum mit dem Haus und dem kubischen Schornstein perspektivisch zu zeichnen. Doch als es darum geht, den Blitz darzustellen, zeichnet das Kind zwei Schlangen: Das aus unvordenklichen Zeiten stammende kosmologische Symbol der Hopi durchbricht die erzählerische Darstellung der europäischen Geschichte. Ein Leitfossil kommt hier unter den Händen des Kindes hervor (das diese »Himmelsfossilien« im übrigen nicht am Himmel, sondern an der Flanke des Berges zeichnet, was sie in noch größere Nähe

---

218 A. Warburg 1923c, S. 9-11. Es sei daran erinnert, daß Warburg seinen Ausflug nur fünf Jahre nach dem Massaker an Indianern in Wounded Knee unternahm.

219 Ders. Brief an James Mooney, 17. Mai 1907 (zit. n. B. Cestelli Guidi und N. Mann 1998, dt. S. 45).

zu lebendigen Schlangen bringt, die zu den Häusern herabkröchen, aber auch zu den Erdbebenspalten, von denen das Hopi-Territorium allenthalben durchzogen ist).[220]

So suchte Warburg in Oraibi also im Leben – im sozialen Leben – nach dem Überleben »primitiver« Symbole. Er beobachtete und sammelte verzierte Objekte, vor allem die einfachen Töpfereien, die von den Indianerinnen auf dem Kopf getragen wurden, wie die schöne Dienerin auf Ghirlandaios Fresken es mit ihrem Früchtekorb tat.[221] Vor seinen Augen fand Nachlebendes seine Verkörperung und bestätigte alle Vorstellungen des jungen Forschers über den engen Zusammenhang zwischen Darstellungsobjekten (den von der Kunstgeschichte untersuchten Monumenten) und Darstellungshandlungen (dem Forschungsmaterial der Anthropologie: Masken, Rituale, Feste, Tänze, Körpertechniken).[222] Da kann es nicht verwundern, daß der Schlangenblitz auf die Haut der Hopi-Tänzer gemalt wurde.[223]

Doch die Verwandlungsfähigkeit – Verschiebung und Verkörperung – des Leitfossils ist von solcher Art, daß Warburg sie am Ende dort beobachtete, wo sie direkt »ins Motorische übersetzt« wurde, das heißt in Animalität, in Gebärden, in körperliche Verrenkungen. Die kosmologische Schlange, die von Warburgs Informant (Abb. 35), von dem Indianerkind (Abb. 73) oder bei den Zeremonien in Walpi in den Sand gezeichnet wurde (Abb. 74), tritt auch als wimmelnder Haufen lebender Schlangen in den Zeremonien in Oraibi oder Mishongnovi (Abb. 75-76) auf. Dieser Haufen aus wimmelnden, ineinander verschlungenen Schlangen bietet in der Tat ein extremes Paradigma all dessen, was Warburg in Neu-Mexiko suchte: die unmittelbare Verkörperung dessen, was »ganz Kraft« ist und auf das er als guter Nietz-

220 Warburg berichtete von einem »Wunder«, das 1895 bei den Indianern Neu-Mexikos geschehen war. Die Erde hatte sich bei einem Erdbeben aufgetan und einen seit langem begrabenen Sarg freigegeben (zit. ebd., S. 184-185).

221 Ders. 1923c, S. 15.

222 Ders. 1923b, S. 572-573.

223 Siehe J. W. Fewkes 1894, S. 77.

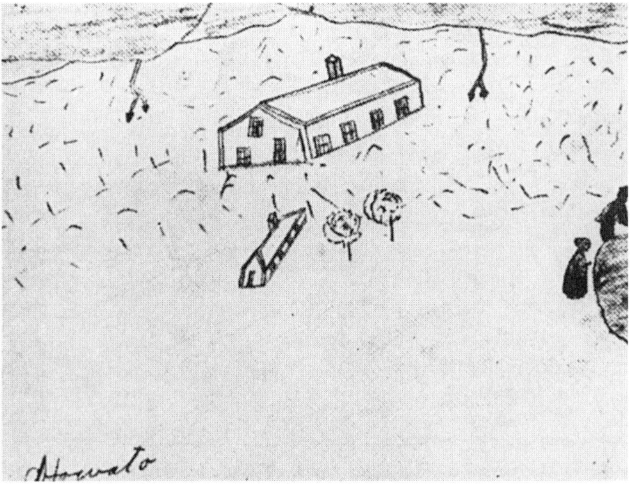

Abb. 73: *Zeichnung eines Indianerkindes mit zwei Blitzen in Form von Schlangen*, 1895. Nach A. Warburg, *Bilder aus dem Gebiet der Pueblo-Indianer in Nord-Amerika*, 1923, Abb. 1. Photo: The Warburg Institute.

scheaner den Symbolbegriff stützen wollte.[224] Vor diesem wimmelnden Schlangenhaufen erfaßte der Mensch gleichsam *mit vollen Händen* die »Dialektik des Monstrums«, das ihn in seinen Träumen, seinen Symbolen und seinen Glaubensvorstellungen verfolgte – ein Weg, das Monstrum zu beherrschen, aber auch, von ihm unterjocht zu werden:

> Die Schlangenformation des Blitzes, das Rätselhafte seiner Bewegung, ohne deutlich feststellbaren Anfangs- und Endpunkt seiner Bewegung, seine Gefährlichkeit teilt er mit der Schlange, die ein Maximum der Bewegung und ein Minnimum der Angriffsfläche bietet. Wenn man sie in ihren gefährlichsten Formen in den Händen hält, nämlich in der Klapperschlange, wie die Indianer es tatsächlich tun, sich von ihr beissen lässt und sie nachher nicht etwa tötet sondern wieder in die Wüste hinausbringt, so hat Menschenkraft durch handmässiges Erfassen eben zu begreifen versucht, was sich

224 A. Warburg 1923b, S. 574.

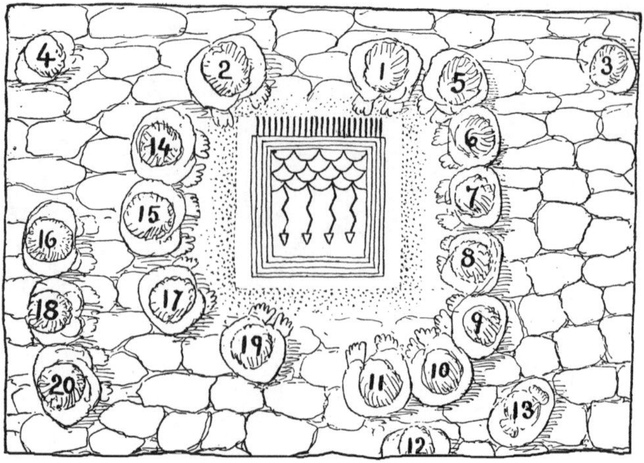

Abb. 74: *Schlangenritual in Walpi: Stellung der Sandmalerei und der Beteiligten.* Nach J. W. Fewkes, »The Snake Ceremonials at Walpi«, *Journal of American Ethnology and Archaeology* IV (1894), S. 76.

> in Wirklichkeit seinen Hantierungskünsten entzieht. Der Versuch einer magischen Einwirkung ist also erstens ein Aneignungs-Versuch eines Naturereignisses in seinem lebendigen, ähnlichen Umfangsgebilde ...[225]

Indem der Mensch diese »Lebensform« nachahmt, indem er diese Ähnlichkeit tanzt und sie »ins Motorische übersetzt«, erlangt er die Fähigkeit, Bewegung und Verwandlung herbeizuführen: »Der Unfaßbarkeit der Vorgänge in der Natur stellt der Indianer dadurch seinen Willen zur Erfassung entgegen, daß er sich in eine solche Ursache der Dinge persönlich verwandelt. [...] Der Maskentanz ist getanzte Kausalität.«[226]

Doch dieser Tanz ist in einem tieferen Sinne auch eine Verrenkung. Dem Bild der bewegten Schlangen – oder dem Bild des hysterischen Symptoms – fügt er die *Plastizität* der Metamorphosen und einen *Konflikt* der ineinander verschlungenen

225 Ebd., S. 574-575.
226 Ders. 1923c, S. 51-52.

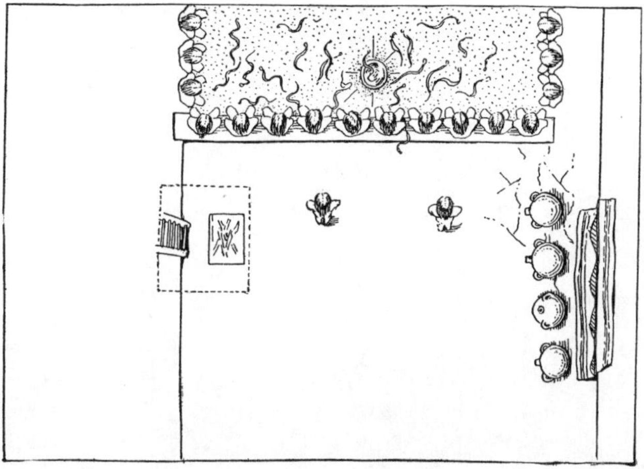

Abb. 75: *Schlangenritual in Mishongnovi: Stellung der Schlangen und der Beteiligten*. Nach J. W. Fewkes, »Tusayan Flute and Snake Ceremonies«, *19th Annual Report of the Bureau of American Ethnology*, 1897-1898, S. 971.

Organe oder Organismen hinzu. Virtuose Ähnlichkeit ist nicht ohne die Spaltung des Unähnlichen zu haben.

Plastizität der Metamorphosen: Ob er sie im dionysischen Überschwang antiker Sarkophage oder in der »wilden« Intensität von Indianertänzen, in den Votivmasken von Florenz oder den Zeremonialmasken von Oraibi fand, Warburg vermochte nun die magische Kraft der Ähnlichkeit zu beobachten, die man – über Lévi-Strauss hinaus – als *imaginäre Wirkmacht* bezeichnen müßte. Diese Entdeckung führte unabhängig von jeglichem Exotismus[227] – wie auch von jeglichem Archetypendenken – zum ebenso notwendigen wie schwierigen Projekt einer vergleichenden Anthropologie, die sich gleichermaßen auf Kriterien der Form wie auf solche des Inhalts und des Kontexts stützt. Darin erscheint Warburg in der Tat als ein unmittelbarer Vorläufer von Ernesto de Martino.[228]

227 Siehe C. Ginzburg 1999.

228 Siehe R. Di Donato 1999, S. 41-56. Zum Vergleich zwischen Floren-

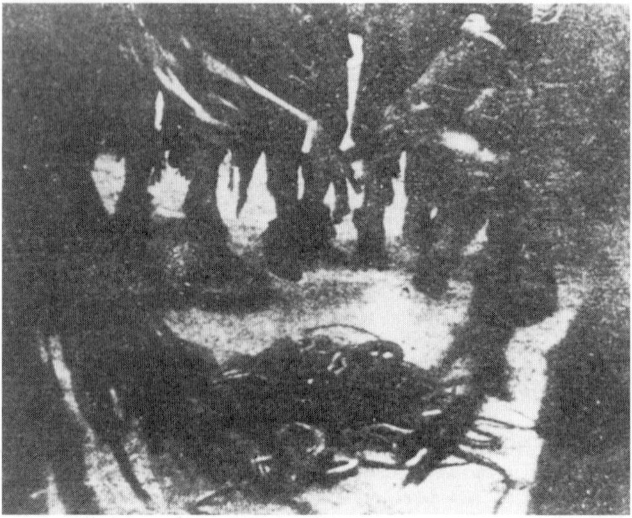

Abb. 76: *Schlangenritual in Mishongnovi: die im »Maiskreis« aufgehäuften Schlangen.* Nach A. Dorsey und H. R. Voth, *The Mishongnovi Ceremonies of the Snake and Antelope Fraternities*, Chicago 1902, Tafel CXLII.

Konflikt der Organismen, Spaltung des Unähnlichen: Warburg beschreibt ein konkretes Bespiel dafür, als er berichtet, wie die lebendigen Schlangen in Walpi auf einen Haufen geworfen wurden auf dem Boden der *Kiwa*, wo man die geometrischen Schlangen der Hopi-Kosmologie in den Sand gemalt hatte (Abb. 74). »Auf dieses erste Sandgemälde wird die Schlange mit aller Wucht geworfen, wodurch die Zeichnung zerstört wird und die Schlange sich mit dem Sand vermischt.«[229] Es reicht nicht, wenn man sagt, die »Präsenz« zerstöre in diesem Fall die »Repräsentation«. Man muß sagen, das Symbol sei hier überall aktiv – aber dieser Akt ist der einer Verbindung, die sich unab-

---

tinern und Indianern siehe auch P.-A. Michaud 1998b, S. 55-63 (dt. S. 53-63); M. A. Katritzky 2001, S. 209-258. Zum Vergleich zwischen Juden und Indianern siehe M. P. Steinberg 1995, S. 59-114 (sowie die Kritik daran bei J. L. Koerner 1997, S. 30-38).

229 A. Warburg 1923c, S. 40.

lässig auflöst und wiederherstellt, die getrennt und neuerlich geknüpft wird. Insgesamt also eine Bewegung der Verschlingung von Schlangen.

Warburg sagt das sehr präzise, als er – in seinem Entwurf von 1923 – mit der Feststellung beginnt, das ganze hier zu lösende Problem sei das »Problem der symbolischen Verknüpfungen«. Aber unmittelbar darauf sagt er auch, diese Verknüpfung selbst bilde sich nur im Wechsel von »Werden« und »Vergehen«, von »Schöpfung« und »Zerstörung«.[230] Wenn der Antilopen- und der *Katchinas*-Tanz Warburg abwechselnd komisch und tragisch, harmlos und tiefgründig erscheint, so vor allem deshalb, weil die Symbole in ihrer Funktionsweise lediglich die *Krise* eines »verzweifelten Ordnungsversuches dem Chaos gegenüber« auslösen.[231]

Diese Krise ist struktureller Natur. Sie sorgt für eine *Spaltung*, die jedes Lebenssymbol zum Symptom macht: »Die ganze Menschheit ist ewig und zu allen Zeiten schizophren«, schreibt Warburg in denselben Notizen. Wir können das so verstehen: Das Leitfossil, das erst der Kultur ihre Zählebigkeit verleiht, zeigt sich nur dann (oder kommt nur dann aus der Erde hervor), wenn der Boden aufreißt, wenn es zu einem Erdbeben kommt. Als »Seismograph auf der Grenzlinie zwischen den Kulturen« wird der Historiker der Bilder diese Spaltung aufzeichnen, auch auf die Gefahr hin, in der Berührung damit selbst zu zerreißen.[232]

---

230 Ders. 1923b, S. 567 und 599, Anm. v, vi (Einfügungen).
231 Ebd., S. 567; ders. 1923c, S. 24 und 36.
232 Ders. 1923b, S. 583; ders. 1927d.

Warburg bei Binswanger: Konstruktionen im Wahnsinn

Auf seiner Reise zu den Indianern konnte Warburg mit Händen greifen, was er vor den antiken Kentaurenkämpfen geahnt hatte, auf denen sich bereits Logos und Pathos, Mensch und Tier ineinander verrenkten – gegeneinander antraten, sich wechselseitig einverleibten (Abb. 17).[233] Von den griechischen Marmorskulpturen bis hin zu den lebendigen Ritualen in Oraibi verwandelte er also seine *Forschung* – mit den zugehörigen *geschlossenen Räumen* der Bibliotheken, Archive und Museen – in *Erfahrung*. Der Vergleich der archäologischen Funde oder photographischen Dokumente wich einer aktiven Beobachtung: einem nahezu taktilen Blick auf diese »rätselhaften Organismen« der maskierten Tänzer, die er aus der Nähe photographierte, ganz direkt, unter einer brennenden Sonne, im *offenen Raum*, in der zerklüfteten Wüste Neu-Mexikos. Endlich konnte er die »lebendige Kraft« – aber auch die Spaltung – der »primitiven Symbole«, nach denen er so lange gesucht hatte, mit den Händen berühren.

Bekanntlich mußte Warburg gut dreißig Jahre warten, bevor er die Lehren aus dieser Erfahrung ziehen konnte. Und er konnte es erst nach einem schwindelerregenden Sturz in die Psychose, hinter den Mauern einer psychiatrischen Anstalt in Kreuzlingen am Bodensee, die von Ludwig Binswanger geleitet wurde – einem Neffen jenes Otto Ludwig Binswanger,[234] in dessen Obhut man den kranken Nietzsche gegeben hatte. Und darin liegt das Paradoxon: Es war notwendig, daß die Erfahrung selbst der zerstörerischen Kraft einer psychischen Prüfung ausgesetzt wurde, damit aus dem nahen Blick Wissen und »Übersicht« wurde in dieser Klinik, die so treffend den Namen »Bellevue« trug.

---

233 A. Warburg 1887.

234 Warburg hatte eines seiner Bücher erworben, das sich mit den »seelischen Wirkungen des Krieges« befaßte: O. L. Binswanger 1914 (unter der Signatur DII 70).

Dort also packte Warburg von 1921 bis 1924 das »Monstrum« mit bloßen Händen oder kämpfte er vielmehr wie Laokoon gegen die tödliche Kraft der Schlangen. In diesen Mauern tanzte Warburg – nur wenige Monate, nachdem Nijinski dies vor demselben Binswanger getan hatte[235] – seine »Dialektik des Monstrums«, intensiv »ins Motorische übersetzt«, stundenlang herausgeschrien oder delirierend heruntergeleiert. Binswangers Briefwechsel mit Freud zeugt von einer aussichtslosen Diagnose:

> Lieber Herr Professor,
> [...] Prof. V. zeigte schon in der Kindheit Angst- und Zwangserscheinungen, hatte schon in der Studentenzeit ausgesprochen wahnhafte Einfälle, war niemals frei von Zwangsbefürchtungen, Zwangshandlungen etc., worunter auch seine literarische Produktion stark litt. 1918 hat auf dieser Basis und wohl ausgelöst durch das Praesenium eine schwere Psychose eingesetzt, in der das bisher mehr neurotisch verarbeitete Material psychotisch zum Ausdruck kam. Daneben bestand eine hochgradige psychomotorische Erregung, die auch jetzt noch dauernd vorhanden ist, wenn sie auch starken Schwankungen unterliegt. Er ist bei uns auf der geschlossenen Abteilung, ist aber nachmittags meist so weit ruhig, daß er Besuche empfangen, zu uns zum Tee kommen, Ausflüge machen kann etc.
> Er ist jetzt auch noch sehr von seinen durchaus noch an der Grenze zwischen Zwang und Wahn stehenden Befürchtungen und Sicherungen derartig beherrscht, daß trotz völligen Intaktseins der formalen Logik kein Platz mehr vorhanden ist für Betätigung auf wissenschaftlichem Gebiet. Er interessiert sich wohl für alles, hat noch ein ausgezeichnetes Urteil über Menschen und Welt, sein Gedächtnis ist hervorragend; jedoch gelingt es immer nur für kurze Zeit, ihn an wissenschaftliche Themata zu fixieren.
> Ich glaube, daß im Lauf der Zeit die psychomotorische Erregung weiter langsam abnehmen, glaube aber nicht, daß eine Wiederherstellung des Zustandes quo ante der akuten Psychose und eine Wiederaufnahme der wissenschaftlichen Tätigkeit möglich sein wird. Ich bitte Sie natürlich, diese Angaben nur so weiterzugeben, daß ich

235 Siehe V. Nijinski 1919; P. Ostwald 1991.

> dabei gedeckt bleibe. Haben Sie seinen Luther gelesen? Es ist jammerschade, daß er aus seinem riesigen Schatz an Kenntnissen und seiner immensen Bibliothek voraussichtlich nicht mehr wird schöpfen können.[236]

Diese entmutigende Diagnose wurde allerdings durch die Tatsachen widerlegt – großenteils dank des therapeutischen Geschicks des Mannes, der sie formuliert hatte. Im Oktober 1922 schrieb Warburg an seinen Sohn Max Adolf, er wolle versuchen, einige seiner Gedanken zu rekonstruieren, indem er für Binswanger und die übrigen Patienten des Bellevue einen Vortrag über seine Erlebnisse bei den Hopi-Indianern ausarbeitete.[237] Es folgten Wochen fieberhafter Vorbereitung, bei der Fritz Saxl seine unersetzliche Rolle als Assistent spielte, der in Hamburg die Diapositive heraussuchte und nach Kreuzlingen brachte, damit der kranke Forscher das notwendige Material soweit wie möglich zur Verfügung hatte.

Der Vortrag fand am 21. April 1923 vor dem Klinikpersonal und einigen ausgewählten Gästen von außerhalb statt.[238] Die Kommentatoren täuschen sich, wenn sie optimistisch behaupten, dieser Vortrag habe »bewiesen, daß sein Autor gesunden Geistes« oder daß er an diesem Tag dank des Zauberstabs einer intellektuellen »Sublimierung« wieder ganz bei Verstand gewesen sei.[239] Ein paar Stunden »Sublimierung« vermögen eine Psychose nicht aufzulösen. Auch wenn Warburg selbst den Vortrag für die »direkte Fortsetzung und Weiterbildung« seiner bisherigen Forschertätigkeit hielt,[240] war ihm doch bewußt, daß er ein Gleichnis seiner eigenen Situation lieferte, wenn er die Schlangen zwischen den Zähnen der Tänzer in Walpi zeigte – wie man es auf Voths Photographien sieht.[241]

---

236 L. Binswanger und S. Freud 1908-1938, S. 175-176 (Brief an S. Freud vom 8. November 1921).

237 Siehe M. Diers 1979, S. 5-14; K. Königseder 1995, S. 89.

238 K. Königseder 1995, S. 93-96.

239 M. P. Steinberg 1995, S. 72-73; J. L. Koerner 1997, S. 30.

240 Siehe U. Raulff 1998, S. 64.

241 Siehe A. Warburg 1923b, S. 599, Anm. vii und viii (Liste der Dias).

Erst sechzehn Monate später, im August 1924, konnte Warburg Binswangers Klinik verlassen. Und es bedurfte eines weiteren Vortrags 1925 in Hamburg (auf dem die Zuhörer sich wunderten, welche körperliche Anstrengung der Vortrag für Warburg bedeutete und in welch aufgelöstem Zustand er sich befand), bis Binswanger ihm schrieb: »Ich halte Sie jetzt keineswegs mehr für ›zur Normalität beurlaubt‹, sondern als endgültig entlassen.«[242]

Warburgs Notizen für seinen Vortrag von 1923 tragen alle Anzeichen eines tiefen Leidens, einer Verrenkung des mit seinem Symptom kämpfenden Denkens. Das erste Wort des Entwurfs lautet: »Hilfe!«. Es folgt ein pharmakologischer Hinweis: »…noch unter Opiumkur geschrieben«.[243] Dann, noch bevor Warburg Titel und Thema des Vortrags nennt (»das Nachleben primitiven Menschentums in der Kultur der Pueblo-Indianer«), versucht er seinen Text vor jedem öffentlichen Schicksal zu bewahren: »Entwürfe die nie gedruckt werden dürfen«. Und schließlich nennt er, was ihm den Status oder, wenn man so sagen will, die literarische Gattung seines Versuch zu definieren scheint: »Die Konfession eines unheilbar Schizoiden, den Seelenärzten ins Archiv gegeben.«[244] Und so stellte er die Erfahrung der Reise von 1895 in den Rahmen der Prüfung, der Verrenkung von 1923:

> Was ich also sah und erlebte, gibt nur den äusseren Schein der Dinge wieder, von denen zu sprechen ich nur das Recht habe, wenn ich vorausschicke, daß das unlösbare Problematische mir so drückend auf der Seele gelastet hat, daß ich in meiner gesunden Zeit nie gewagt haben würde, darüber etwas wissenschaftlich zu äussern. Jetzt aber, 1923 im März, in Kreuzlingen, in einer geschlossenen Anstalt, wo ich mich als Seismograph empfinde, der aus Holzstücken zusammengesetzt ist, die einem Gewächs entstammen, das aus dem Orient in die nahrhafte norddeutsche Tiefebene verpflanzt wurde und ei-

242 L. Binswanger, Brief an A. Warburg vom 14. August 1925 (zit. n. U. Raulff 1991b, S. 60).

243 A. Warburg 1923b, S. 567 und 599, Anm. i.

244 Ebd., S. 568.

nen aus Italien inokulierten Ast trug, lasse ich die Zeichen, die ich empfange, aus mir heraustreten ...[245]

Das also war der Vortrag von 1923. Wie Nietzsche vor ihm und Artaud nach ihm müht sich ein Denker mit der – »schizoiden« – Prüfung seiner auseinandergebrochenen Genealogie ab. Doch auch der »zerbrochene Seismograph« gab noch, wenn auch in Unordnung, einige in den entscheidenden Erlebnissen der vergangenen Jahre empfangene »Zeichen« wieder, »Zeichen«, die es trotz allem zu einem Gedanken zu ordnen oder zu *konstruieren* galt. Dennoch wiederholte Warburg in einem Brief an Saxl das Verbot, seine Notizen anderen zugänglich zu machen.[246] Ist es da verwunderlich, daß der Text des *Schlangenrituals* so viele Ausgaben erlebte und so viele Kommentare auf sich zog – und daß er sogar bis vor kurzem der einzige in englischer Sprache verfügbare Warburgsche Text war?

Zweifellos nicht. Jeder spürt, daß in diesem Vortrag etwas sehr Wichtiges geschieht. Die einen sehen darin eine Frage der Wissenschaft (die italienische Renaissance, neu betrachtet im Licht der indianischen Kultur), die anderen eine Frage der Identität (Warburgs Judentum, konfrontiert oder sogar assoziiert mit der indianischen Kultur).[247] Genau diese Dinge werden im Vortrag von 1923 verschoben. Hinsichtlich der Identität finden sich dort nur Hinweise auf Leid (»die schwere Erkrankung meiner Mutter«, »ich hatte den Antisemitismus ... kennen gelernt«) oder Paradoxien (»Athen – Oraibi – alles Vettern«).[248] Im Bereich des historischen oder anthropologischen Wissens bringt der Vortrag nur Fragmente. Und es ist keine gespielte Bescheidenheit, wenn Warburg, dieser große Erforscher der »Quellen«,

245 Ebd., S. 573.

246 A. Warburg, Brief an F. Saxl vom 26. April 1923 (abgedruckt in ders. 1923c, S. 58). Nur vier Personen aus seiner näheren Umgebung sollten den Text lesen dürfen: seine Frau Mary, sein Sohn Max, sein Arzt Heinrich Embden – und Ernst Cassirer, der damals an seiner *Philosophie der symbolischen Formen* arbeitete.

247 Siehe S. Settis 1993, S. 139-158, und M. P. Steinberg 1995, S. 59-114.

248 A. Warburg 1923b, S. 576, 570 und 567.

auf die grundsätzliche philologische Grenze seiner Forschung hinweist, die Tatsache nämlich, daß er die Sprache der Indianer nicht beherrschte (die sich im übrigen auch untereinander nicht verstanden) – ein offensichtliches Hindernis für jeden Versuch, die »Symbole« einer Kultur zu verstehen.[249]

Inwiefern also ist der Vortrag von 1923 ein Werk von entscheidender und sogar grundlegender Bedeutung? So merkwürdig es klingen mag, möchte ich behaupten, die Lehre, die er enthält, ist epistemologischen oder auch methodologischen Charakters. Warburg macht dort eine »Regression« zu einer »Erfindung«. Er kehrt zu den eindrucksvollen Erlebnissen seiner Reise zu den Hopis zurück, um – durch den Wahnsinn hindurch – die Voraussetzungen für eine Erneuerung und Vertiefung seiner Forschung zu schaffen. Und tatsächlich beginnt er nach der Rückkehr aus Kreuzlingen trotz seines prekären Zustands die Arbeit an Projekten, deren Fruchtbarkeit verblüfft: *Mnemosyne* natürlich, aber auch die theoretischen Schriften, die Seminare zur Methode, die Ausflüge in die Zeitgeschichte, die Ausstellungen …

Im Bellevue gelang ihm also das eigentlich Unmögliche. Er machte aus seiner Verrenkung (in einem Problem, das uns nicht betrifft) eine Konstruktion (aus der jeder Historiker heute Nutzen ziehen sollte). In der außergewöhnlichen Anamnese-Arbeit ging er – mit Binswangers Hilfe – den Weg von der *Prüfung* zur *Erfahrung* und von dort zur *Erkenntnis.* Der Erkenntnis eines neuen Stils (das ist unsere berühmte »namenlose Wissenschaft«), denn sie macht ihre eigene Gefährdung zur Grundlage ihres Erfolgs.[250] Einer *Erkenntnis,* die in der Lage ist, das *Bekenntnis* eines Schizoiden in eine Kulturtheorie der symbolischen Spaltungen, also ein *Pathos* (oder ein Symptom) in eine Kulturtheorie des *Pathos* (oder des Symptoms) zu verwandeln. Ich kann nicht

---

249 Ebd., S. 572.

250 Siehe U. Raulff 1998, S. 74, der sehr zu Recht auf die Analogie zwischen dem fundamentalsten Objekt der Warburgschen Wissenschaft, dem Nachleben, und der Bestimmung der Schlange hinweist, sich unablässig zu bewegen und zu verwandeln.

umhin, mir vorzustellen, wie sehr solch eine Bewegung Gilles Deleuze fasziniert hätte – nicht weniger als Michel Foucault übrigens, der darin zweifellos beobachtet hätte, inwiefern die *Geschichte des Wahnsinns* Raum für die *Archäologie des Wissens* zu schaffen vermag. Diese Bewegung müssen wir nun genauer rekonstruieren.

*

Bei der Ankunft im Bellevue ist der »Seismograph« Warburg zerbrochen. Was hat ihn zerbrochen? Ein großes historisches Erdbeben. Nicht seine individuelle Geschichte, sondern deren Zusammentreffen mit der westlichen Geschichte als ganzer. Der Seismograph zerbricht, als er in den Ersten Weltkrieg gerät. Warburg versuchte zunächst, alle Erdstöße aufzuzeichen. Vom Anbeginn des Konflikts 1914 trug er ein umfangreiches Archiv zusammen, schnitt zahlreiche Zeitungsartikel aus, ordnete das Geschehen in Rubriken, registrierte die geographische Entwicklung des menschlichen Erdbebens, indem er die strategischen Stellungen und Frontlinien aufzeichnete (Abb. 77).[251] Das heißt, indem er die Linien der Schützengräben nachzeichnet, dieser »Spalten« in Europas Erde, die Millionen von Menschen verschlingen sollten.

Zu dieser Zeit war Warburg noch ein Seismograph Burckhardtschen Typs. Er zeichnete Symptome auf, um sich davor zu schützen. Er diagnostizierte die Spaltungen, um sie zu bannen. So beteiligte er sich an einer *Rivista illustrata* des Krieges, die von Deutschland aus in italienischer Sprache mit dem Ziel herausgegeben wurde, die drohende Spaltung zwischen den Intellektuellen beider Länder zu verhindern.[252] Zur selben Zeit studierte er die Propagandablätter der Lutherzeit und begründete damit – wie Martin Warnke sehr schön gezeigt hat – jenen neu-

251 Siehe K. Königseder 1995, S. 77-81; A. Spagnolo-Stiff 1999, S. 249-251.

252 Siehe A. Spagnolo-Stiff 1999, S. 250-269.

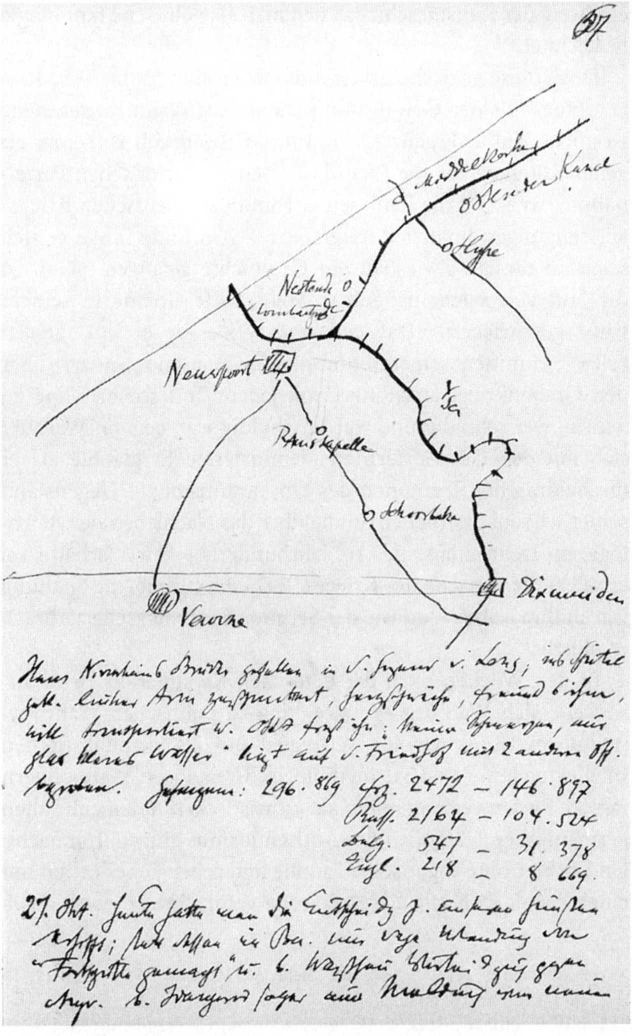

Abb. 77: Aby Warburg, *Frontverlauf in den Kämpfen zwischen Franzosen und Deutschen.* Tinte auf Papier, aus den *Notizbüchern*, 26. Oktober 1914, S. 67. London, Warburg Institute Archive. Photo: The Warburg Institute.

en Zweig der Kunstgeschichte, den man als politische Ikonologie bezeichnet.[253]

Doch diese kritische Erkenntnis, die er um prophetische Klagen über eine der Gewalt und paranoidem Wahn hingegebene westliche Kultur ergänzte, stand im Widerspruch zu seiner eigenen Tätigkeit für die *Rivista* und seiner patriotischen Parteinahme (während die Bank seiner Familie die deutschen Kriegsanstrengungen finanziell unterstützte). Am Ende fühlte er sich selbst in diesem Zwiespalt der Geschichte gefangen. »Nun ist die Luft von solchem Spuk so voll«, hatte Goethe in seinem Faust geschrieben, »Daß niemand weiß, wie er ihn meiden soll.«[254] Inmitten seiner fünfundzwanzigtausend Notizen über den Grabenkrieg, erschüttert von jedem Todesopfer, ohne zu wissen, wer schuldig und wer unschuldig war, begann Warburg sich mit den Gespenstern zu identifizieren. Er glaubte, da er die heidnischen Dämonen des Obskurantismus – Gegenstand seiner wissenschaftlichen Studie über das Nachleben der Astrologie im Deutschland des 16. Jahrhunderts – geweckt hatte, sei er selbst die Ursache des Krieges.[255] Die Frontlinie, die Spaltung war in ihm selbst. Und wie der Seismograph Nietzsche zerbrach er plötzlich.

In den Wochen nach der deutschen Kapitulation 1918 entwickelte sich Warburgs Verzweiflung zu politischen Wahnvorstellungen (Bolschewiken verfolgten ihn als »kapitalistischen Intellektuellen«) und zu mythologisch-religiösen Wahnbildern (antike Furien verfolgten ihn als »atheistischen Juden«, die alten germanischen Dämonen des Antisemitismus gingen ihm nach). Und er bedrohte sogar seine Familie und sein eigenes Leben mit einer Pistole.[256] Nach dieser Episode verbrachte er zweieinhalb

---

253 A. Warburg 1920, S. 199-303. Siehe M. Warnke 1999, S. 41-45; D. McEwan 2001, S. 93-120.

254 J. W. Goethe, Faust II, 5. Akt (zit. als Motto in S. Freud 1901, S. 3)

255 Siehe R. Chernow 1993, S. 174-177 (dt. S. 226-229); J. L. Koerner 1997, S. 38.

256 Siehe R. Chernow 1993, S. 204-206 (dt. S. 260-263); J. L. Koerner 1997, S. 30.

Jahre in Heilanstalten in Hamburg und in Jena (wo auch Nietzsche behandelt worden war), bevor er 1921 nach Kreuzlingen verlegt wurde.

Dort ging er vollends zu Boden, und dort erholte er sich mit Binswangers Hilfe wieder. Dort fand er zurück zur »Stimmung« seiner »chronischen Ängste« aus Kindertagen, aber auch zu dem fundamentalen Zusammenhang, den er schon 1874 – angesichts des Leidens seiner kranken Mutter – zwischen *Bild* und *Symptom* erkannt hatte. In der lebhaften Verschlingung seiner Wahnmotive fanden sich kunterbunt die Faszination für die Indianer und die Weigerung, koscher zu essen, die Ikonographie des Leidens Christi und der groteske Eros der *Petites Misères de la vie conjugale* von Balzac, deren Illustrationen ihn seit seinem sechsten Lebensjahr verfolgten (Abb. 84-85).[257]

Im Bellevue erreichte Warburg den Grund seines Wahns, »ins Motorische übersetzt«. Seine entsetzlichen Schreie waren überall zu hören.[258] Das geringste Buch, das er auf Binswangers Schreibtisch bemerkte (tatsächlich das von Hans Prinzhorn, das keineswegs das geringste ist), ließ ihn glauben, es »sei extra für ihn gemacht worden«.[259] Er glaubte, seine gesamte Familie werde in der Anstalt gefangengehalten (tatsächlich wurde sein Sohn für kurze Zeit dort eingeliefert und erinnert sich gleichfalls an die unerträglichen Schreie des Vaters). Er glaubte, das Fleisch, das man ihm zum Mittagessen servierte, sei das Fleisch seiner Kinder, die Binswanger persönlich zerstückelt habe.[260] Er redete mit Nachtfaltern und bezeichnete sie als befreundete »Seelen«:

> Eigentlicher Kultus mit kleinen Faltern und Schmetterlingen, die nachts in sein Zimmer fliegen. Nennt diese Seelentierchen; kann sich mit ihnen stundenlang unterhalten. [] Kann sich folgenderma-

---

257 A. Warburg 1923b, S. 576-577.

258 Siehe Chernow 1993, S. 258 (dt. S. 326). Zu Carl Georg Heise, der ihn besuchte, sagte Warburg: »Haben Sie eben einen Löwen brüllen hören? Stellen Sie sich vor, das war ich!« Siehe C. G. Heise 1947, S. 42-53.

259 L. Binswanger und A. Warburg 2007, S. 66 (siehe H. Prinzhorn 1922).

260 Ebd., S. 53 und 60.

ßen [unterhalten]: »Klein-Falterchen, ich danke dir, daß der Professor sich mit dir unterhalten kann, darf ich dir all mein Leid klagen ...[261]

Und in all dieser Zeit hörte Warburg niemals auf zu schreiben. Von 1919 bis 1924 – dem Jahr seiner Rückkehr nach Hamburg – entfaltet sich der Text seiner Tagebücher in einer Folge von neunundsechzig in Leinen gebundenen Kladden mit fortlaufend von Hand durchnumerierten Seiten. Nicht weniger als siebentausenddreihundertfünfundvierzig Seiten sind bedeckt mit einer nervösen und gelegentlich vollkommen zerfallenden Handschrift wie der eines Menschen, der zu sehr leidet oder im Dunkeln schreibt.[262] Der Text gleicht einer unentzifferbaren Flut von Worten, einem Sturm, einem Unwetter. Man ist berührt, wenn man inmitten dieser graphischen Angst plötzlich auf eine zwischen zwei Seiten gelegte getrocknete Blume stößt.[263]

Alle Kreuzlinger Seiten sind mit Bleistift geschrieben (den Füllfederhalter konnte Warburg erst nach seiner Rückkehr nach Hamburg 1924 wieder benutzen). Auf den Seiten findet man keinen leeren Raum. Es gibt weder einen Rand noch Absätze. Dafür ist die Handschrift erschreckend *energisch*. Manche Worte sind zwei- oder dreifach unterstrichen. Andere stechen durch besonders gute Lesbarkeit hervor – etwa das Wort »katastrophal«[264] – oder durch Großbuchstaben, wie emphatische Hinweise oder pathetische Hilferufe: MEINE SATANISCHE FRESSLUST oder FASTEN (Abb. 78).[265] Es finden sich zahllose Ausrufezeichen. Oft fällt die Schrift auch in sich zusammen, überstürzt sich oder verwickelt sich zu solch einem Chaos, daß die Zeilen sich zu einem unentwirrbaren Gewirr überlagern.[266]

---

261 Ebd., S. 48.

262 Ich danke insbesondere Nicholas Mann, Direktor des Warburg Institute, für die Genehmigung, diese noch geschützten Dokumente einsehen zu dürfen.

263 A. Warburg, Tagebuch 1919-1924, Heft 17 (Hamburg 1920), am Ende des Bandes.

264 Ebd., Heft 29 (Kreuzlingen 1921), S. 2854.

265 Ebd., Hefte 46 und 47 (Kreuzlingen 1922), S. 3466 und 4168.

266 Ebd., Heft 40 (Kreuzlingen 1921), S. 3312 usw.

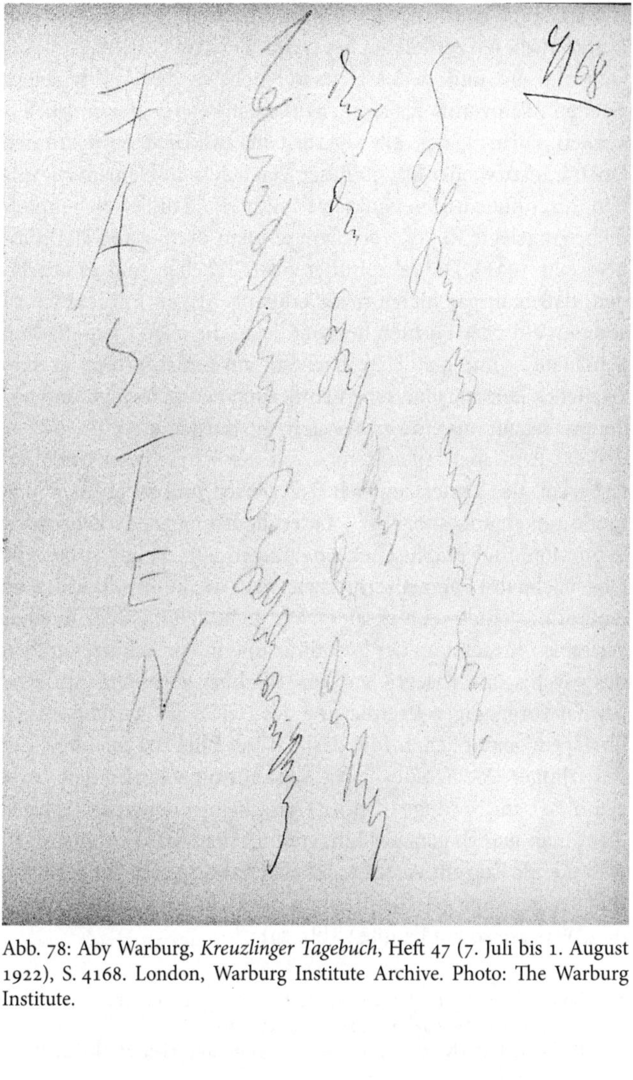

Abb. 78: Aby Warburg, *Kreuzlinger Tagebuch*, Heft 47 (7. Juli bis 1. August 1922), S. 4168. London, Warburg Institute Archive. Photo: The Warburg Institute.

Man spürt deutlich, daß Warburg nach einem *konstruktiven Raum* in dieser zerfallenden psychischen Welt sucht. Am Anfang und am Ende jedes Hefts versucht er, das Archiv seines eigenen Wahnsinns zusammenzufassen, wobei er zur tabellarischen Form seiner alten Arbeitsmanuskripte zurückfindet. Doch immer wieder bricht dieser Versuch, sein Denken zu ordnen, zusammen und versinkt in Panik.[267] Bald finden sich immer mehr eingelegte Zettel, vor allem ab dem dreißigsten Heft (aus dem Jahr 1921). Die rekapitulierenden Tabellen sind so überladen, daß man gar nichts mehr erkennt. Mitten im Text treten spontan ein paar Formen hervor, die an die alten theoretischen Schemata erinnern.[268] Hier erscheint ein Liniensystem, in dem zweifellos eine musikalische Erinnerung nachschwingt, und anderswo schaut uns eine grimassierende Karikatur an.[269]

Vor allem aber fallen dem – von der scheinbaren Unentzifferbarkeit des Textes zugleich frustrierten und zu größter Aufmerksamkeit angespornten – Leser die häufig wiederkehrenden Symptome und graphischen Spaltungen auf, die gleichsam die Oberfläche des Papiers zerkratzen (man denkt unwillkürlich an Antonin Artauds »Schicksale«). Wir befinden uns hier in einer veritablen Bresche, an der Frontlinie und in den Schützengräben des psychischen Krieges, an dem Warburg zerbricht. Auf zwei bei der vorgängigen Paginierung des Heftes aus Unachtsamkeit übersprungenen Seiten (die deshalb leer blieben) zeichnete der Kreuzlinger »Schizoide« zwei spiralförmige Linien wie zwei symmetrische Sprünge in einer Glasscheibe oder einem Spiegel. Sieht man jedoch genauer hin, erkennt man, daß der quer dazu verlaufende Zug ein Wort ist, das sich Bahn zu brechen versucht, und sei es in Spiegelschrift – man denkt an Leonardo da Vinci, den Warburg so gut kannte (Abb. 79).[270]

---

267 Ebd., Heft 50 (Kreuzlingen 1922) ist besonders chaotisch.

268 Ebd., Heft 51 (Kreuzlingen 1922), S. 4563 usw.

269 Ebd., Heft 39 (Kreuzlingen 1921), S. 3388, und Heft 46 (Kreuzlingen 1922), S. 3970.

270 Ebd., Heft 33 (Kreuzlingen 1921), zwischen S. 3140 und 3141, 3167 und 3168.

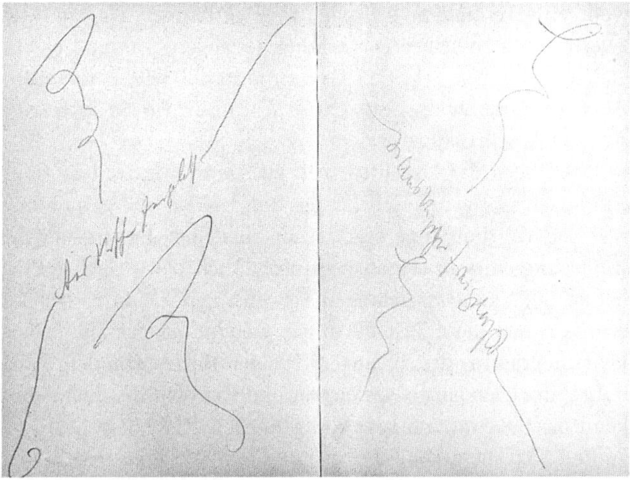

Abb. 79: Aby Warburg, *Kreuzlinger Tagebuch*, Heft 33 (27. Juli bis 18. August 1921) unpaginiert, zwischen S. 3167 und 3168. London, Warburg Institute Archive. Photo: The Warburg Institute.

Diese *Schizographie* – wie Lacan sie kaum zehn Jahre später nennen sollte[271] – scheint sich auf halber Strecke zwischen Destruktion und Konstruktion zu bewegen. Sie äußert sich zunächst nur als Krise der Handschrift. Der Schriftfluß bricht plötzlich ab und wird von nervösen oder grotesken Schnörkeln oder wirren Spiralen durchbrochen, und als das in den Jahren 1921-1922 immer häufiger geschieht, von blitzähnlichen Linien, die sich über die ganze Seite ziehen (Abb. 80).[272] Diese elektrischen, heftigen, geraden oder gewundenen, in viele Richtungen wie auch gegeneinander verlaufenden »Blitze« destrukturieren natürlich die Seite. Manchmal hat man den Eindruck, Warburg

271 Siehe J. Lacan 1931, S. 365-382 (dt. S. 361-377).

272 A. Warburg, Tagebuch 1919-1924, Heft 38 (Kreuzlingen 1921), S. 3274; Heft 39 (Kreuzlingen 1921), S. 3284, 3307; Heft 40 (Kreuzlingen 1922), S. 3336; Heft 41 (Kreuzlingen 1922), S. 3349; Heft 42 (Kreuzlingen 1922), S. 3361, 3363; Heft 43 (Kreuzlingen 1922), S. 3682; Heft 44 (Kreuzlingen 1922), S. 3712, 3886, 3888 usw.

wolle eine *Verbindung* zwischen zwei getrennten Worten oder zwei Elementen seiner Darstellung herstellen, während er zugleich doch einen *Bruch* im Gesamtraum der Seite herbeiführt. Die Schizographie erweist sich als destruktiv, wo sie doch konstruktiv zu sein glaubt.

Doch auch das Gegenteil trifft zu. Denn mit der Unterbrechung seines eigenen Schriftzugs – der Krise des Schreibflusses – läßt Warburg eine Markierung entstehen. Er sorgt für die *Aufhebung* eines in seinen wissenschaftlichen wie auch wahnhaften Betätigungen wichtigen Signifikanten. Denn in der Tat erinnern uns diese strichförmigen Gebilde an das »losgelöste Dynamogramm« des schlangenförmigen Blitzes, von dem Warburg sein Leben lang besessen war und von dem in seinem »Bekenntnis«-Vortrag von 1923 so ausführlich die Rede ist (Abb. 73, 74 und 80). Die graphische Spaltung markiert eine *Destruktion durch den Wahnsinn*, aber auch einen Apparat der *Konstruktion im Wahnsinn*.

Es ist ein dialektischer Apparat. Er entspricht genau dem »manisch-depressive[n] Mischzustand«, mit dem Binswanger in der Krankenakte seine Schizophrenie-Diagnose präzisiert hatte.[273] Und dieser Doppelstruktur entspricht wiederum ein recht klassischer *Wechsel gegensätzlicher Zustände*, von dem sämtliche Zeugen berichten. Warburg delirierte in aller Regel am Morgen, war aber nachmittags wieder hinreichend »bei Verstand«, um sich beim Tee an einer intellektuellen Diskussion mit Binswanger oder auch mit einem geladenen Gast wie Ernst Cassirer zu beteiligen.[274] Die Diagnose »Mischzustand«, um deren Bestätigung Binswanger 1923 Kraepelin bat (der dies auch tat[275]), muß jeden Warburg-Leser frappieren. Viel von dem, was ihn als Kulturhistoriker interessierte, befand sich tatsächlich in solch einem »Mischzustand«: von der fundamentalen Unreinheit des Nachlebens mit seiner unvermeidlichen »Mischung heterogener

273 L. Binswanger und A. Warburg 2007, S. 252.

274 Siehe R. Chernow 1993, S. 260 (dt. S. 330).

275 L. Binswanger und A. Warburg 2007, S. 76.

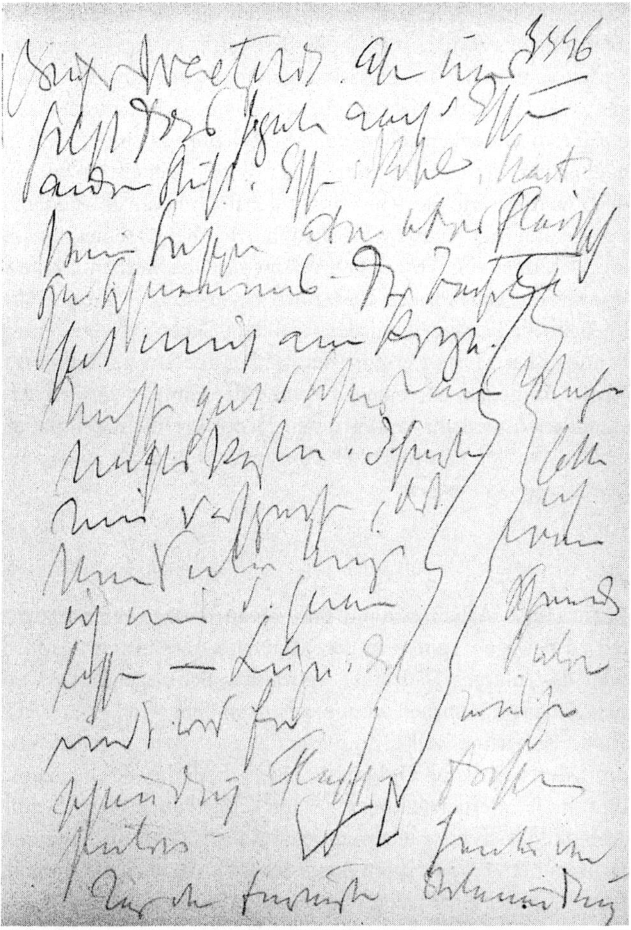

Abb. 80: Aby Warburg, *Kreuzlinger Tagebuch*, Heft 40 (5. bis 31. Januar 1922), S. 3336. London, Warburg Institute Archive. Photo: The Warburg Institute.

Elemente« bis hin zu dem in der Florentiner Renaissancekunst beobachteten »Mischstil«.[276] Diese Dialektik der Gegensätze könnte man in der Tat auf vielfältige Weise zum Ausdruck bringen: von Warburgs eigenem Sternzeichen – wie hätte er nicht darüber nachdenken sollen, daß seine Geburt an einem 13. Juni nach einer uralten Tradition unter dem Doppelsternzeichen der Zwillinge erfolgte – bis hin zu der noch beunruhigenderen Feststellung, daß alle 1918 bekannten Elemente seines *Wahns* im nachhinein als Vorzeichen dessen gesehen werden können, was seinen Angehörigen tatsächlich bevorstand: Während Aby im Bellevue behandelt wurde, bedrohten Rechtsextreme seinen Bruder Max M. und ermordeten schließlich am 24. Juni 1922 Walter Rathenau, einen engen Freund der Familie. So wird verständlicher, weshalb Warburg den Historiker nicht als bloßen Chronisten der Vergangenheit verstand, sondern als einen »Seher« der gesamten Zeit.[277]

*

Binswangers Arbeit bestand nun genau darin, seinen Patienten zu bewegen, mitten in den Motiven seines beängstigenden oder destruktiven Deliriums – etwa dem Schlangenmotiv – einen Kern von Wahrheit auszumachen, an dem sein Denken sich wieder aufrichten sollte. Zu diesem Zweck setzte er gleichzeitig drei Mittel ein: eine Opiumkur, eine Freudsche Psychoanalyse und die Wiederherstellung eines intellektuellen Austauschs, die Anregung, sich trotz allem um eine *Konstruktion im Wahnsinn* zu bemühen – wie sie ihren Ausdruck im Vortrag von 1923 fand. Ernst Cassirer einzuladen oder dem Patienten mitzuteilen, daß die Universität Hamburg ihn zum Honorarprofessor ernannt hatte, war in den Augen des Therapeuten ebenso wichtig wie Erfolge in der pharmakologischen Behandlung oder eine »Aufhebung« der psychischen Abwehr.

---

276 Siehe A. Warburg 1902a, S. 74; ders. 1906, S. 127; ders. 1920, S. 208-209.
277 Ders. 1927e, S. 86-89.

Binswanger hat es immer von sich gewiesen, eine »Irrenanstalt« zu leiten.[278] In einem 1932 erschienenen Roman beschrieb Joseph Roth das Bellevue als »jene Anstalt am Bodensee, in der verwöhnte Irrsinnige aus reichen Häusern behutsam und kostspielig behandelt wurden und die Irrenwärter zärtlich waren wie Hebammen«.[279] Einige berühmte Persönlichkeiten des Geisteslebens hatten dort Aufnahme gefunden, darunter der Chemiker Adolf Werner, der Sprachwissenschaftler Charles Bally (Schüler Saussures und Herausgeber seiner Werke), der Dichter Leonhard Frank, die Frauenrechtlerin Bertha Pappenheim (in Freuds Klinik unter dem Namen »Anna O.« bekannt), der Maler Kirchner und natürlich der bereits erwähnte Nijinski. Im Bellevue waren die therapeutischen Maßnahmen humaner als anderswo, die dortige Mikrogesellschaft lebte in einem Klima familiärer Vertrautheit, Kranke und Ärzte nahmen die Mahlzeiten gemeinsam ein.

Wichtiger – zumindest im Blick auf den Prozeß, den wir hier zu beschreiben versuchen – war jedoch die Art, wie es Binswanger gelang, bei Warburg das *Symptom des Denkens* umzukehren und sogar ein *Denken des Symptoms* erstehen oder besser: wiedererstehen zu lassen, das sich seit langem im Werk des großen Historikers abzeichnete. Die von Binswanger durchgeführte Psychoanalyse beschreibt diese Anamnese und diese dialektische Umkehrung sehr gut: Warburg mußte lernen, seine Prüfung nicht mehr nur als bloßen Mangel oder als Funktionsstörung zu verstehen. Er mußte sie als eine *Erfahrung* im Zusammenhang mit der »Erfahrung« eines ganzen Lebens begreifen – einschließlich des wissenschaftlichen Lebens, daher der Vortrag von 1923. Und schließlich war es erforderlich, diese Erfahrung in ihrer Wahrheitswirkung zu enthüllen, im ganzen Reichtum ihrer Bedeutung für *Erkenntnis* und Denken.

In diesem Sinne mußten Warburg und Binswanger erkennen, daß sie ein gemeinsames Forschungsobjekt hatten: die »Dialektik

278 L. Binswanger 1956b, S. 10, Fn. 10 (wo er Ernest Jones in diesem Punkt korrigiert).

279 J. Roth 1932, S. 315.

des Monstrums«, wie Warburg gesagt hätte. Binswanger bemühte das Freudsche Unbewußte als fundamentalen Impulsgeber eines »Daseins«. Wir müssen dieses Vokabular kurz erklären. Binswanger hatte in Freuds Werk die erste Deutungsmethode erkannt, die Schritt für Schritt von *Erfahrung* gestützt war:

> Ich gelangte ... zu dem Schluß, daß *Freud* die »hermeneutische Operation« erstmals auf Erfahrung gegründet habe, insofern das, was er deuten nenne, nicht nur Akte des Schließens und des psychologischen Verstehens, sondern auch Erfahrungsakte enthalte.[280]

Diese einfache Verschiebung bringt alles andere mit sich, denn nun gelten Symptome nicht mehr als einfache »Krankheitszeichen«, sondern als fundamentale Erfahrungsstrukturen, als »›ewige‹ Augenblicke eines historisch bestimmten Seins«, wie Binswanger sagt. Die Psychoanalyse befragt nicht mehr die *Krankheit*, wie es noch Charcot getan getan hatte, sondern den *kranken Menschen* in seiner ganzen Existenz und seinem ganzen Schicksal. Sie untersucht das Symptom nicht mehr als einen zu behebenden Defekt, sondern als »Ausdruck einer ... Gesamtfunktion des Organismus« und als umfassendes »Lebensgeschehen«.[281] Binswanger teilt hier Freuds radikale Kritik an der überkommenen, »medizinierten« Psychiatrie.[282] Trotz der allerdings verständlichen Skepsis seines Lehrers Eugen Bleuler und seines Onkels Ludwig Otto – dem wir als Nietzsches Arzt in Jena bereits begegnet sind – war Ludwig Binswanger der allererste Psychiater, der die Freudsche Psychoanalyse in einer psychiatrischen Anstalt einführte.[283]

Zwischen Freud und Binswanger bestand bekanntlich über mehr als drei Jahrzehnte eine unverbrüchliche Freundschaft (die vor allem auf dem gemeinsamen Bruch mit Jung basierte).[284]

280 L. Binswanger 1957, S. 25.
281 Ders. 1936b, S. 104 und 98.
282 Ders. 1920, S. S. 40-61.
283 Ders. 1956b, S. 26-51.
284 Ebd., S. 51-68 (wo Binswanger von Freuds Besuch in Kreuzlingen 1912 berichtet).

Zu der Zeit, als Warburg in seiner Klinik über den Ersten Weltkrieg delirierte, tauschte Binswanger mit Freud melancholische Gedanken aus, die aus seiner eigenen Erfahrung und der Lektüre von »Zeitgemäßes über Krieg und Tod« resultierten. 1920 hatte Freud ihm anvertraut: »Die Ungeheuerlichkeit, daß Kinder vor den Eltern sterben sollen, haben wir beide nicht verwunden.« Und später: »Aber wenn man so lange lebt, kann man das Überleben auch nicht durchaus vermeiden.«[285] Es dürfte kaum verwundern, daß Binswanger seine Erinnerungen an Sigmund Freud mit einer Reflexion über *Nachleben* und »revenants« beschloß.[286]

Binswanger schuf jedoch bekanntlich ein Werk, das unabhängig von jeder Freudschen Orthodoxie war. Er war weder ein blinder Schüler noch ein Dissident, der den Blick abwandte, sondern erweiterte die Freudsche Sicht in Richtung einer philosophischen Anthropologie und einer Phänomenologie, die ihre Instrumente bei Husserl und Heidegger suchte (ohne sie übrigens jemals ganz zu finden) und aus der schließlich die sogenannte »Daseinsanalyse« hervorging. Zu Recht oder zu Unrecht sah Binswanger in der Freudschen Epistemologie ein, wie er sagte, »naturalistisches« Hindernis für das Verständnis seines eigentlichen Gegenstands, des Unbewußten. Andererseits behauptete er, daß Freud »sehr viel mehr Wert auf die *Zerlegung* der Person als auf ihren *Aufbau* legt«. Er dachte zweifellos, daß der Gedanke der »Analyse« in der Freudschen »Psychoanalyse« noch allzu große Ähnlichkeit mit dem Verständnis der positivistischen Schule hatte.[287]

Deshalb sollte er sich später den Grundvorstellungen der Phänomenologie und jenem »Dasein« zuwenden, das durch Martin Heideggers *Sein und Zeit* geistert.[288] Binswanger praktizierte dennoch weiterhin die Psychoanalyse und glaubte auch weiterhin, daß seine Kritik an Freud der Freudschen Entdek-

285 Ebd., S. 82 und 91.
286 Ebd., S. 120. Siehe M. Schur 1972, S. 311-316.
287 L. Binswanger 1936a; ders. 1957, S. 24.
288 Ders. 1949b.

kung alles verdankte.[289] Doch wie sich die komplexen Beziehungen zwischen Psychoanalyse und Phänomenologie im Laufe der Zeit auch gestalteten, uns interessiert hier nur die Auswirkung in *statu nascendi*, deren theoretischer und therapeutischer Nutzen Warburg zugute kam. Das dürfte dann auch neues Licht auf die Begriffe des Nachlebens und der Pathosformel werfen, die der Kunsthistoriker nach seiner Rückkehr nach Hamburg wiederaufgriff.

*

Falls sich unsere Hypothese eines intellektuellen Dialogs zwischen Warburg und Binswanger bestätigt (eines Dialogs, der um so intensiver geführt wurde, als einer der Gesprächspartner in den Wirren seines Wahns gefangen war), können wir darangehen, das *epistemische* Verhältnis zwischen den beiden doch so verschiedenen Werken zu bestimmen. Jeder echte Dialog beruht auf Gegenseitigkeit. Binswanger ermutigte Warburg, den Weg einer »historischen Psychologie des menschlichen Ausdrucks« weiterzuverfolgen. Er verglich die Studien zur Astrologie mit seinen eigenen klinischen Fragen nach der im Wahn empfundenen Gewißheit. Er sagte, die Arbeit über Sassetti sei ihm besonders nah, da sie nichts anderes verfolge als »die auf die individuelle Persönlichkeit zielende Hermeneutik«. Auch nach der Abreise des betagten Historikers erhielt er Büchersendungen von ihm, etwa Carlyles faszinierenden *Sartor Resartus*, den er nicht kannte, oder die Bände der *Vorträge der Bibliothek Warburg*: »Sie sehen, daß ich mir das Diskutieren mit Ihnen noch nicht abgewöhnt habe.«[290]

Man könnte gewiß eine »Warburgsche« Komponente in Binswangers Arbeit ausfindig machen, und sei es nur über dessen kulturhistorische Bemühung um ein Verständnis des Traums in

---

289 Ders. 1935, S. 215, Fn 2; ders. 1957, S. 17-18.

290 L. Binswanger und A. Warburg 2007, S. 128-129 und 132 (Briefe an Aby Warburg vom 25. August und vom 24. November 1924).

seinem 1928 erschienenen Buch.[291] Aber natürlich interessieren wir uns hier mehr für die umgekehrte Frage, inwiefern das Binswangersche Verständnis des Psychischen Warburgs Verständnis des Bildes veränderte – oder präzisierte. Das ist die eigentliche Frage.

Hier sei zunächst angemerkt, daß es auch Warburg nach seiner Rückkehr nach Hause schwerfiel, auf die täglichen Gespräche mit Binswanger zu verzichten. Noch 1925 klagte er über diesen Mangel. Er schreibt ihm, daß er die Leitung seiner geliebten Bibliothek wieder übernommen habe, und fragt ihn nach seinen Mitpatienten, die er »meine Mitleidenden« nennt. 1926 verweist er ironisch auf seine »hochverehrte Psyche«, die sich langsam wieder erhole. Er berichtet von seiner Arbeit an einer »Lebensgeschichte des Briefmarkenstiles« (wobei er den Begriff der Lebensgeschichte von Binswanger übernommen hat). 1928 verzichtet er auf dringendes Anraten und fast schon auf Anordnung von Binswanger auf eine erneute Amerikareise. In Nachrichten über gesundheitliche Probleme eingestreut, erzählt er ihm von seinem *Mnemosyne*-Atlas.[292]

Zeichen ihrer geistigen Nähe finden sich auch im Warburg Institute, in dem die meisten Publikationen Binswangers – zumindest aus der hier interessierenden Zeit – in Gestalt persönlich gewidmeter und gelegentlich auch mit Anmerkungen versehener Exemplare vorhanden sind. Doch diese Publikationen sind so begriffsorientiert oder spezialisiert, in solchem Maße Maße philosophisch zugespitzt oder klinisch ausgerichtet, daß man sich zunächst kaum vorzustellen vermag, welchen Nutzen sie für einen Kunsthistoriker hätten haben können. Dennoch genügt ein aufmerksamer Blick, um zu erkennen, in welcher Weise Warburg von 1921 bis zu seinem Tod die psychopathologischen Vorstellungen seines eigenen Psychiaters teilte.

Das betrifft natürlich das Symptom. Binswanger betrachtet es

291 Ders. 1928 (Warburgs Schrift von 1920 wird dort auf S. 24 zitiert).

292 L. Binswanger und A. Warburg 2007, S. 136-137, 169 und 187 (Briefe an L. Binswanger vom 30. März 1925, vom 16. Dezember 1926 und vom 12. Juli 1928).

oft aus der Perspektive eines Bildes, *das die Zeit des Subjekts affiziert und verändert.* Das wichtigste Paradigma stammt aus dem Traum, aus der Bewegung seines Auftretens, seines »manifesten Inhalts« und vor allem seiner »inneren Dynamik«:

> Gerade die Vertiefung in den manifesten Trauminhalt, der seit Freuds epochemachendem Postulat der Rekonstruktion der latenten Traumgedanken in neuerer Zeit allzusehr in den Hintergrund des Interesses gerückt ist, lehrt uns, die ursprüngliche enge Zusammengehörigkeit von Gefühl und Bild, von Gestimmtsein und bildhaftem Erfülltsein richtig zu würdigen. Und was von den kurzen Wellen gilt, deren thematische Spiegelung wir in Bild und Stimmung des Traumes betrachten können, gilt natürlich auch von den längeren und tieferen Wellen der normalen und pathologischen exaltierten und depressiven »Verstimmung«.[293]

Dieser Rückgriff auf die unmittelbare *Phänomenologie* des Traums – über Freuds »epochemachendes Postulat« seines *semiotischen* Rebus-Charakters – findet sein genaues Gegenstück bei Warburg, der schon 1893 über seine Entschlüsselung der humanistischen Quellen Botticellis »zurückging« zu der weitaus empathischeren, »existentiellen« Feststellung des *traumverlorenen* Charakters der von Botticelli gemalten Figuren, so daß die gesamte *Zeitlichkeit des Bildes* dadurch unsicher wurde.[294]

Nebenbei bemerkt, folgen Warburg und Binswanger hier einer Lektion, die sich – wen sollte es wundern? – bereits bei Nietzsche findet: »Was wir im Traum erleben«, schrieb Nietzsche in *Jenseits von Gut und Böse*, »gehört zuletzt so gut zum Gesammt-Haushalt unsrer Seele, wie irgend etwas ›wirklich‹ Erlebtes.« Und das Beispiel, das Nietzsche hier angibt, nämlich der Flug- oder Falltraum, ist genau dasselbe, um das Binswanger seine eigene Reflexion in *Traum und Existenz* konstruieren sollte.[295]

---

293 L. Binswanger 1930, S. 103.

294 A. Warburg 1893, S. 62. Siehe G. Didi-Huberman 1999, S. 27-31 und 86-99 (dt. S. 38-41 und 90-104).

295 L. Binswanger 1930, S. 95-119. Siehe F. Nietzsche 1886, S. 114; ders. 1870, S. 553: Für den Traum gilt: »Wir genießen im unmittelbaren Verständniß der Gestalt, alle Formen sprechen zu uns.«

Weil Binswangers Analysen eine echte »Anthropologie der Imagination« begründen, wie Foucault dies genannt hat,[296] betreffen sie gleichermaßen den Wach- und den Schlafzustand, den »Kulturraum« der Griechen und das Krankheitsbild eines Kreuzlinger Patienten. Das »Dasein« des Traumbildes und das des Subjekts sind eins. Der einzige Unterschied liegt in der Tatsache, daß ersteres als immanenter »Erfahrungsakt« unmittelbar enthüllt, was letzteres – Zensur verpflichtet – als empörend erscheinen läßt. Indem Binswanger den »gestimmten Raum« des Manisch-Depressiven beobachtet, stellt er die allgemeinsten Fragen hinsichtlich des Verhältnisses zwischen dem, was er, bis hin zum Kunstwerk, als *Aisthesis*, *Mneme* und *Phantasie* bezeichnet.[297]

Auch Warburg versuchte diese ineinander verwobenen Mächte der Ästhetik, der Erinnerung und der Phantasie in seinen Arbeiten zur Astrologie in den Zeiten Luthers oder Francesco del Cossas zu analysieren.[298] Indem Warburg das psychopathologische Motiv der Schizophrenie und der manisch-depressiven Psychose – zu deren großen Theoretikern Binswanger gezählt wurde und immer noch gezählt wird – in der Geschichte der Bilder nutzbar machte, stellte er seine *Mnemosyne* schließlich auf eine entschieden metapsychologische Ebene.[299] Er wollte die »pathetischen« Kräfte des Bildes nutzen, wie sein Therapeut sie an ihm beobachtet hatte und noch viele Jahre erforschen sollte.[300]

Wenn das Bild – als »pathetische« Macht – die gesamte Zeit des Subjekts berührt und verwandelt, kann man nicht mehr von einer psychischen »Geschichte« im trivialen Sinne sprechen. Im Traum wie im Symptom liegt die Vergangenheit nicht »hinter«

296 M. Foucault 1954, S. 68 (dt. S. 111).

297 L. Binswanger 1933a und 1965, S. 441-462.

298 A. Warburg 1912, S. 173-198; ders. 1920, S. 199-303.

299 Ders., Tagebuch, 3. April 1929 (zit. in E. H. Gombrich 1970, S. 303, dt. S. 406). Warburg widmete eine kleine Abteilung seiner Bibliothek der Schizophrenie, und zwar zwischen den Büchern zur »Psychopathologie«, zur »Psychoanalyse« und zur »Psychologie des Genies«.

300 L. Binswanger 1952, 1960 und 1965.

der Gegenwart eines Zustands. Sie kehrt wieder, sie überlebt, sie gibt jeder Erfahrung ihren Stil oder ihre Zukunft. Es wäre jedoch falsch, wenn man Binswanger – ebenso wenig wie Nietzsche und Warburg – eine Ablehnung der Geschichte unterstellte. »Auch die Psychoanalyse darf sich nicht absondern vom Gang der Geschichte des menschlichen Geistes«, sagte er gerne. Und Dilthey zitierend: »Was der Mensch ist, lehrt nur seine Geschichte.«[301] Nur daß diese Geschichte sich in ihrer Verschlingung von *Pathos* und *Nachleben* als äußerst komplex erweist.

Indem Binswanger wie Freud vom hysterischen Symptom ausging, mit dem er sich schon 1909 auseinandersetzte, verstand er den fundamentalen Zusammenhang zwischen »Leidensgeschichte« und »Lebensgeschichte«. Jede Erfahrung des Subjekts (jede »entscheidende Krisis«, wie Warburg im Blick auf die künstlerische Erfahrung sagte) muß die Analyse zurück bis auf das »Urphänomen« führen, »nämlich die einmalige historische Abfolge der Erlebnisinhalte der individuellen geistigen Person als Ursprung oder Zentrum allen Erlebens, kurz: die innere Lebensgeschichte der Person«.[302] Binswanger schloß daraus, daß jeder fruchtbare Augenblick der Lebensgeschichte seinerseits seine Ausrichtung durch diesen »Erfahrungskern« erfährt, der unablässig in kontinuierlichen Wellen des Nachlebens seine Wirkung entfaltet: »Alles Neue, Große und Schöne«, zitiert er Fichte, »was von Anbeginn der Welt an in die Welt gekommen und was noch bis an ihr Ende in die Welt kommen wird, ist in sie gekommen und wird in sie kommen« im anadyomenenhaften Wechsel zwischen Latenzen und Krisen, Wiederholungen und Gegenzeiten.[303]

Warburg seinerseits wußte sehr wohl, daß er eine Wahrheit ansprach, als er Binswanger – mit einer gewissen Ironie – anvertraute, daß er die Lebensgeschichte seiner Briefmarken (und allgemein seiner Kulturarchive) rekonstruieren wolle. Genauer

301 Ders. 1957, S. 26; ders. 1956b, S. 13.

302 Ders 1924, S. 81 (wahrscheinlich las Warburg diesen Text in Kreuzlingen).

303 Ebd., S. 83.

gesagt ging es, wie wir wissen, um eine *Nachlebensgeschichte*, in der er eine paradoxe, im Gedächtnis der Formen wirkende »Lebensfunktion« untersuchte, und zwar auf dem Weg über jene »Pathosformeln«, in denen sich als bildliches Darstellungsmaterial eine ganze »Leidensgeschichte« abzeichnete. Deshalb verwies Warburg schon 1893 in der Vorbemerkung zu seiner allerersten Veröffentlichung auf eine »psychologische Ästhetik«, die allein in der Lage sei, die Triebfedern der »stilbildenden Macht« zu erfassen.[304]

*

Man könnte hier durchaus eine »fachliche« Trennungslinie zwischen Warburg und Binswanger erkennen. In der Tat könnte man unmöglich behaupten, der eine suche lediglich nach den Triebfedern des Stils (also der Kunst) und der andere nach denen des Symptoms (also der Geisteskrankheit). Der Punkt, an dem sie einander begegnen, ist vielmehr folgender: Während Warburg den *Symptomcharakter der Kunststile* aufzeigte, begann Binswanger den *Stilcharakter der psychischen Symptome* aufzuzeigen.

Binswanger achtete – ähnlich einem Warburgschen Ikonologen – selbst viel zu sehr auf den Inhalt eines Wahns, als daß er ihn der traditionellen psychologischen Vorstellung von »Inkohärenz« geopfert hätte (womit er in seinen Augen die Welt der Psyche in das Korsett eines unangemessenen naturalistischen und positivistischen Modells gepreßt hätte). Es galt zu verstehen, was das Symptom *ist*, und nicht, was es *nicht ist*. So gesehen, galt es das Symptom in derselben Weise – und in derselben Würde – zu erforschen wie jede größere *anthropologische Struktur.* Besonders deutlich wird das in einem seiner Hauptwerke, *Über Ideenflucht*, das Binswanger vier Jahre nach Warburgs Tod veröffentlichte.[305]

304 A. Warburg 1893, S. 13.

305 L. Binswanger 1933b, S. 7, 18-19, 21-22, 53-54, 168.

Warum diese anthropologische Würde? »Irgendwie«, so schreibt Binswanger »steht der Kranke dem »Dasein« näher als wir – ist er doch in einem wahren Daseins*taumel* begriffen.«[306] Trotz des Taumels hat diese anthropologische Struktur nichts Abstraktes. Sie manifestiert sich in einer *Form*, was Michel Foucault zu der Feststellung veranlaßte, im Unterschied zu einer vage »existentialistischen« Philosophie suche Binswanger den Punkt, »in dem die *Formen* und die *Bedingungen* der Existenz ineinandergreifen«.[307] Es ist vergeblich, einen Wahn im Blick auf seine mangelnde Übereinstimmung mit der Realität zu qualifizieren. Vielmehr müsse man, so schreibt Binswanger in *Ideenflucht*, »zum Verständnis der *ästhetischen Erlebnisform*« gelangen.[308]

Das nennt man einen *Stil*.[309] Die Frage nach dem Symptom nimmt bei Binswanger von nun an stets die Form einer Frage nach dem Stil an. Das beste Beispiel ist seine Studie über »Manieriertheit«, die von einer streng Bleulerschen Fragestellung – nach der im Verhalten von Schizophrenen oft anzutreffenden »Manieriertheit« – ausgeht und bei einer ästhetischen Betrachtung endet, in der er auf Gemälde von Pontormo, Bronzino oder el Greco, auf Gedichte von Marino, Góngora oder Gracian und auf Spezialstudien von Max Dvořák, Hans Sedlmayr oder E. R. Curtius verweist.[310] Auch hier ist Warburg nicht fern, der schon 1899 den Manierismus in der Kunst im Kontext von Erscheinungen der formalen Intensivierung (etwa in der Verzierung), aber auch im Zusammenhang mit gewissen psychischen Verhaltensweisen (etwa dem Aberglauben) betrachtet hatte.[311]

Mit all diesen Analogien und Verschiebungen zwischen Fachgebieten scheint ein Problem hervorzutreten, das wir genauer

306 Ebd., S. 164.
307 M. Foucault 1954, S. 67 (dt. S. 110 [dt. Übers. leicht angepaßt]).
308 L. Binswanger 1933b, S. 149.
309 Ebd., S. 119 (zum »spezifischen schizophrenen Sprachstil«) *et passim*.
310 Ders. 1956a, S. 324-418. Vor Binswanger siehe C. Reboul-Lachaux 1921.
311 A. Warburg 1888-1905, S. 386 (Eintragung vom 29. März 1899) usw.

kennzeichnen könnten, indem wir eine Beziehung zwischen dem *Herd der Kunst* und dem *Elend des Daseins* herstellen. Warburg und Binswanger dachten Stil und Symptom zusammen, weil in ihren Augen jedes Elend, jede Spaltung des Daseins Form und Gestalt anzunehmen vermag und jede Form irgendwann einmal den ästhetischen Bereich als solchen, die Konstruktion eines Stils ins Spiel bringen muß. Umgekehrt glaubten sie, daß jede Kunst in dem Maße »Heilkunst« – eine Umwandlung des Symptoms – sei, wie sie in unser tiefstes Elend einzudringen wagt. Warburg sah hier eine Dialektik von *Pathos* und *Ethos*. Binswanger sprach von einem Weg der »Selbstrealisierung« durch Kunst.[312]

Es ist aufschlußreich, daß einer der ersten, die eine Lehre aus dieser Dialektik zwischen Symtom und Stil zogen, Jacques Lacan war. Erstaunt über die Ähnlichkeit zwischen dem, was er in Binswangers *Ideenflucht* las, und seinen eigenen Arbeiten zur paranoiden Psychose, veröffentlichte er schon 1933 in der Kunstzeitschrift *Minotaure* einen großartigen Aufsatz über »Das Problem des Stils«.[313] Dort verwies er ausdrücklich auf Binswanger und die phänomenologische Psychiatrie, um die These zu stützen, wonach das Symptom sich nicht auf mangelhafte psychische Funktionen reduzieren läßt, sondern die »Totalität der erlebten Erfahrung des Kranken« betrifft, mit der Folge, »daß die heutzutage von der psychiatrischen Forschung eingeschlagene Richtung für diese [zugleich anthropologischen und ästhetischen] Probleme [des Stils] neue Gegebenheiten anzubieten hat«.[314]

Das Symptom, schreibt Lacan, widersetzt sich der Objektivierung des positivistischen Psychologen, insofern es »Grundzüge der … gelebten Erfahrung« ins Spiel bringt und eher mit Ausdruck als mit Bedeutung, eher mit dem globalen Stil als mit »lokalen … Reaktionen« zusammenhängt.[315] Aber wie erkennt man einen Stil? Indem man auf zwei Parameter der beobach-

312 L. Binswanger 1949, S. 6 *et passim*.
313 J. Lacan 1933, S. 68-69 (dt. S. 379-383).
314 Ebd., S. 68-69 (dt. S. 379 und 381).
315 Ebd., S. 69 (dt. S. 381-382).

teten Phänomene achtet. Der erste ist *dynamischen* Charakters. Er setzt Phänomene »zyklischer Wiederholung, allgegenwärtiger Vervielfältigung und endlosen periodischen Wiederkehrens derselben Ereignisse, in Doubletten und Tripletten derselben Personen und mitunter in Halluzinationen einer Spaltung der Person des Subjekts« frei, also all das, was in Lacans Augen charakteristisch für »die den Stil erschaffende Typisierung« ist.[316] Wie könnte man hier nicht an die vielfältigen Vorläufer der *Ninfa* oder der Schlange als »periodische« oder »dynamographische« Gestalten des Nachlebens denken? Wie könnte man nicht an Warburg selbst und seine »Mischzustände« denken?

Der zweite Parameter ist *symbolischen* Charakters. Er macht das Symptom – auch wenn es von »Wahnthemen« durchsetzt ist – mit den »mythischen Schöpfungen der Folklore« vergleichbar, aber auch mit den »plastischen und poetischen Produktionen«. Das hat zur Folge, daß die psychopathologische Analyse nicht mehr auf eine Kulturanthropologie (Warburgs Projekt) und eine stilistische Formenlehre (Kunstgeschichte) verzichten darf und auch nicht auf eine politische Tiefengeschichte. Trifft es doch zu, so bemerkt Lacan zum Abschluß, daß die Symptome der Psychose »sehr häufig an einem neuralgischen Punkt der sozialen Spannungen der geschichtlichen Aktualität hervortreten«.[317] Und das ist letztlich nur eine andere Bezeichnung für Warburgs »Seismographie«.[318]

Und es ist letztlich nur eine andere Bezeichnung für die methodologische Lektion: Warburg nahm das »Elend« seines eigenen Daseins zum Anlaß für eine Erneuerung – und sogar für

---

316 Ebd. S. 69 (dt. S. 382-383).

317 Ebd. S. 69 (dt. S. 382-383), Aussagen, die in eine Beziehung zu setzen wären mit der früheren Dissertation über die paranoische Psychose und Lacans späterem Text von 1966, S. 9 usw. Heute finden sich wahrscheinlich die tiefsten Gedanken zu dieser *Stilkunde der Symptome* im Werk von Pierre Fédida.

318 Siehe P.-A. Michaud 1999, S. 49-50, der Warburgs »Seismographie« mit H. von Hofmannsthals Poetik vergleicht, die das geschriebene – dichterische oder wissenschaftliche – Werk generell als eine seismographische »Abdruckfläche« begreift.

eine Grundlegung – seiner Forschungen zu den »Herden der Kunst«. Und indem er die Verschlingung von Symptom und Stil dachte, erfand er schließlich die Kunstgeschichte neu, und zwar weniger als eine »geisteswissenschaftliche« Disziplin (man denke an Panofskys Diktum) denn als ein pathologisches Fach im fruchtbarsten Sinne des Wortes.[319] Fünf Tage nach dem Vortrag in Kreuzlingen entwarf Warburg einen Text mit dem Titel »Katharsis«, in dem er genau dieses Problem behandelte: Wie ist es möglich, den (freien, universellen) Logos über das (kranke, solipsistische) Pathos zu gewinnen?[320] Und zwar so, daß dieser Logos nichts vom Pathos vergißt, sondern ihn im Gegenteil aus der Tiefe der Prüfung heraus – anthropologisch, phänomenologisch – zu denken vermag?

Die Herausforderung dieser »pathologischen« Erkenntnis erlaubt es, ein anderes, für Warburgs *Erkenntnisstil* wesentliches Paradoxon zu verstehen: Einerseits hält er sich mit jeder Ich-Aussage zurück und verbirgt dieses »ich« hinter dem historischen Material, den »Quellen« usw. Deshalb wirkt Warburg so bescheiden und zurückhaltend. Nirgendwo in seinen veröffentlichten Schriften findet man selbstbewußte Äußerungen von der Art »Ich glaube, daß ...«. Andererseits weiß er schon aufgrund seiner psychoanalytischen Erfahrung um den grundlegenden Zusammenhang zwischen *Erkenntnis* und *Bekenntnis*.

Kurz gesagt, er weiß um die autobiographische Färbung jeder Konstruktion von Wissen. Das phantasierte Indianertum seiner Jugend wird so zum Material, aus dem er die Hypothese einer »Unzerstörbarkeit des primitiven Menschen« konstruiert.[321] Seine eigenen »Zwangsvorstellungen« werden zu einem Erfahrungsbereich, mit dessen Hilfe er den »Verknüpfungszwang ... durch Verleibung« zu verstehen vermag, der in seinen Augen typisch für die von ihm in den indianischen und italienischen Ritualen untersuchten bildlichen und magischen Operationen

319 Siehe G. Didi-Huberman 1998b, S. 7-20.

320 A. Warburg 1923a (fünf von 15 bis 19 numerierte Blätter, datiert vom 28. April 1923).

321 Ders. 1923b, S. 569.

ist.[322] Und die Erkenntnis des Nachlebens war erst möglich vor dem Hintergrund einer bereits von Gespenstern bevölkerten Erfahrung. »Jeder hat noch in den Alten gefunden, was er brauchte, oder wünschte; vorzüglich sich selbst«, schrieb Schlegel einmal.[323] Warburg kehrt die Perspektive um: In jedem »selbst« leben und überleben die Gespenster unserer gesamten Kultur, einschließlich der antiken.

Deshalb konnte eine *Konstruktion im Wahn* zur *Begründung eines strengen Wissens* über die Kultur und die Formen ihrer Geschichtlichkeit führen. Als Freud gegen Ende seines Lebens erkannte, daß die delirierende Hysterikerin »an Reminiszenzen leidet«, weil die ganze Menschheit daran leidet,[324] da erkannte er auch, daß man dieses Leiden mit Warburg *Mnemosyne* nennen konnte. Im selben Text (»Konstruktionen in der Analyse«) teilt Freud eine klinische Beobachtung mit, die er unzählige Male gemacht hat: Wenn eine Deutungskonstruktion »richtig ist oder eine Annäherung an die Wahrheit bringt, so reagiert [der Patient] auf sie mit einer unverkennbaren Verschlimmerung seiner Symptome oder seines Allgemeinbefindens«.[325]

Müssen wir daraus nicht den Schluß ziehen, daß Warburg inmitten des »lebendigen Schlangenhaufens« und der »Dialektik des Monstrums« in Kreuzlingen seinem höchsten Erkenntnisobjekt am nächsten war?

---

322 Ebd., S. 568.
323 F. Schlegel 1798, S. 189.
324 S. Freud 1937b, S. 406.
325 Ebd., S. 402.

Nachfühlung oder Erkenntnis durch Verleibung

Der Vortrag in Kreuzlingen bot Warburg die Gelegenheit, konkret zu überprüfen und theoretisch zu vertiefen, was er seit langem schon als »Verleibung« oder »Verkörperung« bezeichnete. Schon oft hatte er im Zusammenhang mit dem Bild von »Verkörperung« gesprochen. Zur Zeit seiner Begegnung mit Binswanger zog er den Ausdruck »Verleibung« vor, den er bereits in den *Grundlegenden Betrachtungen zu einer monistischen Kunstpsychologie* benutzt hatte, nun aber in einem unmittelbarer phänomenologischen Sinne verstand: als Ausdruck für die »Fleischwerdung«, die in den »Symbolen« jeglicher Kultur am Werk ist.

Wo liegt das Ausgangsproblem? Es geht darum, die Wirkungsweise der Bilder – ihre »Lebensgeschichte«, ihre Fähigkeit zum Nachleben – in anthropologischen Grundbegriffen zu erfassen. Der Mensch, sagt Warburg, ist »ein hantierendes Tier«. Er berührt, benutzt, verwandelt anorganische Objekte im Blick auf seine eigene Lebenserhaltung. Er nähert sich dem Anorganischen bis hin zur Einverleibung in den eigenen Organismus. Das Problem stellt sich daher als das der »Einfühlung«. Doch die »Dialektik des Monstrums« ist bereits da. Nachdem das menschliche Tier sich das Anorganische einverleibt hat, weiß es nicht mehr so recht, wo seine eigenen Grenzen liegen. In dieser Operation, in der die Kultur – Sprache, Religion, Kunst, Wissenschaft – entsteht, kommt es auch zu einer fundamentalen Tragödie, einer fundamentalen Schizophrenie:

> Woher kommen alle diese Fragen und Rätsel der Einfühlung der unbelebten Natur gegenüber? Weil es für den Menschen tatsächlich einen Zustand gibt, der ihn mit etwas vereinigen kann – eben durch Hantieren oder Tragen – das ihm gehört, aber durch das sein Blut nicht kreist. […] Tragödie der Verleibung. Phänomenologie […] fließende Grenzen der Persönlichkeit. Einverleibung. Der Ausgangs-

punkt ist der, daß ich den Menschen als ein hantierendes Tier ansehe, dessen Betätigung in Verknüpfen und Trennen besteht. Dabei verliert er sein Ich-Organgefühl, weil nämlich die Hand ihm erlaubt, reale Dinge an sich zu nehmen, in denen der nervöse Apparat fehlt, weil sie anorganisch sind, trotzdem aber sein Ich unorganisch erweitern. Das ist die Tragik des sich durch Hantierung über seinen organischen Umfang heraussteigernden Menschen. [...] Die ganze Menschheit ist ewig und zu allen Zeiten schizophren.[326]

Darin liegt für Warburg eine allgemeine Voraussetzung für den, wie man ihn nennen muß, »strukturalen Biomorphismus« jeglicher Symbole, weil und insofern sie das menschliche Leben mit dem anorganischen Charakter der Dinge konfrontieren.[327] Die Einfühlung ist in diesem Kontext deshalb so wichtig, weil sie einen Prozeß bezeichnet, in dem anorganische Formen den organischen Formen einverleibt werden oder »Leben« auf »Dinge« projiziert wird.

So wird deutlich, warum es notwendig ist, eine Anthropologie der Ähnlichkeit zu schaffen, die in der Lage ist, die – imaginäre oder symbolische – Wirkungsweise dieser Formen in den bildlichen Hervorbringungen, aber auch in den rituellen Handlungen und insbesondere in der Sprache einer Kultur zu situieren. Die Vorstellung einer »Verleibung« ist hier allgegenwärtig. Man findet sie in der technischen Aneignung der Natur, und sie dominiert – oder verfremdet sogar – die Phänomene der »mimetischen Metamorphose«, also Opfer, Tanz, den Gebrauch von Masken oder Bildern ganz allgemein. Sie stützt sogar bis zu einem gewissem Punkt noch Syntax und Logik der Sprache:

[1.] Die Verleibung als logischer Akt der primitiven Kultur. [...] Wir haben den einfachen Satz in statu nascendi, bei dem noch Subjekt und Objekt unter Verlust der Kopula zusammenfallen oder unter verschiedenem Akzent sich gegenseitig aufzehren können. Dieser Zustand eines schwankenden primitiven Satzes mit drei Satzteilen spiegelt sich in der religiösen Kunstübung der primitiven Völker in-

---

326 A. Warburg 1923b, S. 581-583 und 600, Anm. xlvii und xlix.
327 Ebd., S. 580.

sofern wieder als wir in deren Tendenz, das Objekt sich zu verleiben, ein der Satzbildung paralleles Verfahren erblicken können. [...]
2. Zustand der Anverleibung. Teile des Objekts bleiben als zugehörige Fremdkörper und erweitern dabei das Ich-Gefühl unorganisch. Hantieren und Tragen.
3. Das Subjekt geht an das Objekt verloren in einem Mittelzustand zwischen Hantieren und Tragen, Verlust und Behauptung. Der Mensch ist kinetisch da, hat aber eine ganz deckende, anorganische Erweiterung seines Ich. Das Perfekte des Verlustes des Subjekts an das Objekt kommt in der Opfer-Handlung zutage, die dem Objekt Teile anverleibt. Mimisch nachahmende Verwandlung: Beispiel: der Maskentanzkult.[328]

In Warburgs Augen ist die »Verleibung« fast so etwas wie eine »totale psychische Tatsache«. Damit meine ich einen Prozeß von solcher Macht, daß er durch »Aneignung« der Sache die Identität, dieses »Ich-Gefühl«, zu konstruieren, aber auch zu zerstören vermag, weil er zum »Verlust des Subjekts im Objekt« führt. Auch hier ist also nicht ausgeschlossen, daß man sich verliert. Konstruktion reimt sich auf Wahnsinn, Erkenntnis auf Tragödie, Logos auf Pathos, Weisheit auf Schizophrenie. Man kommt weder aus dem Schlangenhaufen noch aus der »Dialektik des Monstrums« heraus. Allenfalls kann man hier gelegentlich eine Orientierung oder einen Bezugspunkt finden. Doch die Verschlingung herrscht ganz souverän in diesem anthropologischen und metapsychologischen Modell, diesem nichtkantianischen Modell des Verhältnisses zwischen Subjekt und Objekt.

Bis ans Ende seines Lebens bemühte Warburg sich, diesen Knoten von Problemen zu vertiefen – oder zumindest neu zu formulieren. In seinen letzten Manuskripten, den *Grundbegriffen* und dem *Mnemosyne*-Atlas, kam er auf diese »energetische Einfühlung« zurück, die er als zentrale Funktion des Nachlebens und der Art und Weise verstand, wie es den Motiven der klassischen Antike Bedeutung oder neue Bedeutung verlieh.[329] Und

328 Ebd., S. 590-591.
329 Ders. 1928-1929, S. 5 (Eintragung vom 28. September 1928).

an anderer Stelle spielte er mit einer gleichermaßen ästhetischen und psychopathologischen Unterscheidung zwischen »expressiv«, »depressiv« und »sympressiv«.[330]

Kurz, die Begriffe der Empathie und der »Verleibung« waren am Ende so unverzichtbar für Warburgs Verständnis der Bilder, daß manche darin nach seinem Tod – durchaus zu Recht – ein wesentliches Vermächtnis seines Werkes erblickten. In einer sehr lebendigen Beschreibung des Vortrags, den Warburg am 19. Januar 1929 in der Biblioteca Hertziana in Rom hielt, erinnert sich Kenneth Clark – der damals sechsundzwanzig Jahre alt war – an ein beeindruckendes Einfühlungsvermögen auf seiten des betagten Redners:

> Er sagte selbst, wenn er größer als Däumling gewesen wäre (denn er war, wenn das denn überhaupt möglich war, noch kleiner als Berenson), dann wäre er Schauspieler geworden. Und ich will es gerne glauben, denn er besaß in einem seltsamen und sogar beunruhigenden (*uncanny*) Maße die Gabe der Nachahmung (*the gift of mimesis*). Er konnte sich in eine Figur hineinversetzen (*»get inside« a caracter*), so daß wir, wenn er Savonarola zitierte, die kraftvolle, ehrfurchtgebietende Stimme des Dominikanerpaters zu hören glaubten. Wenn er dagegen Poliziano zitierte, hatte er die ganze Feinheit und leichte Artifizialität der Medici-Zirkel.[331]

In seinem großartigen Nachruf auf Warburg suchte Ernst Cassirer zweifellos nach tieferen Gründen für den empathischen Charakter eines Werkes, das ganz den »Pathosformeln« und ihrem Nachleben gewidmet war. Er spricht zunächst von dem unmittelbaren – und geheimnisvollen – Einvernehmen, das sie schon bei ihrer ersten Begegnung einte, und dies zu einer Zeit, als Warburg noch in Kreuzlingen war und mit dem »Monstrum« rang. Dann verweist er auf das Leben des Forschers, das ganz von der »tragischen Größe« des Gegenstands seines Denkens geprägt war. Schließlich vergleicht er Warburg mit niemand Geringerem als Shakespeare – von Goethe gelesen – und stellt schließlich die

330 Ders. 1929a, S. 6-7 und 14.

331 K. Clark 1974, S. 189-190.

empathische Gleichung auf zwischen der *Kraft des Schauens* und der *Tiefe des Leids*:

> […] als es dann zu der ersten Begegnung zwischen uns kam, die ich mit ihm vor fünf Jahren in Kreuzlingen hatte, da war das Band zwischen uns schon fest geknüpft. Nach den ersten Sätzen hatten wir einander kennen und einander verstehen gelernt, wie man sich sonst nur nach Jahren gemeinsamer Arbeit versteht. Tiefer als zuvor begriff ich nun, da er vor mir stand, den Sinn seines unablässigen Suchens, seines Ringens und Forschens. Das Problem, das sein Leben ergriffen und das sein Leben verzehrt hatte, jetzt sah ich es in seinem ganzen Ernst, in seiner Wucht und in seiner tragischen Größe vor mir stehen. […] Wo andere bestimmte abgegrenzte Gestalten, wo sie in sich ruhende Formen gesehen hatten, da sah er bewegende Kräfte, da sah er das, was er die großen »Pathosformeln« nannte, die die Antike als einen bleibenden Besitz für die Menschheit geschaffen hat. […] Hier schöpfte er aus tiefster, eigenster Lebenserfahrung. Er hatte in sich selbst erlebt und erfahren, was er vor sich sah – und er vermochte nur das wahrhaft zu sehen, was er aus dem Zentrum seines eigenen Seins und seines eigenen Lebens heraus zu fassen und zu deuten vermochte. »Er hatte früh das strenge Wort gelesen,/ Dem Leiden war er, war dem Tod vertraut.« Aber aus diesem Leiden selbst erwuchs ihm nun die unvergleichliche Kraft und die unvergleichliche Eigenart seines Schauens. Größer und tiefer hat selten ein Forscher sein tiefstes Leid in Schauen aufgelöst und im Schauen befreit. […] Er stand immer mitten im Sturm und Wirbel des Lebens selbst; er griff in seine letzten und tiefsten tragischen Probleme. Und ein Problem war es vor allem, zu dem er immer wieder zurückkehrte und mit dem er unablässig bis zuletzt gerungen hat. In seiner Rede über Shakespeare sagt der junge Goethe, Shakespeares Pläne seien, nach dem gemeinen Stil zu reden, keine Pläne, aber seine Stücke drehten sich alle um jenen geheimen Punkt, den noch kein Philosoph gesehen und bestimmt habe, in dem das Eigentümliche unseres Ichs, die prätendierte Freiheit unseres Wollens mit dem notwendigen Gang des Ganzen zusammenstößt. Auf diesen »geheimen Punkt« war auch Warburgs Forschung dauernd gerichtet, und an ihm haftete sein Blick wie gebannt.[332]

332 E. Cassirer 1929a, S. 370-371.

Liest man diese Sätze, versteht man besser, weshalb Warburg einige Monate vor seinem Tod seinem Tagebuch anvertrauen konnte, daß er sich wie ein »Psychohistoriker« fühle: als ein von der Psychose befallener Historiker, der aber gerade deshalb – und mit Hilfe der Binswangerschen Analyse – in der Lage war, »die Schizophrenie des Abendlandes aus dem Bildhaften in selbstbiographischem Reflex abzuleiten«.[333] So kann kein Zweifel mehr bestehen, daß Aby Warburgs »namenlose Wissenschaft« eine tragische Wissenschaft, eine pathische Wissenschaft, eine *Pathologie* war. Diese Wissenschaft, die sich mit der, wie er selbst sagte, »Region der ewigen Unruhe« befaßte,[334] entsprach genau der Aischylosschen Formel des *patheï mathos*: durch Leiden lernen. Eine immanente Erkenntnis, die aus dem erlittenen Pathos Formen, Formeln oder sogar Mathemata hervorgehen zu lassen vermag.[335]

*

Eine solche »Erkenntnis durch Leiden« widerspricht natürlich dem gesunden Menschenverstand. Wie sollte man erkennen und leiden? Wie sollte man den rechten Wechsel zwischen Erkennen (das Distanz ist) und Leiden finden (das die Aufhebung jeglicher Distanz bedeutet)?

Die Antwort zeigt sich bereits in Binswangers Diagnose hinsichtlich des »Mischzustands«, in dem sein *gelehrter Patient* sich befand. In einem tieferen Sinne findet sie sich jedoch in der *epistemischen Verschiebung*, von der die ganze Kreuzlinger Erfahrung als psychoanalytische Anamnese zeugt. Ich meine die sehr präzise – und sehr originelle – Art, wie der Erfinder der

333 A. Warburg, *Tagebuch*, 3. April 1929 (zit. n. E. H. Gombrich 1970, S. 303; dt. S. 406).

334 Ders. 1927-1928 (zit. ebd. S. 259; dt. S. 347). Siehe K. Hoffmann 1992, S. 7-14.

335 Siehe H. Maldiney 1991, S. 5 und 386-387; P. Fédida 1992, S. 19-28: »[Das *patheï mathos* des Äschylos] bezeichnet das Psychopathologische in seiner tragischen Grundlage« (ebd., S. 19).

Daseinssanalyse schon damals diese Art von Anamnese durchzuführen verstand.[336]

Die beste Formulierung findet sich in einem Artikel, den Binswanger durchaus nicht zufällig an Warburg schickte und von dem in ihrem Briefwechsel Ende 1925 die Rede ist. Es handelt sich um Binswangers Beitrag zu Freuds siebzigstem Geburtstag, der in der Zeitschrift *Imago* erschien. Darin stellt er die fundamentale Frage nach der besonderen Erkenntnisweise, zu der uns die Psyche zwingt, wenn sie nicht nur Werkzeug der Erkenntnis ist, sondern zu deren Gegenstand gemacht wird. Um dem Rechnung zu tragen, arbeitet Binswanger eine besondere Dialektik zwischen drei Operationen heraus, die durch die drei Verben »erfahren«, »verstehen« und »deuten« bezeichnet sind.[337]

Binswanger kommt zunächst auf einen in seinen Augen fundamentalen Aspekt der Freudschen Erfindung zu sprechen: Seine Deutungen sind vollständig durch Erfahrung bestimmt (wobei der Ausdruck »Erfahrung« die erlittene Prüfung, die erworbene Erfahrung und das laufende Experiment in sich zusammenfaßt). Aber wie gelangt man von der Erfahrung zur Deutung? Diese Frage beschäftigte bekanntlich auch Warburg seit langem: Wie verwandelt man *mania* in *sophia* (mit Platon zu sprechen), *pathos* in *logos* (mit Aristoteles zu sprechen), dionysischen Wahn in apollinische Erkenntnis (mit Nietzsche zu reden)? Binswanger antwortet, daß nur die Phänomenologie diese subtile und notwendige Operation zu erfassen gestatte.

Er bezeichnet sie als »Verstehen« und entwickelt damit einige Überlegungen weiter, die unter anderen schon Karl Jaspers in seiner *Allgemeinen Psychopathologie* angestellt hatte.[338] Jemanden »verstehen« heißt nicht, möglichst viele Informationen über

336 Siehe L. Binswanger 1920, S. 40-61; ders. 1935, S. 205-230; ders. 1954, 259-263; ders. 1958a, S. 7-10.

337 Ders. 1926, S. 3-16. Binswanger verweist auf diesen Text in einem Brief an Warburg vom 28. Dezember 1925 (L. Binswanger und A. Warburg 2007, S. 147). Der Sonderdruck wurde von Warburg unter der Signatur DAC 165 aufbewahrt.

338 K. Jaspers 1913, S. 212.

ihn zu sammeln und zu verarbeiten – obwohl solch ein »historisches« Archiv natürlich notwendig ist.[339] Es heißt, den »Motivationszusammenhang« zu begreifen, der unerwartet »aufblitzt«, wie Binswanger schreibt, und durch den das Subjekt sich plötzlich *öffnet*, wodurch es die unnachahmliche Dimension seines *Daseins* freisetzt.[340] Henri Maldiney sieht in diesem Moment einen paradoxen Akt, der »einen *Ausgang außerhalb seiner selbst* einschließt« und dessen Bedeutung auch in der geläufigen Wendung »auf den Grund gehen« zum Ausdruck kommt: »Auf den Grund gehen hat hier die Doppelbedeutung von Hinabfallen und Hinabsteigen zum tiefsten Urgrund, auf dem alles ruht. Es heißt gleichermaßen Fallen und Grund finden.«[341]

Daß dieses psychopathologische »Verstehen« für Warburg interessant war, liegt auf der Hand. Zunächst einmal, weil Binswanger dieses Verstehen auf einer sehr allgemeinen anthropologischen Ebene ansiedelte, auf der die Psychiatrie keine privilegierte Stellung besitzt und auch weiterhin ein Ohr für alle anderen Formen der Kultur behält, vom mystischen Diskurs bis zur Poesie, von der Philosophie bis zu den bildenden Künsten.[342] Sodann weil die Stilfrage zentrale Bedeutung für den Akt des Verstehens behält, denn das Verstehen ist nur eine »Daseinsform«, in der Sinn sich nicht aus einem Ausdruck herleitet, sondern ein Ausdruck im Stoff des Sinns erfaßt oder ergriffen wird, und dies am »gesamten Verhalten oder Benehmen [einer Person], sofern es sich uns als ihre Ausdruckssphäre darbietet, an ihrer Gestalt und Mimik, an ihren Gesten und Gebärden und an ihren sprachlichen ›Ausdrücken‹«.[343] Die Frage des Kunstwerks ist hier ganz nah.[344] Warburg erkannte, daß sein Begriff der Pathosformel hier eine bemerkenswerte phänomenologischer Klärung erfuhr, was wiederum dessen anthropologische Relevanz bestätigte.

339 L. Binswanger 1926, S. 7-8.
340 Ebd., S. 8.
341 H. Maldiney 1961, S. 40 und allgemein S. 27-86 (dt. S. 43).
342 L. Binswanger 1926, S. 3-5.
343 Ebd., S. 5.
344 Ebd., S. 6-7, wo die Rede von Michelangelos *Moses* ist.

So lag für Warburg ein weiterer Nutzen seines Aufenthalts in Kreuzlingen in der Tatsache, daß er dort auf Augenhöhe einen Dialog mit einem Wissenschaftler führen konnte, der wie er eine *Erkenntnis durch Verschlingung* praktizierte, eine *verschlungene Erkenntnis*, die ohne autoritäres oder akademisches Gehabe Wissen und Nichtwissen, Sinn und Unsinn, Konstruktion und Destruktion miteinander verband. Diese Erkenntnis vollzog einen radikalen Bruch mit dem Positivismus der medizinischen *Semiologien*, die den Begriff des Symptoms stets auf das *séméion*, das »Zeichen« der Krankheit zurückführten. Diese Erkenntnis war außerdem imstande, jenseits seiner eigenen semiotischen Dimension nach einer Stilkunde zu suchen, in einem Bereich, in dem die ikonologischen »Bilderrätsel« des Traums und des Kunstwerks – die Analyse und Interpretation erfordern – sich zu »lebendigen Schlangenhaufen« vermengen und nur noch *verstanden* werden können.

Zwei stilistische Eigenheiten sind für Warburg und Binswanger gleichermaßen typisch. Ihre Schriften sind komplex, repetitiv und mäanderartig wie die »Aalsuppe«, mit der Warburg, wie bereits angemerkt, seine eigene Prosa verglich. Vor allem ihr Blick für Überdeterminierung und Verschlingung macht ihr Herangehen an die Phänomene gleichsam zu einer »unendlichen Analyse«, die es wagt, auf einen Abschluß und ein abschließendes Urteil zu verzichten:

> Was uns hier überall leiten muß ..., ist der Verzicht auf das, was Flaubert »la rage de vouloir conclure« nennt, nämlich der angesichts unserer einseitigen naturwissenschaftlichen Verstandesbildung keineswegs leicht zu nehmende Verzicht auf das leidenschaftliche Bedürfnis, Schlüsse zu ziehen, sich eine Meinung, ein Urteil zu bilden, kurz über etwas zu *reflektieren*, statt die Sache selbst zu Worte kommen zu lassen oder statt, um nochmals mit Flaubert zu sprechen, »exprimer une chose comme elle est«.[345]

345 Ders. 1945, S. 233. Siehe P. Fédida 1970, S. 17: »Die wesenhafte Unabgeschlossenheit dieser Ansätze ist ihre einzige Chance, eines Tages irgend etwas zu erreichen.«

»Etwas so ausdrücken, wie es ist« – das ist eine Aufgabe für den Phänomenologen, der Binswanger Anfang der 1920er Jahre geworden war (etwa zur Zeit seiner Begegnung mit Warburg).[346] Er entdeckte Husserl, als er Dostojewski las. Er sah sich Bilder von Franz Marc oder van Gogh an, während er über die Psychose nachdachte.[347] Und er zitierte ein weiteres Mal Flaubert: »Wenn ich einen Stein, ein Tier, ein Bild anschaue, habe ich das Gefühl, dort hineinzugehen.«[348] Er begriff die *Erkenntnis durch Verstehen* also als Einverleibung, als einen Prozeß der *Einfühlung*.

»Etwas so ausdrücken, wie es ist« heißt nicht, seine Wahrheit von der hohen Warte eines seines Urteils sicheren begrifflichen Denkens zu benennen, sondern sich in die für die Sache typische Ausdrucksweise, ihren Daseinsstil, einzufühlen. Es heißt, sich zum »Phasma« der Sache zu machen. In die Sache einzudringen, um sich von ihr durchdringen zu lassen, wie Flaubert es nahelegt. Es heißt, Gefahr laufen, nicht mehr herauszukommen (sich nicht mehr entziehen zu können). Die Erkenntnis durch Verschlingung ist eine Erkenntnis, die sich in Abgründe wagt, eine endlose Reise durch die Welt der Dinge, im vollen Bewußtsein, daß man in deren Schlingen geraten kann, der tiefe Wunsch nach einem Leben in diesen Falten. Deshalb fiel es diesen beiden Erforschern psychischer Dinge, die Warburg und Binswanger waren, so schwer, irgend etwas in diesem Interpretationszirkel abzuschließen.

*

Aber was meint diese »Einfühlung« genauer, über die Warburg und Binswanger – die beide den Begriff in ihren Arbeiten verwendeten – um 1923 in Kreuzlingen durchaus diskutiert haben können? Zunächst einmal meint »Einfühlung« eine wichtige Kommunikationsweise, die auf körperlichen Bewegungen

346 Siehe L. Binswanger 1922, S. 35-69.
347 Ebd., S. 37.
348 Ebd., S. 36.

und deren Ausdrucksbedeutung basiert. Wo Warburg – immer noch – an Darwins *Ausdruck der Gemütsbewegungen bei den Menschen und den Tieren* dachte, das er 1888 für sich entdeckt hatte, da war Binswanger bereits auf dem neuesten Stand der ethnologischen und psychologischen Arbeiten eines Buytendijk, Plessner, von Uexküll oder Erwin Straus.[349]

Binswanger kannte auch die im engeren Sinne phänomenologische Bedeutung der »Einfühlung« bei Husserl. Im zweiten Band der *Ideen* ist sie nichts Geringeres als ein Bindeglied zwischen der »Konstitution der animalischen Natur« und der »Konstitution der geistigen Welt«. So bezeichnet »Einfühlung« nach Husserl die Transformation, durch die »Sinneseindrücke« des (physischen) Leibes einer »intersubjektiven Objektivität des Dings« Platz machen – ganz so, als konstituierte der Mensch sich als psychisches Wesen, indem er dem anderen ein Innenleben, eine Seele zugesteht.[350] Edith Stein, die Gelegenheit hatte, die Manuskripte der *Ideen II* vor der Veröffentlichung einzusehen, bemühte sich 1917 um eine »transzendentale« Radikalisierung dieses Einfühlungskonzepts, und Max Scheler entwickelte eine ganze Ethik und eine Metaphysik der »Sympathie«.[351]

Warburg konnte gegenüber Binswanger auf eine gewisse Konzeption der Einfühlung verweisen, die er schon als junger Mann vertreten hatte. Sie bildet sogar den Kern seiner allerersten publizierten Sätze in der Vorbemerkung zu seiner Dissertation über Botticelli aus dem Jahr 1893. Wenn die Frage des Nachlebens ihren Brennpunkt so deutlich in den Pathosformeln und in der »Darstellung … bewegten Beiwerks« findet, wenn das Bild insofern ein Nachleben besitzt, als es das fossilisierte Leben der antiken Sarkophage in der gegenwärtigen Kultur zur Verkörperung bringt, so weil ein Einfühlungsphänomen diese ganze Übertragung des »Lebens« ins Bild und in die Zeit bestimmt. Warburg begann also sein Werk mit der Erklärung, er wolle

349 F. J. J. Buytendijk und H. Plessner 1925-1926, S. 67-129; J. von Uexküll 1934; E. Straus 1935, S. 208-217.

350 E. Husserl 1912-1928, S. 167-172.

351 E. Stein 1917; M. Scheler 1913 und 1923.

»den Sinn für den ästhetischen Akt der ›Einfühlung‹ in seinem Werden als stilbildende Macht beobachten«.[352]

Und was beobachtete er vor allem? Was entdeckte er in erster Linie? Eine *gespaltene* Struktur, die er 1923 schließlich als »schizophren« bezeichnete. Einerseits elementare Gebärden, in deren Darstellung die antikisierende Malerei des 15. Jahrhunderts sich so fruchtbar erwies (man denke nur an ein einziges Gemälde, das alle zu enthalten scheint, Pollaiuolos *Raub der Deianeira*, das sich in der Art Gallery der Yale University in New Haven befindet): Gebärden, die durch unmittelbare organische Reaktionen ausgelöst werden: Ergreifen-Flüchten, Begehren-Zurückstoßen, Liebkosen-Töten usw.[353] Andererseits entdeckte Warburg (zunächst bei Botticelli, dann aber auch bei Ghirlandaio und vielen anderen Künstlern) *Verschiebungsformeln*: Das »Pathosleben« zeigt, daß es sich selbst noch in den teils halborganischen, teils anorganischen Falten des flatternden Haars oder des vom Wind bewegten Gewands zu verbergen vermag. Das ist das zweite Gesicht der Einfühlung als »Belebung des Unbelebten«.

Warburg verzichtete niemals darauf, sich die theoretischen Instrumente zu konstruieren – oder zumindest zusammenzubasteln –, mit denen er diese Ökonomie der Einfühlung zu klären vermochte. Auch wenn er sich in seinen veröffentlichten Artikeln vor allem Doktrinären hütete und sein theoretisches »Ich« bescheiden hinter Bildung und Quellen zurücktreten ließ, zögerte er doch nicht, in der Einsamkeit seiner Manuskripte Tausende von Seiten mit Überlegungen zu einer Theorie des Strebens nach imaginärer Einverleibung zu füllen. Die *Grundlegenden Bruchstücke zu einer monistischen Kunstpsychologie*, die er von 1888 bis 1905 verfaßte, sind ein ebenso ehrgeiziges wie verfrühtes Beispiel dafür.[354]

So führte er in einigen Notizen aus der Zeit von Januar bis März 1896 – die folglich während seiner Reise nach Neu-

352 A. Warburg 1893, S. 13.
353 Ebd., S. 27.
354 Ders. 1888-1905.

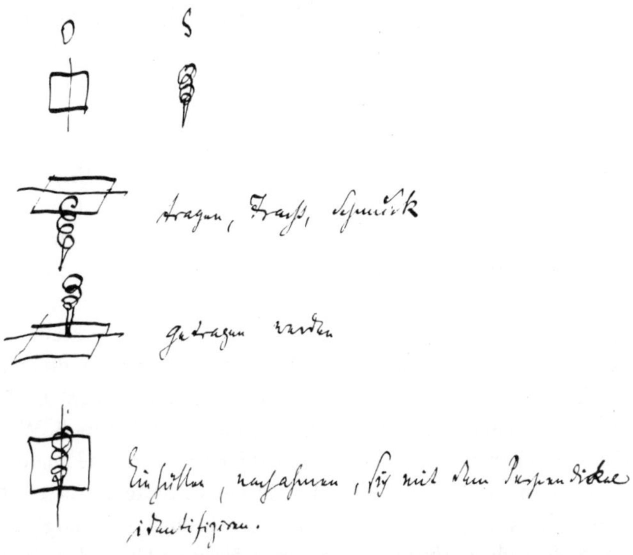

Abb. 81: Aby Warburg, *Tragen, nachahmen, sich identifizieren*, 1896. Tinte auf Papier, aus *Grundlegende Bruchstücke einer monistischen Kunstpsychologie*, Teil II, S. 3. London, Warburg Institute Archive. Photo: The Warburg Institute.

Mexiko entstanden – eine Typologie der magisch-religiösen »Verleibung« und »Absorption« ein. In drei Varianten erprobte er ein Schema, in dem das »Objekt« durch ein gerichtetes Feld (ein von einer Achse durchzogenes Quadrat) und das »Subjekt« durch eine seltsame kleine Spirale dargestellt ist, die an eine mechanische Feder oder die Wendel eines elektrischen Glühfadens oder sogar an eine aufgerollte Schlange erinnert (Abb. 81).[355] Im ersten Fall »trägt« das Subjekt das Objekt – wobei »tragen« auch an »ertragen«, also »erleiden« denken läßt. Im zweiten Fall ist es umgekehrt, und im dritten bildet das Subjekt selbst innerhalb des Objekts die Orientierungsachse des gezeichneten Feldes. Diese letzte Figur kennzeichnet Warburg durch die Verben

355 Ebd., II, S. 3 (Schreibmaschinenabschrift S. 124)

»nachahmen« und »identifizieren«, ergänzt um das Verb »einhüllen«, das dem Verb »einfühlen« so nahekommt (von dem in diesem Manuskript an anderer Stelle die Rede ist).

Unmittelbar darauf folgt ein zweites Schema, in dem »Subjekt« und »Objekt« noch willkürlicher und stärker sexualisiert dargestellt zu sein scheinen: wie ein offener Lampenschirm (das Objekt), der auf die Birne mit ihrem vorstehenden Fuß wartet ... Auch hier wieder spricht Warburg von der Nachahmung im Sinne von Einfühlung, das heißt im Sinne der »Identification« und der »Einkehr« des Subjekts ins Objekt (Abb. 82).[356] Schon hier kann man begreifen, was die Texte von 1923 so kraftvoll sagen werden, daß nämlich das Verhältnis zum Bild von nun an im Sinne einer Projektion, einer Einverleibung und mehr noch einer *wechselseitigen Durchdringung* gedacht werden muß. Was die Menschen sich vor ihre Augen stellen (Fresken, Gemälde, Skulpturen) und womit sie ihren Körper bedecken, um selbst zum Schauspiel zu werden (Bemalung, Schmuck, Kleidung), all das zielt nach Warburg auf eine wechselseitige Durchdringung des physischen und des psychischen Bildes an einem Punkt, an dem es nicht mehr möglich ist, die »stoffliche Kultur« von ihrer »psychischen Kultur« zu unterscheiden.

> Die abtastende Aneignung ... die Häufung (Agglomeration und Ornament) verlangt ... ein simplexer Akt – ersetzt durch mimische Einfühlung in den Körper – ein duplexer Akt.[357]

Jedes Bild geht vom Körper aus und kehrt zum Körper zurück. Die liturgischen Haltungen Fra Angelicos oder des Portinari-Altars, Ghibertis oder Donatellos pathetische Massen und Botticellis oder Pollaiuolos Choreographie der Nacktkeit im Florenz des 15. Jahrhunderts bringen sämtlich diese »mimische Einfühlung« ins Spiel, die zu *elementaren Gebärden* führt. Doch auch die Verzierung – Girlanden, Faltenwurf, Wappen, Frisuren, Kalligraphien, Schmuck, Marmorimitate – gehört mit ihren *Ver-*

356 Ebd., II, S. 3 (Schreibmaschinenabschrift S. 125).
357 Ders. 1903-1906 (zit. n. E. H. Gombrich 1970, S. 157, dt. S. 198).

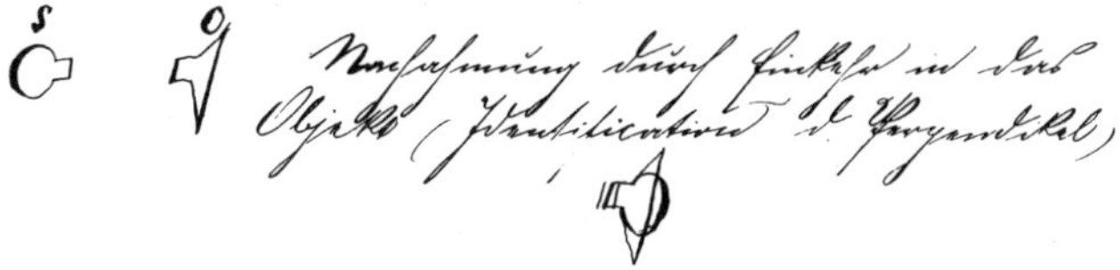

Abb. 82: Aby Warburg, *Nachahmung durch Einkehr in das Objekt (Identification)*, 1896. Tinte auf Papier, aus *Grundlegende Bruchstücke einer monistischen Kunstpsychologie*, Teil II, S. 3. London, Warburg Institute Archive. Photo: The Warburg Institute.

schiebungsformeln gleichfalls zu diesen Einfühlungsprozessen. Julius von Schlosser geht genau von dieser Prämisse aus, wenn er die Frage der Sammlungen und »Kuriositätenkabinette« in die anthropologische Perspektive einer magischen Anhäufung körperlicher Trophäen und Reliquien rückt.[358]

Jedes Bild geht vom Körper aus – das heißt trennt sich davon – und kehrt zu ihm zurück. Warburg nennt ein weiteres frappierendes Beispiel dafür in seinem Göttinger Vortrag von 1913. Im Blick auf einen Holzschnitt aus dem 16. Jahrhundert verweist er auf die zu einem »öden Sympathie-Zaubermittel« geratene wechselseitige Durchdringung der astrologischen Bildwelt (siderische Körper) und einer organischen Bildwelt (anatomische Körper). Die Tierkreiszeichen auf diesem Bild dienten in Wirklichkeit dem Bader, der das Bild benutzte, als Erinnerungsstütze für den Aderlaß (Abb. 83).[359] Die auf dem menschlichen Körper versammelten »sonderbaren Körper« des phantastischen Himmelsbestiariums waren zugleich Merkzeichen einer organischen Tiefengeologie. Sie markierten die Punkte, an denen man den Kranken zur Ader lassen mußte, um den Körper von seinen Unreinheiten zu befreien.

Das Bild erscheint so als eine Dialektik zwischen (auratischer) Distanz und deren (einfühlender) Aufhebung. Und mehr noch verbindet es hier den psychisch-zeitlichen Prozeß des Nach-

358 J. von Schloser 1908, S. 1-21.

359 A. Warburg 1913 (zit. n. E. H. Gombrich 1970, S. 202, dt. S. 276).

lebens (heidnische Götter aus dem Pantheon der Tierkreiszeichen in einem christlichen Kalender des 16. Jahrhunderts) mit dem psychisch-körperlichen Prozeß der Einfühlung (siderische Körper, in größte und sogar intime Nähe zum organischen Körper gerückt). Deshalb ist es nun möglich, von »Nachfühlung« zu sprechen: von einer durch Zeit komplizierten Einfühlung, einer körperlich realisierten Einfühlung in die Zeit. Einer Verschlingung von sinnlich Gegenwärtigem mit symbolischer Erinnerung.

*

Warburg hatte dieses Vokabular keineswegs selbst erfunden. August Schmarsow, sein Lehrer in Florenz, hatte ihn in die Probleme der Gebärde und des Ausdrucks eingeführt. Außerdem trat er für eine Kunstwissenschaft ein, die sich auf die Psychologie stützte und in der die Einfühlung deshalb eine zentrale Rolle spielte. Keine »Raumgestalt« ohne »Körperbild«, sagte er. Im Jahr 1893 – dem Jahr, in dem Warburg seine Dissertation vorlegte – veröffentlichte er einen ganzen Band über das Einfühlungsvermögen architektonischer Formen.[360] Warburg war auch ein aufmerksamer Leser Hermann Siebecks.[361] Erstaunlich ist allerdings, daß sein Denken auf dieser Ebene mit dem seiner unmittelbarsten Zeitgenossen, also auch direktesten Konkurrenten zusammenstimmt, nämlich dem der »formalistischen« Kunsthistoriker.

Es ist in der Tat erstaunlich, 1886 aus der Feder Heinrich Wölfflins einige theoretische Aussagen zu lesen, die das Kunstwerk mit Begriffen wie »Körperwelt«, »Trieb« und »mytholo-

---

360 A. Schmarsow 1893. Siehe ders. 1899, S. 57-79; ders. 1905, S. 136-137; ders. 1929, S. 209-230.

361 Siehe H. Siebeck 1875. Das Werk findet sich in der Bibliothek Warburg unter der Signatur CIH 1350 (auch wenn es im elektronischen Katalog fehlt). Warburg hat darin vor allem das vierte Kapitel (»Die Apperception durch Verhältniss-Vorstellungen«) mit Anmerkungen versehen. Siebecks Einfühlungstheorie muß im Zusammenhang mit seinem Interesse am Traum und an Musik gesehen werden. Siehe ders. 1877 und 1906.

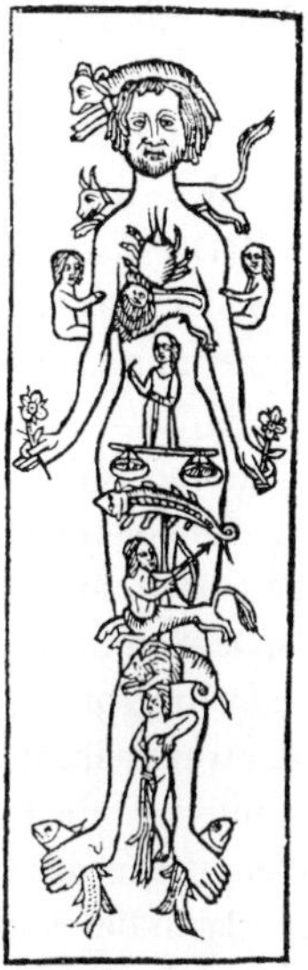

Abb. 83: *Aderlaßanweisung* (anonym), 1503. Nach A. Warburg, *Wanderungen der antiken Götterwelt vor ihrem Eintritt in die italienische Frührenaissance*, 1913. London, Warburg Institute Archive. Photo: The Warburg Institute.

gischer Phantasie« zu erfassen versuchen statt mit Ausdrücken wie »ästhetisches Urteil« oder mit rein visuellen Kategorien:

> Körperliche Formen können charakteristisch sein nur dadurch, daß wir selbst einen Körper besitzen. Wären wir bloss optisch auffassende Wesen, so müsste uns eine ästhetische Beurteilung der Körperwelt stets versagt bleiben. (…) Unwillkürlich beseelen wir jedes Ding. Das ist ein uralter Trieb des Menschen. Er bedingt die mythologische Phantasie. […] Ja, erstirbt dieser Trieb jemals? Ich glaube nicht. Es wäre der Tod der Kunst. Das Bild unserer selbst schieben wir allen Erscheinungen unter.[362]

362 H. Wölfflin 1886, S. 5.

Zehn Jahre später veröffentlichte Berenson – den Warburg zu dieser Zeit kannte und, wie es scheint, verachtete[363] – in der Einleitung zu seinem berühmten Buch *The Florentine Painters of the Renaissance* eine Analyse der »Symbolik« und der »taktilen Werte« bei Giotto.[364] Die Ästhetik der Einfühlung wird zwar nie wörtlich zitiert, bildet aber offensichtlich den Rahmen dieses ästhetischen Ansatzes zum Verständnis der Florentiner Kunst.

Was bedeutet diese seltsame Nähe zwischen Denkrichtungen, die einander doch in allem oder fast allem so fern zu stehen scheinen? Es ist verlockend, darin so etwas wie einen »Zeitgeist« zu erblicken. Kein neues Denken im Bereich der Ästhetik kam damals um das *verbindende Konzept* der Einfühlung herum. Die »Einfühlung« stand im Zentrum nahezu aller Ende des 19. Jahrhunderts in Deutschland unternommenen Versuche, eine Kunstwissenschaft zu begründen, die in der Lage war, die Probleme des Sinns und des Ausdrucks in der Kunst über den Begriff der Form zu lösen. Die Ästhetik der Einfühlung erscheint hier als ein Versuch, eine »Form«, die man bisher in ihrer psychologischen Wirkung und Immanenz gedacht hatte, mit »Leben« – mit Seele, Empfindung, Körperlichkeit, Ausdruck, Intentionalität oder Trieb – zu erfüllen.

Aber ebensogut könnte man sagen, »Einfühlung« sei eher ein *formbares* als ein verbindendes Konzept gewesen. Es läßt sich sehr leicht in alle Richtungen ziehen (das heißt in die Richtung, die man will) und entsprechend verwenden. Die philosophischen Wurzeln des Begriffs sind vielfältig und teilweise widersprüchlich. Aristoteles (Katharsis) und Hume (Ansteckung der Leidenschaften), Vico (»Beförderung« des menschlichen Körpers) und Burke (sublime Sympathie), Kant (Primat der Form) und Herder (Primat des Körpers), ganz zu schweigen von den großen Romantikern Novalis, Schiller, Schelling, Carl Philipp

363 Siehe E. H. Gombrich 1970, S. 96 und 143 (dt. S. 129 und 182).

364 B. Berenson 1896, S. 1-19 (dt. S. 7-36 [in der deutschen Übers. als »taktische Werte« bezeichnet]). Siehe ders. 1948, S. 61, 226-227 usw. (dt. S. 58, 222-224).

Moritz … und natürlich von dem wohl wichtigsten Autor dieser Genealogie: Arthur Schopenhauer.[365]

Wie stets übernahm Warburg vom Konzept der Einfühlung nur das, was er für die unmittelbaren Zwecke seiner »Psychohistorie« der Bilder gebrauchen konnte. Er war der Überzeugung, daß die Probleme der Ästhetik, die bis dahin im strengen Rahmen der Universitätsphilosophie mit ihren Kanons, Idealitäten und Transzendenzen behandelt worden waren, von einem aus der immanenten und nicht präskriptiven Perspektive einer Phänomenologie der Psyche erneuerten Verständnis profitieren konnten. So hielt er sich von allen Versuchen fern, die Einfühlung im Rahmen großer geschlossener System neu zu formulieren. Daher seine relative Indifferenz gegenüber den Bemühungen von Theodor Lipps, Johannes Volkelt und einigen anderen.

Gegen die zahlreichen Versuche, mit der Einfühlung als neuem Vermögen zu einer überarbeiteten Kritik der Urteilskraft zu gelangen, hielt Warburg an der entschiedenen – und radikal antikantianischen – Ablehnung jeglicher an Kriterien orientierten »Moralisierung« der einfühlenden Erfahrung fest. Das »ästhetische Gefühl« bei Kant »ist ein rein intellektuelles Gefühl, ein Gefühl der Reflexion und des Urteils«, schrieb Victor Basch in seinem bemerkenswerten *Essay critique sur l'esthétique de Kant*, der 1896 erschien.[366] Es ist ein Verrat an der Erfahrung, wenn man das Gefühl reinigen und vom Fühlen loslösen will, das stets ein »Mischzustand« ist, in dem Wahrnehmungen und Empfindungen, Phantasmen und Handlungen, Wünsche und Triebregungen, kurz, alle erdenklichen Regungen eine Rolle spielen, die sich unmöglich auf ein einziges »desinteressiertes« Urteil reduzieren lassen. »Der ästhetische Betrachter ist kein normales Wesen«, behauptete übrigens Victor Basch. Und ein wenig später:

---

365 Siehe H. F. Mallgrave und E. Ikonomou 1994, S. 1-85; A. Pinotti 1997, S. 9-31.

366 V. Basch 1896, S. 250.

> Die Gefühle, die alle Äußerungen unseres normalen Lebens begleiten, aber im Normalzustand von unserer Geistes- und Willenstätigkeit erstickt werden, befreien sich im ästhetischen Zustand und äußern sich in ihrem ganzen unendlichen Reichtum, weil sie während des Betrachtens dem trübsinnig-freudlosen Kerker der Begriffe ebenso entgehen wie dem Schraubstock des kategorischen Imperativs.[367]

Unter diesen Bedingungen wird verständlicher, warum Warburg Wilhelm Worringers berühmtem, 1907 erschienenen Essay über *Abstraktion und Einfühlung* keine sonderliche Beachtung schenkte. Dennoch finden sich darin durchaus einige Zentren Warburgschen Interesses: die italienische Renaissance und die Frage des Naturalismus, die primitive Kunst und die Frage des Ornaments … Doch Worringers große Polarität diente nur dem Ziel, zwei große zeitlose Stile zu hypostasieren: auf der einen Seite die von »Raumscheu« geprägte naturalistische und kultivierte Einfühlung, auf der anderen die von einer »milden Harmonie des organischen Seins« getragene primitive geometrische Abstraktion.[368]

Warburgs ganze Erfahrung widersprach diesem Schema. Die Einfühlung ist keine »Form von Stil«, sondern »stilbildende Macht«. Und sie ist in den geometrischen Schlangen von Walpi ebenso mächtig wie in den naturalistischen Schlangen des *Laokoon*. Sie erzeugt »milde Harmonie des organischen Seins« und »Raumscheu« gleichermaßen. Nicht zufällig verweist Worringer zur Begründung seines Einfühlungsbegriffs einzig auf die späte und eher unscharfe Definition, die Theodor Lipps dafür gegeben hatte.[369] Warburg kam von weiter her. Er ging vom ursprünglichen und erfinderischen Moment der Einfühlung aus, einem noch heuristischen (nicht axiomatisierten) und offenen (nicht zum Schulbegriff umgebogenen) Moment, das ebenso frei von den neukantianischen Erneuerungsbemü-

367 Ders. 1921, S. 62 und 65.
368 W. Worringer 1907, S. 42 und 113; siehe ebd., S. 48-51, 66, 112-113.
369 Ebd., S. 42 et passim.

hungen wie vom neuschopenhauerianischen Obskurantismus war.

*

Auf ein kleines, kaum fünfzig Seiten umfassendes Werk, das Robert Vischer 1873 veröffentlicht hatte und das den Titel *Über das optische Formgefühl* trug, verwies Warburg in der Vorbemerkung zu seiner Dissertation über Botticelli und nochmals 1923, als er seinen anthropologischen Begriff der »Verleibung« zusammenfaßte.[370] Warum diese Treue? Zunächst einmal, weil Robert Vischer – Sohn des Friedrich Theodor Vischer, einer faszinierenden Persönlichkeit des 19. Jahrhunderts, und unter anderem Autor einer monumentalen *Ästhetik*[371] – eine Überlegung vorstellte, die trotz ihres theoretischen Charakters ganz das Werk eines Manns der Erfahrung blieb: eines Kunsthistorikers, der wie Warburg versuchte, die Renaissance über Giotto oder Signorelli, Raffael oder Dürer zu verstehen.[372]

Andererseits schöpfte Robert Vischer aus denselben Quellen wie Warburg. Die unfruchtbaren Abstraktionen der Kantschen Theorie langweilten ihn zutiefst. So wandte er sich lieber den Schriften von Künstlern – insbesondere denen von Hogarth – zu, den Kühnheiten Herders, den Geistesblitzen Nietzsches und vor allem den genialen Intuitionen Goethes.[373] Wie Warburg war er allergisch gegen jeglichen Idealismus und Formalismus (wenn man denn unter »Formalismus« jenen anderen Purismus der Form versteht, den zum Beispiel Johann Friedrich Herbart oder Robert Zimmermann vertraten). Lange bevor Binswanger in der Freudschen Psychoanalyse eine auf Erfahrung basierende

---

370 A. Warburg 1893, S. 13; ders. 1923b, S. 590. Auf Robert Vischers Einfluß auf Warburg verweisen auch E. Wind 1971, S. 108-109; G. Carchia 1984, S. 95-99; und S. Ferretti 1984, S. 15-24.

371 F. T. Vischer 1846-1857, dessen System er aufgriff und überarbeitete in ders. 1861-1873.

372 Siehe R. Vischer 1879 und 1886.

373 Siehe J. Nigro Covre 1977, S. 3-24; H. F. Mallgrave und E. Ikonomou 1994, S. 17-18.

Deutung erblickte, wollte Vischer seine Deutung der Form auf die Erfahrung der eigenen psychischen und körperlichen Fähigkeiten stützen.

Dazu mußte er das Wagnis eingehen, *das Sehen zu öffnen*, das heißt, in jedem visuellen Ereignis, das dieses Namens würdig ist, ein Doppeltes zu sehen, nämlich einen Mischzustand, der von einer Spaltung durchzogen ist. Die »Einheit«, in der ein Bild sich letztlich unserem Blick darbietet, das »Gesamtbild«, wie Vischer dies nannte, ist nur ein komplexes Amalgam, das von der Spaltung zwischen passivem »Sehen« und aktivem »Schauen« durchzogen ist.[374] Mehr noch, bei diesem Prozeß werden sämtliche Empfindungen gleichzeitig angesprochen. »Es handelt sich überhaupt um den ganzen Körper«, schreibt Vischer. Vor einem Bild wird »der ganze Leibmensch … ergriffen«. Deshalb können wir unter der sengenden Sonne einer mediterranen Landschaft das Gefühl haben, es sei nicht mehr ganz so heiß, wenn wir eine Sonnenbrille aufsetzen.[375]

Die Erkenntnis, daß in der Erfahrung alle Sinne mobilisiert werden, so daß aus Sehen Schauen, aus Schauen Fühlen, aus Fühlen Bewegung und aus Bewegung Erregung wird, veranlaßt Vischer, die Form als eine Kraft wechselseitiger Durchdringung zu denken. So gilt es zu verstehen, wie es dem Blick gelingt, *das Objekt einzuverleiben*. Wenn das Bild eine Vorstellung auslöst, die »eine Mischerin« ist, ein flüssiges Medium, in dem sich alle Widersprüche der Welt – Ruhe und Bewegung, Ich und Nicht-ich – »in einem rätselhaften Ganzen« vereinen,[376] wie soll man dann diese vereinigende »Kraft« beschreiben? Genau das ist die Einfühlung.

Vischer sieht das grundlegende anthropologische Element in der, wie er es ausdrückt, »Ähnlichkeit«. Sie hat ebensowenig mit dem »Naturalismus« des Bildes zu tun wie mit irgendeinem Stilkriterium oder einer inneren »Harmonie«. Es handelt sich

374 R. Vischer 1873, S. 1-4.
375 Ebd., S. 10-11.
376 Ebd., S. 16.

vielmehr um die unmittelbare Reaktion der »Gesichtsempfindung« auf jede beliebige Form. Wir betrachten sie unvermeidlich von unserer eigenen – menschlichen – Form her, erfassen sie von unseren körperlichen und psychischen »Bewegungsformen« aus.[377] Kurz, der Blick erfaßt jede Form, ob organisch oder geometrisch, figürlich oder abstrakt, stets über eine »Reaktion«, die Vischer »Nachfühlung« nennt, oder über eine einfühlende »Einverleibung«, durch welche die Einfühlung als solche definiert ist.[378] In jedem Falle geht es also darum, der Form eine »menschliche … Gehaltsbedeutung« zu geben. Es geht darum, das Anorganische dem Organischen »einzuverleiben« und das Ich ins Nichtich zu »projizieren«.

> Wir haben also das wunderbare Vermögen, unsere eigene Form einer objektiven Form zu unterschieben und einzuverleiben. … Ich traue also der leblosen Form mein individuelles Leben zu, wie ich dasselbe einem persönlichen, lebendigen Nichtich zutraue. Nur scheinbar behalte ich mich selbst, obgleich das Objekt ein Anderes bleibt. Ich scheine mich ihm nur anzubequemen und anzufügen, wie Hand in Hand sich fügt, und dennoch bin ich heimlicherweise in dieses Nichtich versetzt und verzaubert.[379]

Das Bild reicht uns nicht nur die Hand. Es nimmt unsere Hand und zieht uns – atmet uns ein, verschlingt uns – ganz und gar in die »magische«, »geheimnisvolle« Bewegung der einfühlenden Anziehung und der Einverleibung hinein. Fünfzig Jahre später schrieb Warburg, die Macht der Bilder sei eine Macht wechselseitigen Eindringens des Objekts ins Subjekt und, schlimmer noch, des Subjekts ins Objekt. Wir erinnern uns, daß er daraus eine »schizophrene« Struktur ableitete. Mit dem Nichtich vermischt, weiß das Ich nicht mehr, wo seine Grenzen sind.[380]

---

377 Ebd., S. 5-6.

378 Ebd., S. 18-28. Vischer unterscheidet vier Grade der Einfühlung: »Einfühlung« im eigentlichen Sinne, »Anfühlung«, »Nachfühlung« und »Zufühlung«.

379 Ebd., S. 20.

380 A. Warburg 1923b, S. 581-583.

Ähnliche Überlegungen stellte Vischer schon 1873 an. Wenn das »Gefühl« die Form einschließt, erleidet das Ich im Gegenzug einen Regimewechsel, eine Auflösung, die »Förderung oder Störung« bedeuten kann.[381] Unter dem Eindruck der Einfühlung oder der Vorstellungskraft macht das Subjekt die Erfahrung einer Situation, in der es schwerfällt, schreibt Vischer, »zwischen rein ästhetischem und pathologischem Verhalten« zu unterscheiden.[382] Wenn man den Bildern die Fähigkeit der Einfühlung zuerkennt, so heißt das nicht nur, das Sehen zu öffnen und das Objekt einzuverleiben, sondern auch – in letzter theoretischer Konsequenz – das Subjekt zu öffnen.[383]

So wird auch die paradigmatische Bedeutung verständlicher, die dem Traum in Vischers gesamter Beweisführung zukommt. Nirgendwo ist die dem Bild eigene Fähigkeit zur wechselseitigen Durchdringung stärker als im Traum – und im Symptom, wie Freud und Binswanger später hinzufügen werden. Er bildet, so sagt Vischer, ein »zweites Selbst«, das von Handlungen bestimmt wird, die der Wille nicht zu beherrschen vermag. Hier haben die Formen nicht nur eine Bedeutung, sie sind vielmehr »Klangformen«. Das »Ineinsfühlen von Bild und Inhalt« ist hier total: Unmöglich, einer geschwungenen Linie nicht zu folgen. Unmöglich mit einer Vertikalen nicht hinauf- oder hinabzusteigen.[384]

Vischers gesamte Argumentation basiert hier auf Karl Albert Scherners Werk *Das Leben des Traums*, das 1861 erschien.[385] Auch Freud kommt in seiner *Traumdeutung* immer wieder darauf zurück und äußert sich – abgesehen von wenigen Kritikpunkten – positiv darüber. So verdanke man ihm die Vor-

381 R. Vischer 1873, S. 19.

382 Ebd., S. 11.

383 Als wollte er die Kühnheit seiner ersten Aussagen abschwächen, beschließt Vischer sein Buch mit zwei Kapiteln, die stärker mit der klassischen Ästhetik konform gehen und in dem er dem »Beiwerk« Prozesse der Steigerung der Form abspricht (Warburg gelangte später bekanntlich zur gegenteiligen Auffassung); ebd., S. 39-49.

384 Ebd., S. III-VIII.

385 K. A. Scherner 1861.

stellung, wonach am Ursprung des Traums ein Wunsch stehe. Bei Scherner auch finde sich der beständige Zusammenhang zwischen Traumbild und Organbewegung. Und schließlich habe er als erster den modernen – von den antiken Traumschlüsseln losgelösten – Gedanken einer »Traumsymbolik« gefaßt.[386] Genau das erlaubte es Vischer, seinen Einfühlungsbegriff auf die im Traum anzutreffende wechselseitige Durchdringung von »Objektvorstellung« und »Selbstvorstellung« zu stützen. Und es erlaubte ihm, am Modell des Traums die »treibende Kraft« der Bilder zu erkennen.[387]

Vor allem aber eröffnete es ihm die Möglichkeit, Formen, Kräfte und Bedeutungen gemeinsam zu denken – wie Warburg es sein Leben lang versuchen sollte. Eine der schönsten Lektionen der Einfühlung in dieser grundlegenden Schrift liegt in der Erkenntnis, daß die *Form*, in ihren Einfühlungsbewegungen und ihrer Einverleibungs*kraft* begriffen, schließlich dazu führt, das *Symbol* zu denken – was Vischer sehr schön mit dem Ausdruck »Formsymbolik des Gefühls« erfaßt.[388] So kann es nicht erstaunen, daß die Beispiele für seinen Einfühlungsbegriff aus dem Bereich des Glaubens, der Mythen und des Traums stammen. Dort fand dieser Begriff seinen typischen Ausdruck, seinen anthropologischen Ausdruck *par excellence*.[389]

Es kann kein Zweifel bestehen, daß Warburg in Robert Vischers Essay ein strukturelles Werkzeug wie auch ein ästhetisches Prinzip und eine psychologische Darstellung erkannte. In ihrem ursprünglichen Moment blieb die »Einfühlung« offen für alle Möglichkeiten. Er hoffte, durch sie Pathos und Logos, Affektives und Kognitives, Physisches und Semiotisches, Fühlen und Sinn im selben Bildbegriff vereinen zu können.[390] Aber was ist

386 S. Freud 1900, S. 65-66, 117, 232-234, 331, 341, 347, 393, 522, 562; Scherner wird auch zitiert in L. Binswanger 1928, S. 51 und 63.

387 R. Vischer 1873, S. 13-17.

388 Ebd., S. 27.

389 Ebd., S. 22-23 und 30-33.

390 Siehe W. R. Crozier und P. Greenhalgh 1992, S. 83-87; S. Caliandro 1999, S. 47-58.

ein vom *Fühlen* erfaßter *Sinn*? Welche theoretischen Veränderungen erfährt der Begriff des Symbols – und damit auch der Begriff der Kultur – durch das Prinzip der Einfühlung?

Von der Einfühlung zum Symbol: Vischer, Carlyle, Vignoli

Es ist leicht zu verstehen, weshalb Warburg so dringend einer Theorie, einer Anthropologie des Symbols bedurfte – ob nun angesichts der Indianer in Oraibi und ihrer lebenden Schlangenhaufen, angesichts des *Laokoon* und seiner marmornen Verschlingungen oder angesichts der »Nymphe« und ihrer bewegten Gewänder. Er bestritt, daß die Kunstgeschichte es nur mit »reinen Formen« zu tun hätte. Solche »reinen Formen« kann es nicht geben, wenn man das Bild zu einer »Lebensfrage« macht. Formen existieren nur *unrein*, das heißt *verschlungen* in das Netz all dessen, was die Schulphilosophie als deren Gegensatz begreift: »Stoff«, »Inhalt«, »Sinn«, »Ausdruck«, »Funktion« … All das vereinigt sich mit der Form bis hin zum Wirrwarr – wie die Schlangen im Mund des Indianers oder um den Körper Laokoons, wie der Wind in jeder Falte des Gewands der *Ninfa*.

Warburg teilt auch hier wieder Robert Vischers Grundannahmen, der Kants »reine Form«, anders als Herbart, ablehnte. Es gibt keine Formen ohne Inhalte (und die Einfühlung lehrt uns, daß es auch keine Formen ohne anthropomorphe Inhalte gibt). Die geheimnisvolle Einheit dieser beiden abstrakt entgegengesetzten, aber konkret ineinander verschlungenen Dinge nannte Vischer »Formsymbolik«.[391]

Auch hatte Warburg schon 1893 verstanden, daß die Theorie der Einfühlung die Möglichkeit eröffnete, den Symbolbegriff völlig neu zu denken, und das jenseits dessen, was Kant und Hegel dazu postuliert hatten: Das Symbol ist etwas anderes als die nur »indirekte Darstellung des Begriffs«; etwas anderes als jenes einer bloßen »Vorkunst« entsprechende und »zweideutige« Zeichen, in dem »die Idee noch ihren echten Kunstausdruck«

391 R. Vischer 1873, S. III-VIII.

sucht.[392] Doch Vischer gab keine explizite Definition dieses neu gedachten, in Prozessen psychischer Einverleibung vom sprechenden und denkenden Wesen konstituierten »Symbols«, und zwar deshalb, weil er sich implizit auf die Arbeiten seines Vaters Friedrich Theodor Vischer bezog, der das umfangreichste Exposé zu dieser Frage in einer 1887 erschienenen Schrift mit dem nüchternen Titel »Das Symbol« vorgestellt hatte.[393]

Edgar Wind schrieb, Warburg habe Vischers Aufsatz »wieder und wieder gelesen« und sich daran »sein begriffliches Rüstzeug« erarbeitet, so daß sein »Begriffssystem« von daher am einfachsten zu erschließen sei.[394] Auch ansonsten ist es verständlich, daß er Warburgs Aufmerksamkeit erregte, denn er systematisierte und schematisierte nichts. Er ging vielmehr vom *verschlungenen* Charakter jeglicher Symbolbildung aus. Das Symbol, schrieb Vischer, ist ein »gestaltwechselnder Proteus«. Und auch wenn die Fragen, die es aufwirft, anfangs einfach erscheinen (etwa die nach der »Verknüpfung von Bild und Inhalt durch einen Vergleichungspunkt«), so sind die Antworten, die es bietet, doch von einer Komplexität, die eine Herausforderung für unsere gewohnten Begriffssysteme darstellt.[395]

Das ganze Problem liegt in der konstitutiven Unangemessenheit des Symbols. Doch wo Hegel einen Mangel gesehen hatte, sah Vischer eine heuristische Chance, nämlich Vielfalt, Fülle, Erfindung, kurz gesagt: Stil und Geschichtlichkeit. Verschlingung und Unangemessenheit entziehen sich dem Begriff, aber man kann sie gerade als die *Kraft* des Symbols begreifen.[396] Es genügt, sie nicht mehr der üblichen Regel zu unterwerfen, die Wahrheit als *adaequatio rei et intellectus* begreift. Vischer fordert daher ein »Ineinanderdenken«: Verschlingungen und Polaritäten, die

---

392 Siehe I. Kant 1790, S. 460 (§ 59); G. W. F. Hegel 1835-1843, Bd. 13, S. 390, 397 usw.

393 F. T. Vischer 1887, S. 420-456.

394 E. Wind 1931, S. 408. E. H. Gombrich 1970, S. 72-75 (dt. S. 99-103) ist hier allerdings ganz anderer Ansicht.

395 F. T. Vischer 1887, S. 420.

396 Ebd., S. 420-422.

er zu klären versucht, indem er – wie Warburg später – für die »Verbindung zwischen Bild und Sinn« verschiedene mögliche Schicksale unterscheidet: zum Beispiel assimilativ-assoziativ oder komparativ-dissoziativ.[397]

Schon diese einfache Polarität erlaubt es, die »Unangemessenheit«, die grundsätzliche Vieldeutigkeit der Symbole in die Erkenntnis einer veritablen »Energie des Bildvermögens« zu verwandeln, ob nun in Sprache oder Mythos, im Ritual oder in der Kunst.[398] Die von Vischer angebotenen Beispiele – insbesondere die des heidnischen Opfers und der christlichen Eucharistie – faszinierten Warburg bis an sein Lebensende.[399] Sie alle haben gemeinsam, daß sie den menschlichen Körper ganz unmittelbar, einfühlend, in die Bildung der Symbole einbeziehen. Selbst wenn wir die abstrakte Sprache der »Spiritualität« benutzen, verwenden wir, so sagt Vischer, ein Symbol, das sich auf das lateinische *spiritus* bezieht und darüber auf eine Vorstellung des Hauchs, der auf der intimen Erfahrung unseres eigenen Atems basiert: »Dieser dunkelhelle, unfreifreie Akt ist symbolisch.«[400]

In diesem »dunkelhellen« und »unfreifreien« Charakter des Symbols können wir die eigentliche Substanz der Warburgschen Beunruhigung hinsichtlich der Bilder und ganz allgemein der Kultur wiedererkennen. Vischer hatte sehr genau verstanden, inwiefern selbst die »freiesten« Symbole der antiken Kunst unlösbar mit den dunklen Tiefen der magischen Einverleibung oder der mythischen Projektion »verbunden« bleiben.[401] In Begriffe der Zeit und der Psyche übersetzt, läuft diese Deutung auf die Feststellung hinaus, daß *Nachleben und Einfühlung konstitutiv für die Symbole als solche* sind. Ihre »Unangemessenheit«, ihre Mehrdeutigkeit, aber auch ihre Vielfalt und Fülle wären dann

---

397 Ebd., S. 422-423.

398 Ebd., S. 433.

399 A. Warburg 1927-1929, S. 132-133 (Tafel 79). Siehe C. Schoell-Glass 2001, S. 183-208.

400 F. T. Vischer 1887, S. 433.

401 Ebd., S. 426-434.

nur Indizien einverleibter »Lebensreste«, die sie unvermeidlich zu verunreinigten Zeichen, zu »dunkelhellen« Zeichen machen.

Was uns in jedem Bild – ob »frei«, »künstlerisch« oder »modern« – einfühlend gefangennimmt, wäre dann nichts anderes als eine Anziehungskraft, die aus dem Dunkeln kommt, das heißt aus der *longue durée* der darin arbeitenden Symbole. Nicht zufällig widmete Vischer den gesamten Schlußteil seines Aufsatzes über das Symbol dem Begriff der Einfühlung.[402] Die »Formsymbolik« erscheint in Wirklichkeit erst in einer Einfühlungserfahrung, wobei die Symbole zunächst – wie auch im Traum – nur darauf zielen, die anorganischen Dinge »zu beseelen«. Ist Raffaels *Sixtinische Madonna* nicht eigentlich nur ein großes, unbelebtes Stück Leindwand? Der »lebendige Charakter ihrer symbolischen Wirkung erwächst erst aus der Verbindung einer Einfühlung, dem aktuellen ästhetischen Erleben, und eines Nachlebens, der Wiederkehr von Uraltem: der »Gottesmutter« oder des »ewig Weiblichen«, wie Vischer sagt.[403] Wundern wir uns nicht, daß der Ausdruck »Nachfühlung« auch hier wieder Bestandteil dieses (einmal ist keinmal: vom Vater auf den Sohn übertragenen) Wortschatzes ist.[404]

Wie dem auch sei, wir werden die Einfühlungserfahrung – dieses symptomhafte Moment – als »Berührung« mit Symbolen begreifen müssen, die in ihrer zeitlichen Tiefe erfaßt werden, in ihrer Fähigkeit, wiederzukehren und uns nachzugehen. Was Victor Basch bereits auf rein individueller Ebene sagte: »Das Gefühl [der Einfühlung] ist letztlich die *Wiederbelebung* eines affektiven Zustands durch ein *Dargestelltes*«,[405] muß nun historisch und anthropologisch gedacht werden. Genau das versuchte Warburg von Anfang an zu tun. Wenn er die Einfühlung als »stilbildende Macht« verstand, dachte er sie im gleichen Zug auch als *nachlebende Macht der Symbole.*

*

402 Ebd., S. 433-456.

403 Ebd., S. 428-429.

404 Ebd., S. 446.

405 V. Basch 1896, S. 285.

Schon als junger Mann machte Warburg sich also das von Friedrich Theodor Vischer in seinem Aufsatz von 1887 geforderte Vorgehen zu eigen: Es ging darum, dem romantischen Symbolbegriff – gegen den Kantianismus der »reinen Form« – die Konsistenz eines analytischen Werkzeugs zu verleihen, eines wissenschaftlichen Werkzeugs, das offen für die psychologischen und anthropologischen Fachgebiete war, die Ende des 19. Jahrhunderts eine so tiefgreifende Erneuerung erlebten.[406]

Auf der »romantischen« Seite ist natürlich an Goethe zu denken. Aber auch an Thomas Carlyle, dessen extravaganter, 1833-1834 erschienener Roman *Sartor Resartus* Warburg sein Leben lang faszinierte.[407] Der Roman steht in einer geistigen Tradition, die von Jonathan Swift über Laurence Sterne bis hin zu Warburgs Zeitgenossen James Joyce führt. Sein Held, Professor Teufelsdröckh, vertieft sich gern in die Lektüre des »Weißnichtwo'schen Anzeigers«.[408] Warburg – ein wahnsinniger Gelehrter und großer Experte für geistreiche Wortspiele, die man in seiner Familie als »Warburgismen« bezeichnete[409] – dürfte sich mit einiger Wahrscheinlichkeit gerne in der von Carlyle beschriebenen Figur wiedererkannt haben:

> Aufs Ganze gesehen ist Professor Teufelsdröckh kein kultivierter Schriftsteller. Von seinen Sätzen stehen allenfalls neun Zehntel aufrecht auf eigenen Beinen, wogegen der Rest in geknickter Haltung – gestützt von Krücken (aus Parenthesen und Gedankenstrichen) – daherkommt und stets den einen oder anderen Fetzen hinter sich herschleppt (*with this or the other tagrag hanging from them*); einiges ist gar derart rückgratlos und verrenkt, daß es sich hilflos nach allen Seiten hin ausspreizt. Nichtsdestoweniger besitzt er selbst noch in seinen schlimmsten Anwandlungen eine einzigartige Anziehungskraft. Ein ungestümer Ton durchdringt wie ein Grundton oder Regulator alles, was dieser Mann äußert; bald schraubt er sich zum Geistergesang empor oder zum schrillen Teufelsgespött hinab.[410]

---

406 F. T. Vischer 1887, S. 420. Siehe B. Buschendorf 1998, S. 227-248.
407 Siehe E. H. Gombrich 1970, S. 75 und 149 (dt. S. 102 und 188).
408 T. Carlyle 1833-1834, S. 22 (dt. S. 42).
409 A. Warburg, »Warburgismen« (86 Blatt).
410 T. Carlyle 1833-1834, S. 24 (dt. S. 46-47).

In dieser *Dialektik in Fetzen* – in der man fast eine physische Beschreibung der Warburgschen Manuskripte erblicken könnte – zeichnet sich dennoch das authentische Projekt eines Denkens ab, nämlich das einer *Dialektik der Fetzen*. Professor Teufelsdröckh war zunächst einmal der Held einer Philosophie des bewegten Beiwerks, eines Helden auf der – allegorischen – Suche nach dem »Gewebe« der Lebewesen und Dinge.[411] Ob als sprechendes oder als »bekleidetes« Tier, in Carlyles Augen vereinigte der Mensch die Unsinnigkeit allen Seins und jeglicher ontonlogischen Reinheit in sich. Die Textur des Seienden besteht nur aus den Fetzen eines endlosen polymorphen Gewebes. Kein Kern, sondern nur Hüllen, eine über der anderen (wie bei der Zwiebel), einander entgegengesetzt und ineinander verschlungen. Denn »stets gibt es einen schwarzen Flecken in unserem [ontologischen] Sonnenschein« (»*a black spot in our sunshine*«), ein »Ewiges Nein« (»*everlasting No*«) in unserem »Ewigen Ja« (»*everlasting Yea*«), einen beständigen Protest des Chaos in jeglicher Form.[412] Bei der Betrachtung der »hübschen Tapisserie des menschlichen Lebens« (»*the fair Tapestry of human life*«) hatte Professor Teufelsdröckh erkannt, daß man zum »Superlativ« (»*superlative*«) des Denkens nur durch einen melancholischen und ironisch gebrochenen »Deszendentalismus« (»*descendentalism*«) gelangt.[413]

Auch Warburg vertrat auf seine Weise eine Dialektik der Fetzen. Er wollte seine »superlative Nymphe« nur durch die gemeine Schlichtheit – fast schon den niederen Materialismus – der Falten im Gewand einer Dienerin erfassen, die ein Girlandenhersteller für einen Bürger des Quattrocento gemalt hatte (Abb. 67). Er hatte schon vor Walter Benjamin verstanden, daß der Historiker Zugang zur *longue durée* des Nachlebens nur im versetzten Blick des »Lumpensammlers« zu finden vermag, der es wagt, Geschichte mit den *Fetzen der Geschichte* zu schrei-

411 Ebd., S. 4 (dt. S. 11).

412 Ebd., S. 145 (dt. S. 255) *et passim*.

413 Ebd., S. 51 (dt. S. 90). Zu dieser Prämisse einer »negativen Dialektik« siehe W. Dilthey 1890, S. 507-527; P. A. Dale 1981, S. 293-312.

ben.[414] Mit den in einer Florentiner Kirche »verrottenden« Votivbildnissen statt mit den Meisterwerken in den Uffizien, mit den *ricordanze* eines Bankiers statt mit der *Göttlichen Komödie*, mit den amerikanischen *chap-books* statt mit der großen Literatur,[415] mit Propagandaflugblättern, Horoskopen, Reklame- und sonstigen Briefmarken statt mit Rembrandts Radierungen …

Carlyle hatte für genau diese Fragestellung den Rahmen bereits abgesteckt. Seine zeitgleich mit dem *Sartor Resartus* ausgearbeitete Geschichtskritik[416] führte zu einer Philosophie der Symbole … als »Kleidungsstücke«, in denen der Glanz des Brokats ebenso seinen Ausdruck finden kann wie der Schmutz der Lumpen. Oder auch als wucherndes, wahnhaftes »Milieu«. Gut drei Jahrzehnte vor Baudelaire erklärte Carlyle, der Mensch gehe durch die Welt wie durch einen Wald von Symbolen:

> Dementsprechend wird der Mensch durch Symbole geführt und befehligt, glücklich gemacht, elend gemacht. Auf Schritt und Tritt findet er sich von Symbolen umgeben, ob er sie als solche erkennt oder nicht (*he every where finds himself encompassed with Symbols, recognized as such or not recognized*).[417]

Wie die Kleider dem Körper, den sie umgeben, stets mehr oder weniger passen, zu weit oder zu eng sind, so sind die Symbole logisch stets mehrdeutig und bewegen sich irgendwo zwischen Offenbarung und Geheimnis, Reden und Schweigen.[418] Und dennoch behaupt Carlyle (gegen Kant und Hegel gemeinsam), diese Unangemessenheit sei genau das, was das Symbol am Seienden *festhalte* – was natürlich Ausdruck des typisch romantischen Vorrangs der Phantasie gegenüber den anderen menschlichen Vermögen ist.

---

414 Siehe G. Didi-Huberman 2000, S. 85-155.
415 A. Warburg 1897, S. 569-577.
416 T. Carlyle 1829, S. 56-82; ders. 1830, S. 83-95; ders. 1833, S. 167-176.
417 Ders. 1833-1834, S. 166 (dt. S. 295).
418 Ebd., S. 295-296.

> [...] nicht unser logisches, messendes Vermögen, sondern unsere Einbildungskraft (*imaginative ... faculty*) ist König über uns, ist, möchte ich sagen, Priester und Prophet, um uns himmelwärts, und unser Zauberer und Hexer, um uns höllenwärts zu leiten. [...] Der Verstand (*understanding*) ist in der Tat euer Fenster, das ihr gar nicht klar genug putzen könnt. Aber die Phantasie (*fantasy*) ist euer Auge, mit einer gesunden oder kranken farbgebenden Retina. [...] Symbole sind es, in denen und durch welche der Mensch, bewußt oder unbewußt, lebt, wirkt und ist: außerdem gelten jene Zeitalter als die edelsten, die den symbolischen Wert am besten erkennen und am höchsten schätzen können. Denn ist nicht [alles] ein Symbol für den, der Augen dafür hat (*to him who has eyes for it*)...?[419]

Der Mensch ist ein auf Symbole ausgerichtetes Wesen, weil das Bild in ihm die Überfülle der Zeichen steuert – und unablässig verschiebt und in Bewegung setzt. Das theoretische Schema ist allerdings erst vollständig mit Carlyles Erkenntnis, daß unser gesamtes Verhältnis zur Zeit von dieser Ökonomie des Symbols geprägt ist. Am Ende bezeichnet er das Symbol – das Deutsche verpflicht in dieser herausragenden Parodie auf philosophischen Ernst – als »Zeitbild« oder englisch: *Time-Figure*.[420] Damit ist die Geschichtlichkeit der Symbole erkannt: ihr Vermögen, sich zu verändern, aber auch zu altern, sich zu verbrauchen, wie ein kostbarer Stoff, der am Ende, im Staub des Vergessens, zum elenden Lumpen wird:

> Im selben Maße aber, wie die Zeit, aufs Ganze gesehen, der Heiligkeit der Symbole vieles hinzufügt, wirkt sie bei ihrem Fortschreiten am Ende doch auch entstellend oder gar entheiligend; wie alle irdischen Gegenstände veralten auch Symbole. Homers Epos hat nicht aufgehört, wahr zu sein; dennoch ist es nicht länger mehr *unser* Epos, sondern glänzt, zwar immer klarer, doch zugleich immer kleiner in weiter Ferne wie ein zurückweichender Stern. Es verlangt nach einem wissenschaftlichen Teleskop, es muß erneut interpretiert (*it needs to be reinterpreted*) und uns künstlich nahegebracht

419 Ebd., S. 168 (dt. S. 297-298).
420 Ebd., S. 169 (dt. S. 299).

> werden, ehe wir auch nur in etwa erkennen, daß es tatsächlich eine Sonne war. [...] Ach, wohin du auch gehst, fallen nicht überall die Fetzen und Lumpen verjährter, abgetragener Symbole (auf diesem Lumpenmarkt von einer Welt (*this ragfair of a World*)) herunter, um dich mit Blindheit zu schlagen, um dich zu fangen und zu fesseln; ja, drohen sie nicht gar, sich über dir aufzutürmen und dich womöglich zu ersticken, wenn du sie nicht abschüttelst?[421]

In diesem Text könnte man einen doppelten Aufruf zur Neuinterpretation der alten, veralteten und nachlebenden Symbole erkennen. Einerseits soll der moderne Künstler mit dem »Kehrbesen« darangehen oder, wie Carlyle sagt, davon »den Staub abschütteln« (»*shake aside*«). Auf diese Weise vermag die Kunst, die Symbole des Mythos oder der Religion neu zu interpretieren. Nebenbei sei angemerkt, daß James Joyce Carlyle bekanntlich beim Wort nahm und das ganze Odysseus-Epos neu interpretierte. Andererseits weist Carlyle dem »wissenschaftlichen Teleskop« die Aufgabe zu, im Staub der Gegenwart das Nachleben antiken Glanzes wieder sichtbar zu machen. Warburg, der Gelehrte und »Seher«, sollte diese programmatische Äußerung beim Wort nehmen.

*

Dazu war es erforderlich, den Begriffen des *Bildes* und des *Symbols*, welche die Romantiker gegen Kants Begriffe der *Logik* und des *Schemas* ins Feld führten, eine »wissenschaftliche« oder »positive« Konsistenz zu verleihen. Es reichte nicht, daß Baudelaire – und mit welcher Genialität! – das Programm solch einer Erkenntnis durch Bilder formuliert hatte: »Die Einbildungskraft (*imagination*)«, so schrieb er 1857, »ist nicht die Phantasie (*phantasy*); sie ist auch nicht die Sensibilität, obwohl es schwerfiele, sich einen Menschen mit Einbildungskraft vorzustellen, der nicht sensibel wäre. Die Einbildungskraft ist ein fast göttliches Vermögen, das vor allem, unabhängig von den philosophischen

---

421 Ebd., S. 170-171 (dt. S. 301 und 303).

Methoden, die geheimen inneren Beziehungen der Dinge, die Entsprechungen und Analogien wahrnimmt. Die Ehren und die Funktionen, die er diesem Vermögen zuschreibt, verleihen ihm einen derartigen Wert, daß ... ein Gelehrter ohne Einbildungskraft nur noch als ein falscher Gelehrter, oder wenigstens als ein unvollständiger Gelehrter, erscheint.«[422]

Als Gelehrter voller Einbildungskraft – der außerdem noch eine historische Wissenschaft der Einbildungskraft zu begründen versuchte – setzte Warburg alles daran, »die geheimen inneren Beziehungen der Dinge, die Entsprechungen und Analogien« zu ergründen, die dem Nachleben, der *longue durée* der Bilder und Symbole innewohnen. Gombrich hat aufgezeigt (aber auch einigermaßen überschätzt – um die Freudsche Psychoanalyse möglichst fern von Warburgs Denken zu halten), welch anregende Rolle ein kaum bekannter italienischer Positivist namens Tito Vignoli dabei spielte. Sein Buch *Mito e scienza* enthält in der Tat einige Elemente, die den bereits von Vischer, Vater und Sohn, aufgezeigten Zusammenhang zwischen Einfühlungsvermögen und symbolischen Formen untermauern konnten.[423]

Hermann Usener hatte schon 1881 auf dieses Werk zurückgegriffen, wobei er an der zentralen Stellung des Mythos als »Urform des Denkens« festhielt, aber die in seinen Augen allzu unbestimmte Vorstellung vom Mythos als »Personifizierung« zurückwies.[424] Für Warburg war an diesem Versuch vor allem der psychologisierte Darwinismus interessant, mit dessen Hilfe Vignoli die Entstehung der Symbole nachzuvollziehen versuchte. In einem früheren Buch hatte Vignoli eine »stufenweise Entwicklung der psychischen Fähigkeit entsprechend der allgemeinen Entwicklung der Organismen« postuliert.[425] Wie viele andere Wissenschaftler seiner Zeit erklärte er die Bildung psychischer Bilder auf der Grundlage von Empfindungen, Assozia-

422 C. Baudelaire 1857, S. 329 (dt. S. 352).

423 T. Vignoli 1879. Siehe E. H. Gombrich 1970, S. 68-71 (dt. S. 94-98), und als Kritik daran A. Dal Lago 1984, S. 80-81.

424 Siehe M. M. Sassi 1982, S. 83-85.

425 T. Vignoli 1877, S. 42-68 (dt. S. 40-68).

tionen, Synästhesien und einer »Selbstobjektivierung«, die man im Deutschen als *Einfühlung* bezeichnete.[426]

Vignolis Konzept der Einfühlung – und der von ihm so genannten »psychischen Kraft« – war für Warburg auf mindestens zwei Ebenen interessant. Erstens trieb er die *Immanenz der Symbole* bis hin zur Vorstellung eines organischen oder sogar animalischen Charakters der menschlichen Gesellschaften.[427] Seine Verweise auf einen Animismus Tylorscher Art führen fast schon zu einer Theorie der psychischen *Animalität*, in der das Kantsche *a priori* durch eine als »psycho-organisch« charakterisierte Sicht vollständig zerschlagen wird.[428] Später sollte er der »transzendentalen Ästhetik« des philosophischen Idealismus eine – an Analysen tierischer Morphologie reiche – »evolutionistische Ästhetik« gegenüberstellen.[429]

Vignoli erhob auch den Anspruch, das Darwinsche Prinzip der Prägung bis in sein biologisches Extrem voranzutreiben. Aber er entwickelte auch das Prinzip des Gegensatzes, und dieses zweite Moment sollte bei Warburg ein weitaus stärkeres Echo finden. Denn der Immanenz der Symbole überlagerte Vignoli deren Umkehrungsvermögen. Das Einfühlungsvermögen war in seinen Augen nicht bloß eine »Projektion des Selbst« ins Objekt, sondern die Umkehrung einer *Urangst* vor dem Objekt, die Umwandlung einer Fluchtreaktion in eine *Anziehungskraft*. Das ist einer der Gründe, weshalb für Vignoli ein und dieselbe Kraft die *Symbole* der Kultur (Mythen, Religionen, Kunst) und die *Symptome* der psychischen Erkrankung bestimmte.[430] 1923 vertraute Warburg seinen Arbeitsnotizen an (oder »bekannte«), welche entscheidende, in seinen Augen autobiographisch und philosophisch primäre Rolle die Angst vor der Verschlingung von Bild und Symptom spielte:

---

426 Ders. 1879, S. 63, 71-72, 76-77; ders. 1895, S. 165-206.

427 Ders. 1879, S. 18 (wo er A. Espinas 1877 zitiert) und S. 22.

428 Ebd., S. 7 und 11-14.

429 Ders. 1898, S. 19-44.

430 T. Vignoli 1879, S. 210-286.

> (Ich möchte hierbei bemerken, daß kein Buch auf meine Fantasie in der Jugend so romantisch-aufrührerisch gewirkt hat wie Balzac's Buch »Die kleinen Leiden des Ehestandes« mit den französischen Illustrationen von [Bertall]. In diesen Illustrationen fanden sich illustrative Satanismen [gestrichen], Unheimlichkeiten z. B. in den Größenverhältnissen ..., die ich noch vor meiner Erkrankung am Typhus 1870 gesehen habe und die in den Fieberträumen eine merkwürdig dämonische Rolle gespielt haben.)
> Mythische Denkweise. Bei der mythischen Denkweise (vgl. Tito Vignoli, Mythus und Wissenschaft) löst ein Reiz als Abwehrmassregel den (einen imaginären) Erreger in maximal gesteigertem (biomorphen) Wesensumfang aus, d. h. wenn eine Türe knarrt, glaubt – oder besser will man unbewusst – einen Wolf knurren hören.[431]

Die Bilder verwandeln also Angst in Anziehung. Aber da sie ein Gedächtnis besitzen, da sie »unter Reminiszenzen leiden«, lassen sie *die Angst in der Anziehung überleben.* Ihre ganze Kraft – die »Vitalität« des Nachlebens – rührt daher. Ihre ganze Kraft besteht darin, das Nachleben als Einfühlung zu produzieren, wenn »der Lärm vergangener Zeit«, der uns so fern ist, plötzlich als neue, ebenso nahe wie gegenwärtige körperliche und psychische Empfindung aus uns herausbricht. Warburg beschreibt hier in aller Kürze die Heuristik dieses Vorgangs. Sie bestätigt sich sogar in den autobiographischen Reminiszenzen an die Phantasmen (»Unheimlichkeiten« und »Satanismen«), in die ihn als Kind die Illustrationen zu Balzacs *Petites Misères de la vie conjugale* stürzten (Abb. 84 und 85).[432]

Von diesen eindringlichen und fast surrealistischen Bildern ausgehend, in denen sich zahlreiche Figuren aus Bilderrätseln finden, entwickelte Warburg das gesamte Spektrum eines Einfühlungsprozesses. Zunächst sieht man, wie der ewige Konflikt, den die Ehemaschinerie auslöst, »in maximal gesteigertem (biomorphen) Wesensumfang« darauf projiziert wird: Tatsächlich

---

431 A. Warburg 1923b, S. 577-578 und 599-601, Anm. xxxii und xxxiv.

432 H. de Balzac 1846 (Warburg hatte die deutsche Ausgabe von 1848 zur Hand).

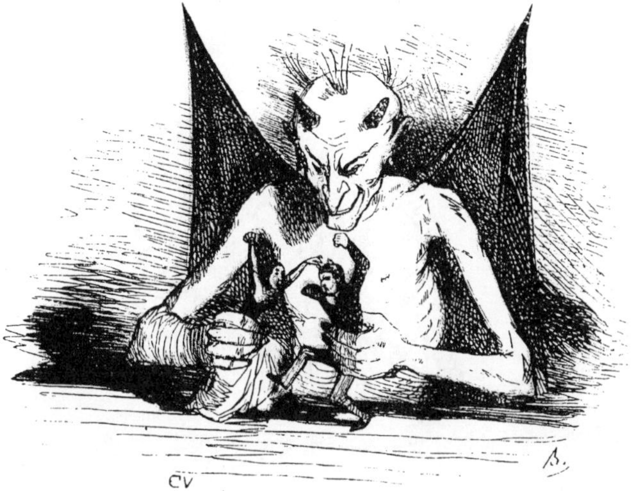

Abb. 84: Bertall, *Der letzte Streit*. Holzstich aus H. de Balzac, *Petites Misères de la vie conjugale*, Paris 1846, S. 335.

zeigt Bertall immer wieder dasselbe Ehepaar, das einander anschaut, das tanzt, sich umarmt, im selben Bett schläft, aber vom Schicksal allegorisch auf einer »ewigen Wippe« gehalten wird (siehe Abb. 25). Plötzlich aber wird aus dem Bild des Ehepaars das zweier Marionetten, die in den Händen einer riesenhaften mephistophelischen Gestalt miteinander kämpfen – und hysterisch miteinander streiten (Abb. 84).[433] Genau das nannte Vignoli eine »Personifizierung«, wie sie in Warburgs »Fieberträumen« eine »merkwürdig dämonische Rolle« gespielt hatten.

Doch auch der entgegengesetzte Vorgang findet sich und bildet mit dem ersten ein System: Das Kapitel der *Petites Misères*, das den Titel »Brutale Enthüllungen« trägt, beginnt mit der übergroßen Darstellung eines Auges, dessen Lider zwei winzige dämonische Wesen auseinanderziehen (Abb. 85).[434] Hier zieht

433 Ebd., S. 335.
434 Ebd., S. 273.

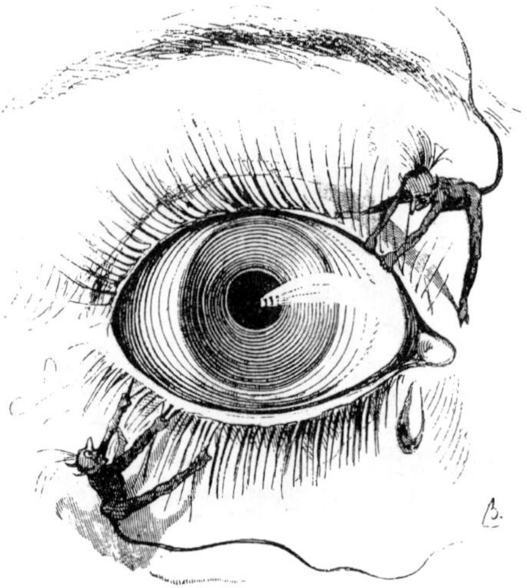

Abb. 85: Bertall, *Brutale Enthüllungen*. Holzstich aus H. de Balzac, *Petites Misères de la vie conjugale*, Paris 1846, S. 273.

sich die Angst – statt sich zu »vergrößern« – zurück in den Biomorphismus eines aus nächster Nähe betrachteten und deshalb übergroß erscheinenden Organs. Dies ist kein großes religiöses Symbol des Bösen mehr, das mit menschlichen Marionetten spielt, sondern ein bösartiges, kleines körperliches Symptom, das uns sehen und weinen zugleich läßt. Die Heuristik des Symbols nutzt alle Ebenen der Einfühlung, wie die Heuristik der Einfühlung alle Register des Symbols nutzt.

*

Jenseits der erlittenen Polaritäten öffnet sich ein dritter Weg als einziger Ausweg aus der Entfremdung des religiösen Symbols wie auch des hysterischen Symptoms: das Denken, dem es gelingt, das Nichtwissen, das die Symbole in sich bergen, und die Angst, die sie auslösen oder wieder auslösen, zur Wirkung zu bringen und im Unterschied zur Aufklärung und dem notwendigen »Fortschritt der Vernunft« eine Theorie des Dämonischen zu schaffen – ein Gedanke, den Warburg bis an sein Lebensende schätzte, zumal Binswanger zur selben Zeit erneut metapsychologischen Gebrauch davon machte.[435]

Nach Vignolis Positivismus und vor dem psychoanalytischen Ansatz fand Warburg ein begriffliches Instrumentarium, das ihm bei der schwierigen Klärung des Verhältnisses zwischen Symbol und Einfühlung helfen konnte: das »Gesetz der Partizipation«, das Lucien Lévy-Bruhl zur Erfassung von Praktiken formuliert hatte, mit denen auch Warburg sich in einem anderen Kontext immer wieder befaßte: dem Votivbildnis, dem Totenkult und dem Glauben an ein Leben nach dem Tod, den mythischen Genealogien, den Einstellungen zur Krankheit, dem Wahrsagen, der Zahlensymbolik, der magischen Deutung von Organen des menschlichen Körpers ...[436]

Lévy-Bruhl ging es auch um eine möglichst präzise Beschreibung der im magischen und mythischen Denken eingesetzten Kausalitätsmodelle – um das, was Warburg, wie wir uns erinnern, als »Urkausalitätsform« bezeichnete[437] – und um eine Analyse ihrer Folgen für den Status der »Kollektivvorstellungen«.[438] In einer Neuinterpretation des von Tylor beschriebenen Animismus versuchte Lévy-Bruhl die verwirrende Tatsache zu erklären, daß dieses damals noch als »primitiv« bezeichnete Denken in der Lage war, etwas *anderes* zu sein als es selbst, *anderswo* zu sein, als es war, und *älter* zu sein als die Zeit, in der es sich präsentierte:

> Es liegt ihnen allen [diesen Zusammenhängen] eine »Partizipation« (Anteilnahme) zwischen den Wesen und den Gegenständen, die in einer Kollektivvorstellung verknüpft sind, in verschiedenen Formen und Graden zugrunde. Darum werde ich das der primitiven »Geistesbeschaffenheit« (mentalité) eigentümliche Prinzip, das die Ver-

435 Siehe L. Binswanger 1933b, S. 207-209.

436 Siehe L. Lévy-Bruhl 1910, S. 304-422 (dt. S. 225-322); ders. 1927, S. 291-327 (»Das Leben nach dem Tode«, dt. S. 240-269); ders. 1938.

437 A. Warburg 1927a, S. 14 (Eintragung vom 31. Mai 1927).

438 L. Lévy-Bruhl 1910, S. 1-4 (dt. S. 1-5).

> bindungen und Vorverbindungen (préliaisons) dieser Vorstellungen beherrscht, in Ermanglung eines besseren Terminus »Gesetz der Partizipation« (Anteilnahme) nennen. [...] Ich möchte sagen, daß in den Kollektivvorstellungen des primitiven Denkens die Gegenstände, Wesen, Erscheinungen auf eine uns unverständliche Weise sie selbst und zugleich etwas anderes als sie selbst sein können. Auf eine nicht minder unverständliche Weise entsenden und empfangen sie Kräfte, Fähigkeiten, Eigenschaften, mystische Wirkungen, die außerhalb von ihnen fühlbar werden, ohne aufzuhören, zu sein, wo sie sind.[439]

Das Kernargument lautet, daß überall dort, wo die objektive Welt *Unterschiede* darbietet, die magische Welt *Verbindungen* zwischen diesen Unterschieden herstellt. Sobald sich in der Natur Heterogenes zeigt, konstruiert die Kultur das System seiner Montage. Was Lévy-Bruhl zunächst die »Gleichgültigkeit der primitiven Mentalität gegen die sekundären Ursachen«[440] nannte, das bezeichnete er später mit einer interessanteren und stärker morphologisch ausgerichteten Terminologie als »Fließen« und »Transformation«:

> Die mythische Welt ignoriert diese relative Festigkeit [der regelmäßigen Erscheinungen]. Ihr fließender Charakter liegt darin, daß die spezifischen Formen der Pflanzen und Tiere dort ebenso wenig stabil sind wie die Gesetze der Erscheinungen. Jederzeit kann alles geschehen. Und jedes Lebewesen kann jederzeit eine neue Gestalt annehmen. [...] Die der mythischen Welt eigene fließende Instabilität [gilt auch für die Zeit:] Die so ferne Vergangenheit, von der die Mythen berichten, ist zugleich vergangen und gegenwärtig. [...] Eine mythische Szene mag in den Zeiten der Schöpfung spielen, ihre Akteure sind dennoch weiterhin lebendig und ihre Einflüsse weiterhin wirksam.[441]

So wird denn auch verständlich, warum das *Nachleben*, die Zählebigkeit der Formen in der Zeit, nicht ohne eine wesenhafte

---

439 Ebd., S. 76-77 (dt. S. 57-58).
440 Ders. 1922, S. 17-46 (dt. S. 17-40).
441 Ders. 1935, S. 37-39.

Plastizität des Symbolstoffes vorstellbar ist, dank deren die Verbindungen und rhizomhaften Montagen zwischen Gegenwart, historischer Zeit (»vor langer Zeit«) und mythischer Zeit (»vor sehr langer Zeit«) hergestellt werden können.[442] Als Warburg 1896 ein großes, zweihundertseitiges Notizbuch begann, in dem er seine eigene »Symboltheorie« zu klären beabsichtigte (am Ende waren nur vierundzwanzig Seiten beschrieben), da zeigte er sich zunächst sensibel für diese »dialektische Vorfrage«.[443]

Wer nach den Symbolen fragt, befindet sich, wie Warburg erkannte, stets an der Grenze zwischen zwei gegensätzlichen Bewegungen: »statisch« wie etwas Zählebiges und »dynamisch« wie etwas Plastisches, »absorbierend« wie eine Einfühlungserfahrung und »differenziert« wie logisches Wissen, »angleichend« wie ein Traumbild und »vergleichend« wie ein Unterscheidungsmerkmal.[444] Warburgs gesamte Theorie der »dynamischen Polaritäten« resultiert aus dieser Grundüberlegung zum »oszillierenden« und pulsierenden Charakter der Symbole. Zur Zeit der Botticelli-Studie um 1893 drückte er dies durch den Gegensatz zwischen apollinischer Statik und dionysischer Bewegtheit aus. Zur Zeit der Studien zum Florentiner Porträt um 1902 ließ Warburg die (feierliche, realistische, nordische) christliche Gegenwart und die nachlebenden (pathetischen, klassischen, südlichen) heidnischen Elemente oszillieren. Dieselbe Dialektik lag all seinen Forschungen zur Astrologie zugrunde: antike olympische Götter und orientalische Dämonen (um 1912), rationale Eroberung der *astra* und dämonisches Nachleben der *monstra* (um 1920).[445]

---

442 Ebd., S. 1-12, 34-44, 200-224 usw. Zehn Jahre nach Warburgs Tod versuchte Lévy-Bruhl erneut, den Begriff der Partizipation herauszuarbeiten. Es ist kein Zufall, daß er schließlich die größte »Kohärenz des Primitiven« im ästhetischen Bereich fand. Siehe ders. 1938-1939.

443 A. Warburg 1896-1901, S. 5.

444 Ebd., S. 5, 30-31 (Eintragungen vom Dezember 1899 und vom Mai 1900).

445 Siehe M. Bertozzi 1985; K. Lippincott 1991, S. 213-232; ders. 2001, S. 151-182; C. Fratucello und C. Knorr (Hg.) 1998; M. Ghelardi 1999, S. 7-23.

Die Symbole als Beweis einer Überwindung der Natur durch die Kultur, des Triebs durch die Vernunft? Zweifellos. Doch in ihnen arbeitet das Nachleben. Weil sie sich unwillentlich an das erinnern, was sie beschwören, weil sie »an Reminiszenzen leiden«, konnte Warburg sie nur in dialektischen und symptomorientierten Begriffen erfassen. Was sie ins Werk setzten, mußte als »unheimlich entgegengesetzte Doppelmacht« des »Bildes« und des »Zeichens« bezeichnet werden.[446] Kurz, das *Symbol* zeigt seine Macht und seine Genealogie – seine zeitliche Komplexität, die Dichte seines Nachlebens, seine körperliche Verankerung – erst, wenn es in der Geschichte als *Symptom* auftaucht.

Noch bevor Warburg die gesamte Kultur nach dem psychopathologischen Paradigma der Schizophrenie, der manisch-depressiven Psychose oder auch der Melancholie zu verstehen versuchte,[447] stellte er sich in der Kreuzlinger Zeit das menschliche Dasein als eine Art Tanz vor: als einen *Tanz mit dem Monstrum*, in dem der Mensch das Tier abwechselnd *ergreift* (es einfühlend, pathologisch an sich zieht) und *begreift* (es auf Distanz hält und begrifflich darstellt). Dieser Tanz ist von lebenswichtiger Bedeutung und der ganzen Kultur inhärent. Er gleicht sogar dem Herzschlag:

> Der … Mensch steht zwischen Systole und Diastole. Greifen und Begreifen. Er bewegt sich gleichsam im Halbkreis von der Erde auf und zur Erde wieder hernieder. Und wenn er von seinem Aufrechtstehen, das er vor dem Tier voraushat, im Scheitelpunkt des Halbkreises Gebrauch macht, dann werden ihm die Uebergangszustände zwischem triebhaftem Sich-verlieren und bewusstem Sich-behaupten klar.[448]

So also arbeitet und »oszilliert« das Symbol zwischen körperlichem »Greifen« und distanziertem »Begreifen«. So treffen Empathisches und Semiotisches in jeder »Formsymbolik« zu-

446 A. Warburg 1920, S. 202.

447 Ders., *Tagebuch*, 3. Aprol 1929 (zit. in E. H. Gombrich 1970, S. 303, dt. S. 406); ders. 1928-1929, S. 12. Zur Warburgschen »Psychohistorie« als »saturnalischem« Fachgebiet siehe B. Roeck 1996, S. 231-254.

448 A. Warburg 1923b, S. 587.

sammen – berühren einander und stellen sich gegeneinander. Warburg schloß diese Überlegung mit dem Gedanken, daß der künstlerische Prozeß »zwischen Mimik und Wissenschaft« liege, also zwischen empfundenem Pathos und elaboriertem Logos. Einige Seiten später klagte er darüber, Freuds Schriften nicht zur Hand zu haben …[449] Ich verweise auf dieses Detail nur, um den psychoanalytischen Kontext herauszustellen, in dem diese allgemeinen Hypothesen zum Symbol schließlich ihren Ausdruck fanden. 1923 verstand Warburg das Oszillieren zwischen »Greifen« und »Begreifen« in der Tat in direktem Zusammenhang mit dem psychoanalytischen Modell des »Geburtstraumas«:

> Die Ur-Kategorie kausaler Denkform ist Kindschaft. Diese Kindschaft zeigt das Rätsel des materiell feststellbaren Zusammenhangs verbunden mit der unbegreiflichen Katastrophe der Loslösung des einen Geschöpfs vom andern. Der abstrakte Denkraum zwischen Subjekt und Objekt gründet sich auf dem Erlebnis der durchschnittenen Nabelschnur.[450]

Man kann die Kantschen Abstraktionen zum Verhältnis zwischen Subjekt und Objekt kaum stärker in Frage stellen. Und die Instrumente dafür lieferten die Anthropologie des Nachlebens und die Metapsychologie der unbewußten Erinnerungen. Darüber hinaus boten sie die Möglichkeit, das gesamte – pathetische, empathische und psychopathologische – *Symptom*verständnis des *Symbols* zu begründen. Es kann daher nicht verwundern, daß Warburg 1923 unbedingt *Totem und Tabu* nochmals lesen wollte. Seine eigenen Analysen der Magie und des »Dämonischen« deckten sich in vielen Punkten mit der »Allmacht der Gedanken«, die Freud auf der Grundlage der Wahnstruktur theoretisch gefaßt hatte.[451] Wie könnte man zum Beispiel vergessen, daß in Freuds Augen die paradigmatische Situation der Schöpfung der Symbole – komplementär zur Geburt – »die

---

449 Ebd., S. 600, Anm. lviii: »mir fehlt Freud, Totem u[nd] Tabu«.

450 Ebd., S. 575. Damals war gerade das Buch von O. Rank (1923) erschienen.

451 S. Freud 1913b, S. 374-378 *et passim*.

Situation des Überlebenden gegen die Toten« war? Muß nicht der Überlebende im Angesicht des Leichnams seinesgleichen die »unvorstellbare Katastrophe der Trennung« in eine Gedankenverbindung und die Situationseinfühlung in eine Distanz, eine »primitive Seelenvorstellung« verwandeln, aus der sich alle Polaritäten des Symbols ergeben?[452]

Andererseits darf der hochgradig technische – oder symbolische – Charakter der Warburgschen Studien zur Astrologie, die in dieselbe Zeit fielen wie der psychotische Zusammenbruch und die bei Binswanger gemachte psychoanalytische Erfahrung, nicht vergessen machen, daß wir, je näher wir dem Sternenhimmel kommen, uns nur um so tiefer in die Materie der »Monstren« verstricken, das heißt in die Phantasie unserer eigenen inneren Erdbeben. Nicht nur finden sich die Konstellationen der Tierkreiszeichen auf den organischen Bereich projiziert (Abb. 83), auch die Prophetie erscheint wie das Nachleben eines Wunsches, wie ein Wunsch, der seinen Namen nicht nennt. Freud hatte diesen Vorgang schon 1901 geklärt, indem er feststellte, daß der Aberglaube einen »Hinweis auf die unbewußte und daher verschobene Kenntnis der Motivierung« biete.[453] Genau so setzten unsere intimsten *monstra* ihren Weg fort und zeichnen die schönsten Konstellationen in den Äther der himmlischen *astra*.

Eines ist sicher: Warburgs Verständnis der Symbole hätte sich niemals ohne eine Energetik der psychischen Einverleibung und ihrer »Übersetzung ins Motorische« entwickeln können. Ob er diese Energetik nun mit Nietzsche als dionysisches *Pathos*, mit Vischer als *Einfühlung* oder mit Freud und Binswanger als Symptom einer *Psychopathologie* verstand, in jedem Fall zerbrach die synthetische Einheit, die dem Symbolbegriff nach allgemeiner Auffassung eignet. Welche Folgen ergeben sich heute aus diesem Zerbrechen für den Status der Kulturgeschichte insgesamt und damit auch der Kunstgeschichte?

---

452 Ebd., S. 380.

453 Ders. 1901, S. 285.

Symptomkräfte und symbolische Formen: Warburg und Cassirer?

Diese Frage ist keine andere als die nach dem *Werden* der von Warburg im Blick auf eine noch »namenlose« Wissenschaft der Bilder bearbeiteten Konzepte. Wohin sollte diese Bearbeitung führen? Wie sollte man im Horizont all dieser theoretischen Anleihen – also jenseits des je spezifischen Vokabulars Thomas Carlyles oder Robert Vischers, Tito Vignolis oder Lucien Lévy-Bruhls – das »Überleben« der Symbole in den visuellen Formen der Kunst verstehen? Worin sollte das Schicksal und insbesondere das zeitgenössische Schicksal jener berühmten Vischerschen »Formsymbolik« bestehen, das noch zur Episteme des 19. Jahrhunderts gehörte?

Der entscheidende Augenblick dieses Werdens liegt ein weiteres Mal im Jahr 1923. Innerhalb weniger Monate schürzten sich die Fäden, die sich schürzen mußten, und kam es zu den Brüchen, zu denen es kommen mußte. Das ist die Zeit, als Warburg, noch in Kreuzlingen, aber schon mitten in dem intellektuellen Projekt, seine Gedanken über »das Nachleben primitiven Menschentums« in der »Psychologie der primitiven Kunstübung« neu zu fassen, die schreckliche Einsamkeit des Exils und des haltlosen Forschers empfindet. »Hilfe!« schreibt er an den Anfang seines Entwurfs.[454] Was unter anderem heißen soll: Wie soll ich diese Arbeit leisten, wo doch die Fäden meines Denkens noch so zerfasert oder im Gegenteil so unentwirrbar ineinander verschlungen sind? Wie soll ich denken, wo mir doch all meine Bezugssysteme fehlen (und nicht nur *Totem und Tabu*)? Und wie soll ich ohne mein wichtigstes Arbeitsmittel, die Bibliothek, arbeiten?

Im Gegensatz zu dieser Einsamkeit des Kreuzlinger Patienten hatte die Hamburger Bibliothek gleichsam eine wichtige neue Seite ihrer Geschichte aufgeschlagen. Fritz Saxl hatte das private

---

454 A. Warburg 1923b, S. 567 und 599, Anm. i.

Arbeitsmittel des abwesenden Forschers in ein öffentliches, mit der Universität verbundenes Institut umgewandelt.[455] Aus diesem Anlaß hatte Ernst Cassirer 1921 erstmals die eindrucksvolle Bibliothek des Meisters besucht.[456] Und wie er später berichtete, empfand er seine erste persönliche Begegnung mit Warburg – 1924 in Kreuzlingen – wie *eine Wiederbegegnung*: eine intellektuelle Begegnung, eine Konfrontation zwischen Problemen.[457]

Diese Begegnung nahm ihren Anfang schon 1923. In diesem Jahr gelingt es Warburg – noch tief in seinem Wahn – in seinem Sanatorium, seine Überlegungen zur Kraft des Symbols über einen Rückgriff auf die Begriffe der Einverleibung, des Unbewußten und des Symptoms wiederaufzugreifen. Zur selben Zeit eröffnet Cassirer in Hamburg – dank seiner herausragenden begrifflichen Fähigkeiten – die Reihe der *Vorträge der Bibliothek Warburg* mit einem meisterhaften Artikel, in dem er das seither berühmte Konzept der *symbolischen Formen* begründet.[458]

Dieses Zusammentreffen – aber auch die unterschiedliche Stellung innerhalb der jeweiligen Bemühungen Warburgs und Cassirers – kann man auf zwei verschiedene Weisen verstehen. Die erste bestünde darin, einen »Kreis« zu zeichnen, in dem diese Begegnung ihren Grund oder sogar ihre *causa finalis* fände. Es kann kein Zweifel bestehen, daß die Entdeckung des von Warburg zusammengetragenen dokumentarischen Materials den Stil der von Ernst Cassirer unternommenen philosophischen Forschungen geprägt und nachhaltig beeinflußt hat, während Cassirers Ambitionen einen Beitrag zu den allgemeinen Bemühungen um eine Neubegründung der Kunstgeschichte leistete, die damals von den deutschen Kunsthistorikern unternommen wurden.[459] In diesem Kontext erschien die Hamburger Biblio-

455 F. Saxl 1923, S. 1-10. Die Idee, die private Bibliothek in ein Institut umzuwandeln, ging auf das Jahr 1914 zurück.

456 E. Cassirer 1929a, S. 369-370.

457 Ebd., S. 370.

458 Ders. 1923a, S. 169-200.

459 Siehe S. Ferretti 1984; M. Ferrari 1986, S. 91-130; ders. 1988, S. 114-133; J. M. Krois 1995, S. 11; H. Paetzold 1995, S. 68-85.

thek sehr rasch als die von ihrem Gründer so brennend ersehnte »Arbeitsgemeinschaft«, in der Kunsthistoriker mit Philosophen, Archäologen mit Philologen, Wissenschaftshistoriker mit Volkskundlern zusammentreffen konnten.[460] So war es möglich, daß Warburg und Cassirer dieselben Schüler hatten, und nicht die geringsten, wie Erwin Panofsky oder Walter Solmitz.[461]

Ein Indiz für diese »Arbeitsgemeinschaft« ist die Tatsache, daß Cassirer nicht nur mit seinem Artikel »Der Begriff der symbolischen Form im Aufbau der Geisteswissenschaften« die Reihe der *Vorträge der Bibliothek Warburg*, sondern mit seinem Essay über »Die Begriffsform im mythischen Denken« auch die angesehene Sammlung der *Studien der Bibliothek Warburg* eröffnete.[462] Sein Buch *Individuum und Kosmos*, das 1927 in derselben Reihe erschien, widmete er »A. Warburg zum 60. Geburtstag« und begann sein einseitiges Widmungsschreiben mit den Worten »Lieber und verehrter Freund!«.[463] Das ganze Unternehmen seiner *Philosophie der symbolischen Formen*, die allerdings in Berlin erschien, hatte dennoch von der ständigen logistischen Unterstützung durch das Warburg-Institut profitiert.

Von daher scheint es verlockend, diese »Arbeitsgemeinschaft« auf eine Übereinstimmung des Denkens oder zumindest einen *zusammenhängenden theoretischen Zirkel* zurückzuführen, aus dem jenes revolutionäre methodologische Prinzip hervorgegangen sei, das schon bald die gesamte Kunstgeschichte beherrschte und als *Ikonologie* bezeichnet wird. Zu diesem Zweck könnte man zunächst Warburgs und Cassirers gemeinsames Interesse am Symbolbegriff in dem Gedanken zusammenfassen, wonach »beide Männer trotz unterschiedlichen Temperaments bemerkenswert ähnliche Vorstellungen hinsichtlich des Wesens und der Entwicklung der menschlichen Kultur gehegt« hätten.[464] Dann könnte man rasch auch einen »warburgschen« Cassirer

---

460 Siehe M. Jesinghausen-Lauster 1985; C. Naber 1991, S. 393-406.
461 Siehe J. Grolle 1994.
462 E. Cassirer 1922, S. 1-70.
463 Ders. 1927, unpaginiert.
464 J. M. Krois 1995, S. 12.

und einen »cassirerschen« Warburg erfinden, wobei man die Unterschiede nur zu dem Zweck berücksichtigte, die Rollen innerhalb dieses idealen Zirkels des »ikonologischen Programms« zu verteilen: zwischen der »genialen *Passion* eines Mannes, Aby Warburg, und der intellektuellen *Kraft* derer« (vor allem Cassirers und Panofskys), die *klar* zum Ausdruck gebracht hätten, wovon Warburg über so viele Jahre leider nur eine *unklare* Vorstellung gehabt habe.[465]

Diese Rollenverteilung – erlittene »Passion« auf der einen, aktive »Kraft« auf der anderen Seite – entspricht einer spontanen und weitverbreiteten teleologischen Vorstellung. Danach soll nach Warburgs allzu romantischen oder im Gegenteil allzu positivistischen Irrungen[466] Cassirer den Symbolbegriff *philosophisch* begründet haben, auf dem Panofsky dann *wissenschaftlich* das ikonologische Fachgebiet errichten konnte. Es ist, als entspräche der Weg von Warburg über Cassirer zu Panofsky der üblichen »Entwicklung« einer Wissenschaft, deren Erfinder ihr keine strengen Regeln zu geben vermochte.

Danach hätten die beiden von der Ikonologie schließlich eingeschlagenen Richtungen diese – hierarchische und teleologische – Rollenverteilung bestätigt und noch erweitert. Die *historistische* Richtung der Ikonologie kritisiert Warburg wegen seines anachronistischen Begriffs des Nachlebens, während die *semiotische* Richtung ihn wegen seines Begriffs der Pathosformel kritisiert (das heißt wegen seiner Phänomenologie der Einverleibung und der pathetischen Phantasie).[467]

---

465 D. Cohn 1999, S. 5 (Hervorhebungen von mir). Die These einer Kontinuität des »ikonologischen Programms« von Warburg über die philosophische Klärung der »symbolischen Formen« durch Cassirer bis hin zu Panofsky bildet den *main stream* der Geschichtsschreibung zu diesem Thema. Sie wird unter anderen vertreten von C. Ginzburg 1966, S. 39-96; R. Klein 1970, S. 224-225; G. C. Argan 1975, S. 297-305; C. Eisler 1985, S. 85-88; P. Schmidt 1993; L. Secchi 1996, S. 207-245.

466 Siehe E. H. Gombrich 1999, S. 268-282.

467 Siehe H. Damisch 1992, S. 168, wo Warburg einerseits als Vorläufer einer »strukturalen Ästhetik« anerkannt und andererseits wegen sei-

Deutlich wird auch, daß diese »Rollenverteilung« genau der seltsamen *genealogischen Aufteilung* entspricht, die der Ikonologie bis heute anzumerken ist. Dieses Fachgebiet soll in der Tat zwei Gründungsväter gehabt haben. Warburg war danach der Phantomgründer. Niemand bestreitet, daß er 1912 auf dem Kongreß in Rom der »ikonologischen Analyse« ihre moderne Bedeutung gegeben hat.[468] Der niederländische Kunsthistoriker Godefridus Hoogewerff erkannte das 1931 an.[469] Später versuchte William Heckscher, die ganze Tragweite der Warburgschen Erfindung zu verdeutlichen, indem er sie in eine Reihe mit Einsteins Relativitätstheorie, Freuds Psychoanalyse und der Erfindung des Kinematographen stellte.[470]

Diesem erratischen und phantomhaften (und außerdem noch wahnsinnigen) Gründer, diesem Vater, der unfähig war, seiner eigenen »namenlosen Wissenschaft« endgültig einen Namen zu geben, stellte man die (überragende) Gestalt Erwin Panofskys gegenüber. Dieser Gründungsvater gilt als die eigentlich beherrschende Gestalt der Ikonologie. Auf sein monumentales Werk beziehen sich die meisten Diskussionen über den methodologischen Status der Interpretation von Kunstwerken. Doch noch bevor wir über die Mißverständnisse solch eines *Panofskyschen Werdens* der Warburgschen Ikonologie nachdenken, müssen wir den entscheidenden Augenblick erfassen, in dem dieses Werden Gestalt annahm.

Dieser Augenblick ist die berühmte Konzeptualisierung, welche die »symbolischen Formen« 1923 durch Cassirer erfuhren. Dort nimmt der gesamte Zyklus seinen Ausgang, in dem Panofsky 1927 explizit auf Cassirers Konzept zurückgriff, bevor er seinerseits das theoretische und praktische Gebäude der Ikonologie errichtete.[471] Doch dieser Zyklus (oder Kreis) war von Anfang

---

ner »streng evolutionistischen und psychologisierenden Zielsetzung« kritisiert wird.

468 A. Warburg 1912, S. 185.

469 G. J. Hoogewerff 1931, S. 53-82.

470 W. S. Heckscher 1967, S. 253-280. Siehe S. Trottein 1983, S. 34-47.

471 Siehe E. Panofsky 1927, S. 99-126; ders. 1932, S. 49-69; ders. 1939, 7-35.

an zerbrochen, und zwar genau an der Stelle, an der Warburg ihn mit seinem »namenlosen« Denken zerbrach. Nicht nur daß Cassirers Konstruktion – seine allgemeine Idee einer Grundlegung der »Geisteswissenschaften« – nichts dem Warburgschen Einfluß verdankte,[472] Warburg bewies außerdem eine gewisse Zurückhaltung gegenüber Cassirers philosophischer Meisterleistung: keine direkte Antwort, kein Kommentar, keine neue Wendung in seinem Vokabular (insbesondere in den von 1927 bis 1929 geschriebenen *Allgemeinen Ideen* oder den *Grundbegriffen*).

Schon 1923 trennte ein ontologischer Graben Warburg und Cassirer. In den folgenden Jahren zeigte Warburg sich ebenso fiebrig in seinen intellektuellen Projekten wie zurückhaltend – und bereits phantomhaft – in seinen Publikationen. Nicht einmal die namhaften *Vorträge* seines eigenen Instituts erhielten eine Zeile von ihm. Vielleicht hatte er bereits verstanden, daß der um seinen Namen entstandene Kreis die in ständiger Bewegung befindlichen Territorien seines Denkens nicht unbedingt einschließen wollte. Ein Symbolbegriff setzte sich durch, der keineswegs eine Klärung jener Probleme brachte, in die er sich bis zur Unvernunft vertieft hatte, sondern allenfalls auf deren Vermeidung bedacht war. Eine kantianische oder neukantianische Form, die *Kraft* durch *Funktion* und *Symptom* durch *Synthese* ersetzen sollte.

*

Schon in den ersten Zeilen seines Artikels wollte Cassirer gleichsam als Antwort auf Saxls Einführungsbeitrag[473] Warburgs Bibliothek – wenn nicht seinem Denken – seinen Tribut entrichten. Obwohl sein Projekt »systematisch-philosophischer Art« war und daher über den engeren »kulturwissenschaftlichen«

472 Siehe F. Capeillères 1995, S. 210-212 und 252. Sehr aufschlußreich ist hier die Tatsache, daß Warburgs Name in Cassirers Danksagung (1923b, S. V-IX) nicht genannt wird.

473 F. Saxl 1923, S. 1-10.

Bereich hinauszugehen schien, erinnerte Cassirer an den »persönlichen Eindruck«, den er bei seiner »ersten Bekanntschaft mit der Bibliothek Warburg empfangen« hatte. Die Fragen, mit denen er sich seit langem befaßte, schienen in den Bücherreihen plötzlich »gleichsam verkörpert vor mir zu stehen«.[474]

Warburgs Probleme bildeten also die historische und bildliche »Verkörperung« der von Cassirer gestellten philosophischen und »systematischen« Fragen. Bedurfte es nicht des Auges eines Philosophen, um zu erkennen, daß es sich bei dieser Bibliothek nicht um eine »bloße Sammlung von Büchern«, sondern um eine »Sammlung von Problemen« handelte? Zweifellos. Doch dieser Philosoph, der einem Carlyle oder Nietzsche sehr fern stand, versuchte außerdem zu erkennen, für welches »allgemeine systematische Problem der Philosophie des Geistes« Warburgs Sammlung repräsentativ sein wollte.[475]

Hinsichtlich des *Feldes*, bemerkte Cassirer, daß die Bibliothek »die Kunstgeschichte, die Religions- und Mythengeschichte, die Sprach- und Kulturgeschichte« miteinander vereinigte und aufeinander bezog. Hinsichtlich der *Zeit* betraf das natürlich das Nachleben der Antike. Cassirer übersetzte das Feld sogleich in »die Einheit eines geistigen Gebietes« und postulierte, Warburgs gesamte Sammlung sei auf einen »gemeinsamen ideellen Mittelpunkt« bezogen. Die Zeit des Nachlebens übersetzte er in den kanonischen – platonischen – Ausdruck der »Beziehung des Seins auf das Werden«, das heißt in den der »Dauer« und des Wandels.[476]

Alles scheint mir bereits gesagt in dieser Einführung, dieser als Verrat oder vielmehr als Mißachtung zu wertenden direkten Übersetzung der Warburgschen Probleme in Ausdrücke, die seinem Denkstil so sehr zuwiderlaufen, selbst wenn Cassirer nicht vergißt, auch die romantischen Theorien des Symbols zu erwähnen, vor allem die von Friedrich Theodor Vischer aufgegriffenen

474 E. Cassirer 1923a, S. 171.
475 Ebd.
476 Ebd., S. 171-174.

Vorstellungen Goethes.[477] Die Teilung ist unverkennbar, auch wenn sie nicht beim Namen genannt wird. Warburg ist bei der Eröffnung der Vorträge seines eigenen Instituts nicht nur abwesend und daher nicht in der Lage, über diese Theorie des Geistes zu debattieren, weil er noch in Kreuzlingen ist. Auch sein eigener Assistent Fritz Saxl begrüßt voller Begeisterung die idealistische Übersetzung oder Reduktion seiner Fragestellungen.

Indem Cassirer Warburgs Probleme auf falsche Weise »klärte«, indem er sie umstandslos mit ebenso akademischen wie unangemessenen begrifflichen Motiven in Verbindung brachte, nahm er dem Nachleben das Beunruhigende und damit auch den Beziehungen des Symbols zum Bild, zum Körper und zur Psyche. Wo Warburg angesichts seiner Forschungsgegenstände nur Spaltungen der Seele entdeckte, da suchte Cassirer nach einer Einheit des Geistes. Er ging nicht einmal wie Vischer von einem »gestaltwechselnden Proteus« aus, den das konkrete Leben der Symbole darbietet, sondern von einer Definition, die diesen »Gestaltwechsel« von vorneherein auf eine »Funktionseinheit« zu reduzieren vermochte. Er erklärte,

> daß die Einheit eines geistigen Gebietes niemals vom Gegenstand her, sondern nur von der Funktion her, die ihm zugrunde liegt, zu bestimmen und zu sichern ist. [...] Es handelt sich darum, den symbolischen Ausdruck, d. h. den Ausdruck eines »Geistigen« durch sinnliche »Zeichen« und »Bilder«, in seiner weitesten Bedeutung zu nehmen; es handelt sich um die Frage, ob dieser Ausdrucksform bei aller Verschiedenheit ihrer möglichen Anwendungen ein Prinzip zugrunde liegt, das sie als ein in sich geschlossenes und einheitliches Grundverfahren kennzeichnet. [...] Unter einer »symbolischen Form« soll jede Energie des Geistes verstanden werden, durch welche ein geistiger Bedeutungsgehalt an ein konkretes sinnliches Zeichen geknüpft und diesem Zeichen innerlich zugeeignet wird.[478]

Diese Definition der »symbolischen Form« entfernt sich von Warburgs Ansatz nicht nur durch ihren Willen, das Problem auf

477 Ebd., S. 175.
478 Ebd., S. 174-175. Siehe ders. 1923b, S. 27; ders. 1929b, S. 109.

die schulmäßigen philosophischen Dualismen – und die damit implizierte Hierarchie – zwischen »sinnlich« Konkretem und geistiger »Bedeutung« zu reduzieren. Sie unterscheidet sich davon auch durch die aufs Eigentliche zielende Betrachtung dieses ganzen Nebels aus Beziehungen, die mit den Ausdrücken des »Sinnlichen« und des »Sinns«, des Empirischen und des Rationalen, des Besonderen und des Universellen usw. bezeichnet werden. All das, was Warburg im Bereich der Symbole in deren ganzer Verschlingung zu begreifen versuchte (man denke noch einmal an die Verschränkung von Mensch und Schlange im *Laokoon* und im Hopi-Ritual), das versuchte Cassirer in seinem Bestreben, Probleme in eine Reihe zu bringen, von solchen Verschlingungen zu befreien.

Und alle Verbindungen, die Warburgs Bibliothek zwischen den verschiedenen Wissensbereichen herzustellen versuchte, trennte Cassirer weiterhin in ebenso gesonderte Gebiete wie die Bände oder Kapitel seiner Werke (»Sprache«, »Mythisches Denken«, »Erkenntnis«). Und was Warburg schließlich unter dem Blickwinkel einer unablässigen und anachronen *Ausstreuung* betrachtete (wie wir sie erkennen, wenn wir nur den *Mnemosyne*-Atlas durchblättern), das preßte Cassirer in die herkömmliche historische und enzyklopädische *Klassifikation* im Stil Hegels.

Wenn Cassirer so viele Jahre durch die Bücherreihen der Bibliothek Warburg gehen und den philosophischen Diskurs durch eine historische Gelehrsamkeit und eine kulturelle Dimension sondergleichen bereichern konnte, so weil für ihn das Verhältnis zwischen Besonderem und Universellem nicht ein für allemal im Sinne eines Verhältnisses hierarchischer Inklusion geregelt war. Die »geistige Einheit« reduziert niemals die »Verschiedenheit der Formen«, die sogleich wieder hervortritt, »sobald man auf das verschiedene Verhältnis reflektiert, das der Geist in jeder von ihnen zu der von ihm erzeugten Welt der Bilder und Gestalten sich gibt«.[479] Es gehört zur Größe des Cassirerschen Denkens, daß er die Verschiedenartigkeit und den irreduziblen Charakter

479 Ebd., S. 188.

des Besonderen achtete und sich deshalb der Vereinheitlichung des empirisch Gegebenen durch eine verallgemeinernde »Vernunft« widersetzte. Der gesamte, 1938 mit dem Philosophen Konrad Marc-Wogau geführte Streit ging um diese Frage.[480] Bis an sein Lebensende versuchte Cassirer, die *Einheit* der »geistigen Welt« zu denken, ohne deren Mannigfaltigkeit, also deren aus Spannungen oder sogar »Disharmonie«[481] bestehende Vielfalt zu vergessen.

Aber wie löste Cassirer dieses Problem? Indem er – schon 1910 – die traditionelle metaphysische Einheit, die eine Einheit der Substanz ist, durch eine den Beziehungen zwischen den Dingen oder den Formen innewohnende strukturelle Einheit ersetzte. Er bezeichnete sie als »Funktionseinheit«. Verstanden als epistemologische Erweiterung des Kantschen »Primats der Funktion vor dem Gegenstand«, ermöglichte sie ein neues Herangehen an geschichtliche und kulturelle Phänomene.[482] So konnte Cassirer die Symbolfunktion nach dem Modell einer allgemeinen »Grammatik« denken, die sich auf die »besonderen Ausdrücke und Idiome«, die Sprache, Mythos oder Kunst in seinen Augen darstellten, anwenden läßt.[483]

Und so verwandelte sich die einst von Kant formulierte »Kritik der Vernunft« in eine »Kritik der Kultur«, für die Cassirer sich auf die »Grundthese des Idealismus« beruft. Der Philosoph untersucht die Vielfalt des besonderen symbolischen Ausdrucks nur, um das so sehnsüchtig erstrebte Ufer zu erreichen, das Ufer des »Allgemeinen«.[484]

> Die Wirklichkeit scheint für uns nicht anders als in der Eigenart dieser Formen [Sprache, Mythos, Kunst] faßbar zu werden. [...] Vor dem philosophischen Blick, der die Welt als absolute Einheit erfassen will, soll zuletzt, wie alle Mannigfaltigkeit überhaupt, so

480 Ders. 1938, S. 201-230.
481 Ders. 1944, S. 346.
482 Ders. 1910, S. 3-34; ders. 1923b, S. 11.
483 Ders. 1923b, S. 19.
484 Ebd., S. 11-12 und 16.

> insbesondere die Mannigfaltigkeit der Symbole zergehen: die letzte Wirklichkeit, die Wirklichkeit des Seins an sich selbst, soll sichtbar werden.[485]

So wird deutlicher, worin der Unterschied zwischen dieser Zielsetzung und Warburgs Projekt liegt. Cassirer suchte nach der *Funktions*einheit, wo Warburg nur eine Dialektik unheilbar widersprüchlicher *Kräfte* gefunden hatte. Kraft setzt nach Warburg – wie schon bei Nietzsche und später bei Bataille – Verausgabung und Übermaß voraus, während die Funktion sich nach Cassirer am Ende nach dem Modell des mathematischen *Integrals* denken läßt.[486] Wenn Cassirer den Ausdruck »Formel« benutzt, ob nun im Kontext der Sprache, des Mythos oder der Kunst, denkt er sie in erster Linie als »abstrakte chemische ›Formel‹«, die »den Körper nicht mehr nach dem, was er sinnlich ›ist‹« bezeichnet, sondern in einer *überzeitlichen, regelmäßigen Stabilität* erfaßt, als »Inbegriff … möglicher kausaler Zusammenhänge, die durch allgemeine Regeln bestimmt werden«.[487] Für Warburg bezeichnet dagegen eine Formel bekanntlich das (in seinen Wiederholungen) zählebige und (in seinen Unterschieden) zugleich vergängliche *nachlebende Moment einer Form*.

Die *symbolische Funktion* ist bei Cassirer also nicht denkbar ohne die Einheit und »Gesetzmäßigkeit« ihres Funktionierens, als, wie er sagt, »einheitliche Systematik des geistigen Tuns«.[488] Während die Funktionsweise der Symbole nach Warburg nicht ohne die Dysfunktion denkbar ist, die das Nachleben in den regelmäßigen Ablauf der Formen in der Geschichte bringt. Cassirers Modell wäre danach das eines Kreises, der das Mannigfaltige in sich schließt: eine *Synthese*, welche die Mehrdeutigkeit des Sinns auf die Funktionseinheit reduziert. Während Warburgs Modell das einer niemals befriedeten Intrusion ist. Das *Symptom* verstärkt die Mehrdeutigkeit bis hin zur Zerstörung jeglicher Funktionseinheit.

---

485 Ders. 1929b, S. 3.
486 Siehe F. Capeillères 1997b, S. 9-30.
487 E. Cassirer 1923b, S. 45.
488 Ebd., S. 25.

Cassirer verweist 1922 – Warburg zitierend – auf die dem mythischen Denken eigene »Dämonenfurcht« nur, um deren Verschwinden im mathematischen Konzept der »Funktionszahl« zu beschreiben. »Die Astrologie«, so schreibt er, »kennt die Zahl noch nicht in dieser ihrer neuen entscheidenden Bedeutung.«[489] Doch Warburg hatte schon 1920 angemerkt, daß die Fortschritte der Vernunft die Mehrdeutigkeit keineswegs verringern und die »Dämonenfurcht« einer fundamentalen, psychischen Schicht angehört, bei der angesichts ihrer »Primitivität« und Zählebigkeit stets die Möglichkeit des Nachlebens und eines symptomhaften Eindringens in die Ausübung der Vernunft besteht.[490]

Kurz gesagt, wo der Philosoph Ordnung und »Struktur« ins Mannigfaltige bringen wollte, da begnügte sich der Mann der »namenlosen Wissenschaft« damit, die unvermeidliche Unordnung, die wuchernden Polaritäten und die strukturelle Verschachtelung des Mannigfaltigen zu erfassen. Wo der Mann der Aufklärung an den Fortschritt der Wissenschaft glaubte und Kants »Kritik der Vernunft« zu einer »Kritik der Kultur« erweiterte, wagte es der Mann des *Claire-obscure*, wenn ich ihn so nennen darf, die »Kritik der reinen Vernunft« in eine »Kritik der reinen Unvernunft« zu verkehren.[491] Auch das noch ein Streben nach Aufklärung, wenn auch nun tragisch: in der melancholischen Feststellung, daß die »Monstren« jeglichem »Fortschrift der Vernunft« widerstehen oder ihn vielmehr überleben.

*

Nach 1929 konnte der »Zirkel« der Ikonologen in Cassirers »symbolischen Formen« durchaus eine notwendige Klärung

489 Ders. 1922, S. 52-53.

490 A. Warburg 1920, S. 199-303. Deshalb auch befinden sich in der Bibliothek Warburg die Bücher zur Wahrsagerei und zur Mathematik wie auch zur Astrologie und zur Astronomie in benachbarten Abteilungen.

491 Ders. 1928-1929, S. 8 (Eintragung vom 21. Juni 1929).

des riesigen, von Warburg gestreiften Kulturbereichs erblicken. Doch in Wirklichkeit war diese *Klärung* nur eine *Schematisierung*, in der »Bereiche des Geistes« vielleicht ihre Autonomie, aber auch ihre Grenzen fanden. Mit der paradoxen Folge, daß Cassirers Darstellung die Beziehungen – Kontakte, Intrusionen, Vermengungen – zwischen den Kulturbereichen eher verdunkelt. Die *Philosophie der symbolischen Formen* spielt in dieser Hinsicht für Warburgs Manuskripte oder den *Mnemosyne*-Atlas dieselbe Rolle wie Hegels *Enzyklopädie der philosophischen Wissenschaften* für »Das allgemeine Brouillon« von Novalis, in dem nicht die Einheit der einzelnen Wissenschaften, sondern eher deren wechselseitiges Verhältnis im Vordergrund steht.[492]

Schematisierung des Feldes, aber auch der Zeit. In seinem Aufsatz von 1923 reduziert Cassirer jede »Form der Zeit« auf das Binom des »Werdens« und des »Bestands«.[493] Er vergißt also die wesentliche Lektion der Warburgschen Kulturwissenschaft hinsichtlich der Formen und Symbole und ihrer Fähigkeit, zu *sterben* und ihren Tod zu *überleben*. Es ist kein Zufall, daß Cassirer sich für die Philosophie des 15. Jahrhunderts nur unter dem Blickwinkel der »Renaissance« interessierte. Die Entstehung einer systematischen Einheit des Denkens markierte in seinen Augen den Beginn unserer modernen Welt, ohne daß er dabei sonderlich auf die ungedachten oder »nachlebenden« Elemente der Antike oder des Mittelalters achtete.[494]

Andererseits betrachtete Cassirer die historische Erfassung kultureller Phänomene unter dem nahezu Hegelschen Blickwinkel einer Versöhnung zwischen Gegenwart und Vergangenheit: »Dieser Tiefenblick in die Zeit erschließt sich uns erst, wenn an Stelle des Wirkens das reine Schauen tritt – wenn unsere Gegenwart sich mit der *Vergangenheit* durchdringt und beide als unmittelbare Einheit erlebt werden.«[495] Warburgs geschichts-

492 Siehe Novalis 1798-1799; G. W. F. Hegel 1830.
493 E. Cassirer 1923a, S. 176-177.
494 Ders. 1927.
495 Ders. 1929b, S. 215-216.

wissenschaftliche Praxis setzte dagegen – wie bald auch die von Walter Benjamin – die *Prüfung* einer Vergangenheit voraus, die plötzlich die Gegenwart zerreißt und sie von ihrer offenkundigen Genealogie abtrennt.

Und wo Warburg schließlich den Sinn der Geschichte durch die geisterhafte Verunreinigung mit *Wiedergängern* verunsicherte, da hypostasierte Cassirer den Sinn der Geschichte durch die Herstellung einer Ordnung, die alle Züge einer *Teleologie* Hegelscher Prägung trug.[496] Im Aufsatz von 1923 zeigt sich diese Teleologie im Fortschreiten vom Mythos zur Kunst und von dort zur Wissenschaft. Im Mythos, sagt Cassirer, sind die Symbole durch die »Indifferenz von Bild und Sache bestimmt«. Die Kunst ersetzt die »völlige Indifferenz« durch eine »beständige Spannung« zwischen »dem Bild und seinem Bedeutungsgehalt«. Erst die Wissenschaft schließlich erzeugt die absolute Einheit des Begriffs, die »Idealform« unseres gesamten Verhältnisses zur Welt.[497]

In der *Philosophie der symbolischen Formen* erfährt dieser Fortschritt eine wichtige Veränderung. Die drei Bände behandeln nacheinander Sprache, Mythos und Erkenntnis, so daß die Kunst – über die Warburgs Forschungen Eingang in Cassirers Synthese hätten finden können – aus dem »Tableau« verschwindet. Doch der dritte Band, der den Untertitel »Phänomenologie der Erkenntnis« trägt, greift das ganze Problem wieder auf und schlägt eine neue, stärker begrifflich ausgerichtete Terminologie für diese »Dreifaltigkeit« der symbolischen Funktion vor: Auf die Phänomene des »Ausdrucks« folgt nun die »Darstellung«

496 Man beachte den wiederkehrenden und spontanen Charakter dieser aufsteigenden zeitlichen Ordnung: Alle von Cassirer angeführten Beispiele weisen in dieselbe Richtung. Wenn er etwa von einem »einfachen Linienzug« spricht, betrachtet er ihn zunächst in seinem »reinen Ausdruckssinn« und dann als »geometrisches Gebilde« und als »Schema«, als ginge der »erwachsenen« Wissenschaft eine Kindheit der Kunst voraus (siehe ebd., S. 232-233). Diese teleologische Struktur erkennt F. Capeillères 1997a, S. 150-152, an, nachdem er sie zuvor bestritten hatte (ders. 1995, S. 237).

497 E. Cassirer 1923a, S. 188-200.

und dann die »Bedeutung« als solche, die Cassirer auch »reine Bedeutung« nennt, weil sie allein die Konstitution der »wissenschaftlichen Erkenntnis« gestatte.[498]

Das »Phänomen des Ausdrucks« führt uns natürlich zu all dem, was Warburg an den »Pathosformeln« der Kunst der Antike und der Renaissance interessierte. Es bestimmt den Zusammenhang zwischen *Einfühlungskräften* und *symbolischen Formen*. Übrigens gibt Cassirer 1929 eine strikt empathische Definition des Ausdrucks. Dort setzt er das »reine Phänomen des Ausdrucks« gleich mit der »Tatsache, daß eine bestimmte Erscheinung in ihrer einfachen ›Gegebenheit‹ und Sichtbarkeit sich zugleich als ein innerlich-Beseeltes zu erkennen gibt«. Und so kann es nicht verwundern, daß Cassirer in diesem Kontext auf die von Vignoli beschriebenen »tierischen Wurzeln« des mythischen Ausdrucks verweist.[499]

Denn in alledem geht es um den Mythos – und nicht etwa um die Kunst. Um den Mythos, insofern er sich auf die Ununterschiedenheit des Psychischen und des Körperlichen, des Inhalts und der Form, des Bildes und der Sache stützt. Um den Mythos, insofern darin die »lebendige Kraft« der Bilder, die traumartige Einfühlung, der »fließende und unbestimmte Charakter« aller Grenzen, die Souveränität des allgegenwärtigen und dämonischen »Es« und die ständige Verkehrung vertrauter Dinge in unheimliche Mächte vorherrschen. Um den Mythos als »echtes Urphänomen«, in dem die Erkenntnis ihre »Wurzeln« hat – von dem sie sich aber natürlich mit aller Macht unterscheiden muß.[500]

Der Ausdruck als »primäre Form des Wirklichkeitsbewußtseins« muß also im Hegelschen Sinne des Wortes *überwunden* werden. Das geschieht in »reicheren und höheren Formen der Weltansicht«,[501] unter denen Cassirer der *Repräsentation* den höchsten Rang zuweist. Die Repräsentation gilt ihm als »wesent-

498 Ders. 1929b, S. 123-325.
499 Ebd., S. 89-90 und 108.
500 Ebd., S. 25-26, 72-75, 79-87, 103, 106-107, 120-121.
501 Ebd., S. 125.

liche Voraussetzung für den Aufbau des Bewußtseins selbst und als Bedingung seiner eigenen Formeinheit«.[502]

Als Schlußstein des Systems der symbolischen Formen unterscheidet die Repräsentation sich vom Einfühlungsvermögen ebenso wie vom »sinnlichen Material« des Bildes. Dieses Material erlangt durch die Repräsentation endlich ihre »feste ›Natur‹ und Wesenheit«, fern von der Konfusion des Traums und den fließenden Grenzen der mythischen Welt.[503] Cassirer findet hier zurück zum kantischen Ausdruck reinster Prägung, indem er sich allein auf die bewußte Repräsentation von Raum und Zeit bezieht.[504] Aber wozu veranlaßt uns dieses Reich der Repräsentation, wenn nicht zu einer Schematisierung der Psyche – eine philosophische Falle, in die Warburg niemals gegangen war?

Cassirers großer Fehler dürfte darin bestanden haben, daß er die symbolischen Formen nach dem impliziten Modell einer exakten Erkenntnis dachte. »Nichtwissen« und unbewußtes Wissen kommen darin nur als negative, abwesende oder zurückgewiesene Größen vor. Wenn die Repräsentation an die Stelle des Ausdrucks getreten ist, existiert dieser nur noch als Irrtum. Der Urzustand wird stets durch den *Fortschritt* des Geistes *überholt*, er kehrt niemals zurück – woraus wir ersehen, daß Cassirer Freuds Lektion hinsichtlich des Symptoms und Warburgs Lektion hinsichtlich des Nachlebens außer acht läßt. Seine »Analyse« ist kantisch, transzendental und allein auf die »Philosophie des Geistes« ausgerichtet. Warburgs Analyse ist dagegen immanent und auf die Rhizome, die Wiederkehr der »reinen Unvernunft« ausgerichtet, was eine Energetik oder Dynamik der psychischen Verschlingungen voraussetzt, in die das symbolische Leben ständig verstrickt bleibt.

So wird verständlich, warum Cassirer den berühmten – und von Anfang an vorgesehenen – Band über die Kunst als symbolische Form niemals geschrieben hat. Die Organisation seines

---

502 Ders. 1923b, S. 41.

503 Ders. 1929b, S. 127 und 132.

504 Ebd., S. 165-221.

eigenen Arbeitsinstruments, der Bibliothek Warburg nämlich, hätte sein Fortschrittsschema gesprengt durch die Konfrontation mit dem ständigen Kampf, der hartnäckigen Verschlingung, der fundamentalen Unreinheit der künstlerischen Formen, die Warburgs gesamte Forschung aufdeckte. In einem Brief an Paul Arthur Schilpp vom 13. Mai 1942 rechtfertigte Cassirer diese »Leerstelle« mit dem Hinweis, er habe den Band immer wieder aufgeschoben, weil die Zeiten nicht günstig seien.[505] Doch das wiederaufgefundene Manuskript zum berühmten »vierten Band« widmet der Kunst nur ein paar Seiten.

Das Problem liegt also in Cassirers Denken. Er unterstellte in guter philosophischer Tradition die gesamte Frage der Kunst der Jurisdiktion der Ästhetik (wir erinnern uns, daß Warburg von der umgekehrten Prämisse ausgegangen war). Von 1917 bis 1922 ging Cassirer Schritt für Schritt den Weg, der von der romantischen Dichtung zu den großen Begriffssystemen des deutschen Idealismus führte. Dann ging er zurück auf die platonische Tradition und gelangt zum Primat des »Schönen« und der »Idee« in jeglicher Kunst[506] (wir erinnern uns, daß Warburg zum umgekehrten Schluß gelangte). Diese Idealisierung der Kunst wurde ganz natürlich zum Bestandteil seines Systems der symbolischen Formen, und die Kunst galt ihm darin als »Weg von der Nachahmung zum reinen Symbol«.[507]

Die Kunst als »reines Symbol«? Cassirer sieht in der Kunst »die höchste und reinste geistige Aktivität, die das Bewußtsein kennt«. In ihr versöhnt der Geist sich mit dem Sinnlichen, das Dämonische der mythischen Welt ist besiegt und gebrochen[508] (wir erinnern uns, daß Warburg, vom Florentiner Porträt bis hin zu Böcklin,[509] das umgekehrte Phänomen beobachtet hatte). Alle weiteren Überlegungen zur Kunst richten sich bei Cassirer von nun an auf eine »Analytik der reinen Formen«. Sein wichtigster

---

505 Siehe J. M. Krois 1995, S. 7.

506 E. Cassirer 1924, S. 135-164.

507 Ders. 1923a, S. 183.

508 Ders. 1923b, S. 21.

509 A. Warburg 1901.

Bezugspunkt in der Kunstgeschichte ist nicht mehr Warburg, sondern Wölfflin.[510] Fern von jeder »Gespenstergeschichte für ganz Erwachsene« fährt Cassirer bis in die 1940er Jahre hinein fort, die Kunst unter dem »reinen« Blickwinkel des ästhetischen oder sogar des ethischen oder »erzieherischen« Wertes zu betrachten.[511]

*

Man wird von Cassirer allerdings auch sagen müssen, was Heidegger von Kant sagte: daß er ein Philosoph ist, der nicht falsch spielt. Er versucht auf seinem Weg zur Wahrheit niemals, Hindernissen auszuweichen. Gewiß, trotz seines Respekts vor dem Mannigfaltigen und dem Besonderen und trotz seiner langjährigen Benutzung der Bibliothek Warburg verzichtete er darauf, auch nur ein einziges Bild aus der Nähe zu betrachten und detailliert zu analysieren. Aber einmal ging er das Wagnis ein, ein Symptom unter die Lupe zu nehmen. Zwar hielt er es für das Negativ eines Symbols, für eine »Pathologie des Symbolbewußtseins«, wie er sagte. Doch er schenkte ihm solche Aufmerksamkeit (fast einhundert Seiten und ein ganzes Kapitel seiner *Philosophie der symbolischen Formen*),[512] daß man das Gefühl hat, hier stelle Cassirer sein eigenes System auf die Probe oder dekonstruiere es sogar.

Es handelt sich im wesentlichen um eine Studie über die Aphasie, geschrieben zur selben Zeit, als Warburg den *Mnemosyne*-Atlas zusammenstellte, seine »stumme« Synthese der abendländischen Kunst unter dem Blickwinkel des Nachlebens und der Pathosformeln. Cassirer stützte sich dabei auf klinisches Material von H. Jackson, K. Wernicke, Freud und vor allem Adhemar Gelb und Kurt Goldstein. Seine Argumentation

510 E. Cassirer 1939, S. 113 (Verweis auf Kategorien von Wölfflin); ders. 1944, S. 212-261 (ein Kapitel über die Kunst, in dem Warburg kein einziges Mal genannt wird).

511 Ders. 1942-1943, S. 123-127; ders. 1943, S. 196-215.

512 Ders. 1929b, S. 238-325.

ist ebenso leidenschaftlich wie beunruhigend, denn man spürt, daß die Theorie des *Symbols* darin von ihrem eigenen Negativ, der *Asymbolie* des Symptoms, verfolgt wird. Wir sind plötzlich ganz nahe bei den Territorien, die Warburg (einfühlende »Verleibung« des Bildes) oder Binswanger (»thymische« Momente des Wahns) erforschten.

Wenn ich von Verfolgung spreche, so weil das Symptom hier weit mehr ist als ein bloßes Gegenmotiv zum Symbol. Das Problem, das es aufwirft, »geht weit über [seine] eigenen Grenzen hinaus«, wie er schreibt, also über die Grenzen der Nosologie.[513] Man hat am Ende den Verdacht, das Symptom als *Negativ des Symbols* – als Fehler oder gar als totaler Zusammenbruch der Funktionalität – sei von Anfang an ein *Modell des Symbolcharakters*. John Michael Krois hat übrigens in einem bemerkenswerten Aufsatz gezeigt, welche Bedeutung das medizinische und psychopathologische Paradigma für Cassirer bei der Bildung der Idee eines »natürlichen Symbolismus« besaß.[514]

Nun setzte aber Cassirer direkt vor dieses Kapitel zur »Pathologie des Symbolbewußtseins« einen kurzen Einschub, der die Verbindung zu der im vorangegangenen Kapitel behandelten Frage der Zeit herstellen sollte. Man begreift, daß hier alles miteinander zusammenhängt: Die *Frage der Zeit* wird zweifellos in neukantianischen Begriffen des Bewußtseins und der Repräsentation behandelt, doch die Frage des Symptoms droht das ganze Schema heimlich neu zu gliedern und zu modifizieren. Der genannte »Einschub« ist nur die unsichere Skizze – bei Cassirer eine Seltenheit – solch einer Modifizierung. Er trägt den Titel »Symbolische Prägnanz«.[515]

Gestehen wir ein, daß man nicht sogleich versteht, worum es geht. Der Philosoph scheint hier von einer Furcht vor dem beängstigenden Problem einer »Konstruktion der Erfahrung« erfaßt zu werden. Zunächst klammert er sich an das Geländer *par*

513 Ebd., S. 243.
514 J. M. Krois 1999, S. 532-539.
515 E. Cassirer 1929b, S. 222-237.

excellence. So erscheint Kant wieder auf der Bildfläche mit seiner »transzendentalen Apperzeption«, seiner »Synthese«, seinem »Verstand« … Doch Cassirer – der nicht falsch spielt – gesteht unvermittelt ein, dieses Kantsche Schema gleiche »einem Zauberer und Nekromanten, der die »tote« Empfindung beseelt, der sie zum Leben des Bewußtseins erweckt«, ohne daß die Magie dieser Beseelung erklärt würde. Er wendet sich an die »moderne Phänomenologie«, die »nicht sowohl an Kant, als vielmehr an Brentano« anknüpfe und zusätzliche Chancen biete, den Zusammenhang zwischen der Erfahrung der Dinge und ihrer symbolischen Konstruktion zu beschreiben.[516]

Schließlich wirft Cassirer seine Hypothese hin – wie man Würfel wirft: »Wir suchen diese Wechselbestimmung dadurch zum Ausdruck zu bringen, daß wir für sie den Begriff und Terminus der ›*symbolischen Prägnanz*‹ einführen.«[517] Doch darüber erfahren wir auf den zweieinhalb Seiten, die noch folgen, nur wenig, ganz so, als hätte der Philosoph die möglichen Folgen dieser plötzlich in sein so sorgfältig ausgearbeitetes – neukantianisches – System geschlagenen Bresche selbst als schwindelerregend empfunden.

Durch diese Bresche scheint nun – mitten im Reich der »Repräsentation« – ein ganzer Wortschatz einzudringen oder vielmehr zurückzukehren, den man eigentlich endgültig am Gestade des »Ausdrucks« gescheitert glaubte. Doch das Problem, um das es hier geht, ist kein anderes als das des fundamentalsten Zusammenhangs zwischen »Leben« und »Sinn«. Und mehr noch, es geht um ein »Leben ›im‹ Sinn«.[518] Und damit erscheinen wieder all jene »strukturellen Biomorphismen«, deren Hartnäckigkeit – Prägnanz – auf allen Ebenen der Kultur und des Symbols Warburg schon 1923 behauptet hatte.

Bei der Kennzeichnung der »Prägnanz« spricht Cassirer von Abdruck und vor allem von vitaler Latenz, von Entstehung und

516 Ebd., S. 226-234.
517 Ebd., S. 235.
518 Ebd.

Geburt des Kommenden. »Das Jetzt ist ein zukunftserfülltes und zukunftsgesättigtes Jetzt: *praegnans futuri*, wie Leibniz es genannt hat.« Könnte man nicht auch sagen, es sei vergangenheitsgesättigt, zumal Cassirer selbst an diesem Prozeß die Kennzeichen der Urverschlingung wahrnimmt? Man ist erstaunt, bei der Lektüre dieser zwei Seiten auf Motive wie »Pulsschlag«, »Bewegtheit«, »Teilhabe« oder »Verwobenheit« zu stoßen.[519] Es ist kein Zufall, daß Cassirer die präziseste Formulierung im Kapitel über das Symptom findet: »Bezeichnen wir die Beziehung, derzufolge ein Sinnliches einen Sinn in sich faßt und ihn für das Bewußtsein *unmittelbar* darstellt, als die der ›symbolischen Prägnanz‹ ...«[520]

Trotz des ungewohnt wenig systematischen Charakters ihrer Erläuterung ist die »symbolische Prägnanz« von Cassirer-Spezialisten kürzlich – vor allem auf der Grundlage neu aufgefundener Manuskripte – zum wichtigsten Grundbegriff der *Philosophie der symbolischen Formen* erhoben worden.[521]

Warum diese Bedeutung? Weil genau dort bei Cassirer das Problem des Symbols Verbindung zu dem des Organismus erhält. Dort versuchte Cassirer ähnlich wie Erwin Straus, die »unmittelbare« Bedeutung einer Körperbewegung zu verstehen, womit er letztlich zur Einfühlung zurückkehrte und den Primat der artikulierten Sprache als symbolische Form *par excellence* in Frage stellte.

Können wir auf dieser Grundlage die theoretischen Fäden der von Warburg in den Bildern gefundenen *Symptomkräfte* und der von Cassirer in allen übrigen Bereichen der Kultur gefundenen *symbolischen Formen* wieder zusammenfügen? Wahrscheinlich nicht. Denn in ihrem theoretischen Stil unterscheiden die beiden Denker sich doch grundlegend – trotz ihrer tiefen wechselseitigen Wertschätzung. Hinsichtlich der Möglichkeit, den »Kreis« seiner Entdeckungen begrifflich und funktional zu kon-

---

519 Ebd., S. 235-236.
520 Ebd., S. 274 (Hervorhebung von mir).
521 J. M. Krois 1988, S. 22; B. Naumann 1999, S. 575-584.

struieren, lag Warburg zweifellos einige Schritte zurück. Doch mit der Sammlung des historischen und anthropologischen Materials seiner Bibliothek hatte er zugleich einen Riesenschritt voran getan.

Aus diesem Grund hatte er darauf *verzichtet, die Verschlingungen zu entwirren*. Er hatte darauf verzichtet, die philosophischen Konzepte zu verwenden, die ihm zur Verfügung standen, um die Trennungslinien – an denen Cassirer so entschieden festhielt – zwischen den Objekten seiner Forschung zu konstruieren. Die traditionellen Unterscheidungen zwischen Natur und Kultur oder zwischen Körper und Symbol finden sich bei Warburg nicht.[522] Er läßt sie in der Schwebe, weil er weiß, daß all diese Begriffe in ihrer aus dem 19. Jahrhundert überkommenen Form nicht geeignet sind, den von ihm beobachteten Verschlingungen eine strenge Form zu verleihen. Man könnte sagen, Warburg habe sein Leben lang vor diesem »lebendigen Schlangenhaufen« auf eine Formel oder Urform gewartet, die diese *Verschlingung hätte herausstellen können*. Eine Form, die streng (das heißt theoretisch begründet), aber nicht schematisch wäre (das heißt nicht verarmend, sondern in der Lage, jegliche Besonderheit zu respektieren).

522 Zu deren Verwendung bei Cassirer siehe J. M. Krois 1999, S. 539-540.

Die *Mnemosyne*-Montage: Tafeln, Raketen, Details, Intervalle

Auf eine paradoxe Weise und im Zustand eines hypothetischen, auf immer provisorischen Werkes gibt es diese Form des Herausstellens durchaus: Es ist der *Mnemosyne*-Bilderatlas, an dem Warburg von der Rückkehr aus Kreuzlingen 1924 bis zu seinem Tod im Jahr 1929 unermüdlich arbeitete.

Gewöhnlich wird erzählt, Fritz Saxl sei auf die Idee gekommen, einige Photographien zusammenzustellen, die ein »Résumé in Bildern« einiger der von seinem Lehrer erforschten Bilder gaben. Sie sollten als Gedächtnisstütze dienen, damit Warburgs Forschung aus der Asche oder vielmehr aus dem Absturz in den Wahnsinn wiedererstehen konnte. Die Idee zu diesem Atlas ging bereits auf das Jahr 1905 zurück.[523] Doch 1924 war dies mehr, nämlich so etwas wie ein *raptus*: Plötzlich zeigte sich eine Form, die in seinen Augen nicht nur ein »Résumé in Bildern« war, sondern ein *Denken durch Bilder*. Nicht nur eine »Gedächtnisstütze«, sondern ein *arbeitendes Gedächtnis*. Also das Gedächtnis schlechthin, das »lebendige« Gedächtnis. Daher der Name, den das ganze Unternehmen erhalten sollte: *Mnemosyne*, die antike Personifizierung des Gedächtnisses, Mutter der neun Musen und möglicherweise entfernt verwandt mit der *Ninfa*.

Vor allem aber ist *Mnemosyne* eine photographische Installation. Die aus der riesigen, von Warburg zusammengetragenen Sammlung[524] stammenden Papierabzüge wurden zunächst einmal auf große Bögen schwarzen Kartons aufgezogen, die dann, nach Themen geordnet, Kante an Kante, an den Wänden des – elliptischen – Lesesaals der Kulturwissenschaftlichen Bibliothek Warburg aufgehängt wurden (Abb. 86). Ihre endgültige Form fand die Anordnung, als Warburg und Saxl große schwarze, auf

523 Siehe E. H. Gombrich 1970, S. 285 (dt. S. 377).

524 1929 umfaßte die Sammlung etwa 25.000 Photographien.

Rahmen gespannte Leinwände von anderthalb mal zwei Metern Größe benutzten, auf denen sie die Photographien problemlos anordnen und mit kleinen, leicht zu handhabenden Stecknadeln befestigen konnten (Abb. 69-71 und 90-91).

Es handelte sich also darum, Photographien zu einem *Tableau* zusammenzufügen, und dies in beiden Bedeutungen des Wortes »Tableau«. Im Sinn von »Gemälde« insofern, als die auf Rahmen gespannten Leinwände zum Träger einer – in thematischer wie zeitlicher Hinsicht – äußerst mannigfaltigen Bildmaterie wurden, jedoch vereint in ein und derselben schwarzweißen Farbwahl oder vielmehr in diesem grauen Raum, den die Zusammenstellung der Photographien, aus der Ferne betrachtet, zu bilden scheint. Doch vor allem ist Warburgs Atlas ein »Tableau« im kombinatorischen Sinne – eine »Serie von Serien«, wie Michel Foucault das Tableau so treffend definiert hat.[525] Denn er schafft ein Ensemble von Bildern, die er dann in Beziehung zueinander setzt. Dieses Tableau gehört jedoch nicht mehr dem Genre an, die man von Charcot oder Lombroso kannte. Wie läßt sich sein Stil charakterisieren?

Zur Gliederung des *Mnemosyne*-Atlas könnte man eine eigene Studie erstellen. Es finden sich nebeneinander serielle und kontrastierende Effekte aller Art. Die Bilder eines auf derselben Ebene photographierten Ensembles wirken wie ein auf dem Tisch ausgebreitetes Kartenspiel.[526] Andere Tafeln scheinen dagegen eine chaotische Ansammlung von Bildern darzustellen, die ihrerseits »Ansammlungen« sind.[527] Die Gliederung kann auf Formen (Kreis, Kugel) oder auf Gebärden (Tod, Klage) basieren.[528] Gelegentlich wird ein und dasselbe Bild in verschiedene Ausschnitte zerlegt (Abb. 91).[529] Ein und derselbe Ort wird manchmal systematisch aus der Ferne und aus der Nähe und

525 M. Foucault 1969, S. 19 (dt. S. 16).

526 A. Warburg 1927-1929, S. 41, 63, 93 und 109 (Tafeln 24, 36, 50-51 und 59).

527 Ebd., S. 83 (Tafel 45).

528 Ebd., S. 11, 25, 35 und 37 (Tafeln B, 6, 22 und 23).

529 Ebd., S. 73 (Tafel 43).

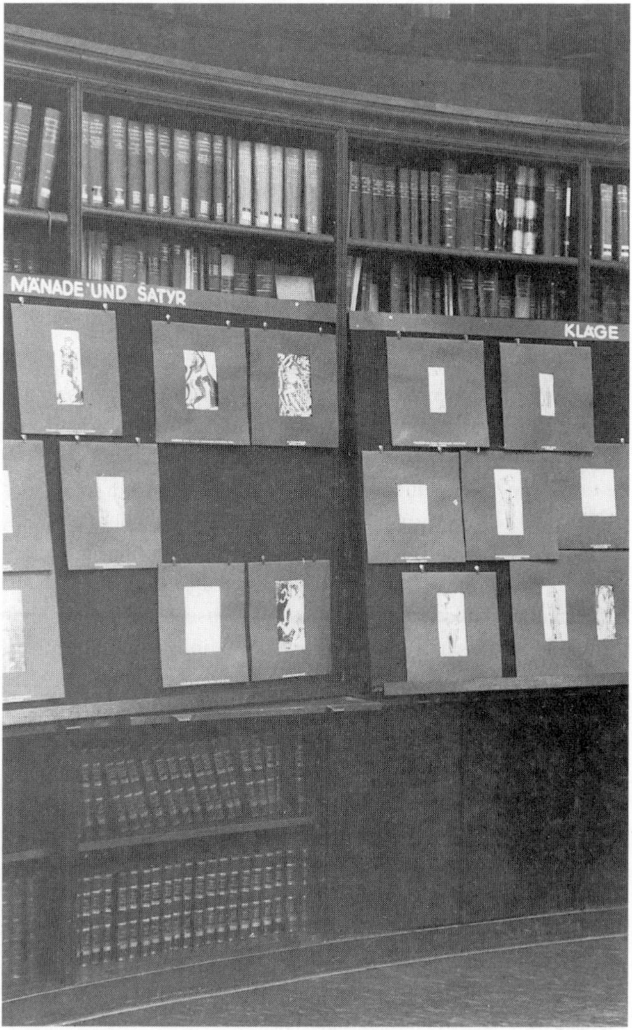

Abb. 86: Lesesaal der Kulturwissenschaftlichen Bibliothek Warburg in Hamburg während der Ausstellung *Die Geste der Antike in Mittelalter und Renaissance*, 1926-1927. London, Warburg Institute Archive. Photo: The Warburg Institute.

gleichsam mit dem Zoomobjektiv erkundet, wie man es etwa beim Malatesta-Tempel in Rimini oder bei der Chigi-Kapelle in Rom sehen kann.[530] Und manche Aufnahmen werden auf mehreren Tafeln, in verschiedenen Formaten oder in unterschiedlichen Umgebungen verwendet.

Die farbliche Einheit des Ensembles vermag auf paradoxe Weise die mögliche Verschiedenartigkeit besonders hervorzuheben: Kontraste zwischen dem Ganzen (der Statue) und einem Detail (Sockelmotiv); *mise en abyme* von Photographien (Kunstwerk) und Photographien von Photographien (Kunstbücher, mit ihren eigenen Montage-Effekten abgebildet);[531] Rücksichtslosigkeit gegenüber den Größenordnungen (der Konstantinsbogen neben der ebenso großen *Gemma Augustea*);[532] Umkehrung der räumlichen Ausrichtung (ein Luftbild gleich neben einem unterirdischen Bild).[533] Und schließlich Anachronismen (Giorgione und Manet, eine antike Medaille und eine Briefmarke) oder auch bewußte Zusammenstellungen unterschiedlicher Realitätsebenen (die von Raffael gemalte Messe von Bolsena und daneben eine dokumentarische Photographie Papst Pius XI.).[534]

Gemälde (Tableaus) aus Photos (und insbesondere aus Photos von Gemälden)? Das könnte eine Minimaldefinition von Kunstgeschichte unter ihrem praktischsten Gesichtspunkt sein. Was tun denn die Praktiker dieses Fachgebiets im allgemeinen? Zunächst unternehmen sie eine Reise ins denkbar kontrastreich und verwirrend Vielfältige. Sie gehen von einer Kultur zur anderen, von einer Zeit zur anderen, von Vertrautem zu Fremdem, von einem Museum ins nächste, von einer Kirche in eine Bibliothek, von einer Miniatur zu einem Freskenzyklus, von einer Kapelle in eine Kathedrale … Und der gemeinsame Nenner ist die Photographie. Sie eröffnet die Möglichkeit, all das auf dem Arbeitstisch auszubreiten und aufgrund von Hypothesen zu ord-

530 Ebd., S. 43 und 99 (Tafeln 25 und 54).
531 Ebd., S. 21 und 23 (Tafeln 4 und 5).
532 Ebd., S. 27 (Tafel 7).
533 Ebd., S. 29 (Tafel 8).
534 Ebd., S. 101, 129 und 133 (Tafeln 55, 77 und 79).

nen, um schließlich all diese im realen Raum und in der realen Zeit so weit verstreuten Objekte zu einer *Vergleichsserie* zusammenzufassen.

Warburg, der seiner Bibliothek eine Photothek anschloß, für deren Aufbau er gelegentlich sogar eigene Photoaufträge vergab (wie die Ablichtung der Sassetti-Kapelle durch die Gebrüder Alinari), hatte schon früh erkannt, daß die Kunstgeschichte ihre epistemologische Mutation nur vollziehen konnte, wenn sie die noch neuen Möglichkeiten der photographischen Reproduktion nutzte. Émile Mâle hatte diese neue *Episteme* schon 1894 sehr deutlich formuliert:

> Man kann sagen, die Kunstgeschichte, die bis dahin nur die Leidenschaft einiger Wißbegieriger gewesen war, wurde zur Wissenschaft erst, seit es die Photographie gab. […] Die Photographie hat das Kunstwerk zum Teil von den auf ihr lastenden Unannehmlichkeiten befreit, von der Entfernung, der Unbeweglichkeit. Die Photographie macht einen Vergleich möglich und damit erst Wissenschaft. Die Schaffung einer Photobibliothek mit Photographien, die allerdings nicht von Amateuren, sondern von Archäologen angefertigt worden sind, wird den Wissenschaftlern zweifellos bald schon unerläßlich erscheinen.[535]

Wie andere Historiker seiner Zeit erkundete Warburg unermüdlich die heuristischen Möglichkeiten der Verwendung von Photographien. Es heißt, er habe als erster farbige Dias eingesetzt – bei seinem Vortrag 1912 auf dem Kongreß in Rom.[536] Er gestaltete jeden Vortrag nicht wie eine mit Bildern illustrierte Argumentation, sondern eher wie eine durch Argumente erläuterte Bilderfolge. So stellte er 1923 in Kreuzlingen seinen gesamten Vortrag unter das – für *Mnemosyne* charakteristische – Zeichen einer Bilderserie, »die ich zum größten Teile selbst aufgenommen habe«, und des Versuchs, »die alten Erinnerungen … aufzufrischen und durchzuarbeiten«, verbunden mit einer

535 É. Mâle 1894, S. 19. Auch Burckhardt hatte für seine Studien zur Renaissance eine Sammlung photographischer Aufnahmen von Kunstwerken zusammengetragen.

536 Siehe W. S. Heckscher 1967, S. 267.

grundlegenden Frage nach der anthropologischen Bedeutung der Bilder:

> ... so kann ich Ihnen nicht mehr versprechen, als daß ich Ihnen Gedanken über solche entfernte Erinnerungen vortrage, in der Hoffnung, daß Sie wenigstens durch die Unmittelbarkeit der Aufnahmen über das, was ich Ihnen sagen kann, hinaus einen Eindruck von dieser in ihrer Kultur jedenfalls aussterbenden Welt erhalten und von dem Problem einen Eindruck bekommen, das für unsere ganze Kulturgeschichtsschreibung so entscheidend ist: Worin haben wir hier wesentliche Charakterzüge primitiven heidnischen Menschentums zu erblicken?[537]

Aus dieser Sicht erscheint *Mnemosyne* wie eine radikale Überwindung der Einschränkungen (oder Mittel), zu denen die Form des »Vortrags« zwingt. Es ist eine *synoptische Ausstellung*, die nichts reduziert und nichts zusammenfaßt. Wölfflin hatte durch die Einführung der Doppelbildprojektion Berühmtheit erlangt, die sich besonders gut für die begrifflichen Polaritäten eignete, die er nachzuweisen versuchte.[538] Der *Mnemosyne*-Atlas präsentierte sich eher wie ein Werkzeug, das an den Verschlingungen festhalten und *die Überdeterminierungen sichtbar machen* sollte, die in der Geschichte der Bilder am Werk sind. Er bietet die Möglichkeit, mit einem Blick auf eine einzige Tafel nicht zwei, sondern zehn, zwanzig oder dreißig Bilder zu vergleichen.

Ich habe schon mehrfach darauf hingewiesen, wie schmerzlich es für Warburg war, Schnitte in die Bedeutungsvielfalt des Besonderen zu legen. Dort, wo ein Vortrag den Redner oft zwingt, auszuwählen, zusammenzufassen, zu reduzieren, zu linearisieren, da bot *Mnemosyne* die Möglichkeit, *das ganze Archiv auszustellen* oder gleichsam die Kartei in ihrer ganzen stratifizierten Tiefe auseinanderzubreiten. Was in der Bibliothek

---

537 A. Warburg 1923c, S. 9; siehe auch 1923d, S. 546-557: So läßt Warburg in der Anordnung der Dias auf ein Bild der lebenden Schlangen in Walpi und eines des *Laokoon* ein Bild des Asklepios (Schlange als Symbol der Medizin) und eines ... von Kreuzlingen folgen.

538 Siehe R. Recht 1995, S. 31-59.

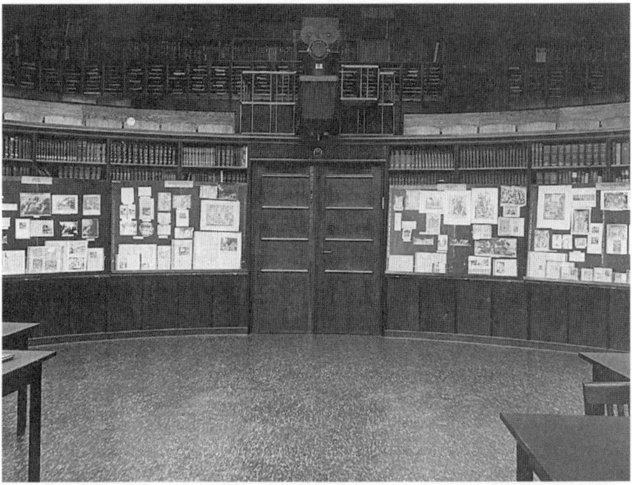

Abb. 87: Lesesaal der Kulturwissenschaftlichen Bibliothek Warburg in Hamburg während der Ausstellung *Ovid*, 1927. London, Warburg Institute Archive. Photo: The Warburg Institute.

oder Photothek blind aufgehäuft ist, wird plötzlich zu einem eindringlich entfalteten visuellen Milieu, die *Mnemosyne*-Tafeln bilden gewissermaßen eine zweite elliptische Wand, die den Leser in der Hamburger Bibliothek umgibt (Abb. 87).

Schon 1926 hielt Warburg einen Vortrag über Rembrandt,[539] bei dem die Bilder nicht nacheinander projiziert wurden, sondern von Anfang an auf den berühmten schwarzen Leinwänden zu sehen waren. Der Redner sprach also, indem er von einem Bild zum anderen ging, als bewegte er sich im Inneren seines Argumentationsraums. So bestand denn eine der intensivsten Aktivitäten des Instituts bis 1929 darin, Ausstellungen zu veranstalten, die dem Archiv seine theoretische Kraft zurückerstatteten: über die astrologische und astronomische Bildwelt, über antike Gebärden (»Urworte leidenschaftlicher Gebärdensprache«,

539 A. Warburg 1926a (siehe E. H. Gombrich 1970, S. 229-238, dt. S. 307-322).

wie der genaue Titel hieß), über Ovids *Metamorphosen*, über Briefmarken usw.[540]

Warburg widmete also die letzten Jahre seines Lebens ganz der *Ausstellung der Tableaux* – Bilderserien und Serien von Serien – *seines Denkens*. Es ging nicht darum, ein Werk zu rekapitulieren und damit gleichsam zum Abschluß zu bringen, sondern es in alle Richtungen auseinanderzubreiten, um die noch unerkannten Möglichkeiten zu entdecken. Nach der ursprünglichen »Anlage der Gesamtausgabe« der Warburgschen Werke hatte Fritz Saxl vorgesehen, den *Mnemosyne*-Atlas unter einer der vielen von seinem Lehrer ins Auge gefaßten Titel (oder Untertitel) zu publizieren, nämlich als »eine Bilderreihe zur Untersuchung der Funktion vorgeprägter antiker Ausdruckswerte bei der Darstellung bewegten Lebens in der Kunst der europäischen Renaissance«.[541]

Dieses Projekt ist aufschlußreich. Es trägt der Erkenntnis Rechnung, daß Warburgs Schriften nur einen Teil seines Werks ausmachen. Wir werden also im *Mnemosyne*-Atlas nicht die Illustration, sondern im Gegenteil das visuelle Gerüst seines Denkens erblicken müssen (wie die Bibliothek das textliche Gerüst bereitstellte).

*

Die Bedeutung des *Mnemosyne*-Atlas ist keinem Warburg-Kommentator entgangen. Saxl sah als erster darin eine originelle Art, den ganzen Reichtum der wissenschaftlichen Arbeit Warburgs als ikonographische »Einheit« oder in ihrer ganzen ikonographischen »Fülle« zu präsentieren. Daß diese »Einheit« um eine »zentrale Fragestellung« kreiste, verstand sich von selbst, bildet

---

540 Siehe U. Fleckner, R. Galitz, C. Naber und H. Nöldeke 1993. Von 1924 bis 1929 veranstaltete Warburg mindestens fünf Ausstellungen, abgesehen von den Vorträgen, in denen er Tafeln aus dem *Mnemosyne*-Atlas benutzte. Ich danke Uwe Fleckner für seine Informationen zu diesem Thema.

541 A. Warburg 1932, I, S. V (»Anlage der Gesamtausgabe«, von F. Saxl).

doch das Nachleben die *raison d'être*, die Kohärenz und sogar den Argumentationskern solch eines Atlas. Saxl sagt denn auch, daß der *Mnemosyne*-Atlas die gesamte Vorstellung, die Warburg sich von den Bildern und ihrer Weitergabe durch die Zeiten machte, »*ad oculos* demonstriert«.[542]

Doch dem aufmerksamen Leser dürfte auch der Cassirersche Tonfall dieser Darlegungen nicht entgehen. Es ist eine Sache, Bedeutung und Kohärenz des *Mnemosyne*-Atlas für den Gesamtweg des Warburgschen Denkens herauszustellen[543] oder auch dessen reale philosophische Bedeutung hervorzuheben.[544] Eine andere Sache ist es dagegen, eine zirkuläre, synthetische oder einheitliche Vorstellung von dieser Kohärenz zu geben. Gombrich wies ganz zu Recht auf den »kaleidoskopischen« Charakter des Warburgschen Atlas hin.[545]

Noch angemessener wäre es, von »Konstellationen« im Sinne Walter Benjamins zu sprechen, sofern man denn den stets *permutierbaren* Charakter der jeweils erhaltenen Konfigurationen im Auge behält. Wenn Warburg es sich zur Gewohnheit machte, in einer zusätzlichen photographischen *mise en abyme* jede Zusammenstellung zu photographieren, bevor er sie durch eine neuerliche Umstellung in Frage stellte, so deshalb, weil die Kohärenz seines Tuns gerade in der Permutierbarkeit lag, also in der unendlichen *kombinatorischen Verschiebung* der Bilder von Tafel zu Tafel und nicht in irgendeinem »Endpunkt« (der das visuelle Pendant zu einem absoluten Wissen wäre). Man kann unmöglich bei einem endgültigen »Ergebnis« haltmachen, wenn es um eine Interpretation geht, die letztlich stets modifizierbar bleibt, auf überraschende neue Daten wartet und niemals ihren Abschluß in einer wie auch immer gearteten »Einheit« findet.

Warburg hatte verstanden, daß er darauf verzichten mußte,

---

542 F. Saxl 1930a, S. 327-329; ders. 1930c, S. 313-315.

543 Siehe S. Füssel 1979; D. Bauerle 1988, S. 7-64; P. van Huisstede 1995, S. 130-171; C. Schoell-Glass 2001, S. 183-208.

544 Siehe E. Wind 1931, S. 26; G. Agamben 1984, S. 25-27; R. Kany 1987, S. 129-186; M. Schuller 1993, S. 149-160.

545 E. H. Gombrich 1970, S. 285 (dt. S. 377).

die Bilder zu fixieren, wie ein Philosoph darauf verzichten muß, seine Meinungen zu fixieren. Das Denken ist eine Sache der Plastizität, der Beweglichkeit, der Metamorphose. Deshalb mußte er sogar darauf verzichten, die Photographien auf Kartonbögen zu kleben – wie Saxl dies später bei Ausstellungen im Londoner Institut erneut tun sollte. Das einfache Verfahren des Feststekkens mit Stecknadeln, das die Möglichkeit bot, den Bildern ihre Beweglichkeit zu belassen und das »Spiel« nicht abzuschließen, ist für sich schon eine Ablehnung jeglicher Synthese, jeglichen endgültigen Zustands. Hier sei nochmals daran erinnert, daß die Photographie die Möglichkeit eröffnete, jede Version im Gedächtnis zu behalten, ohne endgültig dabei stehenzubleiben.[546]

Der *Mnemosyne*-Atlas hat zweifellos den Charakter eines »Programms«. Aber es ist ein offenes Programm. Was er »*ad oculos* demonstriert«, hat nicht die Form eines klassischen Syllogismus. Er faltet das Mannigfaltige nicht zur »Einheit« einer logischen Funktion zusammen. Was ist nun die Form dieses Atlas, der Stil dieser Ausstellung, dieser »Monstration«? Warburg selbst sagt dazu, es sei ihm von Anfang an um ein Ausbreiten gegangen, er habe die den Bildern der abendländischen Kultur eigene Erinnerungsfunktion »ausbreiten« wollen:

> Mit Hilfe [...] von Frl. Dr. Bing ist es mir gelungen, das Material für einen Bilder-Atlas zusammenzubringen, in dem man an seinen Bilderreihen die Funktion der vorgeprägten antikisierenden Ausdruckswerte bei der Darstellung inneren und äußeren bewegten Lebens ausgebreitet sieht und der zugleich die Grundlage sein soll für die Entwicklung einer neuen Theorie des menschlichen Bildgedächtnisses.[547]

546 So basieren die aktuellen Ausgaben des *Mnemosyne*-Atlas auf drei Anordnungen, die – vielleicht auch fälschlich – als »vollständig« bezeichnet werden. Weitere Photographien der Warburg-Archive zeugen von der Vielzahl der möglichen Versionen (Abb. 44, 69, 86, 90). So ist in D. Sardo 2000, S. 8-13, ein »provisorisches« Heft von 1928 abgebildet.

547 A. Warburg, Brief an Karl Vossler vom 12. Oktober 1929 (zit. n. C. Schoell-Glass 2007, S. 155).

Genau darin liegt die Größe des *Mmemosyne*-Atlas: Warburg macht darin aus der Rekapitulation seiner eigenen Arbeitsthemen der Vergangenheit ein theoretisches Programm für die Zukunft. Mehr noch als im Kreuzlinger Vortrag wird dort aus Auflösung Aufbau, aus Lähmung Bewegung. Bei seiner Rückkehr aus der Heilanstalt Bellevue 1924 fühlte Warburg sich unfähig, in seiner wissenschaftlichen Arbeit gänzliche neue Wege einzuschlagen, und sogar unfähig, seine Arbeit zur Astrologie, die er für unfertig hielt, abzuschließen.[548] Damals begriff er (auf der Grundlage der mit Binswanger geleisteten psychoanalytischen Arbeit), daß nur eine *Anamnese* seines eigenen Denkens ihm die Fähigkeit zu theoretischer *Erfindungsgabe* wiederzugeben vermochte.

Der *Mnemosyne*-Atlas trägt daher alle Spuren einer privaten Sprache und einer autobiographischen Suche. Die gut tausend, auf dreiundsechzig schwarze Leinwände gehefteten Bilder, in deren wechselseitigen Beziehungen Warburgs Denken – die Geschichte dieses Denkens – erkennbar wird, sind gleichsam ein in tausend Stücke zersprungenes Selbstbildnis. Giorgio Agamben nennt den Atlas »ein zum privaten Gebrauch bestimmtes mnemotechnisches System, mit dem der psychotische Wissenschaftler seine persönlichen Konflikte zu lösen versuchte, indem er sie darauf projizierte«.[549] Seine innere Kraft besteht jedoch eher darin, daß er die Ergebnisse dieser introspektiven Erinnerungsarbeit in Material für eine »neue Theorie der Funktionen des menschlichen Bildgedächtnisses« verwandelte.

Die »Funktion des menschlichen Bildgedächtnisses«? Genau auf diese Frage antwortete von Anfang an Warburgs Konzept des *Nachlebens*. Es ist die Art und Weise, wie die Bilder in einer Bewegung *überleben* und *wiederkehren*, die nichts anderes ist als die Bewegung – die dialektische Zeit – des Symptoms. Daher müssen wir den *Mnemosyne*-Atlas gleich in mehrfacher Hinsicht als einen *Symptom-Atlas* betrachten. Und in erster Linie ist er der Atlas eines für Warburg selbst charakteristischen Symptoms:

---

548 Ders. 1920, S. 200.

549 G. Agamben 1984, S. 27.

jener – für einen Historiker so befremdlichen – Unfähigkeit, die Kunstgeschichte so zu erzählen, wie man eine geordnete Folge von Ereignissen oder nach Art Vasaris eine schöne Familiengeschichte erzählt (zur selben Zeit erlebte Robert Musil bei der Arbeit am *Mann ohne Eigenschaften* seine eigene Unfähigkeit, eine Geschichte zu erzählen). Doch noch expliziter ist *Mnemosyne* ein Symptomatlas im Sinne einer Sammlung der »Pathosformeln«, die Warburg sein Leben lang in der abendländischen Kultur ausfindig machte.[550]

> Der Zwang zur Auseinandersetzung mit der Formenwelt vorgeprägter Ausdruckswerte, – sie mögen nun aus Vergangenheit oder Gegenwart stammen – bedeutet für jeden Künstler, der seine Eigenart durchsetzen will, die entscheidende Krisis. Die Einsicht, daß dieser Prozeß für die Stilbildung der europäischen Renaissance eine ungewöhnlich weittragende und bisher übersehene Bedeutung hat, führt zu dem vorliegenden Versuch der »Mnemosyne«, die in ihrer bildmateriellen Grundlage zunächst nichts anderes sein will, als ein Inventar der nachweisbaren Vorprägungen, die vom einzelnen Künstler Abkehr oder Einverseelung dieser zweifach herandrängenden Eindrucksmasse forderten.[551]

Wir erinnern uns, daß Warburg zwischen 1905 und 1911 versucht hatte, das Vokabular dieser »vorgeprägten« Pathosformeln in *regelmäßigen Tableaux* – mit Zeilen, Abszissen und Ordinaten – zu erfassen. Wir erinnern uns auch, daß er mit einem dieser Versuche, der den Titel »Schemata Pathosformeln« trug, gescheitert war (Abb. 47-48).[552] Warburg hatte inzwischen begriffen, daß sich die Geschichte der Bilder nicht »schematisieren« läßt, und noch weniger die Geschichte ihrer Pathosformeln, weil man die Bilder nicht »in Schubladen stecken kann«, ohne daß sie ihre Fähigkeit zu Metamorphose und Überdeterminierung verlören.

---

550 Siehe D. Bauerle 1988, S. 91-92, 103-113 usw.; I. Barta-Fliedl und C. Geissmar-Brandi 1992, S. 165-170: B. Cestelli-Guidi und F. Del Prete 1999, S. 17-24.

551 A. Warburg 1929b, S. 172.

552 Ders. 1905-1911.

Der in wuchernden Tableaux organisierte *Mnemosyne*-Atlas ist eine bessere Antwort auf die Herausforderung, die das Bild an jede klassifizierende Vernunft stellt: Was wäre eine Ordnung der im Bild vermengten Vernunft und Unvernunft? Wie soll man sich in der »reinen Unvernunft« der Symptome orientieren? Wie soll man das Unbewußte der Symbole darstellen? Wie ihre Verschlingungen entwirren und ihrer vielfältigen Kräfte Rechnung tragen? Wie soll man ihrer Ausbreitung Form verleihen? Kaum aus Kreuzlingen und von seiner harten Arbeit des »im Wahnsinn Konstruierens« zurückgekehrt, sah Warburg sich in eine – »endlose Analyse« – fast schon Freudscher Art – der »vorgeprägten Ausdruckswerte« verstrickt, deren Nachleben sie in der langen Geschichte der abendländischen Kultur unablässig verändert hatte.

Der Autor der *Mnemosyne* sah sich daher mit einer echten *Enteignung des Denkens* in dem sehr hochgestochenen Sinne konfrontiert, den Merleau-Ponty anspricht, wenn er schreibt, Denken heiße nicht, »Objekte des Denkens zu besitzen, sondern über sie einen Bereich des Denkens zu umschreiben, den wir folglich noch nicht denken«.[553] Es sei daran erinnert, daß Warburg nicht mittellos an diese Aufgabe heranging. Das Klassifizierungssystem seiner Bibliothek – mit seinen drei permutierbaren Großbuchstaben, die an die talmudische Exegese der hebräischen Wurzeln erinnern und stets »neue Entwicklungen der Forschung« zu berücksichtigen erlaubten, wie Edgar Wind erläuterte – hatte auf subtile Weise bereits die Verbindung zwischen der Ordnung eines begrenzten Raums und dem Chaos eines rhizomartigen und *de jure* unendlichen Raumes hergestellt.[554]

*

553 M. Merleau-Ponty 1960, S. 202.

554 Siehe E. Wind 1935, S. 193-195; M. Friman, P. Jansson und V. Souminen 1995, S. 23-29.

Betrachtet man die Tafeln des *Mnemosyne*-Atlas, läßt sich unmöglich klar erkennen, in welche Richtung Warburg unseren Blick lenken will oder welche Bedeutung das Verhältnis zwischen benachbarten Bildern in seinen Augen trägt. Je näher man hinschaut, desto dichter und verwickelter erscheinen die Verbindungen. Die Bilder scheinen gleichzeitig in mehrere Richtungen zu streben und wie Feuerwerksraketen auseinanderzustieben. Selbst die gesättigten »Bilderpakete« erwecken den Eindruck von Garben, die gleich explodieren werden. So erscheint denn der *Mnemosyne*-Atlas weniger als eine bereits bestehende Interpretation der Übertragung von Bildern denn als eine visuelle Matrix zur Vervielfältigung der Interpretationsmöglichkeiten.

Der große Vorzug des Atlas liegt zunächst in seinem rhythmischen Charakter. Es ist, als skandierten die Tafeln das Nachleben und böten gemeinsam eine Miniatur der *longues durées* der Kultur – ein Rhythmus aus Überraschendem und Wiederkehrendem, Hervorspringendem und Prägnantem, *Nachlebendem* und *Wiedergängerischem*, das im Verhältnis jedes einzelnen Bildes zu allen übrigen sichtbar wird. Und all das wird noch vor jedem Erklärungsschema, vor jeder geschichtlichen Bestimmung ganz buchstäblich *sichtbar*. Wie der *Mnemosyne*-Atlas sich in seinen zeitgenössischen Photographien darbietet, bleibt er eine Bildersammlung ohne Führer und selbst ohne Legenden.

Man hat oft – und oft zu stark – den visuellen Charakter des *Mnemosyne*-Atlas hervorgehoben. Man spricht von einer »Kunstgeschichte ohne Text« oder sogar von einer »stummen« Kunstgeschichte.[555] Damit knüpft man an Gombrich an, für den der Atlas Ausdruck der Sackgasse war, in die Warburgs psychotisches – »lähmendes« – Verhältnis zur Sprache geraten war.[556] Aber damit übersieht man auch, daß der *Mnemosyne*-Atlas nicht nur das Korpus der etwa zweitausend Bilder, sondern auch zwei Bände mit kommentierendem Text umfassen

555 Siehe M. Kemp 1975, S. 5-25; P.-A. Michaud 1999, S. 57.
556 E. H. Gombrich 1970, S. 6 und 303-305 (dt. S. 22 und 404-408).

sollte.[557] Und vor allem übersieht man, daß die *visuelle Anordnung* des Atlas – abwechselnd chaotisch und geordnet, kompakt und auseinanderstrebend, gesättigt und zerstreut – genau der *textlichen Anordnung* der zahlreichen Manuskripte entspricht, die er zeitgleich mit der Sammlung der Bilder schrieb.

Diese Manuskripte (über die man natürlich besser wird sprechen können, wenn sie einmal veröffentlicht sind) zeugen von einer äußerst intensiven Schreibtätigkeit, vor allem in den Jahren 1927-1929. Schon die Titel verdeutlichen, daß Warburg dem *Mnemosyne*-Atlas keine Geschichte der »antiken Einflüsse« zur Seite stellen wollte, sondern eine theoretische Ausarbeitung zum Gedächtnis der Bilder auf der Grundlage ihres Nachlebens: »Allgemeine Ideen«, »Grundbegriffe«, »Kulturwissenschaftliche Methode«.[558]

Die Lektüre dieser Manuskripte ist allerdings sehr enttäuschend für jeden, der darin den klar formulierten Rahmen einer Lehre zu finden hoffte. Schon seit langem waren solche Rahmen für Warburg zersprungen. In diesen Texten bemüht sich der Autor der *Menmosyne* nirgendwo um ein Exposé. Vielmehr bemüht er sich erratisch, aber unermüdlich um ein theoretisches Experiment im Sinne von »Probe« und »Erfahrung«, das seine Kohärenz im Stil seiner Darstellung findet: Es steht im selben Verhältnis zur üblichen philosophischen Dissertation wie der *Mnemosyne*-Atlas zur üblichen historischen Darstellung. Es besteht nur aus Wiederholungen (Wiederkehrendem), die von Geniestreichen (plötzlichen neu Auftretendem) unterbrochen werden, oder auch aus langen leeren Passagen (Leerräumen, Schweigen, Zwischenräumen).

Die Lektüre dieser Texte ist daher abwechselnd ermüdend, aufregend und beunruhigend. So geht es in den beiden Bänden der *Grundbegriffe* immer wieder um die – zwanghafte, bis hin zum Wahn wuchernde – Suche nach einem Untertitel für den

---

557 A. Warburg 1928-1929, S. 14 (Eintragung vom 8. April 1929): »2 Bde Texte. Atlas mit etwa 2000 Abb.«

558 Ders. 1927a, 1927-1928, 1928-1929.

Mnemosyne-Atlas. Insgesamt sind es schließlich mehrere Dutzend.[559] Was die zweihundertzweiundzwanzig Blatt mit dem Titel *Kulturwissenschaftliche Methode* betrifft, so verhalten sie sich zu einer methodologischen Abhandlung etwa so wie *Finnegans Wake* zu einem realistischen Roman. Die theoretischen Vorstellungen kommen aus allen Richtungen und strömen in alle Richtungen, und nirgendwo finden sich argumentative Verknüpfungen.[560] Die Ideen sind auf leeren Blättern verteilt wie die Bilder auf den schwarzen Leinwänden der *Mnemosyne*: in lebendigen Haufen, in Konstellationen, in explodierenden Paketen.

Eines dieser Manuskripte aus dem Jahr 1929 trägt übrigens einen recht aufschlußreichen Titel: »Flüchtige Notizen«.[561] Warburg versucht dort, einige Hypothesen für die Aufteilung seines Atlas auszuarbeiten. Er numeriert die Tafeln, ordnet sie provisorisch und versieht sie mit einer stenographischen Kurzbeschreibung ihrer Thematik. Dort liest man – eines von vielen möglichen Beispielen – unter dem Datum des 29. September 1929 (Abb. 88):

»*Mnemosyne* Abb.
1. – 9 A[ntiker] O[rient]
2. – 17 Griech[enland]
3 – 9 Vorderasien Sph[aera] Barb[arica]
4 – 22 Sarkoph[ag] tragisch
5 – 24 Sarkoph[ag] tragisch
6 – 16 Kult (Tanz)
7 – 26 Rom, Triumph
8 – 32 Mithras«[562]

In diesen verstreuten Notizen finden sich alle Bedeutungselemente des Adjektivs »flüchtig«, das Warburg hier verwendet. Was er hier zu konstruieren versucht, bleibt in der Tat flüchtig,

559 Ders. 1928-1929. P. van Huisstede 1995, S. 151-152, hat einige davon festgehalten.

560 A. Warburg 1927-1928.

561 Ders. 1929c (26 Blatt).

562 Ebd., Blatt 11.

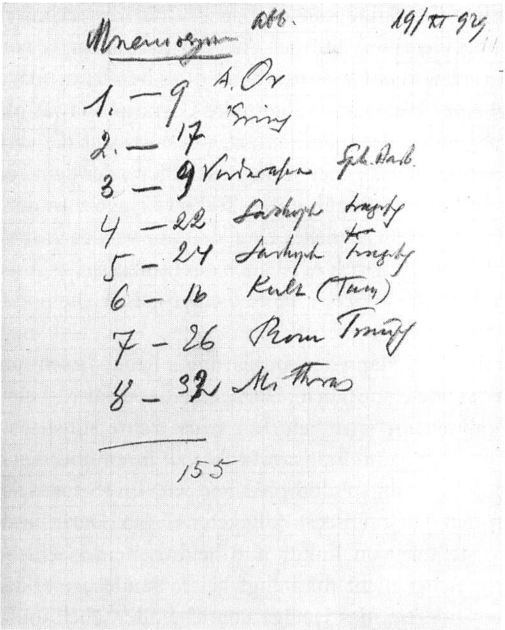

Abb. 88: Aby Warburg, *Flüchtige Notizen*, 1929, Blatt 11. London, Warburg Institute Archive. Photo: The Warburg Institute.

vergänglich, transitorisch, volatil … Also stets unvollendet und erneut aufzunehmen.[563] Die Ideen steigen auf wie Raketen (*fusent*), aber sie *fliehen* auch (*fuient*). In diesen beiden Eigenschaften ließe sich der ganze Stil des Warburgschen Denkens – sein Genie, sein Schmerz – zusammenfassen in diesem Augenblick, da er seinen *Mnemosyne*-Atlas auszuarbeiten versucht.

Ob auf Leinwand geheftete Bilder oder auf Papier geworfene Texte, das *Mnemosyne*-Projekt zeugt von einem Denken *en fusées*, worunter wir alles verstehen wollen, was dieses französische Wort bedeuten kann: etwas, *das mit der Zeit zu tun hat*,

563 Siehe auch ders. 1929g, wo sich diese Eigenheiten in ganz besonderem Maße zeigen, denn das Heft ist nahezu leer.

denn *fusée* (im Sinne von »Schnecke«) ist die technische Bezeichnung für einen Teil des Aufzugsmechanismus von Uhrwerken; etwas *Verschlungenes*, denn *fusée* bezeichnet das auf die Spindel eines Webstuhls aufgespulte Garn; und etwas blitzartig Aufschießendes, das man benutzt, um entweder die vergängliche Schönheit eines Feuerwerks zu schaffen oder dem Feind auf dem Schlachtfeld endgültig den Tod zu bringen. In der Musik ist *fusée* ein extrem schneller Lauf, den nur wenige große Sänger zustande bringen. Doch es ist auch ein französisches Äquivalent für das deutsche »Witz« im Sinne einer geistreichen oder genialen Bemerkung.

Voltaire – als Mann der Aufklärung – liebte diesen Ausdruck und verwendete ihn auch. Doch erst Baudelaire – ein Mann des *Claire-obscure* – verlieh ihm seine wahre stilistische Würde, als er einer Sammlung erratischer, in ihrem intimen Tonfall ebenso tiefgründig philosophischer wie undogmatischer Gedanken den Titel »Fusées« (»Raketen«) gab. Darin findet sich eine Vorstellung von Kultur und heidnischem Nachleben, die Warburg sicher nicht mißbilligt hätte. Baudelaire erklärt darin unter anderem, das Heilige überlebe alles, auch und gerade Gottes Nichtexistenz; der Pantheismus überlebe die Moderne; die Magie überlebe in der Sprache, auch und gerade in deren volkstümlichen Wendungen und unbemerkten Aspekten; und der zivilisierte Mensch befinde sich nicht weniger auf der »Stufe der Wilden« als ein amerikanischer Indianer.[564]

Baudelaire wußte sehr wohl, daß seine aufschießenden, aber flüchtigen *Fusées* kein »fertiges« Werk darstellten – ebensowenig wie seine *Pensées d'album*, seine *Aphorismes* oder seine Notizen *Mon Cœur mis à nu*: »Ich glaube, ich bin da abgeschweift in etwas, was die Leute vom Fach als Beiwerk bezeichnen. Doch ich will diese Seiten lassen – als ein Zeugnis meines Zornes.«[565] In ähnlicher Weise bewahrte auch Warburg seine *Flüchtigen Notizen* auf und sorgte dafür, daß sie Tag für Tag von seinen Ängsten

564 C. Baudelaire 1850-1865, S. 649-663 (dt. S. 193-211).
565 Ebd., S. 667 (dt. S. 213).

zeugten. Die Gliederungsvorstellungen für den *Mnemosyne*-Atlas oder die komplexesten Hypothesen zur Struktur der Symbole warf Warburg mit der Dringlichkeit und Fragilität eines intimen Tagebuchs aufs Papier. Er vermochte nur das »Hors-d'œuvre« einer kommenden Kunstgeschichte zu schreiben, ein »Hors-d'œuvre«, dessen Tiefe, dessen Charakter des Mehr-als-Gedachten, mit der permanenten Auflösung eines *dem Wahnsinn nahen Zustands* zu bezahlen war.

Binswanger schrieb einmal an Warburgs Sohn, die Psychose seines Vaters verdiene es wegen ihrer Fruchtbarkeit, später einmal beschrieben und analysiert zu werden. Er tat es jedoch nie, weil es offenbar zu schwierig war, im selben *pathischen Stil* die Raketen des Denkens und die des unmöglich zu Denkenden zu entwirren. Doch nur vier Jahre nach dem Tod seines namhaften Patienten veröffentlichte Binswanger ein meisterhaftes Werk, das wahrscheinlich, wie gelegentlich behauptet wird, manche Seiten der alltäglichen Beobachtung des Warburgschen Denkstils in den Jahren 1921-1924 verdankte. Das Buch handelt letztlich von den beiden Bedeutungen des Adjektivs »flüchtig«. Es handelt davon, daß *aufschießende* Ideen (*idées qui fusent*) ihren Autor – oder Akteur – der Gefahr aussetzen, nur *flüchtige* Ideen (*idées qui fuient*) zu haben.

Über Ideenflucht präsentiert sich zunächst einmal als Studie über die *manische* Denk- und Existenzweise: »Es gibt für den Manischen nichts Endgültiges.« Es gibt für ihn nur eine Welt, in der *Gegensatz und Widerspruch* herrschen. Statt den Wechsel des Manischen »von einem Extrem ins andere …, bald himmelhoch jauchzend, bald zu Tode betrübt« psychologisch zu beschreiben, bemüht Binswanger sich um eine anthropologische Kennzeichnung des Manischen, der für ihn »der problematische Mensch katexochen« ist.[566] Insofern ist er »der Mensch des hellsten Auges für die Gegensätze«, von denen die Realität ebenso strukturiert wird wie die Phantasie.[567]

566 Ebd., S. 154-155.
567 Ebd., S. 156.

Die »Ideenflucht« versetzt das Subjekt also in die Position eines äußerst hellsichtigen Beobachters. Er sieht die Welt in ihrer konstitutiven »Flüchtigkeit« und Plastizität. Er nimmt eher die Beziehungen zwischen den Dingen als die Dinge selbst wahr, so daß »die Umrisse der Denkgegenstände unscharf« werden und die Welt zu einer »durchgängigen Helligkeit« tendiert[568] – also zu jener Grisaille, die Warburg so faszinierte.

Doch in dieser allgemeinen Verschlingung, diesem Verfließen aller Dinge, wimmelt es auch von Polaritäten und Antinomien. Binswanger begreift (mit Hilfe von Bergson und Dilthey, aber auch von Rilke und Proust), daß all das mit Zeit, Rhythmus und Tempo zusammenhängt.[569] Der Mensch der Ideenflucht ist danach der Mensch des Plötzlichen, der Schnelligkeit, der »Rakete«. Sein Rhythmus ist der des *Gedankensprungs.* Handelt es sich bei diesem Springen um »festliche Daseinsfreude«, ist es ein Tanz (dem Warburg bekanntlich große Bedeutung beimaß). Anderenfalls ist es ein Fallen, Stürzen, Wirbeln, mit »Gebrüll« und heftigen Gebärden (wie sie Warburg in Kreuzlingen oft vollführte).[570] In jedem Fall aber ist das Springen eine Methode und zunächst einmal eine Heuristik, die man als »Verknüpfung der Gedanken« interpretieren muß. Der Kranke befolgt

> wenn auch in laxer und nachlässiger, eben in flüchtiger Weise immer noch die durch das gedankliche Thema bestimmte *Regel* oder *Methode* der »*Verknüpfung der Gedanken*«. [...] Von [seinem, des Kranken] ursprünglichen Verhalten aus gesehen stellt das Denken gar kein Überspringen von Zwischengliedern, sondern lediglich *eine bestimmte Art des Springens selbst dar.* Diese rührt daher, daß für [den] Kranke[n] alles, Gedanken, Menschen, Dinge aneinander »im Raum« nähergerückt sind, so daß [er] alles viel näher und leichter »bei der Hand hat«.[571]

568 Ebd., S. 74.
569 Ebd., S. 176-182.
570 Ebd., S. 180-185.
571 Ebd., S. 26-27.

Genau das war für Warburg der *Mnemosyne*-Atlas: eine Möglichkeit, eine Vielzahl von Bildern »bei der Hand zu haben«, ein praktisches Werkzeug, das es ihm ermöglichte, leicht von einem Bild zum anderen zu springen. Doch dieses Springen umfaßt, wie Binswanger bemerkt, neben der Schnelligkeit – man könnte auch sagen, neben der Möglichkeit, das *Nachleben* aufschießen zu lassen – noch ein zweites Moment, die *Wiederholung* nämlich, das Tempo der *Wiederkehr*. Der Mensch der Ideenflucht ist zugleich auch der Mensch der wiederkehrenden Ideen, bis auf die Tatsache, daß sie niemals vollständig wiederkehren, was ihn dann zu immer wieder erneuten Versuchen veranlaßt.[572] Genau diesen – peinigenden – Eindruck vermittelt die Lektüre der Warburgschen Manuskripte.

Warburgs Genie lag darin, daß er dort nicht stehenblieb. Im Gegensatz zu allem, was Wernicke über die Inkohärenz und Zerfahrenheit der Ideenflucht gesagt hatte,[573] versuchte er, die *serielle Kohärenz*, also den diesem Denkstil innewohnenden *Erkenntniswert* herauszustellen. Es ist schon seltsam, in Binswangers Beschreibung der »manischen Grammatik« so etwas wie ein relativ präzises Aperçu des Warburgschen Stils der letzten Jahre wiederzuerkennen: eine »sprachliche Weitschweifigkeit«, die die »Gedrängtheit« sprachlicher Formeln nutzt oder mißbraucht; eine unangemessene Vorliebe für Reihenbildungen mit Reimen, Assonanzen und Wortähnlichkeiten (die abwechselnd an Poesie oder an »zusammenhangloses Gefasel« denken lassen); die häufige Verwendung von Berichtigungen, Inversionen und Verneinungen; die auffällig seltene Verwendung von Verben (Binswanger spricht von einem »Zurücktreten des Verbums«) im Vergleich zu Substantiven; das Nebeneinander einer Fragmentierung von Worten mit einer Reihung von Silben, die es gestattet, neue Wörter zu bilden; die hohe Komplexität der Bedeutung inmitten einer »Verarmung … der syntaktischen Gliederung«; der spielerische und zuweilen poetische Charakter der Wort-

572 Ebd., S. 185-189, 211-212.
573 Ebd., S. 88-89.

spiele oder sogar der »großen Worte«, die wie Prophezeiungen daherkommen.[574]

So baut der Mensch der Ideenflucht sich seine »Luft-Schlösser«, wie Binswanger schreibt. Heißt das, er lebt in der Illusion? Keineswegs. Denn man muß die positivistisch-psychologische Sichtweise – das Symptom als Mangel, Überschwang als Irrtum – umkehren und die Frage nach der »existenzialen Bedeutung der Phantasie« stellen. Im Stil des ideenflüchtigen Menschen besitzt die Phantasie derart die Vorherrschaft, daß die einzige noch mögliche Erkenntnis – in der er sich allerdings als Meister erweist – die Bilder betrifft. Es handelt sich, sagt Binswanger, um eine ästhetische Erkenntnis, in der das »geistige Leben« sich mehr als anderswo mit dem »Triebleben« zu verschränken vermag.[575]

Binswanger zögert nicht, dem Phänomen der Ideenflucht »nicht nur eine intellektuelle, sondern auch eine moralische Würde« zuzusprechen und verweist auf zwei – auch für Warburgs ganzen Weg zentrale – Beispiele, nämlich auf Nietzsche und Goethe. Beide stellten in seinen Augen die Frage nach dem »manischen Stil« als Grenze zwischen Psychose und Genie.[576] Auch Binswangers Schlußbemerkung trifft sich mit einem bei Warburg allgegenwärtigen Thema, wenn er schreibt, die »Ideenflucht« sei eine »dämonische Form der Existenz«, die durch eine »Spannung zwischen Formschöpfung und Formzerstörung« gekennzeichnet sei.[577] Entspricht Penelopes Leichentuch, das ja nichts anderes als *Mnemosyne* ist, nicht genau dem Rhythmus – Systole und Diastole – dieses Oszillierens?

*

Warburg kam selbst in die Nähe einer solchen Interpretation seiner Arbeit. Als er sich im Dezember 1927 fieberhaft auf die

---

574 Ebd., S. 59-60, 87, 113-117, 120, 124-130, 139-140.
575 Ebd., S. 165, 190-191, 193-194.
576 Ebd., S. 77-80, 84-85, 166-167.
577 Ebd., S. 208.

Jahressitzung des Kuratoriums seiner Bibliothek vorbereitete, wo er den neuen Haushaltsplan vor seinen Bankiers-Brüdern begründen mußte, schrieb er eine kurze Präsentation in Gestalt einer intellektuellen Biographie. Sie trägt den Titel: *Vom Arsenal zum Laboratorium*.

Darin findet sich die ganze Dialektik (und die Wette), auf der er die Wissenschaft der *Mnemosyne* damals zu errichten versuchte. Zunächst erklärt Warburg, seine Arbeit sei stets vom Widerspruch geprägt (aber immer auch bedroht) gewesen. Der »Anfangspunkt meiner wissenschaftlichen Entwicklung« (und zum ersten Mal verwendet er mit dem Possessivpronomen »mein« die Ichform), sei der Kampf »mit einer dogmatisch strengen Orthodoxie« gewesen, die ihn erstickt habe.[578] Der Ausdruck »Orthodoxie« ist hier in allen denkbaren Dimensionen zu verstehen: in familiärer Hinsicht, denn die jüdische Orthodoxie war das erste Hindernis, das er überwinden mußte, um sein Leben – seine »vorherrschende Leidenschaft« – den Bildern widmen zu können; sodann in intellektueller Hindsicht, denn Winckelmanns geschichtswissenschaftliche und Lessings ästhetische Orthodoxie waren die ersten Hindernisse, die er überwinden mußte, um eine als Anthropologie oder Kulturwissenschaft verstandene Kunstwissenschaft begründen zu können.[579]

Zugleich gesteht Warburg, daß seine Arbeit stets von der Verschlingung und dem dadurch bedingten Selbstverlust geprägt (aber immer auch bedroht) gewesen sei. Er weiß, daß der Wahnsinn von Anfang an zu den inneren Momenten seines Projekts gehörte, nämlich des Versuchs, alle Bilder mit all ihren möglichen Beziehungen gleichzeitig zu denken. Um sicherzustellen, »daß mein Forscherwille sich nicht ins Unendliche verlor«, habe er am Thema des antiken Einflusses als Angelpunkt seiner Forschung festgehalten.[580] Doch diese Begrenzung ist gar keine. Warburg weiß sehr wohl, daß er mit dem Nachleben die ganze

578 A. Warburg 1927f., S. 686.

579 Ebd., S. 688, wo Warburg auf sein Jugendprojekt einer »Korrektur an Lessing« verweist.

580 Ebd., S. 694.

Masse – die »Rakete« – eines ins Endlose ausfasernden historischen Stoffes freigesetzt hat.

Der Kreuzlinger »Rückkehrer«, wie Warburg sich zu dieser Zeit selbst nannte, weiß ebenfalls sehr genau, daß der *Stil seines Wissens* von jeher geprägt ist, aber auch bedroht wird, von ebendieser Dialektik. Eine konstitutionelle Sensibilität für die Macht der Bilder macht ihn auch anfällig für die »nervöse Erkrankung« samt deren Einfühlung, Anverwandlung und Entfremdung. Diese Zerbrechlichkeit eröffnet ihm jedoch zugleich auch »das Glück der freien Hingabe an die Forschung«.[581] Es ist, als schützte der Wahnsinn, in dem er sich zu verlieren droht (Verschlingung), zugleich auch seinen Kampf (Widerspruch) gegen alle Orthodoxien seiner Umgebung.

Zum Abschluß dieser kurzen und großartigen »Selbstdarstellung« zeigt Warburg, daß die Dialektik des Widerspruchs und der Verschlingung nicht nur den Stil seines Wissens beherrschte, sondern mehr noch die *Objekte seines Wissens*, ging es doch in seinen ersten Beiträgen zur Kunstgeschichte, in den Studien über Botticelli oder Ghirlandaio, darum, den »Prozeß der Polarität der Stilbildung« aufzuzeigen. Und Widersprüche waren darin allgegenwärtig: zwischen Norden und Süden, zwischen Realismus und Klassizismus, zwischen dem Apollinischen und dem Dionysischen. Doch all diese Antinomien und Spannungen sind zugleich ineinander verschlungen wie in einem einzigen »rätselhaften Organismus«, der sich in ständiger Bewegung befindet. Weshalb man denn Kunstwerke als Ergebnis einer »Verflochtenheit mit der Dynamik des Lebens« betrachten müsse, was die Reise ins Land der Hopi ihm sehr eindringlich vor Augen geführt habe.[582]

Und warum bezeichnet er den Ort zur Beobachtung dieser Dialektik als *Laboratorium*? Weil die direkte – spontane, positive oder historisierende – Beobachtung nicht die Möglichkeit bietet, die Verschlingungen (die Phänomene der Massenhaftigkeit,

---

581 Ebd., S. 687.
582 Ebd., S. 689.

der Verschränkung oder des Verfließens) und die Widersprüche (die Phänomene des Bruchs, der Spannung oder der Polarität) gemeinsam zu denken. Dazu bedarf es der Erfindung eines *experimentellen* Verfahrens. Und das ist die Bibliothek mit ihrer ganz besonderen Gliederung, die Probleme aufwerfen und miteinander verknüpfen sollte. Das ist der *Mnemosyne*-Atlas, dieses experimentelle Verfahren, das eine visuelle Gesamtschau der Verschlingungen und Polaritäten des Nachlebens der Antike ermöglichen sollte.

Es galt also, eine neue Form des Sammelns und Zeigens zu erfinden. Eine Form, die weder *aufgeräumt* ist (also Dinge mit möglichst geringen Unterschieden unter der Autorität eines totalitären Vernunftprinzips zusammenstellt), noch eine Ansammlung von *Trödelkram* darstellt (also Dinge mit möglichst großen Unterschieden unter der Nichtautorität des Beliebigen zusammenbringt). Es galt zu zeigen, daß Flüsse nur aus Spannungen bestehen, daß Garben am Ende explodieren, aber auch, daß Unterschiede Konfigurationen und daß Unähnlichkeiten gemeinsam unbemerkt kohärente Ordnungen bilden. Wir wollen diese Form *Montage* nennen.[583]

Die Montage – zumindest in dem Sinne, der uns hier interessiert – ist keine künstliche Herstellung einer zeitlichen Kontinuität auf der Grundlage diskontinuierlicher »Ebenen«, die aneinandergereiht würden. Sie ist vielmehr eine Möglichkeit, die *Diskontinuitäten der Zeit*, die in jeder historischen Folge am Werk sind, *visuell auszubreiten*. Wenn Warburg auf derselben Tafel des *Mnemosyne*-Atlas den Todeskampf des antiken Besiegten und den Triumph des Renaissance-Siegers »montiert« (Abb. 44), dann »erzählt« er vom Gebrauchswert ein und derselben Gebärdenformel nur, um die *zeitliche Einheit* dieses Schicksals zu *zerbrechen*. Die Formel hat nur um den Preis eines fundamentalen Bruchs überlebt, der hier, in der »dynamischen Umkehrung« ihrer Bedeutung, sichtbar wird.

Jede Montage im *Mnemosyne*-Atlas scheint mir solche Para-

---

583 Siehe G. Didi-Huberman 1995b, S. 280-283; ders. 2000, S. 111-127.

doxa freizusetzen. Die manifesten Disparitäten markieren fast immer latente Verbindungen, und die manifesten Homologien markieren fast immer latente Antinomien. Die »Montage von Bildern« beruht hier nie auf einem erzählerischen Kunstgriff zur Vereinigung disparater Phänomene, sie ist vielmehr ein dialektisches Instrument, in dem die scheinbare Einheit der abendländischen Bildtraditionen sich spaltet.

Und auch hier stützen die zeitgleich mit dem *Mnemosyne*-Atlas entstandenen Manuskripte die Praxis dieser für Warburgs Montage typischen »dissoziativen« und dekonstruktiven, also im starken Sinne analytischen »Gegenüberstellung«. Die Idee der »Nachgestaltung« etwa, in der »Nachbildung« und »nachträgliche Bildung« vereint scheinen, setzt zugleich die Existenz eines »Inventars der Vorprägungen« und den für jegliche »stilbildende Funktion« nötigen Wandel voraus.[584]

Bei der Lektüre dieser Fragmente begreift man sehr bald, daß die im *Mnemosyne*-Atlas vorgestellte Form der Montage über die kanonische Anordnung des vergleichenden *Tableaus* insofern hinausgeht, als hier eine unorthodoxe Form von Dialektik, eine *wuchernde Dialektik*, an die Stelle jeglicher Bemühung um eine vereinheitlichende Dialektik tritt (ob nun im Sinne einer »Versöhnung« wie bei Hegel oder einer »Funktionseinheit« wie bei Cassirer). In den Jahren 1905-1911 arbeitete Warburg noch mit Vergleichstafeln, die zwei – und später drei – Dimensionen aufwiesen (Abb. 47).[585] Doch in seinen letzten Lebensjahren präsentiert die Form der Montage ebenso viele miteinander zu vergleichende Elemente wie der Haufen lebendiger Schlangen ineinander verschlungene Schlangen.

> Der Atlas zur Mnemosyne will durch seine Bildmaterialien diesen Prozeß illustrieren, den man als Versuch der Einverseelung vorgeprägter Ausdruckswerte bei der Darstellung bewegten Lebens bezeichnen könnte. Er will in seiner bildmaterialen Grundlage zunächst nur ein Inventar sein der antikisierenden Vorprägungen, die

584 A. Warburg 1928-1929, S. 47, 97-98 und 116-117.

585 Ders. 1905-1911; ders. 1906-1907 (33 Blatt).

> auf die Darstellung des bewegten Lebens im Zeitalter der Renaissance mit-stilbildend einwirkten. Eine solche vergleichende Betrachtung mußte ... versuchen, durch eine tiefer eindringende sozialpsychologische Untersuchung den Sinn dieser gedächtnismäßig aufbewahrten Ausdruckswerte als sinnvolle geistestechnische Funktion zu begreifen.[586]

Es handelte sich durchaus um eine neue Form des Vergleichs, die Warburg mit dem *Mnemosyne*-Atlas erfand. Er bezeichnete sie einmal – in einem seiner zahlreichen Entwürfe für einen Untertitel des Atlas – als einen »Vergleich kunstgeschichtlicher Kulturwissenschaft«.[587] Wie hätte sich da der dialektische Tenor der Phänomene nicht ins Endlose vervielfältigen sollen? Die Polaritäten oder Widersprüche erreichen jeden Organismus und jedes Organ dieses lebendigen Ganzen. Jede Funktion ist zumindest »doppeltendenziös«. In jedem »Denkraum« spukt ein »Wunschraum«, der ihn leitet und zugleich desorientiert. Kein Bild läßt sich mehr ohne eine Analyse des Kontexts verstehen, in den es sich einschreibt und den es zugleich verwirrt. Jede Energie zielt darauf, sich auszubreiten, aber auch sich einzurollen und sich umzukehren und so weiter in einem endlosen Spiel von Metamorphosen.[588]

Jede Kunst wird nun als Gedächtniskunst verstanden. Doch deren Weitergabe – in der von Warburg so genannten »Bilderwanderung« – stürzt sich in das »Seelendrama«, das die Spaltung zwischen bewußten Erinnerungen und unbewußten Engrammen impliziert.[589] So daß jeder *historische Faden* in die Masse der Erinnerungsraketen verstrickt – oder in deren Blitz hineingeschossen – wird. Daher die gleichzeitige Präsenz so entfernter Epochen auf ein und derselben Tafel. Der fundamentale Anachronismus des *Mnemosyne*-Atlas findet also seine ganze

586 Ders. 1929b, S. 172.

587 Ders. 1928-1929, S. 14 (Eintragung vom 8. April 1929).

588 Ebd., S. 11 und 58 (Eintragungen vom 19. April und vom 5. Mai 1929); ders. 1929 f. (49 Blatt).

589 Ders. 1927a, S. 9 (Eintragung vom 30. Mai 1927); ders. 1928-1929, S. 70 (Eintragung vom 8. März 1929); ders. 1929a.

Rechtfertigung in dem Konzept, das sein Titel bezeichnet. Das Gedächtnis läßt sich nicht im gerichteten Text der historischen Abfolgen entschlüsseln, sondern im anachronistischen Puzzle – Sarkophag und Briefmarke, antike Nymphe und zeitgenössische Golfspielerin – des »Nachlebens der Antike«.

*

Als Montage bietet der *Mnemosyne*-Atlas etwas ganz anderes als eine bloße Sammlung von Erinnerungsbildern, die eine Geschichte erzählen. Er ist ein komplexes Gebilde, das die visuellen Bezugspunkte eines ungedachten geschichtlichen Gedächtnisses darbieten – und öffnen – soll, ebenjenes Nachlebens, von dem Warburg unablässig spricht. Die daraus resultierende Erkenntnis ist im Bereich der Wissenschaften vom Menschen so neuartig, daß es schwierig erscheint, Vorbilder oder Entsprechungen dafür zu finden.

Allerdings werden Ende des 19. Jahrhunderts immer mehr Atlanten herausgegeben. Während Darwins *Ausdruck der Gemütsbewegungen bei den Menschen und den Tieren* sich noch als ein Buch präsentiert, das hier und da mit Strichzeichnungen (Abb. 40-41) und einigen Photographien illustriert ist, gliederte Duchenne de Boulogne sein *Mécanisme de physionomie* bereits in zwei Teile: einen Text mit »allgemeinen Überlegungen« und einen photographischen »Atlas« mit dem Titel »Partie esthétique« (Abb. 42). Charcot veröffentlichte 1875 seine *Iconographie photographique de la Salpêtrière*, und Cesare Lombroso stützte 1878 seine »kriminalanthropologischen« Studien auf einen Atlas, der selbst einen ganzen Band umfaßte.[590]

In Deutschland markiert wahrscheinlich das 1887 erschienene *Ethnologische Bilderbuch* von Adolf Bastian die Vorstellung,

---

590 G.-B. Duchenne de Boulogne 1862; D.-M. Bourneville und P. Régnard (Hg.) 1876-1880; C. Lombroso 1878. Auf die gewaltige Distanz zwischen Charcots *klinischen Tableaux* und den, wie man sie nennen könnte, *kritischen Tableaux* des *Mnemosyne*-Atlas ist bereits hingewiesen worden.

die Warburg sich von einer zusammenfassenden und vergleichenden Darstellung anthropologischer Motive im Rahmen eines Nachschlagewerks machen konnte.[591] Doch man braucht nur Bastians Tafel zu den kosmologischen Darstellungen (Abb. 89) mit deren Entsprechung bei Warburg (Abb. 90) zu vergleichen, um den Unterschied zu erkennen. Auf der einen Seite dient die einheitliche Darstellung – alle Bilder sind auf dieselbe Art schematischer Strichzeichnung reduziert – als Instrument, das die Hypothese einer einheitlichen Bedeutung stützen soll, wonach alle Menschen zu allen Zeiten dazu tendierten, die Welt kreisförmig darzustellen. Auf der anderen Seite kompliziert und problematisiert die Unterschiedlichkeit der Darstellung die Wahrnehmung des betrachteten Motivs – die Objekte werden in ihren unterschiedlichen Formaten und ihrem unterschiedlichen Material (babylonische Terracotta, etruskische Bronze, römischer Stein) neben ptolemäischen Miniaturen und ägyptischen Reliefs abgebildet.

Während Bastian sich mit dem Vergleich *symbolischer Schemata* begnügt, die auf dieselbe Größenordnung reduziert sind, geht Warburg den Kern – und das größenmäßige Mißverhältnis – der anthropologischen Fragen an, die allein schon die Idee des »Kosmos« aufwirft. Erst angesichts der Tafeln des *Mnemosyne*-Atlas begreift man die *imaginäre Verschlingung* zwischen dem Menschen und dem Bild, das er sich von seinem Universum macht. Deshalb sieht man auf dieser Tafel nebeneinander Darstellungen des Himmels, aber auch eine Welt auf den Schultern eines Mannes – des Atlas eben – und mehr noch Welten, die sich tief in unseren Eingeweiden abbilden (die vier Photographien babylonischer und etruskischer Tonlebermodelle, die in der Wahrsagerei Anwendung fanden) (Abb. 90).

Im Gegensatz – oder als Komplement – zu diesem wissenschaftlichen und positivistischen Modell haben einige der größ-

---

591 A. Bastian 1887 (25 Tafeln). Zum pädagogischen Aspekt des *Mnemosyne*-Atlas im Verhältnis zur deutschen Anthropologie – Wundt, Lamprecht usw. – siehe C. Brosius 1997.

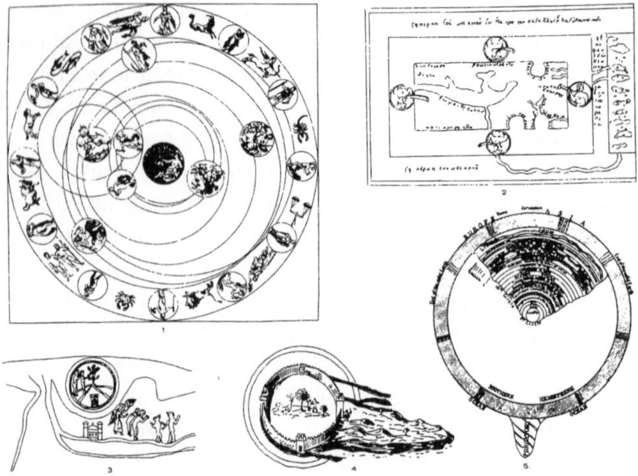

Abb. 89: *Kosmologische und geographische Darstellungen.* Nach A. Bastian, *Ethnologisches Bilderbuch*, Berlin 1887, Tafel XV.

ten Warburg-Kenner ein künstlerisches und avantgardistisches Modell zur Erklärung der visuellen Merkwürdigkeiten des *Mnemosyne*-Atlas vorgeschlagen. William Heckscher vertrat als erster die Ansicht, Warburgs Atlas arbeite mit einer Komposition (oder einer scheinbaren Nichtkomposition), die Ähnlichkeit mit einigen künstlerischen Experimenten der damaligen Zeit hätten: mit den kubistischen Collagen eines Braque oder Picasso, mit Marcel Duchamps *Akt, die Treppe herabsteigend*, mit kinematographischen Experimenten der ersten Jahrzehnte des Jahrhunderts …[592] Martin Warnke, Werner Hofmann und einige andere entwickelten in der Folgezeit das Collage-Modell im Blick auf die dadaistischen und surrealistischen Experimente weiter.[593] Vor kurzem schließlich übernahmen Giorgio Agamben und nach

592 W. S. Heckscher 1967, S. 268-273.

593 M. Warnke 1980a, S. 158-164 (dadaistische Collagen); W. Hofmann 1980, S. 65-69 (Collagen, *ready-mades*); R. Kany 1985, S. 1279-1283 (Kurt Schwitters); K. Forster 1991, S. 29-33 (Hannes Meyer, Kurt Schwitters); M. Kemp 1975, S. 5-25 (surrealistische Montagen).

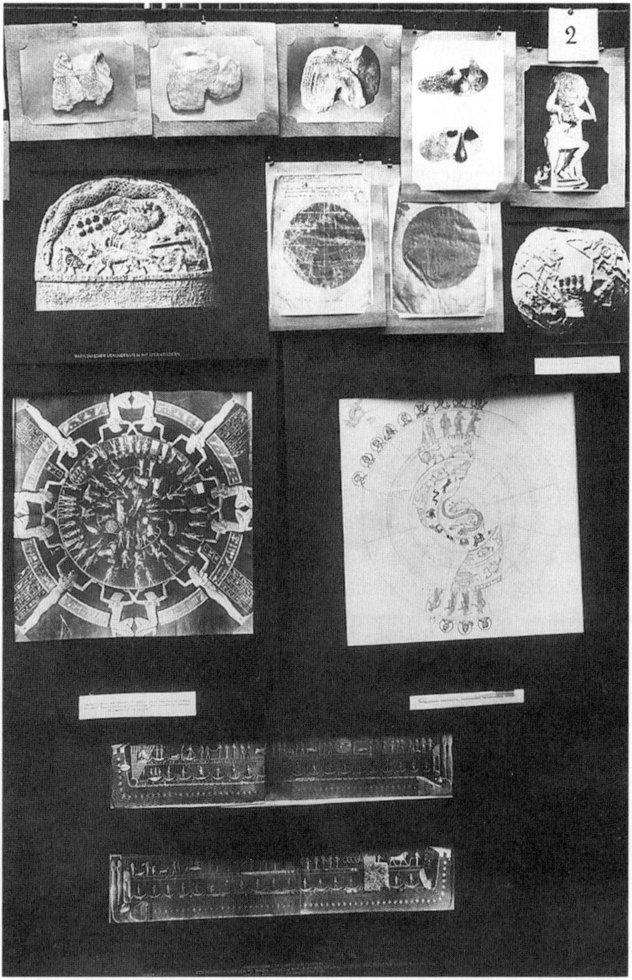

Abb. 90: Aby Warburg, *Bilderatlas Mnemosyne*, 1927-1929. Vorläufige Fassung von Tafel 2. London, Warburg Institute Archive. Photo: The Warburg Institute.

ihm Philippe-Alain Michaud den Begriff der Montage in seiner speziellsten Bedeutung und interpretierten Warburgs Versuch ganz unmittelbar als Manipulation von »Photogrammen« oder kurz: als eine »Kunstgeschichte im Zeitalter des Kinematographen«.[594]

Diese Vergleiche sind umstritten, und das nicht nur, weil Warburg von den surrealistischen Montagen oder Marcel Duchamp gar nichts wußte und sich offenbar auch nicht für die filmischen Experimente seiner Zeit interessierte. Während er alles daransetzte, zum Beispiel einen Abguß des für die Wahrsagerei benutzten Tonlebermodells von Piacenza zu bekommen, unternahm er niemals einen Versuch,[595] an die von Dickson gedrehten Kurzfilme über Indianertänze zu gelangen. Deshalb stellte Benjamin Buchloh »jeden Vergleich zwischen Warburg und den Montagetechniken der künstlerischen Avantgarden« radikal in Frage.[596]

Drei Argumente führt Buchloh dafür an. Das erste ist spezifisch technischer Art, insofern es den Akzent auf die unterschiedlichen Verfahrensweisen bei den avantgardistischen Assemblagen und der Anordnung im *Mnemosyne*-Atlas legt. In dieser Hinsicht hat Buchloh recht, wenn er Rodschenkos photographische Montagen von denen Warburgs unterscheidet. Sie sind nicht in derselben Weise hergestellt und haben daher auch nicht dieselbe Bedeutung. Zweitens verweist Buchloh auf eine ideologische Trennungslinie hinsichtlich des Vertrauens, das die Beteiligten in die »emanzipatorische Kraft der egalitären Effekte der photographischen Reproduktion« hegen oder nicht hegen – ein Streit, der damals Siegfried Kracauer und einige Künstler der russischen Avantgarde entzweite.[597]

Es wird jedoch rasch gefährlich, wenn man diese Trennungs-

---

594 G. Agamben 1992, S. 65. (Im *Mnemosyne*-Atlas »wird jedes Bild weniger als autonome Realität denn als Photogramm betrachtet«.)

595 A. Warburg, Brief an Robert Zahn vom 31. Dezember 1924.

596 B. Buchloh 1999, S. 129 (diese Aussage wird im Text dreimal wiederholt).

597 Ebd., S. 129-134.

linie so klar zieht und so wenig dialektisiert. Was eine Technik auf der einen Seite befreit, das entfremdet sie auf der anderen. Warburg übte heftige Kritik an modernen Techniken, und insbesondere dem Telefon, die sich als »verhängnisvolle Ferngefühl-Zerstörer« erwiesen hätten,[598] ohne daß er deshalb darauf verzichtete, seine Bibliothek mit Telefonen und anderen Hilfsmitteln zur schnellen Übertragung von Werken auszustatten. Er wußte wahrscheinlich nur zu gut, was er bei seinem Umgang mit vielen tausend Photographien gewann und was er verlor: die Größenordnung der Objekte, das Gefühl für die Farben und den konkreten Raum bis hin zu der staubigen Luft jenes Florentiner *archivio*, in dem er noch die »Klangfarbe« der Männer und Frauen des Quattrocento zu hören vermeinte.[599]

Ein weitaus allgemeineres und philosophisches Argument verleiht Benjamin Buchlohs Ablehnung eines an der Montage orientierten Verständnisses des *Mnemosyne*-Atlas seine ganze Bedeutung. Dabei geht es um die Zeitmodelle, die dem Atlas einerseits und dem »avantgardistischen« Denken andererseits innewohnen. Der Atlas ist ein Versuch, das »soziale Gedächtnis zu konstruieren« und die »verschiedenen Schichten der kulturellen Weitergabe« zu rekonstruieren. Das setzt nach Buchloh voraus, daß der *Mnemosyne*-Atlas einem »Modell des historischen Gedächtnisses und der historischen Kontinuität der Erfahrung« (*»a model of historical memory and continuity of experience«*) folgt, das den Modellen der Moderne, »insofern sie auf augenblickliche Präsenz, Schock und Bruch der Wahrnehmung aus sind« (*»as providing instantaneous presence, shock, and perceptuel rupture«*), in allen Punkten widerspricht.[600]

Dieser als selbstverständlich dargestellte Gegensatz – zwischen Augenblicklichem und Bruch einerseits, Gedächtnis und Kontinuität andererseits – hat den großen Nachteil, daß er ganz zu einem postmodernistischen Credo paßt, das insbesondere

---

598 A. Warburg 1923c, S. 56.
599 Ders. 1902a, S. 69.
600 B. Buchloh 1999, S. 119, 122 und 124.

von der durchaus bestreitbaren Autorität Jean Baudrillards inspiriert ist.[601] Diese Sichtweise schematisiert nicht nur in unangemessener Weise die Geschichte der Avantgarden,[602] sondern verkennt auch vollkommen die Bedeutung, die Warburg – in Übereinstimmung mit einigen Zeitgenossen wie Freud und Walter Benjamin – dem Begriff des Gedächtnisses gab.

Tatsächlich verwechselt Buchloh das Nachleben wie so oft mit einer »Kontinuität der Tradition« und das Gedächtnis mit der »Erinnerung an Vergangenes«.[603] Er kann sich daher gar nicht vorstellen, daß Erinnern – das ist die Lektion des Symptoms – eine Verschlingung all dessen voraussetzt, was er als Gegensätze verstehen möchte: »Schock« *und* »historisches Gedächtnis«, »Bruch« *und* »kulturelle Weitergabe«. Nicht weil Warburgs Atlas ein Gedächtnisapparat ist, erfindet er nichts so radikal »Schokkierendes« und Unangebrachtes wie eine surrealistische Montage im Stil der *Documents*.

Der *Mnemosyne*-Atlas ist auf seine Art also durchaus ein avantgardistisches Objekt. Aber natürlich nicht, weil er einen Bruch mit der Vergangenheit vollzöge (mit jener Vergangenheit, in die er tief eintaucht). Sondern weil er mit einer gewissen Art bricht, die Vergangenheit zu denken (und an deren trivialsten Schemata unsere heutigen Postmodernisten, ohne es zu wissen, festhalten, und seien es nur die Schemata des *ante* und des *post*). Warburgs Bruch besteht darin, daß er *die Zeit selbst als eine Montage* aus heterogenen Elementen *denkt*: Das ist die anthropologische Lektion der »Bildungen des Nachlebens«, der auf metapsychologischer Ebene die der »Symptombildungen« so gut entspricht.

Bei der Montage, von der im Zusammenhang mit dem *Mnemosyne*-Atlas die Rede ist, handelt es sich natürlich nicht um ein Verfahren, das Warburg bei Georges Braque, Kurt Schwitters oder Alexander Rodschenko für den Zuschnitt seines Atlas hätte

601 Im Motto zitiert ebd., S. 117.

602 Siehe G. Didi-Huberman 1997, S. 16-21; ders. 2000, S. 156-260.

603 Siehe B. Buchloh 1999, S. 122-134 (wo alle Warburg-Zitate übrigens aus zweiter Hand stammen).

entlehnen müssen. Es ist keineswegs nur eine Herstellungsweise, die uns zwingt, im *Mnemosyne*-Atlas eine Montage zu erblikken, sondern in allererster Linie ein Paradigma jenes Denkens, auf dem der Atlas basiert, und der Erkenntnis, zu der er führt. William Heckscher sieht das sehr genau, wenn er im Zusammenhang mit Warburgs Konstruktionen von »Dekompartementalisierung« (»*decompartmentalization*«) und »wechselseitiger Durchdringung« (»*interpenetration*«) spricht. Er zitiert im übrigen gleichfalls in diesem Zusammenhang einen Ausspruch von Warburg: »Gedanken sind zollfrei.«[604] Und tatsächlich vermag nur die Montage – als *Denkweise* – diese »Entterritorialisierung« der Erkenntnisgegenstände zu verräumlichen.

Der *Mnemosyne*-Atlas ist insofern ein avantgardistisches Objekt, als er es wagt, das historistische *Erinnerungsalbum* der »antiken Einflüsse« zu dekonstruieren und es durch einen Atlas des erratischen Gedächtnisses zu ersetzen: auf das Unbewußte eingestellt, gesättigt von heterogenen Bildern, durchsetzt mit anachronistischen oder uralten Elementen, verfolgt von jenem Hintergrund aus schwarzer Leinwand, der vielfach dazu dient, auf Leerstellen, *missing links* und Gedächtnislücken hinzuweisen. Da das Gedächtnis aus lauter Lücken besteht, ist die neue Aufgabe, die Warburg dem Kulturhistoriker zuweist, die eines Interpreten des Verdrängten, eines »Sehers« der schwarzen Löcher der Erinnerung.[605] Der *Mnemosyne*-Atlas ist insofern ein unangebrachtes Objekt, als er es wagt, im Zeitalter des Positivismus und des Triumphs der Historie wie ein übergroßes Puzzle oder Tarotspiel zu funktionieren (grenzenlose Konfigurationen, unendlich variable Anzahl der Spielkarten). Die Unterschiede werden dort niemals in eine übergeordnete Identität aufgelöst: Wie in der fließenden Welt der »Partizipation« leben sie von den Verbindungen, die der Kartenleser – in stets neuen Experimenten – darin findet.

---

604 W. S. Heckscher 1967, S. 260. Es handelt sich um eine Warburgsche Abwandlung der von Cicero stammenden Maxime: *liberae sunt enim nostrae cogitationes*.

605 A. Warburg 1928-1929, S. 132 (Eintragung ohne Datum).

Der *Mnemosyne*-Atlas ist daher das *anachrone* Objekt *par excellence*. Er taucht ein in die tiefste Vergangenheit (die babylonische Astrologie der ersten Tafeln) und greift voraus in die Zukunft (Voraussage des entfesselten Faschismus und Antisemitismus auf den letzten Tafeln).[606] Man hat gesagt, er stehe auf halbem Weg zwischen Talmud und Internet.[607] Vor allem aber erschafft er auf der Grundlage einer Beobachtung des Nachlebens eine gänzlich neuartige epistemische Konfiguration, eine Erkenntnis durch Montage, die in die Nähe Benjamins, in gewissen Aspekten aber auch Batailles oder Eisensteins kommt:[608] *Als Träger des Nachlebens sind Bilder nichts anderes als Montagen* heterogener Bedeutungen und Zeiten.

In diesem Sinne ist der *Mnemosyne*-Atlas durchaus ein altersloses Objekt. Denn er ahmt genau das nach, was er erkennen möchte, nämlich diese zeitliche Montage, die jede »nachlebende Bildung« konstituiert. Eine erste Vorstellung davon hatte Warburg schon früh entwickelt, denn schon 1890 schrieb er in seinen handschriftlichen Aufzeichnungen, die »lebendige Bewegung« der Figuren in der Renaissance – man denke etwa an Pollaiuolo – verdanke ihre Kraft keinem »einzelnen Bild«, sondern einer Folge von Bildern:

> Bewegungszuweisung. Um einer unbeweglichen Gestalt Bewegung zu verleihen, muss man eine Reihe von Bildern erwecken, die sich aneinander reihen – kein einzelnes Bild: Verlust der ruhigen Betrachtung.[609]

Dazu nur ein einziges Beispiel: Tafel 43 des *Mnemosyne*-Atlas, die Ghirlandaios Sassetti-Kapelle gewidmet ist (Abb. 91), wirkt eher wie eine interpretierende *Demontage* des Gesamtbildes

---

606 Ders. 1927-1929, S. 15-19 und 131-133 (Tafeln 1-2 und 78-79).
607 Siehe M. Glashoff, A. Neumann und M. Deppner 1987.
608 Siehe M. Kemp 1975, S. 5-25; M. Jesinghausen-Lauster 1985, S. 273-303; S. Weigel 1992, S. 13-17; G. Didi-Huberman 1995b, S. 280-283; ders. 2000, S. 85-155; M. Rampley 1999, S. 94-117; ders. 2001, S. 121-149.
609 A. Warburg 1888-1905, S. 42 (Eintragung vom 29. September 1890).

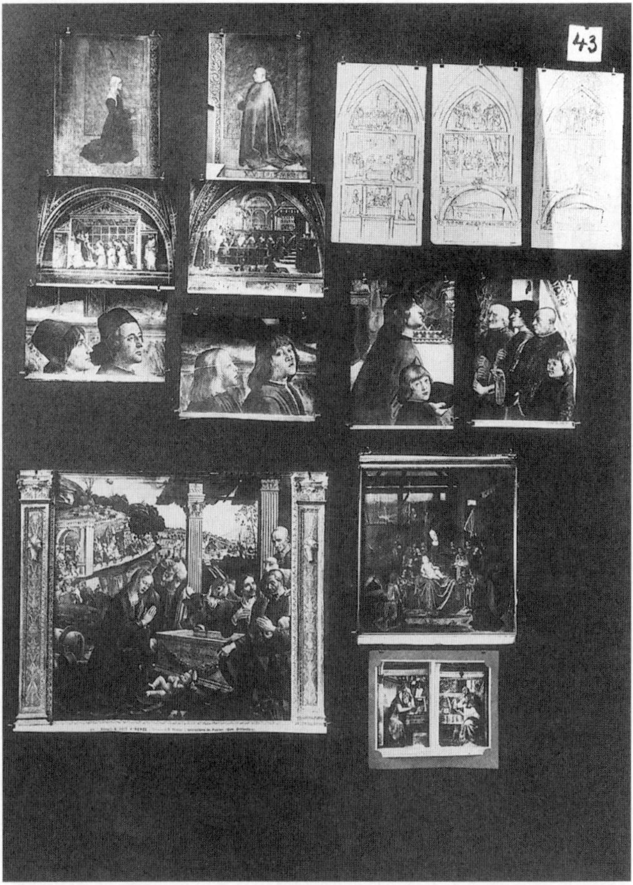

Abb. 91: Aby Warburg, *Bilderatlas Mnemosyne*, 1927-1929. Tafel 43. London, Warburg Institute Archive. Photo: The Warburg Institute.

(Abb. 92), das heißt wie eine interpretierende *Remontage* der wichtigsten Figurengruppen. Oben rechts wird der gesamte Raum der Kapelle in drei Zeichnungen auseinandergebreitet, die von Warburgs Ehefrau Mary Hertz – einer Malerin – stammen. Gleich daneben findet sich die stilistische und ikonographische Geschichte ausgebreitet, und zwar in einem Vergleich zwischen Giottos *Bestätigung der franziskanischen Ordensregel* und Ghirlandaios neuer Fassung.[610] Warburg stellt noch weitere Vergleiche an: zwischen Ghirlandaios (nordischem *und* antikisierendem) Altar und einer zeitgenössischen Madonna seines Bruders Benedetto (die ganz in der Tradition des Meisters von Moulins steht); zwischen Ghirlandaios *Hl. Hieronymus* und Botticellis *Hl. Augustinus.* Alle übrigen Fragmente dieser Montage betreffen Porträts: die beiden knienden Stifter; die Kinder und ihre humanistischen Lehrer, die über die berühmte, vom Maler erfundene unterirdischen Treppe ins Bild kommen; und schließlich die Gruppe der Würdenträger, in der Warburg zwischen Francesco Sassetti und dessen Bruder Bartolomeo die Gestalt Lorenzo de' Medicis erkannte.[611]

Die Tafel des *Mnemosyne*-Atlas ist also einerseits eine – interpretierende – Montage, die visuelle Bezugspunkte auf dem schwarzen Tuch anordnet, entweder in Polaritäten oder in Serien von Ausschnitts-»Photogrammen«. Zugleich nimmt sie – und sei es nur partiell – zur Kenntnis, daß die Kapelle sich selbst als eine Art Gedächtnis darbietet, als riesiges, auf den Wänden der Florentiner Kirche ausgebreitetes Album, als ein Raum ikonographischer und zeitlicher Montage. Die »Gegenwart« der Porträts nimmt den »zukünftigen« Tod der Stifter vorweg: Es handelt sich um eine Grabkapelle, in der die Bilder Sassettis und seiner Frau sich neben deren Sarkophagen befinden. Die »Vergangenheit« der Franziskanerlegende und der Christusgeschichte dient als Vorbild für die »Zukunft« der Auferstehung. Auf dem Altarbild wird ein göttliches Kind geboren, den Kopf

610 Ders. 1902a, S. 70-71.
611 Ebd., S. 72.

auf den Sockel eines antiken Sarkophags gestützt; in der darüber dargestellten Szene erlebt ein totes Kind seine Auferstehung: eine Anspielung auf ein Familiendrama der Sassettis; und darüber wiederum kommen Kinder aus dem Boden hervor. All das unter der liturgischen Autorität des Altars und seiner (mit Hilfe der Eucharistie) unendlich verlängerbaren »realen Gegenwart«.

Ghirlandaio *montierte* also in seinen Fresken alle Bereiche des Heiligen und des Profanen, des Privaten und des Öffentlichen, des fernen Raums (Bethlehem) und des nahen Raums (Florenz), der Christusgeschichte und der Franziskanergeschichte (die deren Nachahmung darstellt), des realistischen Stils des Nordens und des antikisierenden Stils des Südens, der Bedeutungswerte des Mittelalters und der Bedeutungswerte der Renaissance, des intellektuellen Humanismus und des bürgerlichen »Materialismus«, der Geburt und des Todes in jeglicher Gestalt – um all das in ein großes christliches Bildsystem zu integrieren, in dem allenthalben das Nachleben der heidnischen Antike zu spüren ist.[612]

Das erste Vorbild des *Mnemosyne*-Atlas ist daher in der Struktur der Objekte zu suchen, die er befragt und die er analytisch »demontiert« und »remontiert«. Der Atlas erlaubt es einerseits, die »nachlebenden Bildungen« als Montagen zu begreifen – das gilt für Ghirlandaio, aber auch für die Fresken-Bilderrätsel im Palazzo Schifanoia, die in den Konstantinbogen eingelassenen Reliefs oder die rätselhaften Assemblagen, die auf Dürers Kupferstich *Melancholie I* abgebildet sind. Andererseits helfen die Bilder dieser Bildtradition, Bedeutung und Verankerung solch einer Erkenntnis durch Montage zu begreifen (deren Neuartigkeit uns auf den »Strudel des Ursprungs« verweist, um hier ein Wort von Walter Benjamin zu paraphrasieren). Sorgt der *Mnemosyne*-Atlas nicht gerade für eine Verbindung, eine wechselseitige Bereicherung, zwischen Kunst und Wissen, Sinnlichem und

612 Ebd., S. 74.

Geistigem?[613] Warburg selbst versuchte das jedenfalls in seinem Atlas zu realisieren.

> Dank der Arbeit an seinem Atlas, so schrieb er im September 1928 an seinen Bruder Max, könne er nun besser verstehen und zeigen, daß konkretes und abstraktes Denken keinen klaren Gegensatz, sondern einen organischen Kreis der geistigen Fähigkeiten des Menschen bildeten. In seinem *Mnemosyne*-Atlas hoffe er, diese Dialektik in ihrer geschichtlichen Entwicklung darstellen zu können.[614]

*

Woraus besteht eine Montage. Welches sind ihre Elemente? Warburg, dem das technische Modell des »Photogramms« nicht zur Verfügung stand, sprach oft von »Details«. Details, das sind kleine unbemerkte Dinge wie jene diskreten Motive, die sich in der Grisaille eines Freskos verlieren, die Rückseite einer unbekannten Medaille oder der bescheidene Sockel einer Statue, den man hier und da im *Mnemosyne*-Atlas sieht. Details sind vor allem auch Ausschnitte, aus der großen Fläche der Bilder herausgeschnitten und hervorgehoben, wie etwa die isolierten Gesichter der drei Kinder Lorenzo de' Medicis auf Tafel 47 des *Mnemosyne*-Atlas (Abb. 91).

Damit sind wir wieder bei Warburgs berühmtestem Motiv oder Motto (das leider nicht nur berühmt ist, sondern auch oft falsch verwendet wird): »Der liebe Gott steckt im Detail«, das Warburg 1925 für sein Hamburger Seminar notierte. Da Gombrich den Satz in einigen Manuskripten auf französisch gefunden hatte, schrieb er ihn Gustave Flaubert zu.[615] Der unmittelbare Bezug soll nach Ansicht von Dieter Wuttke vielmehr ein philologischer Ausspruch von Usener sein, wonach in den

---

613 Siehe F. A. Yates 1996 (zweifellos die »warburgischste« aller nach dem Krieg am Londoner Institut entstandenen Studien).

614 A. Warburg, Brief an seinen Bruder Max vom 5. September 1928 (siehe M. Ghelardi 2001, S. 184).

615 E. H. Gombrich 1970, S. 13-14, Fußnote (dt. S. 28, Fußnote). Die Zuschreibung zu Flaubert wird widerlegt von D. Wuttke 1977, S. 70.

kleinsten Punkten die größten Kräfte liegen.[616] Doch William Heckscher hat ganz recht, wenn er dieses theoretische oder eigentlich theologische[617] Motiv sehr weit zurückverfolgt, nämlich bis hin zu Vico und zu den »kleinen Wahrnehmungen«, von denen Leibniz sprach. Man spürt, daß dieses Motiv Träger einer Tradition ist, in der das Bild des *mundus in gutta* und das Problem der in jedem noch so bescheidenen Ding *verborgenen Wahrheit* umgehen.[618]

Das Detail besitzt keinen eigenen epistemologischen Status. Alles hängt davon ab, was man von ihm erwartet und wie man es einsetzt. Will man Warburgs Ausspruch verstehen, muß man daher nach dem *Gebrauchswert* des Details für den Autor des *Mnemosyne*-Atlas fragen. Wenn Tafel 47 so nahe an die Gesichter der auf Ghirlandaios Fresko aus dem Boden emporsteigenden Kinder herangeht, so weil Warburg sie isolieren und hervorheben will. Und er tut dies, um ihnen einen Namen zu geben, um sie zu identifizieren: als Piero, Giovanni und Giulio de' Medici. Das Detail wäre danach in erster Linie ein Identitätsindiz. Der Historiker hat die Gesichter studiert, Gemälde mit Medaillen verglichen, die Veränderungen von Physiognomien in der Geschichte verfolgt, Familienwappen, *ricordanze* und Stammbäume erforscht. Und so konnte er jedem oder fast jedem der von Ghirlandaio in Santa Trinità oder von Memling auf den äußeren Tafeln seines *Jüngsten Gerichts* gemalten Gesichter einen Namen zuordnen.[619] Warburg bezeichnet diese in ihrer Schwierigkeit an »Detektivarbeit« heranreichende Fähigkeit zur prosopographischen Rekonstruktion – vielleicht ein wenig ungeschickt – als »Nominalismus«;

616 D. Wuttke 1977, S. 70-74. M. M. Sassi 1982, S. 86-91, zitiert übrigens andere Texte von Usener sowie einen Ausspruch von Dilthey über den »Gott, der im Einzelding steckt«. Siehe auch R. V. Cristaldi 1980, S. 202-203; A. Parente 1980, S. 203-205; S. Trottein 1983, S. 34-35; R. Kany 1985, S. 1265-1283; G. Mastroianni 2000, S. 413-442.

617 Siehe H. J. Baden 1962.

618 W. S. Heckscher 1967, S. 258-259; ders. 1974, S. 435-480.

619 A. Warburg 1902a, S. 74-82; ders. 1902b, S. 103-124.

> Briefe und Tagebücher ... ist mir bisher aufzufinden nicht gelungen, so daß das Material, das uns durch die Künste historischer Detektivarbeit beschert wird, als dokumentarische Masse zunächst leblos vor uns liegt; mit aller Anstrengung scheint nichts bei den Ausgrabungen zu Tage gefördert, als Meilensteine längst verlassener Straßen mit halbverwischten Zahlen. Bei der Umschau nach indirekten Wiederbelebungsmitteln kommt aber der historische Nominalismus schließlich doch zu seinem Rechte, denn ein so äußerliches Faktum wie die Kenntnis eines Frauennamens läßt Catarina als leibhaftige Persönlichkeit auferstehen.[620]

Wenn es Warburg gelang, all diese gemalten Figuren mit Hilfe »indirekter« Verfahren und »äußerlicher« Daten (das heißt vor allem durch intensive Archivarbeit) zu identifizeren, schien er die Positivisten auf ihrem eigenen Gebiet geschlagen zu haben. Da ist die Versuchung groß, Warburgs »Detail« dem Instrumentarium »kunstwissenschaftlicher Polizeiarbeit« zuzuschlagen. So schreibt zum Beispiel Enrico Castelnuovo mit unverhohlener Bewunderung: »Warburg wußte jene Figuren so gut zum Sprechen zu bringen, daß sie ihm ihre Namen verrieten.«[621] Und so ist denn auch die Versuchung groß, Warburgs »Detail« – und mit ihm das Freudsche »Symptom« – auf die »Indizien« des Detektivs im Stil eines Sherlock Holmes (oder schlimmer noch eines Galton oder Bertillon) oder gar auf die »Identifikationskriterien« des attributionistischen Historikers im Stile Morellis zu reduzieren.[622]

Das Detail nach Warburg ist weder ein bloßes Identitätsindiz noch ein *sèméion*, das es möglich machte, das Werk in eine Nosologie der Stile einzuordnen, noch auch ein ikonologischer »Schlüssel«, der es erlaubt, den verborgenen Sinn der Bilder zu

---

620 Ders. 1902b, S. 111.

621 E. Castelnuovo 1973, S. 45.

622 Siehe H. Damisch 1971, S. 70-84 und 82-96 (Freud, Morelli); C. Ginzburg 1979, S. 139-180 (Warburg, Freud, Morelli, Sherlock Holmes, Galton, Bertillon); D. Arasse 1992, S. 10 (Warburg, Morelli). Zu einer Kritik der verschiedenen Vergleiche siehe G. Didi-Huberman 1985, S. 28-62 (dt. S. 29-65); ders. 1990a, S. 271-378; ders. 1998a, S. 76-98.

enthüllen. Warburg versteht das Detail stets von dessen Symptomcharakter her, was mindestens vier sehr präzise Bedingungen impliziert: Erstens, die Identität der gemalten Figuren ist niemals das Ziel der Warburgschen Interpretation. Wie für Freud die Feststellung einer Identität (»Das ist Mama!«) nicht das Ergebnis, sondern den Beginn der analytischen Arbeit markiert, so dient die Kenntnis des »Frauennamens« Catarina nur dazu, mit der Deutungsarbeit zu beginnen, deren Ziel es ist, ein Phantom »auferstehen« zu lassen und ihm etwas von seiner verlorenen »Leibhaftigkeit« zurückzugeben. Das eigentliche Ziel der Warburgschen Historie ist nicht die Identität – die Prosopographie oder gar die Soziologie – der abgebildeten Akteure, sondern ihr paradoxes »Leben« als rätselhafte Fossilien: ihr Nachleben.

Zweitens versteht Warburg das Detail stets im Ausgang von seinen Intrusions- oder Ausnahmeeffekten, kurz: seiner historischen Besonderheit.[623] Das Motto, das Warburg dem Aufsatz von 1902 voranstellte, ist durchaus nicht zufällig ein von Francesco Guicciardini stammendes »Lob der Ausnahme«.[624] Er fragt also nicht nach der Identität der auf einem Renaissancefresko dargestellten Personen, sondern nach der »Besonderheit« oder sogar dem anomalen – pathologischen – Charakter der geheimnisvollen Beziehung zwischen einem Porträtisten und seinem Auftraggeber, zwischen einem Bildnis und dem Dargestellten. Er fragt nicht nach dem »Resultat«, das der Künstler erzielt, sondern nach dem »Prozeß« des »gemeinschaftlichen Zusammenwirkens« von Bildner und Abgebildetem bei der Herstellung der Bilder.[625]

Drittens versteht Warburg diese Besonderheit, diese Verwerfung in der Gegenwart ihrerseits als Indiz für eine *nachlebende Struktur*. Wenn Ghirlandaio auf seinem Altarbild die Anbetung der Hirten in solcher Detailfülle darstellt (die der Historiker

623 Siehe G. Didi-Huberman 1996c, S. 145-163 (dt. S. 240-149).

624 A. Warburg 1902a, S. 66.

625 Ebd., S. 69.

mit Genugtuung als Übernahme aus dem flämischen Realismus deutet), so tut er dies nach Warburgs Ansicht auch, um einen uralten Hintergrund heidnisch-abergläubischer, aus der etruskischen und römischen Antike überkommener Vorstellungen im Zusammenhang mit realistischen (am lebenden Modell abgeformten) Votivbildnissen mit Leben zu erfüllen und überleben zu lassen. So muß denn die gesteigerte Aufmerksamkeit fürs Detail bei dem Maler vor dem Hintergrund einer anthropologischen Erscheinung von langer historischer Dauer, einem »religiösen Hintergrund« interpretiert werden, in dem Bräuche des Nordens und des Südens, Christentum und Heidentum, historisches Jetzt und nachlebendes Einst auf »rätselhafte« Weise ineinander verquickt sind.

Viertens, dieser Gebrauch des Details setzt voraus, daß man auf die Macht des Unbewußten zurückgreift, wenn man dessen Funktion begreifen will. Ganz wie bei Freud zeigt sich das Detail bei Warburg in der »distanzierten Beobachtung«. Es ist ein Detail durch Verschiebung und kein Detail durch Vergrößerung. Man denke etwa an das berühmte »bewegte Beiwerk«, an die fast ornamentalen Details, in die Botticelli dennoch den ganzen »lieben Gott« des pathetischen Ausdrucks legte.[626] Oder man denke an die entscheidende – stilistische, aber auch anthropologische und psychologische – Bedeutung, die Warburg den »geringeren Künsten« wie dem Stich oder »Kunsthandwerken« wie der Herstellung von Wandteppichen beimaß.[627]

Das Detail ist also für Warburg nicht Sache eines *minutiösen Bewußtseins*, das sich auf die Exaktheit der zu sehenden und zu erkennenden Dinge richtete. Das ist der Grund, weshalb man in seinen Texten immer wieder auf Elemente stößt, in denen er das Detail aus ästhetischer Perspektive *kritisiert*, etwa wenn er Piero della Francesca wegen seines »Verzichts auf das Unwesentliche« wie die »natürliche Einzelheit« lobt, in deren Darstellung ein Agnolo Gaddi sich seines Erachtens noch so sehr

626 Ders. 1893, S. 36-63.

627 Ders. 1899a, 1905b, 1906-1907, 1907a, 1911, 1927c.

gefiel.[628] Daß diese Kritik des Details im Sinne von »Exaktheit« Warburg auch zu einem Lob für zeitgenössische Maler wie Arnold Böcklin oder Max Klinger veranlaßte,[629] zeigt uns, in welchem Maße sein theoretisches Modell hier und anderswo (wie Edgar Wind schon 1931 anmerkte[630]), *pathischen* oder gar psychopathologischen Charakters ist. Das heißt, das Detail betrifft die Bewegungen oder Verschiebungen eines Wunsches, der seinen Namen nicht sagt: also weniger ein »minutiöses Bewußtsein« als ein *böswilliges Unbewußtes*, das sich gerne dort einnistet, wo man es nicht vermutete.

Hat der »liebe Gott« des Warburgschen Ausspruchs etwas vom bösen Geist, von der Macht der Phantasmen? Er bringt uns jedenfalls nicht die allsehenden und allwissenden Fähigkeiten, die ein Positivist sich erhoffte. Die Details sind nur insofern bedeutsam, als sie Träger von Unwissenheit, Nichtwissen und Desorientierung sind. Zur selben Zeit, als Warburg Ghirlandaios »Kompromiß« zwischen christlichem Überich und heidnischem Nachleben untersuchte, entdeckte Freud, daß die Details als Träger von Gewißheit nur die Maske oder »Decke« darstellen, unter der sich ein Kompromiß mit der Verdrängung verbirgt.[631] Es ist kein Zufall, wenn Warburg den berühmte Spruch »Der liebe Gott steckt im Detail« unmittelbar neben einem weiteren notierte, der das Nichtwissen betraf: »Wir suchen unsere Ignoranz auf und schlagen die, wo wir sie finden.«[632]

Weshalb sollten wir unermüdlich nach diesem Element von *Nichtwissen* suchen, das wir bekämpfen? Weshalb können wir uns nicht einfach mit dem *Wissen* begnügen, wie es angeblich alle Wissenschaftler tun? Warburg besaß die Antwort seiner

628 Ders. 1914, S. 287; ders. 1899b (siehe E. H. Gombrich 1970, S. 103, dt. S. 137-138).

629 Ders. 1901 (siehe E. H. Gombrich 1970, S. 94, 152-153, 184 und 276, dt. S. 127, 194, 244 und 367).

630 E. Wind 1931, S. 416.

631 S. Freud 1899, S. 531-554.

632 Zit. n. D. Wuttke 1997, S. 68: »Zwei Wahlsprüche: 1. Wir suchen unsere Ignoranz auf und schlagen die, wo wir sie finden. 2. Der liebe Gott steckt im Detail.«

eigenen psychoanalytischen Erfahrung in Kreuzlingen: Das Nichtwissen ist gezeichnet von dem, was in uns – oder unserer Kultur – zwar entscheidende Bedeutung besitzt, aber am stärksten »bekämpft«, am heftigsten »verdrängt« und am tiefsten eingeschlossen wird. Dann wäre der »liebe Gott« nur das Auftauchen all unserer uneingestandenen Dämonen in einem »Detail«, das dieses paradoxe Wissen hervorbringt: ein aus Nichtwissen gewebtes Wissen, das seinen Gegenstand nicht zu konstituieren vermag, ohne gänzlich darin verschlungen und verwickelt zu werden.

Der Symptomcharakter des Details erlaubt es uns jedenfalls, die so seltsam *nichtikonographische* Struktur des *Mnemosyne*-Atlas besser zu verstehen. 1891-1892 hatte Warburg versucht, in einem Verzeichnis mit dem Titel *Ikonographische Notizen* einige Bildmotive alphabetisch zu erfassen: *J* wie »Judas«, *K* wie »König« usw. Doch dieses Verzeichnis blieb wie so viele andere ähnlicher Art nahezu leer.[633] Ganz offensichtlich entspricht das Modell des Wörterbuchs – also das Ordnungsprinzip der *Iconologia* des Cesare Ripa – nicht der Epistemologie des Nachlebens. Mit seinem rhizomartigen Komparatismus suchte Warburg weniger nach einer *Identifizierung* der Motive und ihrem historischen Entwicklungsgesetz als nach deren *Kontaminierung* und ihrem zeitlichen Gesetz des Nachlebens.[634]

Der *Mnemosyne*-Atlas führt uns kraftvoll vor Augen, daß Warburg alle ikonographischen Geländer zerbrach und von Anfang an die Ziele jener Ikonologie verschob, als deren Vater er gleichwohl gilt. »Ikonologie« ist ganz gewiß nicht der Name jener »namenlosen Wissenschaft«, auf die Aby Warburg sein Leben lang hoffte. Zunächst einmal, weil sie nur eines von mehreren Instrumenten darstellt – das war der ganze Sinn der berühmten Schlußbemerkung seines Vortrags auf dem Kongreß von Rom 1912.[635] Sodann und vor allem, weil die von Erwin

633 A. Warburg 1891-1892.

634 Siehe M. Warnke 1980b, S. 53-61.

635 A. Warburg 1912, S. 185.

Panofsky meisterhaft ausgegarbeitete Ikonologie sich *in petto* aller großen theoretischen Herausforderungen entledigte, die Warburgs Werk enthielt. Panofsky wollte die »Bedeutung« (*meaning*) der Bilder bestimmen, während Warburg ihr »Leben« und selbst noch ihr paradoxes »Überleben« zu erfassen versuchte. Panofsky wollte die Inhalte und »Themen« der Bilder jenseits ihres Ausdrucks interpretieren, während Warburg den »Ausdruckswert« der Bilder jenseits ihrer Bedeutung zu verstehen versuchte.

Kurz, Panofsky wollte die einzelnen Symptome auf *Symbole* reduzieren, die sie – im Sinne der von Cassirer so geschätzten »symbolischen Funktionseinheit« – strukturell umfaßten, während Warburg den entgegengesetzten Weg einschlug und in der scheinbaren Einheit der Symbole die strukturelle Spaltung der *Symptome* zu enthüllen versuchte. Panofsky wollte von Kant ausgehen und sich auf den Weg eines *erobernden Wissens* machen, von dem die außergewöhnliche Fruchtbarkeit seines Werks, das ungebrochene Selbstbewußtsein und die eindrucksvolle Menge der erzielten Resultate zeugen. Warburg ging von Nietzsche aus und schlug den Weg eines tragischen Wissens ein, von dem der erratische Charakter seines Werks, sein außergewöhnlich qualvolles Denken, die Stellung, die Nichtwissen und Einfühlung darin einnehmen, und die eindrucksvolle Menge der Fragen zeugen, die darin gestellt werden und ohne Antwort bleiben. Panofsky trennte – wie alle seine Nachfolger auf dem Gebiet der Ikonologie – unablässig Form und Inhalt, während Warburg unermüdlich an deren Verquickung festhielt. Panofsky wies dem ikonographischen Unterscheidungsvermögen, wonach man inhaltlich gar nicht erst anzufangen braucht, solange man nicht weiß, ob diese Figur Judith oder aber Salomé darstellt,[636] eine immer unerläßlichere Stellung zu, während Warburg dieses Unterscheidungsvermögen unablässig, von der *Ninfa* bis hin zum *Mnemosyne*-Atlas, zerlegt und von Verquickungen und Verschlingungen, von *ikonographisch Ununterscheidbarem*, aus-

636 E. Panofsky 1939, S. 38-40.

geht – Judith *und* Salomé *und* viele andere mögliche Verkörperungen.[637]

*

Dennoch gibt es bei Warburg durchaus die Forderung nach einer »Ikonologie«, wie das Manifest von 1912 belegt. Aber sie ist von einer beträchtlichen Präzision geprägt, die sie von allen panofskyschen oder neopanofskyschen Dechiffrierungen, die noch folgen sollten, unterscheidet. Während es das erklärte Ziel der Standardikonologie war, eine Lösung für das Bilderrätsel zu finden, das ein Bild darstellt, protestierte Warburg im voraus energisch gegen diese Zielsetzung:

> Kommilitonen! Die Auflösung eines Bilderrätsels – noch dazu wenn man nicht einmal ruhig beleuchten, sondern nur kinematographisch scheinwerfen kann – war selbstverständlich nicht Selbstzweck meines Vortrags.[638]

Der *Mnemosyne*-Atlas macht sehr deutlich, was dieser »Nichtzweck« bedeutet: Warburgs Arbeit besteht nicht in dem Versuch, Bilderrätsel zu *entschlüsseln*, sondern selbst *Bilderrätsel zu produzieren*. Genau das ist eine Montage: eine Interpretation, die nicht versucht, Komplexität zu reduzieren, sondern sie im Sinne einer Komplexität zweiten Grades zu zeigen, vorzuführen, auseinanderzubreiten. Und das impliziert, daß man sie nur sprunghaft und »kinematographisch scheinwerfend« zu produzieren vermag. Angesichts dieser Metapher, die auf den quasi-filmischen und »raketenhaften« Charakter der vom Vortragsredner projizierten Dias verweist, fällt es schwer, nicht an die Theorien der filmischen Montage zu denken, die große Cineasten wie Dziga

---

637 A. Warburg 1900; ders. 1928-1929, S. 83 (zit. in E. H. Gombrich 1970, S. 287, dt. S. 381). Zum ikonologischen Erbe als Fehlinterpretation des Warburgschen Denkens siehe K. W. Forster 1976, S. 169-176; G. Agamben 1984, S. 27-35; G. Carchia 1984, S. 105-108; M. A. Holly 1993, S. 17-25; M. Warnke 1994, S. 130-135; H. Bredekamp 1995, S. 363-371.

638 A. Warburg 1912, S. 185. »Auflösen« bedeutet auch »aufknüpfen«, »entwirren«, »entschlingen«.

Wertow oder S. M. Eisenstein zu ebendieser Zeit entwickelten, oder an den »sprunghaften« Fluß, als den Walter Benjamin seinen Begriff des »dialektischen Bildes« charakterisierte.

Warburgs Ikonologie zielt in Wirklichkeit darauf ab, so etwas wie ein dialektisches Bild der Beziehungen zwischen den Bildern zu schaffen. Sie arbeitet mit der Demontage des bildlichen Kontinuums, mit »Raketen« aus sprunghaften Details und mit der Remontage dieses Materials zu neuartigen visuellen Rhythmen. Warburg war schon vor dem *Mnemosyne*-Atlas bekannt dafür, daß er seine Vorträge nach einer kurzen Einführung mit dem Befehl »Dunkel!« begann, wie ein Regisseur »Action!« ruft. Er kommentierte die Bilder aus dem Dunkeln heraus, im sprunghaften Rhythmus der aufeinanderfolgenden Bilder. Dann rief er »Licht!«, schloß seinen Vortrag, und die Séance war beendet.[639]

Mit dem *Mnemosyne*-Atlas wird dieser »sprunghafte« Charakter zu einem flächenhaft ausgebreiteten, synchron beobachtbaren Kennzeichen. Die Dunkelheit des Saals, in dem die Dias wie Raketen auf die weiße Leinwand projiziert werden, weicht einer Serie schwarzer Leinwände, auf denen die mit Nadeln auf das Tuch gesteckten photographischen Abzüge im Licht der Umgebung – im Schwarzweiß und in Grauwerten – aufscheinen. Alle »Attraktionen« und alle Kontraste sind nun visuell in simultanen Paketen gegenwärtig, während der dunkle Hintergrund dieser Montage ihre fundamentale *Umgebung* verleiht. Schon auf den ersten Blick unterscheidet der *Mnemosyne*-Atlas sich durch die visuelle Prägnanz des schwarzen Hintergrunds deutlich von allen bekannten Formen wissenschaftlicher Atlanten (Abb. 44, 69-71 und 90-91).

Welche Funktion hat nun diese allgegenwärtige Dunkelheit, deren Bedeutung offenbar selbst Warburgs Schüler nicht vollständig erkannten?[640] Was ist hier mit »Umgebung« gemeint?

---

639 Siehe M. Ghelardi 1999, S. 12.

640 Als Gertrud Bing und Ernst Gombrich 1937 das *Atlas*-Projekt wieder aufnahmen, präsentierten sie die Bilder isoliert (und nicht in »Paketen«) auf weißem Untergrund. Siehe A. Warburg 1927-1929, S. XIII (Editorische Vorbemerkung).

Zunächst ein Untergrund: Das schwarze Tuch der *Mnemosyne*-Leinwände befindet sich physisch *unter den Bildern*, die deshalb auf und vor ihnen erscheinen. Doch »Umgebung« ist hier nicht nur das optische Umfeld, von dem die Figuren sich abheben. Sie bildet zugleich auch ihren materiellen Raum, ihre dynamische Umwelt, ihren »Aufenthaltsort«. Die Dunkelheit der Umgebung ist also als »Umwelt« der auf die Leindwände des Atlas montierten Bilder zu verstehen. Wie ein Ozean, in dessen schwarzen Tiefen sich Strandgut angesammelt hat, das aus den unterschiedlichsten Zeiten stammt.

Diese »Umgebung« läßt sich ebensogut als der Farbstoff begreifen, als dessen Texturvariationen die Bilder erscheinen, Texturvariationen, die vom Schwarz auf weißem Hintergrund (Abb. 14) bis hin zur Grisaille, zu Schatten und zu den konfusesten Strichen reichen (Abb. 90 unten). Diese »Umgebung« kann dann auch als Medium – im physikalischen oder auch chemischen Sinne – verstanden werden, das heißt als eine visuelle Atmosphäre, die sich *bis in die Bilder hinein* zu manifestieren vermag.

Und schließlich kann die »Umgebung« auch als Intervall, als Zwischenraum zwischen den Bildern, diesen »Details« oder »Monaden« der einzelnen Tafel, verstanden werden. Der Zwischenraum zeigt sich zunächst in der Umrahmung der einzelnen photographischen Abzüge. Sie bilden vielfach große leere Bereiche schwarzen Tuchs. Diese letzte Bedeutung von »Umgebung« als »Zwischenraum« ist von entscheidender Bedeutung, wenn man all das begreifen möchte, was der *Mnemosyne*-Atlas in seinem Ungang mit Bildern und seinen Erkenntniswirkungen erfindet und ins Werk setzt. Da die von Warburg geschaffenen schwarzen Bereiche einen »Untergrund«, ein »Medium« und sogar einen »Übergang« zwischen den Photographien bilden, begreift man, daß sie etwas ganz anderes sind als ein bloßer Hintergrund für die Anordnung der verschiedenen Elemente eines Puzzles. Sie gehören vielmehr selbst zu diesem Puzzle. Sie geben der Montage ihren »Arbeitsraum«, also genau das, worauf Dziga Wertow 1922 – natürlich in einem anderen Kontext – hingewiesen hatte:

> Der Stoff – die Elemente der Bewegungskunst – sind die *Intervalle* (die Übergänge von einer Bewegung zu anderen) und keinesfalls die Bewegungen selbst. [...] Die Organisation der Bewegungen ist die Organisation ihrer Elemente, d. h. der Intervalle in Sätzen.[641]

Kann es da verwundern, daß Warburg die Besonderheit – und eigentlich das Objekt – seiner Ikonologie als »Ikonologie des Zwischenraums« bestimmte?[642] Vielen Exegeten ist dieser Ausdruck sehr rätselhaft erschienen. Er definierte 1929 offenbar das gesamte Atlas-Projekt als Zusammenstellung eines Bild-»Materials«, welches das visuelle Korpus seiner hypothetischen »Entwicklungspsychologie der Ursachensetzung« bildete – ein Ausdruck, in dem man einen der zahlreichen Formulierungsversuche für einen Untertitel des *Mnemosyne*-Atlas erblicken muß.[643] Hier scheint auch ein Zusammenhang zu dem von Goethe inspirierten Ausspruch zu liegen: »Das Problem« – aber auch die »Wahrheit«, wie Warburg gelegentlich schrieb – »liegt in der Mitte.«[644]

Wir müssen vom Montageprozeß, wie der *Mnemosyne*-Atlas ihn praktiziert, ausgehen, wenn wir verstehen wollen, worum es in der »Ikonologie des Zwischenraums« in epistemologischer Hinsicht geht. Betrachten wir nochmals Tafel 43 (Abb 91): Jedes »Detail« ist von den anderen deutlich durch einen schwarzen, mehr oder weniger tiefen Zwischenraum getrennt, der gleichsam negativ das *visuelle Instrumentarium der Montage* sichtbar macht. Doch jedes »Detail« ist seinerseits in seinem Ausschnitt so gewählt, daß es das gesamte System der »Zwischenräume« umfaßt, welches die Darstellung auf den Wänden der Florentiner Kapelle gliedert: So sind die Eheleute Sassetti jeweils zwischen

---

641 D. Wertow 1922, S. 33 (eine erste Fassung dieses Textes stammt aus dem Jahr 1919).

642 A. Warburg 1928-1929, S. 135. Der Ausdruck dient als Überschrift für die Notizen auf den Seiten 136-146.

643 Ebd., S. 137 (Eintragung vom 11. April 1929): »Ikonologie des Zwischenraums. Material zu einer Entwicklungspsychologie der Ursachensetzung«.

644 Ders. 1918, S. 611-614.

den Säulen und Simsen aus falschem Marmor zu sehen, die sie einfassen und die vor allem als »Zwischenraum« zwischen der Zeit des Porträts (Florenz im Jahr 1480) und der des gleich daneben Dargestellten, des Altarbilds der *Anbetung* (Bethlehem im Jahr 0), dienen.

Jedes »Detail« des *Mnemosyne*-Atlas ließe sich zweifellos als ein durch die Wahl des Ausschnitts erzeugtes Netz von »Zwischenräumen« analysieren. Doch Warburg geht noch weiter, denn die Ausschnitte sind so gewählt, daß sie das Instrumentarium der »Zwischenräume« sichtbar machen, die das Abgebildete, also die Fresken selbst, strukturieren. So lassen uns die drei Ausschnitte der Medici-Kinder auf Tafel 43 in Großaufnahme jenen großen, von Ghirlandaio erfundenen Spalt – jenen »Zwischenraum« *par excellence* – im Boden seiner *Bestätigung der franziskanischen Ordensregel* entdecken.

Wenn wir im Blick auf die gesamte Kapelle (Abb. 92) aufmerksam auf diese Dinge achten, verstehen wir, welche wesentliche Rolle die »Zwischenräume« in der vom Maler selbst vorgenommenen Bildmontage spielen: Abstandszone zwischen dem realen Altar und dem auf dem Altarbild gemalten Sarkophag; *mise en abyme* der umrahmenden Pilaster aus vergoldetem Holz und der auf dem Bild dargestellten Säulen; gemalte Fortsetzung der Wand, in der sich der Sarkophag des Stifters befindet, auf der Wand, die sein Porträt trägt; dramatische Rolle der Zwischenräume zwischen den Teilbereichen der Wand: Über dem Himmel der *Anbetung* erscheint eine Figur *in abisso*; lebende Kinder tauchen aus einem Untergrund auf, der sich über einer himmlischen Erscheinung des ein totes Kind zum Leben erweckenden hl. Franziskus befindet … All das läßt uns die »Zwischenräume« als ein Netz bildlicher Scharniere verstehen, das für die Organisation des gesamten Darstellungssystems sorgt.

Aus alledem könnte man ohne Übertreibung den Schluß ziehen, daß für Warburg »der liebe Gott im Zwischenraum steckt« – was einen *auf Zwischenräume bezogenen Begriff des Details* erfordert, der seinerseits eine *detaillierte Analyse der Zwischenräume* erfordert. Mit dem ersten Gedanken nahm Warburg eine der

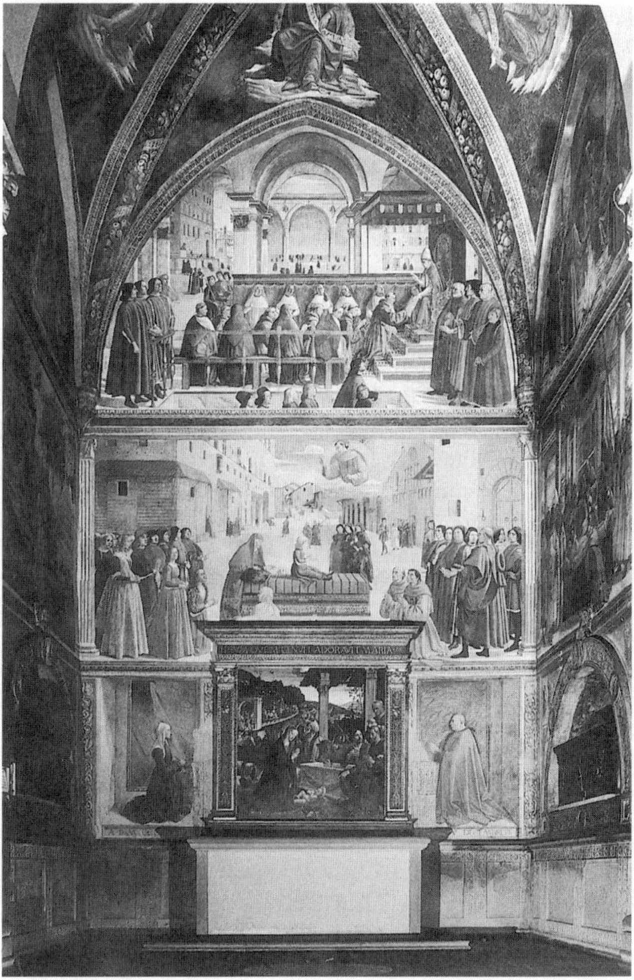

Abb. 92: Domenico Ghirlandaio, *Sassetti-Kapelle*, 1497-1485. Fresken (Wände) und Tempera auf Holz (Altar). Florenz, Santa Trinità. Photo: G. D.-H.

wichtigsten Vorstellungen Walter Benjamins vorweg, wonach »gerade in den Winzigkeiten des intermédiaire das Ewigselbige sich ausprägt«.[645] Mit dem zweiten Gedanken nahm Warburg das Projekt einer strukturalen Analyse des Besonderen vorweg. Das *Detail* hat nur als Besonderes Wert, das heißt als Scharnier oder Angelpunkt – also als der einen Übergang ermöglichende Zwischenraum – zwischen heterogenen Realitätsbereichen, die es dennoch gemeinsam zu montieren gilt.

Im Schlußwort seines Vortrags von 1912 spricht Warburg sich für eine ikonographische Analyse aus, »die sich durch grenzpolizeiliche Befangenheit [nicht] davon abschrecken läßt, Antike, Mittelalter und Neuzeit als zusammenhängende Epoche anzusehen«.[646] Der Zwischenraum – der es dem Maler Ghirlandaio bereits erlaubte, die Antike eines römischen Sarkophags, das Mittelalter religiöser Frömmigkeit und die Neuzeit eines bürgerlichen Porträts in einer Montage zusammenzubringen – wäre danach das *epistemologische Werkzeug einer fachlichen Deterritorialisierung par excellence*, das Warburg sein Leben lang einsetzte. Grenzen sind bekanntlich oft nur willkürliche Trennungen im geologischen Rhythmus ein und derselben Landschaft. Was tut jemand, der heimlich eine Grenze überqueren möchte? Er nutzt einen bereits bestehenden Zwischenraum (eine Bruchlinie, eine Spalte, einen Erosionskorridor), der möglichst von den Zöllnern noch nicht als »Detail« wahrgenommen worden ist. Genau so funktioniert die »Ikonologie des Zwischenraums«. Sie folgt den geologischen Rhythmen der Kultur, um die künstlichen Grenzen zwischen den Fachgebieten zu überschreiten.

Wenn Warburg über dem Eingang seines Hauses – seiner Bibliothek – das Wort *Mnemosyne* eingravieren ließ, so weil er das zutiefst mnemonische Wesen der kulturellen Tatsachen verstanden hatte. Nun arbeitet aber gerade das Gedächtnis ständig mit *Montagen*. Es bearbeitet heterogene Elemente (»Details«),

645 W. Benjamin 1927-1940, S. 677.
646 A. Warburg 1912, S. 185.

es gräbt Spalten ins Kontinuum der Geschichte (»Zwischenräume«), um Verkehrsbeziehungen zwischen alledem herzustellen. Es nutzt die *Zwischenräume zwischen den Feldern*. Deshalb sollte die Bibliothek wie der Atlas Verbindungen zwischen diesen so verschiedenen, aber eng ineinander verschlungenen Bereichen der menschlichen Geschichte schaffen. Edgar Wind erkannte auch hier wieder die wesentliche Rolle, die in dieser Landschaft die zwischenraumartigen, »transitorischen« Realitäten spielen, verstanden als »fruchtbarster Augenblick« der Kultur als ganzer.[647]

All diese Gedächtnisphänomene präsentieren sich als Verschlingungen – von Feldern, von Richtungen, von Zeiten. Versucht man nun zu sehen, was im Innern einer solchen Verschlingung geschieht, und aus nächster Nähe zu erleben, was sich in einem lebendigen Schlangenhaufen abspielt, entdeckt man, daß die Bewegung der ineinander verschlungenen Körper ein Netzwerk seinerseits bewegter Zwischenräume zeichnet. Etwa von dieser Art war das, was Warburg erreichen wollte, wenn er ein Fresko, ein Votivritual oder eine astrologische Vorstellung erforschte. Den Zwischenräumen Aufmerksamkeit schenken hieß die Möglichkeit eröffnen, zu beobachten, wie die Elemente einer Verschlingung einander umfassen und sich voneinander trennen, wie sie gegeneinander kämpfen und sich miteinander vermengen, wie sie sich voneinander entfernen und wie sie die Plätze tauschen.

Deshalb verändert der Zwischenraum die Vorstellung von Ikonographie, die Warburg damit verband. Er verändert das gesamte – bei den Kunsthistorikern noch so diffuse – Verhältnis zwischen Bildern (*Ikono-*) und Texten (*-logie*). Wo Panofsky und seine Schüler die Texte als »Quellen« oder Interpretations-»Schlüssel« für Bilder lesen möchten, wo ein Historiker wie Mario Praz die Bilder in ihrem »Parallelverhältnis« zu literarischen Texten sieht,[648] da machte Warburg von Anfang an den Versuch,

647 E. Wind 1931, S. 411.
648 M. Praz 1967.

diese zwischenraumartige »Umgebung« ans Licht zu holen, die in der »Zusammengehörigkeit von Wort und Bild« liegt.[649]

Das heißt nicht, daß alles miteinander vermengt werden sollte, und es heißt auch nicht, daß eine »symbolische Form« Bilder und Texte zu einer übergeordneten »Einheit« zusammenfaßte. Es heißt vielmehr, daß die Unterschiede – und die Polaritäten oder sogar Gegensätze, die sie implizieren[650] – hier und da Prozesse der Bildung von Zwischenräumen auslösen, in denen der *Übergang*, die mögliche Umwandlung eines Realitätsbereichs in einen anderen erkennbar wird. Wenn Warburg in seinem Vortrag von 1923 bemerkt, das »tropologische Verhalten«, sei »ein Geisteszustand, der die Funktion des Bilderaustausches in statu nascendi … zu beobachten gestattet«,[651] verweist er auf die Funktion, die in der Antike *figura* und bei Freud »Darstellbarkeit« hieß und die erst den Austausch zwischen Bild und Text – in Kunst, Traum oder Symptom – ermöglicht. Eine »Zusammengehörigkeit von Bild und Text« (das heißt eine sie einende hypothetische Umwelt) gibt es nur in der symptomhaften Öffnung des einen oder des anderen (das heißt in dem »Zwischenraum«, der sie jeweils von sich selbst trennt).

Wie der *Mnemosyne*-Atlas mit dem Zwischenraum der Felder spielt (arbeitet), so auch auch mit dem *Zwischenraum der Bedeutungen*. Es gibt keine symbolische Welt ohne Herstellung einer Distanz, ohne »Distanzierung«.[652] Es gibt keine Schöpfung von Bildern ohne die rhythmische Bewegung dieser Distanz (Bedeutung) mit der »Verleibung« (Sinnlichkeit). Überall herrscht also der Zwischenraum. Das ist ein fundamentales *psychisches Gesetz*, das schon Vignoli gesehen hatte[653] und das Freud später

649 A. Warburg 1902a, S. 70.

650 Ders., *Tagebuch* 1929 (zit. in E. H. Gombrich 1970, S. 253, dt. S. 343), wo die »Ikonologie des Zwischenraumes« ausdrücklich mit einer »Entwicklungspsychologie des Pendelganges« verbunden wird.

651 Ders. 1923b, S. 587.

652 Ders. 1923c, S. 55.

653 T. Vignoli 1895, S. 65-106 (»*Intorno ad alcuni intervalli di una serie coordinata di atti psichici*«).

mit seiner Symptomtheorie verknüpfte, etwa wenn er von den »Positionen des Verdrängten und Einbruchsstellen desselben in die Ichorganisation« spricht, die gleichsam »Grenzstationen mit gemischter Besetzung« seien.[654]

Es kann kein Zweifel bestehen, daß Warburg die »Ikonologie« stets aus der Perspektive einer psychischen Symptomatologie der Bilder, einer »Psycho-Ikonologie«,[655] betrachtete. Er zögerte nicht, die Analyse auch auf sich selbst anzuwenden und dabei sämtliche – theoretischen, autobiographischen – Schemata mit ihren zahlreichen Bruchlinien (Abb. 13, 15, 77, 80), Öffnungen und Pendelbewegungen (Abb. 23-25) sorgsam beizubehalten. Warburgs gesamtes Denken – samt seiner Kraft und seiner Tragik – ist also eine Sache der Zwischenräume. Über die vielen Polaritäten, die er in den von ihm untersuchten Bildern entdeckte, begriff er schließlich die »Schizophrenie« der gesamten abendländischen Kultur, die ständige Oszillation, die ihr »die ekstatische Nympha (manisch) einerseits und der trauernde Flußgott (depressiv) andererseits« aufprägte.[656]

In Kreuzlingen kämpfte Warburg genau in diesem Zwischenraum, der den manischen vom depressiven Zustand, aufschießende Ideen von flüchtigen Ideen, im Delirium verbrachte Morgenstunden von Nachmittagen klaren Denkens trennt. Sein Gegenüber, Binswanger, hatte aus diesem wuchernden Zwischenraum so etwas wie eine verständliche Interpretation, einen wiederzufindenden Rhythmus hervorgezogen. Pierre Fédida schreibt, mit Binswanger »öffnet eine dieses Namens würdige Psychopathologie die Begegnungssituation für ihre phänomenologische Dimension – für das, was ›dazwischen‹ geschieht«.[657] Es ist – und darin liegt eine weitere Annäherung zwischen Warburg

654 S. Freud 1926, S. 243. Auch in einem Brief an W. Fließ vom 16. April 1896 spricht Freud von einem »Zwischenreich«; siehe ders. 1894-1904, S. 191.

655 Siehe K. Herding 1990, S. 27-37.

656 A. Warburg, Tagebuch, 3. April 1929 (zit. n. E. H. Gombrich 1970, S. 303, dt. S. 406).

657 P. Fédida 1991, S. 8.

und Binswanger –, als ließe die Interpretation sich nur im Ausgang vom Zwischenraum konstruieren:

> Man könnte dieses Phänomen mit dem der filmischen Montage oder einer Collagetechnik in der Malerei vergleichen. Das heißt, das der *Interpretation* Eigene gehört der Kategorie des *Intervalls* [des Zwischenraums] an. […] Und ebenso kann man sagen, die Interpretation bewege sich stets im Zwischen-Sinn – dort, wo der Sinn sich noch nicht thematisch konstruiert hat.[658]

Nun kann aber ein »Zwischen-Sinn« nur in der »Zwischen-Zeit« eines Skandierens oder einer rhythmischen Synkope entstehen, ob nun in der Artikulation eines Satzes oder im Kontinuum eines Bildes. Alle Schwingungsphänomene, die Warburg erforschte oder erlebte und mit dem Herzschlag verglich (mit der Diastole der Entspannung und der Systole der Kontraktion), hängen mit dieser Intervallzeit zusammen, die das »Nichts« des Schweigens bildet, in dem das Leben in der Schwebe scheint. Der Herzrhythmus ist nicht binär (starker Schlag, schwacher Schlag), sondern ternär (starker Schlag, schwacher Schlag, Schweigen): »Das Nichts zählt also mindestens ebensoviel wie der Schlag, und vielleicht sogar mehr, denn ohne das Nichts gäbe es keinen Schlag.«[659] Der eigentliche Sinn der von Warburg ans Licht gebrachten Montagen wäre danach, rhythmisch zu denken: Der Zwischenraum, das *Intervall*, ist letztlich vor allem als *zeitliches Intervall* zu verstehen.

Aus diesem Blickwinkel erscheint Warburgs Erfahrung als ein unablässiger rhythmischer Tanz, dessen Struktur, die durchlöcherte Bewehrung unserer Existenz, die Zeiten weben. Die

658 Ebd., S. 193.

659 P. Sauvanet 2000, S. 113. Der Autor zitiert auf der nachfolgenden Seite einen großartigen Satz von Nabokov: »Vielleicht ist das einzige, was auf einen Zeitsinn hinweist, Rhythmus; nicht die wiederkehrenden Schläge des Rhythmus, sondern die Lücke zwischen zwei schwarzen Schlägen, die graue Lücke zwischen zwei schwarzen Schlägen: das zeitliche Intervall« (dt. zit. n. Vladimir Nabokov, *Ada oder das Verlangen*, übers. von U. Friesel und M. Therstappen, Reinbek bei Hamburg: Rowohlt, 1974, S. 510).

ganze, von Binswanger so geschätzte und von Warburg aufgegriffene Vorstellung einer »inneren Lebensgeschichte« gründet in dieser diskontinuierlichen zeitlichen Textur, die andere phänomenologisch ausgerichtete Psychiater und andere Psychoanalytiker der nachfolgenden Generationen so präzise wie möglich zum Ausdruck zu bringen versuchten.[660] Das Wesentliche hatte Warburg jedoch bereits mit seinem zentralen Leitmotiv und epistemologischen Modell angesprochen: *Mnemosyne* erfordert vor allem deshalb eine »Ikonologie des Zwischenraums«, weil das Nachleben selbst eine am Intervall orientierte Theorie der Zeit erfordert oder besser gesagt: eine *Theorie der Intervalle als konstitutive Bedingung der Zeit.*

Das Intervall strukturiert das Nachleben von innen her. Denn genau dies geschieht zwischen dem »Nach« und seinem Leben, diesem vergangenen Leben, dem es eine verschobene und andersartige Existenz verleiht. Genau dies verbindet zwei getrennte zeitliche Augenblicke und macht den einen zur Erinnerung an den anderen. Das verknüpft einen fossilen Körper mit dem ehemals lebendigen Körper, eine Spur, die von einem noch in der Erde begrabenen Organismus ausgeht (Abb. 66). Das geschieht zwischen einer ungedachten heutigen Gebärde und einer ritualisierten Gebärde von einst (Abb. 30-31), zwischen einer triumphierenden Gebärde der Renaissance und der antiken Gebärde eines Sterbenden (Abb. 44), zwischen einer leidenden Magdalena und einer lustvoll genießenden Mänade (Abb. 54-55), zwischen einer jungen Florentiner Dienerin und einer vergessenen Göttin der römischen Religion (Abb. 67-70).

Der Zwischenraum schiebt sich in jedes Warburgsche Objekt. Er ist das vergängliche *intermezzo* eines Florentiner Fests oder der Grisaille-Bereich, der zwei in der Renaissance gemalte *istorie* trennt.[661] Er ist der Erinnerungswind, der jede Falte im Ge-

---

660 L. Binswanger 1924, S. 71-94. Siehe E. Minkowski 1933, S. 22. Zu einem psychoanalytischen Verständnis des Intervalls siehe P. Fédida 1977, S. 139-151; ders. 1978; J.-B. Pontalis 1977. Zu einem rein phänomenologischen Ansatz siehe B. Kimura 1988.

661 A. Warburg 1895, S. 259-300 (dt. S. 124-167); ders. 1929d.

wand einer Skulptur auseinanderschlägt (Abb. 21-22). Er ist die Energie, die etwas rein Graphisches in ein Symbol des Kosmos verwandelt (Abb. 34-35). Er ist die Verrenkung, die gleichsam von innen her der grausamen Umarmung zwischen Mensch und Tier Bewegung verleiht, ob in den verzweifelten Gebärden des *Laokoon* oder im Sakraltanz eines indianischen Priesters (Abb. 36-37). Er ist das Netz von Affinitäten, das es möglich macht, eine himmlische Konstellation und eine anatomische Darstellung zusammenzudenken (Abb. 83). Und er ist bereits die subtile Bewegung, die eine unbewegte Venus von ihrem pathetisch bewegten Haar trennt (Abb. 43).

Kurz gesagt, der Zwischenraum ist in solch einem Kontext das ganze Werk des Symptoms, insofern es von Zeit getroffen wird (wobei wir »treffen« in seiner pathischen und in seiner gnoseologische Bedeutung verstehen wollen; im Sinne von »treffen und verwunden« wie auch im Sinne von »treffen und erkennen«). Der Zwischenraum ist das, was die Zeit unrein, löchrig, vielfältig oder residual werden läßt. Er ist die Schnittfläche der verschiedenen Strata einer archäologischen Schicht. Er ist die Umgebung der Phantombewegungen. Er ist die Amplitude der »Dynamogramme«, der Abstand zwischen den Polen, das Spiel der Latenzen und Krisen. Er ist die Öffnung, die sich durch seismische Spalten und durch geschichtliche Brüche auftut. Er ist der Abgrund, den der Historiker erkunden muß, selbst wenn sein Verstand darüber krank wird. Er ist die Verschiebung, die sich durch Brüche oder Wucherungen der Genealogie ergibt. Er ist die Gegenzeit, das Sandkorn des Unterschieds im Getriebe der Wiederholungen. Er ist die Kluft der Anachronismen, das Geflecht der Erinnerungslücken. Er verleiht dem »Primitiven« seine paradoxe »Aktualität«. Er verschlingt und sondert abwechselnd die Fäden – oder Schlangen – im Strang der Zeit. Er ist der Weg, den eine »Vorprägung« hin zu ihrer »Verkörperung« oder »Verleibung« nimmt. Er ist der Spalt, der ein Symbol von seinem Symptom trennt. Er ist der Stoff der Verdrängungen und der Rhythmus des Nachträglichen. Er ist das Auge der Strudel und Wirbel der Zeit.

Er ist also genau der Ort, im grauen Zwischenraum der Dinge, im Auge der Zyklone, an dem der Historiker sich nach Warburgs Ansicht aufzuhalten oder auf den er zumindest seinen Blick zu richten hat. Ohne Angst zu haben in dieser schwierigen Situation, *ohne zu wissen* – da das Korpus einer »Ikonologie des Zwischenraumes« letztlich grenzenlos ist – und zugleich auch *ohne nicht zu wissen* – da das Auge des Zyklons *per definitionem* ein Ort ohne Selbstbewußtsein ist.

Ist das nun eine *kluge Methode* für die Kunstgeschichte? Nimmt man die Worte in ihrer üblichen oder alltäglichen Bedeutung, ganz sicher nicht. Wenn so wenige Warburg folgten, wenn er nicht einmal eine historische Schule nach Art eines Wölfflin oder eines Panofsky begründete,[662] und das trotz des unverwüstlichen Werkzeugs seiner Bibliothek, der Beharrlichkeit, die große Methoden auszeichnet, und der dialektischen Wahrnehmung der Dinge, die von großer Weisheit zeugt, so weil man ihm wie allen Gespenstern nur schwer zu folgen vermag. Er irrt immer noch in einem Niemandsland der Fragen umher, irgendwo zwischen depressiver Verknappung und manischer Überfülle. Die depressive Verknappung erreicht ihren Höhepunkt in dem Teil der letzten, 1929 entstandenden Manuskripte, der den Titel »Methode« trägt. Das Wort steht allein auf einer ganzen Seite. Auf der folgenden liest man Nietzsches Namen. Auf einem dritten Blatt erkennt man die Worte »Schluß«, »Flucht« und »Schicksal«. Die zwanzig folgenden Blätter bleiben leer.[663]

Die manische Überfülle dagegen ist im *Mnemosyne*-Atlas am Werk, in dem unablässig neue Konstellationen von Figuren und noch mehr mögliche Beziehungen zwischen ihnen aufschießen. Als echter Atlas bildlicher und symbolischer Überderterminierungen bietet *Mnemosyne* natürlich keinen Methodendiskurs, sondern nur die *irre Forderung*, jedes Bild im Verhältnis zu jedem anderen zu denken, wobei dieses Denken zu weiteren, bislang unerkannten, aber dennoch vielleicht nicht weniger wichtigen Bildern, Beziehungen und Problemen führen soll. Weil Warburgs »namenlose« Wissenschaft eine Wissenschaft der Grundprobleme ist, die sich aus fruchtbaren Besonderheiten, Ausnahmen, Zwischenräumen, Symptomen und dem Unge-

662 Siehe K. Forster 1999, S. 1.

663 A. Warburg 1928-1929, S. 147-149 und folgende.

dachten der Geschichte ergeben, erscheint sie in ähnlicher Weise »grenzenlos« wie die »unendliche« Analyse, der Freud sich gut ein Jahrzehnt später zuwenden sollte.[664]

Aber man täusche sich nicht: Warburgs Forderung verdankt ihren »irren« oder schwindelerregenden Charakter nicht der unglücklichen individuellen Geschichte ihres Subjekts, sondern seiner unerhörten Klarsicht bezüglich der überindividuellen Geschichte der Objekte seiner Forschung und seiner Leidenschaft: der Bilder. So gesehen betreten der »irre« Wissenschaftler (Warburg) und der Wissenschaftler der »Irren« (Freud) genau dasselbe – unebene, rhizomartige, grenzenlose – Terrain jenes »Seelendramas«, von dem der Autor des *Mnemosyne*-Atlas so oft sprach. Ein Drama, das ständig weiterführt von Symbolen zu Symptomen, von kulturell geschaffenen Bildern zu dunklen Traumbildern, von Territorien zu Wanderungen, von Formationen zu Deformationen, von historischen Neuerungen zu Nachlebendem ... Doch wie soll man sich in diesem Raum orientieren?

*

Solch ein Raum läßt sich nicht vermessen. Man muß das Wagnis eingehen und hineintauchen – und Warburg tat dies so sehr, daß er darüber zeitweilig den Verstand verlor. Einfühlend hineintauchen wie in einen Ozean ohne bekannte Grenzen, um sich im tiefsten Wasser wiederzufinden, wie man sich bereits mitten in einer tiefschwarzen Fläche wiederfindet, wenn man allzu nahe an die Leinwände der *Mnemosyne* herantritt. Dieser Vergleich macht deutlich, daß Warburg ein Forscher ganz anderen Typs war als jener »Detektiv« oder »Kopfjäger«, als der er so oft dargestellt wird. Er war vielmehr ein Forscher des, wie ich es nennen möchte, Typs »Perlentaucher«.

Stellen wir uns vor: Der Perlentaucher taucht hinab. In diesem Augenblick empfindet er sich zweifellos noch als »Detektiv« des Meeres. In den dunklen Tiefen sucht er nach seinen Schät-

---

664 S. Freud 1937a, S. 351-392.

zen wie nach Rätseln, die es zu lösen gilt. Eines Tages findet er eine Perle. Er nimmt sie mit zurück an die Oberfläche und zeigt sie wie eine Trophäe her. Er triumphiert. Er ist stolz und zufrieden. Da er dem Meer seinen Schatz entrissen hat, glaubt er alles verstanden zu haben, denn seine Trophäe ist die Bedeutung – *the meaning* – des Meeres, die angeblich im Detail der Perle enthalten ist, und so glaubt er, die Abgründe hinter sich haben. Er kehrt nach Hause zurück, legt die Perle in eine Vitrine, nachdem er sie sorgfältig und, wie er meint, endgültig katalogisiert hat. Er ahnt noch nicht, daß jenseits des Rätsels ein Geheimnis ganz anderer Art liegt. Eines Tages – sehr viel später und durch Zufall – bemerkt er verblüfft, daß er seine Perle niemals betrachtet hat, denn als er sie an diesem Tag träumerisch betrachtet, erkennt er sie plötzlich: Sie ist nichts anderes als das Auge seines toten Vaters, ganz wie in Ariels unvergeßlicher Vorhersage in Shakespeares *Der Sturm*:

> Fünf Faden tief liegt Vater dein.
> Sein Gebein wird zu Korallen,
> Perlen sind die Augen sein.
> Nichts an ihm, das soll verfallen,
> Das nicht wandelt Meereshut
> In ein reich und seltnes Gut.[665]

Die Frage – die Unruhe, die Spaltung, die Suche nach der verlorenen Zeit – dringt in den Perlentaucher ein und geht ihm nach. Er beschließt, nochmals hinabzutauchen. Während er zwischen Algen und Medusen in die immer dunklere Tiefe hinabsteigt, begreift er drei Dinge. Erstens, das Meer birgt Schätze in unendlicher Zahl. Sein vom Meer verschlungener Vater hat ihm nicht nur diese eine Perle hinterlassen, sondern noch weitere Schätze wie die aus seinem Gebein entstandene Koralle und viele andere Details, die »ein reich und seltnes Gut« geworden sind. Aber daneben gibt es, bunt durcheinandergewürfelt oder zerstreut, all die Korallen und all die Perlen der zahllosen Generationen na-

665 W. Shakespeare 1610, I.2, S. 612.

her und ferner Vorfahren. Zahllose Väter ruhen in unzähligen Schätzen auf dem Meeresgrund. Seit Jahrhunderten von Algen und Unreinheiten bedeckt, wartet dieses Erbe darauf, erkannt, gesammelt und neu gedacht zu werden.

Zweitens begreift der Taucher, daß er nicht in der Bedeutung taucht, sondern in der Zeit. Alle Lebewesen der Vergangenheit haben Schiffbruch erlitten. Natürlich ist alles verrottet, aber alles ist noch da, in Erinnerung verwandelt, also in etwas, das nicht mehr aus demselben Stoff besteht und nicht mehr dieselbe Bedeutung besitzt. Es ist immer wieder und bei jedem verwandelten »einstmals« ein neuer Schatz. Und schließlich begreift unser Held das Allerwichtigste: Es ist die Umgebung, in der er schwimmt, das sprudelnde und mütterliche Wasser, alles, was nicht verhärteter »Schatz« ist, was sich zwischen den Dingen befindet, der unsichtbare Strom, der zwischen Perlen und Korallen hindurchgeht, all das ist es, was mit der Zeit die Augen seines Vaters in Perlen und seine Gebeine in Korallen verwandelt hat. Dem Zwischenraum, dem Stoff der Zeit – hier fließend, dort stehend – verdanken sich all die Metamorphosen, die aus einem toten Auge einen überlebenden Schatz machen.

Als der Perlentaucher dies alles begreift, überkommt ihn ein unabweisbarer Wunsch: für immer dort zu bleiben und das organische Milieu, in dem er schwimmt, und nicht *the meaning* der Schätze selbst, sondern das Leben der Ströme, die sie erst ermöglicht haben, zum Gegenstand seiner Suche zu machen. Er weiß sehr wohl, daß dieser Wunsch die Gefahr des Wahnsinns birgt. Um dieses Lebens- und Überlebensmilieu vollständig zu erkennen, müßte man darin leben, darin untergehen, also sein Leben darin verlieren. Diese Parabel, die, wie man leicht erkennen dürfte, das Vasarische Modell der »Wiedergeburten« und »Wiederauferstehungen« (Abb. 1) umkehrt, verdeutlicht die ganze »irre Forderung« des Warburgschen Wissens und dessen tragische Luzidität im Blick auf die dialektischen Beziehungen zwischen der Zeit der Geschichte und der Zeit des Nachlebens:

> Dem Perlentaucher gleich ..., taucht [dieses Denken] in die Tiefen der Vergangenheit, aber nicht um sie so, wie sie war, zu beleben und zur Erneuerung abgelebter Zeiten beizutragen. Was dieses Denken leitet, ist die Überzeugung, daß zwar das Lebendige dem Ruin der Zeit verfällt, daß aber der Verwesungsprozeß gleichzeitig ein Kristallisationsprozeß ist; daß in der »Meereshut« – dem selbst nicht-historischen Element, dem alles geschichtlich Gewordene verfallen soll – neue kristallisierte Formen und Gestalten entstehen, die, gegen die Elemente gefeit, überdauern und nur auf den Perlentaucher warten, der sie an den Tag bringt: als »Denkbruchstücke«, als Fragmente oder auch als die immer währenden »Urphänomene«.[666]

*

Die Objekte des Warburgschen Wissen erscheinen also weniger als Objekte der Vergangenheit denn als »Urphänomene«, in ihrem Nachleben betrachtet. Sie sind ständig in Bewegung und verbreiten wie manche Meerestiere um sich herum eine dunkle Wolke aus Tinte, die es schwer macht, sie genau zu vermessen und in Ruhe zu untersuchen. Sie habe keine präzisen Grenzen. Sie versprühen ihre dunkle Energie rundum und bis in unser tiefstes Inneres hinein. Als kalzifizierte Phantasmen, kristallisierte Fiktionen und Erinnerungskorallen haben sie im unruhigen Wasser der Zeit einen ausgesprochen phantomhaften Charakter. Die Objekte der Warburgschen Geschichte – die Bilder – sind daher nicht ganz und gar Objekte. Wer sie auf diesen Status reduziert, verleugnet gerade ihr »Leben«, also ihre Fähigkeit, sich zu verwandeln und sich zu bewegen in einer Umgebung, an der sie selbst stofflichen Anteil haben und die Pierre Fédida so treffend den »unbestimmten Atem des Bildes« genannt hat.[667] Dieser Atem ist *Bild* und *Zeit* zugleich. Das brachte Warburg einige Monate vor seinem Tod selbst

666 H. Arendt 1968, S. 97. Mit diesen Worten schließt ein bewundernswerter Essay über Walter Benjamin, der auch viele andere Warburgsche Themen (Sammeln, Montage usw.) anspricht.

667 P. Fédida 1996, S. 187-220.

zum Ausdruck, als er meinte, die Geschichte der Bilder müsse als »Gespenstergeschichte f[ür] ganz Erwachsene« verstanden werden.[668]

Dieser Satz – von jemandem ausgesprochen, der sich selbst bereits als »Revenant« empfand (Abb. 93) – läßt an zwei andere denken, die ihm offensichtlich recht nahekommen und die er vielleicht sogar fortsetzt. Der erste stammt von Nietzsche und lautet: »Der wirklich ›historische‹ Vortrag würde gespenstisch zu Gespenstern reden.«[669] Der zweite stammt von Freud und verweist – noch abwertend – auf den Status der Psychoanalyse als »wissenschaftliches Märchen«, ein Status, der in der Folge seine theoretische Grundlegung im Begriff der Metapsychologie finden sollte.[670] In einem Brief, den er im Dezember 1923 aus Kreuzlingen an seine Frau schrieb, betrachtete Warburg die Objekte seiner Forschungen gleichfalls aus einer Perspektive, die er als »ein Zaubermärchen aus der Wirklichkeit« kennzeichnete. Die Gespenster, von denen er sprach, mochten zwar »Märchenmotive« sein, sie konnten aber dennoch eine ganze Kulturgeschichte markieren, so daß etwa Perseus – das dort gewählte Beispiel – dank seiner Stellung als mythischer Gegenspieler der Medusa die gesamte europäische Geistesgeschichte in sich enthalten konnte.[671]

Märchengestalten und Gespenster zeigen stets einen gewissen Hang zur Melancholie. Sie sterben nie. Als nachlebende Wesen irren sie umher wie Dibbuks, irgendwo zwischen einem uralten Wissen um vergangene und einer tragischen Voraussage zukünftiger Dinge. In den schlimmsten Phasen seiner psychischen Qualen aß Warburg in Kreuzlingen zwanghaft kleine Stücke Schokolade, weil er dadurch vermeiden zu können hoffte, sei-

668 A. Warburg 1928-1929, S. 3 (Eintragung vom 2. Juli 1929).
669 F. Nietzsche 1878, S. 431 (der Satz findet sich in einem Abschnitt über das Nachleben der Antike: »Ältere Kunst und die Seele der Gegenwart«).
670 S. Freud 1887-1904, S. 193 (Brief an W. Fließ vom 26. April 1896).
671 A. Warburg, Brief an Mary Warburg vom 15. Dezember 1923 (siehe E. H. Gombrich 1999, S. 281-282).

ne eigenen Kinder zu fressen.[672] Ganz offensichtlich hielt er sich für Chronos und kämpfte mit der schrecklichen Vorstellung, *die Zeit zu sein*.

»Beneidenswert, sich nicht überlebt zu haben«, schrieb Freud zu einer Zeit, als ihm die Existenz seines Werkes und damit auch seiner eigenen »Unsterblichkeit« noch durchaus problematisch erschien.[673] Fünfundvierzig Jahre später, dem Tode nahe, aber inzwischen duchaus in der Gewißheit, »sich zu überleben«, schrieb er seinem Freund Arnold Zweig einen wunderbaren Brief, in dem zwei Fehlleistungen die *Geschichte* dessen *verdrehten*, was sein Verstand ihm diktierte. Er hatte eigentlich sagen wollen: »Wer *diesmal* der Stärkere sein *wird*, kann man natürlich nicht vorher sagen.« Offensichtlich ein Hinweis auf seinen Kampf gegen die Krankheit. Aber er schrieb: »Wer *damals* der Stärkere sein *würde*, konnte man natürlich nicht vorher sagen.«[674] Der Satz ist fehlerhaft im Blick auf die Geschichte (und die Vernunft). Aber ist er nicht vollkommen gerechtfertigt im Blick auf das Überleben (und den unbewußten Wunsch, der dahintersteht)? Denn kann man jemals vorhersehen, was von der Vergangenheit überleben und uns in der Zukunft verfolgen wird?

Noch an seinem Todestag, dem 26. Oktober 1929, unterlief Warburg eine ähnliche Fehlleistung. Eine Ironie des Schicksals wollte, daß es sich um eine Fehlleistung, ein *Symptom des Nachlebens* handelte. Und gleich eine zweite Ironie: Nicht er beging diese Fehlleistung, sondern die Natur. An diesem Tag bemerkte Warburg, daß der seit langem kranke, verdorrte und graue Apfelbaum in seinem Garten – den alle für tot hielten – plötzlich wieder grün wurde, zu neuem Leben erwachte und, noch erstaunlicher für die Jahreszeit, sogar wieder Knospen trieb. Die letzten Worte, die Warburg in sein Tagebuch notierte, galten dem überlebenden Apfelbaum (aber es liegt auf der Hand, daß

672 Siehe W. S. Heckscher 1967, S. 264.

673 S. Freud 1887-1904, S. 60 (Brief an W. Fließ vom 7. Februar 1894; siehe auch M. Schur 1972, S. 58).

674 Ders., Brief an A. Zweig vom 5. März 1939 (zit. n. M. Schur 1972, S. 612).

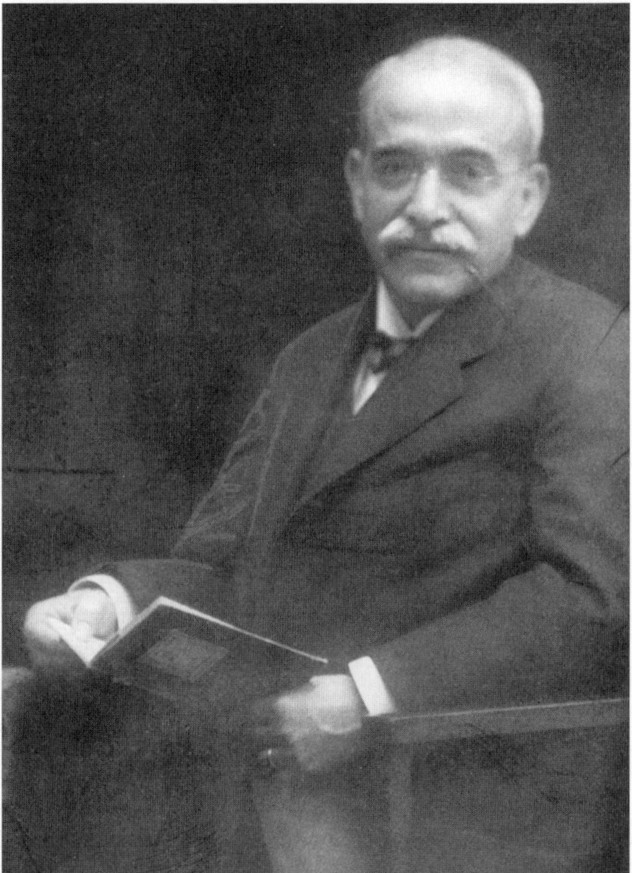

Abb. 93: *Aby Warburg im Jahr 1929*. London, Warburg Institute Archive. Photo: The Warburg Institute.

es um seine eigene Genealogie oder Nachkommenschaft geht): »Wer singt mir den Päan, den Gesang des Dankes, zum Lobe des so spät blühenden Obstbaumes?«[675]

Mit Warburgs Werk ist es wie mit dem Apfelbaum. Viele seiner Zweige scheinen seit langem abgestorben, vor allem jene – ehrgeizigen, schwierigen oder gar gefährlichen – »Wissenszweige«, die im obersten Stockwerk der Londoner Bibliothek versammelt sind, dem einzigen Teil der Bibliothek, in dem Staub liegt, der beweist, daß die Kunsthistoriker sich seit mindestens sechzig Jahren nicht mehr dafür interessiert haben. Es ist aber durchaus möglich, daß diese Zweige zu einer Jahreszeit, da niemand es erwartet, plötzlich wieder Knospen treiben.

Darin liegt die Magie der Bibliotheken (und die der Bibliothek Warburg in ganz besonderem Maße): Alles ruht wie Perlen oder Korallen auf den hintersten Regalen, aber nichts stirbt jemals ganz. Und alles wartet darauf, eines Tages zu neuen Zwekken wiederbemerkt und wiedergelesen zu werden. Jede Bibliothek hat ihre finsteren Zeiten, doch sofern sie nicht vollständig niederbennt (ein Schicksal, dem die Bibliothek Warburg 1933 durch ihre heimliche Verlegung nach London entging), kann sie an den scheinbar verdorrtesten Zweigen höchst unerwartete Früchte treiben.

1927 hatte Warburg die Begrüßungsworte zur Wiedereröffnung des deutschen Kunsthistorischen Instituts in Florenz gesprochen. Melancholisch erinnerte er an die Kriegszeit (die des Ersten Weltkriegs), als die Türen des Instituts geschlossen waren und kein Forscher dort auch nur die geringste Perle entdecken konnte (dieselbe Zeit, als auch er sich wegen seiner Krankheit nicht in seine eigene Bibliothek vertiefen konnte). Danach sprach er in einem Ton, der an die von Gustav Mahler vertonten Gedichte von Hans Bethge erinnerte, von dieser unablässigen »Abschiedssymphonie«, die das Leben ist. Die Bibliothek sei ein »Instrument« für diese Symphonie, ein Instrument, auf das seines Erachtens niemand einen Besitzanspruch erheben könne

675 A. Warburg, *Tagebuch*, 26. Oktober 1929 (zit. n. G. Bing 1965, S. 443).

(aus dem Munde eines Mannes, der sein Leben mit dem Aufbau einer privaten Bibliothek verbracht hatte, erhält diese Aussage natürlich einen besonderen Akzent). Solch ein Instrument besitzt man nicht, man spielt es. Das ist die wesenhafte »Musikalität« jeglicher Forschung und damit auch jeglicher Erforschung der Zeit.[676] Warburgs fröhliche Wissenschaft ist eine – noch nietzscheanische – musikalische Wissenschaft der Polyrhythmien und Symphonien der Zeit, die uns die Bilder zu hören geben.

Ich stelle mir vor, Warburg betrat jeden Morgen das Labyrinth der Bücherregale wie ein Perlentaucher, der zum Meeresgrund hinabtaucht. Und jedesmal war es so, als hätte der strömende Ozean erneut die Macht über alles an sich genommen und die Perlen, die Korallen und alle erdenklichen Schätze neu verteilt, und sei es nur, indem er sie leicht bewegt hätte. Das ist zweifellos der Grund, weshalb die 1927 in Florenz gesprochenen Worte für jede Zeit, jede Epoche und jeden Augenblick der Forschung gelten. In italienischer Sprache – der Lieblingssprache in seinen Studien – schloß er mit folgenden Worten: »*Si continua – coraggio! – ricominciamo la lettura!*«[677] Womit er zum Ausdruck brachte, daß die Kunstgeschichte zu jeder Zeit und in jedem Augenblick neu gelesen und neu begonnen werden muß.

676 Ders. 1927b, S. 603.
677 Ebd., S. 604.

Bibliographische Notiz

Diese 1990 begonnenen Nachforschungen zu Warburg, die – gemeinsam mit *Devant le temps* – als Fortsetzung von *Devant l'image* gedacht waren, bildeten 1990-1992 den Gegenstand eines ersten Seminars an der École des Hautes Études en Sciences Sociales und zeitigten als erste Ergebnisse ein Dutzend Aufsätze, die zwischen 1992 und 1998 erschienen. Diese Forschung konnte ich im September 1997 und im Juni 1998 vertiefen und auf den vorliegenden Stand bringen dank eines Stipendiums der School of Advanced Studies (der Universität London) und des Warburg Institute, wo ich unter den denkbar besten Bedingungen arbeiten konnte, insbesondere wegen der ausgezeichneten Aufnahme und wissenschaftlichen Großzügigkeit des Leiters dieses Instituts, Nicholas Mann. Ich danke auch François Quiviger für seine Freundschaft, seine jederzeitige Ansprechbarkeit und seinen vollkommenen Sinn für die fröhliche Wissenschaft. Abschließen konnte ich meine Forschung im Oktober und November 1999 im Rahmen einer Einladung des Courtauld Institute of Art, wo ich ebenso herzlich aufgenommen wurde. Ich danke Elizabeth McGrath und Christopher R. Ligota für kostbare Ratschläge und natürlich Dorothea McEwan, Kuratorin der Warburg-Archive, für ihre Kompetenz und Geduld. Mein Dank gilt schließlich Hella Faust, die zum Nutzen deutschsprachiger Leser die zitierten Fragmente in den Nominativ gesetzt und einige Korrekturen an meinem ewig anfängerhaften Deutsch vorgenommen hat.

Einige Auszüge aus dieser Arbeit sind bereits in verschiedenen Zeitschriften und Sammelwerken erschienen: »L'historien d'art et ses fantômes. Notes sur J. J. Winckelmann«, L'*Inactuel*, N. S., 1 (1998), S. 75-88; »Sismographies du temps: Warburg, Burckhardt, Nietzsche«, *Les Cahiers du Musée national d'Art moderne* 68 (Sommer 1999), S. 5-20; »Histoire de l'art, histoire de fantômes. Renaissance et survivance, de Burckhardt à Warburg«, in: *Le Corps évanoui, les images subites*, hg. von C. de Ribaupierre und V. Mauron, Lausanne und Paris: Musée de l'Èlysée-Hazan, 1999, S. 60-71; »L'image survivante. Aby Warburg et l'anthropologie tylorienne«, *L'Inactuel*, N. S., 3 (1999), S. 39-59; »Notre *Dibbouk*. Aby Warburg dans l'autre temps de l'histoire«, *La Part de l'œil* 15-16 (1999-2000), S. 219-235; »Plasticité du devenir et fractures dans l'histoire: Warburg avec Nietzsche«, in: *Plasticité*, hg. von C. Malabou, Paris: Léo Scheer, 2000, S. 58-69; »La tragédie de la culture: Warburg avec Nietzsche«, *Visio* V 4 (2001)„ S. 9-19; »*Nachleben* ou l'inconscient du temps: les images aussi souffrent de réminiscences«, *L'Animal. Littératures, arts et philosophies* 10 (2001), S. 40-48; »Aby Warburg et l'archive des intensités«, *Études photographiques* 10 (2001), S. 144-163.

Die erste Fassung dieses Textes enthielt noch einen riesigen Anmerkungsapparat – Ausdruck eines Einfühlens in Warburgs eigenen Stil oder, einfacher noch, Ausfluß der von der Bibliothek Warburg bereitgehaltenen Schätze. Dieser Apparat umfaßte allein schon gut zweihundert Seiten. Er wurde auf das telegraphische Minimum gekürzt, um die Publikation einer an sich schon umfangreichen Arbeit zu erleichtern.

Bibliographie

1. *Texte von Aby Warburg*

Warburgs eigene Texte wurden, falls möglich, nach der am leichtesten zugänglichen Ausgabe zitiert: *Ausgewählte Schriften und Würdigungen*, hg. von D. Wuttke, Baden-Baden: Valentin Koerner, 1980. Während der Arbeit an diesem Buch kamen mehrere wichtige Instrumente zur Kenntnis Aby Warburgs hinzu, die ich möglichst weitgehend noch in den Anmerkungsapparat eingebaut habe: A. Warburg, *Gesammelte Schriften*, Bd. I.1 und I.2. *Die Erneuerung der heidnischen Antike. Kulturwissenschaftliche Beiträge zur Geschichte der europäischen Renaissance*, hg. von H. Bredekamp und M. Diers, Berlin: Akademie-Verlag, 1998 (es handelt sich um einen Wiederabdruck der von G. Bing und F. Rougement herausgegebenen Ausgabe, die 1932 bei Teubner in Leipzig und Berlin erschien). Ders., *Gesammelte Schriften*, Bd. II.1. *Der Bilderatlas Mnemosyne*, hg. von M. Warnke und C. Brink, Berlin: Akademie-Verlag, 2000. Ders., *Gesammelte Schriften*, Bd. VII. *Tagebuch der Kulturwissenschaftlichen Bibliothek Warburg* [1926-1929], hg. von K. Michels und C. Schoell-Glass, Berlin: Akademie-Verlag, 2001 (kurz vor Abschluß der Arbeit an diesem Buch erschienen). D. Wuttke, *Aby Warburg-Bibliographie*, Baden-Baden: Valentin Koerner, 1998. Die Notation der Warburg-Manuskripte erfolgt nach einem System, das gegenwärtig umgestaltet wird und erst nach Abschluß meiner Arbeit in der endgültigen neuen Fassung vorliegen wird.

[Nach Abschluß der Übersetzung erschien im Suhrkamp Verlag eine Sammlung bereits veröffentlichter und einer Reihe bislang unveröffentlichter Texte von Warburg: Aby Warburg, *Werke in einem Band*, auf der Grundlage der Manuskripte und Handexemplare herausgegeben und kommentiert von M. Treml, S. Weigel und P. Ladwig, Berlin: Suhrkamp Verlag, 2010. Die bislang unveröffentlichten Texte dieser Sammlung wurden bei den Verweisen berücksichtigt.]

1887 *Über die Darstellung des Centaurenkampfes*, London: Warburg Institute Archive, III, 32.3.1.

1888-1905 *Grundlegende Bruchstücke zu einer monistischen Kunstpsychologie*, London: Warburg Institute Archive, III, 43.1-2.

1889 *Entwurf zu einer Kritik des Laokoons an Hand der Kunst des*

Quattrocento in Florenz, London: Warburg Institute Archive, III, 33.2.4.

1891-1892 *Ikonographische Notiz*, London: Warburg Institute Archive, III, 6.1.

1893 *Sandro Botticellis »Geburt der Venus« und »Frühling«. Eine Untersuchung über die Vorstellungen von der Antike in der Italienischen Frührenaissance*, in: *Ausgewählte Schriften*, a.a.O., S. 11-64 [auch in: *Werke in einem Band*, a.a.O., S. 39-123].

1895 *I costumi teatrali per gli intermezzi del 1589. I disegni di Bernardo Buontalenti e il Libro di Conti di Emilio de'Cavalieri*, in: *Gesammelte Schriften*, Bd. I.1, a.a.O., S. 259-300 [dt.: »Die Theaterkostüme für die Intermedien von 1589«, in: *Werke in einem Band*, a.a.O., S. 124-167].

1896-1901 *Symbolismus als Umfangsbestimmung*, London: Warburg Institute Archive, III, 45.1-2 [in: *Werke in einem Band*, a.a.O., S. 617-630].

1897 *Amerikanische Chap-Books*, in: *Gesammelte Schriften*, Bd. I.1, a.a.O., S. 569-577.

1899a *Die Bilderchronik eines florentinischen Goldschmiedes*, in: *Gesammelte Schriften*, Bd. I.1, a.a.O., S. 69-75.

1899b. *Leonardo als fortschreitendes künstlerisches Organ der Florentinischen Kunst*, London: Warburg Institute Archive, III, 49.1.

1900 *Ninfa Fiorentina*, London: Warburg Institute Archive, III, 118.1.

1901 *Arnold Böcklin*, London: Warburg Institute Archive, III, 52.3.

1902a *Bildniskunst und florentinisches Bürgertum. Domenico Ghirlandajo in Santa Trinita. Die Bildnisse des Lorenzo de' Medici und seiner Angehörigen*, in: *Ausgewählte Schriften*, a.a.O., S. 65-102.

1902b *Flandrische Kunst und florentinische Frührenaissance*, in: *Ausgewählte Schriften*, a.a.O., S. 103-124.

1903 *Art Historians*, London: Warburg Institute Archive, III, 57.2.2.

1903-1906 *Festwesen*, London: Warburg Institute Archive, III, 62-63 und 72,1-4.

1905a *Austausch künstlerischer Kultur zwischen Norden und Süden im 15. Jahrhundert*, in: *Gesammelte Schriften*, Bd. I.1, a.a.O., S. 177-184.

1905b *Delle »Imprese amorose« nelle più antiche incisioni fiorentine*, in: *Gesammelte Schriften*, Bd. I.1, a.a.O., S. 77-88.

1906 *Dürer und die italienische Antike*, in: *Ausgewählte Schriften*,

a. a. O., S. 125-135 [auch in: *Werke in einem Band*, a. a. O., S. 176-183].

1906-1907 *Versuch einer Phänomenologie des Stilwandels im 15. Jahrhundert als Comparationserscheinung*, London: Warburg Institute Archive, III, 72.1.1.

1907a *Arbeitende Bauern auf burgundischen Teppichen*, in: *Gesammelte Schriften*, Bd. I.1, a. a. O., S. 221-229.

1907b *Francesco Sassettis letztwillige Verfügung*, in: *Ausgewählte Schriften*, a. a. O., S. 137-163 [auch in: *Werke in einem Band*, a. a. O., S. 234-280].

1908 *Die antike Götterwelt und die Frührenaissance im Süden und im Norden*, in: *Gesammelte Schriften*, Bd. I.2, a. a. O., S. 451-454.

1911 *Zwei Szenen aus König Maximilians Brügger Gefangenschaft auf einem Skizzenblatt des sogenannten »Hausbuchmeisters«*, in: *Gesammelte Schriften*, Bd. I.1, a. a. O., S. 231-239.

1912 *Italienische Kunst und internationale Astrologie im Palazzo Schifanoja zu Ferrara*, in: *Ausgewählte Schriften*, a. a. O., S. 173-198 [auch in: *Werke in einem Band*, a. a. O., S. 373-400].

1913 *Wanderungen der antiken Götterwelt vor ihrem Eintritt in die italiensche Frührenaissance*, London: Warburg Institute Archive, III, 84-85.1.

1914 *Der Eintritt des antikisierenden Idealstils in die Malerei der Frührenaissance*, in: *Werke in einem Band*, a. a. O., S. 281-310.

1918 *Das Problem liegt in der Mitte*, in: *Gesammelte Schriften*, Bd. I.2, a. a. O., S. 611-614.

1920 *Heidnisch-antike Weissagung in Wort und Bild zu Luthers Zeiten*, in: *Ausgewählte Schriften*, a. a. O., S. 199-303 [auch in: *Werke in einem Band*, a. a. O., S. 424-491].

1923a *Katharsis*, London: Warburg Institute Archive, III, 93.6.

1923b *Reise-Erinnerungen aus dem Gebiet der Pueblos*, London: Warburg Institute Archive, in: *Werke in einem Band*, a. a. O., S. 567-601.

1923c *Schlangenritual. Ein Reisebericht*, hg. von U. Raulff, Berlin: Wagenbach, 1988 (Ausg. 1996).

1923d Bilder aus dem Gebiet der Pueblo-Indianer in Nord-Amerika, in: *Werke in einem Band*, a. a. O., S. 524-566.

1925 *Hepathoscopia*, London: Warburg Institute Archive, III, 132.3.

1926a *Italienische Antike im Zeitalter Rembrandts*, London: Warburg Institute Archive, III, 12.11-12.

1926b *Orientalisierende Astrologie*, in: *Gesammelte Schriften*, Bd. I.2, a. a. O., S. 559-565.
1927a *Allgemeine Ideen*, London: Warburg Institute Archive, III, 102.1.
1927b *Begrüßungsworte zur Eröffnung des kunsthistorischen Instituts im Palazzo Guadagni zu Florenz am 15. Oktober 1927*, in: *Gesammelte Schriften*, Bd. I.2, a. a. O., S. 601-604.
1927c *Mediceische Feste am Hofe der Valois auf flandrischen Teppichen in der Galleria degli Uffizi*, in: *Gesammelte Schriften*, Bd. I.1, a. a. O., S. 255-258.
1927d *On Planned American Visit*, London: Warburg Institute Archive, III, 93.8.
1927e *Seminarübungen über Jacob Burckhardt*, unter dem Titel »Aby Warburgs Seminarübungen über Jacob Burckhardt im Sommersemester 1927« hg. von B. Roeck in: *Idea. Jahrbuch der Hamburger Kunsthalle* X (1991), S. 86-89 [auch in: *Werke in einem Band*, a. a. O., S. 698-703].
1927f *Vom Arsenal zum Laboratorium*, London: Warburg Institute Archive, in: *Werke in einem Band*, a. a. O., S. 686-697.
1927-1928 *Kulturwissenschaftliche Methode*, London: Warburg Institute Archive, III, 99.5.
1927-1929 *Der Bilderatlas Mnemosyne*, in: *Gesammelte Schriften*, Bd. II.1, a. a. O. Hingewiesen sei hier auch auf: M. Koos, W. Pichler, W. Rappl und G. Swoboda (Hg.), *Mnemosyne. Begleitmaterial zur Ausstellung »Aby M. Warburg. Mnemosyne«*, Hamburg: Dölling und Galitz, 1994.
1928a *Mnemosyne. Grundbegriffe I*, London: Warburg Institute Archive, III, 102.3.
1928b *Pathos, Pneuma, Polarität*, London: Warburg Institute Archive, III, 12.31.
1928-1929 *Mnemosyne. Grundbegriffe II*, London: Warburg Institute Archive, III, 102.4.
1929a *Bilderwanderung*, London: Warburg Institute Archive, III, 12.27.
1929b *Einleitung zum Mnemosyne-Atlas*, in: *Rhetorik der Leidenschaft. Zur Bildsprache der Kunst im Abendland*, hg. von I. Barta-Fliedl, Ch. Geissmar-Brandi und N. Sato, Hamburg und München: Dölling und Galitz Verlag, 1999, S. 225-228 [auch in: *Werke in einem Band*, a. a. O., S. 631-642].
1929c *Flüchtige Notizen*, London: Warburg Institute Archive, III, 12.32.

1929d *Grisaille – Mantegna*, London: Warburg Institute Archive, III, 12.41.
1929e *Manet's* Déjeuner sur l'herbe. *Die vorprägende Funktion heidnischer Elementargottheiten für die Entwicklung modernen Naturgefühls*, in: *Werke in einem Band*, a. a. O., S. 650-662.
1929f *Triumph – Energetische Inversion*, London: Warburg Institute Archive, III, 101.4.
1929g *Wenige Notizen*, London: Warburg Institute Archive, III, 12.33.
1932 *Gesammelte Schriften*, Bd. I.1, I.2, *Die Erneuerung der heidnischen Antike. Kulturwissenschaftliche Beiträge zur Geschichte der europäischen Renaissance*, hg. von G. Bing und F. Rougemont, Leipzig und Berlin: Teubner (neu hg. von H. Bredekamp und M. Diers, Berlin: Akademie Verlag, 1998).
Korrespondenz London: Warburg Institute Archive.
Tagebuch London: Warburg Institute Archive, III, 10.1-2 (1894-1918) und 11.1-5 (1918-1929).
»Warburgismen«, gesammelt von Max Warburg London: Warburg Institute Archive, III, 17.2.

2. Sekundärliteratur

Adhémar, J., 1939. *Influences antiques dans l'art du Moyen Âge français. Recherches sur les sources et les thèmes d'inspiration*, London: The Warburg Institute (Neuausg. Paris: Payot & Rivages, 1996).
Agamben, G., 1984. »Aby Warburg et la science sans nom«, übers. von M. Dell'Omodarme, *Image et mémoire*, Paris: Hoëbeke, 1998, S. 9-43.
Agamben, G., 1990. »Das unvordenkliche Bild«, in: *Bildlichkeit*, hg. von V. Bohn, Frankfurt am Main: Suhrkamp, 1990, S. 543-553.
Agamben, G., 1992, »Noten zur Geste«, in ders., *Mittel ohne Zweck. Noten zur Politik*, übers. von S. Schulz, Zürich und Berlin: diaphanes, 2001, S. 47-56.
Agosti, G., 1985. »Qualche voce italiana della fortuna storica di Warburg«, *Quaderni storici* XX, Nr. 1, S. 39-50.
Alberti, L. B., 1435. *De pictura – Die Malkunst*, in ders., *Das Standbild. Die Malkunst. Grundlagen der Malerei*, lateinisch und deutsch, hg. von O. Bätschmann und C. Schäublin, Darmstadt: Wissenschaftliche Buchgesellschaft, 2000, S. 194-333.
Andler, C., 1958. *Nietzsche. Sa vie et sa pensée*, 3 Bde., Paris: Gallimard.

Antal, F., und E. Wind, 1937. »The Maenad under the Cross«, *Journal of the Warburg Institute*, I, S. 70-73.

Arasse, D., 1992. *Le Détail. Pour une histoire approchée de la peinture*, Paris: Flammarion.

Arendt, H., 1968. »Walter Benjamin (1892-1940)«, in: *Arendt und Benjamin*, hg. von D. Schöttker und E. Wizisla, Frankfurt am Main: Suhrkamp, 2006, S. 45-97.

Argan, G. C., 1975. »Ideology and Iconology«, *Critical Inquiry* II, Nr. 2, S. 297-305.

Aristoteles. *Über die Seele*, in: ders., *Werke in deutscher Übersetzung*, hg. von H. Flashar, Bd. 13, Berlin: Akademie-Verlag.

Arnold, A., 1980. *Wilhelm Wundt. Sein philosophisches System*, Berlin: Akademie Verlag.

Artaud, A., 1948. *Ci-gît* précédé de *La Culture indienne*, *Œuvres complètes*, XII, Paris: Gallimard 1974.

Aschheim, S., 1992. *The Nietzsche Legacy in Germany, 1890-1990*, Berkeley, Los Angeles und Oxford: University of California Press; dt.: *Nietzsche und die Deutschen. Karriere eines Kults*, übers. von K. Laermann, Stuttgart: Metzler, 1996.

Attali, J., 1985. *Un Homme d'influence. Sir Siegmund Warburg (1902-1982)*, Paris: Fayard; dt.: *Siegmund G. Warburg: das Leben eines großen Bankiers*, Düsseldorf und Wien: Econ Verlag, 1986.

Aubenque, P., 1962. *Le Problème de l'être chez Aristote*, Paris: PUF.

Auerbach, E., 1938. »Figura«, *Archivum Romanicum* XXII, S. 436-489.

Bachelard, G., 1952. *La Poétique de l'espace*, Paris: PUF; dt.: *Poetik des Raumes*, übers. von K. Leonhard, Frankfurt am Main: S. Fischer, 1987.

Baden, H. J., 1962. *Gott ist im Detail*, Gütersloh: Mohn.

Balan, B., 1979. *L'Ordre et le temps. L'anatomie comparé et l'histoire des vivants au XIXe siècle*, Paris: Vrin.

Balzac, H. de, 1846. *Petites Misères de la vie conjugale, illustrées par Bertall*, Paris: Chlendowski; dt. *Die kleinen Leiden des Ehestandes*, nach H. von Balzac von Plinius dem Jüngsten [sic!] [O. L. B. Wolff], Leipzig: Weber, 1848.

Bandera Viani, M. C., 1984. »La »ninfa«: continuità di rapporti tra Antichità e Rinascimento nelle arti visive«, in: *Scritti di storia dell'arte in onore di Roberto Salvini*, Florenz: Sansoni, S. 265-269.

Barasch, M., 1985. »Pathos Formulae: Some Reflections on the Structure of a Concept«, in: *Imago Hominis. Studies in the Language of Art*, New York: New York University Press, 1994, S. 119-127.

Barnes, E., 1895. »The Art of Little Children«, *The Pedacogical Seminary* III, Nr. 2, S. 302-306.

Baron, H., 1960. »Burckhardt's *Civilization of the Renaissance* a Century after its Publication«, *Renaissance News* XIII, S. 207-222.

Baron, H., 1960-1973. »The Limits of the Notion of »Renaissance Individualism«: Burckhardt after a Century«, in: *Search of Florentine Civic Humanism. Essays on the Transition from Medieval to Modern Thought*, Princeton: Princeton University Press, 1988, Bd. II, S. 155-181.

Barta-Fliedl, I., C. Geissmar-Brandi (Hg.), 1992. *Die Beredsamkeit des Leibes. Zur Körpersprache in der Kunst*, Salzburg und Wien: Residenz Verlag,.

Barta-Fliedl, I., C. Geissmar-Brandi und N. Sato (Hg.), 1999. *Rhetorik der Leidenschaft. Zur Bildersprache der Kunst im Abendland*, Hamburg und München: Dölling und Galitz.

Basch, V., 1896. *Essai critique sur l'esthétique de Kant*, Paris: Alcan.

Basch, V., 1921. »Le maître-problème de l'esthetique«, in: ders., *Essais d'esthétique, de philosophie et de littérature*, Paris: Alcan.

Bassan, F., 1998. »Il pathos delle immagini in Aby Warburg«, in: *Simbolo, metafora, linguaggi*, hg. von G. Coccoli und C. Marrone, Rom: Gutenberg, S. 185-201.

Bastian, A., 1887. *Ethnologisches Bilderbuch. Die Welt in ihren Spiegelungen unter dem Wandel des Völkergedankens*, Berlin: Mittler.

Baudelaire, C., 1850-1865. *Fusées*, hg. von C. Pichois, in: *Œuvres complètes*, Bd. I, Paris: Gallimard, 1975, S. 649-667; dt.: »Raketen«, in: *Sämtliche Werke in acht Bänden*, München und Wien: Hanser Verlag, 1989, Bd. 6, S. 193-213.

Baudelaire, C., 1857. »Notes nouvelles sur Edgar Poe«, hg. von C. Pichois, in: *Œuvres complètes*, Bd. II, Paris: Gallimard, 1976, S. 319-337; dt.: »Neue Anmerkungen zu Edgar Poe«, in: *Sämtliche Werke in acht Bänden*, München und Wien: Hanser Verlag, 1989, Bd. 2, S. 341-362.

Bauerle-Willert, D., 1988. *Gespenstergeschichten für ganz Erwachsene. Ein Kommentar zu Aby Warburgs Bilderatlas Mnemosyne*, München: Lit Verlag.

Bazin, G., 1986. *Histoire de l'histoire de l'art, de Vasari à nos jours*, Paris: Albin Michel.

Becatti, G., 1971. *Ninfe e divinità marine. Ricerche mitologiche, iconografiche e stilistiche*, Rom: De Luca.

Becquemont, D., 1996. »Survivance du plus apte«, in: *Dictionaire du darwinisme et de l'evolution*, hg. von P. Tort, Paris: PUF, Bd. III, S. 4173-4175

Bell, C., 1806. *The Anatomy and Philosophy of Expression as Connected with the Fine Arts*, London: John Murray.

Benjamin, W., 1927-1940. *Das Passagen-Werk*, in: ders., *Gesammelte Schriften*, hg. von R. Tiedemann und H. Schweppenhäuser, Bd. V, Frankfurt am Main: Suhrkamp, 1982.

Benjamin, W., 1928. *Ursprung des deutschen Trauerspiels*, in: ders., *Gesammelte Schriften*, hg. von R. Tiedemann und H. Schweppenhäuser, Bd. I.1, Frankfurt am Main: Suhrkamp, 1974, S. 203-409.

Berenson, B., 1896. *The Florentine Painters of the Renaissance*, New York und London: Putnam's Sons (Ausg. 1909); dt.: *Die Florentiner Maler der Renaissance*, München: Kurt Wolff Verlag, 1925.

Berenson, B., 1948. *Aesthetics and History in the Visual Arts*, New York: Pantheon Books; dt.: *Ästhetik und Geschichte in der bildenden Kunst*, Zürich: Atlantis, 1950.

Berger, K., 1960. »Jacob Burckhardt as an Art Historian«, in: *Jacob Burckhardt and the Renaissance, 100 Years After*, Lawrence: The University of Kansas, S. 38-44.

Bertozzi, M., 1985. *La tirannia degli astri. Gli affreschi astrologici di Palazzo Schifanoia*, Livorno: Sillabe (erw. Ausg. 1999).

Bezold, F. von, 1922. *Das Fortleben der antiken Götter im mittelalterlichen Humanismus*, Bonn und Leipzig: Schröder.

Bialostocki, J., 1965. »Die »Rahmenthemen« und die archetypischen Bilder«, in: *Stil und Ikonographie. Studien zur Kunstwissenschaft*, Köln: DuMont, 1981, S. 144-173.

Bialostocki, J., 1973. »The Door of Death. Survival of a Classical Motif in Sepulchral Art«, *Jahrbuch der Hamburger Kunstsammlungen* XVIII, S. 7-32.

Bialostocki, J., 1981. »Aby Warburgs Botschaft: Kunstgeschichte oder Kulturgeschichte?«, *Übergabe des Aby-M.-Warburg-Preises*, Hamburg: Hans Christians, S. 25-43.

Bing, G., 1957. »Fritz Saxl (1890-1948). A Memoir«, in: *Fritz Saxl (1890-1948). A Volume of Memorial Essays from his Friends in England*, hg. von D. J. Gordon, London: Thomas Nelson, S. 25-43.

Bing, G., 1958. »Aby M. Warburg«, Vortrag anläßlich der feierlichen Aufstellung von Aby M. Warburgs Büste in der Hamburger Kunsthalle am 31. Oktober 1958, in: Aby M. Warburg, *Ausgewählte Schrif-*

ten und Würdigungen, hg. von D. Wuttke, Baden-Baden: Valentin Koerner, 1979, S. 455-464.
Bing, G., 1965. »Aby Warburg«, in: A. Warburg, *Ausgewählte Schriften*, a. a. O., S. 437-454.
Bing, G., 1966. »Introduzione«, in: A. Warburg, *La rinascita del paganesimo antico. Contributi alla storia della cultura*, übers. von E. Cantimori, Florenz: La Nuova Italia, S. IX-XXXI.
Binswanger, L., 1920. »Psychoanalyse und klinische Psychiatrie«, in: ders., *Ausgewählte Vorträge und Aufsätze*, Bd. 2. *Zur Problematik der psychiatrischen Forschung und zum Problem der Psychiatrie*, Bern: Francke, 1955, S. 40-66.
Binswanger, L., 1922. »Über Phänomenologie«, in: ders., *Ausgewählte Werke*, Bd. 3, *Vorträge und Aufsätze*, hg. von M. Herzog, Heidelberg: Roland Asanger Verlag, 1994, S. 35-69.
Binswanger, L., 1924. »Lebensfunktion und innere Lebensgeschichte«, in: ders., *Ausgewählte Werke*, Bd. 3, *Vorträge und Aufsätze*, a. a. O., S. 71-94.
Binswanger, L., 1926. »Erfahren, Verstehen, Deuten in der Psychoanalyse«, in: ders., *Ausgewählte Werke*, Bd. 3, *Vorträge und Aufsätze*, a. a. O., S. 3-16.
Binswanger, L., 1928. *Wandlungen in der Auffassung und Deutung des Traumes. Von den Griechen bis zur Gegenwart*, Berlin: Springer.
Binswanger, L., 1930. »Traum und Existenz«, in: ders., *Ausgewählte Werke*, Bd. 3, *Vorträge und Aufsätze*, a. a. O., S. 95-119.
Binswanger, L., 1933a. »Das Raumproblem in der Psychopathologie«, in: ders., *Ausgewählte Werke*, Bd. 3, *Vorträge und Aufsätze*, a. a. O., S. 123-177.
Binswanger, L., 1933b. »Über Ideenflucht«, in: ders., *Ausgewählte Werke*, Bd. 1, *Formen mißglückten Daseins*, hg. von M. Herzog, Heidelberg: Roland Asanger Verlag, 1992, S. 1-231.
Binswanger, L., 1935. »Über Psychotherapie«, in: ders., *Ausgewählte Werke*, Bd. 3, *Vorträge und Aufsätze*, a. a. O., S. 205-230.
Binswanger, L., 1936a. »Freuds Auffassung des Menschen im Lichte der Anthropologie«, in: ders., *Ausgewählte Vorträge und Aufsätze*, Bd. 1. *Zur phänomenologischen Anthropologe*, Bern: Francke, 1972 (2. Aufl. 1961), S. 159-189.
Binswanger, L., 1936b. »Freud und die Verfassung der klinischen Psychiatrie«, in: ders., *Ausgewählte Vorträge und Aufsätze*, Bd. 2, a. a. O., S. 81-104.

Binswanger, L. 1942. *Grundformen und Erkenntnis menschlichen Daseins, Ausgewählte Werke*, Bd. 2, hg. von M. Herzog und H.-J. Braun, Heidelberg: Roland Asanger Verlag, 1993.

Binswanger, L., 1945. »Über die daseinsanalytische Forschungsrichtung in der Psychiatrie«, in: ders., *Ausgewählte Werke*, Bd. 3, *Vorträge und Aufsätze*, a.a.O., S. 231-257.

Binswanger, L., 1949. *Henrik Ibsen und das Problem der Selbstrealisation in der Kunst*, Heidelberg: Lambert Schneider.

Binswanger, L., 1952. »Studien zum Schizophrenieproblem. Der Fall Susanne Urban«, in: ders., *Ausgewählte Werke*, Bd. 4. *Der Mensch in der Psychiatrie*, hg. von A. Holzhey-Kunz, Heidelberg: Roland Asanger Verlag, 1994, S. 210-332.

Binswanger, L., 1954. »Daseinsanalyse und Psychotherapie«, in: ders., *Ausgewählte Werke*, Bd. 3, *Vorträge und Aufsätze*, a.a.O., S. 259-263.

Binswanger, L., 1956a. *Drei Formen mißglückten Daseins*, hg. von M. Herzog, in: ders., *Ausgewählte Werke*, Bd. 1, a.a.O., S. 324-418.

Binswanger, L., 1956b. *Erinnerungen an Sigmund Freud*, Bern: Francke.

Binswanger, L., 1957. »Mein Weg zu Freud«, in: ders., *Ausgewählte Werke*, Bd. 3, *Vorträge und Aufsätze*, a.a.O., S. 17-33.

Binswanger, L., 1958a. »Daseinsanalyse und Psychotherapie II«, in: *Aktuelle Psychotherapie. Die Vorträge der 7. Lindauer Psychotherapiewoche*, hg. von E. Speer, München: Lehmann, S. 7-10.

Binswanger, L., 1960. *Melancholie und Manie. Phänomenologische Studien*, in: ders., *Ausgewählte Werke*, Bd. 4, *Der Mensch in der Psychiatrie*, a.a.O., S. 351-428.

Binswanger, L., 1965. *Wahn. Beiträge zu seiner phänomenologischen und daseinsanalytischen Erforschung*, in: ders., *Ausgewählte Werke*, Bd. 4, *Der Mensch in der Psychiatrie*, a.a.O., S. 429-539.

Binswanger, L., 1992-1994. *Ausgewählte Werke*, 4 Bde., hg. von M. Herzog, H.-J. Braun und A. Holzey-Kunz, Heidelberg: Roland Asanger Verlag.

Binswanger, L., und S. Freud, 1908-1938. *Briefwechsel: 1908-1938*, hg. von G. Fichtner, Frankfurt am Main: S. Fischer, 1992.

Binswanger, O. L., 1886-1890. *Über die Beziehungen des moralischen Irreseins zu der erblich degenerativen Geistesstörung*, Leipzig: Breitkopf und Härtel.

Binswanger, O. L., 1896. *Zur Reform der Irrenfürsorge in Deutschland*, Leipzig: Breitkopf und Härtel.

Binswanger, O. L., *Die Epilepsie*, Wien: Hölder.

Binswanger, O. L., 1914. *Die seelischen Wirkungen des Krieges*, Stuttgart und Berlin: Deutsche Verlags-Anstalt.

Blanckaert, C., 1999. »Les fossiles de l'imaginaire. Temps de la nature et progrés organique (1800-1850)«, *Romantisme* 104, S. 85-101.

Bloch, M., 1941-1942. *Apologie pour l'histoire ou métier d'historien*, hg. von E. Bloch, Paris: Armand Colin, 1993; dt.: *Apololgie der Geschichtswissenschaft oder der Beruf des Historikers*, hg. von P. Schöttler, Stuttgart: Klett-Cotta, 2002.

Blunt, A., 1938. »A Method of Documentation for the Humanities«, *Transactions of the International Federation for Documentation* XIV, unpag.

Boas, F., 1927. *Primitive Art*, Oslo: Aschehoug (Neuausg. New York: Dover, 1955).

Bodar, A., 1991. »Aby Warburg en André Jolles: een Florentijnse vriendschap«, *Nexus* 1, S. 5-18.

Bodei, R., 1982. »Hermann Usener nella filosofia moderna: tra Dilthey e Cassirer«, in: *Aspetti di Hermann Usener, filologo della religione*, hg. von G. Arrighetti u. a., Pisa: Giardini, S. 23-42.

Boehm, G., 1991. »»Genese und Geltung: Jacob Burckhardts Kritik des Historismus«, in: *Umgang mit Jacob Burckhardt. Zwölf Studien*, hg. von H. R. Guggisberg, Basel und München: Schwabe/Beck Verlag, 1994, S. 79-86.

Boerlin-Brodbeck, Y., 1994. *Die Skizzenbücher Jacob Burckhardts*, Basel und München: Schwabe/Beck Verlag.

Boule, M., 1921. *Les Hommes fossiles. Éléments de paléontologie humaine*, Paris: Masson; dt.: *Fossile Menschen. Grundlinien menschlicher Stammesgeschichte*, Baden-Baden: Verlag für Kunst und Wissenschaft, 1954.

Bourneville, D.-M., und P. Régnard (Hg.), 1876-1880. *Iconographie photographique de la Salpêtrière*, 3 Bde., Paris: Progrès médical Delahaye & Lecrosnier.

Braden, G., und Kerrigan, W., 1989. *The Idea of the Renaissance*, Baltimore und London: The Johns Hopkins University Press.

Brandstetter, G., 1995. *Tanz-Lektüren. Körperbilder und Raumfiguren der Avantgarde*, Frankfurt am Main: S. Fischer.

Brandstetter, G., 2000. »›Ein Stück in Tüchern‹. Rhetorik der Drapierung bei A. Warburg, M. Emmanuel, G. Clérambault«, *Vorträge aus dem Warburg-Haus* IV, S. 105-139.

Bredekamp, H., 1991. »›Du lebst und thust mir nichts‹. Anmerkungen zur Aktualität Aby Warburgs«, in: *Aby Warburg. Akten des internationalen Symposions Hamburg* 1990, hg. von H. Bredekamp, M. Diers und C. Schoell-Glass, Weinheim: VCH Acta Humaniora, S. 1-6.

Bredekamp, H., 1995. »Words, Images, Ellipses«, in: *Meaning in the Visual Arts: Views from the Outside. A Centennial Commemoration of Erwin Panofsky (1892-1968)*, hg. von I. Lavin, Princeton: Institute for Advanced Study, S. 363-371.

Brosius, C., 1993. *Kunst und Denkraumschöpfung. Eine Studie zu Aby Warburgs Bildungsbegriff im Spiegel von Kunsterziehung und Kunstwissenschaft*, Diss. Goethe Universität Frankfurt am Main.

Brosius, C., 1997. *Kunst als Denkraum. Zum Bildungsbegriff von Aby Warburg*, Paffenweiler: Centaurus.

Brush, K., 2001. »Aby Warburg and the Cultural Historian Karl Lamprecht«, in: *Art History as Cultural History. Warburg's Projects*, hg. von R. Woodfield, Amsterdam: G+B Arts International, S. 65-92.

Buchloh, B., 1999. »Gerhard Richter's *Atlas*: The Anatomic Archive«, *October* 88, S. 117-145.

Buck, A., 1987. »Die Auseinandersetzung mit Jacob Burckhardts Renaissancebegriff«, in: *Respublica Guelpherbytana. Wolfenbütteler Beiträge zur Renaissance- und Barockforschung. Festschrift für Paul Raabe*, hg. von A Buck und M. Bircher, Amsterdam: Rodopi, S. 7-34.

Buck, A., 1989. »Der Beginn der modernen Renaissanceforschung im 19. Jahrhundert: Georg Voigt und Jacob Burckhardt«, in: *Il Rinascimento nell'Ottocento in Italia e Germania*, hg. von A. Buck und C. Vasoli, Bologna/Berlin: Il Mulino/Duncker & Humblot, S. 23-36.

Buck, A., 1990. »Burckhardt und die italienische Renaissance«, in: *Renaissance und Renaissancismus von Jacob Burckhardt bis Thomas Mann*, hg. von A. Buck, Tübingen: Max Niemeyer, S. 5-12.

Bullen, J. B., 1994. *The Myth of the Renaissance in the Nineteenth-Century Writing*, Oxford: Clarendon Press.

Burckhardt, J., 1818-1897. *Briefe*. Vollständige und kritische Ausgabe, bearb. von Max Burckhardt, 11 Bde., Basel: Schwabe, 1949-1994.

Burckhardt, J., 1853. *Die Zeit Constantins des Großen*, in: ders., *Gesammelte Werke*, Bd. 1, Darmstadt: Wissenschaftliche Buchgesellschaft.

Burckhardt, J., 1855. *Der Cicerone*, in: ders., *Gesammelte Werke,* Bd. IX-X, Darmstadt: Wissenschaftliche Buchgesellschaft 1957-1959.

Burckhardt, J., 1860. Die Kultur der Renaissance in Italien, in: ders.,

Gesammelte Werke, Bd. III, Darmstadt: Wissenschaftliche Buchgesellschaft, 1955.

Burckhardt, J., 1865-1885. *Historische Fragmente*, gesammelt von E. Dürr, Nördlingen: Greno Verlag, 1988.

Burckhardt, J., 1868-1871. *Weltgeschichtliche Betrachtungen*, in: ders., *Gesammelte Werke*, Bd. IV, Darmstadt: Wissenschaftliche Buchgesellschaft, 1956.

Burckhardt, J., 1874-1886. *The Letters of Jacob Burckhardt*, hg. von A. Dru, London: Routledge & Kegan Paul, 1955.

Burckhardt, J., 1874-1897. *Die Kunst der Renaissance in Italien*, hg. von H. Wölfflin, Stuttgart: DVA, 1932.

Burke, P., 1986. »Cultural History: Past, Present, Future«, *Theoretische Geschiedenis* XIII, Nr. 2, S. 187-196.

Burke, P., 1991. »Aby Warburg as Historical Anthropologist«, in: *Aby Warburg. Akten des internationalen Symposions Hamburg 1990*, hg. von H. Bredekamp, M. Diers und C. Schoell-Glass, Weinheim: VCH Acta Humaniora, S. 39-44.

Buschendorf, B., 1998. »Zur Begründung der Kulturwissenschaft. Der Symbolbegriff bei Friedrich Theordor Vischer, Aby Warburg und Edgar Wind«, in: *Edgar Wind, Kunsthistoriker und Philosoph*, hg. von H. Bredekamp, B. Buschendorf, F. Hartung und J. M. Krois, Berlin: Akademie Verlag, S. 227-248.

Butler, S., 1880. *Unconscious Memory*, London: Jonathan Cape.

Buytendijk, F. J. J., und H. Plessner, 1925-1926. »Die Deutung des mimischen Ausdrucks«, in: H. Plessner, *Gesammelte Schriften*, hg. von G. Dux, O. Marquard und E. Ströker, Bd. VII, Frankfurt am Main: Suhrkamp, 1982, S. 67-129.

Calabrese, O., 1984. »La geografia di Warburg. Note su linguistica e iconologia«, *Aut aut* 199-200, S. 109-120.

Calasso, R., 1994. »La folie qui vient des Nymphes«, *Res. Anthropology and Aesthetics* 26, S. 125-133.

Caliandro, S., 1997. »*Nachleben* de Warburg«, *Visio* II, Nr. 3, S. 87-103.

Caliandro, S., 1999. »Empathie, signification et art abstrait«, *Visio* IV, Nr. 2, S. 47-58.

Camper, P., 1792. *Discours […] sur le moyen de représenter d'une manière sûre les diverses passions qui se manifestent sur le visage …*, Utrecht: Wild & Altheer; dt.: *Über den natürlichen Unterschied der Gesichtszüge in Menschen verschiedener Gegenden …*, Berlin: Vossische Buchhandlung.

Canguilhem, G., 1977. *Idéologie et rationalité dans l'histoire des sciences de la vie. Nouvelles études d'histoire et de philosophie des sciences*, Paris: Vrin; dt. (Teilübersetzung): *Wissenschaftsgeschichte und Epistemologie*, hg. von W. Lepenies, übers. von M. Bischoff, Frankfurt am Main: Suhrkamp, 1979.

Capeillères, F., 1997a. »À propos de *Trois essais sur le symbolique*«, Nachwort zu E. Cassirer, *Œuvres*, Bd. VI, *Trois Essais sur le symbolique*, Paris: Le Cerf, S. 143-155.

Capeillères, F., 1997b. »Fonction et système: sur le paradigme mathématique de l'intégrale et de la dérivée dans le concept de ›forme symbolique‹«, *Études de lettres* 1-2, S. 9-30.

Carchia, G., 1984. »Aby Warburg: simbolo e tragedia«, *Aut aut* 199-200, S. 92-108.

Carlyle, T., 1829. »Signs and Times«, *The Works of Thomas Carlyle*, Bd. XXVII. *Critical and Miscellaneous Essays*, London: Chapman & Hall, 1896-1899, Bd. II, S. 56-82; dt. in Auswahl in ders., *Zerstreute historische Aufsätze*, 2 Bde., Leipzig: Wigand, 1905-1907.

Carlyle, T., 1830. »On History«, in ders., *Critical and Miscellaneous Essays*, a. a. O., Bd. II, S. 83-95; dt. in Auswahl in ders., *Zerstreute historische Aufsätze*, a. a. O.

Carlyle, T., 1833. »On History Again«, in ders., *Critical and Miscellaneous Essays*, a. a. O., Bd. III, S. 56-82; dt. in Auswahl in ders., *Zerstreute historische Aufsätze*, a. a. O.

Carlyle, T., 1833-1834. *Sartor Resartus*, hg. von K. McSweeney und P. Sabor, Oxford und New York: Oxford University Press, 1987; dt.: *Sartor Resartus. Leben und Meinungen des Herrn Teufelsdröckh*, übers. von P. Staengle, Zürich: Manesse, 1991.

Cassirer, E., 1910. *Substanzbegriff und Funktionsbegriff. Untersuchungen über die Grundfragen der Erkenntniskritik*, Darmstadt: Wissenschaftliche Buchgesellschaft, 1976.

Cassirer, E., 1922. »Die Begriffsform im mythischen Denken«, in: ders., *Wesen und Wirkung des Symbolbegriffs*, Darmstadt: Wissenschaftliche Buchgesellschaft, 1965, S. 1-70.

Cassirer, E., 1923a. »Der Begriff der symbolischen Form im Aufbau der Geisteswissenschaften«, in: ders., *Wesen und Wirkung des Symbolbegriffs*, a. a. O., S. 169-200.

Cassirer, E., 1923b. *Philosophie der symbolischen Formen. Erster Teil. Die Sprache*, Darmstadt: Wissenschaftliche Buchgesellschaft, 1977.

Cassirer, E., 1924. »Eidos und Eidolon. Das Problem des Schönen und der Kunst in Platons Dialogen«, in: ders., *Gesammelte Werke. Hamburger Ausgabe,* Bd. 16. *Aufsätze und kleine Schriften 1922-1926*, Hamburg: Meiner, 2003, S. 135-164.

Cassirer, E., 1927. *Individuum und Kosmos in der Philosophie der Renaissance*, Darmstadt: Wissenschaftliche Buchgesellschaft, 1977.

Cassirer, E., 1929a. »Nachruf auf Aby Warburg«, in: ders., *Gesammelte Werke. Hamburger Ausgabe,* Bd. 17. *Aufsätze und kleine Schriften 1927-1931*, Hamburg: Meiner, 2004, S. 368-374.

Cassirer, E., 1929b. *Philosophie der symbolischen Formen. Dritter Teil. Phänomenologie der Erkenntnis*, Darmstadt: Wissenschaftliche Buchgesellschaft, 1977.

Cassirer, E., 1938. »Zur Logik des Symbolbegriffs«, in: ders., *Wesen und Wirkung des Symbolbegriffs*, a. a. O., S. 201-230.

Cassirer, E., 1939. *Axel Hägerström: eine Studie zur schwedischen Philosophie der Gegenwart; Thorilds Stellung in der Geistesgeschichte des achtzehnten Jahrhunderts*, in: ders., *Gesammelte Werke. Hamburger Ausgabe,* Bd. 21, Hamburg: Meiner, 2005.

Cassirer, E., 1942. *Zur Logik der Kulturwissenschaften. Fünf Studien*, Darmstadt: Wissenschaftliche Buchgesellschaft, 1988.

Cassirer, E., 1942-1943. »Qu'est-ce que la beauté?«, übers. von F. Capeillères, in: ders., *Œuvres*, Bd. XII, *Écrits sur l'art*, Paris: Le Cerf, 1955, S. 123-127.

Cassirer, E., 1943. »The Educational Value of Art«, in: ders., *Symbols, Myth and Culture. Essays and Lectures of Ernst Cassirer 1935-1945*, hg. von D. P. Verene, New Haven: Yale University Press, 1979, S. 196-215.

Cassirer, E., 1944. *An Essay on Man*, New Haven und London, Yale University Press; dt.: *Versuch über den Menschen. Einführung in eine Philosophie der Kultur*, übers. von R. Kaiser, Frankfurt am Main: S. Fischer, 1990.

Cassirer, E., 1950. *Das Erkenntnisproblem in der Philosophie und Wissenschaft der neueren Zeit. Vierter Band: Von Hegels Tod bis zur Gegenwart (1832-1932)*, Darmstadt: Wissenschaftliche Buchgesellschaft, 1973.

Castelnuovo, E., 1973. *Das künstlerische Porträt in der Gesellschaft. Das Bildnis und seine Geschichte in Italien von 1300 bis heute*, Berlin: Wagenbach, 1988.

Castelnuovo, E., 1977. »Per una storia sociale dell'arte, II«, *Paragone* 323, S. 3-34.

Cauer, P., 1911. *Das Altertum im Leben der Gegenwart*, Leipzig: Teubner.

Cernia Slovin, F., 1995. *Aby Warburg. Un banchiere prestato all'arte. Biografia di una passione*, Venedig: Marsilio.

Cestelli Guidi, B., und F. Del Prete, 1999. »Mnemosyne o la collezione astratta«, in: *Via dalle immagini. Verso un'arte della storia*, hg. von S. Puglia, Salerno: Menabò, S. 17-24.

Cestelli Guidi, B., und N. Mann (Hg.), 1998. *Photographs at the Frontier. Aby Warburg in America, 1895-1896*, London: The Warburg Institute und Merrell Holberton; dt.: *Grenzerweiterungen. Aby Warburg in Amerika, 1895-1896*, Hamburg: Dölling und Galitz, 1999.

Charcot, J.-M., und P. Richer, 1887. *Les Démoniaques dans l'art*, Paris, hg. von G. Didi-Huberman und P. Fédida, Paris: Macula, 1984; dt.: *Die Besessenen in der Kunst*, hg. von M. Schneider, Göttingen: Steidl, 1988.

Charcot, J.-M., und P. Richer, 1889. *Les Difformes et les malades dans l'art*, Paris: Lecrosnier et Babé.

Chastel, A., 1987. »L'Art du geste à la Renaissance«, *Revue de l'art* 75, S. 9-16.

Chernow, R., 1993. *The Warburgs. A Family Saga*, London: Chatto & Windus; dt.: *Die Warburgs: Odyssee einer Familie*, übers. von K. A. Klewer, Berlin: Siedler, 1994.

Chervet, B., 1997. »Temps et processus de temporalisation. Se mourir ou les amours d'Éros«, *Revue française de psychanalyse* LXI, Nr. 5, S. 1689-1698.

Cieri Via, C., 1986. »Rinascita e sopravvivenza dell'antico«, in: *Aspetti della tradizione classica nella cultura artistica fra Umanesimo e Rinascimento*, Rom: Il Bagatto.

Cieri Via, C., 1994. *Nei dettagli nascosto. Per una storia del pensiero iconologico*, Rom: La Nuova Italia Scientifica.

Clark, K., 1974. *Another Part of the Wood. A Self-Portrait*, London: John Murray

Clarke, L. C. G., 1934. »Modern Survivals of the Sumerian Chatelaine«, *Essays Presented to C. G. Seligman*, hg. von E. E. Evans-Pritchard u. a., London: Kegan Paul und Trench & Trubner, S. 41-47.

Claussen, P. C., 1977. »Ein freies Knie. Zum Nachleben eines antiken Majestas-Motivs«, *Wallraf-Richartz-Jahrbuch. Westdeutsches Jahrbuch für Kunstgeschichte* XXXIX, S. 11-27.

Cohen, C., 1994. *Le Destin du mammouth*, Paris: Le Seuil.

Cohn, D., 1999. »*Et in arcadia ego*«, Vorwort zu: E. Panofsky, *Hercule à la croisé des chemins et autres matériaux figuratifs de l'Antiquité dans l'art plus récent* (1930), übers. von D. Cohn, Paris: Flammarion, S. 5-12.

Cohn, S. K., 1995. »Burckhardt Revisited from Social History«, in: *Language and Images of Renaissance Italy*, hg. von A. Brown, Oxford: Clarendon Press, S. 217-234.

Contarini, S., 1992. »›Botticelli ritrovato‹: frammenti di dialogo tra Aby Warburg e André Jolles«, *Prospettiva* 68, S. 87-93.

Cook, S. A., 1913. »The Evolution and Survival of Primitive Thought«, *Essays and Studies Presented to William Ridgeway*, hg. von E. C. Quiggin, Cambridge: Cambridge University Press, S. 375-412.

Cristaldi, R. V., 1980. »›Gott ist im Detail‹, *Rivista di studi crociani* XVII, Nr. 2, S. 202-203.

Crozier, W. R., und Greenhalgh, P., 1992. »Beyond Relativism and Formalism: the Empathy Principle«, *Leonardo* XXV, Nr. 1, S. 83-87.

Curtius, E. R., 1947. *Europäische Literatur und lateinisches Mittelalter*, 10. Aufl., Bern und München: Francke Verlag.

Curtius, E. R., 1950. »Antike Pathosformeln in der Literatur des Mittelalters«, in: ders., *Gesammelte Aufsätze zur romanischen Philologie*, Bern und München: Francke Verlag, S. 23-27.

Cuvier, G., 1806. »Séance du 11 août 1806«, *Procès-verbaux des séances de l'Académie des Sciences III, 1804-1807*, S. 410-415.

Cuvier, G., 1812. *Recherches sur les ossements fossiles de quadrupèdes*, Paris: Deterville.

Cyssau, C., 1995. *Au lieu du geste*, Paris: PUF.

Dacos, N., 1973. »Sopravvivenza dell'antico«, *Enciclopedia dell'arte antica. Supplemento*, Rom: Istituto dell'Enciclopedia Italiana, S. 725-746.

Dagognet, F., 1987. *Étienne-Jules Marey. La passion de la trace*, Paris: Hazan.

Dale, P., 1981. »Sartor Resartus and the Inverse Sublime: the Art of Humorous Deconstruction«, in: *Allegory, Myth, and Symbol*, hg. von M. W. Bloomfield, Cambridge und London: Harvard University Press, S. 293-312.

Dal Lago, A., 1984. »L'arcaico e il suo doppio. Aby Warburg e l'antropologia«, *Aut aut* 199-200, S. 67-91.

Damisch, H., 1971. »Le gardien de l'interprétation«, *Tel Quel* 44, S. 70-84, und 45, S. 82-96.

Damisch, H., 1992. *Le Jugement de Pâris. Iconologie analytique*, Bd. I, Paris: Flammarion.

Därmann, I., »Wenn Gedächtnis Erinnerungsbild wird: Husserl und Freud«, in: *Homo pictor*, hg. von G. Boehm, München und Leipzig: Saur, S. 187-204.

Darwin, C. (1859). *Über die Entstehung der Arten durch natürliche Zuchtwahl*, hg. von G. H. Müller, Darmstadt: Wissenschaftliche Buchgesellschaft, 1992.

Darwin, C. (1872). *The Expression of the Emotions in Men and Animals*, New York und London: Appleton, 1910; Neuausg. Chicago und London: University of Chicago Press, 1965; dt.: *Der Ausdruck der Gemütsbewegungen bei den Menschen und den Tieren*, hg. von P. Ekman, Frankfurt am Main: Eichborn, 2000.

David-Ménard, M., 1994. »Symptômes et fossiles. La référence à l'archaïque en psychanalyse«, in: *Les Évolutions. Phylogenèse de l'individuation*, hg. von P. Fédida und D. Widlöcher, Paris: PUF, S. 245-254.

Davis, W., 1993. »Winckelmann Divided«, in: *Replications. Archaeology, Art History, Psychoanalysis*, University Park: The Pennsylvania State University Press, 1996, S. 257-265.

Dechazelle, P., 1834. *Études sur l'histoire des arts, ou tableau des progrès et de la décadence de la statuaire et de la peinture antiques au sein des révolutions qui ont agité la Grèce et l'Italie*, Paris: Cormon & Blanc.

Décultot, É., 2000. *Johan Joachim Winckelmann. Enquête sur la genèse de l'histoire de l'art*, Paris: PUF.

Dehio, G., 1895. *Ein Proportionsgesetz der antiken Baukunst und sein Nachleben im Mittelalter und in der Renaissance*, Straßburg: Trübner.

Deleuze, G., 1962. *Nietzsche et la philosophie*, Paris: PUF; dt.: *Nietzsche und die Philosophie*, übers. von B. Schwibs, München: Rogner und Bernhard, 1976.

Deleuze, G., 1968a. *Différence et répétition*, Paris: PUF; dt.: *Differenz und Wiederholung*, übers. von J. Vogl, München: Fink, 1992.

Deleuze, G., 1968b. *Spinoza et le problème de l'expression*, Paris: Minuit; dt.: *Spinoza und das Problem des Ausdrucks in der Philosophie*, übers. von U. J. Schneider, München: Fink, 1993.

Deleuze, G., 1985. *Cinéma 2. L'image-temps*, Paris: Minuit; dt.: *Kino 2. Das Zeit-Bild*, übers. von K. Englert, Frankfurt am Main: Suhrkamp, 1991.

Delsol, M., 1996. »Monstres prometteurs«, in: *Dictionnaire du darwinisme et de l'évolution*, hg. von P. Tort, Paris: PUF, Bd. II, S. 3042-3044.

Delsol, M., und J. Flatin, 1996, »Formes panchroniques«, in: *Dictionnaire du darwinisme et de l'évolution*, a.a.O., S. 1714-1717.

De Martino, E., 1958. *Morte e pianto rituale nel mondo antico: dal lamento pagano al pianto di Maria*, Turin: Boringhieri, 1975.

Descamps, J.-L., u.a., 1976. *Dictionnaire contextuel de français pour la géologie*, Paris: Crédif-Didier.

Detienne, M., 1981. *L'Invention de la mythologie*, Paris: Gallimard.

Devillers, C., 1996a. »Formes intermédiaires (chaînons manquants)«, in: *Dictionnaire du darwinisme et de l'évolution*, hg. von P. Tort, Paris: PUF, Bd. II, S. 1710-1713.

Devillers, C., 1996b. »Hétérochronies«, *Dictionnaire du darwinisme et de l'évolution*, a.a.O., S. 2215-2217.

Didi-Huberman, G., 1982. *Invention de l'hystérie. Charcot et l'Iconographie photographique de la Salpêtrière*, Paris: Macula.

Didi-Huberman, G., 1984. »Charcot, l'histoire et l'art. Imitation de la croix et démon de l'imitation«, Nachwort in: J.-M. Charcot und P. Richer, 1887. *Les Démoniaques dans l'art*, Paris, hg. von G. Didi-Huberman und P. Fédida, Paris: Macula, 1984.

Didi-Huberman, G., 1985. *La Peinture incarnée*, Paris: Minuit; dt.: *Die leibhaftige Malerei*, übers. von M. Wetzel, München: Fink, 2002.

Didi-Huberman, G., 1990a. *Devant l'image. Questions posées aux fins d'une histoire de l'art*, Paris: Minuit; dt.: *Vor einem Bild*, übers. von R. Werner, München und Wien: Hanser, 2000.

Didi-Huberman, G., 1990b. »Puissances de la figure. Exégèse et visualité dans l'art chrétien«, *Encyclopaedia Universalis – Symposium*, Paris: EU, S. 596-609.

Didi-Huberman, G., 1991. »L'observation de Célina (1876-1880): esthétique et expérimentation chez Charcot«, *Revue internationale de psychopathologie* 4, S. 267-280 (gefolgt von der Falldarstellung, S. 281-322).

Didi-Huberman, G., 1994. »Ressemblance mythifiée et ressemblance oubliée chez Vasari: la légende du portrait ›sur le vif‹«, *Mélanges de l'École française de Rome – Italie et Méditerranée* CVI, Nr. 2, S. 405-432.

Didi-Huberman, G., 1995a. »Dialogue sur le symptôme« (zus. mit Patrick Lacoste), *L'Inactuel* 3, S. 191-226.

Didi-Huberman, G., 1995b. *La Ressemblance informe, ou le gai savoir visuel selon Georges Bataille*, Paris: Macula.

Didi-Huberman, G., 1996a. »L'image-matière. Poussière, ordure, saleté, sculpture au XVIe siècle«, *L'Inactuel* 5, S. 63-81.

Didi-Huberman, G., 1996b. »Imitation, représentation, fonction. Remarques sur un mythe épistémologique«, in: *L'Image. Fonctions et usages des images dans l'Occident médiéval*, hg. von J. Bascher und J. C. Schmitt (Actes du colloque d'Erice), Paris: Le Léopard d'Or, S. 59-86.

Didi-Huberman, G., 1996c. »Pour une anthropologie des singularités formelles. Remarque sur l'invention warburgienne«, *Genèses. Science sociales et histoire* 24, S. 145-163; dt.: »Für eine Anthropologie der formalen Eigenheiten. Bemerkungen zu Warburgs Erfindung«, übers. von S. Loewe, in: *Rhetorik der Leidenschaft. Zur Bildsprache der Kunst im Abendland*, hg. von I. Barta-Fliedl, C. Geissmar-Brandi und N. Sato, Hamburg: Dölling und Galitz, 1999, S. 240-249.

Didi-Huberman, G., 1997. *L'Empreinte*, Paris: Centre Georges Pompidou; dt.: *Ähnlichkeit und Berührung: Archäologie, Anachronismus und Modernität des Abdrucks*, übers. von C. Hollender, Köln: DuMont, 1999.

Didi-Huberman, G., 1998a. *Phasmes. Essais sur l'apparition*, Paris: Minuit; dt.: *Phasmes: Essays über Erscheinungen von Photographien, Spielzeug, mystischen Texten …*, übers. von C. Hollender, Köln: DuMont, 2001.

Didi-Huberman, G., 1998b. »Savoir-mouvement (l'homme qui parlait aux papillons)«, Vorwort zu: P.-A. Michaud, *Warburg et l'image en mouvement*, Paris: Macula, S. 7-20.

Didi-Huberman, G., 1998c. »Viscosités et survivances. L'histoire de l'art à l'épreuve du matériau«, *Critique* LIV, Nr. 611, S. 138-162.

Didi-Huberman, G., 1999. *Ouvrir Venus. Nudité, rêve, cruauté* (*L'image ouvrante* 1), Paris: Gallimard; dt.: *Venus öffnen: Nacktheit, Traum, Grausamkeit* (*Das sich öffnende Bild* 1), übers. von M. Belkhodja und M. Coelen, Zürich und Berlin: diaphanes, 2006.

Didi-Huberman, G., 2000. *Devant le temps. Histoire de l'art et anachronisme des images*, Paris: Minuit.

Di Donato, R., 1982. »›Usener n'habite plus ici‹. Influenze tedesche negli studi francesi di storia comparata delle religioni antiche«, in: *Aspetti die Hermann Usener, filologo delle religione*, hg. von G. Arrighetti u. a., Pisa: Giardini, S. 213-228.

Di Donato, R., 1999. *I Greci selvaggi. Antropologia storica di Ernesto de Martino*, Rom: Manifestolibri.

Diers, M., 1979. »Kreuzlinger Passion«, *Kritische Berichte* VII, S. 5-14.
Diers, M. (Hg.), 1993. *Porträt aus Büchern. Bibliothek Warburg und Warburg Institute, Hamburg-London*, Hamburg: Dölling und Galitz.
Dilly, H., 1979. *Kunstgeschichte als Institution. Studien zur Geschichte einer Disziplin*, Frankfurt am Main: Suhrkamp.
Dilly, H., 1991. »Sokrates in Hamburg. Aby Warburg und seine kulturwissenschaftliche Bibliothek«, in: *Aby Warburg. Akten des internationalen Symposions Hamburg 1990*, hg. von H. Bredekamp, M. Diers und C. Schoell-Glass, Weinheim: VCH-Acta Humaniora, S. 125-140.
Dilthey, W., 1877. »Lessings ›Laokoon‹«, in ders., *Gesammelte Schriften*, Bd. XVII, Göttingen: Vandenhoeck & Ruprecht, 1974, S. 103-104.
Dilthey, W., 1890. »Thomas Carlyle«, in ders., *Gesammelte Schriften*, Bd. IV, Leipzig und Berlin: Teubner, 1921, S. 507-527.
Dippie, B. W., 1992. »Representing the Other: The North American Indian«, in: *Anthropology and Photography, 1860-1920*, hg. von E. Edwards, New Haven und London: Yale University Press, S. 132-136.
Djurić, M., 1989. »Das philosophische Pathos«, *Nietzsche-Studien* XVIII, S. 221-241.
Dorsey, A., und H. R. Voth, 1902. *The Mishongnovi Ceremonies of the Snake and Antelope Fraternities*, Chicago: Field Columbian Museum Publications (Anthropological Series III.3).
Drommert, R., 1995. »Aby Warburg und die kulturwissenschaftliche Bibliothek in der Heiligstraße«, in: *Aby M. Warburg. »Ekstatische Nymphe ... trauernder Flußgott«. Porträt eines Gelehrten*, hg. von R. Galitz und B. Reimers, Hamburg: Dölling und Galitz, S. 14-18.
Duchenne de Boulogne, G.-B., 1862. *Mécanisme de la physionomie humaine, ou analyse électro-physiologique de l'expression des passions. Avec un atlas composé de 74 figures électro-physiologiques photographiées*, Paris: Renouard.
Dumézil, G., 1975. *Fêtes romaines d'été et d'automne*, suivi de *Dix questions romaines*, Paris: Gallimard.
Einem, H. von, 1969. »Winckelmann und die Wissenschaft der Kunstgeschichte«, in: *Johan Joachim Winckelmann, 1717-1768*, hg. von T. W. Gaehtgens, Hamburg: Felix Meiner, S. 315-326.
Eisler, C., 1969. »*Kunstgeschichte* American Style: A Study in Migration«, in: *The Intellectual Migration. Europe and America, 1930-1960*, hg. von D. Fleming und B. Bailyn, Cambridge: Harvard University Press, S. 544-629.

Eisler, C., 1985. »Panofsky and his Peers in a Warburgian Psyche Glass«, *Source. Notes in the History of Art* IV, Nr. 2-3, S. 85-88.
Eldredge, N., und S. M. Stanley (Hg.), 1984. *Living Fossils*, New York, Berlin, Heidelberg: Springer.
Embach, M., 1989. »Kunstgeschichte und Literatur. Zur Winckelmann-Rezeption des deutschen Idealismus«, in: *Ars et Ecclesia. Festschrift für Franz J. Ronig zum 60. Geburtstag*, hg. von H.-W. Stork, Trier: Paulinus-Verlag, S. 97-113.
Emmanuel, M., 1896. *La Danse grecque antique d'après les monuments figurés*, Paris: Hachette (Neuausg. Genf: Slatkine-Reprints, 1987).
Engel, J. J., 1785-1786. *Ideen zu einer Mimik*, 2 Bde., Berlin: Mylius (Reprint Hildesheim: Olms, 1968).
Erichsen, J., 1980. *Antique und Grec. Studien zur Funktion der Antike in Architektur und Kunsttheorie des Frühklassizismus*, Diss. Universität Köln.
Ernst, J., 1954. »Geschichtsbegriff und Geschichtskritik bei Jacob Burckhardt. Die Grundlagen der ›Weltgeschichtlichen Betrachtungen‹«, *Zeitschrift für Religions- und Geistesgeschichte* VI, S. 323-341.
Ernst, W., 1984. »J. J. Winckelmann im Vor(be)griff des Historismus«, in: *Von der Aufklärung zum Historismus. Zum Strukturwandel des historischen Denkens*, hg. von H. W. Blanke und J. Rüsen, Paderborn: Schöningh, S. 255-260.
Espagne, M., 1995. »Antiquité, nature et nation chez Winckelmann«, *Dix-huitième siècle* 27, S. 143-158.
Espagne, M., 1998. »Wilhelm Wundt. La ›psychologie des peuples‹ et l'histoire culturelle«, *Revue germanique internationale* 10, S. 73-91.
Espinas, A., 1877. *Des sociétés animales. Étude de psychologie comparée*, Paris: Baillière; dt.: *Die thierischen Gesellschaften. Eine vergleichend-psychologische Untersuchung*, hg. von W. Schloesser, Braunschweig: Vieweg & Sohn, 1879.
Fancelli, M. (Hg.), 1993. *J. J. Winckelmann tra letteratura e archeologia*, Venedig: Marsilio.
Farrer, D., 1974. *The Warburgs*, London: Michael Joseph.
Farulli, L., 1990. »Nietzsche und die Renaissance: Die Reflexion über ›Grenze‹ und ›Grenzüberschreitung‹«, in: *Renaissance und Renaissancismus von Jacob Burckhardt bis Thomas Mann*, hg. von A. Buck, Tübingen: Niemeyer, S. 54-70.
Fèbvre, L., 1950. »Comment Jules Michelet inventa la Renaissance«, in: ders., *Pour une histoire à part entière*, Paris: SEVPEN, 1962, S. 717-

729; dt.: »Wie Jules Michelet die Renaissance erfand«, in: *Das Gewissen des Historikers*, hg. und übers. von U. Raulff, Berlin: Wagenbach, 1988, S. 211-221.

Fédida, P., 1969. »Le discours à double entente«, in: *Le Concept et la violence*, Paris: UGE, 1977.

Fédida, P., 1970. »Binswanger et l'impossibilité de conclure«, Vorwort in: L. Binswanger, *Analyse existentielle, psychiatrie clinique et psychanalyse. Discours, parcours, et Freud*, Paris: Gallimard, S. 7-37.

Fédida, P., 1977. *Corps du vide et espace de séance*, Paris: Delarge.

Fédida, P., 1978. *L'Absence*, Paris: Gallimard.

Fédida, P., 1985. »Passé anachronique et présent réminiscent. *Epos* et puissance mémoriale du langage«, *L'Écrit du temps* 10, S. 23-45.

Fédida, P., 1991. »Présentation«, in: *Psychiatrie et existence. Décade de Cerisy, 1989*, hg. von P. Fédida und J. Schotte, Grenoble: Jérôme Millon, S. 7-10.

Fédida, P., 1992. *Crise et contre-transfert*, Paris: PUF.

Fédida, P., 1995. *Le Site de l'étranger. La situation psychanalytique*, Paris: PUF.

Fédida, P., 2000. *Par où commence le corps humain. Retour sur la régression*, Paris: PUF.

Ferguson, W. K., 1948. *The Renaissance in Historical Thought*, Boston: Mifflin.

Ferguson, W. K., 1963. *Renaissance Studies*, New York und London: Harper & Row.

Ferrari, M., 1986. »Ernst Cassirer e la ›Bibliothek Warburg‹«, *Giornale critico della filosofia italiana* LXV, Nr. 1, S. 91-130.

Ferrari, M., 1988. »Das Problem der Geisteswissenschaften in den Schriften Cassirers für die Bibliothek Warburg (1921-1923). Ein Beitrag zur Entstehungsgeschichte der Philosophie der symbolischen Formen«, in: *Über Ernst Cassirers Philosophie der symbolischen Formen*, hg. von H.-J. Braun, H. Holzhey und E. W. Orth, Frankfurt am Main: Suhrkamp, S. 114-133.

Ferretti, S., 1984. *Il demone della memoria. Simbolo e tempo storico in Warburg, Cassirer, Panofsky*, Casale Monferrato: Marietti.

Fewkes, J. W., 1894. »The Snake Ceremonials at Walpi«, *Journal of American Ethnology and Archaeology* IV, S. 1-126.

Fleckner, U., R. Galitz, C. Naber und H. Nöldeke (Hg.), 1993. *Aby M. Warburg. Bildersammlung zur Geschichte von Sternglaube und Sternkunde im Hamburger Planetarium*, Hamburg: Dölling und Galitz.

Flem, L., 1982. »L'archéologie chez Freud«, *Nouvelle revue de psychanalyse* 26, S. 71-93.

Forster, K., 1976. »Aby Warburg's History of Art: Collective memory and the Social Mediation of Images«, *Daedalus* CV, Nr. 1, S. 169-176.

Forster, K., 1991. »Die Hamburg-Amerika-Linie, oder: Warburgs Kulturwissenschaft zwischen den Kontinenten«, in: *Aby Warburg. Akten des internationalen Symposions Hamburg 1990*, hg. von H. Bredekamp, M. Diers und C. Schoell-Glass, Weinheim: VCH-Acta Humaniora, S. 11-37.

Forster, K. W., 1995. »Warburgs Versunkenheit«, in: *Aby M. Warburg. »Ekstatische Nymphe ... trauernder Flußgott«. Porträt eines Gelehrten*, hg. von R. Galitz und B. Reimers, Hamburg: Dölling und Galitz, S. 184-206.

Forster, K. W., 1996. »Aby Warburg: His Study of Ritual and Art on Two Continents«, *October* 77, S. 5-24.

Forster, K. W., 1999. »Introduction« zu: A. Warburg, *The Renewal of Pagan Antiquity. Contributions to the Cultural History of European Renaissance*, übers. von D. Britt, Los Angeles: The Getty Research Institute for the History of Art and the Humanities, S. 1-75.

Foucault, M., 1954. »Introduction« zu: L. Binswanger, *Le Rêve et l'existence*, in ders., *Dits et Écrits 1954-1988*, hg. von D. Defert und F. Ewald, Paris: Gallimard, 1994, Bd. 1, S. 65-119; dt.: »Einführung«, übers. von H.-D. Gondek, in: ders., *Dits et Ecrits. Schriften*, 4 Bde., Frankfurt am Main: Suhrkamp, 2001-2005, Bd. 1, S. 107-174.

Foucault, M., 1966. *Les Mots et les choses. Une archéologie des sciences humaines*, Paris: Gallimard; dt.: *Die Ordnung der Dinge. Eine Archäologie der Humanwissenschaften*, übers. von U. Köppen, Frankfurt am Main: Suhrkamp, 1971.

Foucault, M., 1969. *L'Archéologie du savoir*, Paris: Gallimard; dt.: *Archäologie des Wissens*, übers. von U. Köppen, Frankfurt am Main: Suhrkamp, 1973.

Foucault, M., 1971. »Nietzsche, la généalogie, l'histoire«, in: ders., *Dits et Écrits 1954-1988*, hg. von D. Defert und F. Ewald, Paris: Gallimard, 1994, Bd. II, S. 65-119; dt.: »Nietzsche, die Genealogie, die Historie«, übers. von M. Bischoff, in: ders., *Dits et Ecrits. Schriften*, 4 Bde., Frankfurt am Main: Suhrkamp, 2001-2005, Bd. 2, S. 166-191.

Francastel, P., 1945. *L'Histoire de l'art, instrument de la propagande germanique*, Paris: Librairie de Médicis.

Francastel, P., 1965. *La Réalité figurative. Éléments structurels de sociologie de l'art*, Paris: Denoël-Gonthier.

Francastel, P., 1967. *La Figure et le lieu. L'ordre visuel au Quattrocento*, Paris: Gallimard.

Fratucello, C., und C. Knorr (Hg.), 1998. *Il cosmo incantato di Schifanoia. Aby Warburg e la storia delle immagini astrologiche*, Ferrara: Palazzo Schifanoia.

Frege, G., 1892. »Über Sinn und Bedeutung«, *Zeitschrift für Philosophie und philosophische Kritik* 100, S. 25-50 (Wiederabdruck in G. Frege, *Funktion, Begriff, Bedeutung. Fünf logische Studien*, hg. von G. Patzig, Göttingen: Vandenhoeck & Ruprecht, 1962, S. 40-65.)

Freud, S., 1887-1904. *Briefe an Wilhelm Fließ, 1887-1904*, hg. von J. Moussaieff Masson, dt. Fassung von M. Schröter, Frankfurt am Main: S. Fischer Verlag, 1986.

Freud, S., 1895a (zus. mit J. Breuer). *Studien über Hysterie*, in: ders., *Gesammelte Werke*, 18 Bde. u. ein Nachtragsband, hg. von A. Freud, E. Bibring, W. Hoffer, E. Kris und O. Isakower, London: Imago, 1940-1952, und Frankfurt am Main: S. Fischer Verlag, 1968 und 1987, Bd. 1, S. 75-312.

Freud, S., 1895b. »Entwurf einer Psychologie«, in: ders., *Aus den Anfängen der Psychoanalyse, 1887-1902. Briefe an Wilhelm Fließ*, Frankfurt am Main: S. Fischer Verlag, 1962, S. 305-384 [mit leichten Veränderungen auch in: ders., *Gesammelte Werke*, a. a. O., Nachtragsband, S. 387-477].

Freud, S., 1896a. »Zur Ätiologie der Hysterie«, in: ders., *Studienausgabe*, 10 Bde. u. ein Ergänzungsband, hg. von A. Mitscherlich, A. Richards und J. Strachey, Frankfurt am Main: S. Fischer Verlag, 1969-1975, Bd. 6, S. 51-81 [auch in: ders., *Gesammelte Werke*, a. a. O., Bd. 1, S. 425-459].

Freud, S., 1896b. »L'hérédité et l'étiologie des nevroses« [Original frz.], in: ders., *Gesammelte Werke*, a. a. O., Bd. 1, S. 407-422.

Freud, S., 1896c. »Weitere Bemerkungen über die Abwehr-Neuropsychosen«, in: ders., *Gesammelte Werke*, a. a. O., Bd. 1, S. 379-403.

Freud, S., 1898. »Zum psychischen Mechanismus der Vergeßlichkeit«, in: ders., *Gesammelte Werke*, a. a. O., Bd. 1, S. 519-527 [mit geringf. Modifikationen als Kap. 1 enthalten in: ders. 1901].

Freud, S., 1899. »Über Deckerinnerungen«, in: ders., *Gesammelte Werke*, a. a. O., Bd. 1, S. 531-554.

Freud, S., 1900. *Die Traumdeutung*, in: ders., *Studienausgabe*, a.a.O., Bd. II.

Freud, S., 1901. *Zur Psychopathologie des Alltagslebens*, in: ders., *Gesammelte Werke*, a.a.O., Bd. 4.

Freud, S., 1905. »Bruchstück einer Hysterie-Analyse«, in: ders., *Studienausgabe*, a.a.O., Bd. VI, S. 83-186 [auch in ders., *Gesammelte Werke*, a.a.O., Bd. 5, S. 161-286].

Freud, S., 1907. *Der Wahn und die Träume in W. Jensens »Gradiva«*, in: ders., *Studienausgabe*, a.a.O., Bd. X, S. 9-83 [auch in: ders., *Gesammelte Werke*, a.a.O., Bd. 7, S. 29-122].

Freud, S., 1908a. »Der Dichter und das Phantasieren«, in: ders., *Studienausgabe*, a.a.O., Bd. X, S. 169-179 [auch in: ders. *Gesammelte Werke*, a.a.O., Bd. 7, S. 213-223].

Freud, S., 1908b. »Hysterische Phantasien und ihre Beziehungen zur Bisexualität«, in: ders., *Studienausgabe*, a.a.O., Bd. VI, S. 187-195 [auch in ders., *Gesammelte Werke*, a.a.O., Bd. 7, S. 191-199].

Freud, S., 1909. »Allgemeines über den hysterischen Anfall«, in: ders., *Studienausgabe*, a.a.O., Bd. VI, S. 197-203 [auch in: ders., *Gesammelte Werke*, a.a.O., Bd. 7, S. 235-240].

Freud, S., 1910. »Über den Gegensinn der Urworte«, in: ders., *Studienausgabe*, a.a.O., Bd. IV, S. 221-234 [auch in: ders., *Gesammelte Werke*, a.a.O., Bd. 8, S. 214-221].

Freud, S., 1913a. »Das Interesse an der Psychoanalyse«, in: ders., *Gesammelte Werke*, a.a.O., Bd. 8, S. 389-420.

Freud, S., 1913b. *Totem und Tabu*, in: ders., *Studienausgabe*, a.a.O., Bd. IX, S. 287-444 [auch in ders. *Gesammelte Werke*, a.a.O., Bd. 9].

Freud, S., 1914. »Erinnern, Wiederholen und Durcharbeiten«, in: ders., *Studienausgabe*, a.a.O., Ergänzungsband, S. 205-215 [auch in: ders., *Gesammelte Werke*, a.a.O., Bd. 10, S. 126-136].

Freud, S., 1915. »Die metapsychologischen Schriften von 1915« (»Triebe und Triebschicksale«, »Die Verdrängung«, »Das Unbewußte«, »Metapsychologische Ergänzungen zur Traumlehre«, »Trauer und Melancholie«), in: ders., *Studienausgabe*, a.a.O., Bd. III, S. 69-212

Freud, S., 1916. »Eine Beziehung zwischen einem Symbol und einem Symptom«, in: ders., *Gesammelte Werke*, a.a.O., Bd. 10, S. 393-395.

Freud, S., 1916-1917. *Vorlesungen zur Einführung in die Psychoanalyse*, in: ders., *Studienausgabe*, a.a.O., Bd. I, S. 33-445 [auch in: ders., *Gesammelte Werke*, a.a.O., Bd. 11].

Freud, S., 1919. »Das Unheimliche«, in: ders., *Studienausgabe*, a.a.O.,

Bd. IV, S. 241-274 [auch in: ders., *Gesammelte Werke*, a. a. O:, Bd. 12, S. 229-268].

Freud, S., 1920. »Jenseits des Lustprinzips«, in: ders., *Studienausgabe*, a. a. O., Bd. III, S. 213-272 [auch in: ders., *Gesammelte Werke*, a. a. O., Bd. 13, S. 1-69].

Freud, S., 1925. »Notiz über den ›Wunderblock‹«, in: ders., *Studienausgabe*, a. a. O., Bd. III, S. 363-369 [auch in: ders., *Gesammelte Werke*, a. a. O., Bd. 14, S. 3-8].

Freud, S., 1926. *Hemmung, Symptom und Angst*, in: ders., *Studienausgabe*, a. a. O., Bd. VI, S. 227-308 [auch in: ders., *Gesammelte Werke*, a. a. O., Bd. 14, S. 111-205].

Freud, S., 1929. *Das Unbehagen in der Kultur*, in: ders., *Studienausgabe*, a. a. O., Bd. IX, S. 191-270 [auch in: ders., *Gesammelte Werke*, a. a. O., Bd. 14, S. 419-506.

Freud, S., 1933. *Neue Folge der Vorlesungen zur Einführung in die Psychoanalyse*, in: ders., *Studienausgabe*, a. a. O., Bd I, S. 447-608 [auch in: ders., *Gesammelte Werke*, a. a. O., Bd. 15].

Freud, S., 1937a. »Die endliche und die unendliche Analyse«, in: ders., *Studienausgabe*, a. a. O., Ergänzungsband, S. 351-392 [auch in: ders., *Gesammelte Werke*, a. a. O., Bd. 16, S. 59-99].

Freud, S., 1937b. »Konstruktionen in der Analyse«, in: ders., *Studienausgabe*, a. a. O., Ergänzungsband, S. 393-406 [auch in: ders., *Gesammelte Werke*, a. a. O., Bd. 16, S. 43-65].

Freud, S., 1938. »Ergebnisse, Ideen, Probleme«, in: ders., *Gesammelte Werke*, a. a. O., Bd. 17, S. 151-152.

Freud, S., 1939. *Der Mann Moses und die monotheistische Religion: Drei Abhandlungen*, in: ders., *Studienausgabe*, a. a. O., Bd. IX, S. 455-581 [auch in: ders., *Gesammelte Werke*, a. a. O., Bd. 16, S. 103-246].

Freud, S., u. a. 1906-1908. *Protokolle der Wiener psychoanalytischen Vereinigung*, hg. von H. Nunberg und E. Federn, Bd. 1, Frankfurt am Main: S. Fischer Verlag, 1976.

Frey-Sallmann, A., 1931. *Aus dem Nachleben antiker Göttergestalten. Die antiken Gottheiten in der Bildbeschreibung des Mittelalters und der italienischen Frührenaissance*, Leipzig: Dieterich.

Fried, M., 1986. »Antiquity Now: Reading Winckelmann on Imitation«, *October* 37, S. 87-97.

Friedländer, L., 1897. »Das Nachleben der Antike im Mittelalter«, *Deutsche Rundschau* XXIII, S. 210-240 und 370-401.

Friman, M., P. Jansson und V. Souminen, 1995. »Chaos or Order? Aby

Warburg's Library of Cultural History«, *Knowledge Organization* XXII, Nr. 1, S. 23-29.

Frizot, M. (Hg.), 1977. *Étienne-Jules Marey. La photographie du mouvement*, Paris: Centre Georges Pompidou.

Fuhrmann, H., 1991. »Jacob Burckhardt und die Zunft der Historiker«, in: *Das andere Wahrnehmen. Beiträge zur europäischen Geschichte*, hg. von M. Kintzinger, W. Stürner und J. Zahlten, Köln: Böhlau, S. 23-38.

Füssel, S. (Hg.), 1979. *Mnemosyne*, Göttingen: Gratia-Verlag.

Ganz, P., 1994. »Jacob Burckhardts Kultur der Renaissance in Italien: Handwerk und Methode«, in: *Umgang mit Jacob Burckhardt*, hg. von H. R. Guggisberg, Basel und München, Beck Verlag, S. 37-78.

Gebhart, É., 1887. *Études méridionales. La Renaissance italienne et la philosophie de l'histoire*, Paris: Le Cerf.

Gerhardt, V., 1989. »Die Renaissance im Denken Nietzsches«, in: *Il Rinascimento nell'Ottocento in Italia e Germania*, hg. von A. Buck und C. Vasoli, Bologna/Berlin: Il Mulino/Duncker & Humblot, S. 93-116.

Ghelardi, M., 1991. *La scoperta del Rinascimento. L'»Età di Raffaello« di Jacob Burckhardt*, Turin: Einaudi.

Ghelardi, M., 1998. »Una torretta girevole corazzata in terra straniera. Aby Warburg per Firenze«, *Belfagor* LIII, Nr. 6, S. 649-662.

Ghelardi, M., 1999. »Un germe selvaggio della scienza: Franz Boll, Aby Warburg e la storia dell'astrologia«, Vorwort zu: F. Boll und C. Bezold, *Interpretazione e fede negli astri. Storia e carattere dell'astrologia* (1917), übers. von M. Ghelardi und S. Müller, Livorno: Sillabe, S. 7-23.

Ghelardi, M., 2001. »Un bilancio vissuto«, Belfagor LVI, Nr. 2, S. 183-186.

Gilbert, F., 1972. »From Art History to the History of Civilization: Gombrich's Biography of Aby Warburg«, *Journal of Modern History* XLIV, Nr. 3, S. 381-391.

Ginzburg, C., 1966. »De A. Warburg à E. H. Gombrich. Notes sur un problème de méthode«, übers. von C. Paolini, in: ders.: *Mythes, emblèmes, traces. Morphologie et histoire*, Paris: Flammarion, 1989, S. 39-96.

Ginzburg, C., 1979. »Traces. Racines d'un paradigme indiciaire«, übers. von M. Aymard, in: ders.: *Mythes, emblèmes, traces. Morphologie et histoire*, a. a. O., S. 139-180.

Ginzburg, C., 1996. *Jean Fouquet. Ritratto del buffone Gonella*, Modena: Panini.

Ginzburg, C., 1999. »Jenseits des Exotismus: Picasso und Warburg«, in: ders., *Die Wahrheit der Geschichte: Rhetorik und Beweis*, übers. von W. Kaiser, Berlin: Wagenbach, 2001.

Glashoff, M., A. Neumann und M. Deppner, 1987. *Aby M. Warburgs Bilderatlas zwischen Talmud und Netzwerk*, Hamburg: INSEA-Kongress.

Glasmeier, M., 1994. »Aby M. Warburg, der Kulturwissenschaftler als Künstler«, *Neue bildende Kunst* IV, Nr. 4, S. 47-50.

Goebel-Schilling, G., 1990. »Zur Kritik der ›hysterischen Renaissance‹ im Frühwerk Heinrich Manns«, in: *Renaissance und Renaissancismus von Jacob Burckhardt bis Thomas Mann*, hg. von A. Buck, Tübingen: Max Niemeyer, S. 78-88.

Goethe, J. W., 1798, »Über Laokoon«, in: ders., *Berliner Ausgabe*, Bd. 19, *Kunsttheoretische Schriften und Übersetzungen*, Bd. 1, Berlin: Aufbau-Verlag, 1973, S. 129-141.

Goethe, J. W., 1821. »Fossiler Stier«, in: ders., *Naturwissenschaftliche Schriften*, hg. von D. Kuhn, Hamburg: Christian Wegner, 1971, S. 196-203.

Goldschmidt, A., 1921-1922. »Das Nachleben der antiken Formen im Mittelalter«, *Vorträge der Bibliothek Warburg* I, S. 40-50.

Gombrich, E. H., 1961. »The Style all'antica: Imitation and Assimilation«, in: ders., *Norm and Form. Studies in the Art of the Renaissance*, Bd. 1, London: Phaidon, 1966, S. 122-128; dt.: »Der Stil *all'antica*: Imitieren und Assimilieren«, in: ders., *Die Kunst der Renaissance*, Bd. 1, *Norm und Form*, übers. von L. Gombrich, Stuttgart: Klett-Cotta, 1985, S. 158-166.

Gombrich, E. H., 1964. »Moment and Movement in Art«, in: ders., *The Image and the Eye. Further Studies in the Psychology of Pictorial Representation*, London: Phaidon, 1982, S. 40-62; dt.: »Der fruchtbare Moment: Vom Zeitelement in der bildenden Kunst«, in: ders., *Bild und Auge. Neue Studien zur Psychologie der bildlichen Darstellung*, übers. von L. Gombrich, Stuttgart: Klett-Cotta, 1984, S. 40-62.

Gombrich, E. H., 1966a. »The Ambivalence of the Classical Tradition. The Cultural Psychology of Aby Warburg«, in: ders., *Tributes. Interpreters of Our Cultural Tradition*, Oxford: Phaidon, 1984, S. 117-137.

Gombrich, E. H., 1966b. »Ritualized Gesture and Expression in Art«, in: ders., *The Image and the Eye*, a. a. O., S. 63-77; dt.: »Verhaltensritual und Ausdrucksgebärde in der Kunst«, in: ders., *Bild und Auge*, a.a.O., S. 63-77.

Gombrich, E. H., 1969. »In Search of Cultural History«, in: ders., *Ideals and Idols. Essays on Values in History and in Art*, London: Phaidon, 1979, S. 24-59; dt.: »Die Krise der Kulturgeschichte«, in: ders., *Die Krise der Kulturgeschichte. Gedanken zum Wertproblem in den Geisteswissenschaften*, übers. von L. Gombrich, Stuttgart: Klett-Cotta, 1983, S. 27-64.

Gombrich, E. H., 1970. *Aby Warburg. An Intellectual Biography*, London: The Warburg Institute (2. Ausg. Chicago/Oxford, The University of Chicago Press/Phaidon, 1986); dt.: *Aby Warburg. Eine intellektuelle Biografie*, übers. von M. Fienbork, Frankfurt am Main: Europäische Verlagsanstalt, 1981.

Gombrich, E. H., 1972. »Action and Expression in Western Art«, in: ders., *The Image and the Eye*, a.a.O., S. 78-104; dt.: »Handlung und Ausdruck in der abendländischen Kunst«, in: ders.: *Bild und Auge*, a.a.O., S. 78-104.

Gombrich. E. H., 1994a. »Aby Warburg and A.-F. Rio«, in: *Studi in onore di Giulio Carlo Argan*, Florenz: La Nuova Italia, S. 48-52.

Gombrich, E. H., 1994b. »Aby Warburg e l'evoluzionismo ottocentesco«, *Belfagor* XLIX, Nr. 6, S. 635-649.

Gombrich, E. H., 1999. »Aby Warburg: His Aims and Methods. An Anniversary Lecture«, *Journal of the Warburg and Courtauld Institutes* LXII, S. 268-282.

Gramaccini, N., 1996. *Mirabilia. Das Nachleben antiker Statuen vor der Renaissance*, Main: Philipp von Zabern.

Granoff, W., 1976. *La Pensée et le féminin*, Paris: Minuit.

Green, A., »Après coup, l'archaïque«, in: ders., *La Folie privée. Psychanalyse des cas-limites*, Paris: Gallimard, 1990, S. 225-253; in der dt. Teilübersetzung des Bandes (*Geheime Verrücktheit. Grenzfälle der psychoanalytischen Praxis*, Gießen: Psychosozial-Verlag, 2000) nicht enthalten.

Greenhalgh, M., 1989. *The Survival of Roman Antiquities in the Middle Ages*, London: Duckworth.

Greimas, A. J., und J. Fontanille, 1991. *Sémiotique des passions. Des états de choses aux états d'âme*, Paris: Le Seuil.

Grolle, J., 1994. *Walter Solmitz (1905 bis 1962), Schüler von Aby Warburg und Ernst Cassirer. Bericht von einem schwierigen Leben*, Berlin und Hamburg: Dietrich Reimer.

Große, J., 1997. *Typus und Geschichte. Eine Jacob-Burckhardt-Interpretation*, Köln: Böhlau.

Halm-Tisserant, M., und G. Siebert, 1997. »Nymphaï«, in: *Lexicon iconographicum mythologiae classicae*, Bd. VIII-1, Zürich und Düsseldorf: Artemis, S. 891-902.

Hammerstein, R., 1980. *Tanz und Musik des Todes. Die mittelalterlichen Totentänze und ihr Nachleben*. Bern und München: Francke.

Harrold, C. F., 1934. *Carlyle and German Thought: 1819-1834*, New Haven: Yale University Press.

Hartmann, E. von, 1869-1871. *Philosophie des Unbewußten*, Bd. I (10. Aufl.), Leipzig: W. Friedrich, 1890.

Haskell, F., 1991. »Winckelmann und sein Einfluß auf die Historiker«, in: *Winckelmann: Die Geburt der Kunstgeschichte im Zeitalter der Aufklärung*, hg. von E. Pommier (*Schriften der Winckelmann-Gesellschaft*, Bd. 12), Stendal: Winckelmann-Gesellschaft, 1994, S. 61-70.

Haus, A., 1991. »Leidenschaft und Pathosformel: auf der Suche nach Bezügen Aby Warburgs zur barocken Affektenlehre«, in: *Europäische Barock-Rezeption*, hg. von K. Garber, Wiesbaden: Harrassowitz, Bd. 2, S. 1319-1339.

Hay, D., 1982. »Historians and the Renaissance During the Last Twenty-Five Years«, in ders., *The Renaissance. Essays in Interpretation*, London und New York: Methuen, S. 1-32.

Hecker, J. F. C., 1832. *Die Tanzwuth, eine Volkskrankheit im Mittelalter*, Berlin: Enslin.

Heckscher, W. S., 1937. »Relics of Pagan Antiquity in Mediaeval Settings«, *Journal of the Warburg Institute* I, S. 204-220.

Heckscher, W. S., 1963. *Ancient Art and Its Echoes in Post-Classical Times*, Amsterdam: The Netherlands Classic Association.

Heckscher, W. S., 1967. »The Genesis of Iconology«, in: *Art and Literature. Studies in Relationship*, hg. von E. Verheyen, Baden-Baden: Valentin Koerner, S. 253-280.

Heckscher, W. S., 1974. »Petites perceptions: An Account of *sortes Warburgianae*«, in: *Art and Literature. Studies in Relationship*, a. a. O., S. 435-480.

Heftrich, E., 1967. *Hegel und Jacob Burckhardt. Zur Krisis des geschichtlichen Bewußtseins*, Frankfurt am Main: Klostermann.

Hegel, G. W. F., 1807. *Phänomenologie des Geistes. Werke in zwanzig Bänden*, Bd. 3, Frankfurt am Main: Suhrkamp, 1970.

Hegel, G. W. F., 1830. *Enzyklopädie der philosophischen Wissenschaften.*

Werke in zwanzig Bänden, Bde. 8-10, Frankfurt am Main: Suhrkamp, 1970.

Hegel, G. W. F., 1835-1842. *Vorlesungen über die Ästhetik. Werke in zwanzig Bänden*, Bde. 13-15, Frankfurt am Main: Suhrkamp, 1970.

Heine, H., 1853. »Die Götter im Exil«, in: ders., *Sämtliche Schriften*, hg. von K. Briegleb, München: Hanser, 1975, Bd. VI/1, S. 397-423.

Heise, C. G., 1947. *Persönliche Erinnerungen an Aby Warburg*, New York: Eric H. Warburg.

Herbst, W., 1852. *Das classische Altertum in der Gegenwart. Eine geschichtliche Betrachtung*, Leipzig: Teubner.

Herder, J. G., 1778. »Denkmal Johann Winckelmanns«, in: ders., *Werke in zwei Bänden*, hg. von K.-G. Gerold, München: Hanser, 1953, Bd. II, S. 634-670.

Herding, K., 1990. »Warburgs ›Revenants‹ – psycho-ikonographisch gezähmt«, *Kritische Berichte* XVIII, Nr. 3, S. 27-37.

Hering, E., 1870. *Über das Gedächtnis als allgemeine Funktion der organisierten Materie*, Leipzig: Engelmann.

Herter, H., 1937. »Nymphai«, in: *Paulys Real-Encyclopädie der classischen Altertumswissenschaft*, Bd. XVII, hg. von G. Wissowa, Stuttgart: Metzler, Spalten 1527-1581.

Hester, M., 1976. »The Structure of Tragedy and the Art of Painting«, in: *Studies in Nietzsche and the Classical Tradition*, hg. von J. C. O'Flaherty, T. F. Sellner und R. M. Helm, Chapel Hill: The University of North Carolina Press, S. 71-88.

Hinde, J. R., 1994. »Jacob Burckhardt and Art History: Two New Interpretations«, *Storia della storiografia* 26, S. 119-123.

Hinde, J. R., 1996. »Jacob Burckhardt and the Art of History«, *Storia della storiografia* 30, S. 107-123.

Hodgen, M. T., 1936. *The Doctrine of Survivals. A Chapter in the History of Scientific Method in the Study of Man*, London: Allenson.

Hoffmann, K., 1992. »›Angst und Methode‹ nach Warburg: Erinnerung als Veränderung«, in: *L'Art et les révolutions*, Bd. V: *Révolution et évolution de l'histoire de l'art de Warburg à nos jours*, hg. von H. Olbrich, Straßburg: Société alsacienne pour le Développement de l'Histoire de l'Art, S. 7-14.

Hofmann, W., 1980. »Warburg et sa méthode«, *Cahiers du Musée national d'Art moderne* 3, S. 60-69.

Hölder, H., 1960. *Geologie und Paläontologie in Texten und ihrer Geschichte*, München und Freiburg: Karl Alber.

Holly, M. A., 1988. »Burckhardt and the Ideology of the Past«, *History of the Human Sciences* I, Nr. 1, S. 47-73.

Holly, M. A., 1993. »Unwriting Iconology«, in: *Iconology at the Crossroads*, hg. von B. Cassidy, Princeton: Princeton University Press, S. 17-25.

Holly, M. A., 1996. *Past Looking. Historical Imagination and the Rhetoric of the Image*, Ithaca und London: Cornell University Press.

Hoogewerff, G. J., 1931. »L'iconologie et son importance pour l'étude systématique de l'art chrétien«, *Rivista di archeologia cristiana* VIII, S. 53-82.

Horster, M., 1980. *Andrea del Castagno*, Oxford: Phaidon.

Howard, S., 1990. *Antiquity Restored. Essays on the Afterlife of the Antique*, Wien: IRSA.

Huber, G., 1993. »Warburgs Ninfa, Freuds Gradiva und ihre Metamorphose bei Masson«, in: *Denkräume. Zwischen Kunst und Wissenschaft*, hg. von S. Baumgart u. a., Berlin: Dietrich Reimer, S. 443-460.

Huisstede, P. van, 1995. »Der Mnemosyne-Atlas. Ein Laboratorium der Bildergeschichte«, *Aby M. Warburg. »Ekstatische Nymphe ... trauernder Flußgott«. Porträt eines Gelehrten*, hg. von R. Galitz und B. Reimers, Hamburg: Dölling und Galitz, S. 130-171.

Huizinga, J., 1920. »Das Problem der Renaissance«, in: ders., *Wege der Kulturgeschichte*, übers. von W. Kaegi, München: Drei Masken Verlag, 1930, S. 89-139.

Huizinga, J., 1929. »Aufgaben der Kulturgeschichte«, in: ders., *Wege der Kulturgeschichte*, a. a. O., S. 7-77.

Husserl, E., 1905. *Vorlesungen zur Phänomenologie des inneren Zeitbewußtseins*, Halle: Niemeyer, 1928.

Husserl, E., 1912-1928. *Ideen zu einer reinen Phänomenologie und phänomenologischen Philosophie. Zweites Buch: Phänomenologische Untersuchungen zur Konstitution*, Den Haag: Martinus Nijhoff, 1952.

Imbert, C., *Phénoménologies et langues formulaires*, Paris: PUF.

Immisch, O., 1919. *Das Nachleben der Antike*, Leipzig: Dieterich.

Iversen, M., 1991. »Aby Warburg and the New Art History«, in: *Aby Warburg. Akten des internationalen Symposions Hamburg* 1990, hg. von H. Bredekamp, M. Diers und C. Schoell-Glass, Weinheim: VCH Acta Humaniora, S. 281-287.

Iversen, M., 1993. »Retrieving Warburg's Tradition«, *Art History* XVI, Nr. 4, S. 541-553.

Jaeger, F., 1994. *Bürgerliche Modernisierungskrise und historische Sinn-*

bildung. Kulturgeschichte bei Droysen, Burckhardt und Max Weber, Göttingen: Vandenhoeck & Ruprecht.

Jaeschke, E., 1900. *Die Antike in der bildenden Kunst der Renaissance.* Bd. 1: *Die Antike in der Florentiner Malerei des Quattrocento*, Straßburg: Heitz.

Janitschek, H., 1877. *Leone Battista Albertis kleinere kunsttheoretische Schriften*, Wien: Braumüller.

Janitschek, H., 1879. *Die Gesellschaft der Renaissance in Italien und die Kunst*, Stuttgart: Spemann.

Janitschek, H., 1892. *Die Kunstlehre Dantes und Giottos Kunst*, Leipzig: Brockhaus.

Janner, A., 1948. »Il pensiero storico di Jacopo Burckhardt«, *Quaderni italo-svizzeri* 9, S. 3-58.

Janshen, F., 1993. »Spurenlesen. Um Aby Warburgs ›Schlangenritual‹«, in: *Denkräume. Zwischen Kunst und Wissenschaft*, hg. von S. Baumgart u. a., Berlin: Dietrich Reimer, S. 87-112.

Janson, H. W., 1946. »Titian's Laocoon Caricature and the Vesalian-Galenist Controversy«, in ders., *Apes and Ape Lore in the Middle Ages and the Renaissance*, London: The Warburg Institute, 1952, S. 355-368.

Janssen, E. M., 1970. *Jacob Burckhardt und die Renaissance*, Assen: Van Gorcum-Prakke.

Janz, C. P., 1978-1979. *Friedrich Nietzsche: Biographie*, 3 Bde., München: Hanser.

Jaspers, K., 1913. *Allgemeine Psychopathologie*, Berlin: Springer (1920/1923-2./3.Auflage)

Jesinghausen-Lauster, M., 1985. *Die Suche nach der symbolischen Form. Der Kreis um die Kulturwissenschaftliche Bibliothek Warburg*, Baden-Baden: Valentin Koerner.

Joël, K., 1918. *Jacob Burckhardt als Geschichtsphilosoph*, Basel: Helbing & Lichtenhahn.

Jones, E., 1955. *Das Leben und Werk von Sigmund Freud*, 3 Bde., übers. von K. Jones und G. Meili-Dworetzki, Bern und Stuttgart: Hans Huber, 1960-1962.

Jorio, A. de, 1832. *La mimica degli Antichi investigata nel gestire napoletano*, Neapel: Fibreno.

Jullian, R., 1931. »Les survivances antiques dans la sculpture lombarde du XIIe siècle«, *Études italiennes* I, Nr. 3-4, S. 131-140.

Justi, C., 1898. *Winckelmann und seine Zeitgenossen*, Leipzig: Vogel.

Kaegi, W., 1933. »Das Werk Aby Warburgs. Mit einem unveröffentlichten Brief Jacob Burckhardts«, *Neue Schweizer Rundschau* I, Nr. 5, S. 283-293.

Kaegi, W., 1956. *Jacob Burckhardt. Eine Biographie*. Bd. III: *Die Zeit der klassischen Werke*, Basel und Stattgurt: Schwabe.

Käfer, M., 1986. *Winckelmanns hermeneutische Prinzipien*, Heidelberg: Carl Winter.

Kant, I., 1790. *Kritik der Urteilskraft*, in: ders., *Werke in sechs Bänden*, hg. von W. Weischedel, Wiesbaden: Insel Verlag, 1957, Bd. V, S. 171-620.

Kany, R., 1985. »Lo sguardo filologico. Aby Warburg e i dettagli«, *Annali della Scuola normale superiore di Pisa*, III. Folge, XV, Nr. 4, S. 1265-1283.

Kany, R., 1987. *Mnemosyne als Programm. Geschichte, Erinnerung und die Andacht zum Unbedeutenden im Werk von Usener, Warburg und Benjamin*, Tübingen: Max Niemeyer.

Kany, R., 1989. *Die religionsgeschichtliche Forschung an der kulturwissenschaftlichen Bibliothek Warburg*, Bamberg: Stefan Wendel.

Katritzky, M. A., 2001. »Aby Warburg and the Florentine Intermedi of 1589: Extending the Boundaries of Art History«, in: *Art History as Cultural History. Warburg's Projects*, hg. von R. Woodfield, Amsterdam: G+B Arts International, S. 209-258.

Kaufmann, R., 1932. *Der Renaissancebegriff in der deutschen Kunstgeschichtsschreibung*, Winterthur: Schönenberger & Gall.

Kekulé von Stradonitz, R., 1883. *Zur Deutung und Zeitbestimmung des Laokoon*, Berlin und Stuttgart: Spemann.

Keller, H., 1970. *Das Nachleben des antiken Bildnisses von der Karolingerzeit bis zur Gegenwart*, Freiburg i. Br.: Herder.

Kemp, M., 1975. »Walter Benjamin und die Kunstwissenschaft, 2. Walter Benjamin und Aby Warburg«, *Kritische Berichte* III, Nr. 1, S. 5-25.

Kimura, B., 1988. *L'Entre. Une approche phénoménologique de la schizophrénie*, übers. von C. Vincent, Grenoble: Jérôme Millon, 2000.

Klages, L., 1923. *Ausdrucksbewegung und Gestaltungskraft. Grundlegung der Wissenschaft vom Ausdruck*, Leipzig: Barth.

Klein, R., 1970. *La Forme de l'intelligible. Écrits sur la Renaissance et l'art moderne*, Paris: Gallimard; dt.: *Gestalt und Gedanke. Zur Kunst und Theorie der Renaissance*, übers. von H. Günther, Berlin: Wagenbach, 1996 (die zit. Aufsätze wurden in die deutsche Sammlung nicht aufgenommen).

Klemperer, E. G. von, 1980. *The Survival of Antiquity*, Northampton: Smith College Studies in History.

Klossowski, P., 1969. *Nietzsche et le cercle vicieux*, Paris: Mercure de France (überarb. Neuausgabe 1991); dt.: *Nietzsche und der Circulus vitiosus deus*, übers. von R. Vouillé, München: Matthes und Seitz, 1986.

Koerner, J. L., 1997. »Paleface and Redskin«, *The New Republic*, 24. März, S. 30-38.

Königseder, K., 1995. »Aby Warburg im ›Bellevue‹«, in: *Aby M. Warburg. »Ekstatische Nymphe ... trauernder Flußgott«. Porträt eines Gelehrten*, hg. von R. Galitz und B. Reimers, Hamburg: Dölling und Galitz, S. 74-98.

Krautheimer, R., 1929. »Die Anfänge der Kunstgeschichtsschreibung in Italien«, *Repertorium für Kunstwissenschaft* L, S. 49-63.

Kristeller, P. O., 1961. »Changing Views of the Intellectual History of the Renaissance since Jacob Burckhardt«, in: *The Renaissance. A Reconsideration of the Theories and Interpretations of the Age*, hg. von T. Helton, Madison: The University of Wisconsin Press, S. 27-52.

Krois, J. M., 1988. »Problematik, Eigenart und Aktualität der Cassirerschen Philosophie der symbolischen Formen«, in: *Über Ernst Cassirers Philosophie der symbolischen Formen*, hg. von H.-J. Braun, H. Holzhey und E. W. Orth, Frankfurt am Main: Suhrkamp, S. 15-44.

Krois, J. M., 1995. »L'art, une forme symbolique«, übers. von F. Capeillères, in: E. Cassirer, *Œuvres*, Bd. XII. *Écrits sur l'art*, Paris: Le Cerf, S. 7-26.

Krois, J. M., 1999. »Cassirer's ›Prototype and Model‹ of Symbolism: Its Sources and Significance«, *Science in Context* XII, Nr. 4, S. 531-547.

Krüger, P. W., 1930. *Das Dekadenzproblem bei Jacob Burckhardt*, Basel: Schwabe.

Kultermann, U., 1966. *Geschichte der Kunstgeschichte. Der Weg einer Wissenschaft*, Düsseldorf: Econ.

Lacan, J., 1931. »Écrits ›inspirés‹: schizographie« (gemeinsam mit J. Lévy-Valensi und P. Migault), in: ders., *De la psychose paranoïaque dans ses rapports avec la personnalité*, suivi de *Premiers écrits sur la paranoïa*, Paris: Le Seuil, 1975, S. 365-382; dt.: »›Eingegebene‹ Schriften: Schizographie«, in: ders., *Über die paranoische Psychose und ihre Beziehungen zur Persönlichkeit und frühe Schriften über die Paranoia*, übers. von H.-D. Gondek, Wien: Passagen-Verlag, 2002, S. 361-377.

Lacan, J., 1933. »Le problème du style et la conception psychiatrique des formes paranoïaques de l'expérience«, *Minotaure* 1 (1933), S. 68-69 (Wiederabdruck in: ders., *De la psychose paranoïaque*, a. a. O., S. 383-388); dt.: »Das Problem des Stiles und die psychiatrische Auffassung von den paranoischen Formen der Erfahrung«, in: ders., *Über die paranoische Psychose*, a. a. O., S. 379-383.

Lacan 1953-1954. *Le Séminaire I. Les écrits techniques de Freud*, hg. von J.-A. Miller, Paris: Le Seuil, 1975; dt.: *Das Seminar. Buch I (1953-1954), Freuds technische Schriften*, übers. von W. Hamacher, Olten: Walter, 1978.

Lacan, J., 1957-1958. *Le Séminaire V. Les formations de l'inconscient*, hg. von J.-A. Miller, Paris: Le Seuil, 1998; dt.: *Das Seminar. Buch V (1957-1958). Die Bildungen des Unbewußten*, übers. von H.-D. Gondek, Wien: Passagen-Verlag, 2006.

Lacan, J., 1964. *Le Séminaire XI. Les quatres concepts fondamentaux de la psychanalyse*, hg. von J.-A. Miller, Paris: Le Seuil, 1973; dt.: *Das Seminar. Buch XI. Die vier Grundbegriffe der Psychoanalyse*, übers. von N. Haas, Olten: Walter, 1978.

Lacan, J., 1966. *Écrits*, Paris: Le Seuil. (dt. in Auswahl: *Schriften 1-3*, ausgew. und hg. von N. Haas, Olten: Walter, 1973-1980).

Lacan, J., 1975. »Le sinthome«, *Ornicar?* 6 (1976), S. 3-20.

Lacoste, P., 1989. »Le sens de l'observation«, in: ders., *Contraintes de pensée, contrainte à penser. La magie lente*, Paris: PUF, 1992, S. 47-49.

Lacoste, P., 1990. »La mémoire à l'œil nu«, in: ders., *Liberté sur paroles. Actualités freudiennes*, Belfort: Circé, 1998, S. 104-127.

Lacoste, P., 1994. »Sur les théories freudiennes de l'évolution«, in: *Les Évolutions. Phylogenèse de l'individuation*, hg. von P. Fédida und D. Widlöcher, Paris: Paris: PUF, S. 21-43.

Lacoue-Labarthe, P., 1986. *L'Imitation des Modernes (typographies II)*, Paris: Galilée; dt.: *Die Nachahmung der Modernen*, Basel: Engeler, 2003.

Lacoue-Labarthe, P., 1998. »La leçon de Burckhardt«, Vorwort zu J. Burckhardt, *Leçons sur l'art occidental*, übers. von B. Kreiss, Paris: Hazan, S. 5-13.

Lacoue-Labarthe, P., und Nancy, J. L., 1978. *L'Absolu littéraire. Théorie de la littérature du Romantisme allemand*, Paris: Le Seul.

Lagrange, J., 1988. »Problématiques du temps: phénoménologie et psychanalyse«, *Psychanalyse à l'Université* XIII, Nr. 52, S. 575-607.

Laing, G. J., 1931. *Survivals of Roman Religion*, London: Harrap.

Lamprecht, K., 1882. *Initial-Ornamentik des VIII. bis XIII. Jahrhunderts*, Leipzig: Dürr.

Lamprecht, K., 1896-1897. »Was ist Kulturgeschichte? Beiträge zu einer empirischen Historik«, *Deutsche Zeitschrift für Geschichtswissenschaft*, Neue Folge I, S. 75-150.

Lamprecht, K., 1897. »Individualität, Idee und sozialpsychische Kraft in der Geschichte«, *Jahrbücher für Nationalökonomie und Statistik* XXVII, S. 880-900.

Lamprecht, K., 1900. *Die kulturhistorische Methode*, Berlin: Gaertners.

Lamprecht, K., 1905a. *Aufforderung zum Sammeln von Kinderzeichnungen*, Leipzig: Voigtländer Verlag.

Lamprecht, K., 1905b. *Moderne Geschichtswissenschaft*, Freiburg i. Br.: Heyfelder (2. Ausg. Berlin: Weidmann, 1909).

Lamprecht, K., 1912. *Einführung in das historische Denken*, Leipzig: Voigtländer.

Landauer, C. H., 1981. »Das Nachleben Aby Warburgs«, *Kritische Berichte* IX, Nr. 4-5, S. 67-71.

Landauer, C. H., 1984. *The Survival of Antiquity. The German Years of the Warburg Institute*, Ph. D. Yale University, New Haven.

Laplanche, J., 1981. »La psychanalyse: histoire ou archéologie?«, in: ders., *Le Primat de l'autre en psychanalyse. Travaux, 1967-1992*, Paris: Flammarion, 1997.

Laplanche, J., 1992. »Notes sur l'après-coup«, in: ders., *Entre séduction et inspiration: l'homme*, Paris: PUF, 1999, S. 57-66.

Lash, S., 1984. »Genealogy and the Body: Foucault/Deleuze/Nietzsche«, *Theory, Culture and Society* II, Nr. 2, S. 1-17.

Laurent, G., 1987. *Paléontologie et évolution en France de 1800 à 1860. Une histoire des idées de Cuvier et Lamarck à Darwin*, Paris: CTHS.

La Valley, A. J., 1968. *Carlyle and the Idea of the Modern. Studies in Carlyle's Prophetic Literature and Its Relation to Blake, Nietzsche, Marx, and Others*, New Haven und London: Yale University Press.

Lavater, J. C., 1782-1803. *Physiognomische Fragmente zur Beförderung der Menschenkenntnis und Menschenliebe*, 4 Bde., Leipzig und Winterthur: Weidmann, Reich und Steiner (Faksimile-Ausgabe Leipzig: Edition Leipzig, 1968-1969).

Leclerc, J., und J. Tarrête, 1988. »Fossile directeur«, *Dictionnaire de la préhistoire*, hg. von A. Leroi-Gourhan, Paris: PUF (erw. Ausg. 1994), S. 419.

Lefèbvre, J., 1989, »Renaissance, Réforme et Moyen Âge dans la philosophie de l'histoire chez Broch«, *Cahiers d'études gemaniques* XVI, S. 129-152.

Le Goff, J., 1983. »Préface« zu: M. Bloch, *Les Rois thaumaturges. Études sur le caractère surnaturel attribué à la puissance royale, particulièrement en France et en Angleterre* (1924), Paris: Gallimard, S. I-XLI; dt.: »Vorwort« zu: M. Bloch, *Die wundertätigen Könige*, übers. von C. Märtl, München: Beck, 1998, S. 9-44.

Le Goff, J., 1985. *L'Imaginaire médiéval. Essais*, Paris: Gallimard; dt.: *Phantasie und Realität des Mittelalters*, übers. von R. Höner, Stuttgart: Klett-Cotta, 1990.

Le Goff, J., 1988. *Histoire et mémoire*, Paris: Gallimard; dt.: *Geschichte und Gedächtnis*, übers. von E. Hartfelder, Frankfurt am Main: Campus, 1992.

Leopold, J., 1980. *Culture in Comparative and Evolutionary Perspective: E. B. Tylor and the Making of »Primitive Culture«*, Berlin: Dietrich Reimer.

Lepenies, W., 1986. »Johan Joachim Winckelmann: Kunst und Naturgeschichte im 18. Jahrhundert«, in: *Johan Joachim Winckelmann, 1717-1768*, hg. von T. W. Gaehtgens, Hamburg: Felix Meiner, S. 221-237.

Leroi-Gourhan, A., 1943. *Évolution et techniques I. L'homme et la matière*, Paris: Albin Michel (Neuausg. 1971).

Lessing, G. E., 1766. »Laokoon: oder über die Grenzen der Malerei und Poesie«, in: ders., *Werke*, hg. von H. G. Göpfert, München: Hanser Verlag, 1975, Bd. VI, *Kunsttheoretische und kunsthistorische Schriften*, S. 7-187.

Levinstein, S., 1905. *Kinderzeichnungen bis zum 14. Lebensjahr. Mit Parallelen aus der Urgeschichte, Kulturgeschichte und Völkerkunde*, Leipzig: Voigtländer.

Lévi-Strauss, C., 1949. »Histoire et ethnologie«, in: ders., *Anthropologie structurale*, Paris: Plon, 1958, S. 3-33; dt.: »Geschichte und Ethnologie«, in: ders., *Strukturale Anthropologie*, Frankfurt am Main: Suhrkamp, 1967, S. 11-40.

Lévi-Strauss, C., 1952. »La notion d'archaïsme en ethnologie«, in: ders., *Anthropologie structurale*, a.a.O., S. 113-132; dt.: »Der Begriff des Archaismus in der Ethnologie«, in: ders., *Strukturale Anthropologie*, a.a.O., S. 115-134.

Lévy-Bruhl, L., 1910. *Les Fonctions mentales dans les sociétés inférieures*, Paris: Alcan; dt.: *Das Denken der Naturvölker*, übers. von W. Jerusalem, Wien und Leipzig: Braumüller, 1921.

Lévy-Bruhl, L., 1922. *La mentalité primitive*, Paris: Alcan; dt.: *Die geistige Welt der Primitiven*, München: Bruckmann, 1927.

Lévy-Bruhl, L., 1927. *L'Âme primitive*, Paris: Alcan; dt.: *Die Seele der Primitiven*, Wien und Leipzig: Braumüller, 1930.

Lévy-Bruhl, L., 1935. *La Mythologie primitive. Le monde mythique des Australiens et des Papous*, Paris: Alcan (2. Aufl.).

Lévy-Bruhl, L., 1938. *L'Expérience mystique et les symboles chez les primitifs*, Paris: Alcan.

Lévy-Bruhl, L., 1938-1939. *Carnets*, Paris: PUF, 1949 (Ausg. 1998).

Liebschütz, H., 1971. »Aby Warburg (1866-1929) as Interpreter of Civilization«, *Year Book of the Leo Baeck Institute* XVI, S. 225-236.

Lippincott, K., 1991. »Aby Warburg, Fritz Saxl and the Astrological Ceiling of the Sala di Galatea«, in: *Aby Warburg. Akten des internationalen Symposions Hamburg* 1990, hg. von H. Bredekamp, M. Diers und C. Schoell-Glass, Weinheim: VCH Acta Humaniora, S. 213-232.

Lippincott, K., 2001. »Urania redux: A View of Aby Warburg's Writings on Astrology and Art«, in: *Art History as Cultural History. Warburg's Projects*, hg. von R. Woodfield, Amsterdam: G+B Arts International, S. 151-182.

Livingstone, R. W., 1912. *The Greek Genius and Its Meaning to Us*, Oxford/London: Oxford University Press/Humphrey Milford.

Lloyd-Jones, H., 1982. *Classical Survivals. The Classics in the Modern World*, London: Duckworth.

Lombroso, C., 1878. *L'Homme criminel. Atlas*, Turin: Bocca (überarb. Ausg. 1888).

Long, T. A., 1989. »Nietzsche's Philosophy of Medicine«, *Nietzsche-Studien* XIX, S. 112-128.

Lowie, R. H., 1937. *The History of Ethnological Theory*, New York: Holt, Rinehart & Winston.

Löwith, K., 1928, »Burckhardts Stellung zu Hegels Geschichtsphilosophie«, in: ders., *Sämtliche Schriften*, Bd. VII, Stuttgart: Metzler, 1984, S. 9-38.

Löwith, Karl, 1935-1958. *Nietzsches Philosophie der ewigen Wiederkehr des Gleichen*, Sturrgart: Kohlhammer, 1956.

Löwith, K., 1936. Jacob Burckhardt. Der Mensch inmitten der Geschichte, in: ders., *Sämtliche Schriften*, Bd. VII, Stuttgart: Metzler, 1984, S. 39-361.

Luquet, G.-H., 1926. *L'Art et la religion des hommes fossiles*, Paris: Masson.

Maikuma, Y., 1985. *Der Begriff der Kultur bei Warburg, Nietzsche und Burckhardt*, Königstein i. Ts.: Athenäum.

Maldiney, H., 1961. »Comprendre«, in: ders.: *Regard, parole, espace*, Lausanne: L'Âge d'Homme, 1973, S. 27-86; dt.: *Verstehen*, übers. von S. Metzger, Wien: Turia und Kant, 2006.

Maldiney, H., 1991. *Penser l'homme et la folie. À la lumière de l'analyse existentielle et de l'analyse du destin*, Grenoble: Jérôme Millon.

Mâle, É., 1894. »L'enseignement de l'histoire de l'art dans l'université«, *Revue universitaire* III, Nr. 1, S. 10-20.

Mallery, G., 1879-1880. »Sign Language Among North American Indians compared with that Among Other Peoples and Deaf-Mutes«, Bureau of American Ethnology. First Annual Report, S. 263-552.

Mallery, G., 1882. *Forschungen und Anregungen über die Zeichensprache der Indianer Nord-Amerikas*, übers. von A. Brauer, Halle: Waisenhaus.

Mallgrave, H. F., und E. Ikonomou, 1994. »Introduction«, in dies., *Empathy, Form, and Space. Problems in German Aesthetics, 1873-1893, Santa Monica: Getty Center for the History of Arts and Humanities*, S. 1-85.

Mann, N., »Kulturwissenschaft in London: englisches Fortleben einer europäischen Tradition«, in: *Aby M. Warburg. »Ekstatische Nymphe ... trauernder Flußgott«. Porträt eines Gelehrten*, hg. von R. Galitz und B. Reimers, Hamburg: Dölling und Galitz, S. 210-227.

Mann, T., 1929. »Die Stellung Freuds in der modernen Geistesgeschichte«, in: ders., Essays, hg. von H. Kurzke und S. Stachorski, 6 Bde., Frankfurt am Main: S. Fischer, 1994, Bd. 3: Ein Appell an die Vernunft. 1926-1933, S. 122-154.

Mannoni, L., 1999. *Étienne-Jules Marey. La mémoire de l'œil*, Mailand/Paris: Mazzotta/Cinémathèque française.

Mantegazza, P., 1885. *La Physionomie et l'expression des sentiments*, Paris: Alcan.

Mantion, J.-R., 1991. »Findet die Kunstgeschichte statt – hat die Kunstgeschichte einen Ort? Winckelmann seit Rom«, in: *Winckelmann: Die Geburt der Kunstgeschichte im Zeitalter der Aufklärung*, hg. von E. Pommier (Schriften der Winckelmann-Gesellschaft, Bd. 12), Stendal: Winckelmann-Gesellschaft, 1994, S. 127-142.

Marey, É.-J., 1866. *Études graphiques sur la nature de la contraction musculaire*, Paris: Martinet.

Marey, É.-J., 1868. *Du mouvement dans les fonctions de la vie*, Paris: Baillière.

Marey, É.-J., 1878. *La Méthode graphique dans les sciences expérimentales et principalement en physiologie et en médecine*, Paris: Masson.

Marey, É.-J., 1885. *Le Développement de la méthode graphique par la photographie*, Paris: Masson.

Marey, É.-J., 1894. *Le Mouvement*, Paris: Masson.

Martin, A. von, 1945. *Nietzsche und Burckhardt. Zwei geistige Welten im Dialog*, Basel: Reinhardt.

Martin, F.-R., 1998. »Images pathétiques. Aby Warburg, Carlo Ginzburg, et le travail de l'historien de l'art«, *Les Cahiers du Musée national d'Art moderne* 63, S. 5-37.

Marx, K., 1857. »Einleitung zur Kritik der politischen Ökonomie«, in: MEW, Bd. 13, Berlin: Dietz Verlag, 1961, S. 615-642.

Maslyczyk, M., 1990. »La troisième phase de l'attaque hystérique à l'origine de la théorie du souvenir de Freud«, *Revue française de psychanalyse* LIV, Nr. 4, S. 1079-1091.

Mastroianni, G., 2000. »Il buon Dio di Aby Warburg«, *Belfagor* LV, Nr. 4, S. 413-442.

Mauss, M., 1898. »H. Usener, *Götternamen*«, in: ders., *Œuvres*, hg. von V. Karady, Paris: Minuit, 1968-1969, Bd. II, S. 290-296.

Mauss, M., 1900. »H. Usener, *Sintflutsagen*«, in: ders., *Œuvres*, a. a. O., S. 299-303.

Mauss, M., 1903. »La *Volkskunde* comme science«, in: ders., *Œuvres*, a. a. O., Bd. III, S. 372-374.

Mauss, M., 1904. »H. Usener, *Dreiheit*«, in: ders., *Œuvres*, a. a. O., Bd. II, S. 308-313.

Mauss, M., 1905. »H. Usener, *Mythologie*«, *L'Année sociologique* VIII, S. 224-225.

Mauss, M., 1913. »La magie selon Frazer«, in: ders., *Œuvres*, a. a. O., Bd. I, S. 154-157.

Mauss, M., 1923-1924. »Essai sur le don. Forme et raison de l'échange dans les sociétés archaïques«, in: ders., *Sociologie et anthropologie*, Paris: PUF, 1950, S. 143-279; dt.: *Die Gabe*, übers. von E. Moldenhauer, Frankfurt am Main: Suhrkamp Verlag, 1968.

Mauss, M., 1925. »La théorie de la diffusion unicentrique de la civilisation«, in: ders., *Œuvres*, a. a. O., Bd. II, S. 522-523.

Mauss, M., 1936. »Les techniques du corps«, in: ders., *Sociologie et anthropologie*, a. a. O., S. 363-386; dt. »Körpertechniken«, in: ders., *So-*

ziologie und Anthropologie, 2 Bde., Frankfurt am Main: Fischer Verlag, 1989, Bd. 2, S. 199-220.

McEwan, D. 1998. »Excerpts from Aby Warburg's Diary«, in: *Photographs at the Frontier. Aby Warburg in America, 1895-1896*, hg. von B. Cestelli Guidi und N. Mann, London, The Warburg Institute und Merrell Holberton, S. 150-155; dt.: »Auszüge aus dem Tagebuch Aby Warburgs«, in: *Grenzerweiterungen. Aby Warburg in Amerika, 1895-1896*, Hamburg, Dölling und Galitz, 1999, S. 150-155.

McEwan, D., 2001. »Making a Reception for Warburg: Fritz Saxl and Warburg's Book *Heidnisch-antike Weissagungen in Wort und Bild zu Luthers Zeiten*«, in: *Art History as Cultural History. Warburg's Projects*, hg. von R. Woodfield, Amsterdam: G+B Arts International, S. 93-120.

McNamara, K. J., 1982. »Heterochrony and Phylogenetic Trends«, *Paleobiology* VIII, S. 130-142.

Meier, H., R. Newald und E. Wind (Hg.), *Kulturwissenschaftliche Bibliographie zum Nachleben der Antike – A Bibliography on the Survival of the Classics*, London: Cassel.

Merleau-Ponty, M., 1960. *Signes*, Paris: Gallimard; dt.: *Zeichen*, übers. von B. Schmitz u. a., Hamburg: Meiner.

Mesnil, J., 1926, »La Bibliothèque Warburg et ses publications«, *Gazette des Beaux-Arts*, 5. Folge, XIV, S. 237-241.

Meyer, A. M., 1987. »Concerning Warburg's ›Costumi teatrali‹ and Angelo Solerti«, *Journal of the Warburg and Courtauld Institutes* L, S. 171-188.

Meyer, A. M., 1988. »Aby Warburg and his Early Correspondence«, *The American Scholar* LVII, S. 445-452.

Meynert, T., 1884. *Psychiatrie. Klinik der Erkrankungen des Vorderhirns*, Wien: Braumüller.

Michaud, P.-A., 1998a. *Aby Warburg et l'image en mouvement*, Paris: Macula.

Michaud, P.-A., 1998b. »Florence in New Mexico. The Intermezzi of 1589 in the Light of Indian Rituals«, in: *Photographs at the Frontier. Aby Warburg in America, 1895-1896*, hg. von B. Cestelli Guidi und N. Mann, London, The Warburg Institute und Merrell Holberton, S. 55-63; dt.: »Florenz in New Mexico. Das Festwesen von 1589 im Lichte indianischer Rituale«, in: *Grenzerweiterungen. Aby Warburg in Amerika, 1895-1896*, Hamburg, Dölling und Galitz, 1999, S. 53-63.

Michaud, P.-A., 1999. »*Zwischenreich. Mnemosyne*, ou l'expressivité sans sujet«, *Les Cahiers du Musée national d'Art moderne* 70, S. 43-61.

Michelet, J., 1855. *Histoire de France au XVIe siècle. Renaissance et Réforme*, Paris: Laffont, 1982.

Minkowski, E., 1933. *Le Temps vécu. Études phénoménologiques et psychopathologiques*, Paris: PUF, 1982; dt.: *Die gelebte Zeit. Über den zeitlichen Aspekt des Lebens*, Salzburg: Müller, 1971 (Teilübersetzung).

Momigliano, A., 1950. »Ancient History and the Antiquarian«, in: ders., *Contributo alla storia degli studi classici*, Rom: Edizioni di Storia e Letteratura, 1955, S. 67-106; dt.: »Alte Geschichte und antiquarische Forschung«, in: ders., *Wege in die Alte Welt*, übers. von H. Günther, Berlin: Wagenbach, S. 79-107.

Momigliano, A., 1955. »Introduzione alla *Griechische Kulturgeschichte* di Jacob Burckhardt« in: ders., Secondo *contributo alla storia degli studi classici*, Rom: Edizioni di Storia e Letteratura, 1960, S. 283-298.

Momigliano, A., 1982. New Paths of Classicism in the Nineteenth Century, Chicago: Wesleyan University Press; dt.: »Neue Wege der Altertumsforschung im 19. Jahrhundert«, in: ders., *Wege in die Alte Welt*, a. a. O., S. 108-176.

Momigliano, A., 1984. »Premesse per una discussione su Hermann Usener«, in: ders., Settimo *contributo alla storia degli studi classici*, Rom: Edizioni di Storia e Letteratura, S. 233-244.

Montessus de Ballore, F. de, 1911. *La Sismologie moderne. Les tremblements de la terre*, Paris: Armand Colin.

Morpurgo-Tagliabue, G., 1994. »La crisi estetica del Settecento: Winckelmann, Hemsterhuis, Herder«, *Rivista di estetica* XXXIV-XXXV, Nr. 47, S. 77-92.

Moscovici, M., 1986. »Le roman secret«, in: ders., *Il est arrivée quelque chose. Approches de l'événement psychique*, Paris: Ramsay, 1989, S. 353-385.

Müller-Lauter, W., 1978. »Der Organismus als innerer Kampf. Der Einfluß von Wilhelm Roux auf Friedrich Nietzsche«, in: ders., *Über Werden und Wille zur Macht. Nietzsche-Interpretationen I*, Berlin: de Gruyter, 1999, S. 97-140.

Müntz, E., 1887-1888. »La tradition antique chez les artisans du Moyen Âge«, *Journal des savants*, 3. Folge (1887), S. 629-642, und (1888), S. 40-50 und 162-177.

Muraro, M., und D. Rosand, 1976. *Tiziano e la silografia Veneziana del Cinquecento*, Venedig: Neri Pozza.

Naber, C., 1988. »Pompeji in Neu-Mexico. Aby Warburgs amerikanische Reise«, *Freibeuter* 38, S. 88-97.

Naber, C., 1991. »Der Hamburger Kreis um Ernst Cassirer und Aby Warburg«, in: *Die Juden in Hamburg, 1590-1990*, hg. von A. Herzig und S. Rohde, Hamburg: Dölling und Galitz, S. 393-406.

Naumann, B., 1999. »The Genesis of Symbolic Forms: Basic Phenonema in Ernst Cassirer's Works«, *Science in Context* XII, Nr. 4, S. 575-584.

Nesselrath, A., 1998. »Simboli di Roma«, in: ders., *Da Pisanello alla nascita dei musei Capitolini. L'antico a Roma alla viglia del Rinascimento*, Mailand/Rom: Mondadori/De Luca, S. 195-205.

Neumeyer, A., 1971. »Four Art Historians Remembered: Wölfflin, Goldschmidt, Warburg, Berenson«, *Art Journal* XXXI, S. 33-36.

Newald, R., 1931. »»Nachleben der Antike«, *Jahresbericht für Altertumswissenschaft* CCXXXII, S. 1-144.

Newald, R., 1960. *Nachleben des antiken Geistes im Abendland bis zum Beginn des Humanismus. Eine Überschau*. Tübingen: Niemeyer.

Nietzsche, F., 1850-1889. *Sämtliche Briefe. Kritische Studienausgabe*, hg. von G. Colli und M. Montinari, 8 Bde., Berlin, New York: de Gruyter, 1975-1984.

Nietzsche, F., 1870. »Die dionysische Weltanschauung«, in: ders., *Kritische Studienausgabe in 15 Bänden*, hg. von G. Colli und M. Montinari, Berlin, New York: de Gruyter, 1967-1977, Bd. 1, S. 551-577.

Nietzsche, F., 1869-1874. *Nachlaß 1869-1874*, in: ders., *Kritische Studienausgabe in 15 Bänden*, a.a.O., Bd. 7.

Nietzsche, F., 1872. *Die Geburt der Tragödie*, in: ders., *Kritische Studienausgabe in 15 Bänden*, a.a.O., Bd. 1, S. 9-156.

Nietzsche, F. 1878. *Menschliches, Allzumenschliches,* in: ders., *Kritische Studienausgabe in 15 Bänden*, a.a.O., Bd. 2.

Nietzsche, F., 1886. *Jenseits von Gut und Böse. Vorspiel einer Philosophie der Zukunft*, in ders., *Kritische Studienausgabe in 15 Bänden*, a.a.O., Bd. 5, S. 9-243.

Nietzsche, F., 1887. *Zur Genealogie der Moral*, in ders., *Kritische Studienausgabe in 15 Bänden*, a.a.O., Bd. 5, S. 245-412.

Nietzsche, F., 1887-1889. *Nachlaß 1887-1889*, in: ders., *Kritische Studienausgabe in 15 Bänden*, a.a.O., Bd. 13.

Nietzsche, F., 1888. *Der Antichrist*, in ders., *Kritische Studienausgabe in 15 Bänden*, a.a.O., Bd. 6, S. 165-254.

Nietzsche, F., 1889a. Götzendämmerung, in ders., *Kritische Studienausgabe in 15 Bänden*, a. a. O., Bd. 6, S. 55-161.
Nigro Covre, J., 1977. »La teoria della Einfühlung secondo Robert Vischer«, *Ricerche di storia dell'arte* 5, S. 3-24.
Nijinski, V., 1919. *Tagebücher. Die Tagebuchaufzeichnungen in der Originalfassung*, übers. von A. Frank, Frankfurt am Main und Leipzig: Insel, 1998.
Nock, A. D., 1961. »Nymphs and Nereids«, *Mélanges de l'Université Saint-Joseph* XXXVII, S. 297-308.
Norden, E., 1924. *Die Geburt des Kindes. Geschichte einer religiösen Idee*, Leipzig und Berlin: Teubner.
Novalis, 1798-1799. »Das allgemeine Brouillon. Materialien zur Enzyklopädistik«, in: ders., *Werke, Tagebücher und Briefe Friedrich Hardenbergs*, hg. von H.-J. Mähl und R. Samuel, 3 Bde., München: Hanser, 1978, Bd. 2, *Das philosophisch-theoretische Werk*, S. 473-720.
Nurdin, J., 1992. »Jakob [*sic*] Burckhardt et les refus de la modernité«, in: *La Révolution conservative allemande sous la République de Weimar*, hg. von L. Dupeux, Paris: Kimé.
Orbigny, A. D'-, 1849-1852. *Cours élémentaire de paléontologie et de géologie stratigraphiques*, Paris: Masson.
Osthoff, H., 1899. *Vom Suppletivwesen der indogermanischen Sprachen*, Heidelberg: Hörning.
Osthoff, H., 1901. *Etymologische Parerga*, Leipzig: Hirzel.
Ostwald, P., 1991. *Ich bin Gott: Waslav Nijinski – Leben und Wahnsinn*, übers. von C. Golusda, Hamburg: Europäische Verlagsanstalt, 1997.
Paetzold, H., 1995. *Ernst Cassirer: Von Marburg nach New York. Eine philosophische Biographie*, Darmstadt: Wissenschaftliche Buchgesellschaft.
Panoff, M., 1996. »Tylor (Sir Edward Burnett), 1832-1917«, in: *Dictionnaire du darwinisme et de l'évolution*, hg. von P. Tort, Paris: PUF, Bd. III, S. 4363-4365.
Panofsky, E., 1921-1922. »Dürers Stellung zur Antike«, in: ders., *Sinn und Deutung in der bildenden Kunst*, Köln: DuMont, 1975, S. 274-350.
Panofsky, E., 1927. »Perspektive als symbolische Form«, in: ders., *Aufsätze zu Grundfragen der Kunstwissenschaft*, hg. von H. Oberer und E. Verheyen, Berlin: Hessling, 1974, S. 99-126).
Panofsky, E., 1928. »Two ›Lost‹ Drawings by (and after) Sebastiano del Piombo«, *Old Master Drawings* II, S. 31-34.

Panofsky, E., 1929. »Professor A. Warburg«, *Das Johanneum* III, Nr. 9, S. 248-251.

Panofsky, E., 1931. »Zum Problem der historische Zeit«, in: ders., *Aufsätze zu Grundfragen der Kunstwissenschaft*, a. a. O., S. 77-83

Panofsky, E., 1932. »Zum Problem der Beschreibung und Inhaltsdeutung von Werken der bildenden Kunst«, in: ders., *Aufsätze zu Grundfragen der Kunstwissenschaft*, a. a. O., S. 49-69.

Panofsky, E., 1939. *Sinn und Deutung in der bildenden Kunst*, Köln: DuMont, 1975.

Panofsky, E., 1944. »Renaissance and Renascences«, *The Kenyon Review* VI, S. 201-236.

Panofsky, E. 1953. »Drei Jahrzehnte Kunstgeschichte in den Vereinigten Staaten. Eindrücke eines versprengten Europäers«, in: ders., *Sinn und Deutung in der bildenden Kunst*, a. a. O., S. 378-406.

Panofsky, E., 1960. *Renaissance and Renascences in Western Art*, Stockholm; dt.: *Die Renaissancen der europäischen Kunst*, übers. von H. Günther, Frankfurt am Main: Suhrkamp, 1979.

Panofsky, E., und F. Saxl, 1926. »A Late Antique Religious Symbol in Works by Holbein and Titian«, *The Burlington Magazine* XLIX, S. 177-181 (zur weiteren Publikationsgeschichte siehe »Tizians *Allegorie der Klugheit*. Ein Nachwort«, in: E. Panofsky, *Sinn und Deutung in der bildenden Kunst*, a. a. O., S. 167-191).

Panofsky, E., und F. Saxl, 1933. »Classical Mythology in Mediaeval Art«, *Metropolitan Museum Studies* IV, Nr. 2, S. 228-280.

Parente, A., 1980. »A proposito di Croce e di Aby Warburg«, *Rivista di studi crociani* XVII, Nr. 2, S. 203-205.

Pasquali, G., 1930. »Ricordo di Aby Warburg«, *Pegaso* II, S. 484-495.

Pfotenhauer, H., 1985. »Das Nachleben der Antike. Aby Warburgs Auseinandersetzung mit Nietzsche«, *Nietzsche-Studien* XIV, S. 298-313.

Pinotti, A., 1997. »Arcipelago empatia. Per una indroduzione«, in: *Estetica ed empatia. Antologia*, hg. von A. Pinotti, Mailand: Guerini, S. 9-59.

Pinto, É., 1987. »Mécénat familial et histoire de l'art: Aby Warburg et l'›iconologie critique‹ (1866-1929)«, *Revue de synthèse*, 4. Folge, Nr. 1, S. 91-107.

Pinto, É., 1990. »Aby Warburg: essais florentins et autres textes«, Vorwort zu: A. Warburg, *Essais florentins*, Paris: Klincksieck, S. 9-42.

Pinto, É., 1992. »Aby Warburg postmoderne?«, in: *L'Art et les révolutions*, Bd. V: *Révolution et évolution de l'histoire de l'art de Warburg à nos jours*, hg. von H. Olbrich, Straßburg: Société alsacienne pour le Développement de l'Histoire de l'Art, S. 27-42.

Pizer, J., 1990. »The Use and Abuse of Ursprung: On Foucault's Reading of Nietzsche«, *Nietzsche-Studien* XIX, S. 462-478.

Plinius der Ältere, *Histoire naturelle*, Bd. XXXV, hg. und übers. von J.-M. Croiselle, »Introduction« (Einleitung des Übersetzers), Paris: Les Belles Lettres, S. 7-27.

Podro, M., 1982. *The Critical Historians of Art*, New Haven und London: Yale University Press.

Pommier, É., 1994. »Winckelmann: l'art entre la norme et l'histoire«, *Revue germanique internationale* 2, S. 11-28.

Pontalis, J.-B., 1977. *Entre le rêve et la douleur*, Paris: Gallimard; dt.: *Zwischen Traum und Schmerz*, übers. von H.-D. Gondek, Frankfurt am Main: S. Fischer, 1998.

Pontalis, J.-B., 1986. »La jeune fille«, in: ders., *Perdre de vue*, Paris: Gallimard, 1988, S. 217-228; dt.: »Das junge Mädchen«, in: ders., *Aus dem Blick verlieren: im Horizont der Psychoanalyse*, übers. von H.-D. Gondek, München: Kirchheim, 1991, S. 231-244.

Potts, A. 1982. »Winckelmann's Construction of History«, *Art History* V, Nr. 4, S. 377-407.

Potts, A., 1991. »Leben und Tod des griechischen Ideals: Historizität und ideale Schönheit bei Winckelmann«, in: *Winckelmann: Die Geburt der Kunstgeschichte im Zeitalter der Aufklärung*, hg. von E. Pommier (*Schriften der Winckelmann-Gesellschaft*, Bd. 12), Stendal: Winckelmann-Gesellschaft, 1994, S. 11-30.

Potts, A., 1994. *Flesh and the Ideal. Winckelmann and the Origins of Art History*, New Haven und London: Yale University Press.

Praz, M., 1967. *Mnémosyne. Parallèle entre littérature et arts plastiques*, übers. von C. Maupas, Paris: Gérard-Julien Salvy.

Press, J., 1997. »Temps et pulsion«, *Revue française de psychanalyse* LXI, Nr. 5, S. 1707-1720.

Prinzhorn, H., 1922. *Bildnerei der Geisteskrankheiten. Ein Beitrag zur Psychologie und Psychopathologie der Gestaltung*, Berlin: Springer.

Quatrefages de Bréau, J.-L.-A., 1884. *Hommes fossiles et hommes sauvages. Études d'anthropologie*, Paris: Baillière (Neuausg. Paris: J.-M. Place, 1988).

Quatremère de Quincy, A. C., 1796. *Lettres à Miranda sur le déplacement des monuments de l'art de l'Italie*, hg. von E. Pommier, Paris: Macula, 1989; dt.: *Über den nachtheiligen Einfluß der Versetzung der Monumente aus Italien auf Künste und Wissenschaften. Mit einer Einführung von Édouard Pommier, (Schriften der Winckelmann-Gesellschaft)*, Bd. XVI, Stendal: Winckelmann-Gesellschaft, 1998.

Radnóti, S., 1985. »Das Pathos und der Dämon. Über Aby Warburg«, *Acta Historiae Artium Academiae Scientiarum* XXXI, S. 91-102.

Ragusa, I., 1951. *The Re-Use of Roman Sarcophagi during the Middle Ages and the Renaissance*, M. A., New York: Institute of Fine Arts.

Rampley, M., 1999. »Archives of Memory: Walter Benjamin's Arcades-Project and Aby Warburg's *Mnemosyne Atlas*«, in: *The Optic of Walter Benjamin*, Bd. III: *De-, dis-, ex-*, hg. von A. Coles, London: Black Dog, S. 94-117.

Rampley, M., 2001. »Mimesis and Allegory. On Aby Warburg and Walter Benjamin«, in: *Art History as Cultural History*, hg. von R. Woodfield, Amsterdam: G+B Arts International, S. 121-149.

Rank, O., 1923. *Das Trauma der Geburt und seine Bedeutung für die Psychoanalyse*, Leipzig: Internationaler psychoanalytischer Verlag (Nachdruck Gießen: psychosozial-Verlag, 1998).

Raulff, U., 1988a. »Aby Warburg: Ikonische Prägung und Seelengeschichte«, in: *Wegbereiter der historischen Psychologie*, hg. von G. Jüttemann, München und Weinheim: Beltz-PVU.

Raulff, U., 1988b. »Nachwort« in: A. Warburg, *Schlangenritual. Ein Reisebericht*, Berlin: Wagenbach, 1988, S. 59-95.

Raulff, U., 1991a »Parallel gelesen: Die Schriften von Aby Warburg und Marc Bloch zwischen 1914 und 1924«, in: *Aby Warburg. Akten des internationalen Symposions Hamburg 1990*, hg. von H. Bredekamp, M. Diers und C. Schoell-Glass, Weinheim: VCH Acta Humaniora, S. 167-178.

Raulff, U., 1991b. »Zur Korrespondenz Ludwig Binswanger–Aby Warburg im Universitätsarchiv Tübingen«, in: *Aby Warburg. Akten des internationalen Symposions Hamburg 1990*, a. a. O., S. 55-70.

Raulff, U., 1998. »Die sieben Häute der Schlange: Oraibi, Kreuzlingen und zurück: Stationen einer Reise ins Licht«, in: *Grenzerweiterungen. Aby Warburg in Amerika, 1895-1896*, Hamburg: Dölling und Galitz, 1999, S. 64-74.

Reboul-Lachaux, C., 1921. *Du maniérisme dans la démence précoce et dans les autres psychoses. Sémiologie clinique et psychogénèse*, Montpellier: Firmin & Montané.

Recht, R. (Hg.), 1992. *L'Art et les révolutions*, Bd. VI. *Survivances et ré-*

veils de l'architecture gothique, Straßburg: Société alsacienne pour le Développement de l'Histoire de l'Art.

Recht, R., 1995. »Du style aux catégories optiques«, in: *Relire Wölfflin*, hg. von M. Waschek, Paris: Musée du Louvre und École nationale supérieure des Beaux-Arts, S. 31-59.

Régnard, P., und P. Richer, 1878. »Études sur l'attaque hystéro-épileptique faites à l'aide de la méthode graphique«, *Revue mensuelle de médecine et de chirurgie* II, S. 641-661.

Rehm, W., 1929. »Der Renaissancekult um 1900 und seine Überwindung«, *Zeitschrift für deutsche Philologie* LIV, S. 296-328.

Reinach, S., 1924. »L'histoire des gestes«, *Revue archéologique* XX, S. 64-79.

Requeno, V., 1784. *Saggi sul ristabilimento dell'antica arte de' greci e romani pittori*, Venedig: Gatti.

Requeno, V., 1797. *Scoperta della chironomia, ossia l'arte di gestire con le mani*, hg. von G. R. Ricci, Palermo: Selleria, 1982.

Reumont, A. von, 1883. *Lorenzo di Medici*, Leipzig: Duncker & Humblot.

Rey, J.-M., 1979. *Des mots à l'œuvre*, Paris: Aubier-Montaigne.

Ribot, T., 1881. *L'Hérédité psychologique*, Paris: Alcan (Neuausg. 1890).

Ribot, T., 1914. *La Vie inconsciente et les mouvements*, Paris: Alcan.

Ricci, C., 1998. *L'arte dei bambini*, Bologna: Zanichelli.

Richer, P., 1881. *Études cliniques sur la grande hystérie ou hystéro-épilepsie*, Paris: Delahaye & Lecrosnier (überarb. Ausg. 1885).

Richer, P., 1902. *L'Art et la médecine*, Paris: Gaultier, Magnier et Cie.

Richter, S., 1992. *Laocoon's Body and the Aesthetics of Pain: Winckelmann, Lessing, Herder, Moritz, Goethe*, Detroit: Wayne State University Press.

Richthofen, F. von, 1886. *Führer für Forschungsreisende. Anleitung zu Beobachtungen über Gegenstände der physischen Geographie und Geologie*, Berlin: Oppenheim.

Riegl, A., 1893. *Stilfragen. Grundlegungen zu einer Geschichte der Ornamentik*, Berlin: Siemens.

Riegl, A., 1901. *Die spätrömische Kunstindustrie*, Wien: Österreichische Staatsdruckerei (Ausg. 1927).

Rilke, R.-M., 1929. *Briefe an einen jungen Dichter*, Leipzig: Insel.

Rio, A.-F., 1861-1867. *De l'art chrétien*, Paris: Hachette.

Ritvo, L. B., 1990. *Darwin's Influence on Freud: A Tale of Two Sciences*, New Haven und London: Yale University Press; frz. *L'Ascen-*

dant de Darwin sur Freud, übers. von P. Lacoste, Paris: Gallimard, 1992.

Ritzenhofen, H., 1979. *Kontinuität und Krise. Jacob Burckhardts ästhetische Geschichtskonzeption*. Diss. Universität Köln.

Robling, F. H., 1996. »Plastische Kraft. Versuch über Rhetorische Subjektivität bei Nietzsche«, *Nietzsche-Studien* XXV, S. 87-98.

Roeck, B., 1996. »Psychohistorie im Zeichen Saturns. Aby Warburgs Denksystem und die moderne Kulturgeschichte«, in: *Kulturgeschichte heute*, hg. von W. Hardtwig und H.-U. Wehler, Göttingen: Vandenhoeck & Ruprecht, S. 231-254.

Roeck, B., 1997. *Der junge Aby Warburg*, München: Beck.

Rosenberg, J. D., 1985. *Carlyle and the Burden of History*, Oxford: Clarendon Press.

Roth, J., 1932. *Radetzkymarsch*, in: ders., *Werke*, hg. von F. Hackert, 6 Bde., Köln: Kiepenheuer & Witsch, 1990, Bd. 5, S. 137-455.

Saintyves, P., 1930. *En marge de la Légende dorée: songes, miracles et survivances. Essai sur la formation de quelques thèmes hagiographiques*, Paris: Nourry.

Salin, E., 1948. *Jacob Burckhardt und Nietzsche*, Heidelberg: Schneider.

Salin, E., 1959. *Vom deutschen Verhängnis. Gespräch an der Zeitenwende: Burckhardt-Nietzsche*, Hamburg: Rowohlt.

Salis, A. von, 1947. *Antike und Renaissance. Über Nachleben und Weiterwirken der Alten in der neueren Kunst*, Erlenbach und Zürich: Rentsch.

Sapori, A., 1963. »Considerazioni sul ›Rinascimento‹ un secolo dopo l'opera di Jacob Burckhardt«, *Atti della Accademia nazionale dei Lincei* CCCLX, S. 363-376.

Sardo, D. (Hg.), 2000. *Projecto Mnemosyne*, Coimbra: Encontros de Fotografia.

Sassi, M. M., 1982. »Dalla scienza delle religioni di Usener ad Aby Warburg«, in: *Aspetti di Hermann Usener, filologo della religione*, hg. von G. Arrighetti u. a., Pisa: Giardini, S. 65-91.

Sauerländer, W., 1988. »Rescuing the Past. *Aby Warburg: An intellectual Biography* by E. H. Gombrich«, *New York Review of Books* 35, Nr. 3, 3. März 1988.

Sauvanet, P., 2000. *Le Rythme et la raison*, Bd. I., Paris: Kimé.

Sax, B. C., 1989. »Foucault, Nietzsche, History: Two Modes of the Genealogical Method«, *History of European Ideas* XI, S. 769-781.

Saxl, F., 1920. »Das Nachleben der Antike. Zur Einführung in die Bibliothek Warburg«, *Hamburger Universitäts-Zeitung* II, Nr. 11, S. 1-4.

Saxl, F. (Hg.), 1921-1932. *Vorträge der Bibliothek Warburg*, Bde. I-IX, Leipzig und Berlin: Teubner.

Saxl, F., 1922. »Rinascimento dell'antichità. Studien zu den Schriften A. Warburgs«, in: Aby M. Warburg, *Ausgewählte Schriften und Würdigungen*, hg. von D. Wuttke, Baden-Baden: Valentin Koerner, 1979, S. 347-400.

Saxl, F., 1923. »Die Bibliothek Warburg und ihr Ziel«, *Vorträge der Bibliothek Warburg*, 1921-1922, a. a. O., S. 1-10.

Saxl, F., 1929-1930. »Warburgs Besuch in Neu-Mexico«, in: A. Warburg, *Ausgewählte Schriften und Würdigungen*, a. a. O., S. 317-326.

Saxl, F., 1930a. »Die Bildersammlung zur Geschichte von Sternglaube und Sternkunde«, in: A. Warburg, *Ausgewählte Schriften und Würdigungen*, a. a. O., S. 327-329.

Saxl, F., 1930b. »Die kulturwissenschaftliche Bibliothek Warburg in Hamburg«, in: A. Warburg, *Ausgewählte Schriften und Würdigungen*, a. a. O., S. 331-334.

Saxl, F., 1930c. »Warburgs Mnemosyne-Atlas«, in: A. Warburg, *Ausgewählte Schriften und Würdigungen*, a. a. O., S. 313-315.

Saxl, F., 1931. *Mithras. Typengeschichtliche Untersuchungen*, Berlin: Heinrich Keller.

Saxl, F., 1932. »Die Ausdrucksgebärden der bildenden Kunst«, in: A. Warburg, *Ausgewählte Schriften und Würdigungen*, a. a. O., S. 419-431.

Saxl, F., 1935. »The Origin and Survival of a Pictorial Type (the Mithras Reliefs)«, *Proceedings of the Classical Association* XXXII, S. 32-35.

Saxl, F., 1936. »Veritas Filia Temporis«, in: *Philosophy and History. Essays Presented to Ernst Cassirer*, hg. von R. Klibansky und H. J. Paton, Oxford: Clarendon Press, S. 199-222.

Saxl, F., 1938. *Classical Antiquity in Renaissance Painting*, London: The National Gallery.

Saxl, F., 1938-1939. »Pagan Sacrifice in the Italian Renaissance«, *Journal of the Warburg Institute* II, S. 346-367.

Saxl, F., 1941. »Mithras – The History of an Indo-European Divinity«, in: ders., *Lectures*, London: The Warburg Institute, Bd. I, S. 13-44.

Saxl, F., 1944. »Die Geschichte der Bibliothek Warburgs«, in: E. H. Gombrich, *Aby Warburg. Eine intellektuelle Biografie*, Frankfurt am Main: Europäische Verlagsanstalt, 1981, S. 433-450.

Saxl, F., 1947. »Continuity and Variation in the Meaning of Images«, in ders., *Lectures*, a.a.O., Bd. I, S. 1-12.

Saxl, F., 1948. »Warum Kunstgeschichte?«, in: A. Warburg, *Ausgewählte Schriften*, a.a.O., S. 483-498.

Schade, S., 1993. »Charcot und das Schauspiel des hysterischen Körpers. Die ›Pathosformel‹ als ästhetische Inszenierung des psychiatrischen Diskurses – ein blinder Fleck in der Warburg-Rezeption«, in: *Denkräume. Zwischen Kunst und Wissenschaft*, hg. von S. Baumgart u.a., Berlin: Dietrich Reimer, S. 460-484.

Scheler, M., 1913. *Zur Phänomenologie und Theorie der Sympathiegefühle und von Liebe und Haß*, Halle: Niemeyer.

Scheler, M., 1913. *Wesen und Formen der Sympathie*, Bonn: Friedrich Cohen.

Scherner, K. A., 1861. Das Leben des Traums, Berlin: Schindler.

Schiller, F., 1792a. »Über die tragische Kunst«, in: ders., *Sämtliche Werke*, hg. von G. Fricke und G. Göpfert, 5 Bde., München: Hanser, 1962, Bd. 5, S. 372-393.

Schiller, F., 1792b. »Über das Pathetische«, in: ders., *Sämtliche Werke*, a.a.O., Bd. 5, S. 512-537.

Schlaffer, H. und H., 1975. *Studien zum ästhetischen Historismus*, Frankfurt am Main: Suhrkamp.

Schlegel, F., 1798. »Athenäums-Fragmente«, in: ders., *Kritische Friedrich-Schlegel-Ausgabe, Kritische Neuausgabe*, hg. von E. Behler, Paderborn: Schöningh, 1967, Abt. I, Bd. 2, S. 165-256.

Schlink, W., 1997. »Jacob Burckhardt et le ›role‹ de l'historien de l'art«, übers. von A. Virey-Wallon, in: *Relire Burckhardt*, Paris: Musée du Louvre und ENSBA, S. 21-53; die elektronische Erstveröffentlichung der deutschen Fassung findet sich unter dem Titel »Jacob Burckhardt über das Amt des Kunsthistorikers« (22. Juli 2002) auf dem Dokumentenserver der Universitätsbibliothek Freiburg: <www.freidok.uni-freiburg.de/volltexte/452>.

Schlosser, J. von, 1894. »Heidnische Elemente in der christlichen Kunst des Altertums«, in: ders., *Präludien. Vorträge und Aufsätze*, Berlin: Bard, 1927, S. 9-43.

Schlosser, J. von, 1908. *Die Kunst- und Wunderkammern der Spätrenaissance. Ein Beitrag zur Geschichte des Sammelwesens*, Leipzig: Klinkhardt & Biermann.

Schlosser, J. von, 1911. *Geschichte der Porträtbildnerei in Wachs. Ein Versuch*, hg. von T. Medicus, Berlin: Akademie Verlag, 1993.

Schlosser, J. von, 1924a. »Ein Lebenskommentar«, in: *Die Kunstwissenschaft der Gegenwart in Selbstdarstellungen*, hg. von J. Jahn, Leipzig: Meiner, S. 95-134.
Schlosser, J. von, 1924b. *Die Kunstliteratur. Ein Handbuch zur Quellenkunde der neueren Kunstgeschichte*, Wien: Schroll.
Schmarsow, A., 1886. *Donatello. Eine Studie über den Entwicklungsgang des Künstlers und die Reihenfolge seiner Werke*, Breslau und Leipzig: Breitkopf & Härtel.
Schmarsow, A., 1893. *Das Wesen der architektonischen Schöpfung, Leipzig: Hiersemann*, 1894.
Schmarsow, A., 1899. *Beiträge zur Ästhetik der bildenden Künste*, Bd. III. *Plastik, Malerei und Reliefkunst in ihrem gegenseitigen Verhältnis*, Leipzig: Hirzel.
Schmarsow, A., 1905. *Grundbegriffe der Kunstwissenschaft am Übergang vom Altertum zum Mittelalter, kritisch erörtert und in systematischem Zusammenhange dargestellt*, Leipzig und Berlin: Teubner.
Schmarsow, A., 1907a. *Erläuterungen und Kommentar zu Lessings Laokoon*, Leipzig: Quelle & Meyer.
Schmarsow, A., 1907b. »Kunstwissenschaft und Völkerpsychologie. Ein Versuch zur Verständigung«, *Zeitschrift für Ästhetik und allgemeine Kunstwissenschaft* II, S. 306-339 und 469-500.
Schmarsow, A., 1921. *Gotik in der Renaissance. Eine kunsthistorische Studie*, Stuttgart: Ferdinand Enke.
Schmarsow, A., 1923. *Sandro del Botticello*, Dresden: Carl Reissner.
Schmarsow, A., 1929. »Vom Organismus unserer Kunstwelt«, *Zeitschrift für Ästhetik und allgemeine Kunstwissenschaft* XXIII, S. 209-230.
Schmidt, J. F. J., 1879. *Studien über Erdbeben*, Leipzig: Georgi (2. Ausg. 1881).
Schmidt, P., 1993. *Aby Warburg und die Ikonologie*, Wiesbaden: Harrassowitz.
Schmitt, J. C., 1990. *La Raison des gestes dans l'Occident médiéval*, Paris: Gallimard; dt.: *Die Logik der Gesten im europäischen Mittelalter*, übers. von R. Schubert und B. Schulze, Stuttgart: Klett-Cotta, 1992.
Schnapp, A., 1993. *La Conquête du passé. Aux origines de l'archéologie*, Paris: Carré (Neuausg. Le Livre de Poche, 1998); dt.: *Die Entdeckung der Vergangenheit: Ursprünge und Abenteuer der Archäologie*, übers. von A. Wittenberg, Stuttgart: Klett-Cotta, 2009 (erscheint demnächst).
Schneider, C. M., 1990. *Wilhelm Wundts Völkerpsychologie. Entstehung*

und Entwicklung eines in Vergessenheit geratenen, wissenschaftshistorisch relevanten Fachgebiets, Bonn: Bouvier.

Schoell-Glass, C., 1998a. *Aby Warburg und der Antisemitismus. Kulturwissenschaft als Geistespolitik*, Frankfurt am Main: S. Fischer.

Schoell-Glass, C., 1998b. »An Episode of Cultural Politics During the Weimar Republic: Aby Warburg and Thomas Mann Exchange a Letter Each«, *Art History* XXI, Nr. 1, S. 107-128.

Schoell-Glass, C., 1999. »Aby Warburg: Forced Identity and »Cultural Science««, in: *Jewish Identity in Modern Art History*, hg. von C. M. Soussloff, Berkeley, Los Angeles und London: University of California Press, S. 218-230.

Schoell-Glass, C., 2001. »›Serious Issues‹: The Last Plates of Warburg's Picture Atlas Mnemosyne«, in: *Art History as Cultural History. Warburg's Projects*, hg. von R. Woodfield, Amsterdam: G+B Arts International, S. 183-208.

Schoell-Glass, C., 2007. »Superlative der Gebärdensprache: Kindermord«, in: *Bild/Gedächtnis. Festschrift für Horst Bredekamp*, hg. von Philine Helas, Berlin: Akademie Verlag, 2007, S. 155-169.

Schulin, E., 1994. »Kulturgeschichte und die Lehre von den Potenzen. Bemerkungen zu zwei Konzepten Burckhardts und ihrer Weiterentwicklung im 20. Jahrhundert«, in: *Umgang mit Jacob Burckhardt. Zwölf Studien*, hg. von H. R. Guggisberg, Basel und München: Schwabe/Beck, 1994, S. 87-100.

Schuller, M., 1993. »Unterwegs. Zum Gedächtnis. Nach Aby Warburg«, in: *Denkräume. Zwischen Kunst und Wissenschaft*, hg. von S. Baumgart u. a., Berlin: Dietrich Reimer, S. 149-160.

Schur, M., 1972. *Sigmund Freud. Leben und Sterben*, übers. von G. Müller, Frankfurt am Main: Suhrkamp, 1973.

Secchi, L., 1996. »Il metodo iconologico di Erwin Panofsky e le sue origini nel modello interpretativo dell'Istituto Aby Warburg«, *Accademia Clementina. Atti e memorie*, Neue Folge, XXXV-XXXVI, S. 207-245.

Seeba, H. C., 1985. »Geschichte als Deutung. Herders Beitrag zur Ästhetisierung der Geschichtsschreibung«, *Storia della Storiografia/History of Historiography* 8, S. 50-72.

Seeba, H. C., 1986. »Winckelmann: Zwischen Reichshistorik und Kunstgeschichte. Zur Geschichte eines Paradigmenwechsels in der Geschichtsschreibung«, in: *Aufklärung und Geschichte. Studien zur deutschen Geschichtswissenschaft im 18. Jahrhundert*, hg. von

H. E. Bödeker u.a., Göttingen: Vandenhoeck & Ruprecht, S. 299-323.

Semon, R. W., 1904. *Die Mneme als erhaltendes Prinzip im Wechsel des organischen Geschehens*, Leipzig: Engelmann.

Semon, R. W., 1909. *Die mnemischen Empfindungen in ihren Beziehungen zu den Originalempfindungen*, Leipzig: Engelmann (Ausg. 1922).

Semper, G., 1878-1879. *Der Stil in den technischen und tektonischen Künsten, oder praktische Ästhetik. Ein Handbuch für Techniker, Künstler und Kunstfreunde*, München: Bruckmann.

Semper, G., 1906. *Das Fortleben der Antike in der Kunst des Abendlandes*, Esslingen: Neff.

Settis, S., 1981. »Presentazione« in: J. Seznec, *La sopravvivenza degli antichi dei. Saggio sul ruolo della tradizione mitologica nella cultura e nell'arte rinascimentali*, Turin: Boringhieri, S. XIX-XXIX.

Settis, S., 1985. »Warburg *continuatus*. Description d'une bibliothèque«, übers. von H. Monsacré, in: *Le Pouvoir des bibliothèques. La mémoire des livres en Occident*, hg. von M. Baratin und C. Jacob, Paris: Albin Michel, 1996, S. 122-173.

Settis, S., 1993. »Kunstgeschichte als vergleichende Kulturwissenschaft: Aby Warburg, die Pueblo-Indianer und das Nachleben der Antike«, in: *Künstlerischer Austausch – Artistic Exchange. Akten des XXVIII. internationalen Kongresses für Kunstgeschichte*, hg. von T. E. Gaehtgens, Berlin: Akademie Verlag, S. 139-158.

Settis, S., 1997. »Pathos und Ethos, Morphologie und Funktion«, *Vorträge aus dem Warburg-Haus* I, S. 31-73.

Settis, S., 1999. *Laocoonte. Fama e stile*, Rom: Donzelli.

Seznec, J., 1940. *La Survivance des dieux antiques. Essai sur le rôle de la tradition mythologique dans l'humanisme et dans l'art de la Renaissance*, London: The Warburg Institute (Neudruck Paris: Flammarion, 1980); dt.: *Das Fortleben der antiken Götter. Die mythologische Tradition im Humanismus und in der Kunst der Renaissance*, übers. von H. Jatho, München: Fink, 1990.

Shakespeare, W., 1610. *Der Sturm*, übers. von F. W. Schlegel, in: ders., *Sämtliche Werke in vier Bänden*, Berlin: Aufbau-Verlag, 1975, Bd. II, S. 596-667.

Siebeck, H., 1875. *Das Wesen der ästhetischen Anschauung. Psychologische Untersuchungen zur Theorie des Schönen und der Kunst*, Berlin: Dümmler.

Siebeck, H., 1877. *Das Traumleben der Seele*, Berlin: Habel.

Siebeck, H., 1906. *Über musikalische Einfühlung*, Leipzig: Voigtländer.

Siebert, I., 1991. *Jacob Burckhardt. Studien zur Kunst- und Kulturgeschichtsschreibung*, Basel: Schwabe.

Simmel, G., 1892-1907. »Die Probleme der Geschichtsphilosophie«, in: ders., *Aufsätze 1887-1890*, hg. von H.-J. Dahme, *Gesamtausgabe*, Bd. 2, Frankfurt am Main: Suhrkamp, 1989, S. 297-421.

Simmel, G., 1911. »Der Begriff und die Tragödie der Kultur«, in: ders., *Philosophische Kultur*, Leipzig: Kröner, 1919, S. 223-253.

Sitt, M., 1992. *Kriterien der Kunstkritik. Jacob Burckhardts unveröffentlichte Ästhetik als Schlüssel seines Rangsystems*, Wien: Böhlau.

Sitt, M., 1994. »Jacob Burckhardt as Architect of a New Art History«, *Journal of the Warburg and Courtauld Institutes* VVII, S, 227-242.

Spagnolo-Stiff, A., 1999. »L'appello di Aby Warburg a un'intesa italotedesca: *La guera del 1914-1915. Rivista illustrata*«, in: *Storia dell'arte e politica culturale intorno al 1900. La fondazione dell'Istituto Germanico di Storia dell'Arte di Firenze*, hg. von M. Seidel, Venedig: Marsilio, S. 249-269.

Spencer, H., 1873. *Einleitung in das Studium der Soziologie*. Erster und zweiter Teil (mit Nachtrag), ungekürzte Neuausg. der 2. Auflage Leipzig 1896, Göttingen: WiSoMed Cromm, 1996.

Springer, A., 1848. *Die Hegel'sche Geschichtsauffassung*, Tübingen: Fues.

Springer, A., 1867. *Bilder aus der neueren Kunstgeschichte*, Bonn: Adolph Marcus.

Stein, E., 1917. *Zum Problem der Einfühlung*, Halle: Waisenhaus.

Steinberg, M. P., 1995. »Aby Warburg's Kreuzlingen Lecture: a Reading«, in: A. Warburg, *Images from the Region of the Peueblo Indians of North America*, übers. von M. P. Steinberg, Ithaca und London: Cornell University Press, S. 59-114.

Stockhausen, T. von, 1992. *Die Kulturwissenschaftliche Bibliothek Warburg. Architektur, Einrichtung und Organisation*, Hamburg: Dölling und Galitz.

Straus, E., 1935. *Vom Sinn der Sinne. Ein Beitrag zur Grundlegung der Psychologie*, 2. verm. Auflage, Berlin, Göttingen, Heidelberg: Springer, 1956.

Syamken, G., 1980. »Warburgs Umwege als Hermeneutik, More Majorum«, *Jahrbuch der Hamburger Kunstsammlungen* XXV, S. 15-26.

Symonds, J. A., 1881. Renaissance in Italy. Italian Literature, London: Smith.

Szondi, P., 1961. *Versuch über das Tragische*, Frankfurt am Main: Insel Verlag.

Taine, H., 1866. *Voyage en Italie. Florence et Venise*, Paris: Juillard, 1965; dt., *Reise in Italien*, 2 Bde., übers. von E. Hardt, Düsseldorf: Diederichs, 1904.

Tanturli, G., 1976. »Le biografie d'artisti prima del Vasari«, in: *Il Vasari storiografo e artista. Atti del Congresso nazionale nel IV centenario della morte (1974)*, Florenz: Istituto nazionale di Studi sul Rinascimento, S. 275-298.

Tatár, G., 1989. »The Gates of Hades: World History and European Classical Philology«, *History of European Ideas* X, S. 161-173.

Thode, H., 1885. *Franz von Assisi und die Anfänge der Kunst der Renaissance in Italien*, Berlin: Grote.

Topel, R., 1982. *Die allgemeine Psychologie Wilhelm Wundts. Wundt und Helmholtz. Zwei Beiträge zur Theorie der Sinneswahrnehmung*, Diss. Universität Leipzig.

Tort, P., 1983. *La Pensée hierarchique et l'évolution*, Paris: Aubier Montaigne.

Tort, P., 1992. »L'Effet réversif de l'évolution. Fondements de l'anthropologie darwinienne«, in: *Darwinisme et société*, hg. von P. Tort, Paris: PUF, S. 13-46.

Tort, P., 1996a. »Évolution régressive«, in: *Dictionnaire du darwinisme et de l'évolution*, hg. von P. Tort, Paris: PUF, Bd. 1, S. 1594-1597.

Tort, P., 1996b. »Rétrogression«, in: *Dictionnaire du darwinisme et de l'évolution*, a. a. O., Bd. III, S. 3677.

Trottein, S., 1983. »Aby Warburg: esquisse d'une iconologie de l'iconologie«, *Urbi. Arts, histoire et ethnologie des villes* VII, S. 34-47.

Tylor, E. B., 1861. *Anahuac: Or Mexico and the Mexicans, Ancient and Modern*, London: Green, Longman & Roberts.

Tylor, E. B., 1865. *Researches into the early History of Mankind and the Development of Civilization*, London: Murray.

Tylor, E. B., 1869a. »On Traces of the early Mental Condition of Man«, *Proceedings of the Royal Institution of Great Britain* V (1866-1869), S. 83-93.

Tylor, E. B., 1869b. »On the Survival of Savage Thought in Modern Civilization«, *Proceedings of the Royal Institution of Great Britain* V (1866-1869), S. 522-535.

Tylor, E. B., 1871. *Primitive Culture. Researches into the Development of*

Mythology, Philosophy, Religion, Art, and Custom, London: Murray; dt.: *Die Anfänge der Cultur: Untersuchungen über die Entwicklung der Mythologie, Philosophie, Religion, Kunst und Sitte*, 2 Bde., Nachdruck der Ausg. Leipzig 1873, Hildesheim: Olms, 2005.

Tylor, E. B., 1874. »Conservatism – Variation – Invention«, in: *The Collected Works of Edward Burnett Tylor*, Bd. VII, London: Routledge-Thœmmes Press, 1994, S. 137-138.

Tylor, E. B., 1881. *Anthropology: An Introduction to the Study of Man and Civilization*, London: Macmillan; dt.: *Einleitung in das Studium der Anthropologie und Civilisation*, Braunschweig: Vieweg, 1883.

Uekermann, G., 1985. *Renaissancismus und Fin de Siècle. Die italienische Renaissance in der deutschen Dramatik der letzten Jahrhundertwende*, Berlin und New York: Walter de Gruyter.

Uexküll, J. von, 1934. *Streifzüge durch die Umwelten von Tieren und Menschen: ein Bilderbuch unsichtbarer Welten*, Berlin: Springer, 1934.

Usener, H., 1882. *Philologie und Geschichtswissenschaft*, Bonn: Max Cohen.

Usener, H., 1887. *Altgriechischer Versbau. Ein Versuch vergleichender Metrik*, Bonn: Max Cohen.

Usener, H., 1889. *Christlicher Festbrauch. Schriften des ausgehenden Mittelalters*, Bonn: Max Cohen.

Usener, H., 1896. *Götternamen. Versuch einer Lehre von der religiösen Begriffsbildung*, Bonn: Friedrich Cohen.

Usener, H., 1904. »Mythologie«, *Archiv für Religionswissenschaft* VII, S. 6-32.

Usener, H., 1912-1913. *Kleine Schriften*, Leipzig und Berlin: Teubner.

Vasari, G., 1550-1568. *Leben der ausgezeichnetsten Maler, Bildhauer und Baumeister von Cimabue bis zum Jahr 1567*, übers. von L. Schorn und E. Förster, 6 Bde., Worms: Wernersche Verlagsgesellschaft, 1988 (Nachdruck der Ausgabe Stuttgart und Tübingen 1832-1849).

Vernant, J.-P., 1975. »Religion grecque, religions antiques«, in: ders., *Religions, histoires, raisons*, Paris: Maspero, 1979.

Vestuti, G., 1994. *Considerazioni sociologiche sulla scuola di Warburg*, Mailand: Pubblicazioni dell'ISU-Università cattolica.

Vietta, S. (Hg.), 1994. *Romantik und Renaissance. Die Rezeption der italienischen Renaissance in der deutschen Romantik*, Stuttgart und Weimar: Metzler.

Vignoli, T., 1877. *Della legge fondamentale dell'intelligenza nel regno animale*. Saggio di psicologia comparata, Mailand: Dumolard; dt.:

Über das Fundamentalgesetz der Intelligenz im Thierreich. Versuch einer vergleichenden Psychologie, Leipzig: Brockhaus, 1879.
Vignoli, T., 1879. *Mito e scienza. Saggio*, Mailand: Dumolard; dt.: *Mythus und Wissenschaft*, Leipzig: Brockhaus, 1880.
Vignoli, T., 1895. *Peregrinazioni psicologiche*, Mailand: Hoepli.
Vignoli, T., 1998. *Peregrinazioni antropologiche e fisiche*, Mailand: Hoepli.
Vischer, F. T., 1846-1857. *Ästhetik oder Wissenschaft des Schönen*, Leipzig und Reutlingen: Mäcken.
Vischer, F. T., 1861-1873. *Kritische Gänge*, Stuttgart: Cotta.
Vischer, F. T., 1887. »Das Symbol«, in: ders., *Kritische Gänge*, Bd. VI, München: Meyer & Jessen, 1922, S. 420-456.
Vischer, R., 1873. *Über das optische Formgefühl. Ein Beitrag zur Ästhetik*, Leipzig: Hermann Credner [Wiederabdruck in: *Einfühlung und phänomenologische Reduktion*, hg. von T. Friedrich und J. H. Gleiter, Berlin, Hamburg und Münster: Lit Verlag, 2007, S. 37-L'70].
Vischer, R., 1879. *Luca Signorelli und die Italienische Renaissance. Eine kunsthistorische Monographie*, Leipzig: Veit.
Vischer, R., 1886. *Studien zur Kunstgeschichte*, Stuttgart: Adolf Bonz.
Voth, H. R., 1903. *The Oraibi Summer Snake Ceremony*, Chicago: Field Museum Publications (Anthropological Series II, 4).
Vouilloux, B., 1996. »Winckelmann et l'être-plastique du corps«, *Critique* LII, Nr. 588, S. 384-397.
Vozza, M., 1990. »Ricognozione della *Lebensphilosophie*«, *Rivista di estetica* XXIX, S. 91-104.
Vuojala, P., 1997. *Pathosformel. Aby Warburg ja avain tunteiden taidehistoriaan*, Jyväskylä (Finnland): Jyväskylän Yliopisto.
Vyverberg, H., 1958. *Historical Pessimism in the French Enlightenment*, Cambridge: Harvard University Press.
Waetzold, W., 1921. *Deutsche Kunsthistoriker*, Leipzig: Seemann.
Waetzold, W., 1930. »In Memoriam Aby Warburg«, *Mitteilungen des kunsthistorischen Institutes in Florenz* III, Nr. 5, S. 197-200.
Warburg, 1988. *Warburg und die Warburgs*, hg. vom Kulturforum Warburg, Warburg: Hermann Hermes.
Warnke, M., 1980a. »Der Leidschatz der Menschheit wird humaner Besitz«, in: ders., W. Hofmann und G. Syamken, *Die Menschenrechte des Auges: über Aby Warburg*, Frankfurt am Main: Europäische Verlagsanstalt, S. 113-186.

Warnke, M., 1980b, »Vier Stichworte: Ikonologie – Pathosformel – Polarität und Ausgleich – Schlagbilder und Bilderfahrzeuge«, in: ders., W. Hofmann und G. Syamken, *Die Menschenrechte des Auges: über Aby Warburg*, a. a. O., S. 53-83.

Warnke, M., 1991. »Warburg und Wölfflin«, in: *Aby Warburg. Akten des internationalen Symposions Hamburg* 1990, hg. von H. Bredekamp, M. Diers und C. Schoell-Glass, Weinheim: VCH Acta Humaniora, S. 79-86.

Warnke, M., 1994. »Aby Warburg (1866-1929)«, übers. von O. Mannoni, *Revue germanique internationale* 2, S. 123-135.

Warnke, M., 1999. »Aby Warburg als Wissenschaftspolitiker«, in: *Storia dell'arte e politica culturale intorno al 1900. La fondazione dell'Istituto Germanico di Storia dell'Arte di Firenze*, hg. von M. Seidel, Venedig: Marsilio, S. 41-45.

Weege, F. 1926. *Der Tanz in der Antike*, Halle: Max Niemeyer.

Weigall, A., 1928. *The Paganism in our Christianity*, London: Hutchinson.

Weigel, S., 1992. »Lesbarkeit. Zum Bild- und Körpergedächtnis in der Theorie«, *Manuskripte. Zeitschrift für Literatur* XXXII, Nr. 115, S. 13-17.

Weigel, S., 1995. »Aby Warburg's *Schlangenritual*: Reading Culture and Reading Written Texts«, *New German Critique* XXII, Nr. 2, S. 135-153.

Weigel, S., 2000. »Aby Warburgs ›Göttin im Exil‹. Das ›Nymphenfragment‹ zwischen Brief und Taxonomie, gelesen mit Heinrich Heine«, *Vorträge aus dem Warburg-Haus* IV, S. 65-103.

Weitzmann, K., 1960. »The Survival of Mythological Representations in Early Christian and Byzantine Art and their Impact on Christian Iconography«, in: ders., *Classical Heritage in Byzantine and Near Eastern Art*, London: Variorum Reprints, 1981, S. 45-68.

Weitzmann, K., 1978. »The Classical Mode in the Period of the Macedonian Emperors: Continuity or Revival?«, in: ders., *Classical Heritage in Byzantine and Near Eastern Art*, a. a. O., S. 71-85.

Wertow, D., 1922. »Wir. Variante eines Manifestes«, in: *Texte zur Theorie des Films*, hg. von F.-J. Albersmeier, Stuttgart: Reclam, 1998, S. 31-35.

White, H., 1973. *Metahistory. The Historical Imagination in Nineteenth-Century Europe*, Baltimore und London: The Johns Hopkins University Press.

Wilkins, B. T., 1959. »Some Notes on Burckhardt«, *Journal of the History of Ideas* XX, S. 123-137.
Wilson, T. H., 1995. »Foucault, Genealogy, History«, *Philosophy Today* XXXIX, Nr. 2, S. 157-170.
Winckelmann, J. J., *Gedanken über die Nachahmung der griechischen Werke in der Malerei und Bildhauerkunst*, in: *Winckelmanns Werke in einem Band*, hg. von H. Holtzhauer, Berlin und Weimar: Aufbau-Verlag, 1969, S. 1-38.
Winckelmann, J. J., 1764. *Geschichte der Kunst des Alterthums*, Dresden: Walther (zit. nach der von L. Goldscheider besorgten Ausgabe Wien: Phaidon Verlag, 1934).
Winckelmann, J. J., 1764/1776. *Geschichte der Kunst des Alterthums*, 2., erw. Ausgabe, hg. von F. J. Riedel, Wien (zit. nach *Johann Winckelmanns Sämtliche Werke*, hg. von J. Eiselein, Bde. 3-6, Donaueschingen: Verlag deutscher Klassiker, 1825).
Wind, E., 1931. »Warburgs Begriff der Kulturwissenschaft und seine Bedeutung für die Ästhetik«, in: *Aby M. Warburg, Ausgewählte Schriften und Würdigungen*, hg. von D. Wuttke, Baden-Baden: Valentin Koerner, 1979, S. 401-417.
Wind, E., 1934. »Introduction« zu *Kulturwissenschaftliche Bibliographie zum Nachleben der Antike – A Bibliography on the Survival of the Classics*, Bd. I, London: Cassel, S. V-XII.
Wind, E., 1935. »The Warburg Institute Classification Scheme«, *Library Association Record* II, S. 193-195.
Wind, E., 1971. »On a Recent Biography of Warburg«, in: ders., *The Eloquence of Symbols. Studies in Humanist Art*, hg. von J. Anderson, Oxford: Clarendon Press, S. 106-113.
Winners, R., 1929. *Weltanschauung und Geschichtsauffassung Jacob Burckhardts*, Leipzig und Berlin: Teubner.
Wittkower, R., 1977. *Allegory and the Migration of Symbols*, London: Thames and Hudson; dt.: *Allegorie und Wandel der Symbole in Antike und Renaissance*, übers. von B. Schwarz, Köln: DuMont, 1984.
Wölfflin, H., 1886. *Prolegomena zu einer Psychologie der Architektur*, München: Wolf & Sohn.
Wölfflin, H., 1899. *Die klassische Kunst. Eine Einführung in die italienische Renaissance*, München: Bruckmann.
Wölfflin, H., 1940. *Gedanken zur Kunstgeschichte. Gedrucktes und Ungedrucktes*, Basel: Schwabe.

Worringer, W., 1907. *Abstraktion und Einfühlung. Ein Beitrag zur Stilpsychologie*, Leipzig und Weimar: Kiepenheuer, 1981.

Wotling, P., 1995. *Nietzsche et le problème de la civilisation*, Paris: PUF.

Wundt, W., 1874. *Grundzüge der physiologischen Psychologie*, Leipzig: Engelmann.

Wundt, W., 1900. *Völkerpsychologie. Eine Untersuchung der Entwicklungsgesetze von Sprache, Mythus und Sitte*, Bd. I. *Die Sprache*, Leipzig: Engelmann.

Wundt, W., 1908. *Völkerpsychologie. Eine Untersuchung der Entwicklungsgesetze von Sprache, Mythus und Sitte*, Bd. III. *Die Kunst*, Leipzig: Engelmann (2. überarb. Ausg.).

Wundt, W., 1910. *Völkerpsychologie. Eine Untersuchung der Entwicklungsgesetze von Sprache, Mythus und Sitte*, Bd. IV-1, *Mythus und Religion*, Leipzig: Engelmann.

Wuttke, D., 1977. *Aby Warburgs Methode als Anregung und Aufgabe*, Wiesbaden: Harrassowitz.

Wuttke, D., 1986. »Ernst Robert Curtius und Aby Warburg«, in: *Acta Conventus neo-latini Sanctandreani. Proceedings of the Fifth International Congress of Neo-Latin Studies*, Birmingham (New York): McFarlane, S. 627-635.

Wuttke, D. (Hg.), 1989. *Kosmopolis der Wissenschaft. E. R. Curtius und das Warburg Institute. Briefe 1928 bis 1953 und andere Dokumente*, Baden-Baden: Valentin Koerner.

Wuttke, D., 1993. »Aby M. Warburgs Kulturwissenschaft«, *Historische Zeitschrift* CCLVI, S. 1-30.

Wuttke, D., 1998. *Aby M. Warburg-Bibliographie 1866 bis 1995. Werk und Wirkung. Mit Annotationen*, Baden-Baden: Valentin Koerner.

Yates, F. A., *Gedächtnis und Erinnern. Mnemonik von Aristoteles bis Shakespeare*, Weinheim: VCH, 1990.

Zanetti, G., 1985. »La filologia dell'*Uomo non sapiens*: Aby Warburg«, *Intersezioni* V, Nr. 1, S. 173-188.

Zusanek, H., 1998. *Die Nymphen. Untersuchungen zum dios-Begriff*, Bd. II, Frankfurt am Main und New York: Peter Lang.

Liste der Abbildungen

14 Aby Warburg, *Stammbaum der Familie Tornabuoni.* Tuschezeichnung. Teil von Tafel »A« des *Mnemosyne*-Atlas (1927-1929). London, The Warburg Institute. Photo: The Warburg Institute.

15 Aby Warburg, *Schema einer persönlichen Geographie*, 1928. Bleistift auf Papier. London, The Warburg Institute. Photo: The Warburg Institute.

16 Friedrich Nietzsche, *Dynamisches Schema der Zeit*, Frühjahr 1873. Tinte auf Papier. Auszug aus *Nachlaß 1869-1874*, Fragment 16.12 = U I 5b. Weimar, Nietzsche-Archiv. Photo: Nietzsche-Archiv.

17 Aby Warburg, *Kentaurenkampf auf dem Westfries des Theseus-Tempels in Athen*, 1887. Bleistift auf Papier. London, The Warburg Institute. Photo: The Warburg Institute.

18 Agostino di Duccio, *Der hl. Sigismund auf dem Weg ins Kloster Agauno*, um 1456. Umzeichnung eines Marmorreliefs (Mailand, Castello Sforzesco). Nach C. Yriarte, *Rimini*, Paris 1882, S. 222.

19 *Mönchskalb*, 1608. Holzschnitt (anonym, deutsch). Nach J. Wolff, *Lectiones memorabiles et reconditae*, Lauingen 1608.

20 *Scorpio-Wahrsagebilder*, 1488. Holzschnitte (anonym, deutsch). Nach J. Engel, *Astrolabium planum in tabulis ascendens*, Venedig 1488 (die Schlange steht für die »List«, der Strom für die Wechselhaftigkeit des Menschen).

21 *Nereide*. Marmor (Kleinasien, anonym). Teil des Nereidenmonuments aus Xanthos, 4. Jahrhundert. vor Christus. London, British Museum. Photo: G. D.-H.

22 Niccolò dell'Arca, *Beweinung Christi*, Figur der Magdalena. Terracotta, um 1480. Bologna, Santa Maria della Vita. Photo: Antonio Guerra.

23 Aby Warburg, *Pendelschema der Polarität zwischen Idealismus und Realismus*, 1892. Tinte auf Papier, aus *Grundlegende Bruchstücke zu einer monistischen Kunstpsychologie* I, S. 166. London, Warburg Institute Archive. Photo: The Warburg Institute.

24 Aby Warburg, *Pendelschema zu den ornamentalen »Instabilitäten« und »Rhythmen«*, 1900. Tinte auf Papier, aus *Grundlegende Bruchstücke zu einer monistischen Kunstpsychologie* II, S. 67. London, Warburg Institute Archive. Photo: The Warburg Institute.

25 Aby Warburg, *Die ewige Wippe*, 1890. Tinte auf Papier, aus *Grundlegende Bruchstücke zu einer monistischen Kunstpsychologie* I, S. 110. London, Warburg Institute Archive. Photo: The Warburg Institute.

26 *Der Tod des Orpheus* (anonym, griechisch), 5. Jahrhundert vor Chri-

stus. Umzeichnung eines Vasenbildes. Nach A. Warburg, *Dürer und die italienische Antike*, Leipzig 1906, Tafel 1.

27 *Der Tod des Orpheus* (anonym, italienisch), 1497. Holzschnitt aus Ovids *Metamorphosen*, Venedig 1497. Nach A. Warburg, *Dürer und die italienische Antike*, Leipzig 1906, S. 57.

28 *Der Tod des Orpheus* (anonym, italienisch), 15. Jahrhundert, Kupferstich nach einer Zeichnung von Andrea Mantegna. Nach A. Warburg, *Dürer und die italienische Antike*, Leipzig 1906, Tafel II.

29 *Laokoon und seine Söhne* (anonym, römisch), Marmor, um 50 nach Christus (nach einem griechischen Original des 3. Jahrhunderts vor Christus). Rom, Vatikanmuseum. Photo: The Warburg Institute.

30 *Nymphen und Satyrn mit Dionysos* (anonym, griechisch), 5. Jahrhundert vor Christus. Umzeichnung eines Vasenbilds. Nach A. de Jorio, *La mimica degli Antichi investigata nel gestire Napoletano*, Neapel 1832, Tafel XVIII.

31 *Symbolische Gesten der Neapolitaner*. Nach A. de Jorio, *La mimica degli Antichi investigata nel gestire Napoletano*, Neapel 1832, Tafel XIX.

32 *Symbolische Gesten der Neapolitaner [a-f] und nordamerikanischer Indianer [i-n]*. Nach W. Wundt, *Völkerpsychologie*, Leipzig 1900 (Ausg. 1911), Bd. I, S. 195 und 197.

33 *In Piktogrammen verfaßter Geschäftsbrief eines amerikanischen Indianers*. Nach G. Mallery, *Sign Language among North American Indians*, Washington 1881, S. 382; wiederabgedruckt in W. Wundt, *Völkerpsychologie*, Leipzig 1900 (Ausg. 1910), Bd. I, S. 251.

34 *Kritzelei eines Kindes*. Nach H. Eng, *Kinderzeichnen*, Leipzig 1927, S. 5.

35 Cleo Jurino (Warburgs indianischer Informant), *Kosmologische Darstellung mit Schlangenblitz*, 1895. Nach A. Warburg, *Bilder aus dem Gebiet der Pueblo-Indianer in Nord-Amerika*, 1923, Abb. 4. Photo: The Warburg Institute.

36 *Laokoon und seine Söhne* (anonym, römisch), Marmor (Teilansicht), um 50 nach Christus (nach einem griechischen Original des 3. Jahrhunderts vor Christus). Rom, Vatikanmuseum. Photo: The Warburg Institute.

37 *Hopi-Indianer beim Schlangenritual* (anonym, amerikanisch), 1924. Photo: The Warburg Institute.

38 Girolamo Franzini, *Laokoon*, 1596. Holzschnitt. Nach *Icones statuarum antiquarum Urbis Romae*, Rom 1599.

39 Niccolò Boldrini, *Karikatur des Laokoon, nach Tizian* (Ausschnitt), um 1550-1560. Holzschnitt. Photo: The Warburg Institute.

40 M. Wolf, *»Cynopithecus niger« [...], sich über Liebkosungen freuend. Nach der Natur gezeichnet*, 1872. Nach Ch. Darwin, *The Expression of the Emotions in Man and Animals*, London 1872, Abb. 17.

41 T. W. Wood, *Schrecken. Nach einer Photographie von Dr. Duchenne*. Nach Ch. Darwin, *The Expression of the Emotions in Man and Animals*, London 1872, Abb. 20 (in späteren Ausgaben Abb. 28).

42 G.-B. Duchenne de Boulogne, *Ausdrucksbewegungen der Augenbrauen und der Stirn*, 1852-1856. Nach ders., *Mécanisme de la physionomie humaine*, Paris 1862, Tafel VII (Ausschnitt).

43 Sandro Botticelli, *Die Geburt der Venus*, um 1484-1486 (Ausschnitt). Tempera auf Leinwand. Florenz, Uffizien. Photo: G. D.-H.

44 Aby Warburg, *Klage*. Ausschnitt einer Tafel der *Urworte der pathetischen Gebärdensprache*, 1927 (Ausstellung in der Kulturwissenschaftlichen Bibliothek Warburg in Hamburg). Photo: The Warburg Institute.

45 Aby Warburg, *Dynamisches Schema der Grade der Verzierung*, 1890. Tinte auf Papier, aus *Grundlegende Bruchstücke zu einer monistischen Kunstpsychologie* I, S. 106. London, Warburg Institute Archive. Photo: The Warburg Institute.

46 Aby Warburg, Dynamisches Schema der Beziehungen zwischen Werkzeug, Glauben, Kunst und Erkenntnis, 1899. Tinte auf Papier, aus *Grundlegende Bruchstücke zu einer monistischen Kunstpsychologie* II, S. 59. London, Warburg Institute Archive. Photo: The Warburg Institute.

47 Aby Warburg, *Tabelle der »Pathosformeln«*. Tinte auf Papier, aus *Schemata Pathosformeln*, 1905-1911. London, Warburg Institute Archive. Photo: The Warburg Institute.

48 Aby Warburg, *Schemata Pathosformeln*, 1905-1911 (Umschlag des Manuskripts). Heft im Folioformat. London, Warburg Institute Archive. Photo: The Warburg Institute.

49 *Achill auf Skyros* (anonym, römisch, nach einem griechischen Original). Umzeichnung (Ausschnitt) eines in Woburn Abbey befindlichen Sarkophags. Nach A. Warburg, *Sandro Botticellis »Geburt der Venus« und »Frühling«*, Leipzig 1893, S. 15.

50 Théodore Rivière, *Loïe Fuller: Lilientanz*, 1896. Photographie.

51 Georges Demeny, *Elastischer Fall auf die Fußspitze*, 1884. Zeichnung auf Pauspapier. Nach E.-J. Marey, *Le Mouvement*, Paris 1894, S. 138

(mit dem Titel: »Sprung in die Tiefe mit Beugung der Beine zum Abfangen der Fallbewegung«).

52 *Tanzende Nymphen* (anonym, griechisch), Ende des 5. Jahrhunderts vor Christus. Umzeichnung eines Vasenbilds. Nach M. Emmanuel, *La Danse grecque antique*, Paris 1896, S. 103.

53 Mänade und Satyr (anonym, griechisch), hellenistische Zeit. Umzeichnung eines Flachreliefs. Nach M. Emmanuel, *La Danse grecque antique*, Paris 1896, S. 198.

54 Bertoldo di Giovanni, *Kreuzigung*, um 1485 (Ausschnitt). Bronzerelief. Florenz, Museo Nazionale del Bargello. Photo: G. D.-H.

55 *Tanzende Mänade* (anonym, griechisch), neuattische Zeit. Umzeichnung eines Reliefs im Louvre. Nach A. Warburg, *Bilder aus dem Gebiet der Pueblo-Indianer in Nord-Amerika*, 1923, Abb. 21.

56 *Vorboten des großen hysterischen Anfalls.* Nach P. Richer, *Études cliniques sur la grande hystérie ou hystéro-épilepsie*, Paris 1881, S. 5.

57-58 *Großer hysterischer Anfall: Verrenkungen oder unsinnige Bewegungen.* Nach P. Richer, *Études cliniques sur la grande hystérie ou hystéro-épilepsie*, Paris 1881, S. 72-73.

59-60 *Großer hysterischer Anfall: Verrenkungen oder unsinnige Bewegungen.* Nach P. Richer, *Études cliniques sur la grande hystérie ou hystéro-épilepsie*, Paris 1881, S. 76-77.

61 Edmund Husserl, *Zeitdiagramm*, 1905. »OE – Reihe der Jetztpunkte; OE' – Herabsinken; EE' – Phasenkontinuum«. Nach E. Husserl, *Vorlesungen zur Phänomenologie des inneren Zeitbewußtseins*, Halle 1928, § 10 (S. 389).

62 Sigmund Freud, *Diagramm des Symptoms und der »Arbeit«*, 1897. Nach »Manuskript M«, *Aus den Anfängen der Psychoanalyse*, Frankfurt am Main 1962, S. 177.

63 Sigmund Freud, *Diagramm der Wiederholung, der Hemmung und der Bahnung*, 1895. Nach »Entwurf einer Psychologie«, *Aus den Anfängen der Psychoanalyse*, Frankfurt am Main 1962, S. 331.

64 Sigmund Freud, *Diagramm der Verdrängung und der Erinnerung*, 1895 (die schwarzen Punkte markieren Wahrnehmungen, an die sich die Patientin erinnert). Nach »Entwurf einer Psychologie«, *Aus den Anfängen der Psychoanalyse*, Frankfurt am Main 1962, S. 355.

65 *Dynamik der geologischen Schichten.* Nach F. von Richthofen, *Führer für Forschungsreisende*, Berlin 1886, Abb. 105.

66 *Aurignacien-Gräber von Solutré*. Nach G.-H. Luquet, *L'Art et la religion des hommes fossiles*, Paris 1926, Abb. 103.

67 Aby Warburg und André Jolles, *Ninfa fiorentina*, 1900. Umschlag des Manuskripts. London, Warburg Institute Archive. Photo: The Warburg Institute.

68 *Abguß der Gradiva an der Wand von Freuds Arbeitszimmer in Wien*, 1938. Photo: Edmund Engelman (DR).

69 Aby Warburg, *Bilderatlas Mnemosyne*, 1927-1929. Vorläufige Fassung eines Abschnitts über »Die Mänade«. London, Warburg Institute Archive. Photo: The Warburg Institute.

70 Aby Warburg, *Bilderatlas Mnemosyne*, 1927-1929. Tafel 6. London, Warburg Institute Archive. Photo: The Warburg Institute.

71 Aby Warburg, *Bilderatlas Mnemosyne*, 1927-1929. Tafel 47 (Ausschnitt). London, Warburg Institute Archive. Photo: The Warburg Institute.

72 Aby Warburg, *Ninfa*, 1900. Bleistift auf Papier, aus *Ninfa Fiorentina*, Blatt 6. London, Warburg Institute Archive. Photo: The Warburg Institute.

73 *Zeichnung eines Indianerkindes mit zwei Blitzen in Form von Schlangen*, 1895. Nach A. Warburg, *Bilder aus dem Gebiet der Pueblo-Indianer in Nord-Amerika*, 1923, Abb. 1. Photo: The Warburg Institute.

74 *Schlangenritual in Walpi: Stellung der Sandmalerei und der Beteiligten*. Nach J. W. Fewkes, »The Snake Ceremonials at Walpi«, *Journal of American Ethnology and Archaeology* IV (1894), S. 76.

75 *Schlangenritaul in Mishongnovi: Stellung der Schlangen und der Beteiligten*. Nach J. W. Fewkes, »Tusayan Flute and Snake Ceremonies«, *19th Annual Report of the Bureau of American Ethnology*, 1897-1898, S. 971.

76 *Schlangenritual in Mishongnovi: die im »Maiskreis« aufgehäuften Schlangen*. Nach A. Dorsey und H. R. Voth, *The Mishongnovi Ceremonies of the Snake and Antelope Fraternities*, Chicago 1902, Tafel CXLII.

77 Aby Warburg, *Frontverlauf in den Kämpfen zwischen Franzosen und Deutschen*. Tinte auf Papier, aus den *Notizbüchern*, 26. Oktober 1914, S. 67. London, Warburg Institute Archive. Photo: The Warburg Institute.

78 Aby Warburg, *Kreuzlinger Tagebuch*, Heft 47 (7. Juli bis 1. August 1922), S. 4168. London, Warburg Institute Archive. Photo: The Warburg Institute.

79 Aby Warburg, *Kreuzlinger Tagebuch*, Heft 33 (27. Juli bis 18. August 1921) unpaginiert, zwischen S. 3167 und 3168. London, Warburg Institute Archive. Photo: The Warburg Institute.

80 Aby Warburg, *Kreuzlinger Tagebuch*, Heft 40 (5. bis 31. Januar 1922), S. 3336. London, Warburg Institute Archive. Photo: The Warburg Institute.

81 Aby Warburg, *Tragen, nachahmen, sich identifizieren*, 1896. Tinte auf Papier, aus *Grundlegende Bruchstücke einer monistischen Kunstpsychologie*, Teil II, S. 3. London, Warburg Institute Archive. Photo: The Warburg Institute.

82 Aby Warburg, *Nachahmung durch Einkehr in das Objekt (Identification)*, 1896. Tinte auf Papier, aus *Grundlegende Bruchstücke einer monistischen Kunstpsychologie*, Teil II, S. 3. London, Warburg Institute Archive. Photo: The Warburg Institute.

83 *Aderlaßanweisung* (anonym), 1503. Nach A. Warburg, *Wanderungen der antiken Götterwelt vor ihrem Eintritt in die italienische Frührenaissance*, 1913. London, Warburg Institute Archive. Photo: The Warburg Institute.

84 Bertall, *Der letzte Streit*. Holzstich aus H. de Balzac, *Petites Misères de la vie conjugale*, Paris 1846, S. 335.

85 Bertall, *Brutale Enthüllungen*. Holzstich aus H. de Balzac, *Petites Misères de la vie conjugale*, Paris 1846, S. 273.

86 Lesesaal der Kulturwissenschaftlichen Bibliothek Warburg in Hamburg während der Ausstellung *Die Geste der Antike in Mittelalter und Renaissance*, 1926-1927. London, Warburg Institute Archive. Photo: The Warburg Institute.

87 Lesesaal der Kulturwissenschaftlichen Bibliothek Warburg in Hamburg während der Ausstellung *Ovid*, 1927. London, Warburg Institute Archive. Photo: The Warburg Institute.

88 Aby Warburg, *Flüchtige Notizen*, 1929, Blatt 11. London, Warburg Institute Archive. Photo: The Warburg Institute.

89 *Kosmologische und geographische Darstellungen*. Nach A. Bastian, *Ethnologisches Bilderbuch*, Berlin 1887, Tafel XV.

90 Aby Warburg, *Bilderatlas Mnemosyne*, 1927-1929. Vorläufige Fassung von Tafel 2. London, Warburg Institute Archive. Photo: The Warburg Institute.

91 Aby Warburg, *Bilderatlas Mnemosyne*, 1927-1929. Tafel 43. London, Warburg Institute Archive. Photo: The Warburg Institute.

92 Domenico Ghirlandaio, *Sassetti-Kapelle*, 1497-1485. Fresken (Wän-

de) und Tempera auf Holz (Altar). Florenz, Santa Trinità. Photo: G. D.-H.

93 *Aby Warburg im Jahr 1929*. London, Warburg Institute Archive. Photo: The Warburg Institute.

Namenregister

Klaus Sachs-Hombach (Hg.)
- Bildwissenschaft. Disziplinen, Themen, Methoden. stw 1751. 430 Seiten
- Bildtheorien. Anthropologische und kulturelle Grundlagen des Visualistic Turn. stw 1888. 437 Seiten

Eva Schürmann. Sehen als Praxis. Ethisch-ästhetische Studien zum Verhältnis von Sicht und Einsicht. stw 1890. 274 Seiten

Aby Warburg. Werke in einem Band. Auf der Grundlage der Manuskripte und Handexemplare herausgegeben und kommentiert von Martin Treml, Sigrid Weigel und Perdita Ladwig. Gebunden. 988 Seiten

Sigrid Weigel. Grammatologie der Bilder. stw 1889. 487 Seiten

Lambert Wiesing
- Artifizielle Präsenz. Studien zur Philosophie des Bildes. stw 1737. 164 Seiten
- Sehen lassen. Die Praxis des Zeigens. stw 2046. 230 Seiten

NF 176/2/2.15

Literatur- und Kulturwissenschaft im Suhrkamp Verlag Eine Auswahl

Michail M. Bachtin

- Die Ästhetik des Wortes. Herausgegeben und eingeleitet von Rainer Grübel. Übersetzt von Rainer Grübel und Sabine Reese. es 967. 366 Seiten
- Autor und Held in der ästhetischen Tätigkeit. Herausgegeben von Rainer Grübel, Edward Kowalski und Ulrich Schmid. Aus dem Russischen von Hans-Günter Hilbert, Rainer Grübel, Alexander Haardt und Ulrich Schmid. stw 1878. 356 Seiten
- Chronotopos. Aus dem Russischen von Michael Dewey. Mit einem Nachwort von Michael C. Frank und Kirsten Mahlke. stw 1879. 242 Seiten
- Rabelais und seine Welt. Volkskultur als Gegenkultur. Übersetzt von Gabriele Leupold. Herausgegeben und Vorwort von Renate Lachmann. stw 1187. 546 Seiten

Roland Barthes

- Fragmente einer Sprache der Liebe. Übersetzt von Hans-Horst Henschen. st 1586. 279 Seiten
- Die helle Kammer. Bemerkungen zur Photographie. Übersetzt von Dietrich Leube. Mit zahlreichen Abbildungen. st 1642. 138 Seiten
- Die Körnung der Stimme. Interviews 1962-1980. Übersetzt von Agnès Bucaille-Euler, Birgit Spielmann und Gerhard Mahlberg. es 2278. 404 Seiten
- Mythen des Alltags. Übersetzt von Helmut Scheffel. es 92. 152 Seiten
- Das Neutrum. Übersetzt von Horst Brühmann. es 2377. 342 Seiten

NF 104/1/3.13

Roland Barthes. Eine Biographie. Von Louis-Jean Calvet. Übersetzt von Wolfram Beyer. Mit zahlreichen Abbildungen. 376 Seiten. Gebunden

Karl Heinz Bohrer
- Plötzlichkeit. Zum Augenblick des ästhetischen Scheins. es 1058. 261 Seiten

Pierre Bourdieu. Die Regeln der Kunst. Genese und Struktur des literarischen Feldes. Übersetzt von Bernd Schwibs und Achim Russer. stw 1539. 552 Seiten

Peter Bürger. Theorie der Avantgarde. es 727. 147 Seiten

Arthur C. Danto. Die Verklärung des Gewöhnlichen Eine Philosophie der Kunst. Übersetzt von Max Looser. stw 957. 321 Seiten

Jacques Derrida
- Grammatologie. Übersetzt von Hans-Jörg Rheinberger und Hanns Zischler. stw 417. 541 Seiten
- Die Schrift und die Differenz. Übersetzt von Rodolphe Gasché. stw 177. 451 Seiten

Jacques Derrida/Hans-Georg Gadamer. Der ununterbrochene Dialog. es 2357. 112 Seiten

John Dewey. Kunst als Erfahrung. Übersetzt von Christa Velten, Gerhard vom Hofe und Dieter Sulzer. stw 703. 411 Seiten

NF 104/2/3.13

Anselm Haverkamp. Figura cryptica. Theorie der literarischen Latenz. stw 1574. 272 Seiten

Jochen Hörisch
- Brot und Wein. Die Poesie des Abendmahls. es 1692. 297 Seiten
- Kopf oder Zahl. Die Poesie des Geldes. es 1998. 370 Seiten

Wolfgang Iser. Das Fiktive und das Imaginäre. Perspektiven literarischer Anthropologie. stw 1101. 522 Seiten

Vladimir Jankélévitch. Das Verzeihen. Essays zur Moral und Kulturphilosophie. Herausgegeben von Ralf Konersmann. Übersetzt von Claudia Brede-Konersmann. Mit einem Vorwort von Jürg Altwegg. Gebunden und stw 1731. 292 Seiten

Hans Robert Jauß
- Ästhetische Erfahrung und literarische Hermeneutik. 877 Seiten. Leinen
- Zeit und Erinnerung in Marcel Prousts »A la recherche du temps perdu«. Ein Beitrag zur Theorie des Romans. stw 587. 366 Seiten

Renate Lachmann. Erzählte Phantastik. Zu Phantasiegeschichte und Semantik phantastischer Texte. stw 1578. 502 Seiten

Wolf Lepenies. Melancholie und Gesellschaft. Mit einer neuen Einleitung: Das Ende der Utopie und die Wiederkehr der Melancholie. stw 967. 337 Seiten

Niklas Luhmann. Die Kunst der Gesellschaft. stw 1303. 517 Seiten

NF 104/4/3.13

Paul de Man. Allegorien des Lesens. Übersetzt von Werner Hamacher und Peter Krumme. es 1357. 233 Seiten

Christoph Menke
- Die Souveränität der Kunst. Ästhetische Erfahrung nach Adorno und Derrida. stw 958. 311 Seiten
- Die Gegenwart der Tragödie. stw 1649. 300 Seiten

Winfried Menninghaus
- Walter Benjamins Theorie der Sprachmagie. stw 1168. 282 Seiten
- Paul Celan. Magie der Form. es 1026. 291 Seiten
- Ekel. Theorie und Geschichte einer starken Empfindung. stw 1634. 592 Seiten
- Hälfte des Lebens. Versuch über Hölderlins Poetik. 142 Seiten. Gebunden
- Lob des Unsinns. Über Kant, Tieck und das Märchen vom Blaubart. 272 Seiten. Gebunden
- Das Versprechen der Schönheit. 386 Seiten. Gebunden
- Wozu Kunst? Ästhetik nach Darwin. 318 Seiten. Gebunden

K. Ludwig Pfeiffer. Das Mediale und das Imaginäre. Dimensionen kulturanthropologischer Medientheorie. 624 Seiten. Gebunden

Peter Szondi
- Schriften II. Essays: Satz und Gegensatz. Lektüren und Lektionen. Celan-Studien. Anhang. Frühe Aufsätze. Leinen und stw 220. 458 Seiten
- Studienausgabe der Vorlesungen in fünf Bänden. stw 15/stw 40/stw 72/stw 90/stw 124. 2158 Seiten. Die Bände sind auch einzeln lieferbar.
- Band 1: Die Theorie des bürgerlichen Trauerspiels im 18. Jahrhundert. Der Kaufmann, der Hausvater und der Hofmeister. stw 15. 280 Seiten

NF 104/5/3.13

- Band 2: Poetik und Geschichtsphilosophie I. Antike und Moderne in der Ästhetik der Goethezeit. stw 40. 537 Seiten
- Band 3: Poetik und Geschichtsphilosophie II. Von der normativen zur spekulativen Gattungspoetik. Schellings Gattungspoetik. Herausgegeben von Wolfgang Fietkau. stw 72. 354 Seiten
- Band 4: Das lyrische Drama des Fin de siècle. Herausgegeben von Henriette Beese. stw 90. 532 Seiten
- Band 5: Einführung in die literarische Hermeneutik. Herausgegeben von Jean Bollack und Helen Stierlin. stw 124. 455 Seiten

Einzelausgaben:
- Lektüren und Lektionen. Versuche über Literatur, Literaturtheorie und Literatursoziologie. 202 Seiten. Kartoniert
- Theorie des modernen Dramas. es 27. 169 Seiten

Robert Weimann (Hg.). Ränder der Moderne. Repräsentation und Alterität im (post)kolonialen Diskurs. stw 1311. 356 Seiten

Richard Weisberg. Rechtsgeschichten. Über Gerechtigkeit in der Literatur. Aus dem Amerikanischen von Walter Popp. Mit einem Nachwort von Bernhard Schlink. stw 2010. 291 Seiten

Cornelia Zumbusch. Die Immunität der Klassik. stw 2014. 372 Seiten

NF 104/6/3.13